CONTEMPORARY FINANCIAL INTERMEDIATION
3RD EDITION

现代金融中介机构
原书第 3 版

【美】 斯图亚特·I. 格林鲍姆
(Stuart I. Greenbaum)

【美】 安吉·V. 塔克
(Anjan V. Thakor)   著

【荷】 阿诺德·W. A. 布特
(Arnoud W. A. Boot)

应展宇　　　　译

机械工业出版社
China Machine Press

图书在版编目（CIP）数据

现代金融中介机构（原书第3版）/（美）斯图亚特·I. 格林鲍姆（Stuart I. Greenbaum），（美）安吉·V. 塔克（Anjan V. Thakor），（荷）阿诺德·W. A. 布特（Arnoud W. A. Boot）著；应展宇译．—北京：机械工业出版社，2020.1

（金融教材译丛）

书名原文：Contemporary Financial Intermediation, 3rd Edition

ISBN 978-7-111-64149-0

I. 现… II. ①斯… ②安… ③阿… ④应… III. 金融 - 中介组织 - 教材 IV. F830.39

中国版本图书馆CIP数据核字（2020）第000424号

本书版权登记号：图字 01-2019-3264

Contemporary Financial Intermediation, 3rd Edition
Stuart I. Greenbaum, Anjan V. Thakor, Arnoud W.A. Boot
Copyright © 2016 Elsevier Inc. All rights reserved.
ISBN: 9780124051966
Authorized Chinese translation published by China Machine Press.

《现代金融中介机构（原书第3版）》（应展宇 译）
ISBN: 9780124051966
Copyright © Elsevier Inc. and China Machine Press. All rights reserved.

No part of this publication may be reproduced or transmitted in any form or by any means, electronic or mechanical, including photocopying, recording, or any information storage and retrieval system, without permission in writing from Elsevier (Singapore) Pte Ltd. Details on how to seek permission, further information about the Elsevier's permissions policies and arrangements with organizations such as the Copyright Clearance Center and the Copyright Licensing Agency, can be found at our website: www.elsevier.com/permissions.

This book and the individual contributions contained in it are protected under copyright by Elsevier Inc. and China Machine Press (other than as may be noted herein).

This edition of Contemporary Financial Intermediation, 3rd Edition is published by China Machine Press under arrangement with Elsevier Inc.

This edition is authorized for sale in China only, excluding Hong Kong, Macau and Taiwan. Unauthorized export of this edition is a violation of the Copyright Act. Violation of this Law is subject to Civil and Criminal Penalties.

本版由Elsevier Inc.授权机械工业出版社在中国大陆地区（不包括香港、澳门以及台湾地区）出版发行。

本版仅限在中国大陆地区（不包括香港、澳门以及台湾地区）出版及标价销售。未经许可之出口，视为违反著作权法，将受民事及刑事法律之制裁。

本书封底贴有Elsevier防伪标签，无标签者不得销售。

注意

本书涉及领域的知识和实践标准在不断变化。新的研究和经验拓展我们的理解，因此需要对研究方法、专业实践做出调整。从业者和研究人员必须始终依靠自身经验和知识来评估和使用本书中提到的所有信息和方法。在使用这些信息或方法时，他们应注意自身和他人的安全，包括注意他们负有专业责任的当事人的安全。在法律允许的最大范围内，爱思唯尔与译文的译者、编辑及其他内容提供者均不对因产品责任、疏忽而导致的其他人身或财产伤害及/或损失承担责任，亦不对因应用或操作文中提到的方法、产品、说明或思想而导致的人身或财产伤害及/或损失承担责任。

出版发行：	机械工业出版社（北京市西城区百万庄大街22号	邮政编码：100037）		
责任编辑：	邵淑君		责任校对：	李秋荣
印　刷：	大厂回族自治县益利印刷有限公司		版　次：	2020年3月第1版第1次印刷
开　本：	185mm×260mm　1/16		印　张：	35
书　号：	ISBN 978-7-111-64149-0		定　价：	129.00元
客服电话：（010）88361066　88379833　68326294			投稿热线：（010）88379007	
华章网站：www.hzbook.com			读者信箱：hzjg@hzbook.com	

版权所有·侵权必究
封底无防伪标均为盗版
本书法律顾问：北京大成律师事务所　韩光/邹晓东

中文版序

在本书的写作过程中,我们着手使大学和商学院银行管理的教学更为现代化。我们的目标是:a 覆盖更广的有选择性的多种金融机构类型;b 解释金融中介存在的原因,而不是简单地描述机构、监管和市场现象来拓展银行管理课程的内容。我们的方法毋庸置疑是分析性的,尽力使分析成为本书的一大特点。如果本书能引导学生发现金融机构和信贷市场实务无尽的微妙性与可塑性,并理解这些机构、市场实务和政府监管为什么会以这种形式出现,那么本书就获得了成功。统一的主题是,信息方面的考虑是理解银行绝大多数活动的核心所在。

我们的方法的新颖之处在于分析性导向和对主题及其顺序的选择。我们以金融中介为什么存在和它们做了什么这样的问题开始。我们相信,理解金融中介存在的原因,将使读者更好地为未来不可避免的波动性做准备。监管、机构和索取权形式会改变,但金融中介得以构建的功能基础基本上将保持不变。

本书是第 3 版,我们的好朋友阿诺德·布特以共同作者的身份加入。阿诺德为我们提供了 2007~2009 年金融危机期间对银行问题(包括欧盟的发展,尤其是自 2007~2009 年全球金融危机爆发以来的发展)的更为全面的处理。金融体系的复杂性,金融机构和金融市场之间的多种联系,以及系统性问题也需要得到更多的关注。全球金融市场以及危机发生之后监管领域出现的显著变化,使进一步修订本书第 2 版以反映这些变化变得极为必要。

教学方法

除第 1 章之外,每一章章末都包含专业术语,这些专业术语是学生在阅读本章节时将会遇到的,并将在整本书中反复遇到。重要的非银行概念在第 1 章中讨论,目的是给学生后续的学习打下基础。在后续章节中,我们提供了数值例题,给出了从解题思路到答案的整个过程。每一章都包含思考题,并且许多章节还包含案例研究,帮助学生在理解概念的同时,了解其复杂性。

此外,由于某些章节同时包含基础性和更为技术性的内容,所以更高层次的讨论以知识框的形式分离出来。有趣但不那么重要的内容同样以独立的段落来展示。这种做法为教师满足课程需求提供了更强的灵活性。

组织

全书共包含18章。前言部分描述了本书的写作动机和背景，强调了金融中介在经济发展过程中起到的核心作用，此外，还简要概述了每一章的内容，讨论了2007～2009年金融危机之后的大衰退，将各个章节的内容与危机发生之前、期间和之后的发展联系起来。

在第一部分，第1章讨论了将会贯穿全书的信息经济学、博弈论、市场完全性、期权和其他重要概念。考虑到这些概念对于理解后续章节中遇到的问题极为重要，我们建议在后续章节中用到这些概念的时候有必要再进行讨论，而不只是在课程的开篇做一个说明。

在第二部分，第2章和第3章审视了金融中介的功能。第2章描述了各种类型的金融中介活动以及金融中介机构提供的基本服务。第3章详尽地展示了基于信息的金融中介理论，并解释了银行是如何从金匠演变而来的。

第三部分介绍了识别和管理主要的银行风险。第4章讨论了银行面临的主要风险，特别是在提供金融服务的过程中面临的基础性风险：信用风险、利率风险和流动性风险。首先从独立风险来源的角度对每一种风险进行了讨论。然后意识到这些风险在实践中是相互关联的，而这一点要求用一种综合方法来进行风险管理。全面风险管理就是这样一种方法。第5章对利率风险进行了深入的探讨，并从确定性和不确定性两种情况下的利率无套利期限结构的角度对这种风险进行了解释。第6章聚焦于流动性风险。

关于信用风险的讨论主要在第四部分进行。这一部分聚焦于银行的资产负债表业务。第7章分析了即期借贷与信用风险。第8章审查了信贷配给和其他借贷异象——这一章还将多期信贷合约问题包含在内。第9章涵盖了信贷活动中的一些特殊主题，包括银团贷款、贷款出售和项目融资。

第五部分涉及银行资产负债表表外业务。第10章讨论了商业银行的或有业务，包括贷款承诺、信用证和银行承兑汇票、利率互换，以及像顶、底和互换期权这样的合约。第11章介绍了资产证券化。

作为本书新增加的内容，第六部分和第七部分分别涉及银行的资本结构与金融危机的主题。第六部分与银行资金来源有关，包括两章内容。第12章审视了存款合同的经济逻辑，并讨论了非存款类"影子银行业"。第13章致力于说明银行如何决定其资本结构，还包含对一些有时会被纳入银行资本结构讨论的常见错误看法的分析，之后则是对银行资本结构有关理论的讨论。第七部分（包含第14章）讨论了金融危机，尤其聚焦于2007～2009年的金融危机，讨论了2007～2009年金融危机之前发生的事件、危机发生期间的事情以及危机的影响和政策应对。

银行监管在第八部分（也就是第15章和第16章）进行了讨论。首先，我们讨论了提供给银行的政府安全网如何使旨在应对安全网导致的道德风险问题的监管变得极为必要，然后讨论了包括日本、欧盟等在内的世界不同国家和地区银行监管的主要机构及其对银行施加的各类规制。较多的注意力放在资本监管和《巴塞尔协议》上，也对流动性监管以及银行活动的其他限制进行了讨论。在第16章中，我们转向了监管改革的建议。特别地，我们讨论了1991年的《联邦存款保险公司改进法》，1999年的《金融服务现代化法》和《多德－弗兰克华尔街改革与消费者保护法案》，欧盟监管彻底重构，银行业联盟和《拉罗西埃报告》。

在这些章节中许多材料是本书新增加的。

第九部分也是本书新增加的一部分，对银行的演变、银行与金融市场的相互作用以及金融创新的功能进行了讨论。第 17 章以金融发展和经济增长之间的联系作为开篇，随后对金融创新在联系中的作用进行了审视，对金融创新好的和坏的影响进行了探讨。然后我们转向金融和市场的相互作用，以对这种关系的竞争性和互补性的讨论结束，同时也思考了在这种动态中资产证券化、影子银行和信用评级机构所扮演的角色。

最后，在第十部分（也就是第 18 章），我们展望了未来，预测了美国和其他地方银行业的演变趋势。我们讨论了三种主要的变化驱动力：监管、技术和客户偏好，以及这些因素对银行业发展的预示。

我们相信学生极难在一学期甚至一学年内完成整个课程的学习。本书的写作对象主要是那些不大习惯思考不对称信息和代理问题的学生，因此，对这些学生来说，熟悉这些基本概念需要花费一定的时间。我们推荐教师选择其中的一些主题，但记住，大概需要两个学期的时间才能充裕地完成整本书的教学。

无论授课教师选择何种方式，我们都希望能够让学生很好地理解当代银行思想（尽管仍具有一定的挑战性）。我们自己在教授这些内容时已经获得了回报，希望其他教师也一样。

致谢

本书得益于许多同事和朋友的投入。特别地，我们要感谢圣路易斯华盛顿大学的克里斯蒂·佩里和约翰·马哈拉詹在本书的完成过程中付出的所有努力。此外，我们对约翰推荐的杰出的研究助理和编辑表示由衷的感谢。我们还要感谢斯洛文尼亚卢布尔雅那大学的马蒂·马瑞克提供的优秀研究支持和其他有价值的反馈。

作译者简介
ABOUT THE AUTHORS AND TRANSLATOR

作者简介

斯图亚特·I. 格林鲍姆（Stuart I. Greenbaum）

斯图亚特·I. 格林鲍姆是圣路易斯华盛顿大学约翰·M. 奥林商学院前任院长和名誉教授。他是2006年金融中介研究学会终身成就奖的获得者。2000年，他被任命为美国银行管理领导学教授。在1995年加入奥林商学院之前，格林鲍姆在西北大学凯洛格管理研究生院担任了20余年的教职。他曾是凯洛格管理研究生院银行业研究中心主任，诺曼·斯特伦克金融机构的杰出教授。1988～1992年，他担任负责学术事务的副院长。在加入西北大学之前，格林鲍姆担任肯塔基大学经济学系主任，还是货币监理署和美联储的工作人员。

格林鲍姆曾在15家公司的董事会任职。他曾任职于研究生管理招生委员会的主任顾问委员会、国际商管学院促进委员会（AACSB）的董事会、世界农业论坛的执行委员会以及圣路易斯儿童医院的董事会。他曾三次被任命为美国联邦储蓄贷款顾问委员会委员，两次因为杰出的公共服务而受到官方表彰。格林鲍姆为尤因·马里昂·考夫曼基金会、以色列高等教育理事会、美国银行家协会、银行管理研究所、货币监理署、美联储和联邦住房贷款银行系统等机构提供咨询服务。他曾多次在国会委员会和其他立法机构做证。

格林鲍姆著有两本书，在学术期刊和其他专业媒体上发表了75篇文章。他是《金融中介杂志》的创始编辑之一，并曾在其他10种学术期刊的编辑委员会任职。

安吉·V. 塔克（Anjan V. Thakor）

安吉·V. 塔克是圣路易斯华盛顿大学奥林商学院约翰·E. 西蒙金融学教授、博士研究生项目主任、WFA金融与会计研究中心主任。在加入奥林商学院之前，他曾任密歇根大学罗斯商学院爱德华·J. 弗雷银行业和金融学教授，在那里他还担任过金融系主任。他曾在印第安纳大学、西北大学和加利福尼亚州大学洛杉矶分校担任教职。他曾为许多公司和组织提供过咨询服务，包括Whirlpool公司、Allision Engine Co.、邦吉集团、花旗集团、当纳利集团、Dana公司、百威英博、Zenith公司、林肯国家公司、摩根大通、信诺、Borg-Warner

Automative、Waxman 工业、路透社、莱德综合物流、美国电话电报公司、CH2M Hill、高田公司、泰森食品、斯巴泰克公司和美国司法部。塔克博士荣获 2005 年奥林商学院里德 MBA 优秀教学奖，2003 年 4 月获得密歇根大学商学院博士项目杰出教师奖。他在金融和经济学主要学术期刊上发表了 100 多篇论文，包括《美国经济评论》《经济研究回顾》《经济理论杂志》《经济期刊》《兰德经济学杂志》《金融杂志》《金融研究评论》《金融中介杂志》和《金融经济学杂志》等。除了本书之外，他还出版了 7 本书。他是《金融中介杂志》的创始编辑和金融中介研究学会的创始人之一，也是金融理论研究团队的研究员。他在许多银行案件中担任专家证人，并在美国联邦法院就与银行估值和资本结构有关的问题做证。

阿诺德·W. A. 布特（Arnoud W. A. Boot）

阿诺德·W. A. 布特是阿姆斯特丹大学公司金融和金融市场学教授，也是阿姆斯特丹法律与经济中心（ACLE）联合主任。他是荷兰中央银行（DNB）银行理事会主席，政府政策科学委员会（WRR）成员，以及位于法兰克福的欧洲系统风险委员会（ESRB）的咨询委员会成员，也是 CEPR 研究员和荷兰皇家艺术与科学学院（KNAW）成员。在担任当前职务之前，他是西北大学凯洛格管理研究生院的教职人员、斯德哥尔摩经济学院的贝蒂尔·丹尼尔森客座教授和康奈尔大学的奥林研究员。2000～2001 年，他是麦肯锡公司金融和战略实践部的合伙人。2008 年，他担任欧洲金融学会（EFA）主席。除了学术活动之外，阿诺德·W. A. 布特还就所有制结构问题，特别是与公共或私人领域有关的问题提供广泛的咨询服务，他还是几家金融机构和其他公司的顾问，也是几家机构的非执行董事。他的研究重点是公司融资和金融机构。他的论文发表在《金融杂志》《美国经济评论》《金融研究评论》和《金融中介杂志》等主要学术期刊上。

译者简介

应展宇

中央财经大学金融学院副院长、教授、经济学博士，2008 年度教育部"新世纪优秀人才支持计划"入选者，兼任中国人民大学中国资本市场研究院（原金融与证券研究所）研究员，北京市海淀区政协委员。研究领域主要为中国资本市场理论与实践、比较金融体制以及中国金融改革与发展等。曾主持或参与国家社科基金青年项目、教育部哲学社科重大攻关项目等 20 余项科研课题，在《管理世界》《世界经济》《财贸经济》等核心期刊发表论文 40 余篇，出版专著、教材（含合著 / 编著）20 余部。从教以来一直承担本科生和研究生的"金融市场学""金融市场与金融机构"等专业课程的教学任务，参著的多本著作获得北京市哲学社科优秀成果奖，曾获中央财经大学优秀学术著作奖一等奖、涌金教师学术奖以及中国金融教育与研究优秀论文特等奖等荣誉。

前言

金融中介机构服务于文明社会已有数个世纪了。包括股票、债券、金融衍生品等金融证券在内的金融合同，以及交易这些合同的市场，可以减轻并重新定位最具成本效益的场所的风险，有力地实现了现金流的跨期再配置。保险、权益、互换、期货和期权合同按照某个价格把风险从那些拥有过多风险或觉得无法接受风险的人，转移到有意愿承担风险的人那里。信贷契约当然也以一定的价格完成了跨期的财务和收入转移，促进了储蓄（负储蓄）和投资。代理人因此可以比其拥有或赚取的资源消费（投资）得更多（更少），这提供了一种极有价值的便利性，并使个人及社会受益。金融中介在风险的重新配置和消费的跨期调整过程中扮演着重要的角色。金融契约、证券、市场和金融中介共同构成了金融体系。

随着一个文明国家经济的发展，它的金融体系为了满足更大、更细微的风险管理和资本配置要求而变得更为复杂。很多人相信，我们能通过金融体系的成熟和复杂性来衡量文明的进步。然而，脆弱性几乎不可避免地与复杂性相伴随。想想工具的演进历程。手术刀越是锋利，外科医生的精确度就越高，但使用这种锋利的工具容易造成更大的伤害（虽然是偶尔出现）。在金融背景下，更加间接和微妙的工具及更有效的市场（想象一下高频交易）将改善资源配置，但它们也使控制、调节和监管更具挑战性。复杂性由此可能引发泡沫和危机，进而造成社会资源错配和产出损失。这意味着即便平均来看我们的生活都变得更好了，但高收入的群体收入变得更高，低收入的群体收入变得更低了（相应地，社会的脆弱性和波动性变得更高了）。

为了减少社会混乱，必须控制金融体系的脆弱性。一般来说，为了限制金融体系的脆弱性，我们会依赖市场力量提供必要的控制和平衡。然而，这样做就要求市场参与者理解金融契约和证券是如何运行或失效的，但在一个复杂的金融体系中，要做到这一点是一件极具挑战性的事情。特别地，如果那些经验丰富的代理人知道更多市场上交易证券的信息，同时更清楚市场上有哪些证券可供其使用，他们就会利用这种信息优势来剥削不知情的交易者，进而带来可预见的负面社会效应。这时，金融市场的公共干预就变得可预见了。这种公共干预的实施带有一定的成本，其目的在于避免自由放任导致的可预见的更大的成本——在一个自由放任的环境中，由于某些个人和机构拥有的内幕信息与市场控制力，公众极易受到剥削。

理解这些问题要求我们具有金融中介领域的相关专业知识，且自2007～2009年全球金融危机爆发以来，这个领域的知识增长尤为显著。我们将很快讨论金融危机这一主题。下面首先解释一下本书的知识框架体系。

关于章节安排的一些额外说明

第1章提出了本书后面将会用到的一些概念和分析性工具。第2章引入了大量的金融中介机构，强调了各类金融机构及其提供的金融服务，描述了在一个典型的发达经济体系中出现的各种金融需求，以及在为经济提供金融服务的过程中出现的市场反应。第3章转向了金融中介经济学以及金融体系的细节。第4章审视了金融机构管理的各种风险，尤其是在提供金融服务的过程中带有基础性的风险，包括流动性风险、市场风险、利率风险和信用风险。我们还审视了这些风险如何被整合在一起形成了一种风险文化，这种风险文化的出现是因为新近的管理创新和联合管理各类风险（也就是全面风险管理）的需求。第5章介绍了利率风险的细节，尤其是利率风险产生的根本原因、度量和控制。第6章介绍了流动性风险的细节。

第7~9章构成了极为详尽的对信用风险（违约风险、交易对手风险）的审视。这种风险根植于借贷活动之中，反映了商业银行的核心竞争力。借贷活动要求对潜在的借款人进行彻底的信用分析，然后进行恰当的借贷契约设计。契约条款当然涉及定价，但这仅仅是一个开始。贷款的期限长短、利息的周期性支付金额、费用、分期摊付、抵押品问题和可选条款都为契约设计提供了无尽的变化空间。事实上，贷款可选条款可以延长或缩短贷款的预期存续期。因此，存在几乎没有边界的范围选择来调整贷款期限，从而为贷款人和借款人双方创造价值。在达成贷款协议之后，至关重要的监控活动就紧随而至，通过监控，贷款人保护自身不会受到无法接受的信贷质量恶化状况的影响。如果借款人违反了贷款契约的相关条款，或是无力满足定期的贷款本金偿付，贷款一般将会被"加速"，或者说要求其立即清偿。当然，这么做会导致破产清算，但更有可能的情况是贷款的重新协商，而这涉及另外的银行技能。信用管理，无论它的表现形式如何改变，都可以被视为商业银行的行业性专属（也可以理解为行业界定）技能。特别地，第7章讨论了即期借贷的基本活动。第8章审视了贷款是如何定价的，为什么信贷会被配给，贷款是如何通过结构的重新设计来降低违约风险的。第9章介绍了银团贷款、贷款出售和项目融资。

绝大部分银行贷款的发放通常会伴随着银行贷款承诺（或者说信贷额度），而银行贷款承诺则产生于持续的银行关系的期权契约。贷款承诺是第10章的主题。第11章讨论了资产证券化——可以实现更为精细的风险配置和流动性强化的中介技术。虽然一开始资产证券化主要是为了将非流动性住房抵押贷款转变成为可交易的证券，但现在它已成为将商业租赁和人寿保险单这样完全不同资产的现金流"液化"的工具。这种重要的金融工具可以实现针对任何现金流的更为有效的风险配置和流动性增强。毫无疑问，这种技术已被严重地滥用了。

第12章介绍了界定商业银行的一种核心负债——银行存款。银行存款是可以随时提取的，且充当了社会的交易媒介和支付方式。它一般由政府提供保险（尽管有时是隐性的），进而加强了政府和私人拥有的商业银行之间极为复杂的依赖性。这种关系兼具恶意性和共生性，它的演进历史也充满了既有悲剧也有喜剧意味的讽刺性。第12章包含对"影子银行"的讨论。影子银行指的是银行体系的非存款性部分，这种业务很少像银行业那样受到管制（尤其是在2007～2009年危机之前），因此就成了这样一个部门，在其中开展一些金融活动是为了逃避监管性税收，如果由存款类机构来执行这些活动，监管性税收就必须由该机构来承担。

第13章探究了银行如何决定其负债结构，或者说债务和权益的组合。杠杆，或者说等同于银行资本（权益）的稀缺性，可以放大股东的收益，同时增加了机构资不抵债的可能性。财务杠杆一直是银行所有者和公共监管者之间的一个争论来源。我们将在后续章节中讨论监管性银行的资本充足要求。

第14章分析了导致大衰退的2007～2009年金融危机。银行业及邻近的金融市场，尤其是向家庭住房抵押贷款提供资金的金融机构处于危机的中心，但这场灾难很快就被描述成"一场完美的风暴"。很多主体的集体性行动导致了这场危机，这些主体包括政治家、投资银行、住房抵押贷款银行、中央银行、公共监管者、注册审计师、风险管理者、信用评级机构、受托者等。大衰退是一次共同犯罪的传奇。危机的教训有许多，但有些较为微妙。

第15章转向了对金融体系公共监管目标的探讨。每一个发达国家都拥有与其金融体系复杂性相匹配的公共监管基础架构，试图来保护金融体系免受最严重的过度行为的影响。我们试图弄清楚这些监管机构（绝大多数都以本国为基础）的共同之处。然而，某些重要的金融监管机构为了与全球主义的扩展相匹配，从本质上说是超越了国家的。

第16章讨论了金融立法和监管领域的主要里程碑。每一次银行危机似乎都会激发全新的适应时代的立法和监管，却无法避免下一次危机的到来。尽管这种监管动态有些类似于将军"打最后一场仗"，但毫无疑问它造就了当前的银行监管。

第17章审视了银行和金融市场之间不断演变的边界问题。尽管我们通常认为银行和金融市场是不同的且带有竞争性，但随着银行和市场的协同演进，它们之间的边界已变得越来越模糊。

最后，第18章提出了关于未来银行业的一些推测性想法。

这些概念如何帮助我们理解大衰退：2007～2009年的次贷危机

开始于2007年年末的大衰退被认为是自1929年大萧条以来经济形势最为恶化的一段时期，我们将在第14章进行详尽的探讨。"大衰退"出现于我们通常描述的20年"大缓和"之后。"一场完美的风暴"是许多人用于描述大衰退的一种说法。居民和商业住房抵押贷款市场的崩溃对于大衰退的严重程度至关重要。由于一系列因素的存在，美国的房地产价格一直处于上升阶段，在数十年间未中断的上涨促成了一种集体性的过度自信和傲慢情绪，这种过度自信和傲慢情绪最为具体的表现形式就是住房抵押贷款标准出现了前所未有且不可持续的放宽。围绕着信贷标准的恶化出现了一整套专业词汇，比如低文件（lo-doc）和无文件（no-doc，这里指的是申请住房抵押贷款时，无须提供足够的收入证明、就业记录等）、零首付、反向分摊（这里指的是宽松的支付条款）。所有这些词都表达了同样一层意思，即住房抵押贷款提供给了那些之前不满足房贷资格的人，并不是指提供的数量。信贷标准的自由化不可避免地导致了住房所有权需求的扩张，进而支持了房地产价格似乎不可避免的上升。即便购房者没有能力承担当前的住房抵押贷款偿付义务，但住房价值的实际上涨可以产生资本利得，以确保其偿付能力。不仅第一层级的住房抵押贷款发展迅猛，而且第二层级的住房抵押贷款（房地产权益贷款）也在房地产价值不断上升的基础上成长起来。这样，住房抵押贷款市场吹大了房地产泡沫，直到2007年年末。之后则是全国性的房地产价格下降，并且之后几年仍然在应付非常痛苦的高失业率和就业不足，数以万亿美元计的潜在产出被浪费，更不用提随之而来的两极分化的社会动荡。除了第14章提到的2007～2009年危机背景下的问题之外，许多在这里讨论的概念也会在第14章之前的章节进行讨论。

有些矛盾的是，看上去促进了经济增长的金融市场发展使大衰退恶化。事实上，这一点就是莱因哈特和罗戈夫（2009）著作的《这次不一样》㊀的主题——这本书细致地研究了800年商业周期。重要的金融契约和像资产证券化这样的契约创新促使家庭、银行和政府支持企业（所谓的GSE，特别是房地美和房利美）等部门的财务杠杆达到了史无前例的水平。然而，关于这个金融创新的故事，我们还有更多的话要说。已受到损害的住房抵押贷款要么被卖给规模庞大并拥有过度杠杆且受政治影响的房地美和房利美等政府支持企业，要么被卖给华尔街上具有类似过度杠杆的投资银行。投资银行再把这些住房抵押贷款销售给信托公司，而这些信托公司则把住房抵押贷款汇集起来，然后以住房抵押贷款池产生的现金流为依据向市场出售索取权。这种叠加的金融中介过程（也被称为"资产证券化"）导致了"分档"的金融索取权，而这类金融索取权通常按照优先级逐级下降的顺序进行分类，这一过程将在第11章详细讨论。也就是说，最具优先级的索取权将首先被全额清偿，然后是下一个优先级的索取权，直到住房抵押贷款池产生的周期性现金流被完全耗尽或者所有档的索取权都得到满足。这些证券化了的索取权非常复杂，因为作为标的的住房抵押贷款池规模很大且不同质，进而导致基于资产池的结构化的索取权产生了额外的微妙性和不透明性。这样一种倍增的复杂性使那些试图评估住房抵押贷款支持证券风险的人极为懊恼。证券的购买者发现，像其客户所设想的那样通过日常活动开展独立的尽职调查具有极高的成本。相反，住房抵押贷款支持证券的购买者变得过度依赖于评级机构，也就是穆迪、标准普尔等公司。但问题是，评级机构自身所处的环境是，历史数据——事实证明历史数据并不能很好地预测未来的违约——显示出较低的住房抵押贷款违约率，并造成一种虚假的安全感。不仅如此，有些人还认为评级机构受到给它们提供不恰当激励动机的连累。也就是说，虽然评级机构拥有声誉动机来证实它们给出评级的证券的信用质量，但相比工作的准确性，它们立即可获得的收入更依赖于其评估证券的规模。这种收入诱因使得评级机构忙于通过竞争来保留向其业务提供报酬的客户（发行者付款模式），这些客户自然希望最大化它们试图出售的证券的信用评级。我们将在第2章和第17章讨论信用评级机构。这种设计拙劣的信用评级不断上浮的动态被

㊀ 本书中文版机械工业出版社已出版。

称为"评级膨胀"——评级隐含的信用质量看上去被夸大了,至少事后看来,在住房抵押贷款市场中的信托责任也失效了。那么,这场"完美的风暴"完全呈现了吗?不,还有更多的事情。

那些属于最低劣、最具风险"档"的资产支持产品通常是没有评级的剩余索取权,这些证券对于投资银行而言很难兜售。这些证券一般很长时间都会保留在投资银行的资产负债表上,直到其被重新证券化为"有毒的"担保抵押债务(CDO)。CDO 最初主要是针对公司债务市场,之所以得到这个名字,是因为这个名词表示支持证券化索取权("档")的抵押品是由债务证券构成的。然而,在 2007~2009 年金融危机爆发之前的几年间,CDO 市场的迅猛发展来自住房抵押贷款支持证券市场,许多 CDO 是通过之前证券化的残渣(次级留存)的加总而创造出来的。正如之前显示的那样,评估这些杠杆化的、极具风险性的索取权的难度,使得那些从事资产证券化业务的投资银行的资产负债表膨胀了起来。此外,市场中充斥着这些透明度极低的 CDO,而这些 CDO 拥有来自评级机构的被夸大的信用评级。

像高盛、摩根士丹利这样的投资银行的资产负债表膨胀需要得到融资的支持,而这些融资无法享有被 FDIC 所担保的存款这样的好处。因此,它们利用回购和资产支持商业票据市场。投资银行向货币市场共同基金和类似的机构投资者借款,并将它们拥有的风险性资产作为抵押品。这些借贷渠道后来被称为"影子银行体系"。它们给投资银行提供了一种短期资金来源,而这一资金来源允许其持有长期的高风险住房抵押贷款。然而,提供这种融资的机构投资者受到约束,在很多情况下只能向这些银行提供短期贷款,而这意味着这些投资银行用短期负债为那些信用标签错误、周期较长且风险强化了的资产提供资金。令人感到耻辱的一代储蓄贷款协会管理层已经向我们解释了这样一种资产负债表错配是灾难的先兆。此外,之前杠杆率仅为资本 6~8 倍的投资银行将其杠杆像吹气球一样放大到 50~60 倍。第 13 章讨论了杠杆选择问题。金融杠杆量级的上升清楚地标志着危险,即便那些较为幼稚的主体也能看出这一点。这场风暴越来越清楚了吗?

莱因哈特和罗戈夫(2009)的主要观点是,受金融部门拖累所致的经济下滑倾向于在深度和持久性上更为严重。大衰退提供了确定性的证据。

大衰退的遗产

公平地说,大衰退导致了来自形形色色的专家(无论是官方指定的,还是自己任命的)、管理权威、各种各样的立法者和政客、公共监管者和银行家井喷式的回顾。回顾近现代历史,人们会问,伊利诺伊大陆银行,当时这个美国最大、1982 年被邓氏评为美国管理最佳的五大银行之一的商业借贷机构是如何在 1984 年破产的。这样一个享有盛誉的银行界庞然大物是如何受一家位于俄克拉何马微不足道的商业中心银行(宾州广场银行)所连累的?

尽管根据波动性利率预期理论,大家都知道收益率曲线会快速反转,但由 4 500 家公司组成的整个储蓄贷款协会如何会将其生存的机会完全下到收益率曲线一定会向上倾斜这样一个赌注上的?这样一个由于拥有政府担保的存款而受到重度监管的行业几乎完全消失,留下了一笔预计达到数千亿美元的巨额损失。事实上,储蓄贷款协会行业的破产将住房金融重新指向了住房抵押贷款银行、投资银行和政府支持机构（GSE）。这种机构性重新定位，再加上资产证券化和过度杠杆的流行，导致了处于大衰退中心位置的住房抵押贷款灾难。

这样，大衰退的发生从某种程度上说可以直接追溯到20世纪80年代的储蓄贷款协会崩溃。在那个时代，储蓄贷款协会旨在为自身资产负债表发起住房抵押贷款，因此对借款人的信用质量保持极度的关切。随着储蓄贷款协会的倒闭，住房抵押贷款转由住房抵押贷款银行发起，而对于这些银行而言，发起贷款完全是为了将其再销售出去。因此，这些机构关注的是规模，仅受到GSE和华尔街银行制定的最低质量标准的约束。不仅如此，GSE一直处于国会扩大住房所有权比例这一压力之下，华尔街银行借助资产证券化将其住房抵押贷款再销售给那些脑袋里只有收益率的投资者，由此，GSE无论在何种情形下都无法独立地承销这些索取权，进而对妥协的信用评级机构具有较大的依赖性。

下一个标志性的金融灾难出现在20世纪90年代晚期，也就是美国长期资本管理公司（LTCM）这家有名的对冲基金的崩溃。由约翰·W.梅里韦瑟这样一个传奇交易人于1994年创建的LTCM擅长在承担极低投资风险的情况下开展特大规模的交易。梅里韦瑟的合伙人包括罗伯特·默顿和迈伦·斯科尔斯，两位世界著名的学者和诺贝尔经济学奖得主。LTCM不仅是一家智库，它还拥有后来受到全球性指责的巨大的规模和杠杆。在它倒闭的1998年年初，LTCM拥有大约50亿美元账面价值的资本，资产为1 300亿美元，拥有以名义价值计算的账外衍生品头寸约为1.25万亿美元。它是一家几乎与这个星球上每一家重要的金融机构之间都有交易的大型且不受监管的金融机构。这种交易所导致的关联性也就是被当前公共监管机构认定为有必要纳入公共监管的"系统重要性金融机构"的本质所在。LTCM的倒闭是由众多因素相互影响所致：逐渐脱离最初的低风险投资策略，高财务杠杆，以及1997年东亚金融危机和1998年俄罗斯政府债务违约这两大引人注目的外部冲击。这些外部冲击致使之前具有极低相关性的各类资产的相关性出现了前所未有的改变，显著降低了投资组合分散化的收益，进而造成了最终导致投资者外逃和资本耗散的巨大损失。这些事件促成了一场由财政部和美联储召集、由LTCM交易对手银行提供资金的紧急救助。这场引人关注的崩溃事件在罗杰·洛温斯坦的《赌金者：长期资本管理公司的升腾与陨落》㊀这本书中有详细的描述。按照我们的观点，LTCM提供了一个额外的数据点，记录了当代金融安排的脆弱性和向心性，尤其是当金融工具和交易策略变得更为微妙的时候。

LTCM倒闭短短3年之后，安然就倒闭了。这在当时是有史以来规模最大的一次破产。安然公司在破产的前一年，也就是2000年的营收超过了1 000亿美元。再一次，一个完美的典范从声誉最高处跌落，2001年交易的股票价格从超过90美元/股在一年间跌至几乎一文不值。由拥有无可匹敌资历的一流董事会和高管领导的这家世界上最大的能源交易商被彻底拆毁了。安然的CFO一开始被控98项欺诈、洗钱、内幕交易和共谋等罪名。他被判10年有期徒刑且不准保释。董事会主席和CEO肯尼斯·莱和杰弗里·斯基林被控53项银行欺诈、向银行和审计人员发布措施陈述、证券和线上交易欺诈、洗钱、共谋和内幕交易等罪名。斯基林被判24年4个月的有期徒刑。莱在宣判前死亡。安达信——安然的审计机构，

㊀ 已由机械工业出版社出版。

被发现有妨碍司法（销毁证据）的犯罪行为，进而被禁止从业（安达信后来在听证会上被宣告无罪，但这已经太晚了）。

安然丑闻严重毁掉了他们的声誉、生活和财富。归根结底，这场丑闻是由虚假陈述造成的，并且虚假陈述得到了一家全球领先的会计公司、一群享有盛誉的董事会成员和一个表面上无可挑剔的管理团队的赞同。安然公司审计委员会的主席是会计学术领域的领军人物，斯坦福商学院的院长。董事会主席是一位经济学博士，首席财务官则是一名毕业于凯洛格管理学院的MBA。此外，安然公司还在一个受到高度监管的环境中运营。彼此放在一起会造成明显的监管冗余的所有控制措施（不管是外部的还是内部的），怎么会对其明目张胆的不道德甚至非法的行为视而不见，最终却依靠那些不太知情的记者和证券分析师将其公之于众？更重要的是，这些违法活动是借助新型的金融交易、激进的会计操作和模糊的杠杆实现的。可能最值得称道的是所谓的特殊目的实体（SPE）——借助SPE，安然公司得以将资产和负债转移到资产负债表表外的实体中，而正是这些实体允许安然公司降低了其名义财务杠杆，进而大规模地低估了它的风险。引人注目的是，仅仅几年之后，花旗银行就因调整SPE，然后将其重新部署为结构化投资载体（SIV）而声名狼藉。再一次，其结果低估了财务杠杆。安然悲剧带来的教训再一次表明了金融的脆弱性以及不知情交易者的易变性。花旗银行敢在安然公司遭受广泛的诋毁短短几年之后就如此积极地利用SIV，这样一个事实颇有些令人感到疑惑。

在安然之后出现了像世通公司这样规模仍非常大的破产事件，然后是南方保健公司、泰科电子公司，以及雷曼兄弟倒闭，贝尔斯登、美林和美联银行火速出售的动荡，美国国际集团、通用汽车和克莱斯勒公司通过TARP对商业银行体系进行了政府资本重组。无论在公共领域还是私人领域，我们从这些被遗忘的惨痛教训中可以吸取些什么东西呢？过度的杠杆率（资本不足）、不透明的资产、可疑的会计操作、不足的控制措施、虚弱的风险管理、不够坚定的领导层以及虚幻的公共监管被证实是难以逾越的。

乔治·桑塔亚纳告诫说，那些无法记住过去的人注定会重复过去。但是，等一下，还有更多的教训。除经验之外，还有从经验中获得的极为丰富的理论。这两部分内容都包含在本书之中。无论读者试图成为一名金融专业人士，还是其他地方的管理者，抑或仅仅是想成为一名在金融这个令人毛骨悚然的贪婪世界中寻求避难所的知情市民，这一学习之旅应该有助于降低其受侵害的概率。无法保证最终的成功，但这段学习之旅将为你提供有助于理解你所处的经济世界的工具，你也会因此被赋予做出更好的金融和政治决策的权利。

当你开始这段学习之旅时，把你自己完全置身于精彩纷繁的复杂性之中吧！这种复杂性来自金融体系令人无法抗拒且带有创造性的创新和适应过程。当私营部门恢复活力之后，随之而来的是公共监管部门的回应，这反过来又会刺激更多规避创新的举措。金融体系无限的延展性根源于现存的金融交易不会比金融合约更重要，而金融合约的变化仅仅受交易双方的想象力的限制。但几乎不可避免的是，私营部门的天才想法会引致偶发的骗局，中介过程因此会在展现人类的最佳状态的同时突显其最坏的一面，由此导致的戏剧性事件使得金融中介这个主题变得极为令人着迷。好好享受这个智慧之旅吧！

目录

中文版序
作译者简介
前　言

第一部分　背　景

第1章　基本概念 …………………… 2

引言 ……………………………………… 2
1.1　风险偏好 …………………………… 2
1.2　分散化 ……………………………… 4
1.3　无风险套利 ………………………… 7
1.4　期权 ………………………………… 8
1.5　市场有效性 ………………………… 9
1.6　市场完备性 ………………………… 10
1.7　信息不对称和信号显示 …………… 11
1.8　代理与道德风险 …………………… 16
1.9　时间一致性 ………………………… 18
1.10　纳什均衡 ………………………… 20
1.11　信念修正与贝叶斯法则 ………… 21
1.12　流动性 …………………………… 23
1.13　系统风险 ………………………… 23
1.14　意见分歧 ………………………… 23
1.15　公允价值会计 …………………… 24

第二部分　什么是金融中介

第2章　金融中介的性质和种类 ……… 26

引言 ……………………………………… 26
2.1　什么是金融中介机构 ……………… 27
2.2　金融中介机构的不同种类 ………… 33
2.3　存款性金融中介机构 ……………… 36
2.4　投资银行：资本市场重要的
　　　非存款性中介机构 ………………… 45
2.5　已松绑的投资银行和商业
　　　银行之间的隔离 …………………… 47
2.6　其他非存款性金融中介 …………… 48
2.7　信用评级机构 ……………………… 56
2.8　政府的作用 ………………………… 57
2.9　处于边缘的金融中介机构 ………… 58
2.10　结论 ……………………………… 61
附录2A　测度扭曲和资产负债表 ……… 62

第3章　金融中介机构的内涵、运行
　　　　　机理及存在原因 ……………… 64

引言 ……………………………………… 64
3.1　金融体系是如何运作的 …………… 65
3.2　企业融资：债务 …………………… 74

3.3 部分准备金银行制度与金匠逸事 …… 74
3.4 银行与监管的模型 …… 78
3.5 部分准备金银行制度的宏观经济影响：固定系数模型 …… 84
3.6 大型金融中介 …… 86
3.7 银行如何使非银行金融契约变得更有效率 …… 88
3.8 实证证据：银行是特殊的 …… 89
3.9 存款性金融机构的所有权结构 …… 91
3.10 借款人的融资来源选择 …… 93
3.11 结论 …… 97
附录 3A 大型中介的正式分析 …… 99
附录 3B 几个定义 …… 101

第三部分
识别和管理主要的银行风险

第4章 银行风险 …… 104
引言 …… 104
4.1 基本的银行业风险 …… 106
4.2 信用风险、利率风险和流动性风险 …… 107
4.3 全面风险管理 …… 109
4.4 结论 …… 118

第5章 利率风险 …… 121
引言 …… 121
5.1 利率的期限结构 …… 121
5.2 利率风险的魅力及其潜在影响 …… 126
5.3 久期 …… 129
5.4 凸性 …… 134
5.5 利率风险 …… 135
5.6 结论 …… 138
5.7 案例研究：艾格斯顿州银行 …… 138

第6章 流动性风险 …… 143
引言 …… 143
6.1 究竟什么是流动性风险 …… 143
6.2 关于流动性的一些规范界定 …… 145
6.3 流动性风险的管理 …… 147
6.4 难以区分的流动性风险和破产风险及最后贷款人难题 …… 150
6.5 结论 …… 150
附录 6A 通过分散化降低存款提取风险 …… 151
附录 6B 最后贷款人与道德风险 …… 151

第四部分
资产负债表内的银行业务

第7章 即期借贷与信用风险 …… 156
引言 …… 156
7.1 银行资产的描述 …… 156
7.2 什么是借贷 …… 162
7.3 贷款与证券 …… 164
7.4 贷款合约的结构 …… 165
7.5 贷款合同中的信息问题和贷款绩效的重要性 …… 167
7.6 信用分析：因素构成 …… 169
7.7 信贷信息来源 …… 187
7.8 财务报表分析 …… 188
7.9 贷款契约性条款 …… 192
7.10 结论 …… 194
7.11 案例研究：印第安纳建筑用品公司 …… 195

第8章 银行借贷中的深层次问题 …… 201
引言 …… 201
8.1 贷款定价和利润率：一般性描述 …… 201
8.2 信贷配给 …… 210

8.3	即期借贷决策 ……………	217
8.4	长期银行-借款人关系 …………	220
8.5	贷款重组和违约 ……………	224
8.6	结论 ……………………………	233
8.7	案例研究：宙斯钢铁股份有限公司 ……………………	234

第9章 信贷专题：银团贷款、贷款出售和项目融资 …… 245

引言	……………………………………	245
9.1	银团贷款 ……………………	245
9.2	项目融资 ……………………	251
9.3	结论 ……………………………	254

第五部分
银行资产负债表表外业务

第10章 银行表外业务和或有要求权产品 ……………… 258

引言	……………………………………	258
10.1	贷款承诺：描述 ……………	260
10.2	贷款承诺的合理性 …………	263
10.3	贷款承诺约束下谁可以获得借款 ………………………	273
10.4	贷款承诺的定价 ……………	273
10.5	贷款承诺和看跌期权的差别 …	275
10.6	贷款承诺和货币政策 ………	277
10.7	其他或有要求权：信用证 …	278
10.8	其他或有要求权：互换 ……	280
10.9	其他或有要求权：信用衍生品 …………………………	286
10.10	或有要求权中银行的风险 ……	286
10.11	监管问题 ……………………	290
10.12	结论 …………………………	291
10.13	案例研究：扬斯敦银行 ……	292

第11章 资产证券化 ……………… 298

引言	……………………………………	298
11.1	资产证券化和贷款销售经济动机的初步评论 …………	300
11.2	证券化合约的不同类型 ……	304
11.3	超越经济动机的初步评论：证券化"为什么""是什么"以及"多少才够" ……………	316
11.4	金融机构涉及资产证券化的战略性问题 …………………	333
11.5	贷款出售和贷款证券化的比较 ………………………	335
11.6	结论 …………………………	336
11.7	案例研究：孤星银行 ………	336

第六部分
银行的资金

第12章 存款合同、存款保险与影子银行 ……………… 342

引言	……………………………………	342
12.1	存款合同 ……………………	344
12.2	负债管理 ……………………	350
12.3	存款保险 ……………………	353
12.4	存款保险的大崩溃 …………	372
12.5	影子银行部门的融资 ………	376
12.6	结论 …………………………	377

第13章 银行资本结构 …………… 381

引言	……………………………………	381
13.1	M&M定理适用于银行吗？消除一些谬论 ……………	382
13.2	银行资本结构理论 …………	386
13.3	银行资本、银行贷款和银行价值的实证证据 ……………	390
13.4	为什么银行会表现出对高杠杆的偏好 …………………………	391

13.5 银行资本和监管 …………… 392
13.6 结论 ……………………… 394

第七部分 金融危机

第14章 2007～2009年的金融危机与其他金融危机 ……… 398

引言 ………………………………… 398
14.1 发生了什么 ………………… 400
14.2 原因和影响：危机的原因及实际影响 …………………… 402
14.3 应对危机的政策 …………… 417
14.4 其他国家的金融危机和监管干预 …………………… 420
14.5 结论 ……………………… 422

第八部分 银行监管

第15章 银行监管目标 …………… 424

引言 ………………………………… 424
15.1 银行监管的本质 …………… 425
15.2 银行监管机构 ……………… 428
15.3 安全和稳定规制 …………… 436
15.4 稳定性：宏观审慎监管 …… 456
15.5 市场结构、消费者保护、信贷分配和货币控制监管 …… 461
15.6 结论 ……………………… 471

第16章 银行业立法和监管改革的里程碑 ……………………… 473

引言 ………………………………… 473
16.1 银行业立法的里程碑 ……… 473
16.2 银行监管的问题 …………… 482
16.3 1991年的《联邦存款保险公司改进法》及相关法案 …… 489

16.4 1999年的《金融服务现代化法案》 …………………… 494
16.5 《多德－弗兰克华尔街改革与消费者保护法案》 ……… 496
16.6 欧盟监管、监控检查和监控报告 …………………… 501
16.7 结论 ……………………… 506
附录16A 流动性约束、资本要求和货币政策 ……………… 507

第九部分 金融创新

第17章 银行与市场的演变以及金融创新的作用 ………… 512

引言 ………………………………… 512
17.1 金融发展 …………………… 512
17.2 金融创新 …………………… 515
17.3 金融创新的黑暗面 ………… 517
17.4 银行和金融市场 …………… 518
17.5 银行与市场的对比：互补性和影子银行 …………… 521
17.6 信用评级机构的角色 ……… 522
17.7 结论 ……………………… 524

第十部分 未来展望

第18章 未来展望 ……………………… 528

引言 ………………………………… 528
18.1 变革驱动力 ………………… 529
18.2 正在改变金融服务场景的市场动向 …………………… 533
18.3 银行注定会消亡吗 ………… 537
18.4 结论 ……………………… 539

第一部分
PART 1

背　景

第1章

基本概念

> 许多实干家自以为不受任何学说的影响，但他们实际上往往已经是某个已故经济学家的奴隶了。某些掌握政权的狂人自以为他的思想是授命于天，而实际上则是来自以前某个三流学者的拙劣著作。我很确信，既得利益的影响远不如思想的逐渐侵蚀那么大。
>
> 约翰·梅纳德·凯恩斯，《就业、利息和货币通论》，1947

引言

现代金融中介理论是建立在金融经济学领域发展的诸多概念基础上的。这些概念在本书中被广泛使用，因此很好地理解这些概念是非常重要的。在刚开始的时候，有人可能并不是非常清楚为什么需要特定的概念来理解现代银行业。譬如，有人会问"市场完备性"与商业银行之间有什么关联。然而，这个表面上看起来抽象的概念是理解金融创新、资产证券化以及银行表外业务的核心所在。类似无风险套利、期权、市场效率和信息不对称等许多概念已经塑造了金融领域诸多的子研究领域，并对银行业的研究具有极为重要的作用。因此，我们选择在本章对这些概念进行统一介绍，为那些对这些概念较为陌生的教材使用者提供一个简单的参考。

1.1 风险偏好

为了理解个体的经济行为，我们可以用一个效用函数来很方便地描述一类个体，这个效用函数涵盖了个体对于不同结果的偏好。给定一个财富水平 W，令 $U(W)$ 表示该个体基于财富水平的效用水平。可以合理地假定个体总是偏好更多的财富，这可以称之为"非饱和性"，可以用 $U'(W) > 0$ 表示，这里的符号（'）表示导数的意思。也就是说，从边际上看，一个额外单位的财富增加总是会提高一定的效用水平（无论效用的提高有多小）。

个体通常可以被划分成风险中性者、风险厌恶者或风险爱好者三者中的一类。如果个体对于参与赌博获得与其数学期望金额相等的现金的确定性和参与赌博本身带有的不确定性持中立态度，那么这个个体是风险中性者。因为对于风险中性者而言，他只关心期望财富，不关注财富的方差,所以效用函数与财富水平呈线性关系,并且其二阶导数 $U''(W)$ 等于零。令 $E(\cdot)$ 表示数学期望,那么风险中性者可以表示为 $U[E(W)]=EU(W)$,$U[E(W)]$ 指的是 W 期望值的效用水平,$EU(W)$ 表示 W 的期望效用水平。对于风险中性者而言,改变结果的风险大小对其福利没有影响,只要其期望收入保持不变。

风险厌恶者的效用函数是财富水平的凹函数,也就是说 $U''(W)<0$。这类个体偏好于获得与赌博期望收入金额相等的确定性收入,而不会去选择具有相同预期结果(隐含不确定性)的赌博本身。如果 U 是(严格)基于财富的凹函数,那么可以用詹森不等式表示风险厌恶,即

$$U[E(W)] > E[U(W)]$$

因此,风险厌恶者偏好于承担更低的风险。换句话说,就是当他们暴露在风险中时,他们会要求获得一个风险溢价。

在两种具有相同期望收入但风险不同的选择中,风险爱好者则偏好高风险的选择。效用函数 U 是基于财富的凸函数,即 $U''(W)>0$。如果 U 是(严格)基于财富的凸函数,那么用詹森不等式表示风险偏好就是

$$U[E(W)] < E[U(W)]$$

尽管彩票和赛马等活动颇为流行,但我们一般假设个体是风险厌恶者。绝大部分金融理论都建立在这个假设基础之上。图1-1 描绘了不同类型的风险偏好状况。

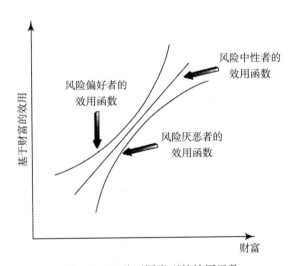

图 1-1　三种不同类型的效用函数

我们借助图1-2 来显示风险偏好导致的经济行为。考虑存在一个赌博,通过参与这个赌博,一个拥有 W 财富水平的个体有 0.5 的概率财富变为 W_1,有 0.5 的概率财富变为 W_2。如果这个个体是风险厌恶者,那么其效用函数是凹的(图1-2 中的 AB 曲线)。现在,这个个体参与赌博的期望财富水平是 $E(W)=0.5W_1+0.5W_2$,严格位于 W_1 和 W_2 的中间。与该财富期望值相对应的效用水平是纵轴上的 $U[E(W)]$。但是,如果该个体参与了这个本身带有风险的赌博,其财富期望值为 $E(W)$,那么个体对应的期望效用水平 $EU(W)$ 处于纵轴上 $U(W_1)$ 和 $U(W_2)$ 的中间(从图中可以勾勒出一条连接 $U(W_1)$ 和 $U(W_2)$ 的直线,从横轴上 W_1 和 W_2 的中间引出一条垂直于横轴的虚线,这两条线交于 $EU(W)$ 这一点)。借助这个图,我们可以直观

地看到 $U[E(W)] > EU(W)$。效用函数的曲度（或凹性）越大，个体的风险厌恶程度就越高，$U[E(W)]$ 和 $EU(W)$ 之间的差值也就越大。

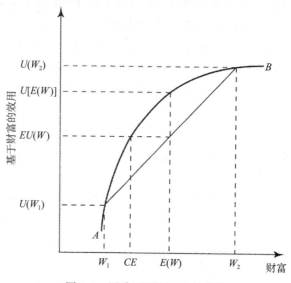

图 1-2　风险厌恶和确定性等价

我们也可以问这么一个问题，对于一个风险厌恶者而言，如果要让他感到获得确定性的支付和不确定的赌博之间没有差异，那么需要给他提供多少补偿，这样一个确定性的支付水平就是经常提及的赌博的"确定性等价"这个概念。在图 1-2 中，确定性等价表示为横轴上的 CE。鉴于个体是风险厌恶者，这个赌博的确定性等价要比期望财富值低一些。换一种表达方式就是，对于风险厌恶者而言，如果他面临着能够获得确定性等价 CE 的选择，那么为了使他参与赌博，$E(W)-CE$ 就是其要求的风险溢价补偿。

风险厌恶的概念会在本书中频繁地使用。例如，我们将在第 3 章探讨金融中介在经济体系中的作用。对于理解金融创新、存款保险和其他许多热点话题，风险厌恶也具有意义。

1.2　分散化

我们可以看到风险厌恶者偏好于降低风险。降低风险的途径之一就是分散化。分散化背后的基本原理是，如果你持有大量的风险资产，你的收益会变得更易于预测，但不一定更多。为了让分散化起作用，你的投资组合中各种资产的收益必须不是完全正相关的。事实上，如果资产收益完全正相关，这些资产从投资实务角度看都是一样的，进而也就不存在分散化的机会。值得指出的是，风险可以分为特质性风险和系统性风险两大类。特质性风险是来自与所关注资产特定因素相关的风险，而系统性风险则产生于资产收益与全局经济范围内的现象（如经济衰退）之间的相关性。特质性风险是可以被分散的，系统性风险则不能。

为了说明分散化是如何起作用的，可以设想你持有两种资产：A 和 B，它们的收益率都是随机变量。⊖ 收益率的方差分别为 σ_A^2 和 σ_B^2。设想 A 和 B 的收益率完全正相关，进而 A 和 B 的相关系数 $\rho_{AB}=1$，投资组合中 A 和 B 的投资比例分别为 y_A 和 y_B。那么投资组合的方差为

$$\sigma_P^2 = y_A^2\sigma_A^2 + 2y_Ay_B\text{Cov}(A, B) + y_B^2\sigma_B^2 \tag{1-1}$$

式中，$\text{Cov}(A, B)$ 是 A 和 B 收益率之间的协方差。由于

$$\text{Cov}(A, B) = \rho_{AB}\sigma_A\sigma_B \tag{1-2}$$

我们就可以得到

$$\sigma_P^2 = y_A^2\sigma_A^2 + 2y_Ay_B\rho_{AB}\sigma_A\sigma_B + y_B^2\sigma_B^2 \tag{1-3}$$

由于 $\rho_{AB}=1$，式（1-3）的右边是一个完全平方和 $(y_A\sigma_A+y_B\sigma_B)^2$。只要 $y_A\sigma_A+y_B\sigma_B \geqslant 0$，式（1-3）可以写为

$$\sigma_P = y_A\sigma_A + y_B\sigma_B \tag{1-4}$$

因此，如果 $\rho_{AB}=1$，组合收益率的标准差是 A 和 B 两资产收益率标准差的加权平均值。所以当资产的收益率完全正相关时，分散化并没有减小组合的风险。对于给定的任意一个相关系数 ρ_{AB}，可以把投资组合收益率的方差写为

$$\sigma_P^2 = y_A^2\sigma_A^2 + 2y_Ay_B\rho_{AB}\sigma_A\sigma_B + y_B^2\sigma_B^2 \tag{1-5}$$

当 y_A、y_B、σ_A 和 σ_B 固定时，可以看到 $\partial\sigma_P^2/\partial\rho_{AB} > 0$，也就是说，当投资组合中成分资产收益率的相关性提高时，组合的风险会增加。当 $\rho_{AB}=0$（收益率不相关时）

$$\sigma_P^2 = y_A^2\sigma_A^2 + y_B^2\sigma_B^2 \tag{1-6}$$

例 1-1

为了了解分散化在这个案例中所起的作用，我们可以假设 $y_A=y_B=0.5$，$\sigma_A^2=100$，$\sigma_B^2=144$。首先假设单个资产收益率之间完全正相关（相关系数 $\rho_{AB}=1$），然后假设资产收益不相关（相关系数 $\rho_{AB}=0$），分别计算两种情形下由 A 和 B 构成的投资组合的方差。

解：

当收益率完全正相关时，$\sigma_P=0.5\times10+0.5\times12=11$，或者说 $\sigma_P^2=121$。当收益率不相关时，利用式（1-6），可以求出 $\sigma_P^2=0.25\times100+0.25\times144=61$。因此，收益率不相关时的投资组合的方差不仅低于完全正相关时的方差，而且低于组合中任一资产的方差。

分散化效应最为显著的情况发生在 $\rho_{AB}=-1$，也就是资产之间收益率完全负相关的时候。在这种情况下

⊖ 假设 x 和 z 两个随机变量可以从 $-\infty$ 到 $+\infty$ 取值。随机变量可以用概率密度函数来描述，但精确值未知。$f(x)$ 和 $g(z)$ 是 x 和 z 的密度函数。x 处于 a 和 b 之间的概率是 $\Pr(a \leqslant x \leqslant b) = \int_a^b f(x)\text{d}x \geqslant 0$，并且 $\int_{-\infty}^{+\infty} f(x)\text{d}x = 1$。

x 的数学期望值是 $E(x) = \int_{-\infty}^{+\infty} xf(x)\text{d}x$，方差为 $\sigma_x^2 = \int_{-\infty}^{+\infty} [x-E(x)]^2 f(x)\text{d}x$，$z$ 的均值与方差以同样的方式定义。

x 和 z 的协方差是 $\text{Cov}(x, z) = \int_{-\infty}^{+\infty}\int_{-\infty}^{+\infty} [x-E(x)][z-E(z)]f(x)g(z)\text{d}x\text{d}z$，$x$ 和 z 的相关系数 $\rho_{xz}=\text{Cov}(x, z)/\sigma_x\sigma_z$，$\sigma_x$ 和 σ_z 是 x 和 z 的标准差。

$$\sigma_P^2 = y_A^2\sigma_A^2 - 2y_Ay_B\sigma_A\sigma_B + y_B^2\sigma_B^2 \quad (1\text{-}7)$$

进而
$$\sigma_P = |y_B\sigma_B - y_A\sigma_A| \quad (1\text{-}8)$$

这意味着尽管投资组合还存在一定的风险,但其大小比之前讨论的情况要更低一些。假设我们构建了一个投资组合,组合中各成分资产的投资比例与其相对风险成反比。这意味着

$$y_A/y_B = \sigma_B/\sigma_A \quad (1\text{-}9)$$

或者
$$y_A = \sigma_B y_B/\sigma_A \quad (1\text{-}10)$$

将式(1-10)代入式(1-8)中得到

$$\sigma_P = y_B\sigma_B - (\sigma_B y_B\sigma_A/\sigma_A) = 0$$

这说明在完全负相关的特殊情形下,投资组合的风险可以降到零!

虽然收益率之间具有完全负相关性的资产不大可能获得,但是我们能够通过不断地在投足组合中添加更多的资产(假设添加的资产与原组合中的资产不是完全正相关的)来降低组合的风险。⊖ 为了说明这一点,设想我们有 N 种资产可供投资选择,每一种资产的收益率与其他任意一种资产的收益率之间两两不相关。在这种情况下,式(1-6)的一般性推广版本为

$$\sigma_P^2 = \sum_{i=1}^{N} y_i^2\sigma_i^2 \quad (1\text{-}11)$$

式中,y_i 表示组合中资产 i 所占的投资比例,$i=1,\cdots,N$,σ_i^2 是资产 i 的方差。设想 $y_i=1/N$。

定义 σ_{max}^2 是所有 σ_i^2 中的最大方差值(我们假设 $\sigma_{max}^2 < \infty$,并允许对所有资产 i 而言,$\sigma_i^2 = \sigma^2$,此时 $\sigma_{max}^2 = \sigma^2$)。式(1-11)变为

$$\sigma_P^2 = \sum_{i=1}^{N}\left[\frac{1}{N}\right]^2\sigma_i^2 \leqslant N\left[\frac{1}{N}\right]^2\sigma_{max}^2 = \frac{\sigma_{max}^2}{N}$$

随着 N 的增加,σ_P^2 减小,并且从极限角度看,随着 N 趋向于无穷,σ_P^2 趋向于零。因此,如果我们有足够多收益率两两不相关的资产,就可以在获得预期收益水平的同时把投资组合的风险降到愿意接受的足够低的水平。

一个显而易见的问题是,为什么投资者不使其投资组合的风险降为零。首先,并非所有的风险都可以分散。一些意外事件会对所有资产都产生类似的影响,结果就是持有更多的资产并不能够改变这种内在的不确定性。这就是保险中不可抗力的概念。洪水、地震等自然灾害以及战争等因素都会导致资产的重大损失。其次,随着投资者投资组合中资产数量的上升,就可能产生显著的管理成本。这些成本限制了分散化。此外,有大量的研究表明,持有数量相对较少的证券的组合就可以获得分散化的绝大部分潜在好处。也就是说,随着组合中证券数量的增加,分散化所带来的边际收益会快速下降。

最后,信息的横向重复性使用弱化了分散化的动机。我们将在第 3 章对信息的重复性使用问题进一步展开讨论,这是导致金融中介出现的一个主要原因。在这里,我们只需要知道当贷款人为了向某家钢铁公司发放贷款,投入资本了解了钢铁行业的相关信息,而这种信息

⊖ 萨缪尔森(1963)的"大数悖论"指出,如果一个风险厌恶者拥有更多的资产,其投入到资产组合的财富也会增多,此时分散化对他来说不一定是必要的。分散化的概念是由马科维茨(1959)提出的。

会使其向钢铁行业的其他企业发放贷款时也能获得潜在收益这一点就足够了。由此导致的贷款集中可以分摊成信息收集的成本。因此，我们可以观察到，在绝大多数金融机构内部分散化局限于特定的专业化领域。当我们谈到金融机构的风险处理时，它们的典型做法是分散化部分风险，吸收部分风险的同时把部分风险转移给其他主体。

1.3 无风险套利

套利（arbitrage）是指同时买入和卖出完全相同的商品或证券（但这些商品或证券的交易价格并不一致）。无风险利润的机会转瞬即逝，因为一旦这种机会被利用，最初的价格差异也就不存在了。

套利这个术语通常被不严格地应用于这样的情景中——交易对象的性质很相近但并非统一，风险被认为很小但并非完全没有。由于这种情景通常被认为是套利，所以，"无风险套利"这个词就出现了，用于描述套利这个活动，而不是指承担有限风险的投机活动（以很低的风险获得利润的一种情形）。因此，简单地下一个定义，无风险套利就是在不承担风险且无须投资背景下的逐利活动。我们之后会讨论"控制风险的套利"（这个词用于描述有限风险下的投机活动）这个概念。考虑如下无风险套利示例。

例 1-2

设想下一阶段的经济存在两种可能的状态：高（H）和低（L）。资本市场中存在两个可以得到的风险证券：R_1 和 R_2，以及一个无风险证券 B。这些金融工具的或有状态支付水平和当前的价格如表 1-1 所示。我们来看看是否存在无风险套利的机会。

表 1-1　或有状态的支付以及证券的价格　　　　　　　　　　（单位：美元）

证券	各状态下的支付		当前价格
	H	L	
R_1	100	0	40
R_2	0	100	40
B	50	50	43

解：

由于可以把 R_1 和 R_2 组合在一起实现和证券 B 一样的现金流，你可以看到市场中存在无风险套利的机会。如果你各购买一单位的 R_1 和 R_2，总共需要支出 80 美元，这样无论 H 还是 L 状态发生，你都可以保证在下一期获得 100 美元的现金流。这样你可以出售 2 个单位的证券 B（出售价格为 86 美元），进而可以获得 6 美元的无风险利润。你有义务在下一期向 2 个单位债券 B 的购买者支付 100 美元，但这 100 美元可以来自你拥有的 R_1 和 R_2 的组合产生的现金流入。由于你可以在购买 R_1 和 R_2 之前出售 2 个单位的 B，因此你获得的利润不仅不需要自有资金的投入，而且没有风险。你当然可以在出售大量单位的债券 B 的同时购买更多单位 R_1 和 R_2 的组合，这种交易就像为你提供了一个名副其实的"印钞机"。但随着你购买和出售数量的增加，从理性的角度看，证券价格预计会趋同，由此导致无风险套利机会的消失。套利的重要言外之意是，相关证券的价格不可能彼此相互独立决定。这为类似期权等衍生品的价格确定提供了一种强有力的分析方法。

任何状态的资本市场均衡都应排除无风险套利这样一个已被证实成为包括金融中介理论等在内的许多金融应用领域的重要概念之一。我们将在其他章节看到这一概念的运用（如贷款承诺或有要求权的估值）。

1.4 期权

期权是赋予持有者在未来某个时间点或者固定的时间段内以约定价格买入或卖出资产的权利的合约。考虑有一个资产在 $t=1$ 时刻的价格为 X。从 $t=0$ 时刻（当前）来看，X 是一个随机变量。看涨期权赋予持有者在时期 $t=1$ 时或之前以固定的价格 P_c 购买资产的权利。如果他没有购买该资产的意愿，他可以选择在这项权利到期时不执行。因此，看涨期权在 $t=1$ 时刻的价值为

$$C(t=1)=\begin{cases} 0 & \text{当 } X \leqslant P_c \\ X-P_c & \text{当 } X > P_c \end{cases} \quad (1\text{-}12)$$

期权定价理论就是解释 $C(t=0)$，也就是在 $t=0$ 时刻的期权价格是如何决定的。期权定价理论的基本思想是以某种方式构造一个股票和无风险债券的组合，使组合产生的现金流与期权完全一致。由于在市场均衡中不存在无风险套利的机会，因此该组合的价格应该与期权的价格相等。这样我们就可以利用可观察到的股票和债券的价格来确定期权的价格。在后续章节中我们会对期权定价给出更多的说明。

相应地，看跌期权就是赋予期权持有人在 $t=1$ 时刻（或者在此之前）以一个固定的价格 P_p 出售资产的权利。因此，在 $t=1$ 时刻看跌期权的价值为

$$P(t=1)=\begin{cases} 0 & \text{当 } X \leqslant P_p \\ P_p-X & \text{当 } X > P_p \end{cases} \quad (1\text{-}13)$$

除了看涨或看跌期权这种分类方式，期权还可以分为欧式期权和美式期权。欧式期权只有在某个约定的日期才能执行（如上述讨论中的 $t=1$ 时刻）。美式期权则在到期之前的任何时候都可以被执行。因此，美式期权的价值绝不可能低于与它相似的欧式期权的价值。

我们将频繁使用的关于期权的一个重要特性是，期权标的资产价格的波动性越大，期权的价值就越高。例 1-3 说明了这个特性。

例 1-3

设想一个欧式期权的执行价格 $P_c=100$ 美元。在 $t=1$ 时刻，X 有 0.5 的概率为 110 美元，有 0.5 的概率为 90 美元。为了简化起见，假设每一个人都是风险中性的，并且贴现率为零（这样未来的现金流就和当前的现金流具有一样的价值）。利用式（1-12），我们可以得到

$$C(t=1)=\begin{cases} 10 \text{ 美元} & 0.5 \text{ 的概率} \\ 0 & 0.5 \text{ 的概率} \end{cases}$$

所以，$C(t=0)=0.5 \times 10=5$ 美元。现在设想 X 的方差上升（预期收益保持不变）。X 有 0.5 的概率变为 150 美元，0.5 的概率变为 50 美元。利用式（1-13），我们可以得到

$$C(t=1)=\begin{cases} 50 \text{ 美元} & 0.5 \text{ 的概率} \\ 0 & 0.5 \text{ 的概率} \end{cases}$$

所以，$C(t=0)=0.5 \times 50=25$ 美元。此时的看涨期权的价值变成了之前的 5 倍。你也可以用相同的方法求解看跌期权的价值，进而确信看跌期权也具有相同的特性。

期权定价理论[一]在之后贷款承诺等表外业务价值评估和存款保险分析中都有运用。

1.5 市场有效性

一个有效的资本市场指的是市场中每一种证券的价格与其"真实"经济价值相等。[二]但问题是：什么是真实价值？在经济学中，所谓"真实"价格指的是包含当时对投资者来说全部有用信息的价格。在一个有效市场中，一个被适当界定的信息集完全、立即地被包含在证券价格中。其基本逻辑是，投资者之间的竞争以及由此导致的信息交换活动将导致市场有效。这意味着在一个有效市场中的价格变化必须是随机的。如果价格总是能够反映所有相关的信息，那么，价格只有当新信息出现时才会发生变动。然而，既然界定为"新信息"，它就不可能被提前知悉。因此，价格的变化是无法预测的。

根据价格所包含的信息量来划分，我们认为存在三种形式的有效市场。如果价格包含所有的历史信息，市场被认为达到了一种弱式有效状态。在弱式有效市场中，如果 P_t 是 t 时刻的价格，那么在 t 时刻对 $t+1$ 时刻价格的期望值就是基于 t 时刻的价格来确定的，用公式表示就是 $E(P_{t+1}|P_t, \cdots, P_0)$，该价格与基于 t 时刻之前全部历史股价的条件期望价格 P_{t+1} 相等，即

$$E(P_{t+1}|P_t)=E(P_{t+1}|P_t, P_{t-1}, P_{t-2}, \cdots, P_0) \tag{1-14}$$

这意味着即便你利用全部历史股价信息对明天的价格 P_{t+1} 进行预测，效果也不会优于只利用今天的股价信息 P_t 所做的预测。之所以会这样，是因为在弱式有效市场中，P_t 已经包含了 $\{P_{t-1}|P_{t-2}, \cdots, P_0\}$ 这一序列中的所有历史信息。

半强式有效市场要求所有公开可用的信息都已包含在当前价格之中。由于所有的历史信息都属于公开信息的范畴，所以半强式有效市场总是弱式有效的。然而，在最近时刻的价格确定之后，市场中还存在一些同时期出现的公开信息，因此，半强式有效市场较弱式有效市场而言要求更加苛刻。

强式有效市场指的是价格包含包括内部人员拥有的信息在内的所有信息。很少有经济学家认为市场是强式有效的。虽然最近 20 年来积累的大量的实证研究证据显示市场处于半强式有效状态，但理论和实证研究已经表明市场甚至连弱式有效状态都没有达到。[三]

[一] 期权定价理论是由 Black 和 Scholes（1973）、Merton（1973）建立的。
[二] "市场有效性"由 Fama（1970）提出。
[三] 见 Schwert（2003）、Fama 和 French（2008）。

如果资本市场是强式有效的，那么作为信息处理器的金融中介将无法发挥任何作用（除非金融机构在使市场变得有效的过程中起着决定性作用）。然而，当强式有效市场无法实现时，市场中就存在处理各种类型信息的不同个体。在第 3 章，我们可以看到在这样的市场中金融中介所能发挥的作用。本书很多内容将讨论市场效率（或者效率缺乏）是如何影响金融中介的利润来源的。金融创新就是其中的一个例子。

1.6 市场完备性

我们所处的经济环境复杂且充满了不确定性。将这种不确定性视为未来可能发生的自然状态在经济分析中非常有用。任意一种状态（称之为 θ）可以被视为一种可能出现的经济结果。举个例子，θ 可能对应不同水平的国内生产总值。虽然我们并不知道明天的 θ 是多少，但我们可以根据 θ 的可能数值指定一个概率分布。从理论角度看，θ 的数值有多少个是无所谓的。简单起见，设想 θ 可以取从 1 到任意数值 N 之间的整数数值。

在评价经济效率的问题时，一个重要的考量是相对于自然状态的数量，有多少可得的不同的金融证券。如果两种金融证券产品在任意一个状态有不同的偿付，我们就认定它们是"不同的"证券。为了理解这句话的含义，可以考虑下面这个简单的例子。

例 1-4

设想有三种自然状态和两种证券（可以认为是两家不同公司发行的股票）。这些证券在不同的自然状态中提供的支付如表 1-2 所示。

表 1-2 三种自然状态和两种证券的支付

	状态		
	1	2	3
证券 1 的支付	10	20	15
证券 2 的支付	15	0	25

现在考虑有一个人持有 10% 的证券 1 和 20% 的证券 2。如果 $\theta=1$ 出现，他的财富为 $0.10\times10+0.20\times15=4$。如果 $\theta=2$ 出现，他的财富是 $0.10\times20+0.20\times0=2$。如果 $\theta=3$ 出现，他的财富变为 $0.10\times15+0.20\times25=6.5$。因此，这个人拥有的资产组合价值可以用向量 (4，2，6.5) 来表示，向量中的第一个元素表示其在状态 1 时的财富，以此类推。

尽管这个人可以获得 (4，2，6.5) 这一向量，但容易发现，他不可能获得 (2，6.5，9.5) 这个向量。对于某个人而言，很难找到这两种证券的一个组合方式来获得该向量水平。之所以会这样，原因是相对独立的证券种类的数量小于自然状态的数量。如果存在第三种证券，我们就可以确保这个人获得任意一个他想要的收入向量。当然，在现实中，人们还受到预算的约束。我们在这里强调的一点是，当证券种类的数量小于自然状态的数量时，对于个人而言，不大可能实现任意一个他想要得到的未来财富再配置，这最终限制了个人防范违约风险的能力。

在这个简单例子中描述的证券并非实际存在的股票或债券，也不是资本市场中普遍可找到的其他任何一类金融证券。相反，这些证券是在不同的自然状态中对收入的一种索取权（但我们千万不要设想在真实世界中有类似索取权的交易）。这时，我们拥有大量的不同的证券，每一种证券对应一个自然状态（意味着如果这个特定状态出现，就承诺支付1单位，否则支付为零）。这些证券被称为"原始的或有状态要求权"，或经济学家肯尼斯·阿罗（Kenneth Arrow）和吉拉德·德布鲁（Gerard Debreu）的"阿罗-德布鲁证券"（这两位学者首先研究了这一领域，并在之后获得诺贝尔经济学奖（Debreu，1959））。这样的市场代表了有组织的证券交易所的一种理想方式，因为市场赋予了单个主体在设计组合时的完全自由（仅受其购买力的限制），而这个组合可以在不同的自然状态下提供他想得到的收入分布。也就是说，在这种市场中，个体可以设计任意一种"自制"证券。

如果市场中有多少个自然状态，就有多少个阿罗-德布鲁证券，那么这种市场被认为是完备的。在一个完备市场中，个人可以在其预算约束下，实现他想要的任意一个收益分布。如果阿罗-德布鲁证券的数量少于自然状态的数量，市场就是不完备的，进而限制了交易者管理不确定性的能力。完备市场的理论亮点是我们能够通过核查当前正在交易的证券的价格，确定我们试图引入的任意一种新证券的价格。我们能够在不了解经济体中个人风险偏好的情况下做到这一点，关键是我们可以利用市场现存的证券的价格来计算（虚拟的）阿罗-德布鲁证券的价格，然后用这些信息来确定我们引入的任意一种新证券的价格。设想在例1-2中，我们已经知道证券 R_1 和 R_2 的价格，回想一下每种证券的价格是40美元。此外，R_1 在状态H中支付100美元，在状态L中支付0，而 R_2 在状态H中支付0，在状态L下支付100美元。令 Pi_H 和 Pi_L 分别表示在状态H和L中的阿罗-德布鲁证券的价格。那么 R_1 的市价应该为100乘以状态H阿罗-德布鲁证券的价格，即 $40=100 \times Pi_H$，$Pi_H=0.4$。同样，R_2 的证券价格应该为100乘以状态L的阿罗-德布鲁证券的价格，即 $40=100 \times Pi_L$，$Pi_L=0.4$。我们现在可以确定在两种状态中的任意一种证券的价格。例如，例1-2中的无风险债券，在每一个状态得到50美元的支付，其价格应改为 $50 \times Pi_H + 50 \times Pi_L = 40$ 美元。一个在状态H支付1 000美元，在状态L支付56美元的证券，价格应为 $1\,000 \times Pi_H + 56 \times Pi_L = 422.40$ 美元。

市场不完备性的概念将在第16章与金融创新相关的讨论中被使用，在关于表外活动、证券化和存款保险的章节中可以找到其他应用。

1.7 信息不对称和信号显示

经济交易通常涉及具有不同信息的主体。例如，借款人比贷款人更多地了解自己的投资机会。正常来说，公司内部人士比股东更了解公司拥有资产的价值。相比患者而言，医生被认为更了解自身的医疗技能。

具有更高知情度的经济主体存在自然地利用其信息优势的动机。华尔街的内幕交易丑闻表明，那些拥有特权性质的内幕知情人可以从中获利，即便存在旨在阻止这类活动的法律。那些不知情的投资者也应该预料到他们的信息获取缺陷，并采取相应的行动。正是这种知情者（倾向于策略性地操纵市场）与不知情者（预期到这种操纵存在）之间的相互作用，导致市场均衡偏离了"最优"（first-best）情形（也就是所有人都是知情者时出现的经济结果）。

信息不对称问题最早是在乔治·阿克洛夫（George Akerlof）试图解释为什么相对于新车来说，二手车会以很大的折扣出售这一问题时成为受关注的中心概念。[⊖] 阿克洛夫也因为对这个领域的贡献而获得了诺贝尔经济学奖。例1-5尽管采取了一些捷径，但传递了阿克洛夫分析的直觉。

例1-5

考虑二手车市场，在这个市场中，由于车主对车保养程度的差异，尽管新车完全一样，但二手车的质量是不一样的。很自然地，我们认为二手车的车主比潜在的买家对车辆的质量状况更为了解。设想存在争议的二手车有三个可能的质量水平：$q_1 > q_2 > q_3 = 0$。如果质量是q_3，这个车就好比是一个柠檬。如果买家能够准确地评估车的质量，那么这种车就一文不值。如果质量是q_2，车的价值为5美元，如果质量是q_1，那么价值为10美元。假定所有主体都是风险中性的，买家愿意支付的价格不可能超过其对二手车的预期价值。相应地，卖家也不愿意以低于其所值的价格出售车辆。设想每个车主都知道自己车的质量情况，但买家只知道出售的车的质量可能是q_1、q_2或q_3其中一个。当面对一辆二手车的时候，买家无法准确地辨别车的质量。然而，他们认为有0.4的概率车的质量是q_1，0.2的概率车的质量是q_2，0.4的概率车的质量为q_3。那么，在这样一个市场中会发生什么呢？

解：

如果所有的车都是可供出售的，那么风险中性的买家将会算出一辆二手车（随机选择的）的预期价格为$0.4 \times 10 + 0.2 \times 5 + 0.4 \times 0 = 5$美元。因此，如果这个市场是竞争性的，我们预期5美元会是市场出清的价格。然而，在这个价格水平上，二手车质量为q_1的车主会拒绝出售车辆，只有质量为q_2和q_3的车才会以5美元的价格出售。然而，买家将会预料到这种情形，并修改其关于市场中车辆质量分布的信念。他们现在会认为如果车辆售价为5美元，质量是q_2的概率变为$0.2/(0.2+0.4)=1/3$，质量为q_3的概率变为2/3。由此，一辆车的预期价值跌至$(1/3) \times 5 + (2/3) \times 0 = 1.67$美元。因此，没有一辆车会以5美元（这不可能成为市场出清的价格）的价格成交。现在如果价格是1.67美元，那么二手车质量为q_2的车主会退出，进而意味着市场上出售的只有毫无价值的"柠檬"，即质量为q_3的车。这一过程被称为"逆向选择"，并导致最终的市场出清价格变为0。换句话说，在任意为正数的价格上，对车辆的需求都是零，市场崩溃了，如图1-3所示。你应该注意，在这个例子中的一个关键假设就是所有市场参与者都拥有理性预期。也就是说，不知情的购买者会理性地预期知情车主在给定的价格上的决策，并且知情车主也会理性地预期买家在那个价格上的需求。因此，我们不需要经历价格收敛至零的一个序贯过程。没有一辆车会被买或卖。

[⊖] 见 Akerlof（1970）。

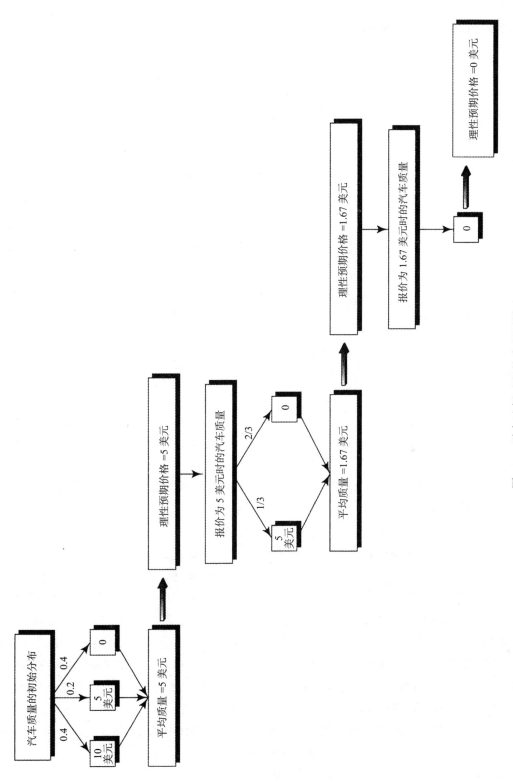

图 1-3 逆向选择过程的流程图描述

关于信息不对称会导致严重的市场失灵这一洞见新颖又引人注目，它意义深远的内涵迅速在二手车市场之外得到了运用和认可。信息不对称被认为是导致市场崩溃的重要原因之一，进而为政府监管和干预提供了理由。事实上，在随后的章节中，我们将从信息的角度审视银行业监管。

然而，仅仅以阿克洛夫的分析为基础就要求监管显得过于草率了。市场参与者有能力和动机有效地利用机制设计来阻止市场失灵，并且在很多情况下，市场崩溃是由信息不对称所造成的最极端的扭曲形式。为了在上述二手车例子的背景下理解这一点，考虑一下对该例子所做的拓展。

例 1-6

设想不同质量的车辆在一个给定的时间段内有不同的概率发生引擎故障，这种差异可以反映在其价格中，价格分别为 0 美元、5 美元和 10 美元。设想故障发生的概率分别是：q_1 质量的车为 0.1，q_2 质量的车为 0.5，q_3 质量的车为 1。那么，在这个市场中保证书能起到什么作用呢？

解：

为了防止市场失灵，拥有更高质量车辆的卖家必须以某种方式将其与那些拥有质量较差车辆的卖家区别开来。实现这种区分的一种方式就是保证书或担保。q_1 质量的卖家宣称如果他的车发生故障，他会给买家提供 W_1 美元的赔偿，q_2 的卖家也宣称如果出现故障他会给 W_2 美元的赔偿。如果买家认为只有 q_1 质量的车主在出现故障时会给 W_1 美元的赔偿，以及只有 q_2 质量的车主在出现故障时会给 W_2 美元的赔偿，他们就会做出合适的推断，并且愿意购买那些价格反映其真实质量的车。为了使这种间接的信息传递有效，任何一个卖家都不应该模仿其他质量车辆卖家的赔偿策略。否则，买家将最终意识到这种潜在的模仿，信号的可信度也会被破坏。

由于一辆 q_1 质量的车出故障的概率是 0.1，买家愿意支付的价格为 10 美元（车本身的价值）加上 0.1 乘以 W_1，后面这一项是买家期望从卖家收到的补偿的价值。因此，在均衡条件下，一辆 q_1 质量的车价格 P_1 是 10 美元 $+0.1W_1$。相应地，一辆质量为 q_2 的车的均衡价格 P_2 是 5 美元 $+0.5W_2$。为了保证 q_2 质量的车主不会把自己伪装成 q_1 质量的车主，W_1 应该满足

$$10+0.1W_1-0.5W_1 \leq 5+0.5W_2-0.5W_2 \tag{1-15}$$

式（1-15）左边是 q_2 质量的车主伪装成 q_1 质量的车主的预期收益。他获得了 P_1 价格的收入，但是在存在担保书的情况下他有预期为 $0.5W_1$ 的赔付支出。式（1-15）右边是他不模仿的预期收益。他获得价格 P_2 的收入，但有预期为 $0.5W_2$ 的赔付支出。当某人在撒谎和说实话之间无差异时，通常认为他会选择说实话。因此，式（1-15），通常称为激励相容（IC）条件，可以取等号。此时，我们可以得到 $W_1=12.5$。在这里，激励相容表示卖家使个人利润最大化的动机应该与车辆质量的真实显示兼容。

类似地，"柠檬"卖家不会模仿质量为 q_2 的车主的 IC 条件可以表示为

$$5+0.5W_2-W_2 \leq 0 \tag{1-16}$$

当式（1-16）取等号时，可以得到 $W_2=10$。显而易见，质量为 q_2 的车主不会模仿"柠檬"车主。换句话说，质量为 q_2 的车将可供出售。

你也可以很容易地证明这种设计将保证"柠檬"车主不会模仿 q_1 质量的车主，而且 q_1 质量的车主也不会模仿"柠檬"车主。

综上，我们提出了一个简单的"保证书"方案来防止市场失灵。q_1 质量的车主承诺当车辆发生故障时给予 12.5 美元的赔偿，这使得他可以以 $10+0.1\times12.5=11.25$ 美元的价格出售车辆。质量为 q_2 的车主承诺当车辆发生故障时给予 10 美元的赔偿，这使得他可以以 $5+0.5\times10=10$ 美元的价格出售车辆。质量低劣的车辆则自动从市场中消失了。

这里提供的保证书可视为一个质量信号。一个（完美显示）信号能够使得不知情参与者推断知情者私人拥有的信息。有用的信号要能够传递信息，这就要求信号显示机制必须激励相容。相应地，激励相容要求信号的显示成本必须与质量负相关。㊀这就是说，对于一个拥有更高质量产品的卖家而言，发送一个给定信号的成本，其边际成本应该更低。更高的信号显示成本有助于使低产品质量卖家不能够伪装成高质量卖家。在例 1-6 中，一个 12.5 美元的保证书对于 q_1 质量的卖家来说施加了 1.25 美元的预期负债，对 q_2 质量的卖家施加了 6.25 美元的预期负债，对"柠檬"卖家则施加了 12.5 美元的预期负债。

还值得注意的是，在均衡状态中（也就是说每种类型的卖家都实现了预期利润最大化），对于发送信号的卖家而言，其所选择的信号是无成本的。虽然 q_1 质量的卖家承诺赔付 12.5 美元，但他只有 0.1 的概率要发生赔付，由于他在出售车辆时得到了 11.25 美元，扣除预期负债后的净现金流入量为 10（$=11.25-12.5\times0.1$）美元。而这恰好就是假设我们处于每一辆车的质量都是常识的"最优经济"中时他出售车辆所能获得的收入（此时也无需保证书）。同样，q_2 质量卖家的净现金流入为 5 美元。这在均衡中的信号是无成本的。之所以会这样，是因为通过发行保证书，卖家得到了由买家承担的（准确的信号成本）补偿，换句话说，车辆的保证书条件越好，车的出售价格就越高。因为信息发送的成本从一方转移到另一方进行支付，整体来看并没有损失，所以这种信号也被称为"非耗散信号"。㊁

我们也可能面临"耗散信号"。为了说明这一点，设想卖家在赔偿时不采取现金支付的方式，而是保证报销由故障造成的部分维修成本。q_1 质量的卖家保证报销全部的费用，q_2 质量的卖家只提供一半维修费用，"柠檬"卖家则选择不参与这种报销计划。卖家每花费 1 美元的维修成本，如果从车辆质量改进的角度看，相当于具有 0.8 美元的价值。假设车辆卖家愿意接受（扣除耗散信号显示成本之后）低于车辆价值的净支付，很容易证明存在一个信号显示机制，使其与之前一样能够保证每个车辆卖家真实地发送信号。此时，q_1 质量的卖家净收益小于 10 美元，q_2 质量的卖家净收益小于 5 美元。每个人都承担了一定的无法获得补偿的信号显示成本，换句话说，信号显示导致了净损失。㊂举个例子，如果针对股利的个人所得税率要高于资本利得（1986 年《税收改革法案》通过之前就是这样），如果外部融资涉及利用留存收益来融资就可以规避的交易成本，那么股利就是未来现金流的一个耗散信号。在本书的后面内容中，我们会看到耗散信号显示的其他例子。

㊀ 迈克尔·斯宾塞（Michael Spence）提出了这一观点，他以对信息不对称经济学的贡献获得了诺贝尔经济学奖，见 Spence（1973, 1974）。Bolton 和 Dewatripont（2005）的书拓展了这一观点。
㊁ 见 Bhattacharya（1980）。
㊂ 如果卖家不愿意承担耗散信息显示的成本，买家也不会承担，就会导致均衡不存在。

信息不对称的概念是理解本书中许多讨论话题的基础，因此你在之后的许多章节中都会碰到这个词。

1.8 代理与道德风险

很多人观察到人和机器之间的关键区别就在于道德风险问题。⊖这个概念最早出现在保险研究文献中，旨在描述一种委托人（雇主或财产的所有者）和代理人（雇员或租赁、使用财产的人）的动机存在分歧的情景。一个理性的代理人被认为会最大化其自身的预期效用，⊜但他的自身利益与委托人的利益存在冲突，委托人将遭受损失。因此，委托人必须设计出一种合约，进而使委托人和代理人两者之间的目标一致。

与道德风险相关的例子不胜枚举，比如汽车保险。如果你拥有一辆你认为值 500 美元的车，而且当你的车完全报废的时候，你买的碰撞险将支付 1 000 美元的理赔款，你可能会故意使你的车翻下山坡，与一个固定物体发生碰撞来获得理赔。现在你可能从未想到过会这么做，但你在刹车维修上的花费意愿会受到保险合同的微妙影响。在任何一种情况中，保险公司不可能在提供保险合同时单纯地假定道德或者声誉上的考虑会主导投保人的行为。这就是我们会在保险合同中观察到免赔额存在的原因之一。共同保险条款旨在分担风险，从而使投保人的动机与承保人保持更高的一致性。

道德风险问题在公司债权与债务人之间达成的金融合约中也很普遍。设想你管理一家企业，你的目标是实现股东财富最大化。如果你有发行在外的风险债券，你将不会总是选择使公司总价值最大的投资项目。相反，你可能选择那些以牺牲债权人的利益为代价来实现所有者权益最大化的项目。这一点可以用例 1-7 来说明。

例 1-7

考虑一家将在 $t=1$ 时刻被清算的公司。没有税收存在的同时，公司可以在 $t=0$ 时刻使用留存收益将 30 美元投资于一种风险资产。如果不进行这笔投资，股东可以在 $t=0$ 时刻得到 100 美元的股利。公司债务要求其在 $t=1$ 时刻支付 100 美元。公司的投资选择如表 1-3 中的数值描述。

表 1-3　不同投资机会下的收益

策略	未来状态	
	繁荣（0.5 的概率）	破产（0.5 的概率）
没有投资时 $t=1$ 时的公司价值，且 $t=0$ 时支付 100 美元的股利	110 美元	70 美元
如果有 30 美元的投资，$t=1$ 时的公司价值，且 $t=0$ 时支付 70 美元的股利	200 美元	5 美元

为了简单起见，假定贴现率为零。那么，公司应该做什么呢？

解：

为了分析这个问题，首先计算对于公司整体而言，每一个投资选择的净现值（NPV）。

⊖ 见 Ross（1974）。

⊜ 我们将讨论男性代理人和女性委托人。

如果公司不投资，其期望值为 0.5×110+0.5×70=90 美元。如果加上 t=0 时支付给股东 100 美元的股利，可以得到公司价值总额为 190 美元。如果公司进行投资，其期望值为 0.5×200+0.5×5=102.5 美元，加上在 t=0 时支付给股东的 70 美元的股利，公司价值总额为 172.5 美元。由于投资时的公司价值总额低于不投资时的公司价值，因此项目净现值为负。公司明显应该拒绝该投资。

再考虑一分钟！这个决策在你的目标是使公司价值总额最大化时是正确的。但记住，你的目标是最大化股东的财富。如果没有投资，股东得到 100 美元的股利加上繁荣时期的 10 美元（110 美元的债务支出）和萧条时期的零（有限责任使得股东以公司资产为限承担债务清偿责任）。这意味着债权人获得 70 美元，而股东的预期收益是 100+0.5×10=105 美元。如果该投资项目被接受，股东在繁荣时期得到 100（=200−100）美元，在萧条时期什么也得不到。由此，对于股东来说，投资决策的价值为 70+0.5×100=120 美元。很明显，公司的股东希望投资于这个项目。因此，一个对公司总价值而言 NPV 为负的项目可能会被选择，因为这样做符合股东的利益。

这个例子说明了债权人所面临的道德风险。以股东利益为出发点的公司存在从事以牺牲债权人的利益为代价进而对股东有益的投资项目的动机。在这个例子中，债权人的预期收益在选择不投资时是 0.5×100+0.5×70=85 美元，而在选择投资风险项目时是 0.5×100+0.5×5=52.5 美元。因此，通过投资于风险资产，股东使债权人的财富减少了 32.5 美元，股东自身的财富增加了 15 美元，进而公司价值总额出现了 17.5 美元的净下降。这就是道德风险导致的总损失。

在例 1-7 中，我们假定管理层按照股东利益最大化的方式开展行动。然而，这也是一个有问题的假定。⊖作为股东的代理人，管理层会做很多可能并不符合股东利益的行动。举个例子，管理层通过增加费用可以将利润从股东转移到管理层手中。同样，管理层也可以阻止收购从而以牺牲股东利益为代价来确保自身位置的稳定，也可能从确保他们的地位和声誉的角度出发，选择一些短视或低风险的项目投资。

你可能已经注意到这些例子中有一个关键的假定，那就是委托人（保险公司、债权人或股东）没有能力完全控制代理人的行为。如果能够无成本地观测到代理人的行动，道德风险问题也就不存在了。如果保险公司可以精确地观测到投保人的行为，就可以禁止破坏车辆行为的发生。因为最终结果不能准确无误地反映他们的行动，所以这些禁止条款不可能被有效地写进合同中。所以，道德风险问题的出现有以下几个前提条件：①（影响最终结果的）代理人行动不能无成本地被委托人观测到；②某种噪声（外生的不确定性）的存在掩饰了反映在最终结果中的代理人行为等情形。

当然，委托人会预料代理人的行动。因此，委托人会试图设计一种合约使代理人的动机与其保持一致。保险合同中免赔额和其他共同保险条款的存在就是为了实现这个目的。债券持有人则可以通过限制公司债务（债务权益比越高，股东就越倾向于选择高风险项目）、要求抵押品、把借款人行为限制纳入债券契约条款等方式来应对道德风险问题。关于这一点的

⊖ 见 Jensen 和 Meckling（1976）以及 Mirrlees（1976）。詹姆斯·莫里斯，英国经济学家，道德风险经济学建模的先驱者之一，因此荣获诺贝尔经济学奖。Tirole（2006）提供了完整论述。

更多分析见第 9 章。

另外一种应对道德风险的方式就是与代理人签订多期合约。代理人可能出于声誉上的考虑约束对委托人有害的自利行为。⊖然而，由于生命的有限性，并且相对于未来的消费，人们会更倾向于当前的消费，代理人对声誉的顾虑不可能完全消除道德风险。

需要重点指出的是，道德风险与诈骗不是等同的。令人感兴趣的绝大多数与道德风险相关的案例并不涉及非法行为。对于股东而言，选择债权人不喜欢的高风险项目绝非违法行为。对于公司管理层而言，投资于比股东喜欢的回本速度更快的项目也是合法的。道德风险可能会涉及诈骗，但这绝非必要条件，它通常会涉及道德层面的考虑。

信息不对称等代理和道德风险问题会在本书中频繁出现。本书的第 3 章着重使用了该概念来讨论银行和其他金融中介的功能，在第 7 章和第 8 章关于即期贷款、第 12 章关于存款保险的讨论中这一概念也得到了频繁使用。

1.9 时间一致性

在逆向选择和道德风险的模型分析中经常出现的一个话题是"时间一致性"。为了说明这一概念，设想作为委托人代表，一个雇员需在生产过程中付出一定的努力。产出受到代理人的努力程度以及一些代理人无法控制的外生不确定性因素的影响。因此，通过观测产出，委托人并不能确定代理人努力的程度。设想委托人是风险中性的，而代理人是风险厌恶的。进一步来说，为了确保代理人参与生产，委托人必须保证代理人的预期效用达到某一最低的水平。⊖最后，如果可以选择，代理人偏好更少的工作努力而不是更多。事件的发生顺序如下：委托人提供给代理人一份工资合约，随后代理人在生产中付出某种努力，接着外生不确定性得以解决，然后产出得以实现。那么，代理人的收入应该如何确定呢？

如果委托人能够观测到代理人的努力程度，那么答案就很简单。如果代理人付出的努力程度达到一个预先设定的水平，那么委托人给予代理人一笔固定工资；如果出现其他情况（也就是努力程度没有达到），代理人就没有报酬。这种报酬可以实现"最优"的风险分担。之所以说这种风险分担计划是最优的，是因为它使风险厌恶的代理人完全远离了风险，而将所有风险施加于风险中性的委托人身上。由于努力程度可以被观测到，从而可以直接在合约中约定。这时代理人将按照委托人的意愿行动，并得到一定的补偿（这个补偿水平将使他完全不受外生不确定性引发的随机干扰风险的影响）。委托人则获得（随机的）项目产出。由于委托人是风险中性的，这种随机性对他而言是无须获得补偿的。

如果代理人的努力程度不能被观测到，那么上述合约就失效了。合约只能依唯一一个可

⊖ 见 Holmstrom（1999）。

⊖ 由于代理人是风险厌恶的，比起保留工资，保留效用更重要。假设有两份工资合约 W_1 和 W_2，W_1 给予一个确定的工资水平 144 美元，W_2 有 0.5 的概率给予 400 美元，0.5 的概率不给予任何报酬。假设 121 美元是风险中性的代理人愿为委托人工作的最低工资。然后，代理人将会接受这两个工资合约中的任意一个，但是更偏好 W_2，因为有更高的期望值。另外，效用函数为 $U(w)=\sqrt{w}$，风险厌恶的代理人更偏好 W_1。W_1 使得他有 $EU(W_1)=\sqrt{144}=12$ 的效用水平，W_2 使得他有 $EU(W_2)=0.5\times\sqrt{400}=10$ 的效用水平。如果 11 单位的效用值是让他参加工作的最低效用水平，那么只有 W_1 的工资合约才能吸引他。你可以看到我们不能以最低工资来讨论代理人，他不是以期望工资来评价他的满足程度的，相反，他会计算两种合约下的效用值。

观测的变量——产出而定。如果保证代理人能获得一笔固定工资，那么工作中他就会懈怠，因而把工资与产出水平挂钩很有必要，这会激励他努力工作以此增加产出中他所拥有的份额。然而，这种控制道德风险的方法具有一定的成本。由于代理人是风险厌恶的且工资是不确定的，所以他需要得到一笔与其承担风险对应的补偿。这会增加委托人的工资支付。

现在设想在代理人付出努力之后，便与产出实现无关，而委托人有重新协商合约的机会。由于代理人已经付出了努力，激励的考虑变得不再重要。委托人会忍不住提供给代理人一笔新的固定工资（也就是与产出无关的）且工资水平比原先工资合约的期望值略微低一些。风险厌恶的代理人出于回避原先合约中内生的不确定性，将会欣然接受期望工资的轻微扣减。风险中性的委托人也会乐于其工资账单支出的减少（因为对他而言，不确定性的存在与否是无关紧要的）。基于双方都对新的合约感到满意，我们很难想象为什么新合约不会替代原来的合约。

这是一个具有时间不一致性工资合约的例子。虽然这看上去是一个好主意——初始就协商确定代理人的补偿条件依赖于其产出的工资，但如果代理人和委托人均认为事后需要重新就合约的实施进行协商，那么这样一个合约就无法发挥作用。重新协商合约的可能性破坏了合约的激励效应。如果代理人知道他的工资最终是固定的，那么他还需要努力工作吗？为了避免这种困境，有必要把时间一致性（重新协商试验）纳入合约设计之中。设计出的合约应该使得参与双方均没有重新协商的动机。

为了了解重新协商试验如何影响合约，可以考虑一个银行－借款人关系的例子。银行希望通过抑制借款人增加贷款风险的动机来保护自己。如果借款人违背了贷款条款中明确规定的（通常以财务比率的形式表现）绩效标准，银行可能会使用赋予它的加速或取消贷款权力的相关条款来实现这一点。银行认为这种威胁会使借款人避开过度风险。然而，当银行面临借款人已经违反了贷款条款中的一项或者多项标准，并威胁加速回收贷款的时候，借款人表示愿意将贷款利率提高50个基点，同时保证贷款条款不会被侵犯。银行意识到如果接受借款人的建议，它就可以提高账面利润，进而撤回了威胁。如果借款人在一定程度上预期到这种行为，那么威胁的目的就不是贷款的加速回收，而是贷款利率的提高。

这是一个不符合重新协商试验的贷款合约的例子。一个符合重新协商试验的合约将会明确规定对轻微的贷款条款违反行为的利率惩罚，并包含特定的加速回收贷款条款（当且仅当出现严重或具有极强信息性的条款违反情形时，此时无论借款人提供的可能诱惑有多大，对于银行而言，通知并终止贷款符合银行的最大利益）。

因此，没有通过重新协商试验的合约最终都是不可持续的。时间一致性的另外一些问题则与重新协商试验不相关。为了说明这一点，我们这里使用一个逆向选择的例子。设想银行面临两类借款人（好的和坏的）。银行无法事先区分出好的和坏的借款人，如果可以的话，他就只会给好的借款人提供贷款。设想借款人在申请贷款时要承担一定的成本。此外，银行可以通过花费一定的成本来甄别借款人是好是坏。如果银行不实施甄别，其就会向两种类型的借款人（或者说所有申请贷款的借款人）收取相同的利率。但是，借款人知道，如果银行能够区分借款人的资质，那么它只会排他地贷款给资质好的借款人。现在设想银行公开宣布它将审查所有借款人的资质，以便找出资质差的借款人并向资质好的借款人提供更低的利率。这是一个具有时间一致性的政策吗？

不是。如果借款人相信银行会实施这一政策，由于其申请成本会被浪费掉，因此没有一个资质差的借款人会申请贷款。银行会预期到这种情况并由此推断所有的申请人资质都是好的。但如果申请人都是好的，那银行为什么还要花费成本去审查呢？借款人反过来也会预期到这一点并认为银行不会开展甄别活动，这时所有的借款人都会提交申请。但这样的话，银行又会花费成本去甄别！结果就陷入无限循环，不存在均衡状态。我们在信贷配给和银行监管的讨论中会对这一问题有更多的分析。

1.10 纳什均衡

当代理人之间相互开展交易且每个主体均试图实现自身的利益最大化时，他们被认为参与了一个非合作博弈。为了描述这种博弈的结果，经济学家提出了纳什均衡这一概念。值得注意的是，首先，这里所说的"均衡"意味着从参与人所采纳的行动策略的角度看达到了某种"稳定状态"，以至于没有人能够单方面地从改变自己的策略中获利。在描述这种均衡的概念之前，强调一下博弈的结果取决于每一个参与者的行动。此外，每个人的行动将依赖于其所设想的对手所采取的行为选择，因此最终的博弈结果是由主体的联合行动决定的。因此，每个人对博弈该如何行动的认知都会对其他人的策略选择造成影响，而这些选择决定了最终结果。为了实现均衡，我们不能有错误的信念存在。也就是说，如果我在你会做某种决策的信念下采取了行动，那么你就不能做其他决策。如果你做了其他决策，结果就不会均衡。我可能会对自己所做的决策感到后悔并希望能够改变它。

这一直觉性的想法可以通过纳什均衡这个概念来描述。设想有 n 个玩家参与了一个非合作博弈。令 S_i 表示玩家 i 的策略（行动选择），并且用带星号的上标表示其均衡策略。当其他所有主体均采取均衡策略时，对于每个人 $i=1, 2, \cdots, n$ 而言，S_i^* 的策略使主体 i 的利益最大化，那么 ($S_1^*, S_2^*, \cdots, S_n^*$) 就构成了一个纳什均衡。也就是说，设想玩家 1 和 2 参与了一个非合作博弈，S_1^* 和 S_2^* 代表均衡策略。那么，当 S_2^* 固定时，玩家 1 除了 S_1^* 的策略没有其他更好的策略，而当 S_1^* 固定时，玩家 2 除了 S_2^* 的策略也没有其他更好的策略。我们用例 1-8 和图 1-4 来说明这一点。

例 1-8

假设有两个罪犯，共同参与了一项犯罪行动。没有足够的证据指控他们其中任何一个，除非他们中的一个或两个招供案情。为了打破他们保持沉默的状态，警察分别给他们提供了如下解决方式。如果罪犯 1 选择招供并告发了罪犯 2（罪犯 2 没有招供也没有告发罪犯 1），那么罪犯 1 可以被释放。以 4 个单位的支付表示其招供后被释放的等价性收益。假定招供并告发其犯罪同伙会让罪犯觉得有一定的自责悔恨感，以至于当他没有招供就被释放时的收益为 5 个单位。当然，如果罪犯 1 招供而罪犯 2 不招供，后者将会被定罪。被定罪的收益是 0。如果两者同时招供并告发对方，那么两人都将被定罪，但是招供之后仍被定罪的判罚要比沉默情况下定罪轻一些。用 1 单位的支付表示招供之后被定罪的收益。两个罪犯都知道如果他们都保持沉默，他们都将被释放。这个"囚徒困境"中的纳什均衡是什么？

解：

为了回答这个问题，首先以矩阵（也可以称为"博弈中的策略式表述"）的形式将这场博弈中各个策略的支付做一个展示（见图1-4）。每一个格子中的第一个数字是罪犯1的收益，第二个数字是罪犯2的收益。

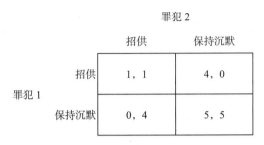

图1-4 "囚徒困境"的策略形式

在这个博弈中有两个纳什均衡：①两个罪犯都招供；②两个罪犯都保持沉默。为了看明白为什么①是一个纳什均衡，设想罪犯1猜测罪犯2会招供。那么，如果罪犯1招供的话，他能获得1单位的支付，但如果保持沉默，他只能获得0。因此他会选择招供。另外，设想罪犯2猜测罪犯1会招供。这时，由于他所面临的决策问题与罪犯1完全一致，所以他也意识到招供是最优选择。这样，由于每一个罪犯在选择自身策略时正确地预计了其他人的策略，所以①是一个纳什均衡。类似地，如果每一个罪犯都相信其他人会保持沉默，那么这时他的最优决策就是保持沉默，因此②也是一个纳什均衡。

多重纳什均衡的存在非常普遍。对于这两个罪犯而言，即便他们最好的选择是均保持沉默，并且他们也知道这一点，但两人同时选择招供还是可能出现的状况，这是因为他们可能达成共谋。何种均衡结果会出现依赖于罪犯之间的信任。

纳什均衡的概念在本书中得到广泛的使用。特别地，你可以在第3章、第7章、第8章以及讨论银行挤兑和存款保险的第12章中找到其相关内容。

1.11 信念修正与贝叶斯法则

本节我们将讨论一个理性的人在新的信息来临时所做的反应。当一个人一无所知的时候，他肯定想知道未来会有什么事情发生，这时认为他对将要发生的事情形成了一个信念。这个信念可以由概率分布来描述。也就是说，作为一个完全不知情的主体，你可能会说"a"结果有一定的概率出现，"b"结果有一定的概率出现等。现在，设想出现了一些新的信息。虽然这些信息并不会使你成为完全知情人，但你肯定会比原先知道的更多一些。问题是：当面对新信息的时候，你会如何修正你的初始信念？我们通过例1-9来说明这一问题。

例1-9

设想你决定选择哪个电视频道来收看晚间新闻以了解第二天的天气状况。现在有两个频道（频道1和频道2）可供选择。你的评判标准是天气预报的准确性，并且你相信天气预报员要么是"好"要么是"差"。现在,你认为任意一个频道中天气预报员是"好"的概率是50%,也就是说,你的(先验)信念是任何一个频道的天气预报员是"好"的概率是0.5。你也意识到没有人是完美的,进而一个"好"的预报员有0.8的概率播报正确,而"差"的预报员只有0.5的概率播报正确。设想现在两个频道的预报员给了你一个"点估计"(例如他们告诉你明天是否会下雨),而不是"概率估计"(例如他们告诉你下雨的可能性有60%)。设想频道1的预报员昨晚说今天会下雨,而频道2的预报员的播报正好相反。如果你观测到下雨了,那你应该如何修正你的信念呢?

解:

显然,断然改变你的信念并且断定频道1的预报员"好"而频道2的预报员"差"并不是一个明智的选择。那么你应该怎么做呢?

为了回答这个问题,我们需要把信念的修正过程公式化。作为一个统计方法,贝叶斯法则提供了一个修正信念的计算公式。从本质上说,贝叶斯法则告诉我们一个理性的人是如何计算条件概率的。设想 $x_1,\cdots,x_n$ 是随机变量 x 可能出现的结果,$\Pr(x_i)$ 是 $x=x_i$ 时的先验(非条件)概率(x_i 是从 $x_1,\cdots,x_n$ 中选出的任意一个值)。同样,y_i 是随机变量 y 可能出现的结果,并且传递了关于 x 的信息。那么,贝叶斯法则就是,如果你观测到 $y=y_i$,你应该推断出 $x=x_i$ 的概率,公式如下

$$\Pr(x_i|y_j) = \frac{\Pr(y_j|x_i)\Pr(x_i)}{\sum_{i=1}^n \Pr(y_j|x_i)\Pr(x_i)} \ominus \qquad (1\text{-}17)$$

$\Pr(x_i)$ 是先验概率,条件概率 $\Pr(x_i|y_j)$ 是后验概率。在天气预报的例子中,假设我们定义

Pr(预报员是"好"的 | 他播报正确) = $\Pr(g|c)$

Pr(预报员是"好"的 | 他播报错误) = $\Pr(g|w)$

Pr(预报员是"差"的 | 他播报正确) = $\Pr(b|c)$

那么

Pr(频道1的预报员是"好"的 | 他播报下雨正确)

$$= \Pr(g|c) = \frac{\Pr(c|g)\Pr(g)}{\Pr(c|g)\Pr(g) + \Pr(c|b)\Pr(b)}$$

$$= \frac{0.8 \times 0.5}{0.8 \times 0.5 + 0.5 \times 0.5} = 0.615$$

类似地,

Pr(频道2的预报员是"好"的 | 他播报下雨错误)

$$= \Pr(g|w) = \frac{\Pr(w|g)\Pr(g)}{\Pr(w|g)\Pr(g) + \Pr(w|b)\Pr(b)}$$

$$= \frac{0.2 \times 0.5}{0.2 \times 0.5 + 0.5 \times 0.5} = 0.286$$

因此,你可以看到频道1的预报员是"好"的概率比频道2的预报员是"好"的概率高出两倍之多。当然,你可以等到下一次预测,然后看他们中哪一个(如果不同的话)是正确

⊖ 原书为 y_j,疑有误,应为 y_i。——译者注

的。值得强调的是，后验概率显著依赖于先验概率。因此，如果今天两个预报员都预报有雨并且明天真的下雨了，你也不能说他们两个的预报能力一样好；你还是更相信频道 1 的预报员是"好"的可能性更高。在第 8 章还会提到贝叶斯法则。

1.12 流动性

任意一种资产的流动性指的是它转变成现金的容易程度。有三个维度来衡量流动性：①资产的最高价值（通常是对于其当前的所有者而言的）与出售价值的差 Δ；②以卖家愿意接受的价格出售资产所需的时间 t；③出售资产涉及的成本 c。因此，流动性可以表示为

$$l = l(\Delta, t, c)$$

流动性伴随着 Δ、t 和 c 的提高而下降。最具流动性的资产是现金。通常地，资产价值对其所有者的依赖程度越低，资产的流动性就越强。因此，如果某些资产只是对所有者这一个主体而言有价值，那它们的流动性水平相对而言就很低了。同时，具有很高的信息不对称和代理问题的资产，其流动性水平也相对较低。

1.13 系统风险

系统风险（systemic risk）是指影响整个系统的风险，因此是难以分散化的。这个概念与系统性风险（systematic risk）的概念很接近，只不过"系统性风险"常用于描述影响整个金融体系的风险，如系统范围内的流动性短缺。

传统的观点认为，系统风险是完全外生的，也就是说超出了任何一个金融机构的控制。但最近发生的事件强调了这样一个事实，特质性风险看起来也可能会蔓延到整个系统，并由于金融机构和市场间的相互关联性而变成系统风险。例如，尽管美国的次级住房抵押贷款市场仅在全球金融体系中占很小的比例，但一开始在这个市场出现的违约很快就演变成了一场全球性金融危机。

1.14 意见分歧

在大多数主流经济理论中，一个标准的假定是，对于面临相同信息的两个人，他们的意见总是一致的。也就是说，设想有两个人 A 和 B，他们在一开始的时候对于项目是否值得投资或者是否贷款有着不同的信念，这时标准的假定是说，之所以会这样是因为他们拥有不同的信息集，如果给他们提供同样的信息，那么他们就会意见一致。换句话说，他们的信念最终将会趋于一致。

然而，这是一个为了便于分析所做的假定。无论在经济学、逻辑学还是心理学中，所有主体的信念最终将趋于一致这种观点无法得到足够的支持。[⊖]一个正式的理论已经发展出

⊖ 见 Kreps（1990）。

来，认为即便主体持续接收到相同的信号，他们之间的意见分歧依然会存在。⊖这个想法可以通过下面的方式来理解。假设两个主体开始的时候对于某个物体的价值有着不同的判断，然后他们接收到了一些与内在经济变量有关的信号，这些信号有助于他们更新对物体价值的信念。这时，如果这些经济变量的概率分布是非平稳的（也就是随时间的变化而变化），那么这些主体的信念可能永远不会趋同。这意味着他们对于物体价值的意见分歧会一直持续下去。

即使经济主体拥有相同的目标（不存在代理人问题）并且可获得相同的信息（不存在信息不对称），他们的意见仍然可能存在分歧这样一个理念现在已被运用于金融学和经济学中来解释一系列现象。⊖我们会在有关 2007～2009 年金融危机的章节中讨论金融创新是如何导致可能触发金融危机的意见分歧时涉及这一点。

1.15 公允价值会计

公允价值会计（MTM accounting）指的是将资产或负债的价值从账面价值（等于资产购置的历史成本减去累计折旧）调整到其预期（或实际）的市场价值。

直到 20 世纪 90 年代，金融机构采用公认通用会计准则（GAAP）和管理会计准则（GAP）规定的账面价值或者历史成本计量方法。从 20 世纪 90 年代早期开始，公允价值计量方法就成为美国会计准则的一部分。

许多人指责 MTM 在危机期间导致了资产的减价出售及价格的螺旋式下降。这种观点认为，在资产价格不断下降期间，资产价值盯住市场价格的会计处理方法导致了金融机构资本水平的下降，为了应对资本水平的不断下降，金融机构只能出售资产，而资产的出售进一步恶化了价格的下跌。更多的探讨将在第 14 章的金融危机专题中出现。

⊖ 见 Kurz（1994a，b）。
⊖ 见 Boot、Gopalan 和 Thakor（2006，2008）关于公司在私有制和公有制下的决策，以及 Van den Steen（2010）建立的新的企业理论模型。

第二部分
PART 2

什么是金融中介

第 2 章

金融中介的性质和种类

"人总是这样，不到失去的时候不知拥有。"

琼尼·米歇尔

引言

本章关注的重点是由金融中介机构提供的各种各样的服务。银行是提供各种各样的金融服务的行业成员。广义的金融服务业包括各类不同的机构，像商业银行、储蓄机构和信用合作社等通过存款为其资产提供融资的机构，以及政府机构、信用评级机构、养老基金、放高利贷者、典当行、彩票、保险公司、共同基金、对冲基金和私募权益组合等。在这个列表中，我们还可以添加交易股票、期货、期权、债券和商品等有组织的交易所以及赛马博彩机构，并且这个列表还可以毫不费力地加以扩展。广义上讲，这些机构可以被划分成两类：存款性金融机构和非存款性金融机构。前者包括主要通过存款为自己提供资金的机构，而后者则在资本市场上获得资金。这些非存款性机构的一个子集被称为"影子银行体系"。

所有这些金融机构的共同之处在于处理风险以及与风险存在微妙互补关系的信息。金融机构产生的信息主要应用于两种类型的活动：①像婚姻中介那样实现交易者的匹配；②管理风险并转变索取权的性质（就像银行制造信用信息来控制借款人的信用风险那样）。在为第一种应用生产信息的时候，中介充当了经纪人的角色，而在为第二应用生产信息的时候，中介充当了"定性资产转换者"的角色。本章剩余内容我们的计划如下。首先，我们定义金融中介并讨论经纪业务和资产转换服务。我们提供了一张不同类型服务的列表，所有中介机构提供的金融服务都可以纳入其中的两个基本组合之中。其次，我们提供了一些与金融中介相关的重要统计数据，然后讨论存款性金融中介的主要类型，也就是商业银行、储蓄机构（储蓄贷款协会（S&L）和互助储蓄银行（MSB））和信用合作社。再次，我们讨论了风险资本家、私募股权公司、金融公司、保险公司、养老基金、共同基金和投资银行等非存款性金融中介。接下来我们提到了政府，最后转向包括典当行和放高利贷者在内的"边缘性"金融中介。

2.1 什么是金融中介机构

1. 定义

顾名思义，金融中介机构是介于金融资本提供者和使用者之间的实体。典型的金融中介机构一般具有多面性，因而它们的活动可以从各种各样的观点出发来理解。例如，与非金融性公司相比，金融中介机构持有相对大量的金融索取权作为资产。这样，制造类企业持有存货、机器、专利作为其资产的主要形式，而金融中介机构则持有其客户的债务性合约作为资产的主要形式。二者都是通过出售自己的债务和股权为其资产提供资金；从资产负债表的右侧着眼，除了金融中介机构倾向于拥有更高的杠杆之外，金融中介机构和其他公司并没有很大的区别。在这里，我们看到了资产负债表视角的金融中介机构的特殊性。虽然金融中介机构和其他类型的企业都以负债和权益为其资产融资，但金融中介机构倾向于将持有的金融索取权作为资产，而其他企业更倾向于持有实物资产。在附录2A中，我们进一步讨论金融中介机构的资产负债表。

2. 为什么会有金融中介机构

这等于问了这样一个问题：金融中介机构做了什么如果没有它们就不能做的事？对于任意一家公司（无论是金融性或非金融性的）来说，这个问题的答案可以在公司提供的商品和/或服务中找到。毕竟，一家公司不仅选择其资产和负债，而且对其进行管理，以确保潜在现金流的实现。也就是说，把资产负债表上的（非人力）资产与各种类型的劳动力投入结合在一起，产生传统意义上归属于资产的现金流。生产者重塑、转变和运输各种各样的原材料与半成品，使之成为更具精细度、在当地更具优势的商品。记录在资产负债表上的机器和工艺流程与劳动服务结合起来，生产出了具有更高精细度的存货商品。

那么，金融中介机构的类似活动是什么呢？它如何把资源组合在一起来提供金融服务？一个肤浅的答案是，金融中介机构一方面进行借款，另一方面进行贷款。但这个答案不完整，因为它并没有解释为什么我们需要金融中介机构将借款者和贷款者聚集在一起。换句话说，如果我想借钱，那为什么我不简单地在报纸上打个广告，邀请人们以能够和我协商确定的利率把钱借给我呢？尽管这看上去可能是一件有些愚蠢的事，但问题的关键是要理解为什么没有人（正常来说）会去做这件事，而不是直接否定它。毕竟，对于一个房屋所有者而言，他就可以选择在房子上张贴"屋主自售"的标示而不是通过房地产中介来出售房子。这两件事有很大的区别吗？或者说，为什么房屋的出售不同于债务出售（借钱）？即使在那些没有（显性）存款保险的国家，人们仍然在银行存钱，然后银行又把这些钱借给像你和我这样的人。那么，为什么那些存款者不愿意与可能的借款者直接开展交易呢？

理解这个问题的关键在于我们生活在一个具有不完全信息的世界。之所以人们宁可将钱存进银行也不会直接把钱借给陌生人，是因为他们觉得他们更"了解"银行。正是因为有这样的分析论证，我们才愿意进一步探究通过金融中介机构提供基于信息的金融服务的重要性。在借贷过程中，金融中介机构发挥的作用是将彼此并不熟悉却适合且互补的交易者连接在一起，非常类似婚介所的工作。金融中介机构也将信贷配置到可能的最高、最好的用途中去，同时对其客户持有的金融索取权的特性进行重构。㊀对于金融中介机构而言，这些基础活动被赋予了特殊的标签——前者被称为"经纪业务"，而后者被称为"定性资产转换"（QAT）。

3. 金融中介机构的经纪功能

金融中介机构的经纪业务将金融索取权交易中具有互补性需求的交易者聚集到一起。经纪人通常因为提供这种服务而获得一定补偿。经纪人的本钱是信息，它提供这项服务的特殊优势来自其解读微妙（即不容易被观察到）信号的特殊技能，也来自信息特有的可重复使用性。换句话说，作为信息处理者，经纪人具有两个优势：第一，它拥有/开发了解读微妙（即不容易被观察到）信号的特殊技能；第二，它利用了横截面（跨越消费者）和跨期（跨越时间）的信息可重复使用性。举个例子，房地产经纪人通常会比一般的房屋购买者或出售者拥有更多关于一个特定市场供给和需求状况的信息，并能够在多笔交易中重复使用这些信息。

对于经纪人来说，买者和卖者之间的匹配活动不会让其以购买（销售）当事人的身份出现。因此，二手车经销商通常会超越经纪人的职责范围——出于再销售的考虑，有时需要购入二手车。如果它仅仅为交易对手确定潜在的买家（或卖家），那么它就是一个经纪人。类似地，婚姻介绍人符合我们对经纪人的描述，但典型意义上的股票经纪人却不是这样。一旦经纪人充当了交易的当事人——为了最终的再出售（或再购买）而购买（或出售）了资产，它就承担了市场重估资产价格的风险，进而超越了匹配商这一更为有限的功能定位。

经纪人的存在有助于解决在交易双方签订合约之前存在的信息问题。换句话说，经纪人有助于解决签约前的信息不对称。此外，经纪人也有助于解决合约签订后可能出现的信息问题，也就是说，经纪人有助于解决签约后的信息不对称。

4. 签约前信息不对称和经纪业务

签约前的信息不对称涉及两类信息问题：逆向选择和重复甄别。我们将依次讨论它们。

逆向选择和经纪业务：在与金融中介机构相关的交易活动中，逆向选择问题不胜枚举。例如，借款人为了使他自己看起来像一个低信用风险的借款人，会希望向潜在的贷款人夸大他的信用价值。如果贷款人尝试提高贷款利率，以便使其所面临的与错误呈现信用价值的借款人相关的更高的信用风险得到补偿，那么最有可能退出申请的借款人是那些信用风险低的借款人——他们要么可能会有更好的替代融资方式，要么仅仅是因为不愿意在更高的利率水平上借款。由此导致留下的只是那些高信用风险的借款人。

类似银行这样的金融中介机构可以通过开展信用分析等经纪业务筛选出不同类型信用风险的借款人，进而帮助解决这类逆向选择问题。也就是说，在这种情况下，经纪人专门从事信用分析活动或者开发处理/解读各种类型信用信息的技能。这使得经纪人可以充当借款者和贷款者之间的中介，从而最小化逆向选择问题。

重复甄别、信息重复使用和经纪业务：重复甄别指的是这样一些状况，此时尽管单个主体可以通过付出一定的成本来解决逆向选择问题，但由于多个主体最终都进行了相同的甄别

㊀ 金融中介也从事类似于制造业的清算和储存活动。这些资产"服务"活动包括收集、记录、住房抵押贷款的款项汇兑、消费者信贷和其他索取权，也包括传统的安全保护。

活动，就出现了成本高昂的甄别资源支出浪费现象。金融中介机构可以通过利用信息重复使用性来帮助避免出现这种重复甄别现象。我们可以通过下面给出的例子来说明这一点。

设想有 100 位男性和 100 位女性，他们都在试图寻找"完美的"结婚对象。为了充分了解信息，每一位女性将需要对 100 位男性都进行评价。类似地，对于每一位男性而言也需要这样做。现在假设每一次这种评价（抽样）的进行都会产生固定成本（如 25 美元）。这样所有参与者充分了解信息的总成本将为 500 000（$=2 \times (100 \times 100 \times 25)$）美元。或者，如果我们令 x 代表规模（在这个例子中是 100 个人），c 代表每单位固定抽样成本（在这个例子中是 25 美元），我们得到的结果是总成本等于 $2cx$。

现在经纪人进来了！为了建立一个公平的交易环境，且不考虑经纪人拥有的特殊技能，我们假定每单位评价的成本保持不变，仍为 25 美元。然而，经纪人只需要对每一个参与者进行一次评价，进而充分了解信息的总成本是 $2cx$，或者说 5 000 美元。假定信息传播的成本可以忽略不计，那么由于经纪人的引入，节约的成本近似于

$$S = 2cx(x-1)$$

在本例中也就是 495 000 美元。毫无疑问，经纪人总是期望获得一定的利润，但这种成本带有再分配的性质而不是耗散的（资源消耗），且（经纪人之间）潜在竞争的存在将在任意一种情形中限制其能获得的利润。因此，随着规模的增加，由经纪人的存在所引致的成本节约数额将呈现指数型（平方）增长，并和每单位抽样成本呈线性相关。在边际上（$dS/dx = 2c(2x-1)$），节约的成本数额随规模的扩张而增加。

由经纪人的存在而导致的成本节约源于信息的一个特殊性质，也就是信息的使用并不会导致它自身的消耗。绝大多数商品和服务一旦使用就会转变成为废弃物。但对信息来说就不是这样，而（信息的）这种异质性是理解经纪人功能的关键。如果婚姻中介为某个特定候选人写了一份报告，我可以使用这种信息，而且也不会损害你使用相同信息的能力。这一点对于证券分析师完成的研究报告或电话簿来说也是一样的。信息具有的这种非同寻常的可重复使用性是经纪人的存在极具吸引力的原因，并且数量越多，与重复利用信息有关的潜在成本节约也就更多。

在这个讨论中，我们没有为经纪人指定任何相比信息评价外行而言的特殊优势或技能。如果这样一种相对优势存在的话，则令 C_b= 经纪人的评价成本，C_o= 其他人的评价成本，且 $C_o > C_b$，那么由于经纪人的存在所导致的成本节约就是 $S=2x(C_o-C_b)$，其中 $C_o > C_b$。与使用经纪人有关的成本节约随 C_o-C_b 这一成本差额的增加而增长。换句话说，更高的信息处理技能强化了经纪人的相对优势。

5. 关于信息重复使用能力和经纪业务价值的一些深入思考

为了强化我们对信息重复使用能力的理解，再考虑一个例子。想象有一个巨大的地理网格，其中每一个交叉点代表一个潜在的油井。现在设想存在许多石油开采公司，进一步假设在挖空一个油井之后，相关的法律要求该地点要被修复到初始状况。这样，人们就没有任何办法来知悉某个特定的地点是否已经被开采过，除非该地点恰好有一个正在作业的油井。如果有一个经纪人简单地收集并传播与每一个开发者相关的信息，那么再次挖掘干枯油井的成本就可以被避免。如果没有经纪人的存在，社会就要承担在这些地点寻找石油而产生的非生

产性不必要成本。这类信息重复使用被称为"横截面重复使用"——此时相同的信息可以被多个不同的使用者利用。信息重复使用也有跨期的一面，就是它的使用可以跨越时间。例如，在处理某个借款人的第一笔贷款申请时，银行会知道关于他的某些信息，而这些信息至少在处理来自相同借款人未来的贷款请求时能被利用。

经纪业务的第二个方面与搜索对象的可观察性有关。当搜索对象很容易被观察到时，比如某个人的电话号码或干枯油井的地址，那么经纪人拥有的技能就不具有太大的重要性。但这里让我们更加细致地解释一下"容易被观察到"这个词汇想表示的意思。想象一下雇用专家来帮助你购买纯种马时存在的问题。设想你对候选马匹的三个特点非常感兴趣——它们的比赛记录、构造和血统。现在想象一下有无数的专家可供你选择，假定我们要求每个专家都对每匹马的这三个特点给出报告。然后，我们可以创建马匹每个特点的频率分布。在这些频率分布中我们预期能观察到什么呢？因为比赛记录很好界定且有公开的记录，所以均值偏差几乎可以忽略不计。观察者对某匹赛马得了多少次第一名、第二名可能不存在什么争议，就像他们不会对马的年龄、体重和身高提出异议一样。

然而，生育和构造问题却完全是另一码事。就这些特征而言，我们会期望每一个受托人对这些马匹给出不同的报告。由于作为判断构造基础的理想范式具有多个维度，而且有时界定也较为宽松，所以每一个观察者的特征描述都是独一无二的，由此导致的频率分布也会有较大的方差。对于血统而言，情况也颇为相似。尽管与祖先之间关系的事实可能没有什么争议，特定祖先的价值多少却是一个主观判断。这样观察者的选择就变得极为重要。

正是这种微妙、含糊以及观察对象成本的存在，提升了评估经纪人技能的重要性。某种意义上说，如果搜寻对象很容易被观察到，那么我们应该期望雇用更少的精明经纪人。如果所有的观察者都给出了相同的描述，那么很明显，在判断这些对象至关重要的方面时，我们就应该保留那些最精明的经纪人。

可观察性问题有助于我们理解社会中令人关注的经纪人等级划分，其跨度从电话簿这样一个极端到另一个极端的婚姻中介和投资银行家。事实上，投资银行家和婚姻中介在业务上具有很多共性的地方，因为他们都基于微妙的特性来解决交易者的匹配问题。如果投资银行家仅限于形式上的财务报表分析和现金流预测来开展业务，那么其功能和报酬都会减少。但投资银行家能够基于公司文化、战略意图、继任、经营协同效应和类似的细微差别来处理更为复杂的兼容性问题。甚至证券的发行也需要了解买者和卖者，他们如何看待对方，以及很多与证券属性相关的细节（如偿债基金条款、抵押、随机性久期因素等）。这解释了为什么投资银行家的声誉是如此重要，而电话黄页的出版商几乎是匿名的。

总之，就一个给定的属性而言，网格规模越大，对经纪人的需求就越迫切。而对于规模给定的网格而言，搜索对象的不可观察性越高，经纪人的技能和声誉就越重要。

经纪业务的重要特点之一是开展这类业务时无须处理大量的风险。在经纪人不承担与定性资产转换相伴随的风险敞口背景下，信息可以被购买用于重复出售。确定的是，如果经纪人在信息出售之前就生产了信息，那么需求的不确定性会导致损失。但信息可以被预售（至少在原则上是这样）。当经纪人为了销售信息，尝试开展与之相关的可证真伪的信息展示活动时，经纪人就承担了声誉受损的风险。但只有在搜索对象难以观察时这种风险才具有实质意义。原则上，经纪领域的服务可以无风险地提供，而且无论在什么情况下，风险的处理对经纪服务生产而言都不是核心问题。这与定性资产转换业务的情况不同。

6. 签约后信息不对称和经纪业务

在很多交易中,交易的一方可以在契约性互动过程中损害另一方的利益。这类行为之所以有可能出现,是因为对于受害方而言,这些行动具有隐蔽性,且不能被直接控制或预防。这种信息不对称与道德风险相关联(见第1章的讨论)。

道德风险是非常普遍的。在保险业中会碰到道德风险——被保险人可能对防止不利后果出现的努力投资不足(由于保险人承担了由此导致的损失)。这在银行业中也很常见——借款人可能会选择高风险项目,因为银行承担下跌风险(与其受益相比)中极不对等的部分。

金融中介机构监督方面的特殊技能弱化了道德风险。比如,银行可以通过定期检查借款人的业务和财务状况,甚至必要时介入其经营策略来监控借款人。保险公司则通过保险合同的设计并使用事后的定价调整来防止道德风险。风险资本家利用控制权转移的威胁来确保企业家的动机不会过度地偏离投资者的意愿。因此,道德风险的存在为金融中介机构充当经纪人提供了一个强有力的经济价值来源,而以经纪人身份出现的金融中介机构有助于减少由于道德风险而造成的损失。

图 2-1 总结了造成经纪人角色的不同信息问题。

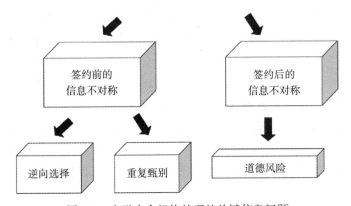

图 2-1 金融中介机构处理的关键信息问题

7. 定性资产转换

设想一个没有中介的世界,就像我们在最初讨论中介的功能时那样。设想有些人出于购房的目的想获得一笔贷款。借款人必须找到一个愿意持有住房抵押贷款的对手方,但住房抵押贷款是一项有许多较少吸引力特性的债权。比如,个人住房抵押贷款没有一个活跃的二级市场,进而具有低流动性和较大的买卖差价。单项住房抵押贷款的规模通常很大且不大规则,期限一般较长且不确定,也就是说可能30年都未偿付完毕,也可能在任意一个时间借款人决定提前偿付(且一般没有提前偿还罚金)。此外,住房抵押贷款也面临违约风险,当贷款违约时,抵押品的管理成本极为高昂。总之,住房抵押贷款是一种不太好的债权。

现在加入金融中介机构。它购买住房抵押贷款,并通过发行被称为存款的债务来为其购买提供资金。与住房抵押贷款相比,存款具有几乎无限可分性、高流动性,且其违约风险很小。金融中介机构有效地实现了住房抵押贷款和存款之间的互换,进而改变了其客户所能持有的债权。金融中介机构因为这项服务获得了住房抵押贷款和存款之间利差形式的报酬。

在各种资产属性中，最常被金融中介机构转换的是期限（或到期期限）、可分性（或单位规模）、流动性、信用风险和计价单位（货币单位）。中介机构通过持有与其负债相比具有更长久期的资产来缩短其客户债权的久期；通过持有与其负债相比规模更大的资产来减少其客户债权的单位规模；通过持有比负债流动性更低的资产来提高其客户债权的流动性；通过持有比负债违约可能性更高的资产来降低信用风险。银行可以通过持有以一种与债务计价货币不同的货币计价的资产来改变客户资产的计价单位。

8. 定性资产转换和风险

值得注意的是，每一类由金融中介机构完成的资产转换要求存在一个与金融中介机构资产负债表项目相关的"错配"。例如，如果金融中介机构的资产和负债的久期是完美匹配的，它就不可能改变其客户资产的久期。只有通过吸收更长久期的资产来交换更短期的负债，金融中介机构才能缩短其客户持有的债权久期。这一点之所以很重要，是因为金融中介机构资产负债表上的这种错配反映了金融中介机构对某种风险的承担（至少最初是这样的）。

如果金融中介机构同时持有以欧元标价的资产和以美元标价的负债，那么它就暴露在美元/欧元汇率的波动风险中。如果金融中介机构持有依靠短期负债融资的长期资产，它就暴露在利率风险中，此时收益率曲线的形状和位置的变动会影响金融中介机构的现金流。如果没有错配和随后的风险承担，银行甚至连改变债权的单位规模也无法完成。如果资产的单位规模大于负债的单位规模，相应债权的购买和销售就不能完全同步，进而金融中介机构承担了一种存货风险。

久期转换的情形具有一定的指导意义。由于存在附加于长久期债权的（流动性）升水现象，收益率曲线被认为是对未来即期利率的"有偏预测"。也就是说，借款人通常更愿意借入长期资金，而贷款人通常更愿意借出短期资金。利率期限结构理论通常会与约翰·希克斯爵士（一位获诺贝尔奖的英国经济学家）联系起来。但如果我们将金融中介机构引入这样一个世界，假定中介机构对债权的久期长短并不在意，中介机构就能够通过短期负债来为其长期资产的购买提供资金，并从中获利。事实上，在没有其他阻碍的情况下，中介机构会继续开展这种转换活动，直到流动性升水下降到与中介机构的边际成本相同的水平。这种资产转换形式的存在支持了希克斯关于收益率曲线的观点。如果一开始时没有流动性升水的存在，金融中介机构就不会有开展久期转换的动机。如果收益率曲线是关于未来即期利率的无偏预测，那么进行期限转换就无利可图。

不管定性资产转换采取何种形式，它都暗含了一个错配的资产负债表，而这意味着对某种风险敞口的容忍。从这个意义上说，风险是定性资产转换不可或缺的一部分。在管理这种风险时，金融中介机构有三种可相互替代的方法：要么使风险分散化，要么将风险转移给他人，要么被动地承担风险。将风险转移给他人可以使用互换、远期、期货和期权等产品。原则上（在实际中则很罕见），所有与定性资产转换有关的风险敞口可以通过适当的风险转移工具转移给他人。但是，在这种情况下定性资产转换恢复到了经纪业务。不论交易多么复杂，金融中介机构仅仅在它的客户中间进行风险转移。在风险分散化的情况下，金融中介机构被认为代表那些财富与债权单位规模相比较少的客户开展了这种分散化活动。人们广泛认为，这是共同基金的主要存在理由。

虽然我们区分了经纪业务和资产转换并把它们视为不同类型的金融中介机构服务，但真相是这两类业务同时由相同的中介机构执行，有时会以二者结合的形式出现。举个例子，一个从事久期转换的金融中介机构发现其资产负债表错配过大进而无法感到安心，由此决定要在延长负债久期的同时缩短资产的久期。事实上，这种业务组合的改变意味着这个中介机构的定性资产转换由多变少，而经纪业务由少变多。在极端情形中，如果金融中介机构实现了资产和负债的完美久期匹配，那么它将变成一个纯粹的经纪人。

另外，考虑一个拥有两类承销合同（即"包销"合同和"代销"合同）的投资银行家。包销合同要求银行家先购买公司的证券然后进行再销售，这显然是一份定性资产转换合同。在公众承诺购买证券之前，银行家为证券发行公司提供了一份套餐。相比之下，代销合同中的银行家向公司做了一个尽职尽责的承诺，也就是尽最大努力以最优的可实现价格去销售证券，而没有进一步的担保。代销合同中的银行家扮演了经纪服务提供者的角色，且银行家无须承担任何与证券价格相关的风险敞口就能收到一笔费用。图 2-2 显示了金融中介机构在经纪业务和定性资产转换业务分类下提供的各类服务。这个列表是建议性的，并不全面。

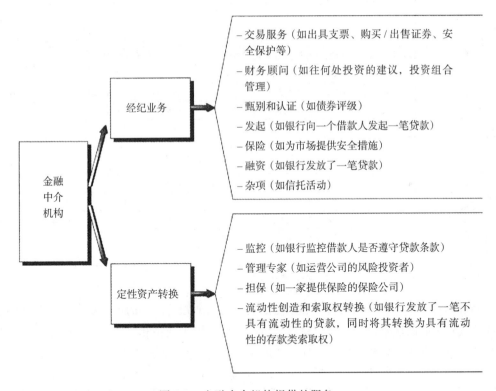

图 2-2　金融中介机构提供的服务

2.2　金融中介机构的不同种类

存在很多对金融中介机构进行分类的方式。在本节中，我们基于它们提供的服务的性质进行了分类。我们也可以基于是否通过存款为经营活动提供资金来进行分类。

通过存款来获得（至少是部分）资金的金融中介被称为存款性金融中介机构，而那些不通过存款获得资金的金融机构被称为非存款性金融机构。把两者加在一起,存款性和非存款性金融中介机构拥有规模极为庞大的可支配资产。表 2-1 列示了不同类型的金融中介机构的资产,并描述了它们在 1980～2010 年的增长状况。值得指出的是,除了储蓄机构,所有类型的金融中介机构的资产都显示出惊人的增长速度。

表 2-1 金融机构在年末的总资产

面板 A:以 10 亿美元为计算单位表示的总资产								
金融中介	1980	1985	1990	1995	2000	2005	2008	2010
商业银行	1 704	2 484	3 338	4 499	6 709	9 844	14 056	14 402
储蓄机构	792	1 287	1 323	1 013	1 218	1 789	1 524	1 244
人寿保险公司	479	826	1 351	2 064	3 136	4 351	4 515	5 177
私人养老基金	470	848	1 629	2 899	4 468	5 389	4 553	6 080
州和地方养老基金	198	405	730	1 327	2 293	2 721	2 325	2 928
金融公司	202	352	596	705	1 213	1 857	1 852	1 595
货币市场基金	76	244	493	741	1 812	2 007	3 757	2 755
共同基金	58	252	608	1 853	4 433	6 049	5 435	7 963
信用合作社	69	137	217	311	441	686	812	911
金融机构的总资产	4 048	6 835	10 285	15 412	25 723	34 693	38 829	43 055
面板 B:以各类金融中介机构在金融机构总资产中所占比例来表示的总资产								
金融中介	1980	1985	1990	1995	2000	2005	2008	2010
商业银行	0.42	0.36	0.32	0.29	0.26	0.28	0.36	0.33
储蓄机构	0.20	0.19	0.13	0.07	0.05	0.05	0.04	0.03
人寿保险公司	0.12	0.12	0.13	0.13	0.12	0.13	0.12	0.12
私人养老基金	0.12	0.12	0.16	0.19	0.17	0.16	0.12	0.14
州和地方养老基金	0.05	0.06	0.07	0.09	0.09	0.08	0.06	0.07
金融公司	0.05	0.05	0.06	0.05	0.05	0.05	0.05	0.04
货币市场基金	0.02	0.04	0.05	0.05	0.07	0.06	0.10	0.06
共同基金	0.01	0.04	0.06	0.12	0.17	0.17	0.14	0.18
信用合作社	0.02	0.02	0.02	0.02	0.02	0.02	0.02	0.02
金融机构的总资产	1.00	1.00	1.00	1.00	1.00	1.00	1.00	1.00

资料来源:美国人口调查局,2012 年美国统计摘要。

随着非存款性金融机构提供了越来越多的可与商业银行竞争的产品和服务,存款性和非存款性机构之间的区别已变得日益模糊。由此,个人出于交易和投资的目的越来越转向共同基金而非银行存款。这些发展可以从表 2-2 和表 2-3 提供的数据中看出。

表 2-2 各类共同基金统计　　　　　(金额单位:10 亿美元)

	1980[①]	1990	2000	2005	2010	2011	2012
投资在共同基金上的美元资金	134.8	1 065.2	6 964.7	8 891.2	11 831.9	11 627.7	13 045.3
个人退休账户市场中共同基金的份额	14.0%	21.8%	48.0%	46.1%	46.1%	45.2%	45.8%
美国家庭中共同基金的渗透率	5.7%	25.1%	45.7%	44.4%	45.3%	44.1%	44.4%

① 共同基金份额自 1980 年中期开始计算。

资料来源:投资公司协会,2013 年年鉴。

表 2-3 美国共同基金行业总的净资产　　　（单位：10 亿美元）

	1980①	1990	2000	2005	2010	2011	2012
长期基金							
权益基金	44.4	239.5	3 938.9	4 886.9	5 596.8	5 215.3	5 934.3
混合基金		36.2	363.9	609.8	807.8	842.8	991.0
债券基金	14.0	291.3	816.79	1 367.7	2 624.1	2 877.9	3 426.4
货币市场基金	76.4	498.4	1 845.3	2 026.9	2 804.0	2 691.5	2 693.6
总净资产	134.8	1 065.2	6 964.7	8 891.2	11 831.9	11 627.4	13 045.3
基金数目	564	3 079	8 155	7 974	7.5	7 591	7 596

①所有基金在 1984 年被重新分类,并创造了一个独立的基金分类,也就是混合基金。

资料来源:投资公司协会,2013 年年鉴。

消费者贷款市场中各类机构市场份额的变化反映在表 2-4 提供的数据中。商业银行仍然是消费贷款市场的最大玩家。表 2-5 展示了消费信贷市场中前十家最大的商业银行。图 2-3 展示了各类金融机构在信贷市场中的份额。当你大致了解了各类机构的市场份额和规模之后,现在我们转向对每一类机构的详细描述。我们也提供了一些国际性(非美国)的数据。

表 2-4 消费者贷款的市场份额　　　　　　　　　（%）

	1~4 个人家庭的住房抵押贷款						消费信贷					
	1990	2000	2005	2010	2011	2012	1990	2000	2005	2010	2011	2012
美国特许存款类机构	42.4	34.8	33.6	30.5	30.2	30.4	52.3	35.7	35.2	46.6	45.4	44.1
人寿保险公司	7.1	3.5	2.4	2.3	2.5	2.6	—	—	—	—	—	—
金融公司	3.02	3.6	4.5	1.8	1.6	1.4	16.8	12.7	22.3	27.9	26.3	24.6

资料来源:联储统计发布:1985~1994 年,1995~2004 年,2005~2011 年和 2012 年资金流量表。

表 2-5 2013 年 3 月美国基于总资产的最大的 10 家银行

名称	城市/州	总资产(10 亿美元)	总存款(10 亿美元)
摩根大通	纽约	2 359.2	1 193.6
美洲银行集团	夏洛特	2 210.0	1 105.3
花旗银行	纽约	1 864.7	930.6
富国银行	旧金山	1 423.0	1 002.9
纽约梅隆银行	纽约	359.0	246.1
美国银行	明尼阿波利斯	353.9	249.2
汇丰北美控股	纽约	318.8	114.8
第一资本金融公司	麦克莱恩	313.0	212.5
PNC 金融服务集团	匹兹堡	305.2	213.2
美国道富集团	波士顿	222.6	164.2

资料来源:SNL Financial。

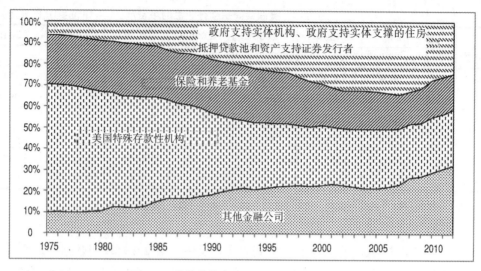

图 2-3　总信贷中各类金融机构所占的份额

资料来源：美联储统计发布：1975～1984 年、1985～1994 年、1995～2004 年、2005～2011 年和 2012 年资金流量表。

2.3　存款性金融中介机构

存款性金融中介机构通过高杠杆运作，因此，即使微小的总资产回报率也会转化成很高的股权收益率。图 2-4 描绘了随着时间的推移银行权益资本占总资产百分比的变化状况。图 2-4 说明了第二次世界大战结束之后，直到 20 世纪 60 年代银行的净值占总资产的比率是上升的，然后，直到 20 世纪 80 年代银行净值占总资产的比率出现长期下降态势，但随后又呈上升趋势。但注意，这些是账面数据，可能不会像其水平暗示的那样提供针对风险的适度缓冲。在图 2-5 中，我们提供了关于商业银行资产收益率和净资产收益率的信息。图 2-5 显示了银行杠杆在把资产收益率转变为净资产收益率时所发挥的作用。比如，2004 年商业银行的资产收益率约为 1.31%，但净资产收益率为 13.82%。

为了突显我们在 2007～2009 年金融危机期间看到的银行资本化不足的问题，图 2-6 提供了前四家美国商业银行和两家纯粹的投资银行的资本金规模随时间变化的状况。图 2-7 提供了前十家规模最大的欧洲银行的资本金水平。图 2-8 提供了欧洲和美国规模最大的银行的平均资本比率数据。非常明显的事实是，欧洲的银行和美国的投资银行在金融危机前的一段时期显著降低了它们的资本水平（"杠杆比率"）。这种情况也发生在花旗集团，但注意像欧洲银行一样，花旗集团也重度介入投资银行业务。⊖ 正如我们稍后将讨论的那样，这一变化加速了金融危机的产生。

⊖ 欧洲银行公布的资本金水平并不是基于美国银行公布时所采用的相同的会计准则。欧洲银行要遵守 IFRS，而美国银行则是 GAAP。后者因为更为宽容的 GAAP 规则导致了稍高一些的资本比率。

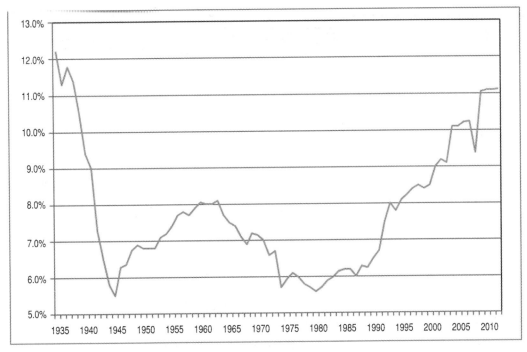

图 2-4 银行权益资本／总资产的变化状况

资料来源：FDIC《季度银行业概况》。

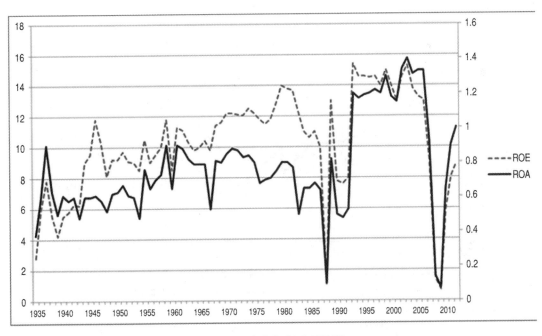

图 2-5 商业银行盈利状况

资料来源：FDIC《季度银行业概况》。

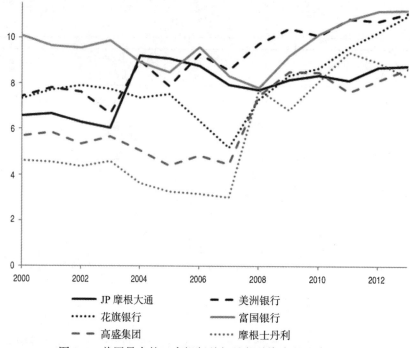

图 2-6 美国最大的 6 家银行总权益与总资产的比率（%）

资料来源：基于 Bankscope 数据自行计算，美国最大的 10 家银行控股公司。

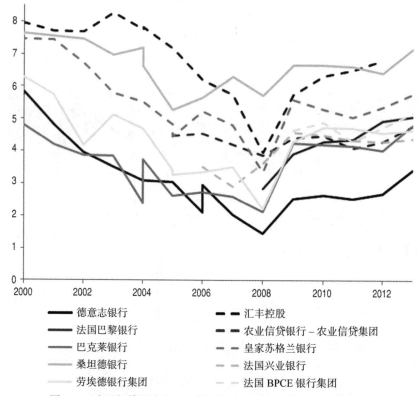

图 2-7 欧盟规模最大的 10 家银行总权益与总资产的比率（%）

资料来源：基于 Bankscope 数据自行计算。

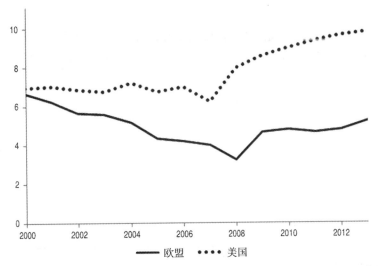

图 2-8 欧盟最大的 10 家银行和美国最大的 6 家银行的平均权益/总资产比率的对比

资料来源：基于 Bankscope 数据自行计算。

2.3.1 商业银行

商业银行被广泛地认为是金融中介机构这一宇宙的核心，因为它不仅具有社区支付体系的管理功能，而且在中央银行发起的货币政策意图传递中扮演了重要角色。⊖商业银行庞大的规模和普遍存在性是其受到特别关注的另一个原因。

绝大多数商业银行借助显著的杠杆来运作。表 2-6 显示了不同规模等级的商业银行拥有平均略高于 10% 的权益资本对总资产的比率。正如我们所看到的那样，与我们曾展示的规模最大的银行的数字相比，特别是和那些欧洲和美国投资银行以及拥有大规模投资业务的商业银行的数字相比，这些资本水平看起来还是很高的（见图 2-6 和图 2-7）。

表 2-6 2012 年 FDIC 承保的商业银行

资产规模	资产收益率（%）	权益收益率（%）	权益资本（以资产百分比表示）
低于 1 亿美元	0.74	6.34	11.66
1 亿～10 亿美元	0.87	8.13	10.64
10 亿～100 亿美元	1.19	10.10	11.72
大于 100 亿美元	1.00	8.89	11.08
总计	1.00	8.92	11.11

资料来源：FDIC《季度银行业概况》，2012 年 12 月。

商业银行在支付系统中的功能源自它们作为货币（纸币和硬币）分销商以及活期存款生产者和服务者的双重角色。现金和活期存款是全社会主要的支付手段与交换媒介，也是货币

⊖ 事实上，世界上的每一个国家都有担负管理货币供给、充当最后贷款人、保护金融体系完整性和其他相关事物的中央银行。美联储是美国的中央银行。其他国家的中央银行包括英格兰银行、日本银行等。欧洲中央银行则使着欧元区中央银行的功能；到现在为止，19 个欧盟成员国采用欧元。中央银行通常是政府所有的，但美联储有一个非常独特的混合结构，而这一结构反映了当时对经济和金融权力的集中（尤其是集中到政府手中）的一种平民主义矛盾心理。这样，美联储名义上看似独立于政府，并为私人所有，但从实际角度看，两者都不是。

供给的主要构成部分。商业银行将中央银行与数以百万计的货币使用者联系起来。

这种关系反映出我们的第二个要点，也就是商业银行由于其在货币政策中所扮演的功能而处于核心地位。中央银行试图通过控制支持经济活动所需的货币可得性来稳定经济活动。因此，如果通货膨胀的威胁加大，美联储就会约束货币的增长，提高利率水平。限制货币供应的增长降低了商业银行的银行信用可得性，进而降低了它们发放的贷款规模，提高了贷款利率。通过这种货币政策传导途径，商业银行履行了其在经济稳定中的功能。我们将在第3章再次讨论这一问题。

在发挥货币政策执行这一功能过程中，商业银行同时充当经纪人和定性资产转换机构，提供了如图2-2所示的除管理技能之外的全部服务。表2-7和表2-8分别展示了典型的商业银行的资产负债表及其收入、费用来源。

表 2-7　假设一家美国商业银行的资产负债表　　　　　　　　　　（单位：美元）

资产		
现金及现金等价物		125
持有的证券		170
出售的联邦基金		50
贷款		
不动产	160	
工商企业	220	
消费者	110	
其他所有	120	
扣除非营利性收入	−12	
可能的贷款损失准备金		
总贷款		598
其他资产		57
总资产		1 000
负债和权益		
负债		
存款		
国内	661	
境外	119	
总存款		780
购买的联邦基金		80
其他负债		80
总负债		940
次级票据和信用债券		5
权益资本		
优先股和普通股		10
留存盈余		20
未分配利润和储备金		25
总权益资本		55
总负债和权益		1 000

表 2-8　一家银行的主要收入与支出

收入	支出
－贷款和可交易证券的利息	－存款利息
－贷款承诺和其他或有权益的费用	－工资
－现金管理和其他交易性服务的费用	－运营支出
	－存款保险费
	－税收
	－贷款损失准备金

　　美国商业银行由联邦层面的联邦储备系统、货币监理署（OCC）、联邦存款保险公司（FDIC）和州层面的州银行管理部门进行监管。

　　商业银行与其他存款性机构存在许多共同之处，但上文提到的在支付系统中的功能、资产的多样性和所有权结构使其有别于其他中介机构。其他的存款性机构，例如储蓄机构（一般被称为储蓄银行）和信用合作社，传统上拥有业务更为狭窄的专业化资产组合——居民住房抵押贷款和消费信贷构成了资产的主体，虽然两者之间的区别已经变得日益模糊，并且现在对于其中的大部分机构而言也几乎没有什么相关性了。顾名思义，商业银行有一段时期也是一类专业化的贷款人，但它们已经发展到一个阶段，在这个阶段最大的商业银行持有各种各样的盈利资产，包括营运资本、针对企业的贸易和定期融资、居民和商业住房抵押贷款、消费贷款、汽车贷款、主权（政府）贷款、旨在公司收购的结构化融资以及其他更为奇异的信用工具。此外，商业银行还通过备用信用证、互换和其他金融担保的出售行使了风险转移的职能。这些产品被称为"或有权益"，具有许多与普通保险合同类似的特性。

　　商业银行的所有权结构也和其他存款性机构有着显著的区别。只有商业银行全部是股份制的。储蓄银行大部分采取互助形式，而信用合作社则全部是互助形式，也就是说，它们是由存款者自身所有的（互助组织的讨论见第 3 章）。在这个快速全球化的时代，非常值得一提的是，美国商业银行仍然反映了独特的美国思维。有趣的是，尽管美、日之间存在显著的文化差异，但许多美国商业银行的异质特征在日本也可以被发现。这是因为第二次世界大战之后，日本银行业是以美国机构为模板来建构的。事实上，与其他主要贸易伙伴国相比，美国与日本金融体系所拥有的共同点要多很多。

　　欧洲最大的几家银行中有一些是像信用合作社那样具有合作性质（实质上就是会员所有）的银行，但规模更为巨大（如法国农业信贷银行、荷兰的拉博银行）。以总资产来衡量，这些银行都可以跻身于美国十大银行之列。从历史上看，美国和日本的商业银行倾向于将其业务限制在一个较为狭窄的范围内（与其他很多区别一样，这个区别在全球竞争的压力下显著下降），并都随之放松了管制。举个例子，德国的"全能"银行或"核心"银行被允许开展保险和投资银行领域的所有业务以及美国商业银行许多传统上被禁止的活动。尽管这类活动传统上被排除在美国商业银行的业务范围之外，但这些限制随着《格拉斯－斯蒂格尔法案》的废除逐渐消失了。

　　除了在功能上受到更严格的业务限制，美国商业银行的经营也存在地理范围限制。直到最近，美国的商业银行还不能在一个州之外运营（除了少许例外）。事实上，在许多州，商业银行不能在一个以上的办事处运营。这种状况看上去很少见，但大约 90 年前，这一美国风格导致最高峰时超过3万家独立特许商业银行同时存在。市场被分割，且准入受到限制，反映了美国平民主义者对经济权力集中的恐惧，尤其是当这种权力集中于美国最大的金融机构总部所在的东部主要城市中心的时候。这些政策（法律）也反映了美国对大规模银行破产的恐惧。我们可以回想一下在联邦支撑的存款保险（始于20世纪30年代）出现之前的美国银行业实践。平民主义情绪的产生可以追溯到西部地区寻求廉价资金、制造商和交通时的美国边境地区。东部当权派在铁路服务和制成品的价格由市场决定的时候需要健全的通货和银行。⊖虽然这些观点现在看上去早已过时了，并且1994年的放松管制也允许跨州设立分支机构，但2010年，美国仍然有超过6 900家的银行。在表2-9中，银行被划分为社区和非社区银行，并提供了各种各样的市场份额数据。

表2-9　2010年年底与社区银行相比非社区银行的构成

非社区银行种类	机构数量	该类机构占总机构数的比例（%）	总资产（10亿美元）	该类机构总资产占机构总资产的比例（%）	办公地点数量	该类机构办公地点数占总办公地点数的比例（%）
4家最大的银行组织①	4	0	5 989	45	18 937	19
除最大的4家银行之外，超过1 000亿美元的非社区银行	12	0.2	2 172	16	16 636	17
100亿～1 000亿美元的非社区银行	76	1.1	2 430	18	15 112	15
10亿～100亿美元的非社区银行	206	3	764	6	11 368	12
10亿美元以下的非社区银行	92	1.3	21	0	150	0
社区银行	6.524	94	1 944	15	36 274	37
总计	6 914	100	13 319	100	98 477	100

①均为非社区银行。

资料来源：FDIC，社区银行研究，2012年12月。

美国拥有比其他国家的银行数量多得多的银行。尽管随着近期合并趋势的推进，但美国仍然是一个由许多独立但规模更大的银行所构成的相对分散化的银行业市场。

2.3.2　储蓄银行

美国储蓄贷款协会（S&L）和互助储蓄银行（MSB），联合起来也称为储蓄机构，是专业特许发放个人住房抵押贷款的存款性机构。传统意义上，它们的资产主要是住房抵押贷款，虽然近几年它们的资产组合已经有所转变，包含了其他资产。如表2-10所示，虽然20世纪80年代储蓄银行破产后的管制导致了储蓄银行资本充足率的上升（2004年，实际充足率已比平均银行资本率要高一些），但与银行相比，传统意义上的储蓄银行资本充足率要更低一些（见表2-6）。

⊖　特别地，由于可替代交通工具的缺乏，铁路享有市场控制力。这是导致持久的区域冲突的根源之一。

表 2-10　与联邦承担保险的储蓄机构相关的关键指标

	1990	1995	2000	2005	2006	2008	2010
机构数量	2 815	2 030	1 589	1 307	1 279	1 219	1 129
净值/总资产（%）	4.11	7.84	8.68	11.23	12.31	8.93	11.75
总资产收益率（%）	−0.35	0.70	0.91	1.19	1.06	−1.17	0.70
净资产收益率（%）	−7.65	9.00	11.63	12.83	11.18	−13.08	6.07
净收入（10亿美元）	−3.8	5.4	8.0	16.4	15.9	−15.9	6.5
净值（10亿美元）	67.5	86.1	103.6	206.4	218.0	136.9	147.4
总资产（10亿美元）	1 260	1 026	1 223	1 838	1 770	1 533	1 254

资料来源：储蓄机构监管办公室，2010年年鉴。

储蓄贷款协会是一类专业进行消费储蓄账户和个人抵押贷款的特许机构，它们的产生是为了鼓励储蓄，并使人们在银行不情愿提供住房抵押贷款时可以获得购房资金。它们的发展起步于小型的非正式互助组织。尽管其中有很多已转变成为股份制机构，但互助形式的储蓄贷款协会仍比比皆是。储蓄贷款协会曾经由独立的联邦住房贷款银行委员会（FHLBB）监管，并由联邦储蓄和贷款保险公司（FSLIC）提供存款保险。1989年，联邦住房贷款银行委员会被解散，它的监管地位被美国储蓄机构监理署和美联储所替代。现在联邦存款保险公司提供了针对储蓄贷款协会的存款保险。储蓄贷款协会所提供的金融中介服务与商业银行类似，只是业务侧重点有所不同。

顾名思义，互助储蓄银行是（储蓄存款人）共同所有的机构，像储蓄贷款协会一样，它们也主要投资于住房抵押贷款和可出售的证券。它们在数量上有数百家，大多位于美国的东北部和西北部地区。互助储蓄银行成功地让自己（至少有一段时期）远离了储蓄贷款协会危机。⊖ 它们由联邦存款保险公司而不是目前已不存在的联邦住房贷款银行委员会以及联邦储蓄和贷款保险公司监管。与储蓄贷款协会相比，互助储蓄银行持有风险更低的资产，通过更小的杠杆运作，并幸运地远离了得克萨斯、俄克拉荷马、路易斯安那和科罗拉多等20世纪80年代拥有不断恶化的房地产市场的地区。然而，互助储蓄银行也没有逃过通货膨胀导致的核心存款流失、由此伴生的利率风险以及20世纪80年代后期资产质量恶化问题等造成的破坏。纽约鲍厄里储蓄银行和费城储蓄基金协会等这个行业早期曾引以为傲的顶梁柱都被迫进行了屈辱性的重建，并以它们原来的股份制影子的形式出现。

随着1989年《金融机构和监管改革法案》（FIRREA）的颁布，撤销了联邦储蓄和贷款保险公司以及联邦住房贷款银行委员会，同时将储蓄贷款保险联邦保险基金注入联邦存款保险公司，进一步弱化了互助储蓄银行和储蓄贷款协会之间的区别。⊖ 从实务层面看，互助储蓄银行和储蓄贷款协会之间的区别已经消失，并淹没在资产质量问题中。在导致储蓄银行灾难的进程中，两者所扮演的角色几乎是一致的。如果以1990年的现值来测度，这场灾难预计给纳税人带来了超过2 500亿美元的成本（虽然近期的估计认为成本在1000亿美元

⊖ 对于这些参与账户，参见 Mayer（1990）和 Adams（1990）。
⊖ 尽管储蓄贷款协会存款保险由商业银行存款保险和联邦存款保险公司共同管理，但两类机构保险基金仍保留了分离。包括互助储蓄银行在内的联邦存款保险公司成员由银行保险基金（BIF）提供保险，而之前的联邦储蓄和贷款保险公司的成员则由储蓄协会保险基金（SAIF）提供保险。这些单词缩写是助记符还是讽刺？

左右）。⊖

储蓄银行业的崩溃是一场巨大的金融灾难。一个拥有数千家公司和数万亿美元资产的行业被彻底摧毁了。但目前这个行业似乎已恢复了健康。尽管它们的数量减少了，但储蓄银行成功地实现了持续运营。是否任何一家储蓄银行都愿意继续长期专注于住房贷款尚存在疑问。表2-10提供了关于储蓄银行的更多信息，显示出这个行业的财务状况正在逐渐改善，尽管储蓄银行的数量一直在减少。

在诊断储蓄银行行业性崩塌的原因时，有些人认为是存款保险系统的缺陷所致，尤其是没有将存款保险费率或资本充足率要求与储蓄机构承担的风险关联起来。存款保险合同为储蓄银行的经理提供了不恰当的风险承担动机。然而，在过去的40年中，存款保险的表现让人印象深刻。这些问题会在后面的章节讨论。

2.3.3 信用合作社

像储蓄银行一样，信用合作社专业开展消费储蓄业务并采取互助组织形式。对于信用合作社的参与者而言，他们必须分享共同债券，也就是说，他们需要被同一个组织所雇用。信用合作社必须涉及针对其参与者的借款和贷款活动。借款人基础的同质性为信用合作社控制信贷风险提供了便利，但也限制了潜在的多样性。截至2012年，美国有4 272家信用合作社。

信用合作社的负债主要来源于消费存款，而它的资产主要由消费贷款，针对会员的不动产抵押贷款，对其他信用合作社、互助储蓄银行、储蓄存款协会和政府的信贷以及公司证券所构成。获得联邦特许的信用合作社由美国信用合作社管理协会（NCUA）监管，NCUA也提供存款保险。州特许的信用合作社也可以向NCUA购买存款保险。信用合作社提供的服务包括交易服务、甄别（客户）、发起（贷款）、监控、融资、担保和流动性创造。像其他存款性机构一样，信用合作社的资本/总资产比率（也被称为储蓄资本比率）较低（见表2-11）。

表2-11 联邦信用社——1990~2012年的重要指标

	1990	1995	2000	2005	2008	2010	2011	2012
机构数量	8 539	7 329	6336	5 393	4 847	4 589	4 447	4272
储备/资产比率	4.0%	4.3%	4.5%	3.7%	3.3%	3.2%	3.2%	3.2%
储备和未分配利润/资产比率	7.5%	10.2%	11.6%	11.3%	10.7%	10.1%	10.2%	10.4%
储备/贷款比率	6.2%	6.9%	6.6%	5.6%	4.8%	5.2%	5.4%	5.5%
贷款/股本比率	70.4%	70.8%	78.0%	77.5%	82.8%	71.6%	68.7%	67.9%
运营费用/总收入	35.7%	42.3%	44.8%	58.4%	63.5%	69.8%	69.5%	69.2%
工资和福利/总收入	15.0%	19.2%	20.2%	25.8%	23.9%	26.4%	28.6%	30.2%
股利/总收入	55.7%	42.6%	41.7%	26.0%	32.2%	19.1%	15.8%	12.9%
平均资产收益率	10.6%	8.1%	8.3%	6.8%	7.0%	5.9%	5.4%	5.2%

资料来源：1995年和2012年年报，全国信用社管理委员会，华盛顿特区。

⊖ 预期超过2 500亿美元或更多的损失主要是通过注入的长期资金再加上相应的利息成本计算得到的。通过描述为一次"救助"，这些损失只不过是政府担保项目失控引发的令人关注的例子而已。在房地产、健康、教育、农业以及其他类似的领域有许多这种类型的政府项目，只不过由于这些项目的失败我们不大关注罢了。1980年发生的农场信贷管理危机就是一个例子。

2.4 投资银行：资本市场重要的非存款性中介机构

本书首要关注的是吸收存款的金融中介机构，特别是商业银行。像高盛和摩根士丹利这样的投资银行则专门从事金融合约的设计和发行活动。它们通常行使将证券买方和卖方聚集到一起的经纪业务职能，提供的重要中介服务包括交易服务、财务咨询、甄别和验证、发起、发行和担保。按照承销和并购咨询费的高低进行排名，前 20 家美国投资银行的情况如表 2-12 所示。

表 2-12 彭博 20 家顶级投资银行

全世界收费最高的投资银行

彭博 20

	以总收费来衡量的顶级承销商/咨询商	2013 年收费（10 亿美元）	2012 年排名	2012 年收费（10 亿美元）
1	JP 摩根大通	3.87	1	3.97
2	高盛	3.77	2	2.71
3	摩根士丹利	3.71	3	3.50
4	美林银行	3.52	5	3.16
5	花旗集团	2.75	4	3.18
6	巴克莱资本	2.69	8	2.28
7	德意志银行	2.52	6	2.60
8	瑞银集团	2.28	9	1.97
9	瑞信	2.11	7	2.34
10	加拿大皇家银行资本市场	1.05	10	1.10
11	汇丰控股	1.04	10	1.10
12	富国银行	0.95	12	0.89
13	野村控股	0.74	13	0.87
14	法国巴黎银行	0.70	14	0.69
15	杰富瑞集团	0.68	21	0.45
16	加拿大蒙特利尔银行资本市场	0.59	17	0.51
17	苏格兰皇家银行集团	0.53	16	0.57
18	拉扎德	0.50	17	0.51
19	瑞穗金融集团	0.50	22	0.44
20	道明证券	0.49	19	0.46

彭博市场　　　　　　　　　　　　　　　　　　　　　　　　　资料来源：彭博

作为一种金融中介，投资银行专业从事：①筹集金融资本（债务和股票）；②为公司兼并、收购及相关交易提供建议；③财富管理；④金融和经济研究；⑤一般财务咨询服务；⑥销售和交易；⑦保管等其他辅助业务。华尔街投资银行中的绝大多数积极介入上述多个类型的业务活动。小规模的投资银行则倾向于专注更窄的业务类型。在下面的方框内容中，我们进一步扩展了这些业务。

投资银行提供的服务（见美国总审计局，2003）

筹集金融资本：投资银行可以帮助公司为一个重要的投资项目融资，收购其他公司，重组资产负债表，扩张业务等。资本可以包括普通股、优先股、债务，也可以包括可转换债券或附权证债券等"混合"证券。投资银行通过承销、私募、风险投资、资产支持融资和商人银行业务等途径筹集资金。下面我们逐一进行简单的描述。

承销：投资银行核实财务数据和公司证券，为证券定价提供支持并进行尽职调查。绝大多数发行都以"包销"的方式进行，在这种承销方式下投资银行实际上先从发行方手中购买证券然后再向公众出售。在股票发行中，它们通过首次公开募股（IPO）和再融资发行来实现这一点。它们也为公开市场中的债务发行提供建议。

私募：作为公开发行的替代选择，银行可能会把新发行的债务或权益索取权发给一小部分大型的机构买方。这些私募的发行费用较低，因为美国证券交易委员会（SEC）的注册要求较宽松，这些买方更有经验。私募比起权益更像债务。

风险资本：投资银行也为不成熟的小型企业提供资本和战略性指导，许多投资银行管理风险资本池，甚至投入自有资本。

证券化和资产支持融资：投资银行帮助客户利用现存资产来获取额外的融资，而不必实际出售资产。这种融资完成的过程叫作证券化，而在这个过程中产生的证券叫作资产支持证券。比如，一个公司可能有（待收的）应收账款。它随后可以发行证券，证券的购买者随着应收账款的收取可以获得现金流。

商人银行：这些业务包括投资银行移交自有资本，以促进各种客户交易。也就是说，这些业务涉及定性资产转换。商人银行交易可能包括贷款承诺、银团贷款、高杠杆交易和过桥贷款等。贷款承诺是银行承诺未来会为预先确认的目的提供贷款，例如并购或重要项目。银团贷款的贷款银行是银行集团的一员。在高杠杆交易中，银行贷款是为并购或其他形式的资产投资而进行的打包融资，打包融资的负债权益比率相对较高。过桥贷款是一种暂时性贷款，作为获得更长久的未来融资的桥梁。

兼并和收购：投资银行为客户提供各种兼并和收购服务：①尽职调查；②估值；③其他咨询和交易服务。下面我们对每一项进行简单描述。

尽职调查：当一个公司考虑收购另一个公司时，它需要对目标公司的市场和财务状况进行评估，以确保它不会遇到不可预料的问题或支付过多。搜集有关信息并进行分析的过程就叫作尽职调查，并且投资银行有提供这项服务的专长。

估值：当一个公司想收购另一个公司的时候，它需要确定愿意支付的最高价格。对信息进行评估并建立适当的假设，这是金融科学和艺术形式的结合。投资银行已经发挥了与客户共享的估值技能。

其他咨询和交易服务：包括为客户提供最佳交易类型、准备销售备忘录、参与谈判的建议，并协助客户董事会履行其信托责任。

投资管理：投资银行主要通过两种形式参与投资管理：①代表机构投资者管理资金；②为富人管理资产（私人银行）。

研究：投资银行对公司、金融市场和经济进行研究。这些研究作为打包服务的一部分直接或间接进行出售。

公司咨询服务：投资银行为公司客户提供很多咨询服务。包括帮助公司重组，对特定资产的销售、发行证券以及整个公司可能的销售谈判的建议。此外，银行还提供与合资企业、私有化、分拆、投标报价、杠杆收购、敌意收购的防御性战略等有关的建议。

证券销售和交易：投资银行活跃于各种证券的销售和交易。这些银行主要通过三种途径提供销售和交易服务：①做市商；②新发行；③经纪服务。下面我们对每一项进行简单描述。

做市商：作为做市商，投资银行通过持有证券存货来提高价格的稳定性和连续性，有意愿和能力介入并纠正需求和供给的暂时性不平衡。比如，投资银行在IPO期间可以稳定价格。

新发行：投资银行作为中介或负责人积极地对新发行证券进行营销。

经纪服务：投资银行也会参与机构与个人的销售和交易。

其他辅助业务：包括很多其他的业务，比如管理风险的结构交易。"结构化金融"这个术语指的是用于构造"表外"交易的证券组合，也就是全部价值不在客户资产负债表上出现的交易。结构化金融交易一般在一个"结构"中将公司的资产和负债与发起人的主要业务分离。这个结构一般叫作特殊目的实体。投资银行也提供监管和公司信托服务。

2.5 已松绑的投资银行和商业银行之间的隔离

20世纪30年代的立法——《格拉斯-斯蒂格尔法案》在商业银行和投资银行之间构建了一堵隔离墙。这部立法以美国独有的形象创造了投资银行业。其他任何主要国家（日本可能是一个例外）都不存在这种可以在美国见到的机构隔离。欧洲的模式是"全能银行"，它在两类机构间存在的缺口上架起了桥梁，且允许由企业内在经济逻辑决定的结构合理化。《格拉斯-斯蒂格尔法案》创造了两个银行体系。商业银行家获得了内含补贴的存款，但其资产选择受到了限制。投资银行尽管没有存款补贴，但其在资产负债表中的资产端有很大的选择自由，尤其是承销等与金融市场有关的业务。

投资银行的股票销售成为商业银行贷款的一种补充。但同时，投资银行也销售债券和商业票据等固定收益证券，这些证券与商业银行贷款存在直接的竞争关系。类似地，投资银行积极地与商业银行开展竞争，从事货币市场基金销售业务的同时，也扮演着银行存款经纪商的角色。

随着《格拉斯-斯蒂格尔法案》的废除和1999年《格雷姆-里奇-比利雷法案》的通过，商业银行和投资银行间的隔离已经被消除了。虽然商业银行利用管制放松扩大了其证券市场业务，并且偶尔收购投资银行业务（如花旗通过与旅行者的兼并收购了所罗门兄弟公司⊖），但主要的投资银行仍以独立企业的形式而存在。这种情况在2007～2009年的金融危机期间发生了变化：几家投资银行破产和/或落到了商业银行手中（贝尔斯登、雷曼兄弟和美林公司）。当前仅有少数独立的大型投资银行继续存续（尤其是高盛和摩根士丹利）。

⊖ 实际上，这场收购发生在《格雷姆-里奇-比利雷法案》被有效地得到法律认可的几年之前。

投资银行的大规模破产说明了它们的业务活动和运营方式具有一种内在的脆弱性。投资银行日益从事自营交易（即自有账户交易，或自己是委托人的交易），并在资产负债表中不断增加杠杆。它们商业模式中的这些变化使其远离典型意义上的客户主导型投资银行业务，这在金融危机发生之前的牛市中给它们带来了丰厚的利润⊖，但在市场转向时变成了致命的问题。

投资银行业务活动的隔离

由于投资银行可以潜在地接触到客户的大量私有信息，所以它们竭尽全力来明确雇员应遵守的工作规则和程序，以确保银行既不会以这些私有信息为基础从事交易，也不会基于这些信息进行买入/卖出推荐活动。也就是说，投资银行构建了一座将其业务活动中的投资银行部门与营销部门分割开来的"隔离墙"。

从服务企业的角度着眼，投资银行是一类具有通用目的的金融中介。它们提供极为宽泛的经纪和资产转换服务，但是它们的基本职能是在服务企业以及政府和非营利组织等其他资本使用者的过程中动员金融资本。值得强调的是，投资银行并不提供货币服务，因为这些是商业银行的专属领地——商业银行享有政府性发行负债的使用权，并可利用美联储的贴现窗口。

2.6 其他非存款性金融中介

商业银行和投资银行都是当前这个广阔和多样化的金融服务业中的成员。金融服务业不同机构之间存在市场和监管重叠的状况。这些司法和竞争关系对定价、产出、风险态度以及金融中介业务的几乎每个方面的行为都具有重要影响。因此，我们接下来简述这个行业中一些更有意思的成员。

2.6.1 风险资本家

绝大多数没有经验的企业家很难获得银行融资，他们会转而选择风险资本家，包括苹果和美国联邦快递公司在内的很多杰出的公司都是从风险资本家那里获得资金起步的。风险资本家一般会同时提供资本和技能，两者均有助于企业家将想法变成商业活动。

风险资本资金通常采取包含权益和可转换债券在内的结构化融资形式，而不仅仅是银行提供的贷款形式。一份风险投资合约最重要的特点包括如下内容。⊖

- 企业家在获得融资后不能"走开"，也不能与其他的融资人进行协商（无重新融资）。
- 除非公司的业绩达到了最低要求，否则企业家有可能被风险资本家解除其对公司的控制权（"业绩要求"）。
- 如果企业家被解除了控制权，他会被支付一笔固定资金，这个支付完全独立于他所显示的技能和公司随后的现金流。也就是说，他被风险资本家买断了（风险资本家

⊖ 见 Rhee（2010）、Morrison 和 Wilhelm（2007）。
⊖ 关于风险投资有一大批文献，比如 Hellmann 和 Puri（2000），Chan、Siegel 和 Thakor（1990）。

的"买断"选择权）。
- 如果企业家保留了控制权，那么风险资本家和企业家都会获得权益性的收益（"支付条件"安排）。

为什么风险投资合约有这些特点呢？为了理解这个问题，考虑一下这些交易中涉及的各个主体。首先，企业家要么是一个工程师（懂得要销售的产品的生产技术），要么是一个营销专家，但从企业各个方面的管理来看，他一般是经验不足的。对于风险资本家而言，尽管他们未必熟悉其客户要生产的产品的生产或销售技能，但通常来说具有相当水平的管理技能以及基于自身在融资和管理众多企业中的经验累积的"故障排除"能力。因此，风险资本家拥有企业家需要的两种特性：金融资本和管理技能。

通常，当一个风险资本家和一个企业家间的合作关系开始时，没有一个人能完全确信企业家的管理能力。合作初期是一个双方彼此熟悉的阶段。如果公司的绩效显示企业家缺乏足够的管理能力，那么风险资本家取代企业家进而利用自身的管理技能无疑是有效的。虽然这种控制权的传递对企业来说可能是最好的选择，但显然企业家不会热心地或甚至愿意放弃对企业的控制权。换言之，对于公司而言，企业家对他所设想并开始运营的企业的依恋可能成为实施最优事后计划的障碍。为了防止出现这种现象，双方可以在风险投资合同中事前达成明确的条款，允许有序地转让控制权。事前来看，这种做法对于企业家而言也是有利的，因为风险资本家认识到，如果情况不好的话，他就可以买断企业家并控制公司，而这将改善企业家获得的初始融资条件。从这个角度看，风险资本家在公司拥有一定的股权也就显得很重要了。这不仅（当企业处于企业家控制下的时候）给风险资本家提供了更加积极主动发声的动机，而且为风险资本家提供了像其拥有企业完全所有权那样的管理技能投入和为企业家提供专业建议的激励。

我们现在可以明白为什么银行不愿意给大多数企业家提供贷款。之所以这样，一方面因为银行并不具备管理年轻、非金融性企业的管理经验，另一方面监管也阻止它们这样做（除非在借款人违约后的较短过渡期），同时风险资本家所使用的绩效要求和收购期权也都无法适用于银行贷款合约。因此，如果企业家被证实是糟糕的管理者进而导致企业破产的话，那么银行就很难做什么事使企业复活并加以培育使其重返成功之路。银行所能做的就是简单地持有公司的资产（假定企业家拖欠贷款）来作为抵押（价值可能含糊不清）。因此，同一个企业家对银行来说通常比对风险资本家来说要更有风险性。

那么，为什么银行不雇用管理顾问来协助初创阶段的企业家呢？它们确实可以这么做。然而，鉴于管理顾问仅仅是银行的代理人，进而银行就将面对在激励代理人的过程中出现的道德风险问题。风险资本家可以通过将管理技能和融资结合到一个实体中这种方式来避免道德风险。作为一个替代方案，银行可以雇用那些能为企业家提供建议的人才，就像风险资本家所做的那样。然而，鉴于银行负债的短期特点和政府担保，权益类型的金融产品传统上被认为并不适合于银行投资。

在与信誉良好的借款人打交道时，银行相对于风险资本家而言的劣势就要小很多了。鉴于客户群体的业绩相对更为稳定，银行就有利用资本市场获得资金的优越能力。不仅如此，银行还具有利用存款保险和贴现窗口的能力。这些能力使银行获得了独特的优势。这样，并不令人感到意外的是，如果公司管理层已带领公司度过了更具风险的早期发展阶段，那么对于这些公司而言，管理技能就不再是一个关键问题，此时与风险投资相比，公司会更倾向于获得银行贷款。此外，在这些情况下，公司的管理者更倾向于避免在未来某个时候不得不放弃控制权（转让给风险投资家）的可能性。因此，风险资本家提供的中介服务包括甄别和认证、融资、监控、管理技能、流动性创造和（资产）转换。

2.6.2 金融公司

绝大多数重要的金融公司起源于业务集中于贸易融资的大型非金融企业的附属机构。较为典型的例子包括通用电气资本公司、通用汽车承兑公司（GMAC）和FOMOCO（福特汽车公司的金融子公司）。其他一些金融公司则有相对独立的起源，包括保理专家等。⊖金融公司给消费者提供汽车或房屋购买以及其他目的的贷款，给企业提供开展广泛应用性活动所需的贷款。这些中介一般专业处理风险较高的贷款，与商业银行同时开展无担保和有担保基础上的借贷业务不同的是，其绝大部分的贷款是在担保（也就是说有抵押物）的基础上发放的。有三种基本类型的金融公司：发放汽车和设备贷款的销售型金融公司；发放小额个人贷款（比如债务重组）的个人金融公司；发放商业贷款和提供租赁的商业金融公司。这些金融公司提供的中介服务包括甄别、发放、融资以及索取权转换。

金融公司一般通过商业票据的出售来获得资金。事实上，商业银行和金融公司之间最明显的差异就在于它们的主要资金来源。商业银行主要是通过由政府提供担保的存款来进行融资的，其资金的投放具有一种特殊的公共利益，进而受到广泛的监管。金融公司则无法获得受补贴的资金，也不受监管性的限制、禁止、核查和监督。

金融公司出售的商业票据是发行人的无担保一般性债务，其固定期限少于9个月。更为常见的是，商业票据的存续期为自其发行之日起的6个月以内。商业票据一般以很大的面值形式出售，并由专业的信用评级机构提供评级。因为商业票据是无担保的，发行人通常为了获得更有利的信用评级需要被迫去购买专门的（备用）贷款承诺。备用贷款承诺是由商业银行专门出售的，其目的在于当那些即将到期票据的展期操作被证明无法实现时，由银行向商业票据发行人提供赎回票据所需的资金。来自银行的备用贷款承诺确保商业票据的发行人有能力赎回票据，当然前提是银行有能力来履行其贷款承诺。

商业票据市场非常脆弱。众所周知，宏观经济冲击将使得商业票据的发行无法正常进行。此外，一个特定借款人的财富也可能会阻碍其对商业票据市场的利用。这样，备用贷款承诺（或"备用额度"）的存在对于资金贷出方而言可谓至关重要，尤其是考虑到商业票据的无担保状况。

金融公司是金融服务业中受监管的机构和大部分业务不受监管的机构之间竞争演进过程中的产物。在这个细分市场中最重要的参与者是那些附属的财务子公司，这些机构是依赖由规模大且评级很高的非金融公司所提供的商业信用而发展起来的。对于这些机构而言，既然已经开发出了为客户提供信贷所必需的专业技能并拥有了可靠的资金来源，那么为什么不向客户所处的社区之外提供这些金融服务呢？这就是驱使GMAC从一家为自有汽车的销售提供排他性融资的公司转变为美国最大的住房抵押贷款服务商的内在逻辑。也正是出于同样的

⊖ 保理商通过购买和/或服务非金融公司的应收账款提供营运资本。保理活动是资产支持借贷（可附有追索权也可不附）的一种早期形式。

逻辑，福特汽车信贷公司转为一家储蓄贷款企业，通用电气资本公司则几乎涉足了银行业务的各个方面（除了吸收存款这个值得关注的业务以外），包括对基德尔·皮博迪公司这家已破产的美国主要投资银行的所有权。

鉴于市场中不同主体的信贷可得性存在较大的差异，商业信用作为上述财务公司水平和垂直一体化过程中的驱动因素，也是贸易活动的自然伴生物。⊖考虑一下通用电气公司（GE），一家大型的具有较高信用评级的公司将工业设备卖给一家较小的、不知名的公司。在信贷紧缩时期，通用电气的客户肯定会在通用电气受影响之前就被挤出（配给）了信贷市场，而这将使对通用电气产品的市场需求下降。为了平滑对其产品需求的周期性，通用电气将通过借款来为它的顾客提供不间断的信贷。这将稳定（也可以说增加）对通用电气公司的非金融性产出的需求。随之而来的是增加的收入和降低的成本。后者的出现是因为其生产经营活动的可预测性上升，同时存货也变少了。

只要贸易商们在资本市场融资可得性程度上存在差异，商业信用就是非金融商品和服务交易活动的天然补充。这阐明了银行业务一个非常基础的性质，也就是说银行业务的自然准入障碍几乎是可以忽略的。这样，当管制约束不存在的时候，我们可以预计，随着银行业对其服务需求的变化不断做出调整，一方面，新的金融中介将源源不断地进入；另一方面，有些既存的金融中介将离开（倒闭或合并）。由此，那些专业提供金融服务的公司将预计面临来自其自有客户的竞争，这些客户在很大程度享有不受管制的优势，却因此必须在公开市场上借款而无法享受政府补贴。

如果用资产规模来测度，金融公司所占的市场份额仅仅是商业银行的很小的一部分。⊖但这很可能低估了金融公司竞争的重要性，尤其是对货币中心银行和超级区域性银行而言，因为这些机构都服务于相同的消费者、中等市场规模的公司和规模更大的消费者市场。

2.6.3　保险公司

私营部门人寿与健康保险公司管理着数以万亿美元的资产，财产和伤亡保险公司则控制着数以千亿美元的资产。两者加在一起，保险公司的规模较商业银行规模的一半要稍低一些。就像储蓄机构一样，很多保险公司的组织形式采取了互助（合作社）形式而不是股份制形式。表 2-13 提供了一些与美国人寿保险业相关的重要数据。很明显，人寿保险公司将收到的保费投资于包括房地产在内的各种资产。

表 2-13　美国人寿保险公司——1990～2009 年的重要数据

项目	1990	1995	2000	2002	2005	2006	2008	2009
美国公司的数量①	2 195	1 650	1 269	1 284	1 119	1 072	976	946
收入	402.2	528.1	811.5	734.0	779.0	883.6	940.6	781.4
人寿保险费	76.7	102.8	130.6	134.5	142.3	149.2	147.2	124.6
年金对价②	129.1	158.4	306.7	269.3	277.1	302.7	328.1	231.6

⊖ 虽然不那么常见，但没有任何理由说明为什么商业信用不能从购买方流向出售方。沃尔玛、好市多、家得宝都比它们的供应商规模更大，也具有更高的信用等级。我们可以预期这些零售业巨头会提供信贷来降低供货中断的可能性，同时通过使供应商的生产更有规律性且降低存货来实现降低供应商成本的好处。

⊖ 参见联邦储备体系的资金流量表。

(续)

项目	1990	1995	2000	2002	2005	2006	2008	2009
健康保险费	58.3	90.0	105.6	108.7	118.3	141.2	165.0	166.2
投资和其他	138.2	176.9	268.5	221.5	241.4	290.4	300.3	259.1
人寿保险和年金合约下的支付款项	88.4	227.6	375.2	301.3	365.7	422.7	445.1	374.9
向人寿保险受益人的支付款项	24.6	34.5	44.1	48.2	53.0	55.7	59.9	59.5
人寿保险解约退还金[2]	18.0	19.5	27.2	32.9	39.2	38.5	58.6	48.1
年金合约解约退还金[3],[4]	n.a	105.4	214.0	142.9	190.3	237.8	236.7	182.7
保单持有人的红利	12.0	17.8	20.0	21.0	17.9	18.4	19.1	16.2
年金支付款项	32.6	48.5	68.7	55.0	63.9	71.1	69.6	67.1
到期的捐赠	0.7	1.0	0.6	0.6	0.6	0.6	0.6	0.6
其他支付款项	0.6	0.9	0.6	0.6	0.7	0.6	0.6	0.6
健康保险受益款项支付	40.0	64.7	78.8	78.7	79.6	97.0	118.9	122.0
资产	1 408	2 144	3 182	3 380	4482	4 823	4 648	4 959
政府债券	211	409	364	481	590	579	634	685
公司证券	711	1 241	2 238	2 266	3 136	3 413	3 104	3 436
（占总资产的比例，%）	50	58	70	67	70	71	67	69
债券	583	869	1 241	1 475	1 850	1 882	1 968	2 050
股票	128	372	997	791	1 285	1 531	1 136	1 386
住房抵押贷款	270	212	237	251	295	314	353	336
不动产	43	52	36	33	33	33	32	28
保单贷款	63	96	102	105	110	113	122	123
其他	110	133	204	244	319	371	402	350
资产利息（%）[5]	8.89	7.41	7.05	5.38	4.90	5.35	5.70	4.60
义务和盈余资金[6]	1 408	2 144	3 182	3 380	4 482	4 823	4 648	4 959
保单储备	1 197	1 812	2 712	2 507	3 360	3 608	3 471	3 812
年金[7]	798	1 213	1 841	1 550	2 174	2 328	2 137	2 422
集团	516	619	960	570	758	807	716	798
个人	282	594	881	980	1 415	1 521	1 422	1 624
辅助合约[8]	17	25	34	14	16	17	13	16
人寿保险	349	511	742	833	1 029	1 110	1 134	1 178
健康保险	33	63	96	111	141	153	186	196
来自各类存款行合约的负债[9]	18	20	21	364	456	487	454	416
资本和盈余	91	151	188	202	256	266	263	301

①包括在2000年和2002年销售意外和健康保险的人寿保险公司。
②排除了2002年依法应计收入中的某些存款类基金。
③解约退还金包括2000年和2002年提取的年金款项。
④不包括2002年存款型合约的支付款项。
⑤净率。
⑥包括其他未单独列示的偿付义务。
⑦不包括用于2002年担保利息支付的储备。
⑧包括1994年和2000年（不包括2002年）带有与不带有人寿或有事项的合约的储备。
⑨保单持有人在存续期内累计的红利。
资料来源：美国调查局，2009～2010年美国统计摘要。

保险公司持有很多与商业银行资产负债表中相同类型的资产，但是保险公司收购资产的资金大部分来源于或有性质的负债。也就是说，当某一预先确定的事件发生时，保险公司的负债就变为现实的（也可能终止，如年金）。在签署保险合同的时候，合同中预先确定事件的发生时间或是否发生都具有内在不确定性。保险合同针对的是各种各样的或有事件。人寿保险公司通常针对死亡或医疗保健需求的实现来签订合同。⊖财产和伤亡保险公司的保险单主要针对：①有形财产或知识产权的破坏或损失，包括收入损失、与财产损害或损失相关的额外费用；②负债；③医疗保健需求；④担保。担保合同确保了第三方的合同履行。典型的例子包括忠诚、建设和保释债券以及作为商业银行业务支柱的备用信用证。备用信用证通常保证第三方债务的清偿。

例如，A 可能对向 B 提供信用有些兴趣，但可能无法完全确定还款前景。这时 A 可能会要求 B 出面请 B 的银行、保险公司或其他可靠的财务担保人出具一个备用信用证。作为收取适当保险费的代价⊖，担保人承担了当 B 无法支付时偿还 A 对 B 的贷款的风险。这种财务担保通常由商业银行、财产和伤亡（多线）保险公司以及仅提供债务合同中第三方业绩保证的"纯粹"的财务担保人（单线保险商）出具。

银行和保险公司之间最显著的差异可以在它们各自的资产负债表的负债端中发现。银行负债的变化经常突如其来且完全由存款人自行决定，而保险公司的负债变化则源于其客户在很大程度上不可控事件的发生。此外，人寿保险负债的久期，要比商业银行存款负债的久期长得多。这样，人寿保险公司可以比商业银行持有更长期限的资产。久期的差异可能是银行和人寿保险公司之间最基本的区别（财产和伤亡保险公司的负债久期往往比人寿保险公司的更短）。人寿保险公司和养老基金据称是两个最大的私营部门长期资金池。⊜

为了将保险和利用金融期货合约、期权或互换合约的购买（销售）实现的这类风险转移行为相区别，保险通常被界定为一种与大数法则应用相关的经济行为。这样，为了利用分散化并使风险的定价变得更为容易，保险要求在独立性事件之间分担一些风险。对于投资者而言，利用这种分散化非常困难，因为某些产品的单位规模非常庞大。这意味着保险和银行业间存在很大的相似性：分散化使银行能够管理信贷和提取（利率）风险，个人有限的财富和信贷市场可得性限制了其"自主"分散化的潜在可能性。保险公司提供的中介服务包括甄别和认证、发起、融资、监控、担保和索取权转换。

⊖ 人寿健康保险是一个为了支持营销工作的委婉的表述。可以确定的一点是，出售死亡和疾病保险是一件颇为困难的事情。

⊖ Mehr（1986）通过将保险业和商业银行业直接联系起来对保险业中"保费"这个词汇的起源进行了解释：如果一个希腊船东计划一场航行来把货物从境外带回来，那么他会以他的船只作为抵押物借来必要的资金。这种借贷合约约定，如果船只无法完好无损地回到岸边，贷款人对船东没有任何索取权。这种类型的合约（也称为押船借款）在整个海岸国家非常普遍……这种合约收取的利息除了通常收取的利息外，还包括一笔款项，旨在补偿贷款人为保障航程安全而承保（承担了信用风险）的损失。这个附加的部分，从法律角度看，可以称为一种"溢价"。到今天为止，向保险支付的对价仍被称为"溢价"。《保险学基础》，第 2 版，欧文出版社，1986，P13。

⊜ 认真的读者会注意到这种区分很容易被夸大，因为保单贷款可以在所有者的自有选择下以非定期人寿保险单为依据来发放。不仅如此，人寿保险可能由于被保险人决定不按期支付定期的保费而"失效"。第二个细微差别与存款提取的自由性和那些被认为可促发保险索赔的不可控随机事件之间的差异有关。绝大多数促发保险索赔的自然状态受到某些人为的影响，这种影响被保险人或有事项的能力被称为"道德风险"（参见第 1 章）。

2.6.4 养老金

私人养老金与人寿保险一起累积长期负债——这些负债能够为对真实资本的积累至为关键的耐用资产提供资金支持。早些年，当银行存款受制于利率上限、竞争受到更多约束的时候，银行和储蓄机构也有能力在可接受的利率水平上发放 7～10 年的固定利率商业贷款，甚至 30 年期固定利率住房抵押贷款。然而，存款久期的不断缩短使得银行和储蓄机构不太可能再提供长期信贷。诚然，银行和储蓄机构提供长期贷款，但这些贷款的利率通常是可变的。一系列的短期贷款无法为借款人提供与长期信贷相关的未来确定性，这也就提高了养老基金和人寿保险公司的重要性。⊖

确定捐献养老金的负债是在其会员退休或死亡基础上精算得到的——在会员退休或死亡后，会员的索取权可以采取一次性偿付或用于购买年金。在确定收益计划中，退休基金在申请人退休时支付一笔预先确定的年金。在缴款与基金对索取人的负债终止这两个时点的时间间隔内，这些款项被用于包括房地产和其他股票以及国债等各种资产的投资。这些投资受到美国联邦立法（ERISA）的约束，相关立法界定了养老基金中受托人的责任。养老基金提供的关键中介服务是担保和索取权转换。确定收益计划中显著的资产负债管理风险已导致大量的养老基金转变为确定捐献计划，因为在确定捐献计划中并没有退休时预先确定年金支付的要求，最终支付的养老金数额取决于和共同基金类似的投资回报。

养老基金作为数百万受益人的代表正被号召在公司治理中发挥越来越重要的作用。从历史上看，养老金一直是被动的投资者，但董事会成员的构成、高管薪酬、收购中涉及的高管的潜在利益冲突这样的问题，再加上其他一些问题，事实上影响着在美国公司中拥有投资的当前和未来的退休人员。问题是养老基金经理通常持有对数以百计公司的投资——实际上，许多基金有意识地采取了克隆股票指数（即购买与股票价格平均数表现相同的证券）的消极策略，它们根本就没有足够的人手来参与个别公司的事务。然而，随着更多的公司丑闻事件被广泛地记录下来，这一点对于养老基金的参与者和社会整体来说变得越来越不可接受。美国养老金资产的监护人将被迫在公司事务中扮演更加积极的角色这一点似乎是不可避免的了，而这无疑会影响未来的公司治理。

2.6.5 共同基金

共同基金与养老基金一起已成为过去 40 年间主要的市场份额获得机构。共同基金（包括货币市场共同基金）的发展基本上是第二次世界大战之后的一个现象——它从 1950 年中介市场中无足轻重的份额上升到 1990 年 6% 的市场份额，到 2010 年，市场份额则达到 25%（基于总资产来测度）。它的显著增长也可以从共同基金在美国家庭中的渗透程度变化（从 1990 年的 25% 上升到 2012 年的 44%）得到体现（见表 2-2）。

共同基金有两种基本类型：开放式基金和封闭式基金。封闭式基金有预先确定的份额数量，并且基金的初始资金来源不随基金份额的后续销售而扩大。封闭式基金一般在像纽约股票交易所这样的有组织交易所中以单一证券的形式进行交易，且其股份也像其他公司的股票

⊖ 同样地，银行放弃长期借贷业务也提升了金融期货、期权、互换的重要性，这些产品是风险转移的金融合约，可允许借款人放弃一笔指数化贷款中他们不想承担的部分利率风险。

一样在市场上直接定价。因此,封闭式基金的市场价格可能经常大幅度偏离它们所持有证券的清算价值。开放式基金则在非常不同的规则基础上运作。它们的股份通过一家专业管理公司得以持续清算和扩充,也就是说在净资产价值(NAV)的价位上即可从这家公司以现金的形式购买股份,也可以把股份转变为现金。净资产价值是通过基金资产的清算或市场价值除以该基金发行在外的股份数量来估计的。这样,与封闭式基金股份不同,开放式基金股份的价格不会偏离标的资产的价值。

开放式基金引致了像富达、DWS斯卡德、先锋和德雷福斯等大型专业基金管理公司的出现。这些公司中的每一家都管理并销售范围宽泛的不同基金,而每一个基金都根据其特定的投资目标予以界定。这些投资公司通过收取对其所管理资金的管理费来赚取收益。当然,这些基金是由其投资者所拥有的。如果你去查阅任何一家大型报纸的金融版面,你会发现一个共同基金的板块,你可以发现由美林公司管理的众多共同基金中任何一个的净资产值,或者是由富达公司管理的众多基金中的任何一个。这些大型的共同基金公司通常管理着数以百亿美元的资金。共同基金提供的关键金融中介服务包括交易服务、甄别和验证。

共同基金除了近几十年来的爆炸性增长之外没有什么其他的新鲜事。当前共同基金的流行至少存在3个原因。第一,20世纪60年代引入的货币市场共同基金迅速成为规避Q条例中存款利率上限的工具之一。第二,随着通货膨胀在20世纪70年代的加速和市场利率的迅猛上升,基金收益率与存款利率之间的利差变得更大了。第三,持有银行存款机会成本的上升增加了货币市场基金的吸引力。其他的就众所周知了!尽管面临没有政府担保的竞争性劣势,但共同基金增长迅猛,表明公众愿意为政府存款保险所支付的金额是有限的。

总的来说,货币市场基金的管理较为保守,有些基金甚至把自己限制于持有美国政府的直接债务。更为普遍的是,这些基金持有银行的大额可转让存单、商业票据、银行承兑汇票、住房抵押贷款和其他资产支持证券以及政府机构债务。几乎所有这些资产的存续期都低于一年,且基金以每股固定一美元的价格交易。

此外,货币市场基金得到了来自基金经理隐性担保的支持。至少在三种情况下,基金管理公司为了保护自身的声誉和它们管理货币基金的持续性而去弥补资产损失。举个例子,价值线公司管理了持有集成资源公司商业票据的货币基金,但这家公司的债务出现了违约。价值线公司的管理层会以面值从货币市场基金购买集成资源公司的商业票据,而不是将这种损失反映在货币市场基金中——这么做就几乎意味着基金的消亡。值得注意的是,基金管理层并没有法律甚至道义上的保护基金投资者的义务,但触发这种行动的动机被认为是出于维持和提高价值线公司管理货币市场基金的声誉的考虑。很明显,货币市场基金提供了一套作为政府存款担保替代的有吸引力的担保方案。与声誉卓绝的基金管理公司的隐性担保相结合的低风险投资策略和具有显著性的更高收益使得货币市场基金劫掠了银行和储蓄机构的存款市场进而得到了指数级别的增长。正如我们将在第14章中看到的那样,货币市场基金低(或无)风险的形象在2007～2009年金融危机期间遭到了重创。显性政府担保被认为是确保货币市场共同基金生存的内在需要。

近期共同基金增长的第二个和第三个原因尽管不那么引人注目,但也值得一提。在近几十年间,公众逐渐被说服并接受了持续"打败"股票市场是不可能的这一观点。大量的研究(其中相当具有学术性)表明,在一个更长的时间跨度内,资产管理人的业绩很少表现得要比道琼斯和标准普尔指数等广为观测的股票市场指数更好。导致这种现象的原因有很多且非常复杂，但这一事实看上去很直观。这种观点的广泛接受对于投资行为有着深远的影响，特别是这一观点导致了这样一种想法，那就是如果你不能打败市场平均指数，那么你就很难做出比购买价格平均指数更好的事情。购买平均指数被称为被动投资。被动投资是通过购买与平均指数行为表现类似（克隆）的证券投资组合来实现的。由于这种投资策略通常要求持有很大数量的证券，所以对于较少财富持有人来说，这种策略一般是不可行的，且对绝大多数人来说也是不经济的。然而，共同基金可以以较低的成本来提供这种服务。这样，被动投资策略的流行就为近期共同基金的增长提供了第二个理由。

最后，在过去 60 年间我们见证了大肆渲染的金融市场全球化。很多投资者相信，不同经济体（货币）之间的分散化与不同行业之间的分散化同等重要。此外，随着监管和税收障碍的取消，不同经济体之间的分散化近几十年来已被大大简化了。然而，与外国投资机会相关的信息相对而言成本仍较为高昂。由此，共同基金已成为投资海外的工具选择之一。许多"国家基金"都是封闭式的并在纽约股票交易所上市，但也有很多擅长投资于世界其他国家和地区的开放式基金。用一个比喻来形容，随着外国间接投资的蛋糕变得越来越大，基金内部专业化的腊肠已经被切得越来越薄。

2.6.6 对冲基金

与绝大多数共同基金形成对照的是，对冲基金是一种从事非传统投资策略的积极管理型基金。对冲基金是一个私募投资资金池，受制于基金发起人与投资者之间签署的投资合约条款。它们可以持有权益、固定收益证券、货币等多种金融工具的多头和空头头寸来获得与基金目标相匹配的最高水平的收益。虽然传统意义上对冲基金行业受到的管制要远远少于共同基金，但这种差距在 2004 年当对冲基金被要求按照《投资顾问法》进行注册的时候就已部分地消失了。这部法案允许证券交易委员会出于准入目的对所有对冲基金投资顾问进行审查。此外，如今对冲基金还受制于许多与共同基金投资顾问相同的要求。

然而，对冲基金和共同基金之间的差距仍继续存在。尽管共同基金销售收取的费用受监管上限的约束，但对冲基金投资顾问所收取的费用没有任何限制。

此外，共同基金以其投资组合证券价值为基础的杠杆能力受到了一定的限制，而对于对冲基金而言，杠杆和其他高风险投资策略则是司空见惯的状况。事实上，对冲基金最初出现的目的就是在投资权益证券中利用杠杆和做空来对冲投资组合暴露于股票价格波动中的风险。最后，虽然任意一个投资者都能以 1 000 美元或更少的钱开立共同基金账户，但要成为对冲基金的投资者通常需要至少 100 万美元或更多。

2.7 信用评级机构

信用评级机构（CRA）作为信息处理者提供了一种经纪功能。通常，它们为许多种类的债务证券提供信用评级：市政债券、公司债券、住房抵押贷款支持债券以及类似的证券。这些信用评级分为 21 或 22 个不同的类别，每一个信用评级类别则显示了对借款人偿付债务能力的评价。信用评级按序数来表示。例如，标准普尔的最高评级是 AAA，最低则是 D。

信用评级机构是信息处理的专家，这些信息有助于对借款人违约的概率进行估计。在美国和欧盟，信用评级机构必须遵守相应的监管规范。这些监管规范的其中之一就是，在美国，信用评级机构必须得到证券交易委员会的认可才能成为"全国认定的评级组织"（NRSRO）。

信用评级业是一个寡头垄断的行业，三家信用评级机构主导着市场，占据了约 95% 的份额。[一] 这些信用评级机构是：穆迪、标准普尔和惠誉。

信用评级机构基于公开和私有信息给出信用评级，并使用量化模型和主观判断对公司财务报表以及管理层质量评估、公司竞争地位等投入信息进行分析。这些评级无意成为买入/卖出的建议。此外，它们是信用质量的"粗略指标"，绝大多数信用评级机构都使用超过 20 个的评级来连续性地描述信用质量。[二] 尽管如此，信用评级仍具有十分重要的作用，因为对于许多机构而言，持有债务证券的资本充足要求以及那些被考虑允许投资的证券通常都是基于这些债务工具所拥有的信用评级而规定的。

信用评级被赋予各种各样的发行人，其中包含公司、市政单位、州政府、国家和通过资产证券化所创造的结构化金融产品；在证券化的住房抵押贷款情形中，这些结构化的金融产品被称为住房抵押贷款支持证券。选择被评级的发行人需要向信用评级机构支付费用。这也是其被称为"发行人支付"安排的原因所在。虽然一些债务性证券的发行人可以自行决定是否需要评级，但在美国公司债券的发行人则没有这种灵活性，因为穆迪和标准普尔会对所有的应纳税的公司债券进行评级，即便发行人并没有为这些评级支付费用。

信用评级机构存在的经济合理性可以在作为多样化信息生产者的信息经纪人理论中找到。[三] 我们将在第 3 章讨论这个问题。此外，信用评级在金融市场中也发挥了有用的协调功能，因为它们使代理人收敛于许多可能的均衡中的一个。[四] 发行人可以利用良好的信用评级来显示其低风险且高质量的治理状况，进而降低其融资成本。投资者可以利用信用评级和债券收益来决定是否在这些收益水平上投资于这些证券。

在 2007～2009 年的次贷危机中，信用评级机构受到了指责，因为它们一直过于慷慨地给出信用评级却没有警示投资者他们投资中的风险。然而，"评级膨胀"这个问题和评级错误似乎仅限于指定给结构化金融产品和一些主权债券的评级。[五] 对于住房抵押贷款支持证券，尤其是那些次级抵押贷款支持的证券来说，评级机构所面对的风险与它们之前所给的评估相比有较大的差异。

2.8 政府的作用

到这里为止，我们已经勾勒出了金融中介世界中的主要参与者。可能需要加到这个列

[一] 见 Matthies（2013）。
[二] Goel 和 Thakor（2015）提供了一个理论来解释为什么粗糙的评级具有经济意义，即便这样做降低了社会福利。
[三] 见 Ramakrishnan 和 Thakor（1984）。
[四] 见 Boot、Milbourn 和 Schmeits（2006），Manso（2013）。
[五] 见 Benmelech 和 Duglosz（2010）。

表中的最重要的中介机构应该是那些惯常提供各种金融服务的大型政府支持企业，包括老年人、幸存者和伤残保险，工人薪酬、医疗保险，住房机构（美国联邦国民抵押贷款公司（FNMA，"房利美"）、联邦住房贷款抵押有限公司（FHLMC，"房地美"），和政府国民抵押协会（GNMA，"吉利美"），农场信贷管理局，小企业保护局，学生贷款市场协会（"萨利美"））和农业部的洪灾保险计划。相关的机构还可以不断列下去！

美国联邦政府对于老年人、幸存者、伤残保险和医疗保险的年度支出额是美国规模最大的商业银行资产的两倍，大约是整个商业银行业资产的1/6。毋庸置疑，美国政府是到目前为止美国最大，无疑也是世界上最大的金融服务提供者。

2.9 处于边缘的金融中介机构

2.9.1 赌博

在处于金融中介领域边缘的机构中最突出的是由合法和非法的赌博活动构成的一个富有刺激性的世界。有些人否认赌博是一种金融服务，但这似乎是一种狡辩。博彩公司与期权和金融期货交易者的经纪人几乎是一样的。唱反调的人争辩道，赌博制造了风险，相反，保险则减少和重新分配了既存的风险。但赌博是与人为制造的不确定性（如赛马或轮盘赌）还是与一些预先存在的自然过程（如你邻居家的狗会生下几只活着的小狗）有关这一点似乎是不太重要的事情。从逻辑上说，不确定性的制造是可以与赌博相分离的，而且这一点对于赌博而言也是次要的。

保险和赌博之间更有意思的差异是前者涉及用确定的成本（保险费）来交换对于不确定性负债的缓解，而后者则是用某一确定的成本（比如说彩票价格）来交换一笔具有不确定性的未来收益。博彩公司很快就可以赌明天的平均气温是多少，就像它赌明天的赛马比赛所产生的三位数的数字一样。下赌注是出于对冲抑或投机的动机不重要，什么过程会产生不确定性这一点也不重要。⊖博彩公司仅仅是填充了一个细分市场——这是一个通常被忽视或被视为非法的市场。博彩公司与保险代理人之间的区别有可能是一个是合法的而另一个不是，但从更深的层次上看，保险人是向那些没有能力承担风险的人出售风险减少能力，相反，博彩公司则将风险出售给那些觉得风险具有福利改善效应的人。在后一层意义上，两者均是经纪人，而且也可能均是定性资产转换者。只要保险代理人或承销人被认为是一种金融中介，那么从同一个层次来理解，博彩公司也是一种金融中介。

2.9.2 典当商

同样，在金融中介的边缘地带还存在针对穷人和那些被排斥者（必定是具有高风险的借款人）的"银行家"。这些细分市场的主要参与者是典当商和高利贷者，前者是合法的，

⊖ 如果人们视博彩公司是内在不诚实的，那么人们可能会倾向于对受人（可能是他自己，道德风险）行为影响的结果进行赌博。但是这样一个与博彩公司相关的假定看上去毫无理由且偏离了主题。赌博公司的规模是如此之大以至于我们既可以在公共部门（彩票）也可以在私人部门看到。在后者中，存在一些合法的形式（前三个赢家分享全部赌注的赌博、场内和场外投注、赌场等）和非法的形式（书面投注和数字赌博）。

而后者一般不合法。截至1991年，美国大约有储蓄贷款协会3倍数量（约6 900）的典当商。㊀ 典当贷款通常是小额的，如50～100美元。这些贷款中的绝大多数只有几个星期，有时会是几个月，并且全部由商品（珠宝、电器、乐器、枪等）来提供担保，一般这些商品的再出售价格是贷款的两倍。包含全部支出在内的利率在高到极高这一范围内变化，在一些没有利率上限的州每月可以高达25%～30%。2004年，据估计美国大约有15 000个典当商。㊁

典当是一种传统的资产支持（担保）借贷形式。贷款人通常偏好于得到偿付，而不是取得抵押品的所有权并清算抵押物（这是因为无力清偿通常会使宝贵的客户关系破裂），但借款人信誉很少会被考虑在内（除了可能的长期客户之外，典当商很少拥有必要的信息来形成一个理智的判断）。贷款的发放完全是基于借款人的抵押物。10%～30%的违约率非常普遍。典当商提供的中介服务包括发起贷款、提供资金和使市场完全化。

随着20世纪90年代末的发薪日贷款和所有权贷款等替代形式（这两种形式将在下文进行讨论）的兴起，典当行业开始陷入停滞状态。㊂

2.9.3 发薪日贷款

直到20世纪90年代初，发薪日贷款机构才作为一个正式的行业开始运作。在此之前，大多数发薪日贷款机构都是支票兑换公司，它们将发薪日贷款的发放作为其核心业务的一个随意拓展。截至2004年，美国有12 000家发薪日贷款机构㊃，且主要的典当连锁公司也进入了这个行业。

发薪日贷款机构向顾客提供无担保的短期贷款。贷款以两种方式出现。一种是传统的发薪日贷款交易——在这一交易中，借款人向贷款人出具一份后续日期（或未注明日期的）个人支票，贷款人则向其发放一笔相当于支票金额减掉信贷费用的贷款。贷款人在将支票存到银行或直接从借款人处收到现金偿付（通常是在借款人的发薪日）之前一直持有这张支票。第二种是传统交易方式的一种变体。在这种交易中，一般不用出具支票，但借款人要签署一份付款授权书来允许贷款人在未来某个日期借记借款人的银行账户一笔金额，规模是贷款金额加上财务费用。通常的贷款期限是两周。

发薪日贷款业已在31个州和华盛顿特区发展到了大约12 000家公司的规模。在2000年，发薪日贷款机构向800万～1 000万家庭发放了约6 500万的贷款，贷款价值总额为80亿～140亿美元，创造了20多亿美元的收入。这个行业报告的毛利润是收入的30%～45%，损失则占到应收账款总额的1%～1.3%，投资收益率为24%。发薪日贷款目前变得越来越有争议，尤其是因为其收取的高利率（年利率可以高达几百个百分点）。因此，许多州已明确禁止发薪日贷款或试图设定利率上限。在第15、16章将讨论的《多德-弗兰克法案》中，可以预期会对发薪日贷款有进一步的约束。

㊀ 见 Caskey（1991）。
㊁ 见 Fass 和 Francis（2004）。
㊂ 见 Caskey（2003）。
㊃ 这里的讨论主要引自 Barr（2004）。

2.9.4 所有权贷款机构

所有权贷款机构类似于发薪日贷款机构，它们之间的差异在于所有权贷款人发放的是担保贷款而不是无担保贷款。也就是说，所有权贷款机构持有贷款的抵押物，而不是持有支票或直到发薪日的借记授权书。贷款金额通常为 250～1 000 美元，相应的抵押物的价值一般是贷款额的三倍。

所有权贷款行业从本质上看是典当行业的一个延伸。两者之间存在两点区别。第一，典当商在贷款得到偿付之前一直实际拥有抵押物，而所有权贷款机构可能允许借款人在贷款期间实际持有抵押物，仅在借款人违约时机构才重新占有抵押物。第二，所有权贷款通常要比典当贷款的金额大。然而，在这两种贷款人的经纪和定性资产转换功能方面，这两点差异对于区分这两种贷款人在经济上并不重要。也就是说，发薪日贷款机构和所有权贷款机构与典当商提供从本质上看相同的经济功能。

像典当商发放的贷款一样，发薪日贷款和所有权贷款机构发放的贷款一般有很高的利率，通常每月超过 25%（对应的年利率（APR）为 300%）。所有权贷款行业起源于美国东南部，并逐渐向密苏里州、伊利诺伊州和俄勒冈州等其他州扩展。在有些州，年利率的上限是 30%，而这基本上就消除了那里的所有权贷款业。

2.9.5 高利贷者

相对于生活在体面社会边缘的典当商（见罗德·斯泰格尔的精彩同名电影）而言，高利贷者的生活则是不可接受的。尽管很容易理解，关于高利贷活动的记录非常粗略，但这些金融中介在向合法和非法公司提供信贷支持方面发挥了重要的作用。⊖ 1967 年，总统犯罪委员会确认高利贷是第二重要的有组织犯罪活动。

一个定义性的说明将有助于澄清许多混乱。如果我们用高利贷这个词来意指所有非法贷款，那么高利贷将包括各类违反高利贷法的贷款机构的一个无形大杂烩。看起来似乎更为有用的一个界定是将高利贷者看作一类贷款人，这些人能够可信地制造与款项托收有关的非法或者无法为社会所接受的暴力和恐吓威胁。这种独特的法外款项托收方法的可得性解释了为什么这种金融服务是由犯罪分子提供的，为什么这类贷款的利率一般很高，以及为什么他们的客户通常已走投无路，少有其他的替代融资方式。如果把这类活动的合法性问题放到一边，高利贷者所发挥的经济功能类似于发薪日贷款机构和所有权贷款机构。事实上，有些人将发薪日贷款机构称为"合法的高利贷者"。

Reuter 和 Rubinstein 描述了高利贷者提供的三种贷款。1 000 美元以下的短期小额贷款在每周 6 对 5 的基础上发放。1 000 美元及以上的贷款，被称为"低价"，要求 12 笔每周 100 美元的偿付。第三种贷款一般金额更大，被称为"抽头"，需要每周支付 1.5%～3% 的利息款项，且在贷款到期日将本金全额返还。

上述两位作者也描述了抵押品相当普遍的用途，但如果这种信贷不是用于非法用途，这似乎就是一个异常现象。一笔适当的担保贷款将消除对法外恐吓的需要，或者说使这种威胁变得没有用武之地了。这样，借款人应能够从财务公司或与高利贷者所要求的利率相比低得

⊖ Reuter 和 Rubinstein（1982），Haller 和 Alvitti（1977）对这个行业做了非常精彩的描述。

多的典当商这样任意一家以资产为基础的贷款机构获得借款。然而，合法的贷款机构可能会被预期到不会向重罪犯或人家都知道是非法的项目提供贷款。

很明显的一点是，高利贷者发放的贷款中很大一部分贷给了在运气上下赌注的博彩者。了解到许多高利贷是为非法药物和偷盗来的赃物库存融资这一点也不让人感到意外。但高利贷不那么光鲜的一面是必须给社会边缘的人提供贷款，这些人没有抵押品可以提供给典当商或财务公司。对于这些不幸的人而言，高利贷提供了一种没有一家遵守法律的机构，也少有慈善机构可以提供的服务。无论在道德上如何评判，高利贷者无疑是金融行业不可分割的一部分。它们是为那些贫穷、被遗忘以及生活在法律之外的人群服务的银行家。

2.10 结论

本章提供了关于金融服务业的主要及更令人感兴趣的成员的选择性评述。我们使用自己对商业银行和储蓄机构的描述来刻画金融环境。

商业银行和储蓄机构的主要竞争者包括保险公司、财务公司、养老金、共同基金。对这些部门之间的联系和每个部门的竞争优势在每一类机构的相应部分进行了阐述。阐述的主题是普遍性和相似性中的一种；行业不同部门之间的差异被看作是法律层面的、人为的和夸大的。当然，我们永远不能忘了作为这个规模庞大的行业一员的政府（"……大猩猩会睡在哪呢？"）。

最后，我们讨论了处于这个行业边缘的一些重要却经常被忽视的金融中介集合，包括在这个集合中的公开和私人的机构，合法和非法的赌博这样的糊涂世界，位于阴暗角落中的典当商、发薪日和所有权借款以及高利贷。所有这些机构都有其指定的功能（主要基于法律和技术）来处理风险和信息并进行信贷分配。每一个机构都扮演着经纪商或资产转换者的角色，与经纪或资产转换中的某些带有犯罪性质的活动有关的更为奇怪的行为是不存在的，这些机构使市场运作更为有效，从而增加了所有人都能分享的经济蛋糕。

专业术语

euro 欧元 很多欧盟成员国使用的公共货币。

yield curve 收益曲线 到期收益率与除了到期日之外所有方面都一致的债务工具的到期时间之间的关系（见第4章）。

duration 持续期/久期 度量投资者必须等待多久才能获得投资债券的报酬的一种方法。对于只偿付本金的债券（零息债券），久期等于到期时间。对于附息债券，久期总是短于到期时间。

liquidity premium 流动性贴水 债券收益率必须达到一定水平，以补偿某个时刻投资者无法将债券转化为现金而又不会损失债券

的真实价值那部分金额。

consumer loans 消费者贷款 向个人和家庭发放的贷款，主要是分期付款。

commercial loans 商业贷款 向公司发放的贷款，一般指商业和工业（C&I）贷款。

contingent claims 或有要求权 未来可能会发生的索取权，取决于一些状态的实现。

federal funds 联邦基金 银行间贷款市场的资金。当银行"卖出"联邦基金时，它向其他银行借出（通常在隔夜的基础上）一笔能够弥补该银行部分或全部准备金短缺的资金；银行需要将确定部分的存款作为流动性

存款准备金。

surplus 盈余 出售股权和证券超过其面值的部分，加上留存盈余得到。

cash and due 现金和欠款 银行体系中的硬币和通货，美国联邦储备体系和其他银行的存款准备金，客户存的支票（资金还没有从付款行取走）。

allowance for loan losses 贷款损失准备金 用于吸收预期的（期望的）未来贷款损失的准备金。贷款损失准备金是当期收入的一项支出，它增加了银行的贷款损失储备金。现有贷款的销账减少了银行的贷款损失储备金。

undivided profits and reserves 未分配利润和储备金 银行净值的一部分。

Gramm-Leach-Bliley Act《格雷姆－里奇－比利雷法案》 1999年的法案，废除了《格拉斯－斯蒂格尔法案》中关于商业银行和投资银行分离的限制。

复习题

1. 下面给出的是一场访谈的摘录。你为什么同意？为你的观点的理论和实证基础提供一个全面的讨论。

    阿普尔顿：毫无疑问，我相信当你透过现象看本质的话，银行的核心功能就是充当"命运的断路器"，并提供简单交易。我不能以一张国债为依据来出具一张支票，所以我需要一家银行。

    巴特沃思：艾利克斯，我完全不同意。我所读过的所有资料都认为银行具有特殊性。你的建议会摧毁一个生产流程的关键要素，而借助这个生产流程，社会得以将储蓄者的资本配置到投资者手中。

    主持人：在我看来似乎我们之间存在重大的分歧：为什么我们会有银行？它们究竟在做些什么？

    阿普尔顿：有什么好反对的？问任何一个人，他们都会说银行的出现是为了借款和贷款。

    主持人：那确实很明显，但是这几乎不能解决这个问题，是吗，艾利克斯？毕竟，借款和贷款本身并不是服务，而是银行金融服务生产中可以看得到的结果。这里的问题是：什么才是银行和其他金融机构生产的不大容易被直接看见的金融服务？你说这些服务纯粹是交易性的，但是贝丝宣称这种服务要多得多。

2. 讨论经纪和资产转换各自意味着什么，什么因素会决定经纪服务的价值？
3. 列出不同的金融中介类型，解释它们做什么，并对它们提供的基本中介服务进行比较或对比。
4. 寻找几个非金融公司的资本对总资产比率的信息，并将它们与金融公司进行对比。为什么会有不同？
5. 根据表2-6中的信息，与持有分散化市场投资组合的权益相比，关于持有代表性银行权益的风险，你可以得出什么结论？

附录2A 测度扭曲和资产负债表

引言中提供的关于金融中介的资产负债表分析视角具有一定的启发性，但由于资产负债表特征化因素的存在而显得不够完整。

对于银行和其他实体而言，其资产负债表是一张会计报表，说明了公司截止到某个特定日期所拥有的现金流量价值。原则上，资产列表应该是详尽无遗的，进而如果估值正确，余额或者说净资产构成对公司资本或净值的一个合理的（无偏）估计。然而，在实践中，资产偶尔会被忽略（武断地估值为零），同时，其他资产也可能会被不恰当地估值。事实上，估值的原则在不同类别资产之间变化较大，因此资产净值的解读（如果不是不可能的话）往往非常困难。

举个例子，如果一家公司购买了一笔声誉资本，该笔声誉资本就会以有些贬值的购买价格在资产负债表上得到记录。这种资产被称为"商誉"，通常要根据审计师和/或其他利益相关方（如政府监管机构）选择的武断安排来进行注销。另一方面，如果公司选择自己去建立信誉，而不是购买现有的，那么通用会计准则（GAAP）要求将这笔声誉资本的价值记录为零。会计师们诉诸他们的"保守主义"原则来捍卫这样一种不大一致的处理方式。然而，从一个经济学家的观点来看，这种会计实务扭曲了资产负债表信息，或者说使资产负债表信息带有一定的倾向性。除此之外，在一个资本和信息成本都高昂的世界中，构建声誉的动机也被这种不对称的会计处理方式削弱了。

现在考虑一下贷款和证券这类盈利性资产。会计处理的惯例是如果资产的持有带有"交易"目的，那么这种资产必须盯住市场，而以"投资"为目的的资产则可以以调整后的历史成本来进行记录。此外，对于交易和投资动机之间的区分也不存在确定无疑的依据，因此审计人员可以行使自由裁量权。以成本来确定资产价值的概念似乎对那些天真地认为资产负债表是公司的财务状况的描述的人来说会显得很奇怪，但许多投资性资产并不在活跃的二级市场上交易，因此很难在任意一个时点（比如12月31日或6月30日）给出估值。从银行的存在是为了在没有活跃的二级市场的情况下充当这些资产的仓库这个意义上看，这是一个系统性而不是异常问题。这就是银行创造流动性的方式！但是对这些资产价值的准确时点估计本质上是很难得到的，考虑到不同客户的诉讼化倾向，审计人员不愿意帮忙可以理解。

美国通用会计准则（GAAP）与当前（或市场）价值会计的问题一直是目前争论的焦点。然而，在有较大买卖价差的市场中，很难知道现值会计究竟意味着什么。由于被迫进行现值会计核算，审计人员有可能会坚持区间估计而不是点估计，或者可能拒绝证实他们的估计的准确性。那么，这时市场会得到更好的信息吗？经理们会表现出更少的病态行为吗？或许会这样！带有噪声的无偏估计很可能会优于那些噪声较小但有偏的替代方案。

值得注意的是，估值问题在资产负债表的两边都会表现出来。例如，核心存款被视为投资而非交易资产，它们的记录以票面价值、成本或赎回价值进行。因此，一美元的存款总是一美元的负债。然而，要注意的是，当银行被出售时，它们的存款通常会获得溢价。买方愿意为存款支付（一般为1%～6%）溢价，为什么？因为存款作为一种资金来源成本较低。存款定价中体现了来自定价过低的存款保险和限制进入银行业的补贴或"租金"。那么这时，存款的估值难道不应该反映出这些租金或补贴吗？由于无法反映这些租金或补贴，我们是否可以理解为银行负债被夸大了，进而其资产净值被低估了？这种可疑的会计实务可能夸大了金融中介净值的稳定性。这种扭曲引致了银行业中的大部分"隐藏"资本，而这些隐藏资本被认为在降低银行风险偏好方面非常重要。

无论如何，银行的资产负债表反映了不同估值实务的混合复杂体系，这一体系面临着解读的巨大要求。一些人认为，现值会计方法会通过增加报告中财务结果的波动性，从而对社区造成伤害。而那些持反对理由的人则认为大家都知道公认会计准则存在数据的故意误导，而此类数据的产生会使系统的完整性受到损害。

第3章

金融中介机构的内涵、运行机理及存在原因

> 所有的基本知识均与存在性问题相关,换句话说,只有那些与存在性问题有本质关联的知识才是基本知识。
>
> 索伦·克尔凯郭尔:《最后的、非科学性的附言》

引言

正如列夫·托尔斯泰的《安娜·卡列尼娜》中列文(Levin)和斯维亚兹斯基(Sviyazhsky)的交谈中所显示的那样,绝大多数人知道银行和其他金融中介在做些什么事。

"那么你的建议是什么?现在的农场应该如何管理呢?"

"我们所要做的就是把农场的标准提得更高一些。"

"是的,如果你有能力支付的话!对你来说这当然没问题,但……我现在连匹马都买不起。"

"这就是银行该做的事了。"

尽管对银行的这种理解颇具洞察力,但为了给本书后续章节的学习打下一个良好的基础,我们需要对银行和其他金融中介有更深入的了解。如果只是简单地把银行存在的意义视为提供借款和贷款服务,那么我们就很难回答如下这些问题:①金融体系是由什么构成的,它又是如何发挥作用的?②为什么我们需要银行来充当借款人和贷款人之间的中介,也就是说,为什么借贷双方个体之间不直接进行交易,进而避免与银行借贷相关的成本呢?⊖③在银行所提供的金融服务生产过程中是否存在规模经济?如果存在,规模经济来自何处?或者说,银行应该多大规模才合适呢?④我们为什么要如此严格地监管银行和其他存款性机构?⑤如果银行需要被监管,我们又应该如何监管它们呢?⑥对于借款人而言,其应该如何在银行贷款、风险投资或直接从资本市场融资等方式中做出选择呢?

为了回答这些及其他问题,我们需要基于之前的章节内容构建一个分析框架并借此来说明金融体系在促进经济增长方面的作用和金融中介提供的基本功能。尽管在本章中我们并没有完全回答上面提出的所有问题,但我们的目的是提供一个关于这些问题的系统性思维范

⊖ 关于这个问题的部分回答参见第2章。

式，以便为后面章节的讨论提供基础。本章的内容安排如下。首先，我们提供了美国金融体系（定性地看，它与绝大多数发达国家的金融体系颇为类似）的概览，并回答了金融体系如何运行这个问题。重点关注的是与资金筹集相关的业务模式类型和可供经济主体使用的融资来源类型。这有助于提供一个整体的框架来理解银行在金融体系中的作用。然后，我们提供了从简单的金匠经济演变成具有部分准备金制度安排的银行体系运作机制的一些逸事证据。紧接着这一非正式讨论，我们提出了一个银行模型，在这个模型中我们对金匠逸事证据进行了模型化处理，进而有助于理解银行的功能以及为什么有必要监管银行。这两部分给出了上述问题①和②的答案并部分解答了问题④。接下来的部分我们引入了固定系数模型（fixed coefficient model，FCM）来拓展对金匠逸事证据的理解并研究其对货币政策的影响。之后，我们提出了金融中介在金融服务提供中的规模经济问题，进而对问题②给出了答案。随后，我们继续对银行的出现如何使非银行契约变得更有效率这个问题做出解释，并回顾支持银行具有特殊性这一结论的相关实证证据。关于存款性机构所有权结构的分析紧随其后。我们以对问题⑤的回答，也就是借款人融资渠道选择的分析作为本章的结尾。

3.1 金融体系是如何运作的

3.1.1 概述

2007年，金融服务业占美国公司总利润的40%，而在2011年这个数值是29%。20世纪80年代早期，金融服务业仅占大约10%。类似这样的统计数据已促使一些人认为，金融服务业是以牺牲其他像制造业、服务业等有形经济价值部门的利益为代价才变得具有这种极不相称的重要性的。但是，事实远非如此。给定最近金融危机期间我们所面临的经济困境，有一个事实很容易被人忽视，那就是对于很多人来说，过去20年间金融服务业的增长是伴随其有生以来曾目睹的、最辉煌的经济增长而出现的。20世纪80年代，美国国内生产总值（GDP，用于衡量经济规模最为常用的指标）不到3万亿美元。2007年，当金融服务业对公司利润总额的贡献份额达到20世纪80年代的4倍时，GDP高达14万亿美元。2012年，美国金融业提供了587万个就业岗位，占所有私人部门非农业就业人数的6%。这个数字预计到2018年将增长到12%。2012年，金融业创造的财富贡献接近美国GDP的7.9%（1.24万亿美元）。⊖

在金融服务业的重要性不断上升期间，美国经济也出现了迅猛的增长。这绝非巧合。金融市场以及在这些市场中运营的金融服务公司将货币资金从储蓄者转移到那些拥有投资机会的人手中，进而帮助个人和公司筹集不同种类的资本。金融体系越发达，储蓄向投资转化这个渠道就越顺畅，交易成本以及其他投资和经济增长的阻碍就越少。

事实上，在像罗马尼亚这样的东欧前社会主义国家中，发达金融体系的缺失是阻碍经济增长的主要原因之一。甚至在美国内部，尽管其金融体系较为发达，导致小企业破产的主要原因还是融资渠道的缺失。当小企业获得成功并创造了就业和增长时，它们取得成功的重

⊖ 美国商务部：美国的金融服务业，http://selectusa.commerce.gov/industry-snapshot-financial-services-industry-united-states。

要因素之一就是可以获得支持它们成长所必需的资金。对于个人和企业来说，美国金融体系较为发达且具有创新力这一事实无疑是一个巨大的恩惠，因为它们有可能通过多种融资方式筹集低成本的增长资金。在前景广阔的新企业创建过程中，这已成为一个重要因素。过去的25年里，美国发起创建了许多这样的企业，其中的一些（如星巴克、雅虎、谷歌、eBay等）已成为全球性强大集团。

3.1.2　金融体系在推动经济增长中的作用

众多研究提供了大量的证据表明稳健的金融发展会引致健康的经济增长。这些结论大部分来自对不同国家的比较研究。例如，在一项针对56个发展中国家的研究中，在控制了一系列的经济和政治指标之后发现，这些国家1960年的金融发展水平是对其接下来30年的经济增长的一个强有力的预测因子。⊖本部分想讨论一下这类研究使我们了解这些事实究竟讲了些什么内容，以及为什么经济学家会认为这些事实表明了这些内容。但在深入研究这些问题之前，我们需要了解一下金融体系如何促进经济增长背后的基本经济原理。

金融体系和经济增长之间的概念性联系：可以考虑利用一个简单的例子来了解这种联系。设想我们处在一个只有4个人拥有生产资源的经济体中。这4个人分别是：玛丽、彼得、保罗和赛利。玛丽有一些钱并把钱存在她家的保险柜中。彼得有一个果园和一些苹果树的种子（这些种子种植后可长成苹果树，从苹果树上能收获苹果）。保罗有一个农场，这个农场能自然地产出肥料。最后，赛利有一些对农田耕作有用的农具。

对于保罗和赛利而言，除非预先收到货款，否则他们都不愿意销售任何产品或服务。不幸的是，彼得现在没有钱来向他们中的任意一个支付货款。同时，玛丽很有耐心，并且不介意将她的钱贷出去未来换取一笔金额更大的支付。但她不认识彼得，并担心彼得可能是一个骗子。

如果这个社区中没有金融体系的存在，那么彼得将只能限于自身拥有的劳动和苹果种子进行种植，无法获得肥料和农具。设想他可以种一些树，并能在一年内收获1 000个苹果。这1 000个苹果被定义为他的经济产出。

现在，设想经济体中存在一个金融体系，在这个金融体系中有一家银行和一个可进行证券交易的金融市场。这样，彼得现在可以去银行申请一笔贷款，并承诺未来用出售苹果的收入来偿还贷款。在贷款得到核准之前，银行将会开展信用审查并且判断彼得是否是一个具有良好信用的人。此外，一旦贷款被发放，银行会继续监控彼得以确保他不是一个携款潜逃的骗子。在得到银行提供的保证之后，玛丽愿意将自己的钱存到银行，以便未来获得一笔金额更高的回报（其中包含10%的利息）。将钱存入银行获得利息总比锁在保险柜里没有收益好。有了银行贷款，彼得现在有能力以现金结算的方式向保罗购买肥料，向赛利购买农具。他现在可以种植更多的树，每棵树产出的苹果也更多了，因而他可以获得20 000个苹果而不是之前的1 000个苹果。金融市场的存在增加了这个经济体的经济产出。考虑到保罗和赛利可能利用从彼得那里收取的货款来生产更多的肥料和农具，这会导致经济产出的进一步增长。这些产出在经济体的其他部分可能也会有所应用，从而带来经济产出的进一步增长，而产出的进一步增长可能带来新的增长效应（见图3-1）。

⊖ 见Levine（1996，2005）。

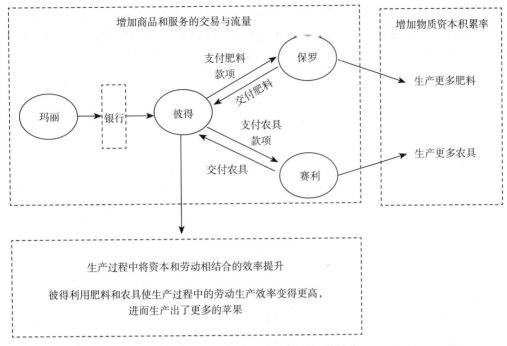

图 3-1 金融体系助推经济增长的渠道

这个简单的例子说明了金融体系促进经济增长的三个重要渠道。
- 它增加了贸易，进而促进了货物和服务的流动。
- 它提高了物质资本的积累率。
- 它增强了生产过程中资本和劳动的组合效率。

金融体系提供的服务以及它们如何有助于经济增长：图 3-2 展示了金融体系提供的四种基本服务，而这些金融服务有助于推动经济增长。

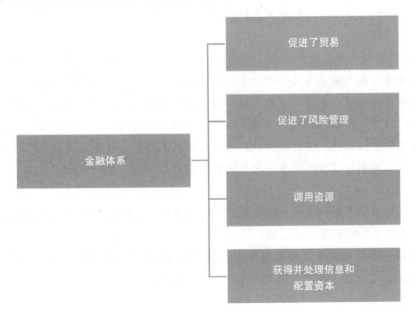

图 3-2 金融体系提供的基础服务

金融体系促进了贸易：在原始经济中，大量的贸易活动基于物物交换，但即便是这样，在我们这个例子中彼得和保罗（或赛利）无法开展贸易活动，因为彼得的存货中并没有苹果可供交换。货币的发明最小化了物物交换的需求，进而增加了商业交易和贸易活动。在现代经济中，仅仅提供货币来促进交易则是远远不够的——货币必须要流转起来才行。当存在记录和清算多边金融交易的恰当的集线器时，金融体系就能帮助货币从一个实体流向另一个实体，甚至可以超越国界。如果没有金融体系的存在，企业相互之间开展交换的能力就受到了很大的限制，经济增长也会受到很大的影响。

金融体系促进了风险管理：金融体系提供的一项重要服务就是帮助个体和企业增强针对不同类型风险的管理能力。这对于经济增长很重要，因为风险的上升会阻碍投资。在我们的例子中，彼得在购买肥料和农具时面临某类风险。一场猛烈的暴雨可能导致果树减产，从而使彼得无法全额偿还他的贷款。这会导致他失去土地的所有权（转为银行所有）。适量的降水则可能使临近社区出现新的果树林，从而导致市场中的苹果产量上升进而导致苹果价格的下降。这些风险可能使彼得削减他旨在购买肥料和农具的投资。金融体系可以对风险定价，并提供聚集、减轻和交换风险的机制。金融体系为像彼得这样的生产者提供了管理风险的方式。例如，彼得可以利用金融体系购买一份防止减产的保险，可以利用期货市场对冲苹果价格风险。像玛丽这样的投资者也可以通过获得更好的风险管理而受益于金融体系的存在。例如，如果玛丽把钱直接借给彼得，她就可能担忧流动性风险问题。一旦借贷发生，玛丽必须等到果实丰收以及出售之后才能收到投资收益，但此时，如果出现医疗紧急事故，她需要提前用钱的话该怎么办呢？在存在金融体系的情况下，当玛丽需要用钱时她就可以直接从银行提取部分存款。这样，通过改善借款者和储蓄者的风险管理，金融体系推动了有利于经济增长的长期投资。

金融体系调用资源：正如我们的例子所指出的那样，如果金融体系处于缺失状态，那么玛丽的钱就只能待在她的保险柜中。金融体系可以调用这些资源，使之流向彼得，进而投入生产性过程。大约150年前，经济学家沃尔特·白芝浩描述了金融体系是如何有助于资源流动进而推动经济增长的。⊖

"我们已经完全没有了这种观念，那就是任何一个有可能需要偿付，或者看上去有可能需要偿付的企业，因为缺乏货币而死亡；这些观点不仅对于我们的先辈而言显得较为陌生，而且在绝大多数国家现在也没有成为共识。漫长的伊丽莎白女王时代的公民可能认为投资铁路并没有什么作用（如果他知道'铁路'这个词意味着什么的话），因为你根本不可能筹到使铁路成为现实所必需的足够的资金。在那个时候，无论是在殖民地还是在其他所有的野蛮国家，并不存在大量的可转让货币，也就没有资金可供借贷，进而也无法使投资巨大的工程成为现实。"

白芝浩在这里所强调的就是金融体系的资源调动能力。而这些资源对于促进有助于经济增长的更好的技术发展而言是必需的。

金融体系获得并处理信息和配置资本：像玛丽这样的个体储蓄者在决定是否投资之前可能并不具备评估公司、项目或管理层的资源或专业技能。另一方面，金融中介则在收集和

⊖ 见 Bagehot（1873），1962年版本，Levine（1996）的论文提到了这个观点。

处理这类信息的过程中具有成本和技能上的优势，进而帮助完成以这类信息为基础的资本配置。这个概念将在本章后面具体描述。而这反过来会促进投资者为这些中介机构提供资本，再由中介将这些资本投入到商业活动中去，进而推动经济增长。

为了理解这一点，设想一下你的一个朋友来找你借钱开餐厅。虽然你有钱可以出借，但你并不确定这个投资是否适合你。然而，如果你的朋友去银行申请贷款，那么银行在收集未来项目的潜在收益以及用贷款购置且可充当抵押品资产的必要信息的同时，也会利用这些信息进行信用分析，并决定是否发放贷款和如何结构化贷款等问题。这类技能是银行商业技能工具箱的一部分。当你了解到银行在决定是否提供融资之前会对借款人实施甄别和监控等活动的时候，你可能会愿意将钱存到银行，再由银行利用这笔存款来发放贷款。

概括地说，金融体系提供了四项重要服务——促进贸易、促进风险管理、调动资源以及获得和处理有助于实现资本配置的信息。这些关键服务有助于增强商品和服务的流动，提高物质资本的积累率，提高生产过程中资本和劳动的组合效率。所有这些服务最终导致了更快的经济增长。

3.1.3 金融体系的运作机理概览

发展良好的金融体系是一个由彼此之间均相互关联的机构、市场、投资者（企业和个人）、储蓄者和金融契约组成的复杂综合体（见图3-3、图3-4和图3-5）。

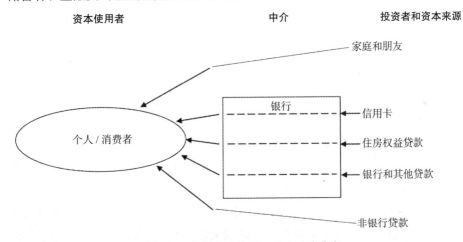

图3-3 美国金融体系：个人/消费者

这三张图都将金融体系划分为三个主要部分：资本使用者、提供资本的投资者以及促进资本从投资者流向使用者的金融中介。金融体系中的金融中介起着以某种方式连接资本来源和使用的作用。正是金融中介提供的服务流强化了经济增长。

在理解金融体系中的每一部分所扮演的角色之前，我们有必要对金融资本筹集过程中所使用的不同性质的合约之间的主要区别，及金融合同使用过程中个体/消费者和企业之间关注点的重要差异有所了解。

债务和股权之间的对比以及消费者和企业使用差异：个人和企业在资本筹集过程中使用的金融合约可以较为宽泛地划分为两大主要类型：股权合约和债务合约。借助一份股权合约，试图筹集资金的企业将向提供企业经营所需的外部资金的投资者出售公司的部分所有者

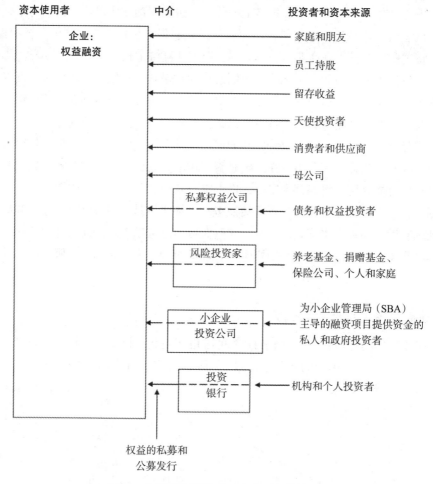

图 3-4 美国金融体系：企业股权筹资

权益。在之前讨论的例子中，作为接受银行贷款的一个替代途径，彼得可以向玛丽提供他所拥有的苹果生产公司 30% 的股权，以此来筹集购买肥料和农具所需的资本。对于玛丽而言，这笔投资的收益完全取决于企业的盈利状况。如果玛丽购买了彼得公司 30% 的股权，并假定所有的公司利润都以股利的形式分配，那么她就拥有了针对公司所创造的利润中 30% 的索取权。例如，如果彼得第一年赚了 15 000 美元，那么玛丽就可以收到其中的 30%，即 4 500 美元。然而，如果企业没有获得任何利润，那么玛丽就什么也得不到。此外，玛丽的这笔投资不存在固定期限，也就是说，彼得永远不需要归还玛丽的初始投资。玛丽回收初始投资的唯一途径就是把她拥有的所有者权益出售给其他人。

债务合约和银行贷款颇为类似——债务人向贷款人保证归还贷款的初始本金再加一些利息。债务合约有固定的到期日和相对于股权的优先清偿权。"固定到期日"指的是债务合约规定了债务人必须在规定的日期内全额清偿所有的约定款项。"相对于股权的优先清偿权"意味着债权持有人在股东获得偿付之前必须得到全额的偿付款项。在我们之前的例子中，如果彼得是通过贷款获得融资的，那么他就必须用出售苹果所获得的全部利润来偿付债券的持有人，这种偿付义务甚至要早于其税收的缴纳。只有在清偿完毕债务并向政府交纳完税收之后，他作为企业的所有者才能保留企业的剩余利润。

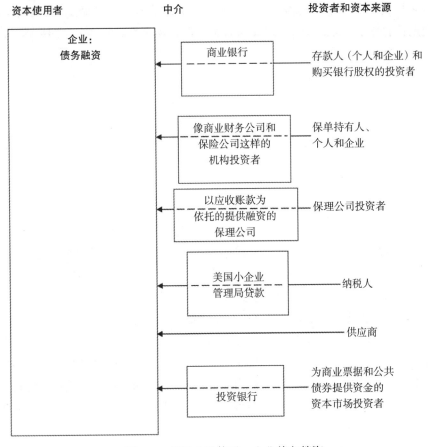

图 3-5 美国金融体系：企业债务筹资

消费者主要借助债务合约来获得融资。[⊖]有一个很好的理由可以用来解释股权合约为什么在消费者融资中很少被使用。从贷款人的角度看，消费者所获得的一笔贷款从本质上可视为针对借款人劳动收入的一种金融索取权，但对于借款人而言，其抑制劳动收入的供给相对来说较为容易（举个例子，通过辞职），而这么做将使债权人拥有的索取权变得一文不值。债务合约不仅要求借款人必须在某一特定时点全额清偿款项，而且还规定如果借款人无法清偿的话将遭受惩罚。对借款人而言，债务合约的这些条款提供了清偿贷款的足够的激励。

企业融资时通常同时借助债务类和股权类合同。实际上，对于企业而言，股权和债务融资的组合选择是其经营过程中的一类重要决策。之所以股权筹资对于企业而言是可行的，是因为金融体系提供了公司治理功能，进而使管理层的行动与企业融资者的利益保持大体一致，同时，企业出于诸多原因的考虑也存在强有力的动机来持续产生利润。这意味着企业存在强烈的内在发展动机，进而不会抑制像劳动力这样的生产性要素的投入。

3.1.4 个人/消费者融资

消费者可以通过多种渠道获得融资，而这些融资渠道中的绝大多数是以债务形式出现的（见图 3-3）。

⊖ 银行贷款、家庭住房抵押贷款和信用卡贷款都是债务合约的形式。

朋友和家庭提供了一个具有潜在重要性的资金来源渠道。这些贷款通常具有特定的用途，但对到期日的界定非常含糊。一笔学生贷款可以在毕业之后的某个时期来偿还，而汽车贷款也是这类融资的实例之一。许多消费者在处于紧急状况或其资金使用目的很难获得银行贷款支持的情况下会高度依赖这种融资渠道。

信用卡融资是一种无担保的债务融资形式——债务没有特定的抵押品支持。因为它主要用于交易融资，债权人期望债务人在很短的时间期限内偿还债务。为了鼓励提前清偿，利率和滞纳金往往很高。信用卡融资的可行性建立在发达的金融体系的基础上，银行可以证券化它们的信用卡应收账款，并将其出售给投资者以此获得流动性。因为发达的金融体系和高信任度是信用卡融资可行的关键因素，所以从发达的金融体系到不发达的金融体系，信用卡融资规模以及消费者支付结算的便利性都会下降。

住房净值贷款是一种适合消费者借贷的方式，尤其当他们的住房升值时。例如，假设你需要5万美元的贷款，而你的住房今天的市值是30万美元。你欠银行20万美元。鉴于你的住房净值是10万美元（30万美元减去20万美元），你就可以以住房净值借入5万美元。

在次贷危机爆发之前，住房净值贷款是许多消费者的重要融资来源。2002～2006年期间，平均每个美国住房所有者从每1美元的住房净值上涨中提取了25～30美分的贷款，这一时期内基于住房净值的贷款规模相当于每年GDP的2.6%。⊖

银行和其他贷款代表了个人可以获得的比例最为显著的一种融资途径。这些贷款包括个人从商业银行、金融公司、信用合作社、联邦政府等其他机构中获得的债务性资金。截至2010年年底，未清偿的消费者信用贷款余额是2.41万亿美元，2010年第四季度的年化增长率达到了2.5%，如表3-1所示。

表3-1 消费者信用贷款余额　　　　　　　　　　（单位：10亿美元）

消费信贷的主要提供方	每年消费者信用贷款余额				
	2006	2007	2008	2009	2010
商业银行、金融公司、信用合作社、联邦政府、储蓄机构、非金融企业	2 384.80	2 522.20	2 561.10	2 449.90	2 410.40

资料来源：美联储统计公报，2011年2月7日。

非银行贷款则由种类非常宽泛的贷款人提供。有可能最大的非银行贷款金融中介是美国政府。从房利美、房地美到萨利美（学生贷款市场协会），与美国政府有关的机构提供的信贷规模巨大，由银行提供的信贷显得有些相形见绌。

现在我们把注意力转向企业融资。尽管出于讨论的目的，在消费者融资和企业融资之间划出清晰的界限非常有用，但从实践来看，它们之间的分界线通常是模糊的。特别地，许多人会使用其可以获得的消费者融资途径来筹集资本，并投向他们所拥有的企业。例如，对于个体而言，利用其个人的信用卡来支付企业采购的费用，或使用住房净值贷款来进行企业扩张所需的投资等活动都是很常见的现象。

3.1.5 企业融资：股权

企业可以从一个极为丰富的差异化资金来源集中筹集股权资金，如图3-4所示。

⊖ 见Mian和Sufi（2010）。

3.1.6 内部股权融资

对于初创企业来说，家庭和朋友是一种非常重要的融资来源。较为典型的家庭或朋友投资者是那些他/她的企业已获得成功并有意愿向其家庭成员或朋友提供帮助和投资的个人。例如，几年前密苏里州圣路易斯市的一家卫生保健私募股权公司的资金就主要来自家庭和朋友，因为没有一家华尔街的公司愿意向一群尽管有行业运行经验却没有私募股权投资经历的个人投资。同样，Facebook在哈佛大学的一间宿舍建立之后也是依靠来自家庭和朋友的资金支持才最终得以扩张。通常家庭和朋友的投资上限为10万美元。

员工持股是企业获得内部股权融资的另外一种方式。员工持股计划（ESOP）赋予了员工成为公司股东的机会。员工可以享受作为股东可获得的荣耀和安全感，而这反过来使他们具有更高的生产积极性。员工通过购买股票来参与员工持股计划，而股票的获得可以来自其薪酬（也就是以股票而不是现金作为其部分薪酬的支付形式），有时也可以向企业提供个人资产。2014年，美国已经有7000多个ESOP，覆盖了1 350万个员工（超过了私人公司10%的劳动力）。⊖ 2012年年底，美国ESOP拥有的总资产估计超过1万亿美元。具有较高知名度的一些员工持股企业包括Public Super Markets、Lifetouch等。

对于企业来说，留存收益代表一种极为重要的内部股权融资方式。公司通常在清偿结算完所有的费用、债务本息和税收之后，将一部分利润以股利的形式分配给股东。支付股利后的剩余利润就称为留存收益，它可以增加公司的股本。某种意义上说，留存收益可视为股东所做的一种"牺牲"，因为他们为了夯实企业股权资本而放弃了一定的股利。一般来说，企业每年会保留其税后利润的30%～80%。

3.1.7 外部股权融资

天使融资通常是向那些处于早期发展阶段的企业提供其所需的至关重要的初始资金的一种重要途径。这些企业还没有建立一个收入或盈利的良好记录，进而无法吸引来自风险资本公司或银行的机构性融资。这一融资渠道涉及来自个体投资者（也称之为"天使"）的股权融资。这类个体投资者寻找具有高成长前景的公司，有时也会关注一些与他们自己的公司存在协同效益，或所处行业一般要么是这些投资者成功地工作过的行业要么是其非常看好的领域的公司。在我们之前的例子中，如果难以获得银行贷款，彼得也可以求助于天使投资者（与玛丽不同，通常是了解他以及他公司主要业务的投资者），以公司的部分所有者权益作为交换来获得融资。然而，天使融资的成本通常非常高昂。来自天使投资者的资金可能需要企业家让渡10%～50%任意一个比例的公司所有权来作为融资成本。此外，许多天使投资者每月还会收取一定的管理费。

对于企业而言，它也可能会从消费者、供应商或销售代表那里筹集权益资金。这些主体会提供资金，一方面是因为他们可能相信企业存在成长潜力，且如果企业无法获得这种股权形式的资金支持，成长潜力就无法实现；另一方面则是因为对他们而言，这种股权头寸在今后有可能成为一项获利丰厚的投资。例如，IBM曾一度大量投资于英特尔，直至获得了其20%的股权。鉴于英特尔是IBM电脑微处理机芯片的主要供应商，IBM进行这项投资的主

⊖ 资料来源：www.esopassociation.org。

要目的是从财务上支持英特尔的发展。

对于一些机构而言，母公司是另一种重要的融资来源。一家控股公司可能向子公司提供资本，从而避免其承担外部股权融资的成本。

3.1.8 中介化的股权融资

与这些非中介化的股权融资来源不同，其他一些形式的股权融资涉及金融中介，而这些金融中介有助于资本的供给和需求两方的连接。私募股权机构、风险投资公司和投资银行是主要的参与者，这些机构在之前的章节中已做了介绍。

3.2 企业融资：债务

非市场的、中介化的和直接债务

企业每年从多个来源的债务融资渠道筹集大量的资金（见图3-5）。传统意义上最为重要的债务融资来源是商业银行。例如，Avolon，一家飞机租赁集团，在2011年1月宣称其自2010年5月以来已经获得了25亿美元的债务融资，包括以银团贷款形式获得来自富国银行、花旗银行和摩根士丹利这三家牵头美国银行的4.65亿美元的债务资金。企业利用银行获得短期、中期和长期等多种形式的债务资金。

正如在之前的章节里所讨论过的那样，商业性金融公司（如通用资本）和保险公司这样的贷款机构已经成为美国企业长期债务融资的主要来源。它们提供存续期超过10年的贷款，这样就满足了对于长期债务资金的需求，因为银行一般提供存续期在10年之内的贷款。

应收账款保理是企业可以获得债务融资的另外一种来源。每一个赊销给消费者（也就是消费者购买商品和服务，但之后再付款）的企业在销售时会产生对应的"应收账款"。类似地，"应付账款"则是由公司的供应商提供的一种融资来源。我们在第5章还会再提到应收账款和应付账款。

美国小企业管理局（SBA）提供了另外一个债务融资来源。小企业管理局通常会为固定资产的购置提供长期融资。一般来说，这些贷款要求那些拥有企业股份超过5%的投资者提供私人担保。

现在我们了解了整个金融体系是如何运作进而促进经济增长的，接下来将深入地考察银行所发挥的特定经济功能，以及它们如何开发出特殊的专业技能来发挥那些功能并提高经济产出。

3.3 部分准备金银行制度与金匠逸事

3.3.1 部分准备金银行制度

第2章解释了金融中介所做的业务。我们现在继续讨论一个基本的银行如何从金匠演化而来，以及这种变化如何导致形成了部分准备金银行理论。随之而来的还有银行监管理论。根据这一理论，监管是部分准备金银行制度的必然产物。

现代银行基于部分准备金制度产生了法定货币。这两个事实导致了与金融相关的美好、神秘且令人困惑的很多现象。很多金融的门外汉很难理解货币之所以具有价值仅仅是因为货币所具有的普遍接受性。㊀

银行业的部分准备金制度同样可能会让人疑惑,因为它涉及一些隐晦的方法。部分准备金制度中的银行利用那些能够转变成即期现金的负债来为其融资,但它们通常只会以现金资产的形式持有这类负债规模的一定比例。这样,提取现金的需求超过银行可用现金状况出现的可能性总是存在的。

货币体系从金、银或其他形式的商品货币向更为抽象的货币载体的演变,与银行体系从保管库(也就是100%的准备金银行)向现代的部分准备金银行的演进类似。这两个体系的演变均是自然遵循有效使用稀缺资源的团体性需求的结果。然而,这些发展变化也产生了一定的副产品。法定货币对商品货币的替代使得巨大的经济权力集中到货币当局的手中,不管这种集中是好事还是坏事。类似地,部分准备金银行也将巨大的权力赋予单个银行,这种权力有可能使银行家在追求个人收益的过程中对银行体系的稳定性造成破坏。

接下来,我们将从其作为保管库的历史根源出发来解释部分准备金银行体系的演进。㊁这种解释是特征化的并带有一定的逸事性,旨在强调演进过程的自然方面以及部分准备金银行制度的本质脆弱性。

3.3.2 从原始的金匠到银行的演变

考虑黄金被用作货币——也就是黄金作为支付方式或交易媒介——的一种初始环境。作为一种社会惯例,所有的债务都用黄金来偿还,所有的购买也要用黄金来支付。这个系统运转良好,但持有以及运输黄金很不方便。这里同时存在安全和便利两个问题。市场的反应是提供针对黄金的保管业务,由此导致了金匠的出现。

金匠为了获得一定的费用,提供针对黄金的安全存储便利。黄金所有者在让金匠存储黄金之后会收到一张仓储收据——在他的理解中,当他想从金匠处取回黄金时,他只需要在方便的时候向金匠提交收据就可以实现这一点。㊂金匠的业务只是一种简单的商业活动。与家具的仓储类似,金匠提供仓储业务是为了收取一定的费用。业务本身很简单!

黄金的所有者逐渐对金匠产生了信任,同时黄金从金匠的保险柜里单调且有盈利性规律地大量流出和流入。当黄金所有者想要购买东西时,他就要去到金匠那里提取必要的黄金,然后再带到市场上去交易。在市场中,黄金可以用来交换任何想要获得的商品,然后正如经常出现的那样,商品的卖家会将其新获得的黄金存回金匠那里,并获得一张仓储收据。

当这些交易和支付的日常活动变得越来越流行,并且金匠的可靠性变得越来越巩固的时候,重复地拜访金匠被认为是一种浪费。因为每一次当有意愿的商品出现时,买家需要跑到金匠那里提取黄金,而这一行程将被卖家再次重复——他需要将黄金存回到它来的地方。

㊀ 接受货币最终是法律支持的社会惯例,立法将货币认定为法定的偿债工具。关于货币的这种观点可视为支持铸币税总体应合法地归属整个国家,而不应该为个人利益主体所获得。

㊁ Donaldson、Piacentino 和 Thakor(2015)给出了一个关于这种演变的正式的理论分析,并分析了这种演变对现代银行业中的储备(流动性)要求和资本充足要求等监管政策与货币政策的影响。

㊂ 当黄金可以转换为货币时,票据的所有权控制着黄金的赎回。

最终，仓储收据从买家手中传递到卖家手中，且他们拜访金匠的两次行程的唯一目的是验证金匠的诚信。但是随着时间的推移和经验的积累，与金匠诚信相关的声誉日益提高，这些拜访金匠的行程看上去也就越来越没有必要了。渐渐地，交易可以通过仓储收据的交换来完成，而黄金则在金匠的保险库中保持不动。但是接受仓储收据的意愿是建立在这样一种信念之上的，也就是当需要时，黄金随时可以提取出来。任何对金匠的怀疑都会弱化仓储收据作为支付媒介的使用。但是，只要金匠能够展示信誉，那么就可以通过避免来去金匠那里的行程来节约交易成本。

从金匠这方的角度来看，仓储收据作为支付手段使用日益增加意味着黄金流入或流出保管库的规模变得越来越少。可以设想一个时间序列用于描述随着时间的推移金匠所拥有的黄金数量。随着收据的使用逐渐替代了黄金，金匠的黄金存货波动变得越来越小。到极限时，也就是收据完全取代了黄金，金匠的黄金存货随着时间的推移将保持不变，除非有新开采的黄金流入经济体系中，或者有其他极为特殊的情况发生。金匠逐渐意识到，他没有必要一定要以一单位黄金为基础来发行一单位的收据。这种想法必然是金匠的顿悟，也可以说是来自经验的启示。可以确定的是，一些固执的金匠可能会放弃发行比其拥有的黄金数量更多的收据这种想法，但问题是，如果没有人会来提取黄金，那这样做会带来什么损害吗？⊖这种印制额外的仓储收据的不太现实的可能性改变了世界。这个发现对于银行业而言就等价于牛顿革命，其对银行的重要性不亚于万有引力对物理学的重要性。

3.3.3 部分准备金银行的不稳定性

额外的收据是无法与那些更为真实的收据区分开来的，其后果就是它们和原始的真实收据（指的是按照一单位黄金发行的一张收据）一样都充当了支付工具。额外的收据被贷给借款人并赚取利息。假设这些贷款都不具有流动性，也就是说它们无法被即期赎回，而是必须要持有到期才能实现其完全的价值，这意味着金匠提供了一种关键的流动性转换服务，也就是说通过向存款人发行具有流动性的索取权的同时，支持这种索取权的却是向商人提供的非流动性贷款。这样，原来平凡的金匠就从一个仓库保管员转变成了一个银行家！为了了解这一点，考虑以下额外收据创造前后的两个资产负债表。

金匠（之前）		金匠（之后）	
黄金 100 盎司	票据 100 盎司	黄金 100 盎司 贷款 10 盎司	票据 110 盎司

注意，当金匠跨越了这条界限（也就是成为银行家）之后，他 110 盎司的负债超过了他在所有收据持有人同时尝试要将收据兑换为黄金（尽管这种状况不大可能发生）时的满足能力。之所以会出现这种潜在的失败，主要是因为贷款是非流动的。

因此，这种借贷活动的本质是一场潜在的灾难，也就是金匠的破产。当然，如果收据持有人几乎从不提取黄金，那么破产的可能性是很小的，有可能非常小。然而，很关键的一点是这种风险是内生的。也就是说，金匠所选择的破产概率与他发行额外收据的数量选择是联系在一起的，或者等价地说，与他发放多少贷款的选择有关。每一张额外印制的收据对应每一笔赚

⊖ 在一个理性预期均衡中，黄金所有者会预期到金匠的这一行为并且会采取适应性行动（比如随机且足够频繁地赎回黄金）来避免被金匠所利用。但是基于教学目的，我们先忽略这一点。

取利息的贷款，因而金匠印制收据的倾向仅受制于其对保持偿付能力的关切程度。金匠就如同在贪婪和焦虑之间的刀刃上行走。每一张额外收据的发行会增加其收入，但同时也增加了资不抵债的概率；破产当然会损坏金匠的声誉，而声誉是金匠的仓储收据流通和出借的前提。

这样，我们看到部分准备金银行体系的发现是一个重大事件，也是一种"初心的丧失"。然而，值得注意的是，在贷款能被偿还的条件下，金匠持有的资产与其负债的价值是相等的。因此，我们这里主要关注的就是流动性问题。只要金匠被给予足够的时间且贷款质量良好，他就有能力且会清偿所有收据持有人。但是，他所做的承诺是即期支付，而这种承诺不可能在所有可能的自然状态下都能实现。

这就是部分准备金银行业的本质及其基本的脆弱性。鉴于部分理性经济主体的最大化行为，这样一种系统会自然而然地演变形成。

3.3.4　作为一种稳定效应的监管

如果放任这样一种银行体系自由运行，那么它就会遭受周期性的崩溃。然而，部分准备金银行业运行的经验会导致一个相当简单且直接的纠正措施的出现。因为部分准备金银行体系的阿喀琉斯之踵在于贷款的非流动性，所以如果这些资产可以被赋予流动性，那么银行挤兑就可以被避免。这里所需要的就是一个为金匠提供业务的银行，这家银行在不太频繁的大规模赎回情况出现时，可以以金匠的贷款资产作为抵押向其提供贷款。事实上，在19世纪，这种设想就以商业银行清算所（commercial bank clearing houses，CBCH）的形式在美国出现了——CBCH是银行之间的私下协议，协议同意在出现不可预见的流动性枯竭状况时，清算所的所有成员要将它们的资源合并在一起，放到清算所来支持每一个成员。当然，这样一家银行家的银行需要实际上不受限制的能力，并做出保证银行体系持续运转的承诺。这种私人层面的安排不可能拥有不受限制的能力，而这给出了创建一家中央银行的合理性，这家中央银行可以充当银行家社群的最后贷款人。因为中央银行一般是由政府所有的，进而具备印制（或以其他方式创造）货币的特权，所以有限能力的问题也就不存在了。

另外一点值得强调的内容与部分准备金银行体系的演进和中央银行执行最后贷款人功能之间的关系相关。由于中央银行的缺失，对于额外收据的印制数量就存在自我限制。对破产的担忧、声誉的丧失以及由此导致的仓储收据出借持续性的能力下降将约束信贷规模无限扩张的冲动。然而，无论这种自我实施的约束是什么，一旦引入了充当最后贷款人角色的中央银行，金匠面临的这种约束就会弱化。如果金匠知道他能够以他拥有的非流动贷款资产来获得贷款，那么他就会比他不能够使用贷款作为抵押获得资金时发放更多的贷款。这一点很清楚也很容易理解；即便中央银行针对这样的紧急贷款收取一个很高的利率，这种情况也会发生。注意当中央银行不存在的时候，这种贷款收取的利率就是无限高的。这样，中央银行的出现带来了道德风险，这种道德风险通常可以通过实施现金资产储备要求来应对——这种措施可以有效地降低银行以它的现金资产为基础发放的贷款总量。这也许就是审慎监管最为基础的逻辑。要点在于监管具有内生性。监管是对作为最后贷款人的中央银行引入后所导致的道德风险的反应，相应地，中央银行的引入则是对部分准备金银行体系内在脆弱性的应对措施。总之，部分准备金银行业是在一个商品货币自由放任的体系中针对交通成本和安全问题的自然产物。

3.4 银行与监管的模型

关于银行业本身的性质需要监管这一判断,我们也可以从模型视角做一个说明。在这个模型中,货币(而不是黄金)充当了交易媒介。我们在下面的介绍中将开发一个模型,这个模型公式化了之前章节中所提及的逸事性演进进程,并在分析中强调了某些内在信息假设的重要性。这个模型的直觉与之前的分析类似。

下面构建的这个两期模型非常简单。⊖ 模型中所做的一些假设并不是在严格意义上成立的。我们的目的是给出一个粗略的、具有直觉性的处理方法来说明银行在原始经济中是如何出现的,以及为什么有必要监管银行。在建立模型之前,我们在表 3-2 中给出了模型使用的符号及其含义。

表 3-2 符号含义表

符 号	含 义
y	每一期存款人的收入
c	每一期存款人收入用于消费的部分
s	每一期的存款总量
ϕ	保管业务向存款人收取的保管费
$\hat{\phi}$	自己保管财产的费用
α	提取存款的比例
n	存款人数量
M	商人的数量
K	商人的现金流
K^*	当 K 随机时,商人的最高现金流量
M	向商人提供的贷款
p	被盗的概率
r	银行向商人放贷的收益率
b	银行监督商人的成本
u	$K=0$ 的概率,在日期 0 时的值
u_1	在日期 1 更新时的 u 值
u_h	u_1 的最高值
u_l	u_1 的最低值
L	商人投资的清算价值
f	存款人为了确保银行实施保管与监督所需的总花费
J	银行的数量

模型:考虑有一个经济体,这个经济体中的个人并不确信其财产不会被偷盗的安全性。这样,他需要支付一定的费用来保管财产。人们可以选择由自己来保管,也可以选择雇用其他人来保管。很容易设想,不是经济体中的每个人都具有相同的财产保管技能。这样,如果你觉得其他人可能在这方面比较有优势,那么你就会将保管财产的工作交给他,即便这样做

⊖ 该模型是构建在 Diamond 和 Dybrig(1983)与 Chair 和 Jagannathan(1988)关于银行挤兑模型的内容基础之上的。关于金融中介存在性的论文有 Leland 和 Pyle(1977)、Diamond(1984)、Ramakrishnan 和 Thakor(1984)、Millon 和 Thakor(1985)、Boyd 和 Prescott(1986)、Allen(1990)和 Coval 和 Thakor(2005)。

会支付一定的费用。㊀无论如何最终我们都会得到这样一个结论，在这里我们直接把你（也就是有意愿使个人财产得到安全保管的人）看成是一个存款人，提供保管财产服务的实体是银行。现在，我们设想经济体中只有一个存款人（$n=1$）和一家银行（$j=1$）。

存款人每一期可以获得 y 美元的收入，其中 c 美元用于消费，剩余的 $(y-c)=s$ 美元则用于储蓄。这些储蓄必须得到保管。现在设想银行除了提供保管业务之外其他什么活动都不能做。令 $\phi > 0$，表示银行向存款人收取的储蓄保管费用。银行提供的保管业务保证储蓄不会被盗。同时设想存款人只需要一期的存款保管服务。假定对于任何人来说，贴现率均为 0，㊁我们可以看到存款人在下一期开始时的消费为 $s-\phi$（他第一期的净储蓄）加上 y 美元（第二期的收入）。由于存款人在银行存入 s 美元可以在期末得到 $(s-\phi)$ 美元，所以存款的利率为

$$(s-\phi-s)/s = -\phi/s < 0 \qquad (3-1)$$

如果负利率使你感到有些奇怪的话，那么记住一点就是此时的银行不能发放贷款，仅向存款人提供一项有成本的保管业务。现在假定银行需要保持 100% 的存款准备金且第一期结束后存款人将全额提取存款。

一家保留百分之百准备金银行的愿望：设想储蓄被盗的概率为 p，且存款人如果想确保自身财富没有任何被盗的可能性，他需要承担的财产保管费用为 $\hat{\phi} > \phi$。这样，对于存款人而言，要让自己保管财产成为最优选择的充分必要条件是

$$s-\hat{\phi} > (1-p)s$$
$$或者 \hat{\phi} < ps$$
$$其中 \ 0 < p < 1 \qquad (3-2)$$

我们假定式（3-2）可以满足。很明显，由于 $\phi < \hat{\phi}$，存款人将偏好于由银行来保管他的财产。

注意，通过明确规定银行向存款人收取的保管费用严格等于银行为保管财产所耗费的成本（向 s 美元的存款收取 ϕ 美元保管费），我们假定银行处于一种完全竞争状态。㊂现在设想 $n > 1$，进而有可能存在很多存款人。很自然地假定储蓄保管活动存在一定的规模经济，也就是说，保管 ns 美元储蓄的单位平均费用将会比单笔储蓄 s 美元的保管费要低一些。举个例子，只要雇用了一个武装保卫，让他来保管 100 000 美元还是 1 000 美元都不会改变保管成本。事实上，如果我们假定 ns 美元的保管费要低于 $n\phi$ 美元，那么一个大银行的存在就是大家所希望的，这时我们甚至可以假设 $\hat{\phi}=\phi$，也就是说，任何单个主体在保管财产的技能方面都不存在比较优势。但这里我们将假定保管业务活动并不存在规模经济。从某种意义上说，虽然这会使我们的任务变得更难一些，但这样做有助于减少符号的使用。

首先设想在第一期结束后，这 n 个存款人都会确定性地提取存款。在这种情形中，很容易看到利率仍为 $-\phi/s$。一个更有意思且符合现实的情形是，并非所有的存款人在第一期结束后都会去提取存款。设想只有 α 比例（$0 < \alpha < 1$）的存款人会在 $t=1$（第一期结束时）时提取存款，而 $(1-\alpha)$ 比例的存款人会在 $t=2$（第二期结束时）时提取存款。为了简化，假定

㊀ 很自然地，这笔费用应该比你自己以同样的效率来保管的费用要低一些。
㊁ 这是一个无关紧要的假设，很容易放弃，也不会对分析造成影响。
㊂ 对于你们这些非常熟悉经济学中多个竞争定义的人而言，这里我们使用的是 Bertrand 竞争。

α 是已知且确定的。① 图 3-6 展示了事件发生的时间顺序。

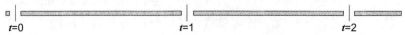

- $t=0$
  - n 个存款人，每一个存款人存款 s 美元
  - 银行向商人发放贷款，商人承诺在 $t=2$ 时偿还
- $t=1$
  - α 比例的存款人提取存款，银行向那些提出存款提取需求的存款人支付总额为 $\alpha n(s-\phi)$ 美元的款项
  - 银行需要低于百分之百的存款准备金
- $t=2$
  - 剩余的 $(1-\alpha)$ 比例的存款人提取存款
  - 银行向这些存款人支付 $(1-\alpha)n(s-\phi)$ 的款项

图 3-6　事件演进顺序

同时借入和贷出资金的银行：如果银行无法把它收到的存款投放出去，那么资金就在银行里处于闲置状态。虽然如此，注意在这种情形中是存在投资机会的。② 在 $t=1$ 时，银行只要拥有 $\alpha n(s-\phi)$ 美元的资金就可以满足存款提取。现在设想银行在 $t=0$ 时可以进行投资，但这种投资只有在 $t=2$ 时才能产生收益。令 r 表示银行在这些投资项目上的收益率。③ 我们可以把这些投资想象为对那些想融资开店的商人的贷款，他们的自有资金不足。每个商人需要 M 美元的资金（这里 $M > s$），进而如果商人想直接从存款人处借款，那么他需要接触不止一个存款人（事实上，他需要找到 M/s 个存款人）。更进一步，在和商人打交道时存在道德风险问题，也就是说商人有可能会倾向于携带借来的 M 美元资金潜逃而不是拿钱去开店。如果他的行动无法被监控，他拿到资金后就会选择携款潜逃，此时贷款人根本不可能获得未来的贷款清偿。但是，在承担 b 美元成本的前提下，有可能通过对商人的监控来使其真正把借来的资金投入到约定的开店用途上，且商店开设之后就会在 $t=2$ 时产生 $K > M(1+r)$ 美元的现金流。作为开始，我们设想 K 是一笔确定的现金流。我们稍后会讨论 K 不确定时的情况。

首先考虑一下如果商人直接选择向 M/s 个存款人融资时所面临的问题。此时，他的净预期收益为

$$K-M(1+r)-(bM/s) \tag{3-3}$$

因为，除了利息支出，商人还要被收取监控成本。每一个存款人都不得不单独地监控商人，因为没有人可以依赖同伴去这么做。④ 现在，如果这个商人向一家银行去申请融资，相

---

① 我们之后再讨论 α 是随机的情况。
② 实际上，我们在之前的例子中都假设在 $t=1$ 时所有存款被提取，银行可以在 $t=0$ 时进行资产投资，在 $t=1$ 时回收。
③ 这里我们不深入讨论 r 是如何确定的。
④ 显然所有存款人都不实施监督的这种均衡情况不存在，因为至少有一个人会付出成本进行监督。为了证明一个存款人会实施监督的决策，我们必须假设存在部分存款人不会实施监督的可能性（否则每个存款人都会"搭便车"，希望其他存款人进行监督），假设每个存款人认为剩余的 $((M/s)-1)$ 个存款人中有随机的 θ 部分没有能力实施监督，但是没有人可以区别出这些存款人（自己知道自己的情况）。因此，每个存款人依然收取监督的费用，但不是 b 美元。假设 θ 有 q_0 的概率为 0，有 $1-q_0$ 的概率为 1（当 $\theta=1$ 时，每个存款人认为只有他自己会监督）。那么，如果一个可以监督的存款人不实施监督，他的预期收益（他总是认为其他存款人会实施监督）是 $b+q_0s(1+r)-s=b-(1-q_0)s+q_0sr$。如果他实施监督，他的预期收益是 $s(1+r)-s=sr$。因此，存在监督的纳什均衡，要求 $sr > b-(1-q_0)s+q_0sr$ 或者 $b < (1-q_0)s(1+r)$。所以，每个有能力监督的人认为不能监督的人很多时，或者监督的成本相对于监督成功后得到的收益很小时，在纳什均衡中总会存在进行监督的存款人。

应地，银行从 M/s 个存款人手中汇集了总量为 M 美元的存款，我们将会得到一个不同的结果。此时，银行的监督成本将为 b 美元。如果银行向商人收取的监控费用恰好等于其监控成本，那么对于商人而言，这时他的预期净收益为

$$K-M(1+r)-b \tag{3-4}$$

将式（3-3）和式（3-4）做一个比较，我们可以看出对于商人而言，向银行借贷的结果很明显要更好一些。

由于商人仅在 $t=2$ 时才会向银行偿付贷款，所以银行要确保在 $t=1$ 时有足够的资金来偿付在那时有提取需求的存款人。设想有 m 个商人（借款人）和 n 个存款人。这时，银行贷出总额为 mM 美元的贷款，吸收了 ns 美元的存款。令 $ns > mM$（稍后将表明这是一个必要条件）。由于 mM 美元的资金被贷了出去，那么银行就可以不用担心这笔资金会被盗（银行只需要监控作为借款人的商人的行动就可以了）。这样，只有（$ns-mM$）美元的资金需要保管。由于 1 美元的存款保管费是 ϕ/s，那么此时的保管费是 $(ns-mM)\phi/s$。

因此，如果银行无须把贷款给商人产生的任何投资收益转付给存款人的话，那么银行可以承诺向存款人支付的总金额为

$$ns-(ns-mM)\phi/s \tag{3-5}$$

由于在 $t=1$ 时有 α 比例的存款会被提取，这些存款人可得到 $\alpha[ns-(ns-mM)\phi/s]$，你可能注意到了，这个数值要比存款人在之前讨论的情形中所能收到的多一些（多了 $mM\phi/s$）。换句话说，当部分资金被贷出去而不是保存在银行的金库里的时候，这会使得保管成本在经济上更加合理。虽然贷出去的资金需要监控，但这种监控成本是由借款人来支付的，进而存款人可以实现保管成本的节约。

为了确保银行有足够的资金来满足 $t=1$ 时的存款提取需求，这里需要选择一个 m 以满足

$$\alpha[ns-(ns-mM)\phi/s]=ns-mM-(ns-mM)-\phi/s-mb \tag{3-6}$$

为了理解式（3-6），注意等式左边是 $t=1$ 时银行必须向那些有提取存款意愿的存款人支付的金额。对于等式的右边，$ns-mM$ 是银行向 m 个商人贷款后的剩余资金，保管这部分储备资金产生的成本为 $(ns-mM)\phi/s$，mb 是银行监控 m 个商人的成本。⊖求解式（3-6），我们可以得到

$$m=(1-\alpha)ns(s-\phi)/\{M[s-(1-\alpha)]+bs\} \tag{3-7}$$

这样，只要银行提供贷款的商人数恰好等于式（3-7）所确定的数值，那么在 $t=1$ 时就不存在想要提取的存款超过银行现金储备的风险。

注意，现在银行通过发放贷款可以获得总额为 mMr 的净利润。之所以可以实现这些净利润，是因为银行不仅可以获得与借款人承担的监控成本恰好相等的贷款收入，而且还获得了以负存款利率形式表示的保管成本——虽然这个利率较最初的 $-\phi/s$（之前例子中当存款保持不动时的利率）要高一些，但仍是负值。正利润将会吸引更多的竞争性银行进入，由此导致针对存款人的竞争将使存款利率不断上升。在一个完全竞争性均衡中，每一家银行可以

⊖ 这里假设在 $t=0$ 后保管费用已经支付，而监控费用的支付则发生在 $t=1$ 之前。注意，因为商人仅在 $t=2$ 时才向银行清偿款项，且监控活动必须在 $t=1$ 进行，所以银行必须支付必要的监控成本，然后再从借款人在 $t=2$ 偿付的利息中弥补这部分成本，这时借款人的偿付利率中已反映了监控成本。

赚取的利润为零。此时，原来由银行获得的 mMr 利润将平均分配在 n 个存款人之间，进而每一个存款人每一美元的存款可以得到

$$\frac{ns-[(ns-mM)\phi/s]+mMr}{ns}$$

这样，现在存款利率为

$$\begin{aligned}&\frac{ns-[(ns-mM)\phi/s]+mMr}{ns}-1\\&=\frac{mMr-[(ns-mM)\phi/s]}{ns}\end{aligned} \tag{3-8}$$

如果我们假定 r 足够高，以至于使式（3-8）中得到的数值为正，那么存款人就可以获得正的存款利率。

我们已经通过一系列步骤向你展示了一家银行，就像之前章节提及的金匠一样，是如何从一个简单的他人财富的保管人发展成为一个从事资金借贷的金融机构的。你必须意识到，信息（不对称）问题在银行的产生过程中扮演着重要的角色。在我们设想的简单世界中，银行的出现解决了两种类型的道德风险问题：首先，它有助于更有效地处理偷盗这个社会性的道德风险问题；其次，它有助于更有效地处理借贷活动中的道德风险问题（如第 1 章所说的那样，这是一种代理问题）。

我们需要去监管这样的银行吗？ 然而，到目前为止并不需要监管者的介入。之所以会这样，是因为我们在模型中做了许多极强的假定。其中一个假定就是针对商人的监控非常有效，进而只要存在这种监控，商人就总是全额清偿贷款。这样，我们知道银行可以清偿存款人。如果银行不这么做，那么我们可以确定银行会违约。如果一个国家存在严厉惩罚违约银行的法律体系，那么法院的存在就足以改进这种状况。在现实中，商人即便尽了全力去经营，也有可能出现面临糟糕的现金流的状况。这可以设想为这样一个假设，就是从 $t=0$ 时刻来看，商店产生的现金流 K 是一个随机变量，这个变量为 0 的概率是 u，有 $(1-u)$ 的概率是 K^*。我们假定对于商人而言，运营商店可以产生正的净现值（NPV），这样有

$$(1-u)K^* > M(1+r) \tag{3-9}$$

设想商店的现金流变化这个假设本身并不会对存款人提取存款的行为产生影响。但在 $t=1$ 时，存款人有可能会更多地了解到一些关于商人可能会破产的概率的信息。为了简化起见，现在假定商人具有完全相关的前景，这样他们要么失败（$K=0$），要么成功（$K=K^*$）。我们这里把存款人在 $t=1$ 时更新的商人破产的概率界定为 u_1。如果出现了好消息，那么 $u_1 < u$（存款人在 $t=0$ 时估计的商人破产的概率），如果出现了坏消息，那么 $u_1 > u$。我们可以把 u 设想为在 $t=0$ 时存款人估计的 u_1 的期望值。假设 u_1 可以取两个值：有坏消息时，$u_1=u_h$，有好消息时，$u_1=u_l$，而且 $u_h > u_l$。设想那些打算在 $t=2$ 时提取存款的存款人在 $t=1$ 时听到坏消息时（即 $u_1=u_h$）会改变决策，转而在 $t=1$ 时提取。⊖ 如果有好消息，他们将在 $t=2$ 时提取存款。

银行现在面临一个问题。如果存款人收到坏消息，那么所有的人都会在 $t=1$ 时提款。这

⊖ 先不用担心为什么他们会这么做。我们这里是为了让你在不是非常严格的条件下对这些活动背后的一些概念有所了解。使这些观点变得严谨也是可以实现的。

时银行就没有足够的资金来满足存款提取需求（除非它保留 100% 的准备金，不向任何商人提供贷款）。设想在这种情形中银行被赋予了提前收回未清偿贷款的权力，这迫使商人提前清算他的企业。令 L 表示在 $t=1$ 时商人拥有的商店的清算价值（为了简化起见，这个清算价值独立于存款人在 $t=1$ 时收到的信息）。假定 L 是一个非常小的数值（远远小于 K^*）。因此，如果所有存款人都想在 $t=1$ 时提款，而且如果银行在 $t=0$ 时把和之前例子一样的金额贷给了商人，那么在 $t=1$ 时银行只有 $\alpha[ns-(ns-mM)\phi/s]+mL$ 可以支付给存款人。此外，如果 L 很小，以至于 $L<(1-u_h)K^*$，那么提前清算商店从社会的角度看是无效的。这种状况与金匠面临的流动性问题极为类似。

除非把吸收的所有存款资金闲置（此时，无论出现什么情形，存款人取款都不会有影响），否则银行没有什么其他方法可以避免这种状况的出现。然而，这就不是部分准备金银行业了，进而也不再是我们所熟悉的银行了。这时就需要政府监管来发挥作用。设想政府同意提供存款保险，以确保每家银行存款的全额偿付。这时我们可以看到，原本打算在 $t=2$ 时取款的存款人就没有理由改变主意了，因为此时 u_1 数值的大小与他们无关；存款保险人的存在使得他们的存款索取权变成了无风险资产。换句话说，这种监管形式使银行业在其他方式无法解决的时候变得可行。

这看起来是一个绝妙的解决方式，无疑有很多好处。但当我们得意于其优点时，也要停下来进一步讨论其缺点。因为银行充分竞争且获得零利润，它们希望减少保管以及监控借款人的成本。一旦它们贷款和存款合约的条款定下来，它们就可以从减少保管和监控的开支中获利。这就是引进存款保险导致的道德风险问题，我们将在第 15、16 章讨论该问题。如果存款保险不存在，存款人就不愿意把钱存到银行（他们自己持有），除非他们找到监控银行的方法。设想每个存款人可以花费他们资金的很小的一部分（f）美元用于确保银行会保管以及监控贷款，我们可以证明，在给定适当的假定条件下（f 很小），存款人会发现这样做符合他们自身的最大利益。

总结：这样，防止银行挤兑和不稳定性的一种方式就是由政府来提供存款保险，这就好比在之前金匠的例子中监管者（中央银行）提供的最后贷款人（贴现窗口）机制的一种替代方案。但美中不足的是，当存款保险存在时，为什么每个存款人还要关心银行是否可以保持足够的警觉来实施保管和监控活动呢？每个存款人的收益偿付得到了保证，而且与银行的行动无关。这样，就没有人会出于自利的考虑愿意耗费成本去关注银行是否会良好地保管其财产以及监控获得银行贷款的商人。换句话说，存款保险弱化甚至可以说摧毁了施加于银行身上的私人市场纪律约束。监督银行良好运作的重担现在从市场转向了监管者。为了实现这一目标，监管者需要想方设法来劝阻银行滥用存款保险这个保护伞。也就是说，像存款保险这种形式的监管所导致的道德风险创造了对类似资本充足率要求、投资组合限制等其他形式的监管的需求。

我们现在已经在本节中讲述完了我们想要探讨的问题。监管不完全是一些政治事件的结果，它自然地内生于银行逐渐发展壮大的过程之中。一旦监管出现，再向银行业注入公众信心并使银行成为一类可行机构的同时，它自身也会创造新的道德风险，进而需要进一步的监管。

3.5 部分准备金银行制度的宏观经济影响：固定系数模型

在这一部分，我们将考察部分准备金银行业对于货币政策的影响。我们在这里展开的讨论会将之前提到的金匠逸事的宏观影响规范化。

3.5.1 固定系数模型

固定系数模型（FCM）是一个关于银行和银行业的标准教科书式的描述。它强调了金融中介的资产转换功能。银行最大化自身利润的努力只是隐含地被考虑在内。考虑一家银行的资产负债表

银行资产负债表

R	D
M	E

其中，R 表示以存放在中央银行的存款形式构成的银行准备金，M 是银行的盈利性资产（向商人的贷款），D 是银行的存款负债（在之前章节的模型背景下，可以把它设想为 $n \times s$），E 是银行的权益。我们现在可以把银行资产负债等式写为

$$R + M = D + E \tag{3-10}$$

此外

$$R = rD, \quad 0 < r \leqslant 1 \tag{3-11}$$

式（3-11）代表银行为了预防存款人提取存款或满足法定必要准备金的要求，将吸收的一部分存款以现金或流动性资产准备金的形式保留在资产负债表内。固定系数 r 可以被解释为要么是法定必要准备金比率，要么是自愿行为参数（如银行选择自愿持有的准备金比例）。实际上，它应该被解释为这两个数值中较大的那个。在任何一种情形中，这个系数都与流动性风险或存款提取风险相关。换句话说，这类准备资产是银行用来应对可能出现在意料之外的部分（在之前模型的背景下就是 α）存款提取需求的一种预防性措施。接下来，我们有

$$E = eL, \quad 0 < e \leqslant 1 \tag{3-12}$$

式（3-12）代表了这样一个事实，银行为了预防破产或违约风险，会针对它的贷款以一个固定比例 e 来计提资本储备。这里的系数 e 可以理解为监管法定资本要求系数或自愿行为系数，或者更准确地说，是两者之中数值较大的那个。

3.5.2 FCM 的一个示例

现在我们考虑在权益为零（$e=0$）的竞争性银行业中 FCM 的运用，此时，银行只拥有两种资产（以存放在美国联邦储备体系的同业存款这种形式存在的储备资产和向公众发放的贷款）和一种负债（消费者存款）。我们进一步假定实际的法定准备金率为 20%（$r=0.2$）。$e=0$ 这一假定是银行不受资本充足监管要求约束的一个极端情形。

现在设想银行 A 吸收了一笔 1 000 美元的存款。

银行 A	（单位：美元）	
法定准备金 200	存款 1 000	
超额准备金 800		
总准备金 1 000		

由于此时银行有 800 美元的超额准备金，且银行的法定储备或超额准备不能产生任何收益，所以银行打算通过发放 800 美元的贷款来消除其超额准备.

银行 A	（单位：美元）
总准备金 1 000	存款 1 000
贷款 800	存款 800

银行 A 发放贷款所形成的资金最初可能以存款的形式存放在银行 A，但不久之后就被提取并存放到其他银行（例如银行 B）。银行 A 在提取资金后的资产负债变为：

银行 A	（单位：美元）
法定准备金 = 总准备金 200	存款 1 000
贷款 800	

但银行 B 则变为：

银行 B	（单位：美元）
法定准备金 160	存款 800
超额准备金 640	

然后银行 B 将它持有的超额准备金以贷款的形式发放，进而有：

银行 C	（单位：美元）
法定准备金 128	存款 640
超额准备金 512	

这时，银行 B 发放的 640 美元的贷款资金现在被存放在银行 C。这个过程可以无限地进行下去。对于联邦储备体系而言，其最初的存款是对银行 A 提供的信用贷款所产生的：

美联储	（单位：美元）
	存款 1 000

什么是对冲性的资产（负债）科目？

当 800 美元从银行 A 取出并存入银行 B 时，美联储的报表将是：

美联储	（单位：美元）
	200A
	800B

注意，最初的准备金创造（银行 A 收到的 1 000 美元存款）推动了存款的扩张过程，且存款的扩张在整个银行体系中重新配置了这笔准备金。但是，存款扩张本身并不影响银行体系持有的准备金水平。实际上，存款扩张吸收了准备金。借助这个简单的 FCM 模型示例，我们可以看出银行持有准备金的动机——要么是自发地持有准备金，以防难以预期到的存款提取需求的出现，要么是为了满足监管的准备金要求，以便防范由于存在中央银行最后贷款人便利所引致的道德风险，这会导致银行（相对其无须缴纳准备金的情形）发放更少的贷款。此外，这也会影响整个银行系统内的流动性重新分配，还会产生一定的宏观经济影响，接下来我们讨论这个问题。

3.5.3 FCM 模型与货币政策

FCM 有助于我们理解货币政策如何发挥作用的基本要素。货币政策有三个主要的工具：①公开市场操作；②法定准备金比率变动；③贴现率的调整。为了影响货币供给量和利率，这三个工具会以不同组合的方式被使用。

公开市场操作主要由美联储的一个特别委员会通过买进和卖出政府债券（国债）的方式实施。这些证券买卖活动将会影响银行可以获得的准备金数量，进而，如前面介绍的一样，影响信贷规模。为了了解这一点，设想美联储从非银行公众部门那里购买了 1 000 美元的国债，那么非银行公众部门的资产负债表将为：

公众机构	
债券 −1 000 美元	负债不变
在 A 银行的存款 +1 000 美元	

银行 A 的资产负债表将是：

银行 A	（单位：美元）
法定准备金 200	存款 1 000
超额准备金 800	

现在 800 美元的超额准备金可供银行 A 发放贷款。这意味着购买国债这一初始公开市场操作导致了银行 A 贷款的上升。从另一个角度来理解这个问题就是，政府减少了对公众的债务（向公众赎回了政府债券），并以此促进私人信贷的上升。出售国债的公开市场操作将会造成相反的影响。

很明显，准备金要求的变动也会影响银行的信贷。准备金要求增多会减少可用于发放贷款的资金量，而准备金要求的下降又导致可用于发放贷款的资金量上升。因此，当美联储实行紧缩的货币政策时（例如为了降低通货膨胀），它会提高准备金率。同样，当它想刺激经济时会降低准备金率。

最后，贴现率，即美联储向会员银行收取的来自美联储的短期资金借贷利率，也会影响货币的紧缩或扩张。通过提高贴现率，美联储提高了银行借贷和增加准备金的成本，进而有效地减少了银行可用的资金，造成了信贷的减少。类似地，贴现率的降低会有利于信贷的增加。

这里的分析是基于"古典"假设，也就是存款准备金要求是银行信贷的约束因素这个假设展开的。如果资本充足率 e（回忆式（3-12））是一个替代约束因素的话，那么货币政策效应会有很大的变化。我们将在第 10 章讨论这一点。

3.6 大型金融中介

我们借助之前章节中的一些概念所发展出的理论表明金融中介应该具有足够大的规模。这些论证是建立在分散化基础之上的。同样，相同的直觉适用于非储蓄性金融机构。在本节中，我们会发展这一观点。我们关注一个基本的直觉，其数学化的证明参见附录 3A。这个模型为投资银行、标准普尔的价值线、评级机构、财经报刊、穆迪的核实担保业务、投资组合管理人、经济计量模型分析师、咨询师以及会计师事务所等非储蓄性金融机构的经济合理性提供了理论基础。

理论研究表明，金融中介无论是经纪商还是资产转换机构，其最优规模都应该无限大，也就是说金融中介是一个"自然垄断"的行业。我们接下来讨论的论证是建立在金融中介内部不存在激励或协调问题这样一个假设基础之上的。因此，对于这个论证要小心翼翼地解读。在现实的金融中介中，存在公司间的激励问题，且这个问题会随着中介规模的增长而增加。当超过某个特定的规模之后，规模不经济就会抵消掉分散化所带来的好处。⊖

作为自然垄断者的经纪商：考虑有一个经纪人，他在信息的生产方面具有较强的专长。经纪人的客户会关注的一个问题是信息可靠性。这是信息生产中的关键所在。这些客户是如何知道经纪人提供的信息是准确和可靠的呢？对于客户而言，判断这一点的一种可能的方法就是大致评估经纪人所提供的消息的可靠性，且当信息被判定为具有更高的可靠性时，会给予经纪人更高的补偿。这个方式要么可以通过声誉机制来实现——如果经纪人过去提供的信息被证明具有更高的质量，那么他就被赋予更高的可靠性声誉，要么通过与来自其他渠道的可得信息的比较来实现。

现在，如果我们只和单个信息生产者打交道，那么确保他使用可靠的信息这一点要耗费较高的成本，即便我们有能力来大致评价其可靠性。如果我们和一个具有某个信息生产者联盟会员身份的信息生产者打交道时，确保信息可靠的成本会相对降低一些，因为这个时候，每个信息生产者通过提供可靠的信息不仅会使自己受益（通过提供可靠信息获得更高的报酬），而且对联盟而言也是如此——联盟收益的一部分是归属于单个信息生产者的。只要会员之间可以相互监督以防止出现"搭便车"现象，联盟就是一个有效的机制。随着信息生产者联盟规模的不断扩大，在会员平分收益之前，越来越多来自单个信息生产者的独立收益被汇集在一起，由此导致的分散化会降低每个会员所获报酬的风险。这样，风险厌恶的信息生产者的处境会变得更好，进而他们在生产信息时就会要求更少的单位期望补偿，而这会改善信息购买者的福利。随着经纪人数量的日益增多，这种收益也相应地增长。这就意味着经纪业是一个自然垄断的行业。

规模扩大带来的另一个经济收益来自信息的重复利用，我们在第2章讨论过这一点。当信息可以跨部门重复利用时，金融中介中信息生产者的数量越多，信息重复利用的收益也就越大。之所以会这样，是因为信息可以被中介中更多数量的信息生产者重复使用，而获取信息所需要支付的成本却只需承担一次。

这个分析的强大含义在于投资银行、金融报刊、评级机构以及其他的信息生产中介可以从规模扩张中获取收益。这里有一个附加说明，就是随着组织规模的扩张，单个会员可以持续监督（或者信任）其他会员。如果这一点不成立的话，那么"搭便车"问题就会大量出现，进而当组织超过一定的规模时，效益就不会再增长，因为此时实施有效的内部控制将变得极为困难。

作为一个自然垄断者的资产转换机构：现在来考虑一个像银行这样的资产转换机构。它从储户那里获得存款，然后发放贷款。银行规模变得更大的优势主要来自两个方面。⊜首先，

⊖ Millon 和 Thakor（1985）基于这种权衡关系发展了金融中介理论。
⊜ 这里的讨论基于 Diamond（1984）构建的模型。

设想需要多个存款人来为单个银行借款人提供融资,且该借款人的资信状况需要通过成本高昂的信用分析来实现。这时,相比所有存款人均对借款人实施成本高昂的核实行为这样的状况而言,由银行来一次性地实施这种信用分析就可以节约核实资源。也就是说,银行消除了重复核实。其次,存款人的收益是一个债务契约,它是关于银行收益的凹函数,如图3-7所示。

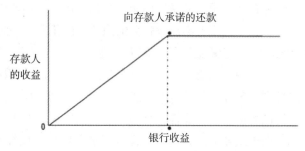

图 3-7　存款人的收益与银行收益的关系

由于存款人收益是凹的,他们的行为就如同风险厌恶者。因此,通过降低他们所面临的风险就可以使他们的效用得到改进,而与其效用改进相关的好处是对应一个更低的存款利率水平。银行可以通过把多个不同借款人之间的风险分散化来实现这一点。同时,因为分散化的好处会随规模扩张而增加,所以银行也就成为一个自然垄断者。

3.7　银行如何使非银行金融契约变得更有效率

我们已经花了相当多的时间来探讨银行和其他金融机构提供的一系列业务。这些业务从本质上看就是以不同的形式来充当资金使用方和提供方之间的中介,进而降低资本交换的成本。从理论上说,银行不仅使通过它本身的资金流动成本下降,而且也降低了其他主体之间的资金流动成本。⊖

为了理解这个论断,让我们考察在一个借款组织的信息处理过程中银行贷款所扮演的角色。我们有必要先描述一下内部债务和外部债务间的差异。内部债务指的是一种债务合同,这个合同中的贷款人可以接触到那些无法通过公开渠道获得的借款人的信息。内部债务中的贷款人甚至可以直接参与借款人的决策过程。例如,当贷款人在借款人的董事会拥有代表席位时,它就可以做到这一点。银行贷款就是一种内部债务。相对而言,外部债务指的是那些可公开交易的债务,这些债务中的贷款人主要依靠借款人公开可得的信息来做出决策。商业票据和公开交易的公司债券均是外部债务的典型形式。

从这个角度看,银行贷款提供了一种特殊的优势。银行贷款通常具有较短的存续期限。这意味着它们必须被周期性地更新。与这些贷款更新相伴随的是银行对借款人履行确定性偿付义务的能力评估。这样,如果银行更新了借款人的一笔贷款,那么它就向借款人的其他贷款人发出了一个与公司偿付能力相关的积极信号。注意,这种信号的可靠性来自更新贷款时银行说话算数(也就是将钱真实地借给借款人)这一事实。鉴于这个信号的可靠性和正面性,

---

⊖　见 Fama（1980）。

其他具有较高优先权的贷款人会发现没有必要再花费成本去重复银行所做的评估。这样，银行贷款的发放就有助于减少多个贷款人针对借款人的重复评估。⊖

银行在向存款人提供贷款时也具有一定的成本优势。对于银行来说，如果借款人又是它的存款人，那么既有的长期存款记录就可以提供与借款人资金管理活动有关的很多有价值的信息。这些信息不仅允许银行可以对对存款人发放贷款的风险进行评估，而且可以以比其他（竞争性）贷款人更低的成本来监控贷款。对于短期贷款来说，这层考虑显得非常重要，因为短期贷款需要滚动续借，进而存在相对更为频繁的借款人评估。这个假设得到了很多实证证据的支持，我们可以观察到的绝大多数短期贷款都采取了银行贷款的形式。

3.8 实证证据：银行是特殊的

存在一些非常有趣的实证证据来支持我们到目前为止所提出的理论。对于我们而言，实证研究的核心问题是银行贷款究竟是不是独一无二的，换句话说，银行是否在借贷活动中提供了其他机构所不能提供的特殊服务？为了回答这个问题，我们考察了股票价格对于银行贷款发放公告以及私募债务发行与公募债发行等其他类型的债务发放公告的反应。实证证据显示，当借款人获得银行信贷后，其股价出现了具有统计显著性的正面积极的反应。更进一步说，这种正面的市场反应并没有在所有的私募债券发行中发现，甚至在保险公司的私募债券发行中还观察到了股票价格的负面反应。这些发现似乎意味着银行贷款是独一无二的。⊖

为了检验这些结果，让我们先看一下表 3-3。表 3-3 显示了在纽约证券交易所（NYSE）和美国证券交易所（AMEX）上市的公司不同类型的债务发行公告的分布状况。

表 3-3　300 个在 NYSE 和 AMEX 上市的非金融类公司的随机样本中关于银行信贷公告、私募债公告和公募债公告的分布（1974 ～ 1983 年）

年	银行信贷	私募债	公募债
1974	9	4	5
1975	11	7	13
1976	7	7	8
1977	8	7	4
1978	1	8	6
1979	8	1	9
1980	11	1	10
1981	9	1	9
1982	10	1	16
1983	6	0	10
合计	80	37	90

资料来源：James, C., 关于银行信贷独特性的一些证据, *Journal of Financial Economics* 19, 1987, 217-235。

⊖ 银行可以降低契约成本的论证也可以参考 Fama（1980）的论文。基于上文讨论的这类研究的实证工作可以参考 Lummer 和 McConnell（1989）的论文。

⊖ 见 James（1987）。

虽然没有发现银行贷款随着时间的推移呈现出的值得关注的变动形态,但有两个很有意思的发现。首先,私募债券的重要性随着时间的推移不断下降。其次,在所有的私募发行的债务(银行贷款加上其他私募发行的债券)中,银行贷款占据主导地位,达到了68.38%。

在表3-4中,我们提供了不同类型的债务的统计性描述。

正如表3-4所展示的那样,相比使用公募债的公司,使用私募债和银行贷款的公司其规模平均来看要更小一些。使用私募债和银行贷款的样本公司的平均规模大约是使用公募债的样本公司平均规模的25%。这个证据与我们之前讨论过的理论相一致。对于规模更小、知名度较低的公司而言,道德风险尤其是信息不对称问题预计更为严重。因此,银行在解决这类企业的这些问题方面可以发挥相对更大的作用。这样我们发现对于小公司而言银行贷款是其最主要的债务融资来源这一点也就丝毫不令人感到意外了。

表3-4　300个在NYSE和AMEX上市的非金融类公司的随机样本中关于银行信贷公告、私募债公告和公募债公告的描述性统计(1974~1983年)

描述指标	借款形式					
	商业银行信贷		私募债		公募债	
	平均值	中位数	平均值	中位数	平均值	中位数
债务量(百万美元)	72.0	35.0	32.3	25.0	106.2	75.0
公司规模(百万美元)	675	212	630	147	2 506	1 310
债务量/普通股市值	0.72	0.46	0.52	0.25	0.26	0.15
债务期限	5.6	6.0	15.34	15.0	17.96	20.0

资料来源:James, C., 关于银行信贷独特性的一些证据, *Journal of Financial Economics* 19, 1987, 217-235。

现在让我们看一下借款人公司的股票价格是如何对不同类型的债务发行公告做出反应的。表3-5呈现了相关结果。

表3-5　300个在NYSE和AMEX上市的非金融类公司的随机样本中关于银行信贷、私募债公告和公募债公告的平均2天的异常回报率(1974~1983年)

事件形式	异常回报率	负值比例(样本规模)
银行信贷	1.93%	0.34(80)
私募债	−0.91%	0.56(37)
公募债	−0.11%	0.56(90)

资料来源:James, C., 关于银行信贷独特性的一些证据, *Journal of Financial Economics* 19, 1987, 217-235。

这里的异常股票收益率通常被界定为已实现的收益率偏离市场模型估计的预期收益率的幅度。也就是说,公司 j 在时期 t 内的异常收益率是

$$R_{jt} - (\hat{\alpha}_j + \hat{\beta}_j R_{mt})$$

式中,R_{jt} 是证券 j 在时间 t 内的收益率;R_{mt} 是在同一时期市场组合的收益率;$\hat{\alpha}_j$ 和 $\hat{\beta}_j$ 是对于公司 j 而言通过普通最小二乘法得到的市场模型参数的估计值。

表3-5中银行贷款协议的平均异常股票收益率是正的,并且在0.01的水平上统计显著。此外,有2/3的异常收益率均为正值。与公募债发行公告相关的异常股票收益率为负,且在

统计上并不显著。

如果对于银行贷款协议的正向股价反应是由内部债务的某种优势所致，且这种优势并非银行所独有，那么我们应该在保险公司私募债发行中发现类似的正向反应。然而，在表 3-5 中，对于私募债发行公告的股价反应是 -0.91%，且在 0.10 的水平上统计显著。此外，银行贷款与私募债平均异常收益率之间的差异在 0.01 的水平上显著。

不同债务契约的异常收益率之间的差异可能是由于债务期限以及借款使用目的不同等系统性因素所引起的。也就是说，这些数据可能并不意味着银行贷款本身具有什么特殊性。为了检验这种可能性，我们需考察针对具有相同特征的银行信贷、公募债、私募债发行公告的股价反应。这一方面的实证证据意味着不同借款来源之间异常收益率的差异不是单纯地由于贷款特征的差异或者借款方的特征差异（如规模）。换句话说，实证结果具有稳健性。借助实证证据，我们最终得到的结论是银行具有特殊性。

3.9 存款性金融机构的所有权结构

存款性机构的所有权结构有两种组织形式：互助式和股份制。代理理论认为，所有权组织形式对公司的激励与运行效率有显著的影响。在本节中我们将回顾这一观点的理论基础并提供一些实证证据。

商业银行完全采取股份制这一组织形式。互助式组织通常可以在保险公司、互助储蓄银行和储蓄贷款协会这些机构中发现，尽管最近几年有许多互助式储蓄贷款协会的组织形式转变成了股份制。我们接下来的安排是：首先，考察互助式组织如何解决代理问题和其他问题。其次，我们尝试解释什么储蓄贷款协会的主导性组织模式是互助式的，以及是什么原因导致它们近期转变为了股份制。最后，我们将回顾一些相关的实证结果。我们这里的绝大多数评论仅针对美国，但考虑到互助式机构（实际上是合作性银行）在欧洲也扮演着重要角色，并在金融中介部门占据非常大的一个比例，因此在本章的最后我们也关注了欧洲的情况。

3.9.1 互助式与股份制的对比

在互助式组织中客户拥有剩余索取权。互助式人寿保险公司的保单持有人、互助储蓄银行的存款人以及储蓄贷款协会的存款人都是拥有剩余索取权的主体。出于方便讨论的目的，我们这里将关注点仅限于互助式储蓄贷款协会。

股份制和互助式这两种组织形式的储蓄贷款协会间存在两个重要的差异。首先，股份制储蓄贷款协会的所有者是它的股东，而互助式储蓄贷款协会的所有者则是它的存款人（也有可能是它的借款人）。其次，股份制储蓄贷款协会可通过发行普通股来扩充资本，而互助式则不行。

考虑第一个差异。在一家股份制储蓄贷款协会中，股东拥着界定清晰的所有者权益，包括：①对剩余利润的请求权；②对董事会和组织控制权变更的投票权；③解散组织的权力。另一方面，在互助式储蓄贷款协会中，存款人作为所有者，其拥有的权力则相对较弱。对于权益①，考虑到互助式机构中的存款人无法迫使公司给予他们超过债权约定的本息和的收益，因此他们更像是公司的债权人而不是股东。虽然原则上存款人拥有针对互助式公司净收益的索取权，但这种权力不能转让，进而这些收益会被机构以净值的形式无限期地留存下来。对于权益②，尽管互助式机构的存款人拥有投票权，但这种权力极为有限，且通常在账户开通时就签字转让给了管理层。㊀最后，对于权益③，即使存款人可以提取存款，从而部分清算互助基金，但由于存在存款保险制度（尤其是当存款利率限制了存款人的回报时），存款人也几乎不存在这么做的动机。

这样，对于互助式机构而言，了解其法理上的所有权和实际的所有权之间的差异非常有必要。互助式机构法理上的所有权（法律所有权）在消费者手中，但这一点在很大程度上毫无现实意义。机构实际的所有权（与①②③相关的控制权）掌握在管理层和政府（它提供了存款保险）手中。

当然，所有者无法完全控制机构（以及相应的代理问题）通常也会出现在股份制金融机构之中。这两种组织形式的机构都是由管理层来管理的，而管理层的目标会和所有者的目标不一致。然而，就所有者对管理层的监督能力来看，这两种组织形式的储蓄贷款协会之间存在差异。股东对管理层的活动具有更高的控制力，因为控制权可通过股票的收购集中起来。㊁

3.9.2 储蓄贷款协会所有权结构的选择

早期的研究将互助式储蓄贷款协会要么视为合作社——存款人和借款人为了共同的目标而努力，要么视为慈善组织，为了鼓励储蓄以及家庭购置住房。㊂这种观点是基于早期的储蓄贷款协会是互助式的，而且通常服务于小型的存款人，而大型的存款人通常由商业银行或其他机构来提供服务。㊃这种早期的社区型合作社，将社区存款人的存款集中到一起，并为社区成员提供住房抵押贷款，它们的运作很单一。住房抵押贷款的同质性使得基于历史数据来评估储蓄贷款协会的资产价值变得更加容易，这也是因为剩余索取权的二级市场缺失，说明当前及潜在的所有者不能基于资本市场交易（及定价）的信息对互助式机构的资产做出评估。所以储蓄贷款协会的单一运作使得互助式成为可被接受的所有权结构，债权人（不喜欢风险）与股东（偏好风险）的经典冲突就消除了，因此对于储蓄贷款协会来说互助式结构是更加有利的。㊄而且，储蓄贷款协会的单一运作表示管理层的专业技能不是其成功的重要因素。因此在早期，储蓄贷款协会主要是互助式的，由那些不是最有能力或者效率的管理者来运营。

然而，随着时间的推移，运营变得越来越复杂，互助式机构开始选择有专业技能的管理者来管理。而且，相对于股份制形式，存款保险的出现消除了互助式的债务代理成本。因为

㊀ 这是通过签订永久代理的形式实现的，这些代理是可以撤销的。然而，对于储蓄贷款协会的管理层而言，其信息披露是受到限制的，一个存款人可以控制的最大投票数是有限的，董事会的外部提名是有约束的，而且董事会可以通过简单地赎回存款人的储蓄账户从而消除他的代理投票权。见 Masulis（1987）。

㊁ 见 Mester（1991）提供的实证证据，证据表明股份制的储蓄贷款协会经营效率高，而互助式储蓄贷款协会的运营存在显著的规模不经济现象。

㊂ 见 Hester（1968）以及 Brigham 和 Pettit（1969）。

㊃ 存在支持互助式机构也有类似的作用的理论模型，见 Rasmusen（1988）。

㊄ 见 Mayers 和 Smith（1986）。

存款被保险，所以存款人对于储蓄贷款协会的风险行为变得无所谓。债务的代理成本被联邦储蓄贷款保险公司（FSLIC）承担了。

伴随这些发展而来的是监管的放松以及竞争的加剧。互助式储蓄贷款协会的管理者发现很难与更有效率的股份制储蓄贷款协会竞争。它们不能够通过发行股票来增加净资产，这使得它们的竞争劣势更加明显。因此，互助式的所有者得到的好处明显消失。更进一步说，这些增加的竞争压力意味着破产的概率上升，所以管理层的失业概率也会上升，原因是他们无效率的行为导致了破产。这就说明互助式机构的管理层在任何水平上的特权消费代价都更高了。给定管理层在放松监管背景下选择特权消费的条件，发现在监管放松后管理层的特权消费程度降低了，因为管理人员权衡了特权消费的好处以及失业的可能。因此，互助式机构的管理层可获得的好处逐渐减少。这就是一个积极的激励措施，促使互助式转变为股份制，因为他们可以从股票资本利得中获益。原因是管理层通常有权购买新股，而新股的价格通常是偏低的（在其他IPO中也是如此）。当转变组织形式的收益超过特权消费带来的好处时，人们通常会期望互助式转变为股份制。这也就可以解释为什么近几年来这种转变的数量在递增，⊖而且股份制这种所有权结构变得更受所有者和管理者的青睐。

3.9.3 对欧洲互助式银行（合作式银行）的考察

在几个欧洲国家（例如，法国、荷兰和德国），合作式银行扮演着重要的角色，并且是金融产业中最大的一部分。它们通常是"分级"合作，由多个当地（成员）合作社构成，而且"拥有"中心合作社（例如，荷兰的 RABO 银行、法国的农业信贷合作银行，后者有三级分层）。中心合作社有专业化服务、公开国债代理业务以及后台业务。这种模式在当地市场（通过当地合作社）提供了强大的根基，便利了关系型银行信贷，以及在合作社之间可以实现资金的规模和匹配效应。

这种合作社的效率取决于组织的专业文化。有的运作很成功，并且通过它们内部的标杆管理和共同实践，表现优于股份制银行。这是我们所期望的。最终，机构的业绩取决于很多因素，所有权结构是其中一个因素。正如之前所提到的一样，互助式银行存在管理上的真空问题，导致效率低下，但是一些机构可以找到方法来克服。最近的研究表明，欧洲的互助式银行比一般形式的银行更有弹性。⊖

3.10 借款人的融资来源选择

我们看到借款人有多种方式可以获得信贷融资。那么他打算使用哪一种融资方式？在图 3-8 中，我们概括了不同层级的融资方式，基于借款人的特征以及他所需要的金融中介服

⊖ 为了从互助式组织转变为股份制，储蓄贷款协会必须通过向存款人和管理层（他们是合格的认购方）备兑股权发行的方式公开出售股份。转变计划必须得到储蓄贷款协会 2/3 董事会成员的同意。如果同意的话，还必须得到 2/3 的存款人的认可。得到认可之后，这些股份可以向合格的认购方（存款人）发行，并且如果没有被足额认购，那么剩余未认购的股份可向公众出售。

⊖ 见 Ayadi 等（2010）。同时，关于金融稳定的研究表明，银行所有权结构类型的多样性是非常重要的，互助式组织形式的存在对于稳定是有益的，见 Michie（2010）。

务来说明其融资决策。①借款人的融资决策遵循典型的企业"生命周期"过程。

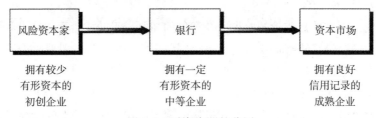

图 3-8 融资来源的分层

当企业处于成长期时，它有两个明显的特点。首先，企业家对于他的管理能力不确定，因此通过给予他专业技能支持的金融中介来实现融资是合适的。其次，借款人也没有有形资产作为抵押。我们将在第 7 章中看到，抵押品对于防范借款人因资产替代行为而导致的额外的道德风险是有控制作用的。因此，对于借款人来说，找到股权融资人并且能以合理的价格提供资本是符合他的利益的。这些因素说明这些公司应该寻找风险投资机构。

随着企业的成长并积累了有形资产，它就可以提供抵押品来获得资金，从而降低道德风险。银行（在美国禁止持有公司的股权）可以向这些企业提供信贷，因为企业可以提供抵押品，从而保证债务的安全。当然，抵押品并不会完全消除所有的道德风险，因此银行有着监督的职能。进一步看，银行贷款通常是短期的，因此可以通过再贷款过程产生阶段性的信息。这些信息反映在银行是否再贷款、提供新的贷款合约或者终止贷款以及评级机构产生的信息之中。这就减少了其他债权人信息生产的重复，因此总的来说减少了合约成本。企业更愿意向银行借贷而不是找风险投资机构，因为银行可以在存款保险下融到资金，而风险投资机构不能，因此借款人可以以更低的价格获得贷款。

最后，当企业处于成熟期时，它有良好的还款记录。这种声誉变得有价值，因为它可以使公司以合适的利率借到资金。如果有过度的资产风险，借款人就会失去声誉，从而对风险承担活动有着激励约束效应。结果导致银行监督对于道德风险的控制变得越来越不重要，这就使得借款人直接向资本市场融资，并且借贷成本更低；资本市场融资方式意味着借款人不必向银行支付中介租金。当然，这些企业也会遇到信息不对称的问题，②因此非储蓄金融中介，例如投资银行（或者评级机构），在将资本从投资者转移到公司的过程中起到了重要的作用。这是因为比起投资者它们能够以更低的成本搜集信息，以及向投资者提供可用的信息。在图 3-7 从左到右的顺序中要注意一个有趣的现象，中介提供的服务在下降，而且信贷的成本也在下降。风险投资家提供融资、监督和管理技能；银行提供融资与监督；而资本市场主要提供融资。当然，这部分讨论不是说这些融资是相互排斥的，比如，借款人可以通过商业票据融资，或使用这些票据抵押获得银行的长期贷款。

3.10.1 银行融资中资本的作用

尽管银行是监控借款人的专业人士，但我们需要意识到两个事实的存在。首先，监控是一种有成本的活动，因此银行必须被激励去进行监控。其次，银行监控的有效性是存在限制

---

① 关于这个讨论的拓展可以参考 Diamond（1989）以及 Chan 等（1990）。
② 见 Myers 和 Majluf（1984）。

的，因此对于借款人而言需要存在与生俱来的促使其做出审慎决策的激励。这样的话，就不是所有旨在确保这桩行为的责任完全落在银行监控下。

为了使银行具有足够强的激励去监控借款人，它必须要有充足的资本。[⊖] 这一点很容易理解。银行监控的好处是提高了借款人还款的可能，也就是说，减少了借款人违约的概率。由于监控有一定的成本，这种好处需要足够高以克服监控成本。因为借款人违约导致的贷款坏账损失可以被银行的股权资本所吸收，资本数额越高，股东的资本越能吸收更大的由贷款违约所造成的损失。这样，当银行拥有更多的资本时，避免贷款违约所得到的收益也就越高。换句话说，当银行拥有更多的资本时，贷款监控的收益就越高。我们将在第13章中进一步地讨论银行资本结构的选择。

同样地，当借款人有更多的资本时，它也有更强的动机来做出价值最大化的决策。为了理解这一点，设想借款人可以在三个互斥的项目中进行选择，其中，好项目（G）可以使公司价值最大化，而差项目（B_1）——未来现金流的现值小于其必需的投资额（也就是净现值为负值），但能给借款人带来 b 的私人收益，还存在另外一个项目（B_2）——也具有负的净现值，但能给借款人带来更大的私人收益 B，$B>b$。我们可以把这些私人收益看作要么是项目存在无法被观测到的资源偏离进而使借款人以银行承担损失为代价来获得私人收益，要么是项目管理过程中不努力（也就是懈怠）所带来的好处。

现在设想银行监控可以排除借款人选择 B_2 项目的机会，却无法阻止其选择 B_1，同时 $b(>0)$ 足够大进而使得当借款人完全以银行融资为主且没有任何自有资本时，比起 G 来说，他更加偏好于选择 B_1。那么，可以看到，如果借款人被要求在项目中投资足够数量的权益资本，相对于 B_1，他会更偏好于选择 G。预期到这种情况，银行将不会把钱贷给借款人，除非他提供足够的权益资本。

这个理论有很多重要的含义。第一，如果借款人没有足够的权益资本，他可能会遭受信贷配给。拥有足够的担保资产作为抵押将可以减轻这种问题，因此，我们可以把信贷配给想象为是由抵押品和资本的联合短缺所导致的一种后果。第二，当银行拥有的资本不够多时，它提供的借贷数量也就更少。这是因为资本不足的银行不愿意从事高成本的监控活动，因此对那些不需要监控的借款人而言其就能获得银行信贷。第三，银行拥有充足的资本可以提高借款人从其他来源获得融资的能力，因为其他融资方此时可以确信来自银行的监控可以让借款人做出正确的投资决策。第四，当借款人有足够多的资本时，即便不存在银行监控，他们也会偏好于选择 G，而不是 B_1 和 B_2，当然银行借贷的重要性会降低，因为这时借款人可以直接通过资本市场或其他无须监控的融资渠道来获得资金。也就是说，银行借贷规模的最大值出现在公司（借款人）资本处于中等水平的时候。

3.10.2 银行贷款和资本市场融资之间的差异日趋模糊：交易型和关系型贷款

虽然在之前的讨论中，我们已经把资本市场和银行融资刻画为两种不同但有时存在重叠的选择，但近年来，这两种融资来源之间的差异已变得越来越模糊。例如，银行可以发放由多家银行共同参与的银团贷款，而这些贷款通常可以像资本市场交易那样进行交易。银行在

⊖ 见 Holmstrom 和 Tirole（1997），他们提供了关于这种分析的一个理论，在这个理论中银行或者借款人的资本短缺导致了信贷崩溃。

发放住房抵押贷款以及信用卡贷款之后，可以把它们打包成一个组合，并以这个组合为依据发行证券，然后将这些可以交易的证券在资本市场中出售。这被称为"资产证券化"，我们将在第11章详细讨论这个概念。

当然，银行也会发放附加了独特价值的贷款，这些贷款一般不会被交易。小企业贷款就是这样的一个例子，其中的银行-借款人关系具有独特的价值。

银行贷款可以划分为交易型贷款和关系型贷款，而银行业的相关研究也核实了这两种贷款之间的差异的确存在。㊀交易型贷款包括住房抵押贷款和信用卡贷款。这些贷款很少需要来自银行的监控，相应地，这些贷款也可以被打包并交易。在很多时候，银行的附加价值仅限于它的信用分析和贷款发放之前的标准化信贷分析。

关系型贷款是指银行通过借助它与借款人的关系了解其相关信息和提供商业建议来发放的具有额外价值的贷款。关系型贷款还提供了众多其他的与减轻道德风险和私人信息问题相关的优势。这些将在第8章中讨论。

最近开始得到深入研究的关系型贷款的另一面是它为意见分歧的存在提供了潜在的可能性。例如，一家银行可能判断一笔关系型贷款具有较高的可信度，但这一判断可能是基于很多"软的"、无法被证实的信息做出的，而这些信息倾向于有多种解释和存在异议。如果投资者对贷款的可靠性有不同的（集体性）意见，那么这种贷款就不大可能在资本市场上获得融资。在这种情况下，一家有足够资本支持的银行就可以充当投资者（存款人）和借款人之间的"信念桥梁"，筹集存款资金来支持这笔关系型贷款。银行的声誉/信誉可充当其软信息处理可靠性的证明，而这可以使存款人信服进而使其提供在其他情况下不愿意提供的资金。这是银行对关系型贷款的另外一个贡献。㊁也就是说，当企业家由于投资者的意见分歧和行为偏差而无法获得市场融资时，银行变成了这些企业更为稳定的资金来源。

这样，银行贷款涵盖了从关系型贷款到交易型贷款之间的多种形式。关系型贷款是与资本市场融资差异最大的形式，而交易型贷款则与资本市场融资最为相似。

3.10.3　影子银行

到目前为止，我们已经讨论了银行和其他储蓄型机构的业务活动。但近来美国次贷危机的根源在于所谓的"影子银行体系"。作为金融体系的一部分，影子银行体系中的短期融资是通过存款以外的合约安排来实现的。㊂影子银行体系包括投资银行、经纪公司和财务公司等类型的机构。在影子银行体系中，有许多抵押品为短期借贷提供了担保，这些抵押品主要是通过资产支持证券、资产支持票据等资产证券化结构创造出来的。在这个市场中，存在包括货币市场共同基金在内的多种类型的投资者。

在影子银行体系中，短期融资最常见的机制是回购协议。从本质上说，回购协议是一种有抵押品的存款。它的运作方式是借款人为贷款人提供一种证券作为抵押品，借入证券

㊀ 这种刻画是由Boot和Thako（2000）提供的，也可以参考Rajan（1992）和Sharpe（1990）来了解关系型贷款的模型。Boot（2000）则提供了综述。

㊁ 见Coval和Thakor（2005），Song和Thakor（2007）。

㊂ Adrian和Ashcraft（2012）提供了一个综述。关于影子银行体系的多种替代性定义，见Claessens和Ratnovski（2014）。

价值 x 比例的资金，而 $(1-x)\%$ 则被称为回购协议的"折扣"。当这笔（短期）贷款清偿的时候，抵押品被归还给借款人，借款需支付一定的利息。第 8 章有关于这一概念的详细介绍。

3.11 结论

金融中介的过程在现代经济的运行中处于重要位置。我们讨论的一些重要结论简略陈述如下。

第一，金融体系的很多组成部分相互关联，并以此来促进经济增长——银行是其中的一个重要构成部分。第二，银行监管与银行存在的理由是相互关联的。监管并不只是出于与银行存在的理由相分离的政治目的而存在的。为了使银行业成为受公众信任的产业，一些形式的监管是必要的。我们也讨论了监管是如何成为货币政策的构成部分的。第三，银行和非储蓄机构尝试解决的激励问题决定了银行有天生的动机扩大规模。分散化可以降低不平等的知情者之间签订契约的激励成本，且信息的可重复利用性在大型金融机构中更为普遍。因此，金融中介可以从规模扩张中获得经济收益。第四，内部（私募发行）债务相比外部（公开交易）债务具有内在的优势，因为内部人可以接触到借款人自身提供的更优越的信息来源。银行贷款就是一种内部债务。然而，即便在那些有资格成为内部债务的各种类型的合约中，银行贷款也具有特殊性。公司股价对于银行信贷发放公告的反应，平均来看比对其他形式的内部债务公告的反应要好。第五，存款类机构组织形式的选择——互助式或股份制取决于许多因素的相互影响，这些因素包括互助式和股份制机构解决委托代理问题的效率差异、竞争性环境、股份制机构在资本市场中筹集资本以及对复杂资产的定价的比较优势等。这就解释了早期储蓄机构中互助式的流行和近来从互助式转向股份制的原因。

最后，融资来源存在一定的自然层级安排。在公司发展的最早阶段，公司在寻求风险投资机构方面比较有优势，原因是风险投资家有帮助管理公司的能力。在下一发展阶段，当企业存续下来后，此时银行信贷是合适的。即使银行不能像风险投资家一样协助管理，但是在该阶段公司仍然是规模相对较小或者中等的，银行提供的监控对公司是有价值的。银行监控有助于控制借款公司内部的激励约束问题。进一步来说，银行贷款倾向于短期，因此产生了对借款人再贷款的阶段性信息。这些信息，包括其他非储蓄金融机构（例如评级机构）产生的信息，帮助减少了公司其他债权人的信息重复生产，因此最终减少了契约成本。而且，大公司通常到资本市场中直接进行债务融资。此时银行的监控对于这些公司来说，边际价值在减少。然而，这些公司仍然需要克服信息不对称的问题，⊖因此非储蓄金融机构，例如投资银行，在将资本从投资者手中转移到公司的过程中扮演着重要的角色。这是因为相对于投资者自己获取信息而言，它们能够以较低的成本生产对投资者有用的信息。⊜

我们分析市场效率的含义是什么？显然，如果资本市场即使没有金融中介的存在也是强式有效的，那么金融中介的作用将受到极度限制，它们只会提供一些细微的交易服务，例如

⊖ 见 Ramarkrishnan 和 Thakor（1984），Giammarino 和 Lewis（1988）。

⊜ 见 Diamond（1989）。

"大额分拆"证券,也就是说买入大面额的证券,并将它分拆为面额稍小的证券,再向有财富约束的投资者出售。然而,理论与实证结果表明两个结论,首先,由于私人信息和道德风险问题普遍存在,信贷市场达不到半强式的有效市场,因此金融中介在解决这些信息问题方面具有重要作用。其次,信贷市场的信息效率在金融中介的作用下得到了提高,因为它们可以观察银企交易,了解到一些较好的金融信息。

专业术语

securitization 资产证券化 将银行贷款这样不可交易的债务性索取权通过以这些债权自身收入为基础来发行相应的索取权产品并将这些产品出售给资本市场的投资者,从而将其转化为可交易的证券的一种活动。从本质上说,资产证券化是资本市场直接融资的一种形式,在这个过程中银行充当了贷款的发起人和重新包装者。

fractional reserve banking 部分准备金银行制度 一种银行体系,其中银行必须以流动资产的形式持有规定份额的存款性负债。

fiat money 法定货币 货币的一种形式,其接受程度通过法律来强制规定。

the market model 市场模型 该模型认为证券的收益率可以分为固定的部分(称为"阿尔法"),加上市场组合收益乘上一个乘数(称为"贝塔")的部分,再加上均值为零的残差项。

DIDMCA(the Depository Institutions Deregulation and Monetary Control Act) 1980年通过的《存款机构放松管制和货币控制法案》,详细见第15章和第16章。

natural monopoly 自然垄断 在某些产业,由于规模经济的存在,经济效率最优的产业结构中仅存在一家企业,此时就是自然垄断。

capital requirements 资本充足要求 监管资本充足要求有多种形式。其中之一是我们关于资本充足率的典型看法,也就是银行相对于总资产而言需要保留多少比例的权益资本。这个指标被称为"杠杆率"(见第15章)。还存在风险资本充足比率。

portfolio restrictions 组合限制 对银行可以在资产组合中拥有的资产的限制。

复习题

1. 解释银行是怎么从金匠演变而来的,以及在演进过程中信息不对称和道德风险的作用。
2. 银行业是否能完全解除监管?为什么能或为什么不能?
3. "融资来源的层级"是什么?借款人融资决策的决定因素是什么?
4. 你能阐述以及解释下列实施措施之间可能存在的相互关系吗?
   (1)在过去20年里,美国的非储蓄机构发行的商业票据翻了6倍。
   (2)为什么作为货币中心的大银行成为"中间市场"的借款者(它们通常有500万美元到2亿美元的借款需求)。
   (3)近年来证券化在上升。
5. "互助式"和"股份制"有何区别?解释两种类型的组织如何解决代理问题。
6. 有人说,国家的银行体系的健康与经济中信息流的速度和效率成反比,为什么?
7. 为什么说银行是"特殊的"?这个问题的实证结果是什么?
8. 金融机构扩大规模的激励是什么?
9. 银行如何促使非银行类的合约变得更有效率?
10. 下面是一段对话的节选。评价它。
    主持人:好吧,但是只要有部分准备金制度,你将永远不会消除提取风险。
    阿普尔顿:这就是为什么你需要最后贷款人,迈克。

11. 货币政策如何影响短期的经济增长?
12. 交易型贷款和关系型贷款的区别是什么?这种区别存在什么关联?
13. 解释金融体系如何运作从而能够促进经济增长。

附录 3A 大型中介的正式分析

基于 Ramakrishnan 和 Thakor（1984）的模型：假设我们的资产所有者想要吸引资本。然而，关于资产的价值存在信息不对称的问题；资产所有者对其资产的了解要强于其他人。正如我们在第 1 章看到的，如果公司无法利用合适的信号来显示其信息，这时就会出现市场失灵。假设有好几个群体，每一个群体具有针对特定产业或者特定公司生产信息的专业化能力。每个个体生产信息的成本是 $c>0$，每个个体都是风险厌恶者，每个个体有着定义在货币财富上的效用函数 $U(\cdot)$，$U(\cdot)$ 是递增的，且严格是凹的。我们假设 c 是信息生产者的非货币性成本；在基于财富的效用函数中该成本不用计算。而且，当他具有专业能力生产关于某个企业的信息时，才会导致成本 c 的出现，同时，每个信息生产者有预期效用的最小水平 $\overline{U}$，该水平能保证他获得信息生产的补偿，否则他将会从事其他职业。

现在假设公司希望吸纳资本（或者投资者考虑他是否应该对特定的资产进行投资），此时信息生产者直接进行信息生产并释放到市场中，也就是说，信息生产者扮演了评级机构的角色。如果信息生产者需要支付固定的费用，我们就遇到了道德风险问题——他将避免进行信息生产，以减少与努力相关的成本 c。他将快速地进行猜测，节约费用，并且将他的信息发送给公司。投资者意识到这种情况，那么公司的股价将不会变化。公司将会浪费它的现金。

对个人信息生产者的补偿合约：假设公司能够监督信息生产者，以发现他是否投入了成本 c 来发现某些情况，这种监督将会产生一个信号，这个信号反映了公司的信息生产者所做的努力。然而，这个信号是有噪声的。即使信息生产者投入了成本 c，这个信号只说明他有概率 p 进行了信息生产。在概率 $1-p$ 下，这个信号是错误的并且表明信息生产者没有生产信息。如果信息生产者实际上没有生产信息，那么信号表明他有概率为 q 的可能进行了生产，概率 $1-q$ 没有进行生产。我们假设 $p>q$，因此信号是可以传递的。现在令信息生产者的补偿如下所示：如果信号显示他进行了生产，向他支付 H 美元，没有生产的话支付 L 美元，$H>L$。㊀ 如果信息生产者确实进行了信息生产，他的预期效用为

$$EU（生产信息）= pU(H) + (1-p)U(L) - c \tag{3-13}$$

如果信息生产者没有生产信息，那么他的预期效用为

$$EU（没有生产信息）= qU(H) + (1-q)U(L) \tag{3-14}$$

如果投资者相信信息生产者是可信的，那么他的补偿计划应该是激励相容的（应该使信息生产者付出 c），也就是说

㊀ 如果这种薪酬计划可以成功地促进信息生产者生产信息的话，那么会存在时间不一致性问题，因为每个人都知道他已经生产了信息，进而当一个错误导向的信号说他没有生产信息时，这个信号是没有任何意义的。我们在这里忽略了这个问题。

$$pU(H) + (1-p)U(L) - c \geq qU(H) + (1-q)U(L) \tag{3-15}$$

而且有必要使得信息生产者愿意为公司工作。这个要求是

$$pU(H) + (1-p)U(L) - c \geq \overline{U} \tag{3-16}$$

我们解答式（3-15）和式（3-16）可以得到 H 和 L。我们可以证明在均衡状态下，式（3-15）和式（3-16）应该取等，也就是说，将它们取等意味着可以实现每个公司的预期成本最小化。假设对于任意的 x，$U(x)=\sqrt{x}$，$\overline{U}=20$（为了简化），$p=0.8$，$q=0.2$ 以及 $c=10$。利用这些数字解式（3-15）和式（3-16），可以得到 $H=10\,000/9$ 以及 $L=10\,000/36$。信息生产者的预期效用 $\overline{U}$ 为 20。每家公司的成本为 $0.8H+0.2L=944.44$。

一个中介的解决方式：现在假设有两个信息生产者，他们联合起来组成了拥有两个信息生产者的金融中介。每个信息生产者继续解决特定公司的信息。然而，他们现在将收益聚集到一起有利于分散化效益。我们假设因为信息生产者是相互合作的，所以他们可以无成本地观测到其他人的行动。这就意味着每个信息生产者不必担心其他人的搭便车行为。因此每个信息生产者的补偿变为

$2H/2=H$，如果信号显示是好的

$(H+L)/2$，如果信号显示其中一个是好的

$2L/2=L$，如果信号显示没有一个是好的

假设每个信号都是无关的，每个信息生产者的不同补偿的概率如表 3-6 所示。

表 3-6 补偿的概率

补偿的概率	每个信息生产者的补偿
p^2 代表两个信息生产者都生产信息，q^2 代表两个信息生产者都不生产信息	H
$2p(1-p)$ 代表其中一个信息生产者生产信息，$2q(1-q)$ 代表两个信息生产者都不生产信息	$(H+L)/2$
$(1-p)^2$ 代表两个信息生产者都生产信息，$(1-q)^2$ 代表两个信息生产者都不生产信息	L

注意，两个信息生产者协同行动。公司的补偿计划的规则发生了变化，求解联立等式

$$\begin{aligned} &p^2 U(H) + 2p(1-p)U\left(\frac{H+L}{2}\right) + (1-p)^2 U(L) - c \\ &= q^2 U(H) + 2q(1-q)U\left(\frac{H+L}{2}\right) + (1-q)^2 U(L) \end{aligned} \tag{3-17}$$

并且

$$p^2 U(H) + 2p(1-p)U\left(\frac{H+L}{2}\right) + (1-p)^2 U(L) - c = \overline{U} \tag{3-18}$$

通常，这个等式的解与之前等式的解不一样。假设公司继续使用旧合约，其中 $H=10\,000/9$ 以及 $L=10\,000/36$。可以放入式（3-17）中进行检验，发现正好满足等式，以及式（3-18）的左边等于 20.43。也就是说，每个信息生产者的预期效用比之前提高了。注意，每家公司的信息生产的预期成本与之前一样。因此，如果使用的合约不变，金融中介的形成使得每个信息生产者变得更好。当然，公司希望签订新的合约来消除每个信息生产者的超额效用。在这个例子中，预期公司进行信息生产的成本会下降。

金融中介起到这个作用的原因是因为分散化。通过将收益聚集到一起，每个信息生产者

可以降低个人面临的风险。这就是说，如果这些增加的效用其中至少有一部分可以与他们监督的公司进行分享，他们就可以提高他们的预期效用，信息生产的成本也会下降。

大型中介机构的形成意愿：这个讨论可以发挥到极限。假设金融中介规模变得无限大，那么，根据大数定律，概率符合现实情况。也就是说，所有信息生产者生产信息，金融中介将会知道他们有 80% 的人得到 H，20% 的人得到 L。因此，中介知道它的支出为

$$0.8H + 0.2L = 0.8 \times \left(\frac{40\,000}{36}\right) + 0.2 \times \left(\frac{10\,000}{36}\right) = 944.44$$

由于金融中介可以监督它的成员，所以它不必担心道德风险问题。因此，它可以承诺它的每个信息生产者成员获得固定的支付 944.44 美元，就算给定任意数量的信息生产者，他们或多或少可以获得这个支付水平，围绕着 944.44 美元随机波动，但是整体来看可以消除波动。所以每个信息生产者的预期效用是 $U(944.4)-10=20.73$，比由两个信息生产者构成的金融中介的效用要高，这部分效益向监督他们的公司转移，因此信息生产的成本在大型中介中最低。

我们已经证明分散化的信息交易商可以降低信息生产的成本，因此资本交换的成本也会下降，而且金融中介的关键作用是提供了一个解决信息问题的更有效率的方式。

在这个模型中，分散化是金融中介通过使每个信息生产者与其他信息生产者共担风险得以实现的。也就是当组织的人数上升，每个人的报酬风险由于信息生产者的数量上升得以共同分担。因为每个信息生产者都是风险厌恶者，所以这种分散化可以提高福利。⊖ 我们将其称为"共担风险的分散化"。另一种分散化的类型是"增加风险的分散化"。⊜ 在这种情况下，每个信息生产者承担 N 个相互独立的风险的 100%，分散化发生在 N 上升的过程中。这与第一种类型的分散化不同，因为信息生产者的福利随着额外风险的增加而上升。也就是说，并非将给定的总福利分散到相互独立的赌博事件中，而是将增加的福利在这些赌博事件中分散。诺贝尔奖获得者保罗·萨缪尔森（1963）将这种分散化称为"大数谬论"，因为对于所有风险厌恶型效用函数来说，个人对第 N 个赌博事件的风险厌恶程度随着 N 的增加而下降这种说法通常不正确。换句话说，一个厌恶风险的人希望将固定财富在少数赌博事件中分散，而不是多数事件，他没有必要将他的财富暴露在更多的赌博事件中从而实现分散化。然而，在效用函数中，施加足够的限制条件可以使得分散化变得更有好处。

附录 3B 几个定义

大数定律：粗略地讲，这个原理是说，如果我们有无限多的随机变量的样本，且这些变量服从同样的概率分布，那么这些随机变量的样本平均值将等于其服从的概率分布的统计均值。因此，如果一个人把他有限的财富分散到无限多个投资中，这些投资的收益是随机的，并且相互独立，那么他的投资回报将变得确定，并且等于这些投资服从的概率分布的统计均

⊖ 在我们的分析中有一个重要的假设是信息生产者可以无成本地互相监督。Millon 和 Thakor（1985）证明，如果这种监督不可能的话，那么通过使信息生产者联合起来并将收益聚集到一起，我们提高了信息生产的成本。他们还表明，如果公司价值取决于共同的系统性因素，同时也有异质性因素的影响，那么中介之间的信息分享可以整体降低信息生产成本。

⊜ 这是由 Diamond（1984）提出的。

值。风险厌恶者愿意这样做,因为这样可以消除风险。

事件研究法:金融学中常用的统计方法,用于评估某事件带来的价格影响。其原理是基于这样一个假设:股票的收益可以由市场模型得到。然后,通过对市场收益率和个股收益率进行回归,估计 α 与 β 值,时间段选择事件发生前相对较长的时间,以及事件发生时 2~3 天的窗口期。通过这些估计值,可以计算事件发生时的窗口期的残差项的平均值。如果事件没有传递新信息,那么残差项的平均值将为零。如果有正向(负向)残差项,说明事件带来了好的消息(坏的消息)。

第三部分
PART 3

识别和管理主要的银行风险

第 4 章

银行风险

"你应该知道何时拥有它们,何时放弃它们。知道何时要走开,何时要跑开。"

肯尼·罗杰斯(Kenny Rogers)

引言

风险是那些有着悠久历史和不同解读的众多概念中的一个。[⊖] 因为未来总是不确定的,所以风险对于所有的人类活动来说都显得至关重要。不管怎样,风险是银行业务的核心。对于企业而言,那些可使其在为客户提供服务的过程中获得更多回报的特殊技能、知识或者声誉均可视为企业的"核心竞争力"。如果没有这类优势的存在,那么这些服务在使报价下降到利润消失这个水平上的竞争者们的努力下将会被商品化。这种核心能力会赋予生产者一种优势,且这种优势可以体现在内生于特定服务或商品生产过程的风险管理过程中。与核心能力相对应的风险就是核心风险(core risk)。例如,当通用公司和丰田公司被认为在汽车生产领域拥有核心竞争力的时候,就相当于它们被认为在汽车安全性风险管理和可靠的运输服务提供方面具有独一无二的技能。这就解释了为什么通用汽车的点火开关故障和丰田汽车的油门刹车系统事故对于这两家公司而言均带有致命性——这些事件使两家公司陷入成本高昂的风险管理败局之中,进而导致其声誉资本消失,销售收入下滑,法律诉讼激增。

但是,我们在这里借助"风险"这个词究竟想表达什么意思呢?在商业环境里,风险是指收益产生过程中产出的随机性。这种随机性可通过生产者核心能力的运用来予以减小,而在这种情况下,风险是作为公司决策的一部分被自愿承担(有时甚至是"自找")的,相应地,这种风险就是一种"企业家风险"。如果不是这样,风险就可能是由不可抗力或天灾所引致的从而无法规避。此时,唯一可以获得的保护方式要么是购买保险(如果可以获得的话),要么就是离开这个行业。商业活动中的风险就像生活本身那样变化多端。商人可能面临由洪水、瘟疫、火灾、机器失灵、工人罢工、蓄意破坏、战争或政府法案的任意更改(也称为主权风险,可能会破坏或掠夺财产)等因素导致的损失。尽管与金融中介机构一样,鞋

⊖ Bernstein(1996)提供了关于风险的一个有趣的历史记录,Powers(2014)展示了关于风险的五种不同的解释。

店的经营也面临着所有这些风险，但银行以及其他金融机构擅长签订金融合同，进而对合同中交易对手的表现有更大的依赖性。交易对手的表现通常很难保证，但这可以通过对银行技能的应用来加以改进，进而实现银行业风险的降低、控制甚至规避。

这时可能提出的问题就是，哪些风险可以由金融机构保留，哪些风险应利用某种形式的保险转移给其他人。对于企业而言，对核心风险进行管理可以为其带来利润，但在这个过程中也会伴随出现附属风险——核心风险之外的所有风险都是附属风险，这类风险产生于企业运行的过程中，但企业并不具有处理这类风险的专业技能。尽管附属风险已被证实不具有破坏性，但它们仍然需要得到有效的管理。附属风险可以通过多种方式转移给其他人，比如利用资本市场或保险市场、修改业务流程，或者在极端情况下放弃某条生产线。然而，如果企业还想留在某个特定的行业中，那么并非所有的附属风险都可以被规避。剩余的附属风险可以保留并由银行权益来提供保护。幸运的是，一家公司的附属风险有可能是另一家公司的核心风险，而这会导致风险的交易，并由此带来风险的减轻进而促进产量的增加和社会总福利的改善。

由于很多金融中介的客户认为这些机构提供的基本服务就是减少风险，因此，风险是金融中介存在和发展的核心所在。在我们所说的汽车的例子中，消费者购车的动机是获得安全且便利的交通服务。与之相对，金融中介则被要求提供信用、流动性、利率的确定性以及多种保险业务来减轻消费者所面临的风险。事实上，这些特殊的金融风险将中介划分为不同类型的中介机构。信用风险是商业银行存在的首要条件，死亡风险定义了人寿保险公司，市场（价格）风险是投资银行的核心竞争力，财产风险则是灾难保险公司的专属领域。当任意一家金融中介吸纳的产品流动性比其发放产品的流动性更低时，它就提供了流动性。这样，银行的存款可以随时提取，但这些存款被银行投资到不具有流动性的贷款项目上了。对于那些具有隐性或显性担保——这种担保一般由中央银行通过其对法定货币（货币供应）的控制来实现——的金融产品而言，流动性具有短暂（有些人说是无常）的特点。当面临过度的存款提取需求时，银行可以从中央银行获得借款。

值得注意的是，风险并不是由变异性本身所导致的，相反，它是由不确定性的存在所导致的。从"事后"角度看，我们通常可以把"变异性"和"不确定性"这两个词汇视为同义词。然而，从"事前"角度看，这两个概念存在很大的区别。例如，事前我们确切地知道有一笔现金流分别会在第1、2、3、4年带来1、−100、1 000和0美元的支付。显然，这笔现金流在不同时期的支付之间存在变异性，但没有风险，因为我们已经提前知道了现金流的量。与之形成对比的是，如果这笔现金流在接下来的4年里每年都会以等概率出现 −1 或 1 两个支付数值的话，那么尽管其变异性变小了，却出现了风险。⊖因此，风险通常是一个与不确定性或不可预见性相关的概念。⊜

在接下来的讨论中，我们将介绍商业银行经营中最常处理的三类风险——信用风险、利率风险和流动性风险。可以说，对于银行业而言信用风险是其核心风险，而利率风险和流动

⊖ 要想了解由于没有区分变异性和风险而导致的灾难，可参考 Sprenkle 和 Miller（1980）。

⊜ 另外一个区别就是风险是否能够被测度和量化。奈特式的不确定性指的是产出结果无法被预知，或者不能够被具体化的风险。在某些情况下，我们知道产出的分布状况，但具体的产出结果是未知的。美国经济学家弗兰克·奈特将这种对于结果的不可预知性视为风险，并以此来区别于不确定性。

性风险则是附属风险。在讨论了这些典型的银行风险之后，我们将从一个更为综合或全面的视角来考察风险管理这个主题，也就是全面风险管理（ERM）框架。

4.1 基本的银行业风险

纵然不同行业的风险在具体细节上存在差异，但银行与其他企业一样都会暴露于核心和附属风险之中。事实上，这些风险的特定性质界定了不同的行业。银行的股东，或任意一家其他类型公司的股东在公司的"资产"以某种经济上相关的方式区别于其"负债"时就承受了风险。

考虑如图 4-1 所示的钢铁制造公司。对于这家制造公司的股东而言，其面临的风险主要来源于原材料的价格和钢铁制品的价格不完全一致。这会使得钢铁公司的利润暴露在边际波动的敞口之中，进而导致风险。注意，这种风险来自钢铁公司资产负债表的错配。之所以说它的负债（拖欠原料钢供应商的应付账款）有别于它的资产（预期出售的钢铁制品的收入现值），是因为原料和成品钢两者的价格并不具有完全相关性。

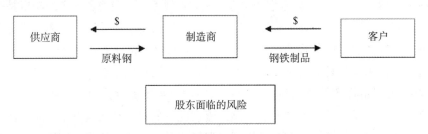

图 4-1 本国钢铁制造公司面临的风险

现在设想制造公司的原材料是从日本进口的（进而需要向供应商支付日元），而其成品钢的出售地则在美国（这意味着从客户手中获得美元收入）。在这种情况下我们可以看到，由于制造公司的资产负债涉及了不同的计值货币，其资产负债表之间的错配进一步加大了。这样，它的股东在之前面临的价格风险之外还面临着汇率风险（由日元对美元的汇率波动所致）。一般来说，负债是未来承诺支付款项的现值，而资产则是预计收入的现值。由于这些或正或负的现金流在金额和时间上存在不确定性，这两者的净流入额就造成了风险。错配意味着风险。这是在第 2 章出现的一个概念。定性资产转换必然涉及资产负债表两边的错配，进而产生了某一特定形式的风险。

那么对于银行而言，其最主要的错配是什么呢？借助图 4-2 的描述，我们可以看到银行的代表性资产（贷款）和负债（活期存款）之间存在 3 个维度的错配。第一，资产通常比负债具有更大的信用风险，也就是说与存款人对于银行的债权相比，银行对于借款人的债权更容易出现违约。第二，贷款通常比负债具有更长的久期。例如贷款可能期限为 1 年，而活期存款则可以随时提取（几乎可以忽略存续期）。这导致了利率风险。第三，银行负债比资产更具有流动性，也就是说存款人如果有意愿可随时提取，但银行不仅不能按意愿随时回收正常贷款，而且贷款也不大可能在非常活跃的二级市场中交易。这样就出现了流动性风险。下面我们将仔细考察每一种风险，作为后续章节中更多的技术性分析的序曲。

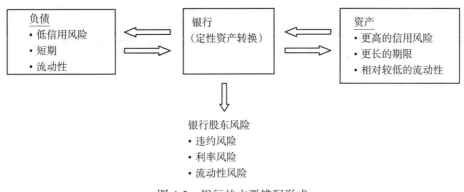

图 4-2 银行的主要错配形式

4.2 信用风险、利率风险和流动性风险

4.2.1 违约风险、信用风险或交易对手风险

获得借贷资金的一方可能无法完全执行贷款合约规定的相关条款。对于一家银行来说，信用风险就是借款人无法按时支付合约规定款项的可能性。信用风险对于几乎所有的租借交易而言都是最为重要的问题，并且几乎与所有保险合同中的情形一样，道德风险是导致信用风险的一个关键因素。

银行可以通过购买国债或信用评级为 AAA 的公司债券等违约风险很低甚至没有违约风险的资产来规避信用风险。然而，这种策略只能带来超过银行利息成本的微薄收益。如果把中介成本考虑在内，这种策略为银行带来的利润可能是一个负值。这样，尽管实现了确定性，但银行要付出承受损失的代价。因此，现实中的银行会选择具有较高违约风险的资产，并尝试在这个过程中使用自身特殊技能（核心竞争力）进而通过解决道德风险或其他信息不对称问题来降低违约风险。在第 2 章和第 3 章中，我们表明了银行在甄别和监控借款人方面具有特殊优势。

现金流的波动来源于实物资本和道德风险。银行为了事前评估贷款风险会对借款人进行甄别。甄别活动主要通过对借款人的财务报表与其他相关的财务和运营信息的分析展开。从这种分析能力来看，银行有些类似于债券评级机构。银行的监控旨在控制道德风险，而这类问题往往出现在贷款发放之后。正如第 5 章更详细的分析所要表明的那样，借款人既有动机也有机会在取得贷款后做出一些使银行风险敞口变大的行为。这就是贷款合约中会制定一些限制性条款的原因所在。然而，银行对借款人进行监控进而确保其遵守限制性条款的规定是控制道德风险的必要条件。因此，银行发挥其基本功能的效率是决定它是否能控制信用风险的关键所在。

此外，贷款管理活动属于银行资产组合管理。银行可通过持有许多不完全相关的贷款（进而实现分散化）来控制违约风险。然而，银行的评估、监控和合约设计能力通常具有一定的专业性，进而导致其只能在有限的行业类别中实现分散化。

4.2.2 利率风险

如果公司的资产和负债都是可交易的，那么它们就容易受到市场价值重估的影响。由利率水平或结构变动导致的任意一次价值重估都被描述为利率风险。例如，设想一家银行贷出了一笔 2 年期 100 万美元的贷款，收取的利息为 6%。为了给这笔贷款提供资金，银行面临着两个融资选择：以 4% 的年利率获得一笔 2 年期的存款，或者每年以 2% 的利率获得一笔 1 年期的存款。如果贷款按合同规定进行支付的话，那么前一个选择使银行在贷款发放后的 2 年内每一年可以获得 2 万美元的利息收益。然而，如果银行选择 1 年期存款来融资的话，那么它在第一年年末将获得 4 万美元的收入，而在第二年年末的收入则取决于当前未知的从现在算起 1 年之后持续 1 年的利率。如果 1 年期存款利率保持不变，那么银行在第二年年末将获得 4 万美元的收益。如果 1 年期存款的利率降到了 1%，那么银行管理层的表现就更好了，第二年实际收益达到了 5 万美元。但问题是这个利率也可能像 1980～1981 年储蓄贷款协会遇到的令人极为懊恼的状况一样上升了。如果 1 年期利率上升到 6% 的水平，那么银行在第二年就仅仅能实现盈亏平衡。这个例子不仅说明了利率风险的实质，而且显示了利率风险管理中自由裁量的经济效应。对于银行而言，如果 2 年期的融资是可得的，那么它通过选择 2 年期存款融资就能规避利率风险。如果 2 年期融资不可得，或者只能以超过 6% 的利率获得，那么银行最好不要向借款人提供 2 年期固定利率为 6% 的贷款。

事实上，银行 2 年期融资的成本无疑在一开始贷款的定价过程中就起着重要作用。无论银行的贷款定价如何选择，银行都面临着究竟是选择 1 年期、2 年期或者 n 年期的融资决策问题，而这一选择，粗略地讲，就决定了银行承担的利率风险的大小。重要的是，无论银行所选择的（资产负债之间的）久期是平衡的还是不平衡的，它都可以使用衍生品来减轻或放大利率风险。我们将在第 5 章讨论这个方法。

利率风险的另一个表现起源于贷款提前偿付的不确定性。一笔贷款的久期可以在借款人的决定下被缩短——借款人可通过提前偿还或违反贷款合约（这种情况就好像贷款自动"加速"）来实现这一点。除了挪用款项，如果市场利率出现了突然的下降，那么借款人有可能执行带有再融资目的的期权，此时贷款会被提前偿还而一笔新的债务会被发行。这种提前偿还现象使（贷款的）期望久期比实际到期期限要更短一些，进而使久期的平衡（或不平衡）成了一个随机变量。

4.2.3 流动性风险

当资产所有者有意出售某项资产的时候，其无法实现资产的完全价值，这种风险就是流动性风险。在银行业中，借款人面临的流动性风险体现在当借款人想要更新贷款的时候，贷款人却可能选择不再更新这笔贷款。类似地，银行面临的流动性风险是存款人可能出其不意地来提取存款，而银行却无法在不损害其净值的前提下找到取代意外流失的存款的资金。这个风险对称性地适用于彼此相关的借款人与银行以及银行与存款人。存款人是银行的债权人。总的来说，流动性风险不仅是存款提取风险，它也指资产出售方在资产售价远低于资产基本价值时所遭受的潜在损失。

流动性风险最极端的表现形式就是资产所有者不能够以任何正的价值出售资产，也就是说，唯一可供出售的价格是零——这是市场失灵的一种形式。在信贷市场中，这种现象被称为信贷配给，此时无论借款人愿意支付多少价格都无法获得信贷。我们将在第8章详细说明信贷配给，但现在只需指出这种现象已经困扰了经济学家很长一段时间就足够了，因为这表明价格作为资源配置机制的明显失效。

流动性风险也存在另外一种解释。资产市场在发展和交易活跃程度方面差异很大。在一个极端情况下，存在一些"独一无二"但真实性可疑的商品的跳蚤市场；在另一个极端情况下，我们有着货币和政府债券的24小时全球市场，在这些市场中大量的产品以相对较低的成本完成了交易。更为初级且交投不活跃的市场通常有着买卖价差（即在同一地点同时买卖一项资产价格之间的差异）很大的特点。例如，你可以以报价98.5美元购买一份国库券，然后以98.25美元的价格出售，此时的买卖价差是98.5-98.25=0.25美元。买卖价差的变动范围小到交易活跃资产价值的1%，大到个人住宅价值的6%～7%。更大的买卖价差出现在古董汽车或艺术品资产等交易极不频繁或者难以定价的资产中。买卖价差通常被用于反映资产市场的流动性状况。

非流动性资产是指那些"完全价值"（full value）不容易实现的资产。也就是说，对于流动性不高的资产而言，想要实现其完全价值就需要耗费更多的时间和努力。⊖因此，持有非流动性资产的银行会发现它无法在短期内赎回其负债，进而通过资产负债表管理来避免这类问题最终发生的活动就认为是流动性或现金管理（现金是流动性最强的资产）。具有最后贷款人能力的中央银行之所以被创造出来，一个很重要的原因就是当拥有许多非流动性资产的银行无法满足存款提取需求时，中央银行就可以处理这些情况。中央银行通过向银行发放以其非流动性但有良好收益的资产作为抵押的贷款，为其他银行提供了避免危机的流动性。事实上，中央银行被设计出来的目的之一就是实现银行部分流动性问题的社会化。

4.3 全面风险管理

在本章的前面部分，我们在假定信用风险、利率风险和流动性风险以不同形式存在的背景下对这些风险做了一些初步介绍。这就是许多金融机构管理这些风险的处理方式。但在最近几年里，出现了一种更综合的风险管理方法。我们现在讨论这种现代方法，先交代一下采纳这种风险管理方法的动机。

由于从20世纪80年代开始的数次令人震惊的企业破产事件，21世纪已经变成了一个风险管理时代。安然、泰科电子、世通公司、伊利诺伊大陆银行、储蓄和贷款行业，更近一些的深海地平线油井泄漏、福岛第一核电站核泄漏、2007～2009年的全球金融危机等事件都被广泛地诊断为风险管理失败的产物。在全国国民抵押贷款银行的例子中，尽管贪赃枉法的确在危机形成中扮演了重要角色，但如果能构建一个有效的风险管理结构，就有可能避免这次灾难的爆发。风险管理缺陷的普遍性促成了以法律形式明文规定的风险管理标准的提升（《萨班斯-奥克斯利法案》和《多德-弗兰克法案》就是美国的两个例子）和欧洲与美国两

⊖ 如果所有资产在任何时间都具有完全的流动性（也就是说，在无须承担交易成本的前提下可按完全价值没有任何延误地销售掉），那么市场也就没有存在的必要了。

地更为严格的公众监管（见货币监理署，2014）。此外，鉴于信用评级机构在评估"有毒的"住房抵押贷款支持证券时暴露出的利益冲突和错误，它们（尤其是标准普尔公司和穆迪公司）受到了广泛的谴责，进而在它们的评估参数中加入了更为严格的风险管理和公司治理标准。多家股票交易所也增加了更为严格的治理和风险管理要求。

日益提升的风险管理标准业已成为公司治理的一部分，而公司治理则对上市公司董事会提出了更多的责任。不太纯朴却广为流行的董事会实践变得令人难以接受。董事会由管理层任命且由首席执行官充当董事会主席，连锁安排，互相利用，随意出席以及董事会之前的准备工作等，这些都是极为普遍却无法为最近得以提升的公司治理标准所接受的做法。日益提高的规范性、流程细化和风险管理的一体化变成了已得到提升的公司治理标准的核心部分。

风险管理的最佳实践被称为全面风险管理（ERM）。简单地说，ERM统一并整理了风险管理的标准和惯例。早些时候，大型企业组织内部的风险管理几乎大同小异，从本质上看都是碎片化和非正式的。财务风险管理一般涉及资本预算和财务决策，尤其是针对债务－权益混合构成（财务杠杆）以及与使用包括互换、期权和期货等在内的一整套金融工具来实现对冲、分散化和风险转移相关的决策。其他的营运风险将会在组织的其他地方通过对保险市场（诸如错误与遗漏险、董事和高管险、不动产险和人寿险）的利用来加以解决。依然存在的其他营运风险可以通过以保留存货、检查以及其他看起来有些冗余的资源等形式存在的富余部分来解决。其他的约束和担保可以通过被交易来实现风险在目标组织、客户和供应商之间的重新分配。组织内部风险管理的碎片化会以两种方式导致缺陷。风险管理权限在组织内部的随意分配可能会导致错误和遗漏，而且没有一个部门会把风险整合起来并从整体挑战层面来进行思考。没有一个部门会对所有这些变化多端的风险敞口、风险控制机制和剩余风险进行加总，从而可以描述企业面临的总体风险状况。而这就是ERM试图解决的问题。

一开始的时候，ERM尝试在将所有的实质性风险进行总结之后，再通过提供一个单一数值的指数这种形式来描述企业的总体风险状况。然而，给定风险的极端多样性以及不同风险类型在测度上的巨大差异（尤其是在更大、更为复杂的金融机构内部），这种想法很快就被认识到是不切实际的。金融风险有时候是可以准确无误地进行测度的，但运营风险无法做到这一点。有些危险具有很大的破坏性，但幸运的是它发生的频率极低。举个例子，想想墨西哥海湾BP石油公司的泄漏事件。这次泄漏预计造成的成本高达500亿美元，但在事前对这一风险敞口可能导致的损失的估计很容易有一两个（甚至更多）量级大小的不同判断。类似地，石油泄漏并不是很罕见的事情，但像深水地平线事件这样的泄漏规模且还发生在海上的情况是前所未有的。由此，这些事件发生的概率可以说是微乎其微的，进而很难准确评估。对这类事件所造成的损失估计的标准差可能比预期数值本身要大好几个量级！当多个这类风险被加总并合成的话，相应的误差可能会被放大到超越实际可控范围。这类现实使ERM的实践者远离了这样一个理念，就是风险的加总仅仅是一个沟通层面的问题。由此，ERM仅是把所有的企业风险加总起来这样的想法就被一个更为务实的理念所取代，那就是ERM是在对企业面临的所有实质性风险进行分类和评估的基础上，聚焦于那些最具破坏性、可能威胁到组织可持续性的风险上。这样ERM就可以减少或在理想状态下可以消除由于组织内部许多地点之间的碎片化风险管理而导致的各种遗漏或误差。

因此，ERM 就是一种综合、系统地管理组织所面临的实质性风险的方法。它的最终目标是避免出现威胁组织可持续性以及随之而来的接管和重组活动所导致的惩罚性成本（所谓的"破产成本"）的各种遗漏误差。ERM 的关键是对于组织所面临的所有实质性风险的认知和优先排序。改进的组织沟通是 ERM 的核心内容。只有这样风险才能得到有效的管理。

鉴于风险可能会随着环境的不同而变化，不同组织和行业之间的 ERM 实施具有较大的差异。这样，能源公司对环境问题有着独一无二的关切。矿业和建筑公司则倾向于关注工人的安全问题。社会媒体问题则是处于面向消费者行业的公司特别上心的事情。金融机构自然倾向于关注包括信用（交易对手）风险、流动性风险和市场风险等在内的金融风险。全球性机构还会关注额外的汇率风险敞口问题。

不同组织的这些特殊关注点可以通过各个组织对它们风险关切问题的分类方式（也就是风险分类体系）反映出来。首要风险通常由董事会的一个常务委员会来负责。矿业和航空公司的董事会可能设置安全委员会，消费品牌公司可能设有社会责任委员会，商业银行则设有信贷委员会和资产负债委员会（ALCO），后者聚焦于利率和流动性风险。

为了理解这一点，表 4-1 中列示了货币监理署（OCC，也就是美国国民特许银行的首要公共监管机构）办公室规定的银行风险分类体系。⊖

表 4-1 货币监理署的风险分类

信用风险	借款人无法遵守贷款合约条款的风险（第 7 章中有详细介绍）
利率风险	来自资产和负债的久期错配而造成的损失暴露（第 5 章中有详细介绍）
流动性风险	资产为了在短时期内变现而不能按照其完全价值出售（第 6 章中有详细介绍）
价格风险	资产市价波动的风险
操作风险	内部流程、人员或系统的不足与失效，以及外部事件造成损失的风险
合规风险	由于监督不到位，不符合法律和规章的要求（适用于组织的公开和内部的条例及法律），从而造成的损失
战略风险	不能按企业既定战略实现目标的损失
声誉风险	品牌价值或者组织信用度的损失，从而对组织的运行造成负面影响的风险

上述风险分类体系是特别针对由货币监理署所监管的商业银行的。单个银行可以添加细化的风险类别，不在货币监理署管辖范围内的银行也可以拥有不同的风险分类。事实上，所有的商业银行都会以一种或另一种分类方式来覆盖这些风险类别。然而，一旦离开了商业银行所处的世界，我们可能会期望看到在其他领域有不同的风险体系划分。例如，人寿保险公司销售年金（也就是对寿命延长状况的一种保护）、人寿保险（针对过早死亡的一种保护）以及健康和意外险（针对身体虚弱的一种保护）。这些期限较长的负债产生了可为拥有投资级信用级别的证券（绝大部分是长期的政府和公司债券）提供资金的现金流。人寿保险公司相应地很少处理信用风险或交易对手风险，但主要面临由其负债所致的死亡、疾病和长寿等风险。对于人寿保险公司而言，其主要关注针对投保人群期望寿命和死亡率的预测能力。由此，流行病、医疗技术和生活方式就成为它们主要关心的问题。在投资端，它们暴露在资本市场价值重估的风险之中，但相对而言很少有流动性风险。再次提一下，相比商业银行，人寿保险公司的资产负债都具有更长的期限，同时资产负债的久期得到了更高的匹配。人寿保

⊖ 在美国，对银行的特许可以来自联邦和州。但是，州特许银行也要接受来自联邦存款保险公司和联邦储备体系的监管。

险公司董事会的结构设置也相应地有所变化，投资和融资委员会取代了商业银行的信贷和资产负债委员会。这样，一家公开上市的公司的董事会结构应与其面临的危险和公司发现的最具威胁性的风险敞口相适应——这一点和人们的预期相差不多。

在金融中介机构领域，一家中介机构最擅长处置的风险类型有清晰的界定。这类风险赋予了金融中介机构以身份，由此我们将这类风险称为机构的核心风险。核心风险源自金融中介机构的核心竞争力。这样，我们有了表 4-2。

表 4-2 核心风险

机　　构	核心风险 / 竞争力
商业银行	信用或者交易对手风险
投资银行	市场或者价格风险
人寿保险公司	死亡、疾病、长寿风险
财产 / 意外保险公司	各式各样的实物或道德风险

4.3.1　全面风险管理和尾部风险

金融机构通过对核心风险的处置创造了价值。它们拥有特殊技能和金融资本，使其能以比其他经济体更低的成本来承担这些特定类型的风险，进而通过这种活动来实现盈利。例如，商业银行在信用合约设计与管理上拥有特殊技能。因此，它们能够以较其他贷款人更低的成本来向借款人提供信贷，进而银行业也就有动机去承担尽可能多的信用风险，其承受信用风险的能力的上限取决于它拥有的专业化人力资本（信贷官员和其他信贷专员）和金融资本的存量。在任何时候，这些资源都是固定的（人力或金融资本的调整往往成本高昂，尤其是要在短期内完成的话），这就限制了银行意愿扩张的信贷规模。随时可得的投入要素固定了银行能有利可图地承担信用风险的规模。可以确定的一点是，即便银行拥有额外的可供支配的借贷资源，它也不会不加选择地去吸收信用风险。它将会选择它完全熟悉的那些风险，以便在风险合理定价的基础上，通过贷款合约的设计与监控来控制风险。它也会试图根据借贷双方所处的环境而构建的最大贷款额度来控制风险的集中度，根据行业和 / 或地理位置以及借款人的个人特征来限制贷款总规模。银行技能的关键部分在于其出于控制信贷损失的考虑差异化地对待潜在借款人。

保险公司拥有类似的技能，但这些技能往往与负债而不是与资产的选择、定价和管理有关。人寿保险公司借助与银行用于识别借款人类似的差异化技能来选择其死亡风险的敞口。它也希望能从出售的每一张人寿保险合同中获利，进而也希望合同销售得越多越好，但它也面临由于人力资本和金融资本的短期固定性所引致的限制，也需要对风险（甚至是主要风险）的集中保持足够的警觉。

在核心风险管理之外，金融机构必须警惕那些可能摧毁整个组织的特殊风险。这些风险一般称为尾部风险。它们的存在是因为它们威胁到了组织经营的可持续性。之所以被称为尾部风险，是因为它们发生得很不频繁，进而这些威胁处于概率分布的尾部。对于大型商业银行而言，一次持久、严重的全面经济衰退，就像在 1929 年和 2007 年间出现的，就是这样的风险。在这类事件中，信用风险的分散化失效了，因为所有的信用风险变得相互关联，同时存款人都在排队提取现金，银行无法持续经营下去。而对于人寿保险公司而言，一次禽流感的蔓延可能会造成致命的损失，而这些损失可能再一次通过传染效应相互关联，进而使损失规模很容易就超出了其赔付能力，最终威胁其持续经营。这些尾部风险是全面风险管理中最为关注的问题。因为这些风险预示着毁灭性的结果（考虑一下福岛第一核电站的核泄漏事件和BP公司的海湾石油泄漏事件），同时，其出现的可能性微乎其微，所以它们很容易被错误地定价。它们通常会被简单地忽略掉。

心理学家和行为经济学家花了很长的时间来研究这种尾部现象，进而涌现出了大量基于行为偏差的视角来解释这类现象的研究文献。这里我们讨论其中几个尤其与理解个人和机构如何处理尾部风险相关的话题。

4.3.2 过度自信

过度自信被认为是"判断心理学领域中最具稳健性的发现"，[一]或者简单地说是"所有认识偏差的根源"。[二]投资者和组织高管经常诉诸经验法则（又叫拇指法则）来回避细致分析和手头可得的信息。卡尼曼在他的名著《思考，快与慢》中将这种现象称为"快速思考"。[三]过度自信也是与群体思维相关的文献中群体动力学的表现，这些文献把过度乐观和关于估计的确定性都归入其中。由此导致的先天乐观主义致使了对消极尾部风险的低估。

4.3.3 锚定效应（焦点主义）

这种决策偏差来自对近期发生事件的过分关注。这样，最近遭受的重大损失致使对当前损失发生概率的高估，相似地，近期损失的缺失会导致对当期风险敞口的低估。在形成判断的过程中，决策者会受到近期信息展示方式的影响，而新近只是信息展示格式的一个维度。塔勒布的名著《黑天鹅》就坚持认为，之前从未发生过的事件往往被人们所低估（损失），这就是一类锚定效应。[四]根据这种假设，极端事件很容易被低估或者被忽视，除非近期发生过。由于极端事件的出现已成往事，其出现的概率不仅趋于减小，而且越来越偏向于零。

4.3.4 群体思维

群体思维描述了一种可以导致决策异常的特定群体动态。在广泛的可观测条件下发生的群体思维可以导致决策的恶化，其中的群体成员在羊群行为的影响下丧失了其独立性。[五]一小部分人（通常是一个人）变成了浮躁无理的决策者。群体思维的许多症状可以导致对组织现有权力和道德准则的过高估计，进而趋向于观点一致和固执己见的压力。引致群体思维的条件包含内聚性、孤立、多样性的缺乏、领导的偏袒、缺乏程序规范、压力、近期的失败和道德困境。

群体思维与尾部风险具有特别的相关性，因为全面风险管理最终让渡给董事会来实施，

[一] 见 DeBondt 和 Thaler（1995）。
[二] 见 Bazerman 和 Moore（2012）。
[三] 见 Kahneman（2011）。
[四] 见 Taleb（2010）。
[五] 这些征兆和条件可以参考 Janis（1982）。

而董事会非常容易遭受群体思维先决条件的影响。公司董事会通常会把共同控制视为一种优点，而共同控制则很容易与内聚性混杂在一起。类似地，董事会很少是分散化的典型，它们与股东或者其他利益相关者的隔离在代理权参与文献以及在立法和监管审议中已经有广泛的记载。董事会的决议通常是在有压力的条件下做出的，进而面临道德困境就是很寻常的状况。在安然公司崩溃之前，其董事会做出的决策就很好地表明了群体性决策机制的异化。群体思维及其导致的病理性乐观主义直接与尾部风险的评估相关联。根据这种思维框架，灾难性事件的发生概率会被上市公司董事会或合伙人委员会习惯性地予以低估。

4.3.5　决策偏差和分辨力

心理学家和行为经济学家提出的决策偏差可以解释负面尾部风险的错误评估之谜。对存在性风险的普遍忽视挑战着我们的理解力，但由于这些风险发生的概率小，这种忽视也可能是理性的。然而，人们仍有这种不可避免的印象，那就是在许多场合中忽视仅仅反映了错误或遗漏。因此，人们把对这种现象的解读诉诸决策偏差，甚至是黑天鹅这样有些空想色彩的比喻。对于这种极为明显的忽视的一种解释是，这些存在性风险的发生概率很低，且识别其偏离零的无限小的发生概率极为困难。在自然界中也有很多类似的现象。举个例子，如果不借助特殊的工具，我们是看不清粒子的存在也听不见高频率的声音的。我们需要借助粒子加速器、显微镜、望远镜、助听器等来提升感知能力。说得直白一些，高频交易发生得太快，以致人类无法做出独立的反应。在每一种情形中，人类的直觉在没有特殊工具的协助下对特定现象的感知显得非常粗糙且迟钝。同样，我们可以把全面风险管理，也就是一套正式的风险管理工具和程序想象为提高对低概率事件感知能力的一个工具。现在让我们将目光转向组织和沟通上的创新以及其他一些工具，这些工具的总和构成了全面风险管理的最佳实践。

4.3.6　组织全面风险管理

全面风险管理的实施要求组织形式做出适应性调整，且这种组织调整存在相应的成本。组织的适应性调整不仅体现在董事会和高级管理层的层面，组织的员工和运营层级也需要调整。让我们来考察一下这种"三合一"组织变革的各个部分。

4.3.7　董事会

对于一家公开上市公司的董事会而言，其大部分工作是由常务委员会来执行的。虽然董事会的常务委员会在很大程度上只是官方顾问的角色，但这些委员会会深度地研究一些问题并提出建议，而对于这些建议，董事会最为常见的态度就是不提出任何挑战而直接予以认可，这就是被广泛描述为"共同控制"这样一种颇为流行的企业文化的产物。从本质上看，这种企业文化必然要求合作和统一，因为董事会往往受到严重的时间限制，进而当他们之间存在异议时，他们整个决策过程就会变得无效，甚至失去决策功能。因此，当董事会之间出现严重的意见分歧从而妨碍了决策制定时，董事会倾向于重组董事会成员。董事会成员为达成一致意见的讨论往往是非常乏味的过程，需要耗费很长的时间，而这在现实中一般是不可能做到的。

在实施全面风险管理之前，几乎所有的上市公司的董事会事实上都内设审计委员会、薪酬委员会和提名与治理委员会。除了这三个委员会之外，董事会中也会设有与公司或行业相关的特定委员会来反映其关注的主要问题。但是，在董事会中设置一个担负企业综合风险管理职责的常务委员会可视为企业文化的转型。首先，其他委员会倾向于负责互不重叠的事项，但风险管理委员会需要对交叉事项负责。它担负的综合职责迫使它去监控其他委员会的工作。其次，审核企业战略是董事会必须直接承担而不应该下放给附属委员会负责的少数几个事项之一。对于企业来说，这些事项很重要，通常由全体委员会来做出决策。但是，全面风险管理是对战略的功能补充。战略试图发现组织的机会，而风险管理是发现限制机会的风险和限制条件。从这个意义上看，风险管理是战略的补充。事实上，实施全面风险管理的常务委员会面临着企业战略实施的不可委托的问题。全面风险管理强化了董事会的责任与义务，但也颇为微妙地转变了公司的治理模式。

4.3.8　执行风险管理委员会

董事会设立了一个主管风险管理的常务委员会，这促成了由高级职员构成的风险管理委员会的产生，以便与董事会就组织可持续性问题进行对话。当风险管理遍布于不同的运营单位时，运营风险最终可能汇总到首席运营官，财务风险汇总到首席财务官，风险之间缺乏整合，错误或遗漏就很容易得到过度的容忍。风险的加总及优先排序需要得到最高管理层、企业高管的关注，并由他们对向董事会报告的信息进行组织、背景分析和解读。董事会可能会监督、监管和提出建议，但执行与实施依然是管理层的职责。这样，有效的风险管理需要得到由企业最高管理层构成的委员会的支持，而这也是对董事会风险管理活动的补充。

4.3.9　首席风险官办公室

全面风险管理促成的最后一项组织创新是首席风险官以及为其工作提供支持的相关工作人员。全面风险管理的一个目标就是促进风险信息在组织内部的横向和纵向流动。信息是全面风险管理的润滑剂。这些信息最终会流向首席风险官和相关工作人员来强化风险信息的沟通。除了专业人员和技术人员之外，首席风险官通常会在组织内部的每个重要的工作人员和运营单位指定记录专员。除了促进对话之外，首席风险官还拥有一揽子风险测度和沟通工具。情景模拟与压力测试可以评估组织承受各种冲击（包括外部和内部的）的能力。这里的冲击可以是欺诈、黑客攻击、破坏性的技术进步、整个经济层面的经济波动或者飓风、火灾或洪水等其他不可抗力。情景模拟可以反映这类紧急状况是否会威胁组织的清偿能力、流动性或运营的持续性。这样，首席风险官收集并处理整个组织层面的风险信息，并将其提供给董事会和最高管理层，以便他们进行分析和采取行动。

4.3.10　沟通"三合一"

正如组织架构的"三合一"，存在与全面风险管理相关的沟通工具的"三合一"，分别是风险文化报告、风险登记簿和风险偏好。

4.3.11　风险文化报告

风险的定义比比皆是。因此，对风险管理具有多种不同的解读。风险文化报告试图消除围绕风险管理想法和行为的模糊性。它试图促成组织内部对风险和风险管理方面的词汇、价值以及实践形成共识。风险文化报告的存在可以使所有的组织成员意见一致（可以理解为初始化了所有组织成员）。这看上去似乎是一个简单甚至有些平淡无奇的任务。但在一个大型且复杂的组织中，每个工作人员拥有不同的动机（更不用提语言和教育背景的差异），培养共同的词汇是一项极为艰巨的挑战，培养共同认可的价值观则是一个更为雄心勃勃的挑战。因此，风险文化报告的内容正常来说要包括风险词汇的术语表、风险分类体系以及对组织目标、价值观和愿景的表述。有些时候它们也被描述为使命、愿景和价值观。

文化与共同认可的价值观有关，组织的最终目标是围绕着团结协作来实现的。大型、复杂的组织总是努力调整个人员工，以培养共识和相同的动机。许多风险失败事件源于价值观的失调，而风险文化报告的目的就在于减少与组织格格不入的行为。银行业最常见的流氓行为可以在很多事件中体现，比如摩根大通的"伦敦鲸"事件，AIG 涉及信用违约互换的交易丑闻，法国兴业银行杰罗姆·科威尔交易员的欺诈丑闻，以及新加坡巴林银行的尼克·里森的隐瞒交易事件等。最近在总部集中于英国伦敦的银行之间发生的伦敦银行同业拆借利率共谋事件是另外一个例子。这类违反公益的行为带来了巨大的成本，同时也给银行业造成了巨大的声誉损失。风险文化报告试图规范地清晰地说明组织基础，来防止成员内部产生误解，从而降低可能带给组织多余（附属）风险的行为发生的概率。一开始的时候，有必要提供一个与风险有关的统一词汇和思考框架。只有这样，才能建立风险分类和测算体系，而分类和测算体系构建之后才有可能对员工代表组织来承受风险的能力设置边界。只有这个时候，风险的监管和监督原则才能生效。

4.3.12 风险登记簿

风险登记簿记录了组织面临的所有可察觉到的风险。信息从贯穿组织各个部门的相关主体处收集起来。每个运营单位和每个员工单位将向首席风险官办公室对在业务一线中感知到的风险问题进行日常报告。对于组织而言，员工、消费者、供应商、投资者、社会公众、资本的提供者、工会、环保主义人士以及其他的利益相关者都有可能带来危险和风险。所有这些主题都应被纳入监控，而那些执行监控的人则需要向首席风险官办公室报告新出现的且有实质性影响的风险，确保所有具有实质性影响的风险都在风险登记簿中可以并正在被记载。可以将风险登记簿理解为组织面临的所有风险敞口的日志，其目的应该是全面和细致地反映风险，有点像百科全书式的记录。

风险登记簿中风险敞口的记录通常包括对每一种风险类型、风险起源、迫切程度和异质性等内容的描述。这一描述之后正常应伴随着涉及总风险（敞口）的估计值和出现概率的量化计算，可采取的减小风险的步骤，以及有可能采取的进一步减小风险的步骤（保险、金融衍生工具的使用，以及类似增加监管这样的运营措施）和成本的描述，最后则是对留存或剩余风险的评估。这么做的目的是把所有风险都记录下来，尽可能使错误或遗漏最小化。这是管理具有实质性影响的风险时必须采取的第一个步骤。风险认知是治疗群体思维、先天乐观主义、锚定效应等所有容易导致遗漏甚至否定情绪的决策偏差和行为异常的良药。如果风险可以被系统地记录和计量，那么这些主导风险管理的人就不能声称不知道这些风险的存在。因此记录得当的风险登记簿可以强迫管理层关注风险。

4.3.13 风险偏好

沟通"三合一"的最后一个环节是风险偏好，也就是关于组织风险偏好的书面报告。风险偏好报告是风险登记簿在规范意义上的对应物，也是贯穿董事会和高级管理层之间对话的产物。风险偏好报告是对组织面临的核心和附属风险的详尽且分门别类的解读。关于承担各种类别风险的限制应被详尽地说明。那些组织有意愿去吸收、减轻和最小化的风险都要被列举出来和进行计量。风险偏好报告可以借此有效地重构组织的资产负债表。报告也需要显示哪些风险缓释措施得到了授权进而可以使用，其中的风险缓释工具包括可能引发基差风险的自然对冲（想想出售了年金的人寿保险公司），互换、期权、期货合约这样的金融衍生品，增加安全和安保设备这样的运营措施，包括库存、备用设备和额外空间在内的闲置生产资源，供应商的多元化等。

所有这些可用的风险缓释措施都会导致运营成本的上升，和/或新型风险敞口的出现。风险缓释，像更为一般的风险管理那样，通常是一个微妙且精细的过程，这个过程要求具备财务、工程、逻辑和科学等各项技术技能，而这对董事和经理的掌控力提出了挑战。这种知识的缺乏经常会导致组织内部或外部对技术人才的聘用。当对于分门别类和细节的需求面临管理层和董事会的控制时，咨询顾问们就会被编组，风险偏好报告的起草就变成了一个智慧之旅，而这对于董事会和高管而言就是一个非常宝贵的学习过程。一份表述清晰的风险偏好报告不仅区分了核心风险和附属风险，而且对于各个种类的风险敞口建立了绝对的头寸限制（容忍度）。风险偏好报告同样会以分类的方式列示应规避的风险敞口（比如那些可能危及消费者或者员工生命的风险）。这样，考虑到组织的文化、财务状况和实际资源，每一种和每一类风险必须沿着组织对其容忍程度的大小顺序得到认识。每一种被列示出来的风险敞口在风险缓释机制介入时，需要在总额和净额两个方面对其进行量化。而且，风险之间的协方差也需要被了解，并且这具有实质性影响。尤为重要的是，当经济面临压力或陷入自然灾害的时候认真构建的分散化组合存在风险集聚爆发的趋势。在最终的分析中，风险偏好报告是关于风险偏好以及容忍度的综合性报告，它最终会与在风险登记簿中列举的更为实证或描述性表述的现存风险进行对照。作为风险文化报告的从属，这两份报告是形成组织政策的对应和补充。

4.3.14 其他全面风险管理创新

上述组织和沟通的"三合一"框架可以被用来界定全面风险管理，但是还有一系列更具操作性的工具可被用来刻画和量化特定的风险。举个例子，情景规划可以用来考虑未来世界的状态。政治、经济、监管以及环境等力量被纳入考量，它们对组织造成的可能冲击得到了审视。同样，对抗模拟则考虑了可能引发破坏性力量的竞争性和技术性驱动因素，这些因素包括产品陈旧过时、严重的价格折扣以及由于竞争对手成功的营销努力而导致的消费者偏好根本性逆转等。较为典型的情况是，外部专家会被召集进行商议，德尔斐论坛也可以被组织召开来提供一些"跳出条条框框思维"的想法，作为组织应对不确定性未来的准备。

模拟和压力测试代表了其他更为量化的工具。适用于组织的数学模型，资产负债、损益表和现金流量表都以计算机语言的形式模型化，然后加入扰动因素（通常是一次性地改变某一参数或者外生变量，或者改变多个参数组合）来观察外生的特定利益变量是如何受到影响的。蒙特卡罗模拟方法经常被用于评估可能性不断变化的随机波动是如何影响利润、流动性、资本和其他与企业业绩相关的指标的。压力测试已经成为银行监督者和管理层的必要工具。这种模拟可以用来观察1%、5%、10%和20%的信贷损失如何影响银行的现金、收入和资本充足率。类似地，像活期存款、投资和手续费收入这样的变量也可以被扰动，用来观察这些变量对银行业绩关键指标的影响。模拟是建立在数学模型基础之上的，而这些数学模型则包含了一些不可避免地会引起争议的简化和假定。但即便如此，它们也被证明在指导监管和管理政策上非常有用，尤其是用来考察与企业的财务杠杆率、资产集中度以及整体经营绩效相关的政策。

仪表盘则是全面风险管理经常使用的另外一种工具。它们（一般在电脑屏幕上）提供了用于实时追踪一系列风险和绩效指标的详尽展示，进而可以以一种实时可得、极具吸引力和有效的方式来提供信息。有人可能会低估了仪表盘的重要性，但把种类不同且复杂的信息以一种简便的实时方式集中并呈现出来代表了在沟通过程中的一个显著优势，这也是全面风险管理的核心内容之一。对于那些最应该承担相应风险管理职责的主体而言，仪表盘有助于增强其风险识别能力。

4.4 结论

本章介绍了银行业风险的界定主题。本章的前半部分主要致力于对对于商业银行而言最为重要的三类风险给出一个总体描述。信用风险是借款人无法履行贷款合约条款的风险。我们之所以认为信用风险是银行面临的"核心"风险，是因为它是银行最具吸引力的活动领域，银行可以借此创造价值并赚取利润。在信用风险的管理过程中，银行组织在吸引和甄别贷款申请人、设计和管理贷款合约方面具有核心竞争力。这些技能是商业银行精髓，包括合格的客户、定价、合约条款设计、获取抵押担保物、服务支付清算、监控借款人、执行条款以及必要时的贷款再谈判等。

除了信用风险之外，银行不可避免地要承担利率风险和流动性风险。通过用具有流动性的存款和其他短期的债务来为流动性较弱的贷款提供资金，银行为它的客户提供了流动性。银行借此吸收了非流动性，也正是出于这个原因，银行合情合理地获得内嵌于存款与贷款利率之间息差的溢价。在业务正常运营的情况下，这种非流动性是可持续的且有利可图的。然而，在（无论是地区性还是更一般的）金融危机时期，提供这种流动性服务使银行暴露在全体存款人提取存款（挤兑）的风险之中，进而威胁到银行的可行性。中央银行，作为一个可以无限印制货币的社会机构，可以被指派用来解决这个问题。但是，受到挑战的银行一般需要提供抵押物才能从中央银行处获得借款，而且无论如何，如果它想得到中央银行的救助，银行的独立性就可能要打折扣。中央银行提供的流动性服务既不是无成本的，也不是无限制的。

利率风险则是源于银行贷款的久期超过了为其提供资金的存款久期。虽然活期存款名义上的期限是零，但它们并不会被无限地存取。相应地，它们的有效期限要超过其名义期限。

当资产久期（有效期限）与为其提供资金的负债久期不匹配时，银行就会由于收益率曲线的变化或者扭曲而受到损失（或收益）。利率风险内生于基本的借贷职能，因为资产和负债的有效久期可通过无法避免的随机性来刻画。利率风险来自银行扩张信贷的内在需求，无论是银行贷款还是存款都可以在银行客户的要求下终止，而银行客户的这种行为则受到市场利率以及一系列其他外部事件的影响。考虑到银行并没有能力来预测银行挤兑和利率的走势，因此我们将利率风险视为银行的附属风险。与信用风险这样的核心且可以产生日常盈余的风险不同，附属风险不会引起特殊的核心竞争力，进而也不会产生归属于银行的日常盈余。尽管如此，流动性风险和利率风险都是银行业不可或缺的一部分，必须要被管理。有些人认为由于银行提供了流动性服务并由此赚取了一定费用，那么这种活动也应该被视为核心业务。但问题是，如果没有中央银行提供的最后贷款人便利的话，这种业务将是不可持续的。这样，银行赚取的任何净利润可以被认为是其从中央银行处得到的转移支付。因此，流动性服务是中央银行的核心业务，而不是从事借贷的商业银行的核心业务。

本章与风险相关的第二部分涉及全面风险管理，它是作为对追溯到20世纪80年代中期的巨大业务损失的反馈的新近创新，这些损失的出现主要归因于风险管理中的错误和遗漏。之所以会出现这些疏忽，是因为在传统的风险管理实践中，风险管理权限不仅分散，而且碎片化和临时设计。保险被委派给一个部门，金融市场的对冲委派给另一个，运营决策则是另外的一个部门，而且没有一个部门会统一或总体地来看待这些风险。传统的碎片化风险管理引发了对风险相互影响的忽视和其他遗漏。

全面风险管理试图通过在所有具有实质性影响的企业风险的管理过程中提供一整套协议或最佳实践来强化警惕性和促成有约束的协调，以纠正这种明显的缺陷。全面风险管理规定了一个组织基础框架，也就是由常务委员会、平行的企业最高管理层组成的委员会和首席风险官办公室构成的组织"三合一"。每个部门都有自己的明确职责，从而大体上理顺了组织内部的风险信息流，并为组织最高层的风险管理提供了责任与义务。相对应沟通"三合一"的包括风险文化报告、风险登记簿以及风险偏好，沟通架构则根据共同的风险词汇表，通过描述性和量化两种方式对感知到的风险和风险偏好的阐述提供了约束。一系列其他的工具被用于促进各种风险的衡量和沟通，但上述两个"三合一"架构被认为从广义上界定了全面风险管理。最后，全面风险管理通过促进风险信息的流动以及将风险管理的责任定位于组织最高层来减少错误和遗漏。

专业术语

credit risk 信用风险 借款人无法履行贷款合同中条款约定的风险。

ERM（enterprise risk management）全面风险管理 一种综合性的风险管理方法。

interest rate risk 利率风险 利率可能发生变化进而导致银行净资产价值发生改变的风险。

liquidity risk 流动性风险 资产持有人面临的被迫以某个价格出售资产的风险，且这个价格低于其不受时间约束时可获得的资产价值。

复习题

1. 比较和对比"核心风险"和"附属风险"。
2. 银行面临的三类金融风险是什么?
3. 什么是全面风险管理(ERM)?为什么需要全面风险管理?
4. 什么是"尾部风险"?为什么说"尾部风险"被证明非常难以管理?
5. 全面风险管理在银行内部应如何被组织?解释全面风险管理的两个"三合一"架构。
6. 什么是风险文化?为什么说它是基本的?

第 5 章

利率风险

"对利率走势的赌注就像是童谣里前额有卷发的小女孩。当卷发很整齐时，它们显得十分好看，但是当卷发不整齐时，就如同 NCNB 公司一样，看起来会很恐怖。"

凯利·霍兰德，《美国银行家》，1990 年 3 月 20 日

引言

在本章中，我们将深入研究利率风险。我们关注的重点是金融机构如何测度和管理利率风险。由于利率风险的概念通常与固定收益工具联系在一起，所以我们首先回顾贷款和债券等固定收益工具是如何估值的。然后我们分析利率的期限结构，并探讨在确定性和不确定性这两种情形下期限结构是如何决定的。接着是关于久期和凸性的讨论。这些概念对于利率风险而言是非常基础的。因此在深入探讨利率风险之前，理解这些概念是非常重要的。然后，我们将验证一下筛选出来的几个利率风险管理工具的作用。最后为了说明利率风险管理中的一些现实问题，我们提供了一个案例分析。

5.1 利率的期限结构

5.1.1 固定收益估值概述

如果 1 年之后可获得一笔 250 美元的无风险现金流，那么这个现金流当前的价值是多少呢？我们可以利用无风险套利原理来解决这个问题。特别地，为了阻止无风险套利——这在一个有效的资本市场是必不可少的活动，均衡状态中的无风险现金流的价格应该与其他无风险产品的价格相关。特别地，设想我们观察到一张 1 年之后保证偿付 100 美元的美国政府债券当前的交易价格为 94.56 美元。那么利用这个价格，我们可以推出无风险产品中隐含的 1 年期收益率是 5.75%（因为 94.56×（1+0.057 5）=100 美元）。这样，为了在 1 年后得到 250 美元的无风险现金流，当前我们愿意支付的价格为 250/1.057 5=236.41 美元。

如果这个无风险现金流要在第二年年末才能获得，那又会出现什么情况呢？这时我们需要找到一个具有相同期限（2 年）和相同支付特征（2 年后到期才有支付，在此期间没有其

他支付）的无风险产品。设想我们观察到，到期支付 100 美元、2 年期的美国政府"纯贴现"（零息）债券当前的交易价格为 88.58 美元。这时我们可以推出 2 年期的年化无风险收益率（i_0^2）应该满足 $100/(1+i_0^2)^2 = 88.58$ 美元，求解这一等式，可以得到隐含的 2 年期年化收益率 $i_0^2 = 6.25\%$。这样我们可以得到图 5-1。

图 5-1　现金流和贴现率

换句话说，即便第一年年末和第二年年末的两个现金流都是无风险的，但它们各自适用的贴现率是不一样的。为什么？

之所以会这样，是因为 1 年后的远期利率预计会上升。在这个例子中，我们知道在 0 时刻 1 年期的无风险利率是 5.75%，而 0 时刻 2 年期无风险利率是 6.25%。我们可以推出 1 年期无风险利率 i_1^1，也就是在时刻 1 生效的 1 年期利率。为了得到这个利率，可以利用下面这个等式

$$221.45 = \frac{250}{1.0575(1+i_1^1)}$$

求解这个等式可得 $i_1^1 = 6.75\%$。也就是说，6.25% 这个 2 年期利率可以视为 5.75% 这个 1 年期（从时刻 0 到时刻 1）利率和 6.75% 这个接下来 1 年期（从时刻 1 到时刻 2）利率的几何平均数。

5.1.2　收益率曲线

借助上述例子，我们可以发现不同期限债务工具的利率之间的相关性是通过投资者对远期利率的预期来实现的。到期收益率（YTM）是在进行这种讨论时一个非常有用的概念。到期收益率被界定为使债券未来现金流的现值等于债券当前市场价格的内部收益率。$i_0^2 = 6.25\%$ 这个从一张美国国债中得到的 2 年期年化收益率就是一个到期收益率。不同期限债券收益率之间的关系就被归纳为利率的期限结构。我们把利率期限结构（或者收益率曲线）界定为那些有着相同的风险特征但到期日不同的债务工具的到期收益率之间呈现出的关系。很重要的一点是必须明确这里进行收益率比较的债券的违约风险都应该是完全相同的。为了简化起见，这里我们把注意力集中于没有违约风险的债券。这时，m 期债券的到期收益率是使 m 期的债券现金流经过贴现等于当前市场价格的年化等价贴现率。图 5-2 和图 5-3 展示了两条不同的收益率曲线，每一条曲线都描述了除期限外其他特征均完全相同的债券的收益率。图 5-2 的收益率曲线是美国国库券的收益率曲线，呈上升趋势。它是一条"向上"的曲线，在这条曲线中隐含的零息债券收益率曲线是利用全息债券价格通过插值法得到的。图 5-3 是德国政府债券的收益率曲线。它是"茶杯"形的。对于短期债券来说，收益率曲线呈现"反转"，也就是说，到期收益率随着期限的增加而下降。对于中期债券来说，收益率曲线是平坦的，也就是说，到期收益率在这个范围内独立于期限。对于长期债券来说，收益率曲线向

上倾斜，也就是说，到期收益率随着期限的增加而上升。

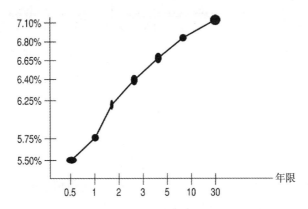

图 5-2 1996 年 7 月 25 日美国国债无风险期限结构

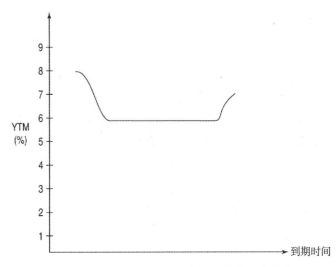

图 5-3 1993 年 3 月 22 日德国国债收益率曲线

收益率曲线形状的决定因素是什么呢？为了简化起见，我们首先在一个不存在不确定性的世界中考察这个问题。之后我们再讨论存在不确定性的情形。在这两个情形中，我们均假定金融市场处于无风险套利均衡之中。

5.1.3 确定性情形中的收益率曲线决定因素

1. 基本模型

令 P_t^m 和 i_t^m 分别代表期限为 m 年的债券在 t 时刻的价格和到期收益率。我们假定时间单位为 1 年，且所有债券都是可交易的，进而价格可从市场中得到。作为一个示例，这里我们将考察两个债券到期收益率间的关系，其中一个是 1 年期债券，另一个是 2 年期债券。为了简化起见，我们假定每个债券都是零息（纯贴现）债券，面值 F 均为 1 美元。零息债券在到期日进行一次有保证的支付（也称为期末一次性整付），而在到期之前没有任何其他支付。当前时刻（$t=0$）1 年期债券的到期收益率为 i_0^1，是使 1 年之后面值 1 美元的贴现值等于当前债券市场价格的内部收益率。

$$P_0^1 = \frac{F}{1+\text{YTM}} = \frac{1}{1+i_0^1} \tag{5-1}$$

同样，2 年期债券在 $t=0$ 时刻的到期收益率 i_0^2 是使 2 年期之后的面值贴现值等于当前该债券市场价格的内部报酬率。

$$P_0^2 = \frac{F}{(1+\text{YTM})^2} = \frac{1}{(1+i_0^2)^2} \tag{5-2}$$

现在设想我们今天有 1 美元，并将这笔钱投资出去买了一张 2 年期债券。因为这张债券以 P_0^2 的价格出售，所以我们可以买到 $1/P_0^2$ 单位的债券。然后，2 年之后（$t=2$），我们的这笔投资将会得到的（保证）支付等于购买的债券数量乘以每份债券的面值（1 美元）。也就是说，我们在 $t=2$ 时刻的收入应该满足（利用式（5-2）得）

$$1/P_0^2 = (1+i_0^2)^2 \tag{5-3}$$

另外，我们也可以将 1 美元马上投资于 1 年期的债券。我们可以在 $t=0$ 时刻买到 $1/P_0^1$ 单位的债券，那么我们的收入将是购买的债券数量（$1/P_0^1$）乘以每个债券的面值（1 美元）。也就是说，我们在 $t=1$ 时刻的收益应该满足（利用式（5-1）得）

$$1/P_0^1 = 1+i_0^1 \tag{5-4}$$

那么我们在 $t=1$ 时刻可用这笔钱做什么呢？当然是投资！设想我们投资于另一个在 1 年后发行的 1 年期零息债券，面值为 1 美元。由于我们处在一个确定性的世界之中，我们有能力相当准确地预测这个 1 年期债券的价格，P_1^1（从现在算起，1 年之后发行）。在投资额为 $(1+i_0^1)$ 时，这时我们可以买到 $(1+i_0^1)/P_1^1$ 单位的债券。注意，这里的到期收益率 i_1^1 是使得 1 年之后的面值 1 美元的贴现值等于其当前市场价格的内部收益率。因此

$$P_1^1 = \frac{1}{1+i_1^1} \tag{5-5}$$

由于我们在 $t=1$ 时刻买了 $(1+i_0^1)/P_1^1$ 单位的债券，且债券的面值为 1 美元，所以我们在 $t=2$ 时刻的收益将满足（利用式（5-5）得）

$$\left[(1+i_0^1)/P_1^1\right] \times 1 = (1+i_0^1)(1+i_1^1) \tag{5-6}$$

2. 无套利与到期收益率的关系

市场均衡要求不存在无风险套利的机会。也就是说，对于投资者而言，直接投资 2 年期债券和先投 1 年期债券然后滚动地再投 1 年期债券这两种策略应该是无差异的。因为我们的初始投资都是 1 美元，所以这两种策略在 $t=2$ 时刻能够产生完全相同的投资收益。换句话说，式（5-3）和式（5-6）应该相等。这样可以得到

$$(1+i_0^2)^2 = (1+i_0^1)(1+i_1^1)$$

或者

$$(1+i_0^2) = \sqrt{(1+i_0^1)(1+i_1^1)} \tag{5-7}$$

这样，2 年期债券的到期收益率应该是两个连续的 1 年期债券到期收益率的几何平均值。

这种关系有时被称为"预期假设",因为它认为长期债券的收益率应该是投资者基于对一连串短期债券到期收益率的预期得到的。对于任意的期限为 n 年的债券来说,式(5-7)的一般形式可拓展为

$$(1+i_0^n) = \sqrt[n]{(1+i_0^1)(1+i_1^1)(1+i_2^1)(1+i_3^1)\cdots(1+i_{n-1}^1)} \quad (5\text{-}8)$$

3. 即期利率和远期利率

i_1^1、i_2^1 和 i_3^1 这些未来的收益率被称为远期利率,而 i_0^1,i_0^2,$\cdots$,i_0^n 这些当前的收益率被称为即期利率。值得注意的是,未来任意一个时期的远期利率可借助债券价格之间的比率得到。为了说明这一点,求解式(5-7)可得

$$i_1^1 = \frac{(1+i_0^2)^2}{(1+i_0^1)} - 1$$

现在,利用式(5-1)和(5-2)把($1+i_0^1$)和($1+i_0^2$)替换为各自的价格形式,可得

$$i_1^1 = \frac{P_0^1}{P_0^2} - 1$$

同样地,我们可以得到 $i_2^1 = \dfrac{P_0^2}{P_0^3} - 1$,其他的以此类推。一个从某个时点开始的单期远期利率可以认为是在未来这个时点发放的一个单期贷款的利率。一个从某个时点开始的 n 期远期利率可以认为是在未来这个时点发放的 n 期贷款的利率。对于一个 t 时刻发行的期限为 n 期的债券而言,其到期收益率(也可以说是从 t 时刻开始还有 n 期到期的贷款的远期利率)的通用计算公式为 $i_t^n = \sqrt[n]{\dfrac{P_0^t}{P_0^{n+t}}} - 1$。我们可以看出,收益率曲线的形状是如何被决定的:如果投资者认为短期利率将持续上升,这时有 $i_0^1 < i_1^1 < i_2^1 < \cdots < i_{n-1}^1$,那么 $i_0^1 < i_0^2 < i_0^3 \cdots < i_0^n$,进而收益率曲线呈上升态势。另一方面,如果投资者认为短期利率将持续下降,那么收益率曲线就会反转,呈现下降态势。给定一系列债券的价格,我们可以借助下面这个例子中的做法计算市场中的隐含远期利率。

例 5-1

设想市场中存在三张零息债券,而这些债券除了到期日不同,其他所有要素都是相同的。每张债券的面值都是 1 000 万美元。1 年期债券当前的出售价格是 9 523 809 美元;2 年期债券的出售价格为 8 734 386 美元,3 年期债券的价格是 7 513 148 美元。请计算每张债券的到期收益率,画出收益率曲线(假定可以平滑地插值),并计算远期利率。

解:

我们分两步来解这个问题。首先,我们使用设定的债券价格来计算到期收益率。接下来,我们通过计算债券价格比率来计算不同到期日的隐含远期利率。

步骤 1

利用之前的分析,我们有

9 523 809 = 10 000 000/($1+i_0^1$),得到 i_0^1=0.05 或者 5%。

同样，

8 734 386 = 10 000 000/$(1+i_0^2)^2$，得到 i_0^2=0.07 或者 7%。

7 513 148 = 10 000 000/$(1+i_0^3)^3$，得到 i_0^3=0.10 或者 10%。

步骤 2

我们现在计算隐含的远期利率。根据我们所有的数据，有

P_0^1=9 523 809 美元，P_0^2=8 734 386 美元，P_0^3=7 513 148 美元

$$i_1^1 = \frac{P_0^1}{P_0^2} - 1$$
$$= \frac{9\ 523\ 809}{8\ 734\ 386} - 1$$
$$= 9.038\ 09\%$$

以及

$$i_2^1 = \frac{P_0^2}{P_0^3} - 1$$
$$= \frac{8\ 734\ 386}{7\ 513\ 148} - 1$$
$$= 16.254\ 69\%$$

值得注意的是，5%、9.038 09% 和 16.254 69% 的几何平均值等于 3 年期债券的到期收益率 10%。同样，5% 和 9.038 09% 的几何平均值等于 2 年期债券的到期收益率 7%。另外，当前 2 年期债券的到期收益率 7% 和 2 年之后的 1 年期远期利率 16.254 69% 的几何平均值也等于 3 年期债券的到期收益率 10%。因此，所有可能选择的持续 3 年的投资策略都产生了完全相同的收益率。到目前为止，我们的分析都基于确定性假设的。我们现在引入远期利率的不确定性。

5.2 利率风险的魅力及其潜在影响

正如我们所看到的那样，在之前的例子中，不同期限债券的到期收益率可以是不一样的。在图 5-1 中，我们描绘了 1 年期债券的到期收益率为 5.75%，2 年期债券的到期收益率为 6.25% 的情形。也就是说，如果我们在 0 时刻买入 1 年期的债券，并持有至时刻 1，那么我们可以获得 5.75% 的收益率；如果我们在 0 时刻买入 2 年期的债券，并持有至时刻 2，那么我们每年可以获得 6.25% 的收益率。收益率之差（6.25%−5.75%=0.5%）被称为"期限溢价"。我们可以把 m 期的期限溢价界定为购买 $m+1$ 期债券但只持有 1 期（从购买日算起）的预期收益率与只有 1 期就到期的债券收益率之间的差额。如果期限溢价是正的，那么到期日越长的债券就应该有更高的收益率。在一个确定性世界中，期限溢价仅仅反映了投资者对于未来利率高于当前利率的预期。但在不确定性（也就是利率随机波动）的世界中，期限溢价有两个构成部分：一部分反映了未来利率的预期变动，另一部分则反映了风险厌恶的投资者由于承受风险（持有更长期限的债券）所要求的风险溢价，因为利率的预期变动可能偏离预想的状况（这也可以理解为承受利率风险的溢价）。

期限溢价通常是正值，如图 5-4 所显示的那样。图 5-4 描述了美国国债市场中 10 年期期限溢价的估计值。图 5-4 显示自 1990 年以来期限溢价水平在不断下降，但存在很强的波动性。如果平均来看期限溢价是下降的，这就意味着从投资者的角度看，其持有更长期限债券的意愿在不断增大。给定投资者的风险厌恶特征，这可能暗示着投资者感受到的宏观波动性在不断下降。换句话说，投资者的风险厌恶度可能降低了。

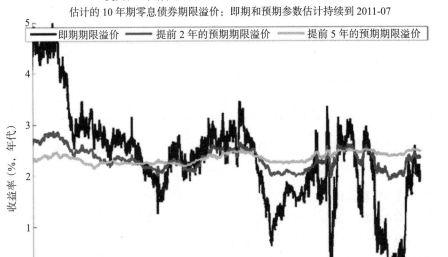

图 5-4　美国国债市场预计 10 年期期限溢价（1993～2012 年）

资料来源：杜伦（2014），关于美国国债期限溢价的深入思考：即期和预期测度，纽约联邦储备银行工作人员报告，no 658，修订版，2014 年 5 月。

对于银行而言，期限溢价通常是正值这个事实成为其资产和债务期限错配的一个强有力的诱因。相对于负债，通过持有较负债期限更长的资产，银行可以从正的期限溢价中获利。这就是利率风险的魅力所在。但正如例 5-2 所显示的那样，这种做法也是一种冒险行为。

例 5-2

设想银行只有一类资产，面值为 1 亿美元的 5 年期的美国零息债券。它的负债也只有一种，1 年期的面值为 1 亿美元的存单。1 年期无风险债券的到期收益率是 5.75%，5 年期无风险债券的到期收益率是 6.65%。

以经济价值来衡量，这家银行的资产负债表如下：

资产负债表　　　　　　　　　　　　　　　（单位：百万美元）

资产		负债和权益	
政府债券	72.48	存单	70.92
		权益	1.56
合计	72.48	合计	72.48

国债的经济价值为 $\dfrac{100}{(1.066\,5)^5}$=72.8 百万美元㊀，而存单的经济价值为 $\dfrac{100}{1.057\,5}$=70.92㊁ 百万美元。银行权益的经济价值是这两个价值之差。之所以存在银行权益的经济价值，是因为存在期限溢价（也就是银行资产和负债收益率之差）。只要利率保持不变，银行就可以靠正的期限溢价赚取利润。

现在，如果收益率曲线发生了平移，所有的收益率都增加 100 个基点，那么这时银行的权益会发生什么变化呢？新的基于经济价值的资产负债表看上去是这样的：

（单位：百万美元）

资产		负债和权益	
政府债券	69.17	存单	70.26
		权益	-1.09
合计	69.17	合计	69.17

国债新的经济价值为 $\dfrac{100}{(1.076\,5)^5}$=69.17 百万美元，存单新的经济价值为 $\dfrac{100}{1.067\,5}$=70.26㊂ 百万美元。

以差项体现的权益价值，就是资产价值减去负债价值 =69.17-70.26=-1.09 百万美元。

这样我们可以发现，即便所有的利率水平都出现了非常轻度的上升，但权益的经济价值从正的 15.6 百万美元变为负的 10.9 百万美元。为什么会这样呢？原因就是银行资产代表的长期现金流比银行负债代表的短期现金流对利率的变动更为敏感。这样，对于通常会错配其资产负债的银行而言（与我们假想的银行的行为方式类似，资产的期限长于负债），当利率上升时，其权益价值一般会下降。

数值为正的期限溢价的存在对于银行来说有着极为深刻的含义。一方面，它允许银行从资产负债表的期限错配中获利。另一方面，它将利率风险施加在银行身上。因此，尽管通过期限错配来获取利润的吸引力非常之大，但与错配相关的风险也可能是具有毁灭性的，正如在储蓄贷款协会和加利福尼亚州橙县事件中利率风险引发的巨大灾难一样。

银行能否通过期限匹配来实现对冲，进而使其股东规避利率风险呢？没有这个必要。原因是银行需要匹配资产和负债现金流的确切发生时点。更短期限的现金流和更长期限的现金流的行为表现并不一样。为了通过对冲使其股东规避利率风险，银行需要理解如果给定市场收益率的变动，它的资产和负债的价值是如何变化的。换句话说，对于给定的市场收益率变动，银行股东可使自己不受利率运动的（消极）影响，如果满足

资产价格变化百分比 = 负债价格变化百分比

$$\left.\dfrac{\Delta P_A}{P_A}\right|_{\Delta i} = \left.\dfrac{\Delta P_L}{P_L}\right|_{\Delta i} \qquad (5\text{-}9)$$

式中，ΔP_A 是资产价格的变化；P_A 是资产价格；ΔP_L 是负债价格的变化；P_L 是负债价格；

㊀ 因表中数字单位为百万美元，为统一计，本例中某些数字也采用百万美元作为单位。

㊁ 原书数据，疑有误。

㊂ 原书数据，疑有误。

Δi 是利率变化。

现在考察 $\left.\dfrac{\Delta P}{P}\right|_{\Delta i}$ 这个值。

首先考虑一个平坦的期限结构，$i=10\%$，10 年期的零息债券，面值为 100 美元。如果收益率变动 1 个基点，那么债券价格会如何变化（见图 5-5）？

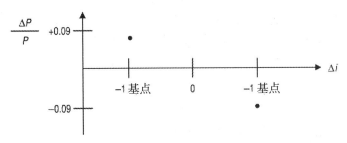

图 5-5　收益率变动 1 基点的价格变化

$$P\ (\text{不变动}) = \dfrac{100}{(1.10)^{10}} = 38.554\ 3\ \text{美元}$$

$$\left.\dfrac{\Delta P}{P}\right|_{\Delta i=+0.000\ 1} = \dfrac{100}{(1.100\ 1)^{10}} = 38.519\ 3\ \text{美元}$$

$$\left.\dfrac{\Delta P}{P}\right|_{\Delta i=-0.000\ 1} = \dfrac{100}{(1.100\ 09)^{10}} = 38.589\ 4\ \text{美元}$$

$$\left.\dfrac{\Delta P}{P}\right|_{\Delta i=+0.000\ 1} = -0.09\%$$

$$\left.\dfrac{\Delta P}{P}\right|_{\Delta i=-0.000\ 1} = 0.09\%$$

5.3　久期

5.3.1　对于息票债券而言期限的不适用性

我们可以看到债券的相对价格变化（$\Delta P/P$）与收益率的变化（Δi）相关。$\Delta P/P$ 和 Δi 的数值关系可以用**久期**（duration）来表示。久期与期限有关，但两者并不等同。债券的期限告诉投资者在获得债券最后一笔现金流时他需要等待多长时间，或者说债券什么时候到期或被赎回。然而，债券的期限没有告诉投资者关于债券价格波动的所有必要信息（零息债券除外）。这是因为对于具有相同期限的债券而言，存续期内其息票支付可能存在较大的差异。而且，除了息票支付之外，债券通常在到期日前提供其他的现金流，如分期摊付的现金流。在初期支付大额的息票或者快速分期摊付的债券，要比在存续后期支付大额息票的债券具有更短的有效期限。原因是前者在实际到期日之前已经产生了大部分的现金流，而后者产生现金流的时间偏向于到期日。因此，我们预计这些债券的价格对利率的变动具有不一样的敏感性。注意，我们现在已将关注点从零息债券转向那些可支付也可不支付息票的债券。在我们的分析中所考虑的债券都不是分期摊付型的债券，也就是说，在到期日前这些债券只支付息票，到期则一次性偿还本金。

5.3.2 久期就是答案

作为一个测度量纲与期限完全相同的概念,久期抓住了与债券相关的所有现金流的产生时点,而不只是最后一笔现金流的产生时点,它是一种更为复杂的测度指标。⊖债券的久期被界定为债券所有计划未来支付的到期日的一个加权平均数,而赋予每次支付的权重反映了这笔现金流对债券价值的相对贡献程度。也就是说,每个权重因子是每次支付的现值除以债券所有支付现值的总和。考虑期限为 N 年的债券,息票支付是 C_1,C_2,$\cdots$,C_N,其中 C_t 是 t 年的息票支付,本金 B_N(全额)在到期日支付。假设期限结构是平坦的,也就是所有现金流的年化到期收益率为 i。那么 $t=0$ 时刻的债券价格就是未来所有支付的现值

$$P = \frac{C_1}{1+i} + \frac{C_2}{(1+i)^2} + \cdots + \frac{C_N + B_N}{(1+i)^N} \tag{5-10}$$

为了考察 P 与 i 之间的关系,我们对 i 求导

$$\frac{dP}{di} = \frac{-C_1}{(1+i)^2} + \left[\frac{-2C_2}{(1+i)^3}\right] + \cdots + \left[\frac{-N[C_N + B_N]}{(1+i)^{N+1}}\right]$$

或者

$$dP = \frac{-di}{1+i} + \left[\frac{C_1}{1+i} + \frac{2C_2}{(1+i)^2} + \cdots + \frac{N(C_N + B_N)}{(1+i)^N}\right]$$

两边同除以 P 得到

$$\frac{dP}{P} = \frac{-di}{1+i} \left[\frac{\frac{C_1}{(1+i)} + \frac{2C_2}{(1+i)^2} + \cdots + \frac{N(C_N + B_N)}{(1+i)^N}}{\frac{C_1}{(1+i)} + \frac{C_2}{(1+i)^2} + \cdots + \frac{(C_N + B_N)}{(1+i)^N}}\right]$$

上式可以写成

$$\frac{dP}{P} = \frac{-di}{(1+i)}\left[1\left\{\frac{\frac{C_1}{(1+i)}}{\frac{C_1}{(1+i)} + \frac{C_2}{(1+i)^2} + \cdots + \frac{(C_N + B_N)}{(1+i)^N}}\right\} + 2\left\{\frac{\frac{C_2}{(1+i)^2}}{\frac{C_1}{(1+i)} + \frac{C_2}{(1+i)^2} + \cdots + \frac{(C_N + B_N)}{(1+i)^N}}\right\}\right. $$
$$\left. + \cdots + N\left\{\frac{\frac{C_N + B_N}{(1+i)^N}}{\frac{C_1}{(1+i)} + \frac{C_2}{(1+i)^2} + \cdots + \frac{(C_N + B_N)}{(1+i)^N}}\right\}\right] \tag{5-11}$$

每一项中的分子代表支付到达的时间 1,2,...,N,而其权重就是对应的支付现值。分母是所有债券现金流支付的现值总和,应该等于当前的市场价格 P。定义

$$w_t \equiv C_t/(1+i)^t, \quad t=1, 2, \cdots, N-1 \tag{5-12}$$

作为附属于从现在开始第 t 年支付现金流的系数。⊖令 $w_N \equiv (C_N+B_N)/(1+i)^N$。那么,使用

⊖ 这个概念是由 Macauley(1938)引入的。我们这里的处理部分依据的是 Fisher 和 Weil(1971)以及 Ingersoll(1978)的推广分析。

⊖ 每一个 w_t 最好视为一个"期限系数",而不是"权重",因为所有的 w_t 相加之和并不等于 1。然而,每一个 w_t 除以式(5-13)的分母就变成权重,也就是说,式(5-14)中的 $\hat{w}_t$ 是权重。

式（5-12）和 P，可以将式（5-11）写成

$$\frac{dP}{P} = -\frac{di}{1+i}\left[\frac{w_1 + 2w_2 + 3w_3 + \cdots + Nw_N}{P}\right] \quad (5\text{-}13)$$

这个等式给出了价格和收益率之间的关系。对于固定收益证券而言，久期就是它的"价格弹性"，且它把价格百分比变化和收益率的变化联系起来，如图5-6所示。

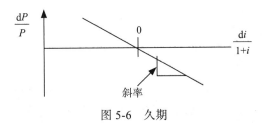

图 5-6 久期

在图5-6中，久期呈现的价格和收益率之间的关系斜率为负。这样，如果我们知道一项资产的久期，那么我们可以预测它对于给定的收益率变化的价格敏感性。我们可以写为

$$\frac{dP}{P} = -D\left[\frac{di}{1+i}\right]$$

其中，D就是久期。定义 $\hat{w}_t = w_t/P$，我们可以写为

$$D = \sum_{t=1}^{N} t\hat{w}_t \quad (5\text{-}14)$$

这样，式（5-14）表示为了得到债券的久期，我们需要计算不同承诺支付到期日的加权平均数，其中每个到期日的加权因子是用与该到期日相关联的支付现值除以债券的当前价格。

我们可以把债券的久期想象为对于债券持有人而言，在回收完投资之前其需要持有债券的平均年限。从风险评估的目的出发，久期是一个比期限更有实践意义的债券特性。债券的久期越短，价格波动性就越低。在其他条件不变（包括当前价格或者价值）的情况下，息票支付的增加会使久期下降，到期日的增长则会使久期变长。在到期日相同的所有债券中，零息（纯贴现）债券的久期最长——事实上，它的久期等于其期限。这些债券最近变得很受欢迎，一个明显的优点就是（在不存在违约的情况下）它们在存续期内提供的平均年化到期收益率（YTM）可提前知道且是确定的。也就是说，由于其现金流只有在到期日才产生，因此就不存在再投资风险。对于息票债券而言，其已实现的到期收益率依赖于远期利率，因为息票收入只能以这个利率进行再投资。然而，零息债券由于久期长，进而价格波动性就大，也具有很大的风险性。当利率持续下降时，零息债券的持有人比相同期限息票债券的持有人享受更多的价格升值。但是当利率上升时，零息债券的持有人会经历更大的价格下跌。让我们以一个简单的例子来说明久期的效应。

5.3.3 久期的运用：一些数值例子

下列与久期有关的重要知识点非常值得注意：

久期的单位是年，它是对债券"加权平均年限"的测度。

到期日越长的资产，久期也越长，反之亦如此。

对于零息债券而言，久期 = 期限。对于所有的其他债券，久期 < 期限。给定其他条件不变，息票利率的上升会降低久期。

浮动利率产品（其息票支付随利率变动）的久期是当前到下一次利率重定时间的间隔期。

银行"核心存款"的久期一般视为零。

投资组合的久期是组合中所有资产久期的加权平均。

例 5-3

考虑市场处于一种利率环境中，此时 1 年期年化到期收益率是 10%，2 年期的年化到期收益率是 9.782 4%，设想我们有两张无风险债券（期限均为 2 年），这两张债券除了其中一个是零息债券，2 年后到期，一次支付 1 109.60 美元，另一个债券 1 年后支付息票 100 美元，2 年后支付 100 美元的票息和本金 900 美元外，其他条件都相同。计算两张债券的久期。

解：

我们分两步来解决。第一步，我们计算零息债券和息票债券的当前价格。我们可以发现它们价格是相同的。第二步，我们计算了息票债券的久期，它小于零息债券的久期。

步骤 1

1 年期现金流的贴现率是 10%，2 年期现金流的贴现率是 9.782 4%。因此，零息债券的价格是

$$P_0 = 1\ 109.60/(1.097\ 824)^2 = 920.64\ (\text{美元})$$

同样地，息票债券的价格是

$$P_C = 100/1.10 + 1\ 000/(1.097\ 824)^2 = 920.64\ (\text{美元})$$

步骤 2

上述计算表明两张债券的价格相等。零息债券的久期是其期限，也就是 2 年。息票债券的久期为

$$D = \hat{w}_1 + 2\hat{w}_2$$

$\hat{w}_1 = (100/1.10)/920.64 = 0.098\ 75$，而 $\hat{w}_2 = [1\ 000/(1.097\ 284)^2]/920.64 = 0.901\ 25$，这就是说债券价值中的 9.875% 来自它第一期的票息支付，而债券价值中的 90.125% 来自它第二期支付的本息和。由此，$D = 0.098\ 75 + 2 \times 0.901\ 25 = 1.901\ 25$ 年。

5.3.4 使用久期衡量利率冲击对银行权益的影响

价值

回想一下银行的资产负债表可以表示为

$$A = L + E$$

式中，A 为资产；L 为负债；E 为权益。那么给定收益率的变动 Δi，资产负债表的变动可以表示为

$$\Delta A = \Delta L + \Delta E \tag{5-14}$$

现在

$$\frac{\Delta A}{A} = -D_A \left[\frac{\Delta i}{1+i} \right]$$

进而意味着

$$\Delta A = -D_A [A] \left[\frac{\Delta i}{1+i} \right] \tag{5-15}$$

同样地，

$$\frac{\Delta L}{L} = -D_L \left[\frac{\Delta i}{1+i} \right]$$

进而意味着

$$\Delta L = -D_L [L] \left[\frac{\Delta i}{1+i} \right] \tag{5-16}$$

假定利率的变化对资产的影响和对负债的影响是一样的，我们可以将式（5-15）和式（5-16）代入式（5-14）

$$\Delta E = \left[-D_A [A] \frac{\Delta i}{1+i} \right] - \left[-D_L [L] \frac{\Delta i}{1+i} \right]$$

这就意味着

$$\Delta E = \left\{ -D_A [A] + D_L [L] \right\} \left[\frac{\Delta i}{1+i} \right]$$

或者

$$\Delta E = -\left[D_A - D_L \left\{ \frac{L}{A} \right\} \right] [A] \left[\frac{\Delta i}{1+i} \right] \tag{5-17}$$

其中权益价值变化 ΔE 的单位是美元。

这样，当市场收益率变动时，什么会导致银行权益价值的变动？从上式来看，存在三个驱动因素：冲击的规模 $\left(\frac{\Delta i}{1+i} \right)$；银行使用的杠杆大小；银行资产和负债久期的不匹配程度。当 $D_A = D_L \frac{L}{A}$ 时，银行就会处于"免疫"状态。

对于银行或储蓄机构而言，这种分析有什么意义呢？注意，对于一家传统的银行来说，其资产的久期通常要高于负债。因此，它的久期看上去如图 5-7 所示。

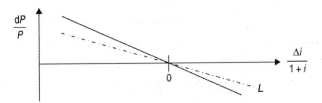

图 5-7 传统银行的资产负债久期

这就意味着当收益率上升时，银行的权益将会下降（回想式（5-17）），当 $D_A > D_L$，而

且 $L < A$ 时，$\left(D_A - D_L \dfrac{L}{A}\right) > 0$，所以在 $\Delta i > 0$ 的条件下 $\Delta E > 0$。如果利率下跌，银行权益会上升。这样，当银行以一种传统的方式错配其资产负债表时，它就会以这种方式承担利率风险。免疫策略可以消除这种不匹配。

银行可以通过资产负债久期的变化来改变其免疫的程度。有两种方式可以实现这一目的：表内方案和表外方案。表内方案就是通过发放新的贷款，获得新的负债来改变其资本结构。表外方案则包括利用回购协议、远期合同、期权和互换等（我们将在后面的章节中讨论这些内容）。

5.4 凸性

如果银行为了防止由意料之外的利率变动所造成的净资产下降，那么久期匹配就可以起作用；但匹配所有的到期期限是不可能实现的，除非所有的投资对象都是零息债券类型的产品。设想现在一家银行已实现了免疫，且收益率随后发生了变化。这家银行还可以保持免疫吗？答案是否定的。原因在于久期只是一个近似值。事实上，久期只是非线性的价格和收益率之间关系的一个线性模拟。我们可以借助例 5-4 来说明这一点。

例 5-4

设想我们有一张 10 年期的无风险零息债券，面值为 1 000 美元，到期收益率是 10%。那么，债券的久期是多少？如果收益率上升或下降 500 个基点，利用久期预计的价格变化是多少？

解：

注意，因为债券是零息债券，所以久期 = 期限，进而其久期是 10 年。债券当前的价格是 $\dfrac{1\,000}{(1.10)^{10}}$ = 385.54 美元。现在考虑债券价格对收益率上升 500 个基点的反应。

价格	收益率变化	
	+500 个基点	−500 个基点
久期预计的价格变化：$\dfrac{\Delta P}{P} = -10\left[\dfrac{\pm 0.05}{1.05}\right] = \pm 47.62\%$	385.54 × (1−0.476 2) = 201.95 美元	385.54 × (1+0.476 2) = 569.13 美元
实际价格	$\dfrac{1\,000}{(1.15)^{10}}$ = 247.18 美元	$\dfrac{1\,000}{(1.05)^{10}}$ = 613.19①美元
误差	−45.23 美元	−44.78 美元

① 原书数据疑有误，应为 613.91。

我们可以发现，在利率上升时利用久期所预测的价格下降幅度出现了高估现象，而在利率下降时预测的价格上涨幅度出现了低估现象。此外，相比利率下降时的预测值，久期在利率上升时的预测值产生了更大的误差。这意味着当利率变动时，久期的近似估计值要比它本身真实的价值看上去更糟糕，且这个偏差随着凸性的增加会变得更大。

为什么久期会出现这样的预测误差呢？原因就在于价格变化和收益率变化之间的真实关系是凸的，而非线性的。

当我们最初计算 dP 和 di 的关系时，我们首先求了一阶导数，利用一阶导数可以得到函数局部区域的斜率（也就是曲线的斜率），当 di=0 时的 dp/di。然而，如果我们进一步求二阶导数，我们会发现 $\frac{d^2 P}{d i^2} > 0$，也就是说所有的固定收益证券都是凸的。

凸性的内涵之一是说明久期只有当利率在 di=0 附近变化时有效，也就是说，只有当收益率出现相对较小的变动（如1个基点），利用久期来预测价格变动才会合理。利率变动越大，久期在预测价格变化时出现的误差也就越高（见图 5-8）。

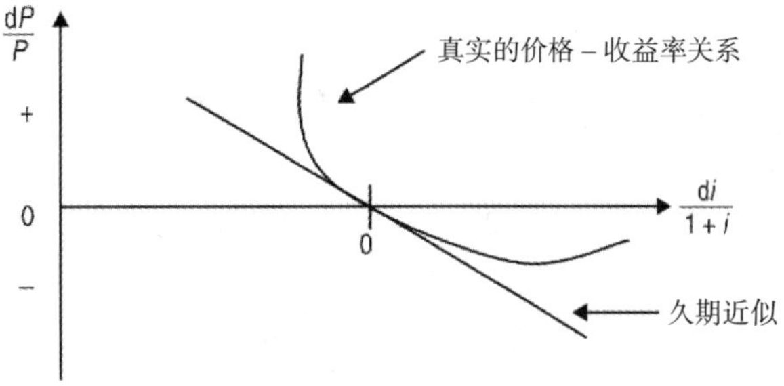

图 5-8　价格 – 收益率关系是凸的

对于银行和固定收益证券而言凸性的含义

对于固定收益证券而言，凸性的存在有三个重要含义。
- 假设利率变动的幅度一致，那么利率上升造成的价格下降幅度要小于利率下降造成的价格上升幅度。
- 久期会随着收益率的变动而变动。
- 更大的凸性意味着久期的价格预测存在更大的误差。

对于银行而言，凸性的存在也有两个重要含义。
- 由于资产和负债的久期会随收益率的变化而变化，所以久期免疫策略是一个动态过程。
- 鉴于使用久期来近似刻画价格变化所导致的误差会低估银行权益的价值，因此，如果银行的资产组合比负债组合的凸性更大，那么从这个意义上讲，适宜的久期免疫策略不会损害银行的利益。

5.5　利率风险

5.5.1　利率风险如何影响金融机构的净值

成功的金融机构要了解它的利率风险，并管理其资产和负债的久期。一个纯粹的经纪人没有必要担心利率风险，因为它的资产和负债多多少少会自动进行久期的匹配。另外，资产转换主体经常会暴露在非常微妙的利率风险敞口中。考虑下面这个简单的例子。银行借入和贷出的资金只有两种期限：短期（1年）和长期（2年），且所有借贷都是以零息债券形式开展的。银行拥有 4 000 万美元的短期贷款和 4 000 万美元的长期贷款，其负债包括 6 000 万美元的短期存款和 1 000 万美元的长期存款。⊖所有的数据均以 2012 年 10 月 30 日的市场价值来记录。这样，银行的资产负债表如下：

（单位：美元）

2012 年 10 月 30 日的银行资产负债表			
短期贷款	40 000 000	短期负债	60 000 000
长期贷款	40 000 000	长期负债	10 000 000
总资产	80 000 000	总负债	70 000 000
		权益	10 000 000
		负债和权益的总和	80 000 000

假定 2012 年 10 月 30 日的收益率曲线是平坦的，所有不同期限的资产和负债产品的年化到期收益率都是 10%。

现在设想 2012 年 10 月 31 日的收益率曲线出现了平移，所有的收益率上升到了 12%。

每 1 美元的短期资产（或负债）的价值下降到 0.982 142 8 美元，而每 1 美元的长期资产（或负债）价值下降到 0.964 604 5 美元。以市场价格记录的新的资产负债表如下：

（单位：美元）

2012 年 10 月 31 日的银行资产负债表			
短期贷款	39 285 712	短期负债	58 928 568
长期贷款	38 584 180	长期负债	9 646 046
总资产	77 869 892	总负债	68 574 613
		权益	9 295 279
		负债和权益的总和	77 869 892

这样，权益的市场价格下降了 704 721 美元，或者说下降 7.047%。期限结构的平移会同时影响资产和负债的价值，但因为两者久期不相等，所以导致其对资产和负债价值的影响程度并不对等。注意，1 年期的短期资产的久期是 1 年，长期资产的久期是 2 年。短期资产和长期资产的权重分别是 0.5 和 0.5。因此，资产组合的久期是 0.5×1+0.5×2=1.5 年。同样，短期负债的久期是 1 年，其权重是 6 000 万美元/8 000 万美元 =0.75，而长期负债的久期是 2 年，其权重是 1 000 万美元/8 000 万美元 =0.125。因此，负债组合的久期是 （0.75×1+0.125×2）=1 年。

尽管不对等的久期具有风险，但这就是资产转换机构所提供的服务。通过吸收短期资金（获得短期负债），中介缩短了客户资产（即中介负债）的久期，进而可以利用内生于收益率曲线中的期限溢价来获取利润。另外一种完全消除利率风险的方法就是使资产和负债的久期在任何时候都保持相等。但这样做就会使中介放弃久期/期限转换业务，而这是一类具有潜在利润的资产转换活动。

5.5.2 利率风险的案例研究

银行和其他的存款性机构出于从期限溢价或者对利率的预期（或猜测）走势中获利的考虑，通常会有意地错配其资产和负债的久期。存款性机构的特点就是在为长期资产融资的

⊖ 你可以很容易证明资产和负债的组合有不同的久期。

同时吸收短期负债。例如，储蓄贷款协会历史上曾发放过 30 年期的固定利率抵押贷款，而其负债则是通常而言可随时支取的活期存款。㊀同样地，商业银行发放 5 年和 7 年的定期贷款，同时吸收活期存款和储蓄存款作为负债来源，而这两种存款也都可以随时提取。这种错配不可避免地会导致利率风险。

为了说明这一点，考虑北卡罗来纳国民银行（NCNB corporation）的例子。这家银行随后变为国民银行（Nation Bank），再之后与美国银行合并。这家银行推测在 1990 年利率会出现下降，并基于这个判断在 1989 年拉长了其投资组合的久期。㊁1989 年年末，这家银行拥有一个负债对利率高度敏感的资产负债表，主要原因是它持有价值 60 亿美元的由政府国民抵押协会（Government National Mortgage Association，GNMA）发行的长期抵押支持证券。截至 1989 年 12 月 31 日，大约有比资产多 15 亿美元的负债需要在接下来的 12 个月重新定价。如果市场利率下行，NCNB 就会获得巨大的盈利。但事与愿违，利率上升了。1989 年年末，30 年期的 GNMA 证券的收益率是 9.49%。到了 1990 年 3 月 16 日，30 年期的 GNMA 证券收益率是 9.95%。NCNB 的债券组合由此遭受了 1.8 亿美元的账面（未实现）损失。此外，1990 年 3 月的新闻披露，1990 年第 1 季度该银行拥有的问题贷款可能上升 25%。所有这些消息导致 NCNB 的股票大幅跳水，从 3 月第一周的 46 美元下跌到 3 月 19 日的 40 美元，下跌幅度为 12%。㊂

5.5.3 储蓄贷款协会的经历及其他事件

另外一个与利率风险后果相关的令人震惊的实例就是 20 世纪 80 年代美国储蓄贷款协会行业的经历。储蓄贷款协会通常会把融入的短期存款投资到期限相对较长的固定利率住房抵押贷款中，由此导致其负债的重新定价要比资产频繁得多。只要收益率曲线是向上倾斜的，这种期限转换就是有利可图的活动。但在 20 世纪 70 年代后期和 80 年代早期，随着收益率上升到了历史性新高，曲线形状出现了反转，由此导致储蓄贷款协会遭受了显著的损失。这个行业中机构净值的大量消失成为几年之后最终导致行业毁灭的触发事件。特别地，净值损失意味着这些机构通过从事高风险投资所带来的收益要远超其可能引发的损失。这就导致了进一步的亏损。20 世纪 90 年代加利福尼亚州橙县经历的财务危机是利率风险潜在破坏效应的另一个例证。

5.5.4 为什么要承担利率风险

马上面临的问题是：为什么银行和储蓄贷款协会要选择去承担这种风险敞口？我们已经知道银行可以通过匹配资产和负债的久期来规避这种风险，所以利率风险是一种可规避的风险。为了回答这个问题，我们回到利率期限结构的概念中。期限结构存在的风险溢价使得那些能承受风险的投资者持有长期的资产，并且吸收短期资金作为负债。这种回馈就是收益率曲线的溢价，可以反映出这些投资者的风险厌恶程度。

㊀ 由于住房抵押贷款提前偿付，30 年期的固定利率住房抵押贷款有不确定性的久期，通常为 7～12 年。
㊁ 这个讨论是由凯利·霍兰德在 1990 年 3 月 20 日的《美国银行家》中提出的。
㊂ 正如 NCNB 的高级副总裁、资产负债管理执行董事约翰·姆斯所提的那样："我们现有的资产负债头寸状况可以使我们在 12 个月的时间跨度内从利率下降中受益。毫无疑问，我们承担了一些损失。"

为什么银行和其他储蓄机构比其他的机构更愿意承受风险？这个问题在之后的章节中有讨论，但是目前可以明确的是存款保险制度是使得银行风险偏好变高的一个原因。当然，并非所有的银行都会去承受如此大的利率风险。考虑到银行的储户，银行的风险替代行为取决于它的自有资本水平。有更多自有资本的银行会选择从事更低风险的投资，而自有资本低的银行相反。

这部分的讨论不是说资产转换方不应该接受利率风险，而是应该细致地评估和管理这种风险。

5.6 结论

本章探讨了利率风险及其在银行所有风险敞口中扮演的角色。利率风险是银行有史以来面临的最重要的风险。利率风险与利率的期限结构相关。我们在确定性和不确定性条件下研究的期限结构表明了收益率和期限是如何相关的。在确定性和不确定性条件下，无风险套利起到了关键的作用。而且，我们的分析表明，持有债券的风险用久期来评估比用到期期限来评估更加合适。久期的定义及其与价格波动的相关性表明息票债券应该如何分析。我们同时考察了凸性的概念以及对利率风险敞口的衡量方式。

5.7 案例研究：艾格斯顿州银行

5.7.1 简介

爱德华·艾格斯顿是艾格斯顿州银行的首席执行官以及主要的股东，该银行是他30年前在家乡布鲁明顿所创办的，现在正面临着问题。他刚挂断和他的老朋友——弗雷德·费雪的电话。弗雷德向他报告了他找工作面临的困难。弗雷德和爱德华的故事十分相似。他们是大学室友，都在大学毕业后创办了小型银行并成功地运营了几年。但是现在弗雷德的银行已经垮台了，他的银行被监管部门要求关闭，而且他的财富也不多，都投资到银行了，现在都蒸发了。目前，他正在一个大中型城市中寻找一份适合他的工作。

弗雷德的银行很小，总资产只有3 000万美元，但是在做小型银行传统业务时也获利不少——吸收个人储户的存款、短期的小企业资金，然后发放长期的住房贷款和企业贷款。但是当州银行监管部门放松监管，允许其他一部分的州立银行进入小城市开办业务时，事情变得更加严峻了。竞争伴随着利率的不断波动，以及银行传统的资产负债期限不匹配，使得银行处于不断消耗资本的境地，导致3年来资本急剧下降，从200万美元降至30万美元。最终，监管部门介入并接管了银行。爱德华担忧相同的事是否会发生在他的银行内。他的银行比弗雷德的银行要更大，总资产为4亿美元（见表5-1）。但是随着资产规模在10亿级别以上的几个区域性银行的兴起，爱德华觉得他也面临着弗雷德遇到的问题，即艾格斯顿州银行暴露在利率风险中，探讨对冲利率变动造成的风险的可能性。

表 5-1 艾格斯顿州银行

年度资产负债表（千万美元）		
	2004	2005
资产		
现金和银行存款	59 696	78 645
美国政府债券	38 612	45 284
其他政府债券	58 030	49 456
其他证券	6 678	6 439
贷款	250 950	290 125
银行固定资产	12 698	21 924
其他资产	2 996	2 876
总资产	429 660	494 749
负债		
活期存款	178 668	184 694
定期存款	122 164	166 995
美国政府的存款	10 164	3 429
其他政府的存款	57 190	59 805
商业银行的拆借资金	7 266	12 897
总存款	375 452	427 910
其他负债	23 520	34 925
总负债	398 972	462 835
资本账户		
普通股	5 838	5 630
资本盈余	15 008	14 472
未分配利润	7 952	9 828
准备金	1 890	1 985
总资本	30 668	31 915
总负债和总资本	429 660	494 750

5.7.2 会议

一周之后，爱德华和卡罗尔·齐普利、道格拉斯·戴特坐在办公室里商议这件事。卡罗尔是从顶级 MBA 项目毕业的，具有超强的分析能力，被该银行聘用负责银行的风险管理活动。道格拉斯从银行中的当前职位升职了，他对细节有很尖锐的洞察力以及常识。

艾格斯顿：好吧，你们都知道目前我们面临的处境。我感兴趣的是我们有哪些可选择的决策，以及我们应该采取什么措施。我们是否还应该保持期限错配，又或者我们应该开始对冲风险？

戴特：正如你知道的那样，爱德华，我对银行最近参与的一些"时髦"的事项是持怀疑态度的。毕竟，我们的期限错配并非那么严重。还记得我向你提供的一篇文章中所说的，一家银行由于听信一个交易商不合适的建议而导致在期货市场上出现了亏损。我担心的是如果我们不够谨慎，我们也可能会铸成大错。而且，我们银行已有 30 年了，一直以来都是平稳地盈利。我们是否需要混合一个良好的体系来管理？

齐普利：我认为你是对的，道格拉斯，你说到我们应该保持谨慎。但是我认为银行亏损的故事背后都是由于对冲计划的失败所造成的，我们可以找到银行亏损或者倒闭的大量案例，这都是因为它们没有很好地对冲风险。而且，最近几年银行经营的环境已经发生了显著的改变。因此，过去 30 年我们所做的对接下来 30 年里我们的计划是至关重要的。

戴特：人们总是这么说，但是我并没有看到多大的变化。我们的规模是在上涨，但终究是个小银行，我们的借款人或者我们的客户都是个人或者中小企业。卡罗尔，为什么你不展示我们过去 5 年的存款流入是很平滑的事实（见表 5-2）？而且新的管理部门看起来会允许 Ft. Washington 开业，因此看起来整个社区的商业环境和过去是差不多的：平稳且固定。毕竟这是一个繁荣的地区（见表 5-3）。

表 5-2 总存款　　　　　　　　　　　　　（单位：百万美元）

（预计持有期为 6 个月）			
	高	低	平均值
2001	305	257	284
2002	323	291	301
2003	363	323	357
2004	375	307	363
2005	427	375	400

表 5-3 市场区域经济数据收入和住房

每年家庭收入（美元）	家庭比例
3 000 以下	28%
3 000～6 999	20%
7 000～14 999	30%
15 000～24 999	21.5%
25 000 以下	0.5%
住房所有权	
所有家庭单位数	30 000
业主所有	51%
租住	38%
没有所有权	11%
主要区域的员工数	
《金融时报》	25 000
洛克希德	1 000
卡夫食品	850
布鲁明顿大学	730

齐普利：好吧，我们很赞同管理部门对军事基地所做出的承诺。但是无论如何，Ft. Washington 的关闭不仅是我们面临的唯一风险。我认为银行业竞争的本质意味着世界市场所发生的变化都会对这个小镇造成影响。20 年前，我们的储户可能对利率差异不太关注，我们是家乡的银行，我们熟悉他们以及他们的业务。但是现在银行已经不再那么私人化了，我们不能期望储户还会选择我们、加入我们，而且我们还不提供竞争性的利率。我认为我们的投资和贷款组合需要细致的观察（见表 5-4 和表 5-5）。

艾格斯顿：很好，这是我期望听到的意见，但是我认为我们现在需要仔细分析。我们坐下来想想可能出现的利率变化的情景。卡罗尔可以参考图表，让我们知道在不同情景下我们银行会出现的问题（见表 5-6）。

表 5-4 艾格斯顿州银行

(投资组合，当日)

项目	面值（美元）	票息	到期年限	账面价值（美元）	债券评级
美国政府债券					
短期票据	25 000 000	—	8 个月	2 235 000	—
中期票据	4 000 000	6.00	2 年	3 765 000	—
债券	40 000 000	7.00	25 年	39 284 000	—
其他政府债券					
市政债券	50 000 000	6.00	22 年	49 456	Baa
公司债券					
洛克希德公司	7 000 000	12	17 年	6 439	Aaa

表 5-5 艾格斯顿州银行

(贷款组合，当日)

借款人类型	票息	预计	账面价值（美元）
短期的个人（车贷以及其他）贷款	13.27	2.1	14 700 000
短期企业贷款	12.31	1.8	7 234 000
中期企业贷款	11.45	5.3	42 300 000
长期企业贷款	10.4	7.9	78 766 000
家庭住房抵押贷款	8.3	9.1	179 000 000

表 5-6 可能的利率情景

(情景名称)

	好	差	一般
概率	0.5	0.3	0.2
美国政府债券			
账单	11.00%	9.00%	12.00%
票据	10.00%	10.00%	13.00%
债券	9.00%	11.00%	14.00%
其他政府债券			
市政债券	9.25%	11.75%	15.25%
公司债券			
洛克希德公司	9.75%	10.75%	13.75%
贷款			
短期的个人（车贷以及其他）贷款	13.25%	11.25%	14.25%
短期企业贷款	12.25%	10.25%	13.25%
中期企业贷款	10.50%	10.5%	13.75%
长期企业贷款	9.80%	10.75%	13.75%
家庭住房抵押贷款	9.00%	11.50%	14.50%

5.7.3 数据

会议期间，银行人员对以下情景可能出现的概率达成一致意见。

5.7.4 任务

艾格斯顿：卡罗尔，我希望你拿到这些数据并在几天后针对特定的问题给我反馈。我们错配的程度是多大？在不同情景下我们银行可能出现的状况如何？对冲的问题是什么？可能的话，我们如何对冲来保护银行的利益？

专业术语

zero-coupon bonds 零息债券 不支付息票的债券，在到期日将所有的本金偿还给债券持有人。

duration 久期 一种有别于期限的利率敏感性测度指标，该指标考虑了所有现金流的发生时机。

immunization 免疫 使机构免受利率风险影响的措施。

复习题

1. 什么是利率期限结构？
2. 在确定性条件下，利率期限结构消除了无风险套利，那么债券收益率和不同到期期限的关系是什么，为什么会形成这样的形态？
3. 什么是久期，为什么比起到期期限，久期是更有效地衡量息票债券的方法？同一到期期限的债券，久期和价格波动的关系是什么？
4. 什么是凸性？讨论它在评估债券中的潜在运用。
5. 讨论存款机构的久期错配的正反两面。
   假设有三种零息债券，除了到期日不同之外，其他条件都相同。每份债券的面值都是 1 000 美元。1 年期的债券当前以 855.66 美元的价格出售，2 年期的债券以 835.33 美元的价格出售，3 年期的债券当前价格是 775.85 美元。计算三份债券的到期收益率，画出收益率曲线（假设你可以平滑地插入其他值），并计算远期利率。
6. 1 年期的纯贴现债券的年化到期收益率是 12%，2 年期的纯贴现债券的到期收益率是 10.45%。现在有两份债券。一个是 2 年期纯贴现债券，计划在到期时一次性支付 1 200 美元。另一个是息票债券，第一期支付票息 100 美元，第二期支付息票加本金共计 1 000 美元。计算这些债券的久期，以及根据到期期限计算可能的价格变化。
7. 以下是两个人的对话节选。做出评价。

   主持人：那么，你怎么认为？我们是否真的理解美国银行业所发生的事，以及知道该如何应对？

   阿普尔顿：我认为银行和储蓄贷款机构是环境造成的牺牲品。我们有反向的收益率曲线——长期利率低于短期利率，此时使得金融机构难以从资产转换中获得正常的利润。你知道的，我一直不相信预期假说。它是漂亮的理论，但是和实际不沾边。当然，利率波动的加剧起不到任何作用。似乎利率波动是不够的，竞争也在扩大，国内和国际上都是这样。这些机构感觉它们被一个大钳子夹住了。

   主持人：顺便一说，艾利克斯，我也提供一个不喜欢预期假说的原因——它同样错了。

   阿普尔顿：我并不知道。你确定吗？在任何情况下，很高兴你认同我，迈克。但是老实说，我很惊讶。我知道你和贝丝所认为的，我认为我们可以有更多的讨论。

   主持人：好的，艾利克斯。关于你的观点我只认同一部分。我同意储蓄机构在过去的 15 年里面临的艰难的环境。但是我认为它们可以更加聪明地管理它们的风险。例如，它们可以减少资产和负债之间的久期缺口，可以使用免疫策略来对冲利率风险。正如其他的投资银行机构一样，它们在佣金方面更加有创新性，因此佣金收入使得投资银行不太依赖于资产转换活动。看一看投资银行所挣的利润，例如剥离式国库券，销售纯贴现债券（如国债利息证书（CATS）和国债投资成长收据（TIGRS））。不，艾利克斯！故事不是你认为的"环境的被动牺牲品"那么浅显。我认为银行和储蓄贷款机构利用了该体系，剥削了纳税人。

第 6 章

流动性风险

> 所有可被计量的东西都不一定需要计数,一切重要的东西不一定都被计算在内。
>
> 阿尔伯特·爱因斯坦

引言

本章是为了详细地考察流动性风险。我们从讨论流动性风险的来源开始,然后转向流动性风险与违约风险之间的互动问题,接下来讨论流动性风险和利率风险之间的相互作用,并给出了关于流动性风险的一些规范界定。

有了这些基础知识之后,本章转向对如何管理流动性风险的探讨。与第 4 章所介绍的全面风险管理(ERM)框架相一致,我们引入了一个流动性风险管理和治理的框架。在此之后,我们考虑了多种降低流动性风险的方法,包括持有流动性资产、降低存款提取的风险,以及保留可融资市场的可得性等。本章还讨论了最后贷款人在降低流动性风险中的作用。这部分的讨论强调了任何一个最后贷款人在区分流动性危机和破产危机时所面临的困难,以及由此导致的合适政策回应。最后,本章对流动性风险的系统性性质做了简要评论。

6.1 究竟什么是流动性风险

对于银行而言,有些时候它无法及时获得其所需的资金,因而被迫要承担一些成本。这些成本可能体现为放弃投资机会,也可能是陷入财务困境时的融资成本。这些情形是金融中介面临流动性风险的一些例子。我们将流动性风险界定为在不损害其财务或声誉资本的前提下无法满足各类要求权的风险。[⊖]

区分流动性不足和破产两个概念非常重要。破产指的是公司的负债价值超过了它的资产价值,由此导致它的净资产是负数。尽管流动性不足可能会造成和破产一样的危害和成本,但这是一种根源于资产的(非)可适销性而不是资产最终或完全价值的窘迫状况。当然,如

⊖ BIS 提出了一个非常类似的定义:"流动性是银行在无须承担其无法接受的损失的前提下,能够为资产扩张和债务到期时满足偿还需求的能力"。(BIS, 2008)

果近距离考察的话，这两个概念之间可能没有什么太大的差异。无论如何，在一个交易清淡的市场中，时间和营销努力对于资产价值的实现往往是必不可少的。在短时间内清算资产可能造成以低于正常情况下资产真实价值的"困境价"或"跳楼价"成交。资产营销所需要的时间与其价值实现之间的关系是流动性这一概念的核心。

信息摩擦是流动性问题的关键所在。为了解释信息摩擦与违约风险和利率风险之间的相互作用是如何导致流动性风险的，设想你拥有一家银行，你通过未经保险的活期存款获得资金，同时为客户提供了 100 万美元的贷款，期限为 2 年。作为一个银行家，相比于外部人而言，你对这笔贷款的违约风险自然要了解得更多。换句话说，这里存在关于贷款质量的信息不对称。现在，设想贷款已经发放了 6 个月，但由于你的存款人遭受了一种"流动性冲击"（也就是说，储户出现了紧急的资金需求来支付医疗支出或大学学费等费用），他需要提取 40 万美元的存款。然而，你现有的现金资产余额只有 10 万美元。这意味着你必须筹集 30 万美元的资金来满足这个存款人的提款需求。如果潜在的存款人对于你的贷款组合的质量足够乐观，筹集 30 万美元新的存款将不成问题。但设想一下，外部人收到一些关于你所拥有贷款的不利信息的情形。⊖如果这些信息非常悲观，那么新的存款很可能要么无法筹集到，⊜要么你不得不支付很高的利率——相对你认为"合适"的利率而言——来吸引必要的存款。⊜问题的关键是即便你的贷款质量很好，这种情况也有可能发生。原因是你知道贷款质量很好，但那些潜在的新存款人并不知道这一点。这是流动性风险的一个例子。

在这个例子中有四点是需要我们注意的。第一，银行面临问题的起点是银行现有的存款人遭受了"流动性冲击"或者需要流动性。第二，关于银行资产质量的信息不对称引起了流动性风险。如果你知道贷款质量良好，而且关于贷款质量，外部人拥有和你一样多的信息，那么你可能以一个你认为与贷款组合风险相匹配的价格来获得新的存款。这就消除了流动性风险。第三，流动性风险很容易与破产或信用风险相混淆。也就是说，如果银行的贷款质量确实恶化了，那么对于银行未被担保的存款人而言，其信用风险就会上升，银行也可能面临破产风险。这时，即使银行和银行潜在的新存款人之间不存在关于贷款质量的信息不对称问题，银行也不会获得新的存款。一个外部观察者可以观察到银行无法筹集新的存款这个现象，并且在银行面临真实的破产问题时他也会认为这是流动性风险的表现。第四，久期的错配可能是造成流动性风险的一个重要因素，但不是一个必须存在的因素。为了理解久期错配的重要性，设想你的资产和负债组合的久期完全匹配。那么，通过特定组合的负债融资所支持的资产组合，你可以在负债到期的时候恰好得到一笔资产收入，进而当资产已在账面记录之后发生的与资产相关的信息不对称就显得不重要了。当然，如果银行发放的新贷款存在信息不对称，那么为这笔贷款提供资金的存款的利率将会上升（这反映了这种信息不对称导致的风险溢价）。然而，这时你可以通过提高贷款价格的方式把利率溢价成本传递给你的借款人，进而你的资本就不会受到损失了。

⊖ 这些信息有可能与你所知的关于贷款的信息不一致，也就是说，你可能仍比外部人拥有更多的信息，进而相信你贷款的质量是良好的。

⊜ 事实上，有可能出现你的现存存款全部被提取的情况。尽管存款保险可能缓解这一情况，但要注意，银行的确会经常依赖像批发融资这样的其他（未投保）融资来源，见 Huang 和 Ratnovski（2011），Bouwman（2014）。

⊜ 实际上，你支付如此高利率的意愿可能会被视为贷款质量较差的一个信号。这时，流动性风险可以被解释为承担这一信号成本的可能性。

6.1.1 流动性与违约风险之间的互动

流动性风险与违约风险是相关的。如果一个突然的流动性需求迫使你要迅速出售流动性不足的资产，那么资产可实现的价值就有可能很低，进而通过出售这些资产所获得的收入可能也就无法满足债权人的索取权，从而损害你的偿付能力。因此，流动性风险可能会引发违约风险。相反的情况也可能会发生：对于现存资产信用风险（也就是违约风险）的担心可能会导致资金市场的冻结，使得银行很难（有时甚至不可能）筹集到为投资新的贷款所需的资金，由此触发了流动性问题。这意味着，流动性和违约风险不应该割裂开来看。

通常，我们认为很大一部分流动性风险表现为存款提取风险，这种风险根源于银行存款比其资产的久期要更短一些。这样，被用来为贷款提供资金的存款的到期时间总是比贷款要早，这时如果存款被提取了且无法滚动获得下一轮的存款，流动性风险就会出现。

6.1.2 流动性与利率风险之间的互动

我们现在来讨论流动性和利率风险之间的互动。有两种方式可以来解释这种互动。首先，设想我们面临存款利率的上限。给定这个上限，市场利率水平的提高会导致存款提取增加，因为存款人可以在其他地方赚取更高的收益率。因此，存款利率上限把利率风险转化为了存款提取风险。

另外一种理解两者互动的方式就是回到我们探讨利率风险那一节所举的例子中。如果期限结构受到了随机冲击，导致利率水平上升，那么银行很可能将会遭受存款的流失，因为存款人希望把他们的货币以比当前更高的利率水平进行再投资。银行有两种方法筹集资金来应对这些存款提取需求。一种办法是银行去获取新的（部分是未被保险的）存款。但是由于存在关于银行贷款组合的信息不对称，银行可能需要向存款人提供一定的利率溢价。此外，银行必须满足存款准备和资本充足要求。另一种替代办法就是出售银行的部分资产组合以满足意料之外的存款提取需求。银行可以通过出售持有的可适销性证券或部分贷款来获得资金。⊖但是，由于存在关于银行贷款的信息不对称问题，银行可能只能以一个低于自身认为合适的价格出售所持有的贷款。由此导致银行所承担的损失也是流动性风险的一部分。虽然这种损失的突然发生是由利率的不利变动所导致的，但再一次值得注意的是，信息不对称在这个过程中发挥了核心作用。此外，信息不对称越严重，损失的潜在规模就越大，进而资产的流动性也就越低。这也就是为什么，尽管公司股票拥有一个非常活跃的二级市场，但其流动性仍然不如美国国库券。

6.2 关于流动性的一些规范界定

把 P^* 设想为体现某一资产完全价值的价格，即在完成所有有用的销售准备工作之后，

⊖ 一家银行可以把它的贷款出售给另一家银行，就如同企业可以以私募形式出售其债务一样。这种被称为"贷款销售"的实践活动相当古老。一种新近出现的实践活动是资产证券化，涉及出售贷款（通常将其作为贷款组合的一部分）的银行直接出售给资本市场中的投资者。这一般是通过承销商来完成的，是一个将之前不可交易的证券转换为可交易证券的过程。我们在第11章中对资产证券化有更加详细的讨论。

资产所有者清算一单位该资产可预期获得的最高价格。如果资产在所有有用的准备工作完成之前就被卖出了，则其实际出售价格将低于 P^*。将该价格称为 P_i，其中 $i=0,\cdots,n$ 表示卖出的时间，而 n 则是实现资产的完全价值所需要的时间。使用的时间长度可以被认为是指从做出出售的决定到销售合同最终达成之间的时间间隔。⊖ 因此

$$P_n = P^*$$

对于所有的 $i<n$，资产所能实现的价格 P_i，小于资产的完全价值。一种界定流动性的方式是通过

$$L_1 = \frac{P_i}{P^*}$$

这种界定的一个局限在于特定资产的流动性取决于选取的 i 值。因此，对于较小的 i 值，一种资产可能比另一种资产的流动性更强，但是对于一个更大的 i 值，两种资产的流动性比较可能会发生反转。这破坏了根据流动性对资产进行排序的一致性。一种减少（而不是完全避免）资产间流动性反转的方式是从 i 的"均值"的角度来界定流动性。此时

$$L_2 = \frac{1}{n}\sum_{i=0}^{n}\frac{P_i}{P^*}$$

另一种更有吸引力的方法考虑了与 i（也就是从决定出售到真正卖出之间的时间间隔）和实际出售时间相关的内在不确定性。因此，我们可以将其视为一个服从概率分布 $g(i)$ 的随机变量，其中 $g(i)$ 表示每一个可能的结果出现的概率（$i=0,\cdots,n$）。某种资产的期望值 $E(P)$，可以被定义为

$$E(P) = \sum_{i=0}^{n} g(i) P_i$$

由此我们可以给出对流动性的第三种界定

$$L_3 = \frac{E(P)}{P^*}$$

这种关于流动性的界定可以在考虑营销支出（设为 M）的情况下进一步推广。更一般化的观点是一种资产的可实现价格取决于时间、营销支出以及完全价值价格，因此

$$P_i = f(i, M, P^*)$$

如果 $\overline{M}$ 是可供选择的最优营销支出，那么

$$E(P') = \sum_{i=0}^{n} g(i) f(i, \overline{M}, P^*)$$

就表示资产在满足所有者最优营销支出条件下的期望价值。这就使我们得到了第四种关于流动性的界定

$$L_4 = \frac{E(P')}{P^*}$$

M/P^* 可以设想为关于市场厚度的一个测度指标，与买卖差价类似。

需要注意的是，尽管在资产的营销的可用时间与营销努力和资产的可实现价值之间存在

⊖ 当销售合约达成的时候交易条款就被固定了，但资产的转移发生在"清算"时刻，这个日期可以与销售合约签订的时点一致，但通常要比这个时点晚一些。

正向关系，但这种正向关系与资产的供给或需求并不存在任何关联，换句话说，可实现价值的上升是以给定的市场条件为前提的。在这里，时间不是用来等待一个更有利的市场，而是为了完成由高成本信息导致的必要的营销活动。对于存款机构而言，有很多办法可以降低流动性风险。一种非常明显的方法就是手边持有更多的流动性资产。另一种方法就是降低导致流动性风险的存款提取风险。第三种方法就是依赖在必要时可为银行补充流动性的最后贷款人。接下来我们将逐一讨论这三种方式。

6.3 流动性风险的管理

作为第 4 章介绍的全面风险管理框架的一部分，银行需要把政策和行动放在合适的位置上来控制和管理流动性风险，包括责任的分配、制定工作流程、设置警戒线以及流动性风险的实际测度和管理。在表 6-1 中，我们展示了国际清算银行（BIS）制定的框架。

表 6-1 BIS 管理流动性风险准则

管理和监控流动性风险的基本准则：
准则 1：银行有责任实现对流动性风险的有效管理。银行需要建立稳健的流动性管理体系，并确保拥有足够的流动性，包括不受阻碍的缓冲带、高质量的流动资产，以应对一系列压力事件，包括有担保和无担保资金来源的损失或减值①
流动性风险管理的治理：
准则 2：银行应该清楚、明确地表达其流动性风险承受能力，该能力应该与其商业战略及其在金融系统中的角色相适应
准则 3：高级管理层应该设计与银行风险承受能力相适应的流动性风险管理战略、政策以及流动性风险管理实践，以保证银行拥有足够的流动性。高级管理层应该不断回顾、检查流动性发展的相关信息，并定期向董事会报告。董事会应当每年至少进行一次复核，并批准关于流动性管理的战略、政策及实践活动，确保高级管理层能够有效地做出管理流动性的分析
准则 4：银行应该在所有重大商业活动（无论是否在表内）的内部定价、绩效评估以及新产品批准过程中，综合考虑银行的流动性成本、收益以及风险，从而将个别商业活动的风险承担动机与该活动导致的银行流动性、风险敞口视为一个整体
流动性风险管理的度量：
准则 5：银行应当具备一个认定、度量、监控以及控制流动性风险的有效程序。该程序应当包含一个稳健的框架，该框架能够综合预测在一段合适时间内由于资产、负债以及表外项目所导致的现金流动
准则 6：银行应该积极地监督和控制风险敞口，以及通过法定实体、横跨业务经营范围以及涉及多种货币安排来为其需要进行融资，要考虑法律、监管以及流动性转换的经营限制等问题
准则 7：银行应该建立融资策略，以使融资来源和期限足够多样化。银行应该保持其在所选择的融资市场的持续席位，维持和资金提供者的牢固关系以促进融资来源的充分分散化。银行应该经常测算其从各个融资渠道迅速筹集资金的能力。银行应该确认影响其融资能力的主要因素，并密切监控这些因素，以确保对自身资金筹集能力的估计是有效的
准则 8：银行应当积极地管理其日间流动性头寸和风险，以保证在正常或有压力的情形下及时满足支付和清算义务，并由此推动支付和结算系统的顺利运行
准则 9：银行应该积极地管理抵押品的状况，区分受约束的和不受约束的资产。银行应该监控存放抵押品的法律实体或者物理位置，确保抵押品能迅速调动起来
准则 10：银行应当定期进行压力测试，包括短期的或者持续的、特定机构或者整个市场范围的压力情景（独立或者综合进行考察），以确定潜在的流动性压力的来源，并确保当前的风险敞口仍然与银行已经确立的流动性风险承受能力相一致。银行应当根据压力测试的结果调整其流动性风险管理的战略、政策、实践以及头寸，并建立有效的应急计划

(续)

准则11:	银行应当制订正式的应急融资计划（contingency funding plan, CFP），清楚地制定出在紧急情况下解决流动性不足的策略。应急融资计划应该勾勒出管理一系列压力情景的政策，建立明确的责任体系，包括清除调用和升级程序，并且定期测试、更新以保证计划可以稳健运行
准则12:	银行应当保持一个不受阻碍的缓冲带，并持有高质量的流动性资产作为保险，以应对一系列流动性压力情景，这些情景包括与未被担保的或者典型的担保融资来源相关的损失。当使用这些资产进行融资时不应存在法律、政策或者实践上的障碍
公开披露:	
准则13:	银行应当定期公开披露信息，以使市场参与者能够基于充分的信息做出对银行流动性风险管理体系和流动性头寸稳健性的判断

① 在BIS的"有效管理和监控流动性风险的原则"中，BIS为这条准则制定了针对监管层的"指导意见"：监管层应该同时对银行的流动性管理体系以及银行流动性头寸的适当性进行评价，如果银行在任一方面存在缺陷，监管层应该采取适当的行动以保护存款人并限制对金融系统的潜在危害（BIS, 2008）。

资料来源：BIS（2008）。

6.3.1 借助流动性资产来减少流动性风险

回想一下在第3章中所描述的部分准备金银行体系。那家银行被设想为持有两种资产：现金和期限在两期或两期以上的贷款（在贷款到期之前，认为贷款的价值为零）。银行的负债都在一期内到期，有些存款在到期时会续期，有些存款则不会续期（存款提取）。如果在一期末，存款被提取的部分小于或者等于银行所持有的现金资产，那么银行就能持续营业至（至少）第二期末。但如果存款提存额超出了银行的现金资产，那么银行将无法履行其兑付责任——虽然银行满足提取需求的能力受到其所持现金资产的严格限制，但银行向所有存款人承诺可以随时提取存款。⊖这就是银行所面临的流动性难题。

注意，银行的一个重要功能就是提供流动性服务，并且是通过银行的资产负债表中不同流动性性质科目的错配实现的，也就是说，银行资产的流动性要低于负债的流动性。这是资产转换的一种形式。银行提供的流动性服务质量取决于三个因素：贷款组合的流动性、银行手头的现金（或流动性资产）和基础存款的提取风险。通过投资于更具流动性的贷款组合和（或者）手头持有更多的现金，银行可以提高自身流动性的水平。但是，银行这么做是以利润的减少为代价的。另一种方法就是寻找办法来消除存款提取风险，下面我们将讨论这种方法。

6.3.2 通过消除存款提取风险来减少流动性风险

存款机构可以借助分散化的融资来源（也就是拥有许多不同的存款人）来减小存款流动的波动。正式的阐述见附录6A。多样化的存款人基础可以使存款外流更加具有可预测性；可预测性的提高减少了在任意概率标准上为满足存款基准所需要的现金。也就是说，存款人基础越大、越多样化，在给定库存现金不足（流动性危机）的概率下，应对该状况所需要

⊖ 这是储蓄行业中标准的流动性测度方法——现金、短期美国政府证券以及其他特定证券与一年内到期的存款和贷款的比率——背后的基本原理。2007～2009年金融危机之后，《多德-弗兰克法案》（参见第15章）引入了要求持有高质量流动资产的更加广泛的流动性监管规则。这一所谓的"流动性覆盖率"（liquidity coverage ratio，LCR）已在美国得到广泛采用，相似的监管措施也被欧洲采纳（见第15章）。

的现金越少。这是存款机构"生产"流动性的一种方式。虽然如此,即便只有非常低的可能性,提取需求有时会超出机构的能力,从这种意义上说,这个系统并不完美,这就是这个系统的"阿喀琉斯之踵"。银行挤兑是存款准备金银行体系脆弱性的部分例证,这是由于银行资产缺乏流动性所导致的一种脆弱性。

6.3.3 通过维持融资市场准入的条件来降低流动性风险

流动性管理被视为财产管理,通常由首席财务官负责。为银行融资是他的职责,这需要他对机构的现金流以及潜在的流动性来源有一个全面的理解。最终,应对未来或有事件的保护机制来源于保持一个多样化的、宽阔的并且可靠的融资渠道。这就可以解释为什么银行会从多种合理定价的渠道来融资。可以肯定的是,成本必然需要考虑,但是银行一般不会为了避免短期的融资成本而将融资来源集中于较少的渠道。

通过为融资多样性"付账",银行实际上购买了信用额度,降低了银行资金配给被限制的可能性。在压力情境下,资金来源蒸发是很常见的,首席财务官们非常清楚这一点,伊利诺伊大陆银行发现,其大额可转让存单的持有者在他们最需要帮助的时候抛弃了他们,由于银行撤回了资金而导致德崇证券被迫破产时,高收益债券市场崩溃了。而在2007~2009年金融危机期间,许多商业银行,包括英国的北岩银行,以及投资银行"发现"大额融资市场在一夜之间消失了。银行从资金配给的创伤中保护自己的传统手段就是接受进入尽可能多的市场所造成的额外成本,也就是获得多样化的融资渠道。银行及借款人有意识地购买流动性,正是流动性的脆弱性使银行的这部分经营面临特别大的挑战性。

6.3.4 通过最后贷款人降低单个银行的流动性风险

很久以前,我们就发现了部分准备金制度的流动性可以通过一个完全可信的"最后贷款人"来获得,这是建立包括美联储在内的中央银行的主要动机。存在一个可以毫无限制地创造货币的机构,这使得支持面临最特殊情景而导致存款外流的银行成为可能。假设银行是健康的(有偿付能力,只要有合理的时间出售其资产),中央银行还可以通过将银行缺乏流动性的资产作为抵押品,向银行提供借款来实现对银行的支持。通过这种贷款便利,健康但是缺乏流动性的银行可以得到救助,而金融市场的崩溃也得以避免。我们将在附录6B中详细讨论这个问题。

然而,低成本、随时可以获得最后贷款人支持的便利,使银行业面临流动性管理的固有问题,即如果银行可以以低成本随时向中央银行借款,那么银行持有现金资产(甚至是多样化其存款基础)的动机将会被削弱。这是最后贷款人带来的道德风险,它有两种含义。第一,将存款铸币税从公众所有的银行转向了私人所有的银行。第二,最后贷款人使得银行抵押品暴露了信用风险。自愿持有更少的现金资产所引致的道德风险可以解释现金资产充足率要求的引入,以及为什么存在关于再贴现窗口的诸多详细指导规则以及准入限制。

因此,法定存款准备金率和最后贷款人定价机制以及融资可得性转换,至少将流动性管理的部分问题留给了银行自身。其他无法获得最后贷款人便利的银行,自身承担了所有的流动性问题。

6.4 难以区分的流动性风险和破产风险及最后贷款人难题

在实践中，正如前面所说过的，并不总是能容易地区分流动性风险和破产风险。这是事实，例如在 2007～2009 年的次贷危机中，影子银行体系中的金融机构发现，回购交易使用的抵押品的估值"大打折扣"，这意味着短期流动性的大量减少。同样，共同基金也面临着投资者巨额的赎回请求。这在 2007～2009 年的危机中是非常常见的情景，更多内容见第 14 章。

许多人将这种情形解释为流动性危机。最后，中央银行在资本市场进行了大量的干预操作，注入了大量的流动性。然而，事实上这是一场破产危机。在意识到这一点后，中央银行（尤其是美联储）的行动转变为处理破产危机所需要的举措，例如，向银行注入更多资产。

流动性风险和破产风险难以区分的原因很简单。⊖当银行面临流动性危机时，这意味着银行的存款人由于自身受到的"流动性冲击"的影响，减少了对银行的融资，使得银行无法获得资金。当银行面临破产危机时，这意味着银行资产负债表上的资产质量恶化，导致其破产的风险上升，并由此造成银行的资金来源不愿意向银行提供资金。因为这两种情形导致的结果是相同的——银行融资来源的枯竭，因此很难分辨银行面临何种危机。

6.5 结论

流动性风险可能是银行经营中最重要的风险。银行在扮演资产转化的角色时，同样从事着流动性转化的工作：通常，银行资产的久期大于负债的久期，而且通过资产负债表的负债端为其储户提供流动性服务。由此导致的结果是，银行可能遭遇展期风险以及存款提取风险，并可能会造成融资缺口。

2007～2009 年的金融危机展现了流动性风险的系统性，以及流动性风险和破产风险的紧密联系。次级抵押贷款出乎意料的高违约率加剧了人们对破产风险的担忧，导致整个融资市场崩溃，并促使金融机构出售资产，从而造成资产价格的螺旋式下降，使金融系统承受了巨大的压力。⊖这种对破产风险的担忧造成流动性紧缺，与流动性风险导致的效应是相关的，我们将在第 14 章讨论这一问题，第 15 章和第 16 章将讨论监管对策。

专业术语

duration mismatching 久期错配 银行资产的久期与负债的久期不相等。

information frictions 信息摩擦 包括信息不对称和道德风险。

lender of last resort 最后贷款人 即中央银行，当银行需要资金时，为其提供紧急流动性。

wholesale financing 批发融资 银行存款的替代品，但是中央银行不提供保险。例如来自银行间市场或机构投资者的短期融资工具（回购、联邦基金、商业票据、大额可转让存单等）。

⊖ Farhi 和 Tirole（2012）提出了一个模型，在这个模型中，中央银行无法在流动性危机和破产危机之间进行区分。
⊖ 见 Brunnermeier 和 Pedersen（2009）。

复习题

1. 什么是流动性风险？它与利率风险和信用风险有何联系？信息不对称在造成流动性风险的过程中扮演了怎样的角色？
2. 如何管理流动性风险？银行在实施综合管理信用风险、流动性风险以及利率风险的风险管理系统时会遇到那些困难？
3. 哪些因素扩大了银行的流动性风险？为什么银行承担流动性风险对经济很重要？

附录6A 通过分散化降低存款提取风险

假设银行拥有 n 个储户，每个人存1美元。每个储户在一期结束后可以提取存款，但是也可能会等到第二期再提取。假设一期后1美元存款被取出的概率是1/10，即 $p=0.1$，但是只有等到一期结束时我们才知道给定的1美元是否真的被取出。

存款用于为贷款提供资金，这些贷款将会在两期后全部偿还，但是直到贷款到期之前，贷款的价值为0（没有贷款的二级市场）。这个假设是一个无关紧要的简化，并不会影响接下来的讨论。当然银行需要持有一定的现金资产以满足一期后的存款提取。问题是，出于谨慎考虑，银行到底应该持有多少现金资产呢？如果银行有1美元或100万美元存款，存款被提取的概率固定在10%，存款提取额的期望值等于存款总额乘以概率。然而，如果银行只有1美元存款，那么存款提取额要么是全部，要么就是不提取（0或者1）。确实，0.10美元的期望值难以做到，银行决定持有10%的现金的决定（如果可行的话）事实上也是没有意义的。

然而，随着银行储户数量的增加，假设储户之间相互独立，10%的提取率将会变得更加可预测。在极限情况下，随着储户数量越来越大，10%的现金持有比例"几乎肯定"可以满足储户的提取需求。

这个想法来源于二项分布标准差的定义，假设 n 是储户数，$q=1-p$；银行存款的标准差为 $\sigma = \sqrt{npq}$。

注意，这种不确定性的度量方式随着储户数量的平方根变化而变化，当储户数趋向于无穷时，每一美元存款的标准差等于 $\lim_{n \to \infty}(\sigma/n) = 0$。

这意味着随着储户数的增加，每笔贷款面临的提取不确定性下降了，并且在极限情形下趋向于0，即使提存概率保持在 $p=0.1$ 不变。随着储户数量的不断增加，10%的提取比率越来越接近于常规（几乎是固定的）成本，而不是一个潜在的灾难。毁灭的风险，即提取需求超过银行持有的现金，绝不会真正等于0，因为 $\sigma/n \to 0$ 只存在于极限情形下。但是毁灭的风险是可以被控制的，并且通过分散化银行的融资来源可以使风险无限接近于0。

附录6B 最后贷款人与道德风险

在法定货币的经济中，货币的价值来源于被管理或者人为的稀缺性。也就是说，我们的货币是由命令或者法律规定来发行的（因此是法定货币），并且与商品支撑的货币不同，它无法按照固定的比率转换为黄金或者任何其他商品。政府发行或者创造的货币就越多，货币的价值就越低，这个原理不仅适用于纸质货币，也适用于银行存款。货币管理造成的稀缺性同样创造了垄断利润,这种利润被称为"铸币税"。生产货币产生的利润被私人所有的银行和公众所有的银行一起分享,因为它们相当于持有央行的所有权。美联储名义上是商业银行成员所有的。然而,美联储的股票更像一种债券,它按照法律规定支付固定利率的回报,美联储的其他收益通过一种特殊的特许税回流到美国财政部。考虑到无论是中央银行还是私人银行都不支付利息(任意低于竞争性利率水平的利率也满足这一观点),铸币税在银行和公众(或者中央银行)之间的分配比率取决于银行选择持有的现金储备资产。银行持有的准备金越多,分享到的铸币税就越少。

因为最后贷款人的引入降低了银行愿意持有的准备金比例,这实际上是把铸币税从公众转移至银行。这是与引进最后贷款人相关的道德风险,并解释了法定存款准备金率(规定了银行必须持有的最低现金资产数量)的合理性在于重塑了铸币税在银行和公众之间的"合理"分配。

这一点很容易说明,假设存在一家存款负债为 1 000 万美元的商业银行,该数目与中央银行出于货币政策考虑希望维持的货币供给量相一致,不存在准备金要求和最后贷款人便利。银行自愿以现金的形式持有其 10% 的资产以应对存款提取风险。银行以库存现金或者中央银行存款的形式持有其现金资产不会有区别,为了简单起见,假设所有这些资产均为美联储的存款。那么商业银行的资产负债表为

商业银行		
现金资产	100 万美元	存款负债
贷款或其他收益性资产	900 万美元	1 000 万美元
总资产	1 000 万美元	总负债 1 000 万美元

美联储的资产负债表,简化如下

美联储		
收益性资产	100 万美元	存款负债	100 万美元

注意,美联储的存款负债与商业银行的现金资产相匹配。现在假设美联储引入了最后贷款人便利,并且不打算改变货币供给,但是银行现在拥有一个新的流动性来源。因此,银行持有非盈利现金资产的意愿将会下降。假设银行将现金资产持有比例由 10% 减少为 5%,银行的资产负债表将变为

商业银行		
现金资产	50 万美元	存款负债
贷款或其他收益性资产	950 万美元	1 000 万美元
总资产	1 000 万美元	总负债 1 000 万美元

美联储的资产负债表收缩为

美联储		
收益性资产	50 万美元	存款负债	50 万美元

实际上,50 万美元的收益性资产从中央银行的资产负债表转移到银行的资产负债表上,这是引入最后贷款人直接造成的结果。

有人可能会说,如果能够合适地对最后贷款人便利进行定价,道德风险问题将会得到抑

制。然而，在引入之前，最后贷款人利率为无穷大。因此，任一有限的利率水平都会提高银行的流动性，并可能造成准备金的减少。由于历史的原因，最后贷款人的定价一般较低，具体的原因仍不清晰。这种慷慨的定价操作使得道德风险问题更加严重，并使得对法定准备金要求的需求更为显著。

因此，准备金要求控制了最后贷款人的道德风险，降低准备金要求将存款铸币税由公众转移到银行，提高准备金要求有相反的作用。100%的准备金要求将所有的存款铸币税转移给公众。这是将准备金需求视为对银行的一种税收这一传统观点的基础，但是人们可以很容易地反驳，即任何低于100%的准备金要求实际上是对银行的补助。问题的难点在于：谁应该获得管理货币发行所带来的垄断租金？

第四部分
PART 4

资产负债表内的银行业务

第 7 章

即期借贷与信用风险

> 既不要成为一个借款人也不要成为一个贷款人；之所以如此，是因为贷款经常会导致本金的损失，同时连朋友也一并失去，而借款则削弱了节俭持家的优势。
>
> 威廉·莎士比亚

引言

对于许多商业银行家而言，借贷无疑是商业银行的核心业务。贷款不仅在银行所持有的资产中占有主导性的位置，而且占其收入和成本的很大份额。即期和远期信贷市场中都存在借贷活动。我们这里从即期借贷的讨论开始。

本章的目的是探究银行资产负债表的资产端。我们首先简要回顾一下银行资产负债表中最引人注目的资产，随后将解释贷款的含义以及贷款和证券的区别，并讨论这些资产是如何被购买的。贷款协议的结构会在接下来的内容中得到阐述，紧接着是讨论贷款合同中存在的主要信息问题和（可观测到的）贷款绩效对银行股价决定的重要性。然后我们将考察信贷分析，其重点是信贷分析中考虑的各种传统因素的内在经济基础，特别是将这些经济基础与贷款合同中普遍存在的信息问题联系起来。之后我们将转向信贷信息的来源问题，同时考虑银行范围内的内部信息和来自金融信息机构等的外部信息。接下来，我们将介绍借款人财务报表分析，关于贷款合约条款的核实的说明则紧随其后。我们关注的焦点是每一项合同条款的原因。本章总结之后有一个案例分析。

7.1 银行资产的描述

7.1.1 银行资产构成的变化趋势

从资产负债表来看，银行拥有三种基础性资产：贷款、证券和现金（见图 7-1），在详细讨论每种资产之前，我们简要回顾一下银行资产组合构成的变动趋势。

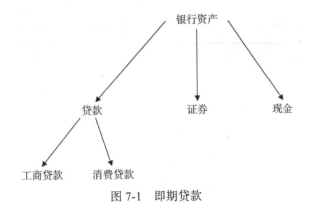

图 7-1　即期贷款

在图 7-2 中，我们显示了商业银行资产组合构成的时间序列动态。尽管在 20 世纪 70 年代后期和 80 年代，贷款占总资产的份额出现了小幅上升，但之后这个指标呈小幅下降态势。证券持有的比例在 70 年代后期出现了小幅下降，随后则相对稳定。现金和准备金所占的比例在 2007～2009 年金融危机爆发之前一直呈明显下降的态势，但危机爆发之后这个指标出现了显著上升。图 7-3 向我们更清楚地展示了工商贷款、抵押贷款和消费贷款的时间序列变化动态。从图 7-3 中我们可以观察到，随着银行发放的住房抵押贷款规模的不断上升，工商贷款的相对重要性已明显下降。⊖

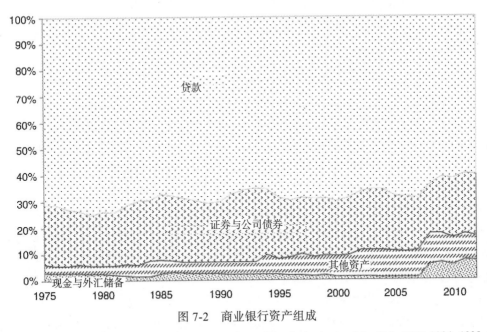

图 7-2　商业银行资产组成

资料来源：Federal Reserve Statistical Release: Flow of Funds Accounts of the U.S. 1975–1984, 1985–1994, 1995–2004, 2005–2011, and 2012。

⊖ 消费贷款主要包括信用卡、分期偿还的借款、汽车贷款和其他相近的贷款，其主要目的是为个人消费者和家庭的需求提供融资。住房抵押贷款也属于消费贷款，但通常被认为是消费贷款中一个单独的类别。绝大多数消费贷款本质上是"商品化的产品"，不同银行之间这种产品表面上的差异很小。然而，这并不意味着没有创新的空间。例如，富国银行借助固定利率抵押贷款和可调节利率贷款之间的混合，在消费贷款市场上获得了显著的地位。此外，信用信息处理的有效性对于判断这些贷款消费者的属性及其盈利性至关重要。

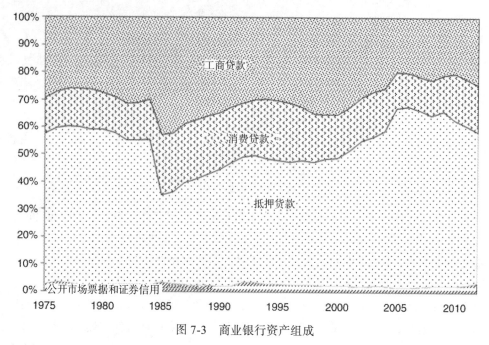

图 7-3 商业银行资产组成

资料来源：Federal Reserve Statistical Release: Flow of Funds Accounts of the U.S. 1975-1984，1985-1994，1995-2004，2005-2011，and 2012。

有两个主要原因导致了这种变化态势的出现。第一个原因与商业贷款性质的不断变化密切相关。一般来说，只要银行拥有较投资者而言成本更低的可贷资金获得渠道，或银行可以更有效地解决私人信息和道德风险问题，那么相比资本市场，银行在向公司提供信贷方面就存在优势。这些年来，绝大多数银行可获得的与存款相关的租金已被侵蚀，进而实际上消除了银行曾经拥有的全部资金优势。更有甚者，随着过去 20 年间金融创新的爆发，公司可以使用各种各样全新的证券直接从资本市场获得融资。这些证券以及银行发起贷款的资产证券化（见第 11 章）被设计出来的目的是应付那些银行擅长解决的私人信息和道德风险问题。⊖这样，银行相对于资本市场而言为公司提供信贷的相对优势减小了。随着资本市场日益成为商业银行贷款舞台上一个更具活力的竞争来源，银行向大公司发放贷款的收益显著下降，由此导致了工商贷款比例的相对下降。即便如此，对于公司和个人而言，来自商业银行的信贷仍然是其重要的融资渠道之一，进而当针对银行资本的外部冲击导致银行贷款下降时，那些主要依赖银行融资的小公司受到的影响尤为明显。

作为这场金融危机的后果之一，联邦存款保险公司（FDIC）在 2009 年期间关闭了超过 100 家银行，而这种情况自 1992 年以来从未发生过。此外，2009～2011 年，共计 397 家银行宣告破产。这对小企业银行贷款造成了严重的后果。资料显示，2008～2011 年，美国小企业贷款下降了 1 160 亿美元（从 6 590 亿美元降至 5 430 亿美元），萎缩幅度接近 18%（见图 7-4 和图 7-5）。⊜

⊖ 例如，Green（1984）发现可转换债券（也就是那些随后可被债券持有人转换成股票的债券）可以有效控制由于借款公司倾向于投资对债券持有人而言不利的高风险项目所产生的道德风险。

⊜ 见 Cole（2012）。

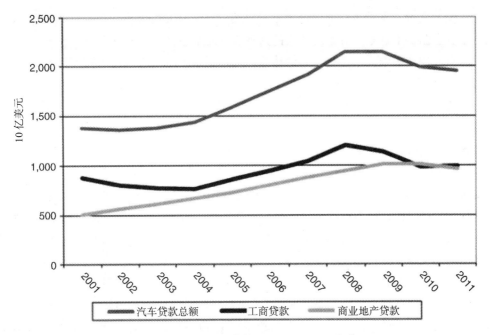

图 7-4 商业银行贷款（2001～2011 年）

资料来源：June Call Report Data, and Cole, 2012。

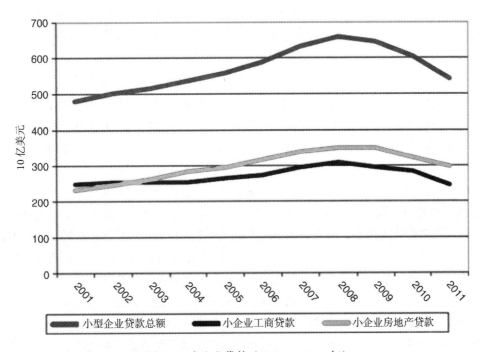

图 7-5 小企业贷款（2001～2011 年）

资料来源：June Call Report Data, and Cole, 2012。

7.1.2 银行贷款的种类

我们首先讨论企业贷款（通常也称为工商贷款）。这种贷款可以分为四个主要类别。

（1）交易贷款。交易贷款的协商通常源自某一特定的采购活动，进而为满足购买者的具体需求量身定制。来自某一特定借款人的这种贷款需求通常不定期发生，由此导致每一笔贷款都需要单独协商确定。这类贷款通常由贷款提供融资的资产来担保（例如，在另一家公司中的权益），其偿付的来源则是使用这一资产所产生的预期收入。

（2）流动资金贷款。这些贷款是公司为日常交易融资的。因此，这类贷款是用途较为宽泛的短期借款，常用于购买流动资产（如存货）或偿还因购买流动资产所产生的债务。这类贷款通常由应收账款或存货等抵押品提供偿付保证。

（3）定期贷款。这一般指用于购买需要大量资本性支出的固定资产的长期贷款。贷款期限通常为 3～10 年，其偿付一般采取分期摊付形式，因为还款资金来自贷款融资得到的资产投入使用后产生的现金流。这类借款基本上是在循环信用额度或类似的承诺下运行的。

（4）组合贷款。流动资金贷款通常包括相关条款，这些条款允许经借款人申请把短期贷款转换为定期贷款。

接下来，我们简要介绍一下消费贷款。

（1）消费贷款（不包括住房抵押贷款）。消费贷款最重要的类型是直接贷款和银行信用卡应收款。直接消费贷款一般为像汽车、轮船或家用电器等这样的耐用品的购买提供资金，并由这些购买的资产作为担保。银行信用卡借款是一种短期、无担保的一般性信用。信用卡在 20 世纪 60 年代中期得到广泛使用。对银行而言，信用卡贷款已被证明是一项非常有利可图的业务。⊖ 银行信用卡业务的收益来自三个方面：①从商家那里拿到的银行购买销售单的部分折扣（这种折扣通常为 2%～6%）；②向选择不进行当期支付的信用卡用户收取利息（大多数信用卡的免息宽限期基于每月的账单周期）；③银行向信用卡用户每年收取年费。⊖

（2）住房抵押贷款。这是消费和商业贷款的一种专门形式。住房抵押贷款是为购买或改善不动产提供资金支持。这些贷款几乎总是由其所融资的不动产项目作为抵押。三种主要类型的住房抵押贷款是：零售住房抵押贷款、建筑业贷款和商用住房抵押贷款。

直到资产证券化出现之前，由于每一项房产的独一无二性，严重的私人信息问题以及借款人提前偿付的可能性导致贷款期限的不确定性，因此对于银行而言，住房抵押贷款是缺乏流动性的资产。然而，资产证券化考虑了许多影响住房抵押贷款可销售性的障碍性因素，促成了这些工具的流动性。对于个人住房抵押贷款市场而言，这一点尤为明显。之所以会如此，是因为在政府的支持下，房利美和房地美引领着个人住房抵押贷款市场的证券化道路。

资产证券化是一种通过将金融产品的发起与融资环节相分离，进而将非流动性的贷款转换为交易型流动性证券的技术。一般来说，类似银行这样的金融机构是贷款的"发起人"，也就是说银行会筛选申请人，设计贷款合同，并确定参数。然而，作为传统意义上使用银行存款为贷款提供资金支持的一种替代方式，银行通常会在投资银行家的建议和协助下，把贷款出售给一个特殊目的信托，再由这个特殊目的信托构建一个贷款投资组合，并利用资本市场为该贷款投资组合提供资金支持。投资银行家提供的服务包括向投资者出售以贷款组合资产为支撑的证券和维持证券化资产的二级流通市场。在过去的二三十年间，资产证券化获得

⊖ 2009～2010 年是个例外——在这一时期，金融危机的到来使得信贷损失快速增长（Durkin 等，2014）。也可以见 Ausubel（1991）。

⊖ 因为信用卡业务日渐激烈的竞争，所以许多银行取消了这些年费。

了巨大的发展，而这可视为住房抵押贷款市场受益于资产证券化的证据。这些好处源于标准化所引致的流动性，分散化投资，可能由政府通过房利美和房地美提供的补贴，以及与资产证券化相伴随的全新的合同设计等。关于资产证券化的更多详细讨论见第11章。

早些时候，固定利率住房抵押贷款，也就是借款人支付的利率在存续期内固定不变的住房抵押贷款占据了市场最主要的地位。然而，自从20世纪80年代可调利率住房抵押贷款得到法律认可之后，多种多样的住房抵押贷款设计不断涌现，住房抵押贷款的合同条款随着借款人需求和贷款人想象力的不同而差异颇大。

7.1.3 银行持有的适销性证券

（1）银行承兑汇票。这类工具的产生主要与国际贸易活动密切有关。银行承兑汇票是一种由银行为其客户向第三方提供支付担保的债务凭证。银行承兑汇票通常产生于一家公司签发一张远期票据作为其以本币或外汇形式购买商品的对价的时候。票据签发之后，通常会被银行所"承兑"，也就是说，由银行来保证其到期时按票面价值的兑付。承兑汇票要么被承兑银行所持有，要么在二级市场上销售进而被其他银行所持有。一般来说，初始的承兑银行会收取一笔与借款利息独立的担保（承兑）费用。银行承兑汇票的期限通常少于6个月。

银行承兑汇票的出现促进了由宽泛的地域和文化分割所导致的不同法律体系中经济主体间的贸易活动。如果出口商不是很熟悉进口商，即便是以货到付款（COD）这种贸易支付方式为基础，他也不会轻易把货物装船运输。然而，现实中更可能出现的情况是，进口商的银行（较进口商而言）更为有名，进而如果它乐意为进口商支付提供担保的话就可以促进贸易的开展，这种担保实际上起到了用银行自身的信用风险来替换进口商风险的目的。提供这种担保的银行一般被认为对进口商更为了解，因为它往往就是银行的客户。也正是相对于出口商而言所具有的这种信息优势才使银行得以赚取一笔票据承兑的费用。因此，银行承兑汇票与银行所具有的能更有效地解决信息问题的功能紧密相关。关于这一点的更多说明见第10章。

（2）商业票据。这是凭借发行方声誉发行的一种无担保债券凭证。它与国库券⊖类似，以贴现的方式出售，期限从3天到270天不等，发行利率一般较优惠贷款利率更低，但与大额可转让定期存单和银行承兑汇票相当。由于这种产品直接出售给投资者，没有中介机构的介入来解决信息问题，所以只有那些最有名的公司才能发行商业票据。

（3）美国国债。对于商业银行来说，因为国债拥有不存在违约风险的性质，且存在一个具有高度流动性的流通市场，所以它是商业银行非常重要的投资对象。正如第3章所描述的，私人信息的存在会破坏流动性，由于国债事实上不包含任何私人信息，所以这种产品为银行提供了流动性。

对于投资者而言，来自美国国债的投资收益都要缴纳联邦所得税和资本利得税，但无须缴纳州和地方的所得税。流通中的美国国债可以分为三类：国库券、中期国债和长期国债。国库券是短期美国国债（初始期限为91天、182天和1年），像商业票据一样折价发行。中期国债与国库券很相似，除了其期限不少于1年和不长于7年以外。长期国债发行的初始期

⊖ 这些资产没有明确标明的规定利率，但考虑到其出售价格要低于票面价值（到期时的价值），价差隐性地界定了利率成本。然而，值得注意的是，贴现收益率与债券收益率之间不能进行直接的比较，必须要对贴现收益率进行转化之后才具有可比性。

限常常超过 10 年，最长可达 30 年。

（4）美国政府机构证券。它是由联邦中期信贷银行、联邦国民抵押协会（房利美）、联邦住房贷款银行、政府国民抵押协会（吉利美）等美国政府下属机构所发行的债务凭证。这些证券不是直接由美国政府来承担的债务，一般以略高于国债的利率进行交易。投资这些证券的收入，与美国政府的直接债务一样，免于州和地方税收，但不能免于联邦税收。

（5）州和地方证券、市政债券。和具有相同久期的国债和政府机构证券相比，这些证券通常具有更高的税后收益，主要原因是它们有更高的违约风险和更低的流动性。它们的利息支付无须缴纳联邦所得税和所在州及地方税收。州和地方政府债券可以分成三个大类：住房管理局债券、一般责任债券和收益债券。住房管理局债券由当地的房屋代理机构发行，其发行目的在于建设和管理住房。这类证券由联邦政府提供担保，因此几乎没有风险。一般责任债券由发行人的十足信用担保作为支撑。相对而言，收益债券的利息和本金则单独由一项指定的公共工程或事业的现金流做支撑。支撑这类债券的收益可能来自：①特别指定的专项税收，如香烟税、汽油税和啤酒税等；②公路、桥梁和机场的通行费用；③建筑物、办公场所及类似场地的租金收入。较为典型的情况是，债券的本息偿付与通过其融资的对应项目所产生的收益直接关联。

（6）其他资产。这些资产包括库存现金和在联储的（同业）存款，子公司股权，类似建筑物、电脑之类的有形资产，以及其他银行发起后通过贷款出售或证券化等途径获得的部分贷款。银行还可能会因对拖欠债务的借款人的抵押物所做的处置，短期内持有各种各样的其他资产。

7.2 什么是借贷

7.2.1 定义

什么是银行贷款？简单地说，它是一种资产（对应借款人的债务）的购买，且这种资产通常是一种不具有流动性且高度定制化的针对借款人未来现金流的索取权。实际上，银行从借款人处获得了对其在提前约定的时期内产生的预先设定的部分未来现金流的合法要求权，并向借款人支付这些现金流的现值。假设银行无法获得额外利润，那么银行拥有的债权（索取权）就代表着借款人的支付义务，而贷款金额则代表着这些未来支付义务的现值。

7.2.2 获得贷款的方法

银行主要有两种获得贷款的方法：通过贷款即期市场中的购买和通过远期贷款市场中的购买。在贷款即期市场中，银行要么发起贷款，随后通过把贷款保留在自己的资产负债表中为其提供资金，要么从发起贷款的其他金融机构处购买。一旦借款申请得到批准，如果银行在批准时立即向贷款申请人发放了信贷，那么一笔即期贷款就被创造了出来。在远期市场中，银行向借款人提供了一个保证，承诺银行将在未来按预先商定的条件向其发放贷款。这类保证被称为贷款承诺。银行承诺在未来为借款人提供不超过一定数量的贷款，贷款的条款是预先协商过的，且借款人对贷款获得享有选择权。在这种情况下，银行现在是做了一个承诺，约定在未来的特定时期从特定借款人手里购买债权。

我们将在不同的章节讨论这两种（贷款）资产获得的方法。即期市场购买和远期借贷的内容在后续的章节中单独讨论。值得注意的是，这种区分仅仅是出于解释方便的考虑。在实践中，现货和远期借贷的数量往往相互交织，联系密切。银行即期贷款的发放数量取决于其在之前多个时期对外出售的既存贷款承诺中有多少在当前时期被执行或取消。通常来说，既存贷款承诺中较高规模的取消意味着当期的现货贷款数量较少，即便由于早些时期银行做出的贷款承诺意料之外的高取消率导致当前时期的贷款总量（相对于之前时期而言）可能会上升。这种现象的出现可以由与金融和人力资本局限性相关的银行规模约束来解释。

7.2.3 借贷功能的分解

1. 分解

鉴于借贷交易把与信贷交易活动相关的多项不同业务捆绑在一起，其微妙之处常常变得有些模糊不清。从逻辑上说，正常的一笔商业银行贷款可以分解为发起（经纪人）、融资（贷款人）、服务（托收人）和风险处置（担保人）几个服务环节。借贷在很大程度上可以被视为将上述四个活动以及银行的信贷文化都包含在内的信用风险管理活动（见图7-6）。

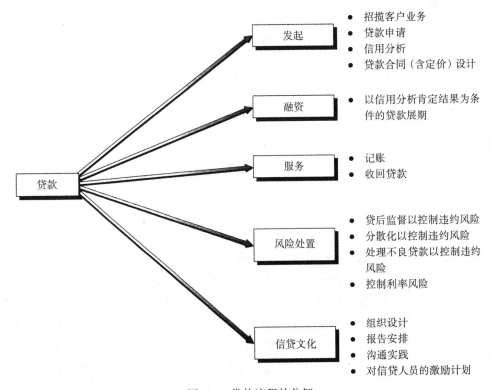

图 7-6 贷款流程的分解

"发起"涉及向借款人初始发放贷款的各项活动。它通常被描述为借款人最初的贷款申请和银行对贷款申请人的筛选。发起包含信用分析和贷款合同设计（我们将在本章的后续部分对这两个内容进行详细阐述）。"融资"则是对于那些在信用分析过程中获得肯定评价的项目实际发放贷款。"服务"涉及贷款偿付款项的托收和持续记录。"风险处置"涉及旨在控制违约风险的贷后监督,以及由贷款与银行负债之间久期错配导致的利率风险控制活动。信贷文化涉及银行的组织设计、报告安排、沟通实践和对信贷人员的激励计划。我们将在本书后半部分讨论信贷文化的问题。在本章和第 8 章,我们主要关注发起(尤其是贷款合同设计和信用分析)和风险处置(尤其是对违约风险的控制)。

2. 行业专业化

在储蓄机构行业(包括储蓄贷款协会、互助储蓄银行以及类似的机构等)中,不同类型的机构提供了差异化的信贷服务,这就是机构专业化的清晰证据。例如,住房抵押贷款银行家发起贷款,而按揭贷款处理中介则在贷款存续过程中提供相关服务。一般来说,贷款是由公众(净储蓄者或闲置资金部门)通过新增的储蓄和贷款存款或购买抵押支持证券的形式来提供资金的。绝大部分的信用和利率风险是由储蓄贷款协会的股东、美国政府(联邦存款保险公司、国家信用社管理局、政府国民抵押协会)、专业化的私人保险机构(如抵押担保保险公司),或由房利美、房地美和联邦住房贷款抵押公司三个机构的某个组合来承担的。在商业银行领域,银行持有自身发起的贷款是一种很普遍的现象。因此,在银行的资产负债表中出现盈利性资产就成为其发起贷款、提供服务和吸收风险最为明显的证据。持有无风险资产的银行存款人是银行贷款的融资人。政府通过联邦存款保险公司和银行股东一起承担贷款的风险(未投保的存款人也要承担一定的风险敞口)。如果银行把一笔贷款出售给了一家封闭式共同基金(类似于储蓄贷款协会向房地美或一家旨在打包发行住房抵押贷款支持证券的投资银行家出售住房按揭贷款),那么这时证券持有人就成为贷款的融资者,同时贷款风险的配置取决于销售时的特定条款约定(追索权或无追索权)。然而,无论销售的具体条款如何设计,银行都不需要在其资产负债表上显示这些贷款,进而所有由银行行使的与这些贷款相关的服务以及由此承担的风险敞口从会计的角度看就没有任何证据来证明。这种财务报表的编制需要满足某些资质条件,因为如果贷款出售时包含追索权,那么会计师就应该坚持将资产继续保留在账面上,而如果贷款出售时没有附加追索权,并且存在一份在违约情况下提供保险的信用证(两者是等价的),那么其资产负债表就无须显示贷款的存在,而这份信用证则有可能出现在资产负债表的附注中,也无须纳入表内。

事实上,银行存款准备金和存款保险保费的存在使银行有动机出售而不是持有收益性资产。因为通过这种方式,银行可以规避相关成本。

存款固有的(由存款保险费率低估、Q 条例和准入限制等导致)一些传统意义上的补贴鼓励银行持有收益性资产,与此同时,存款保险费、存款准备金和资本充足要求以及其他不大明确的监管成本的存在部分抵消了上述存款补贴。然而,在当前存款补贴快速消失的同时,许多监管成本却依然存在。这样,我们可以预测银行将不再看重那些由它们发起、服务和担保的贷款的持有。近期,银行对"手续费收入"的重视就是这种现象的反映。

7.3 贷款与证券

在前面的讨论中,我们已经把贷款和证券视为两种不同的资产。从我们对贷款的界定方式看,贷款和债券之间几乎没有太大的差异,除了后者通常具有更高的流动性以外。换句话说，证券可以在二级市场上交易，而贷款则通常不能。贷款本质上是针对银行的私募性债务发行。在第 4 章中我们讨论过流动性和适销性是相关的。从经济学角度看，贷款和证券的区别就在于它们的相对流动性差异。⊖

从这个角度看，贷款市场近期的发展可以被视为贷款与证券之间的区别在不断缩小。这里我们指的是贷款出售和资产证券化。作为历史相当悠久的做法，贷款出售只是简单地由发起银行将贷款出售给替代的融资主体（通常是另一家银行）。这要么是（由单独一家银行发起的）贷款的彻底出售，要么是作为银团贷款的一部分。通过贷款的完全出售，发起银行使其与这笔贷款隔离开来。也就是说，它在发放初始贷款之后转身就将它卖给了另一家银行，从而在自身的资产负债表里移除了贷款。发起贷款赚到了服务费，所以在发起者的损益表上留下了记录。对于直接贷款出售，银行就成了纯粹的经纪人。但是在实践中，创始银行出售每笔贷款时都会保留其中一部分，所以银行并不是纯粹的中介。一些贷款是几家银行联合发起的银团贷款。这些贷款可能会被卖给别人。同样，银行中的牵头银行赚得手续费。

因此，贷款销售提高了贷款的流动性，尤其是在发起人维护二级市场的情况下。这模糊了贷款与证券之间的界限。近期提高贷款流动性的实践是贷款证券化，我们将在第 11 章详细讨论。贷款销售和证券化都使得贷款和证券之间的区别不再重要。

7.4 贷款合约的结构

7.4.1 贷款协议的发展趋势

商业银行借贷曾经是一种相当简单的业务。绝大多数商业贷款是短期的、自偿性的流动资金信贷，且相关条款通常以银行与其客户之间的非规范协议的形式存在。商业贷款从 20 世纪 30 年代开始变得更为复杂——当时，银行开始发放期限超过一年的所谓"定期贷款"。从那时起，银行和商业借款人之间的关系就变得更为复杂，同时也更为规范。

推动更为规范和多样化的合约设计的部分原因来自银行与借款人保护自己免受信贷周期期间利率波动影响的需求。市场利率的提高增加了未清偿贷款的融资成本，也降低了既存信贷的吸引力。另外，市场利率的降低常常会触发提前还款行为。

从定期贷款出现以来，浮动利率就成为银行信贷活动中最为重要的创新之一。定期调整贷款利率的条款为银行防范利率风险提供了一定的保障。通过将长期与短期贷款的优势结合在一起，浮动利率使银行能够竞争更大的商业性信贷市场中的份额，即使面对商业票据市场

⊖ 然而，从法律的角度来看，在《格拉斯－斯蒂格尔法案》生效期间，贷款和证券之间的区别是非常重要的。这部法案禁止商业银行直接从事证券活动。"证券"的法律界定相当宽泛，见 Huber（1989）以及 Markham 和 Gjyshi（2014）。根据 1934 年的《证券交易法》，"证券"这个词汇不仅意味着任何一种股票、债券、信用债券和债务凭证，也包括"无数的、多种多样的由那些以利润承诺为基础试图取得他人资金使用权的主体所设计的融资方案"。然而，对于那些特定背景下不适合将产品当成证券的状况，法案规定了一个一般性的例外条款。例如，一家存款类机构从另一家机构那里购买的贷款参与份额就不被视为一种证券。判断一种产品是一种证券的最小后果，是这种产品是否适用于证券法中的反欺诈条款。因此，在实践中，贷款和证券之间的区别主要是由法律解释给出的，而这种法律解释经常无法得到经济学的支持。随着《格拉斯－斯蒂格尔法案》的废除，这一区别变得有点难以确定。

和非银行金融机构的日益加剧的竞争的情况。与此同时，浮动利率也有效地改变了商业贷款的其他条款和条件。一个意想不到的后果是，浮动利率使银行流失了一些借款客户——这些借款人为了获得更多固定利率的长期债务，从银行转向资本市场进行融资。

7.4.2 贷款协议细节

贷款协议明确了借款人和贷款人的义务，做了特定的担保，并通常对借款人施加了特定的控制和限制。协议规定了出借的金额（也就是本金）。协议还规定了期限：短期（少于1年）、中期（1～5年）和长期（大于5年）。定价公式也在协议中得以明确。利率要么是固定的，要么是浮动的。如果利率是浮动的，它可能是"优惠利率+"（如优惠利率加1%）或"优惠利率×"（如优惠利率的1.5倍）。定价也可能以"交易性利率"为基础，也就是说，银行事前就同意以超过国库券收益率、大额可转让定期存单利率或商业票据利率等货币市场利率的固定附加值来作为贷款利率。该协议还规定，当贷款获得资金的时候还要支付一笔结算费。在完全竞争条件下，这笔费用可能是0.25%～0.375%，而在其他市场竞争状态下该费率要更高一些。协议还会针对逾期还款或提前还款规定惩罚性或违约利率。

虽然贷款协议通常会"量身定制"来满足特定状态下的要求，但绝大多数协议包含特定的标准性条款。这些标准性条款可分为三大类：先决条件、保证性条款（也称陈述性条款）以及契约性条款和违约事件。

协议的"先决条件"部分包括借款人在银行按照相关法律规定为贷款提供资金之前必须满足的要求。这些条件可能包含必须完成的特定商业交易活动，或者必须出现的特定事项。其他的标准项目包括律师顾问意见、无违约证明、借款人董事会授权进行这项交易的说明和决议。

贷款协议的"保证性条款"部分包含有关借款人的法律地位和信用的信息与假定。通过执行贷款协议，借款人保证截至执行日之前所提供信息的准确性和真实性。虚假陈述构成了一类违约事件。主要保证性条款包括以下内容。

- 保证提交给银行的财务报表是真实的，并公正地反映了借款人的财务状况（也就是不存在实质性的不利变动）。
- 借款人对所有资产拥有有效的所有权。
- 借款人遵守了联邦、州和市的所有法律，没有卷入诉讼案件。
- 借款人已提交所有必要的纳税申请表，并已支付所有应缴税款。
- 无须得到第三方同意。
- 没有违反现存的各个协定。
- 提供的抵押品由借款人拥有且无留置权。

契约性条款则是贷款协议中可协商的内容。保证性条款证实了在贷款协议执行之日借款人的相关报表。契约性条款则把保证性条款进一步延伸，要求借款人负有在贷款持续期内持续维持特定状态的义务。契约性条款为借款人未来的行为和绩效设定了最低标准，进而在发生不良状况的情况下可加快贷款偿还速度。违反契约性条款会构成违约事件，进而赋予银行"加快"必要偿付速度的权利。在本章的后面部分，我们将有更多关于契约性条款的讨论。

7.5 贷款合同中的信息问题和贷款绩效的重要性

7.5.1 信息问题

对于银行而言，如果在贷款过程中没有信息问题的存在，那么贷款活动也就不可能产生任何利润。在一种极端情况下，无成本的信息可得性使银行和其他金融中介机构没有存在的必要。而在另一种极端情况下，成本高昂的特定客户信息给银行提供了处理信息进而促进贷款发放来获得收益的机会。一般来说，给定借款人的信用信息越不透明，银行利用其"独特性"的能力越大，其潜在的利润也就越高。这样，银行总是希望处于一种公开可得的良好信用信息缺失的状态之中。⊖我们已经讨论过了与银行相关的信息问题（见第2章和第3章），在这里仅仅做一个简要的回顾。第一个问题是借款人私底下知道自己的信用风险。此时，除非银行能获得至少部分信息，否则就可能导致市场失灵（回想第1章阿克洛夫的讨论）。我们很快就会看到，信用分析有助于银行减少其相对于借款人的信息劣势。

贷款过程中的另一个问题是道德风险。当借款人从银行获得贷款之后，他就变成了银行的代理人，其与银行的关系类似于公司股东与债权人的关系。如我们在第1章中所看到的那样，借款人试图以损害银行利益为代价承担额外风险的行为就显示了这种代理问题的存在。因此，贷款合同设计的目标之一就在于控制借款人的冒险倾向。考虑到某类风险偏好依然在一定程度上存在，贷款合同也应该使银行有能力去监督借款人，进而防止导致违约风险增加的行为。我们将了解抵押品、贷款合同条款以及贷款合同的其他特征是如何通过结构化的整合来满足这一重要目标的。

图7-7形象地描绘了贷款合同中的信息问题。

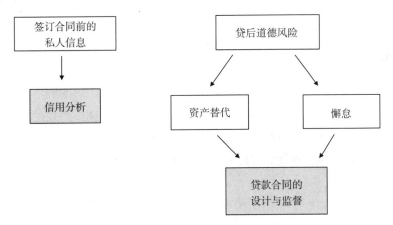

图7-7 贷款合同中的信息问题

7.5.2 贷款绩效的重要性

银行的贷款组合影响银行的财务健康和存续能力。当银行股价下跌时，最有可能导致银行股价下跌的原因与银行资产质量问题的信息披露有关。

⊖ 考虑一下下面引用的这句话："让我们来陈述一个简单却常被忽视的观点——一个国家的银行体系的健康程度与信息传递的速度和效率反向关联。"桑福德·罗斯：《为什么银行制造了这么多的不良贷款》《美国银行家》，1990年6月19日。

贷款损失不仅意味着股价的暴跌，而且还会给银行高管带来麻烦。众所周知，业绩的恶化往往导致 CEO 离职的可能性更大。⊖

7.5.3 作为风险管理工具的贷款组合分散化

银行的贷款组合绩效常常决定其财务绩效。尽管分散化往往是信贷损失管理的关键，但许多银行在分散化的努力中受到了多种约束。比如，较小的银行因为贷款规模限制和地理隔离的存在，通常会感到其分散化信贷风险的能力处于一种不利地位。此外，这些银行更喜欢把自己的业务限制在本地市场，因为它们对这些市场最为熟悉。这种坚持贷款给熟悉客户的专业化倾向会导致银行信贷的集中，而这种现象在经济衰退时期金融困境的发生率中得到了最典型的反映。

尽管监管当局尽可能地鼓励银行实现分散化——通过对银行向单一借款人的最大贷款金额设置规模限制，但在很多地区仍可能清晰地看到银行绩效受到贷款组合分散化不足的影响。在美国，所处地理位置类似的银行之间通常表现出很高的绩效关联性。比如 20 世纪 80 年代，当得克萨斯州、俄克拉何马州和路易斯安那州的房地产价格暴跌时，这些州的银行财务绩效指标也表现出大幅下降。

但是，在 20 世纪 90 年代以及 2000 年之后，与分散化相伴而生的利益开始更为强烈地影响银行的投资组合选择，这与银团贷款、贷款销售和资产证券化等作为银行实现分散化的手段运用的日益上升的流行度相吻合。举个例子，尽管美国绝大多数的社区银行都在自身所处的地区开展大部分业务，但确实有证据表明这些银行能够禁受得住当地的经济低迷。⊜另外，与 80 年代糟糕的绩效相比，小银行在 90 年代的绩效得到了显著的改善。⊜自那个时期以来，贷款损失处于相对较低的水平。然而，来自借贷边际的压力（与低利率经济环境密切相关）已成为抑制其盈利能力的重要因素。给定它们对于利息收入的依赖程度，社区银行的收益率水平平均而言要低于非社区银行。尽管在 2007～2009 年的金融危机期间银行的破产率上升了，但社区银行，尤其是那些经营重点依旧遵守多样化本地借贷原则的银行表现相当不错。而那些业务转向建设与发展贷款的银行则表现得最为明显，㉔其在 2007～2009 年的业绩相当不俗，整体信贷损失相对较低。

研究期间社区银行的表现意味着在增长与收益之间保持稳态平衡是维持永续经营的最可靠的途径。

此外，小型银行也提高了它们的盈利能力和存活概率。联邦存款保险公司的报告显示，1992～2003 年大约有 1 250 家新的社区银行成立，在这中间有大约 100 家被并购，约有 1 100 家仍保持独立，仅有 4 家银行破产。美国本土银行市场的韧性和分散化可以部分解释美国金融部门与欧洲金融部门相比在 2007～2009 年金融危机之后的更好表现。欧洲对于大

⊖ 见 Brickley（2003）。
⊜ 参见联邦存款保险公司（2012），该文指出了关系型银行模型的好处。
⊜ 见 Hall 和 Yeager（2002），Bassett 和 Brady（2001）。
㉔ 在联邦存款保险公司（2012）关于宽泛的社区银行的研究中可以了解到更多的细节。

型、业务高度同质和过度杠杆化金融机构的依赖（见第 2 章）造成了巨大的灾难。[⊖]

现在我们对日常生活中讨论信用风险时使用的多个术语做一个界定。

- 利差：贷款与存款利率之间的差额。
- 贷款损失拨备：贷款本金的一部分，通过由银行指定用于吸收（预期）贷款损失的一个缓冲，并作为银行资本的一部分。
- 拨备后的净利差：经过税收和贷款损失拨备扣减调整之后的利率差额。
- 非利息收入：除贷款以外银行活动产生的收入，如现金管理服务费、贷款承诺费、信用证等或有责任收费。
- ROA：银行资产收益率。
- ROE：银行股本收益率（净资产收益率）。
- 不良贷款／储备：被认为可能违约的贷款与贷款损失拨备之比。
- 净损耗支出／平均贷款：违约贷款的损耗支出与银行发放的贷款平均规模之比。

通常来说，在设置利率时，贷款的风险越大，利差一般也越高。当贷款的风险越高时，银行也会提取更高的贷款损失拨备，而对于这些贷款而言，其净损耗支出／平均贷款也倾向于更高。分散化可以降低特定种类的贷款对银行总体坏账率的影响。风险资产的非利息收入、资产收益率和净资产收益率的高低取决于特定市场的竞争程度，而不能由先验情况明确地给出。

尽管分散化带来了明显的收益，但为什么不是所有银行都是高度分散化的呢？至少有四个原因。第一，贷款约束条件制约了分散化。许多银行觉得自己被"陆地"所包围，地理约束限制了它们在有限的市场上放贷。第二，贷款机会通常是按顺序到达和不可预知的，所以出于分散化考虑放弃一笔贷款的机会成本很高，因为目前具有分散化潜力的贷款之后可能就没有了。第三，银行常常受制于服务特定社区的监管要求。例如，《社区再投资法》（CRA）要求银行贷款给社区内的低收入借款人，这可能会妨碍贷款分散化。第四，截面信息可重复使用的特点导致银行专业化。例如，一家银行开发了向汽车零部件制造商贷款的专业技能，那么它在向这类企业贷款时就具有了相对优势，而且它希望利用这类优势使此类贷款成为其贷款组合的重点。因此，银行充其量只能在专门的贷款领域实现分散化。

7.6 信用分析：因素构成

信用分析考察可能导致借款人在贷款偿还过程中出现违约的因素。信用分析的主要目标是确定借款人清偿贷款的能力和意愿。信用分析着眼于借款人过去的信用记录（声誉）与其经济前景。在绝大多数银行里，这些信息是由信贷部门来收集、分析和存储的。

在分析贷款请求时，有两个要点需要牢记。首先，从经济的角度来看，假定银行是唯一的贷款人，那么银行而不是借款人才是那些利用贷款资金获得的资产的所有者。当借款人取得由这一资产充当担保的贷款时，其仅仅是从银行购买了一个看涨期权（正如我们在第 1 章

⊖ 参见欧洲系统风险委员会（2014）关于欧洲的报告，以及 Filbeck 等（2010）关于美国社区银行在 2007～2009 年金融危机期间持续走强的报告。

所看到的）。如果资产的价值超过了借款人的贷款本息偿还义务（可以理解为看涨期权的行权价格），这个期权就赋予借款人从银行回购资产的权利。银行的贷款发放决策以及在贷款存续期间采取的所有行动都应该反映这一基本事实。其次，在今天的法律环境下，让借款人偿还贷款绝非一件易事。破产法中包含许多旨在保护借款人的条款，这些规定往往使债务催收变得耗时费力，成本高昂。因此，信用分析的目标之一是在允许的成本限制内尽可能准确地发现违约的可能性。

信用分析中考虑的传统因素

银行信贷分析师传统上会参考信用分析的 5C 准则：能力、品质、资本、抵押品和环境。由于"经验法则"通常是来自长期累积的经验的一种升华，所以它们与理论处方之间就应该存在一定的关联。因此，我们从银行借贷的内在经济角度对每一个因素做出解释。讨论的结果汇总如图 7-8 所示。

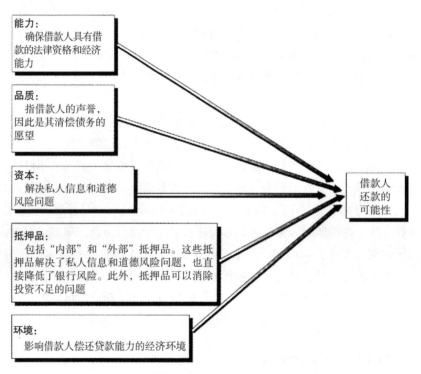

图 7-8　信用分析考虑因素的图像描述

（1）能力。这里指的是借款人借贷的法律和财务能力。在评估一份贷款请求时，首先应该考虑的是贷款请求人是否具有合法的借款资格。例如，在申请人是合伙关系的情况下，重要的一点是要知道所有签字的合伙人是否有代表合伙企业借款的法定权力。在申请人是公司的情况下，银行应核查公司章程和细则来确定谁有权代表公司去借款。

除了法律方面的考虑，能力还涉及借款人的财务能力。未来现金流一般可用于清偿债务，进而需要谨慎地进行估计。评估借款人未来可用于偿债的现金流是所有信用分析的重要组成部分。有些时候，银行可能不得不要求借款人把其他人的债权优先级降低（即转为次级债），以确保借款人有足够的（财物）能力来偿还银行。一家从其主要股东那里借入了大量资

金的小公司就可以选择这种做法。○

（2）品质。品质的概念包括借款人有能力且有意愿偿还合同规定的债务。判断品质需要仔细评估借款人偿还债务的历史记录和相关行为。之所以将品质纳入信用分析很有意义，是因为借款人的信用声誉越好，其违约的动机就越小。○原因很简单。设想借款人知道一次违约会导致其在很长一段时期内无法获得信贷。违约导致的收益是借款人不用向银行偿付的金额，但清偿借款的收益是所有未来可能利用银行贷款得到融资的投资项目净现值的总和；一旦在这笔银行贷款上违约就会导致净现值损失。很明显，随着未来贷款利率的下降，这个净现值会上升。进一步地，贷款人保持贷款清偿的时间越长，其获得的信用声誉就会变得越好，未来获得贷款的利率也就会更低。由此，当借款人已经获得了良好的信用声誉时，其意识到相对于没有这种声誉的情况而言，他可以获得一个更低系列的未来贷款利率。○因此，偿还贷款的好处（或等价地说，违约成本）对信誉较好的借款人来说更大。换句话说，维护或建立声誉的好处越大，声誉就越好。因此，信誉越好（还款记录）的借款人信用风险越小。

（3）资本。借款人在自身公司中已投入的权益资本（以资本在总资产中所占的比例来衡量）是评估该公司信贷风险时的一个重要因素。资本在这里可以发挥两种作用。首先，较高的资本规模弱化了道德风险问题。其次，资本规模越大，公司所有者发出的关于他们对公司未来前景信心的信号就越好。这有助于解决私人信息问题。例7-1说明了这一点。

例7-1

设想你是中城国民银行的一名信贷员，目前正在考虑是否批准米勒制造公司（以下简称为米勒公司）提交的一份金额为1.05百万美元○的贷款申请。这家公司当前拥有1百万美元的股本，且它现存的债务偿付义务为2百万美元。假定公司权益以留存收益的形式存放在一个无息账户中。米勒公司可以把从你的银行借来的1.05百万美元投资于两个项目（A或B）中的其中一个（银行无法直接控制公司投资哪个项目）。项目A在期末以0.8的概率带来2百万美元的回报，以0.2的概率带来1百万美元的回报。项目B在期末以0.2的概率带来7百万美元的回报，以0.8的概率带来的回报为零。公司现有资产在期末将有80%的可能性获得3百万美元的回报，有20%的可能性获得的回报为零。项目A或项目B的收益在统计上均独立于公司现有资产的收益。这些收益的分布是常识。为了简单起见，这里不考虑贴现的问题（即无风险利率为零），且你发放的贷款还款优先级要劣于公司的前期债务。考察一下米勒公司的行为和贷款条款是怎么依赖于是否有前面提到的1百万美元股本而改变的。

解：

我们用四个步骤来解决这个问题。第一步，我们假设米勒公司有1百万美元的权益股本。然后，假定银行在给贷款定价时相信公司会选择A项目，我们在这一情形下分析公司选择A项目的预期利润。第二步，继续假设米勒公司有1百万美元的权益股本，并仍假定银行在给贷款定价时相信公司会选择项目A，这时我们将分析借款人选择项目B的预期利

○ 在这种情况下，银行可能会成功地使借款人的清偿等级要劣于早期债权人所拥有的债权。一般来说，这么做具有较大的难度，因为现有贷款的合约条款通常会阻止借款人单方面采取这种行动。
○ Diamond（1989）对这一观点有正式的模型分析。
○ 声誉越好，利率越低。因为这样，借款人的违约率会变得更低。
○ 因本例中表中及算式金额数字单位均为百万美元，为统一计，本例文字部分所有金额数字单位均采用百万美元。

润。当确定这个问题适当的纳什均衡（也就是说，银行给贷款定价后确信米勒公司愿意选择项目 i（i 可以是 A 或 B），而且米勒公司确实选择了项目 i）时，我们需要用到这两个步骤的结论。当公司有 1 百万美元的权益股本时，纳什均衡涉及银行相信项目 A 会被公司选中这样一个情形。注意这里银行不能观察到借款人的项目选择，这个信息假定起到了重要作用。第三步是假定米勒公司没有权益股本，重复第一步。第四步，我们假定米勒公司没有权益股本，重复第二步。

步骤 1

首先假设公司拥有之前提到的 1 百万美元权益股本。我们假定，你作为信贷官员认为米勒公司将会选择项目 A。这时，来自项目 A 和米勒公司现有资产的现金流总额就满足如下分布（见表 7-1）。

表 7-1 来自项目 A、米勒公司现存资产和权益的总现金流的概率分布

项目 A 和现有资产的总现金流（百万美元）	加入留存收益的总现金流（百万美元）	概率
5	6	0.64
4	5	0.16
2	3	0.16
1	2	0.04

由于需优先清偿的债务规模是 2 百万美元，所以可供偿付银行贷款的现金流具有以下概率分布（见表 7-2）。

表 7-2 可供清偿银行贷款的现金流概率分布

可得的现金流（百万美元）	概率	可得的现金流（百万美元）	概率
4	0.64	1	0.16
3	0.16	0	0.04

你想提出更有竞争力的报价，因为米勒公司也在和你的同域竞争对手进行贷款合同的协商，同时你不想在这笔交易中亏钱。从表 7-2 中你可以看出，如果可用现金流是 4 百万美元或 3 百万美元，米勒公司完全可以偿还银行贷款，而如果可用现金流是 1 百万美元，那么这就是你的银行可以收回的全部资金。因此，如果你把银行贷款的还款义务设定为 P 百万美元，那么你的预期收入将是

$$(0.64 + 0.16) \times P + 0.16 \times 1 + 0.04 \times 0 = 0.8P + 0.16$$

因为我们已经把贴现率设为零，所以这个预期收益必须等于你的银行最初发放的贷款额，这样才能达到收支平衡（这是你在竞争中为获得这个借款人所能接受的最低要求）。这时有

$$1.05 = 0.8P + 0.16$$

这意味着 $P = 1.1125$ 百万美元，隐含的贷款利率约为 5.95%。表 7-3 给出了米勒股东的现金流的概率分布。

表 7-3 米勒公司获得的（税前）净现金流的概率分布

可用现金流（百万美元）	概率	可用现金流（百万美元）	概率
2.8875	0.64	0	0.16
1.8875	0.16	0	0.04

因此，如果米勒公司投资项目 A 的话，期望值是 0.64×2.887 5+0.16×1.887 5 = 2.15 百万美元。

步骤 2

现在假设米勒公司在接受了你基于选择项目 A 的贷款定价后考虑投资项目 B。这是我们先前讨论过的银行贷款中标准的道德风险问题，因为项目 B 对贷款人来说风险更大。然后，用我们分析项目 A 的方法来算，公司股东可能获得的现金流分布如下：0.16 的概率获得 7.887 5 百万美元，0.04 的概率获得 4.887 5 百万美元，0.64 的概率获得 0.887 5 百万美元，0.16 的概率获得零。因此，如果公司投资项目 B，股票的预期价值为

$$0.16×7.887\ 5 + 0.04×4.887\ 5 + 0.64×0.887\ 5 + 0.16×0 = 2.025\ 5（百万美元）$$

这意味着米勒公司的股东更倾向于投资项目 A（假定你给出的贷款定价以项目 A 被选中为前提），那么你定价时所做的项目 A 将被选中这一假定也是安全的。因此，你就没有必要去考察如果银行假定米勒公司选择项目 B 会发生什么事情。这是因为这时存在两种可能性。要么是米勒公司选择项目 A，进而对银行而言，假定项目 B 被选中就肯定不是一个纳什均衡了；要么确实存在一个纳什均衡，在这个均衡中米勒公司选择了项目 B。但显然，公司选择项目 A 这个纳什均衡要严格占优于选择项目 B 这个纳什均衡，因为比较两个均衡的结果，前者使公司的收益更大，而银行在这两个均衡中的收益是无差异的。这样，如果你的银行想要具有竞争力，你最好在确定贷款价格时假定公司会选择项目 A，因为这种情况下的贷款价格较低。

步骤 3

现在我们来看看如果米勒公司的权益股本不存在会发生什么状况。在这种情况下，如果米勒公司选择项目 A，它的总现金流呈如下分布（见表 7-4）。

表 7-4 来自项目 A 和米勒公司现有资产的总现金流的概率分布

总现金流（百万美元）	概率	总现金流（百万美元）	概率
5	0.64	2	0.16
4	0.16	1	0.04

由于优先级债务的偿还义务为 2 百万美元，所以计算一下你就可以知道公司可用于清偿银行贷款的资金有 0.64 的概率为 3 百万美元，有 0.16 的概率为 2 百万美元，而有 0.2 的概率为 0。按照与存在 1 百万美元留存收益情形相同的分析逻辑，你可以算出当银行处于盈亏平衡状态时，你必须要求公司在期末偿还 1.312 5 百万美元的债务（此时你仍然假定公司会投资项目 A）。这样，公司股东获得的净现金流为 1.687 5 百万美元的概率是 0.64，获得 0.687 5 百万美元的概率为 0.16，获得 0 的概率为 0.2。权益的预期价值为 1.19 百万美元。

步骤 4

在获得这笔贷款之后，如果公司决定选择用项目 B 来替换项目 A 的话，那么我们可以遵循之前的相同步骤并算出这时的权益期望值为 1.217 5 百万美元。这样，公司就会选择风险较大的项目 B，而你定价时做出的它会选择项目 A 的假定是错误的。事实上，如果你（正确地）假定项目 B 将被选中并相应地对贷款进行定价，那么米勒公司选择项目 B 的动机也将不会改变。这意味着，如果米勒公司没有充足的权益资本，那么它可能比其有充足的权益资本时更倾向于选择风险投资。作为银行家，你会提前预料到这一点，那么你就应该确定相

应的贷款价格（即收取一个适当的、更高的贷款利率）。这个例子可以直观地证实，米勒公司为了使贷款人相信它会选择更安全的项目，其最好的选择是保持留存收益。

资本有助于在项目产出糟糕的时候让借款人承担更大的损失来解决道德风险问题。这是因为资本是抵御项目损失的"第一道防线"，进而为贷款人提供了一个保护的缓冲。如果没有权益资本，借款人知道它拥有一个有价值的看涨期权——如果某个项目表现很差，贷款人得承担损失（对于借款人而言，其所面临的最糟的情形就是什么也得不到）；如果这个项目做得很好，贷款人只能得到契约规定的偿还，而借款人却赚取了一笔利润。如果有了资本，借款人追逐风险的成本就会增加，其看涨期权的价值也会降低。只要有了足够的权益资本，贷款人就可能完全实现借款人利益与自己利益相一致。有趣的是，这意味着借款人的境况也变得更好了。⊖

资本的另一个功能是充当信息传播指标。企业家自有权益资本的投入可以显示其拥有项目的盈利能力。这一功能的常规论证依赖于企业家具有风险厌恶性，这样比例7-2说明的推理方式要显得要更为复杂一些。⊜

例 7-2

设想有一家公司需要150美元来投资一个项目。这个项目将在之后的一期产生一个随机的收益。公司知道项目现金流的概率分布，但其他人不知道。其他人知道项目可以是C型或D型，如果是C型，那么它将以0.8的概率产生300美元的现金流，以0.2的概率产生0美元现金流。如果是D型，项目将以0.5的概率产生600美金现金流，以0.5的概率产生0美元现金流。为了简单起见，设想债务的利息和本金支付可抵扣税收，公司可以从知道公司现金流分布的人（可能是持有股票的经理人）处筹集股本（目前，它的账面资本几乎可以忽略不计）。公司当前是有所有者的，但权益资本的账面价值实际上为0。然而，公司的债务必须以银行贷款的形式获得，但银行无法分辨借款人拥有C型项目还是D型项目。适用于借款人的公司税率为30%。作为一个银行家，你应该如何应对这种借款人（假定借款人被锁定在C型项目或D型项目中，无法进行项目选择）？

解：

解决这种信息不对称问题的关键在于把资本当一个信号来使用。作为一名银行家，关键是要认识到，风险较高的借款人对提供权益资本更为反感，因为其出现资本损失的可能性要更大一些。因此，作为一个银行家，你可以给借款人两种选择：①借入150美元并偿还p_D；②提供E美元权益股本，借入（150-E）美元并偿还p_C。

我们通过三个步骤来解决这个问题。首先，我们假定D型借款人会选择①方案，C型借款人会选择②方案，且银行从每个借款人那里获得的利润均为0。其次，我们解出p_D，也解出p_C（它是E的一个函数）。步骤2涉及对E的求解。我们通过找到E的最小值来做到这一

⊖ 之所以这样，是因为我们这里假设银行的贷款定价是竞争性的，以至于借款人拥有的股本越大，信贷条款对其就越有利。注意，这为借款人提供了一个积累权益资本的动机。

⊜ 这个例子体现了公司金融文献中的基本原理，也就是说公司的资本结构选择可以传递关于其未来前景的私人信息，见Tirole（2006）。

点——这个值可以确保 D 型借款人不会放弃选择针对自己的合同（不提供任何权益资本的情况下全额借款）而去选择针对 C 型借款人的合同（提供 E 美元权益资本）。最后是检验，步骤 2 获得的 E 值会使 C 型借款人倾向于选择针对它的合同而不是 D 型借款人的合同。因此，步骤 2 和步骤 3 证实了步骤 1 关于借款人项目选择的假设。

步骤 1

现在，如果借款人可自主选择贷款合同，进而只有 D 型借款人会选择①方案，只有 C 型借款人会选择②方案，那么我们可进行下面的分析。考虑到银行在每一个合同中必须获得的预期利润为零，且 D 型借款人的还款概率是 0.5，那么 P_D 必须等于银行对于高风险借款人还款的预期价值，也就是说

$$P_D \times 0.5 = 150$$

或 P_D=300 美元，利率为 100%。

下一步，如果只有低风险借款人采取②方案，那么 p_C 必须满足

$$0.8 \times P_C = 150 - E \text{ 或者 } P_C = (150 - E)/0.8$$

步骤 2

现在我们来求解 E。注意 E 的取值必须确保 D 型借款人不会放弃选择针对自己的合同而去选择针对 C 型借款人的合同。尽管有很多 E 值可以满足这个条件，但只有一个 E 值在满足这个条件的同时使 C 型借款人的债务税盾的价值实现最大化。这个 E 值应该是在满足 D 型借款人不会严格偏好针对 C 型借款人的合同这一条件下的最小值。也就是说，对于 D 型借款人而言，其选择虚假陈述（选择②方案）时的净现值严格等于其真实表述（选择①方案）时的净现值。D 型借款人选择①方案的净现值为

$$(600-300) \times 0.5 \times 0.7 = 105 \text{（美元）}$$

式中，0.7 是 1- 税率，D 型借款人选择②方案时的净现值为

$$[600-(150-E)/0.8] \times 0.5 \times 0.7 - E$$

当上述净现值等于 105 美元时，可以得到 E=70 美元。这样，C 型借款人的还款义务是 (150-70)/0.8=100 美元，也就是贷款利率为 25%。

步骤 3

你可以检验 C 型借款人将严格偏好于针对他的合同而不是针对 D 型借款人的合同。

他选择①方案的净现值是 $(300-300) \times 0.8 \times 0.7 = 0$

他选择②方案的净现值是 $(300-100) \times 0.8 \times 0.7 - 70 = 42$（美元）

这样，银行可以提供两种选择：全额借款 150 美元，偿还 300 美元；以权益资本的形式提供 70 美元，借款 80 美元，偿还 100 美元。

这里的关键是银行基于一个假定来确定每一笔贷款的价格，这个假定认为从事特定项目的借款人只拥有这一个项目。如果借款人事实上的确只有这个项目，那么银行就可以获得预期的零利润。银行的想法是设计一个能保证激励兼容性的贷款合同。换句话说，没有一个借款人有动机背离银行专门为其设计的贷款合同。激励兼容性可以体现在纳什均衡中；银行对于借款人项目与其贷款合同选择之间关系的假定在均衡中必须是正确的。

在这个例子中，资本充当了项目质量的信号。投资较低风险的 C 型项目的借款人通过以权益资本的形式提供近 2/3 投资必需的资金的方式传递了低风险信号。为此，它获得了低利

率（贷款）奖励。尽管这种低利率具有明显的吸引力，但高风险借款人并不愿意提供所需的权益资本来获得这样一笔贷款。这一分析的直觉如下：由于贷款的利率支出可以抵扣税款，所以拥有任何性质项目的借款人均想要获得尽可能多的贷款，同时，不管拥有什么性质项目的借款人也都不喜欢支付利息。但是，当借款人拥有一个高风险项目时，较高的利息对他而言也就不显得那么繁重了，因为实际能偿还贷款利息的可能性比较低。这时，对于这样的借款人来说，相比持有安全投资项目的借款人，用更高的资本充足率为代价来换取更低的利率这种诱惑就具有较低的吸引力。事实上，借款人对不同资本充足要求－利率组合的偏好取决于其项目特征，而这种项目特征差异的存在允许银行设计出一种旨在引发所需信息的自我选择机制。

循着这种分析思路，我们可以认为在所有其他因素都保持不变的情形下，银行应该收取的利率水平和借款人的权益资本占资产的比率呈负相关关系。资本越少的借款人，其风险也就越大，这不仅是因为资本充当"第一道防线"的直接影响，还因为它在降低借款人风险偏好上的间接效应。在上述例子中，我们对银行施加了一个零利润条件，以反映银行业市场中的完全竞争。这是竞争的一种极端表现形式。在现实中，银行是要从借款人（尤其是那些拥有不公开的信用信息的借款人）身上赚取利润的。银行向所有者权益比率较低的借款人收取更高利率的同时，也可以从这些借款人身上获取更大的利润边际。⊖这可以使向高杠杆（低股本）借贷人放贷的前景对银行而言具有较大的吸引力，尽管这么做会涉及较高的风险。事实上，这种激励来自银行执行信贷信息生产的基本功能（见第3章）。

银行可以通过为杠杆并购（LBO）、兼并、资本重组等活动提供资金，把极高杠杆的贷款加进其贷款组合中。正如我们先前讨论的那样，这些高杠杆交易（HLT）的收益率比其他商业性贷款要高得多。由于这种较高的收益率弥补了银行所面临的更高的风险，所以，银行的预期利润并不一定意味着变得更高了。然而，在很多情况下这些借款人也没有多少可供选择的信贷来源，因此，银行可以从这些借款人那里赚取更高的风险调整后利润。此外，银行通常还可以收取一笔承诺本金规模的1%～2%的费用。⊜然而，高杠杆贷款的风险要显著高于贷款的平均水平，而且涉及道德风险问题。⊜这可能是近来反向杠杆收购活动（公司通过发行股票来偿还杠杆收购期间产生的债务，以此来降低负债权益比率）变得日益流行的一个原因。这样可以减少道德风险，进而使公司受益。

（4）抵押品。大多数商业贷款和消费贷款都是有抵押的担保贷款。一旦贷款由充当抵押品的特定资产来担保，那么，在违约的情况下，贷方对该资产享有优先索赔权。抵押品有两种类型：内部抵押品和外部抵押品。内部抵押品由贷款存续期内公司拥有的资产组成，如应收账款、设备、机器、房地产和存货等。即使银行发放一笔无担保贷款，银行也会对这些资产提出请求，但不一定是优先索取。但是，作为一般债权人，银行债权的价值是不明确的，

⊖ 这也可能是因为权益资本水平较低的借款人可能不那么出名，进而可获得的信贷渠道较少，由此导致银行可通过生产关于这些借款人的私人信息来赚取更高的准垄断租金。

⊜ 通常这些贷款是在贷款承诺下发放的，因此这些费用是承诺费。

⊜ 一笔高杠杆贷款不仅可能给银行带来更高的预期贷款损失，也可能让银行卷入更高的贷款损失波动之中（见第8章）。

因为一旦破产，银行可能是许多无担保债权人中的一个主体，听任破产法庭的安排。另外，如果其中一种资产被质押成了（内部）抵押品，银行将成为该资产的主要索取人。

外部抵押品包括一些如果不是被特别指定作为抵押品，那么银行永远不可能拥有索取权的资产。借款公司或有限合伙企业中所有者的个人资产就是外部抵押品的一个很好的例子。

但是，抵押品的使用并不是免费的。由于借款人可能采取损害提供给银行的抵押品的价值的行为，所以有必要对抵押品进行持续性的监控。这类监控成本（至少在一定程度上）是由银行来承担的。此外，当抵押品在违约情形下转移至银行时，过程中存在清算成本。这些成本包括所有权转让的法律成本、银行最初持有抵押品的成本和之后抵押品出售的成本。⊖从借款人的角度来看，抵押品的使用会使其随后的借款成本更高，因为可供清偿一般债权人的资产变得更少了。问题是，尽管存在这些成本，为什么抵押品还被如此广泛地使用呢？

担保贷款的流行至少有三个原因，我们现在逐一讨论。

1）降低风险。担保贷款存在的一个明显理由是，它为贷款人在违约情况下的损失提供了更大的保护。美国的破产法包括众所周知的"自动冻结"条款，这一条款在破产诉讼程序中冻结债权人的托收行为。立法初衷是为了给债务人提供一个喘息的机会，以便自我整顿。在企业提出破产申请后，冻结立即生效。然而，如果有特殊的原因（包括抵押品债务人资产中的某些部分不足以保证债权人的利益安全），这种冻结就可以被修改以有利于债权人。例如，设想银行贷款给一家公司1 000万美元，而这家公司刚刚按照破产法第11章的规定向法院提交了重组申请。假设公司有一些特定资产（当前价值400万美元）已被设置为内部抵押品。现在，如果这些资产的价值正以每月3 000美元的速度持续贬值，那么破产法庭就可能要求该公司每月留出这笔款项来充分保护银行的债权。这样，在破产情况下，担保可以降低债权人的风险。

2）信号工具。抵押品也能向银行传递有价值的信息。尽管可能与内部抵押品有关，但如果我们将担保财产视为外部抵押品的话，这种直觉会得到清楚的理解。这种逻辑与我们对权益资本信号作用的解释极为相似。如果对银行来说，有一类看起来风险差不多的借款人（即使在完成所有的信贷分析后仍是如此），那么借款人提供抵押品的意愿与其贷款的违约风险之间存在反向关系。⊜银行可以通过以下方式来诱使借款人披露其隐藏的风险。设想有两个无法区分的借款人A和B，但银行怀疑其中一个比另一个更危险，尽管它并不知道是哪一个。银行让每个借款人从一对合同中选一个：有关联利率的担保贷款合同和较高利率的无担保贷款合同。现在设想A比B的风险小，A会出于两个原因偏好担保贷款合同。第一，低风险意味着偿还利息的可能性更高，由此，较低的利率也就更具吸引力。第二，低风险意味着违约和银行拿走抵押品的概率较低，由此，提供抵押品就不那么麻烦了。利用对称性逻辑，我们可以发现B更喜欢无担保贷款合同。想要让A和B像这样把各自区分出来，当然，就要求这两个贷款合同必须是激励兼容的。例7-3说明了如何做到这一点。

⊖ 根据监管规定，银行必须在收购之后的特定时期内将这些资产变现，除非这些抵押品可被持有作为银行资产。

⊜ 见Bester（1985）以及Besanko和Thakor（1987a，b）证明这一论点的理论模型。抵押品信号显示作用的实证证据是由Jimenez等（2006）提供的。

例 7-3

假设在期末 A 的资产价值为确定的 100 美元，B 的资产价值为 200 美元的概率是 0.5，为零的概率是 0.5。（A 或 B 拥有的）项目需要预付 30 美元投资，投资所需的所有资金来自银行的借款。银行无法区分 A 和 B。假定单期无风险利率为 10%，每个人都是风险中性的。假定对借款人而言价值 1 美元的抵押品对银行的价值仅为 90 美分，10 美分的价值差异可以看作银行接管抵押品的成本。这些接管成本的来源主要有两个。首先，对于银行来说，从违约借款人那里获得的资产通常是零碎的，而对于借款人来说它们是生产整体的有机组成部分。这样，单纯将抵押品从公司的其他资产中移出并进行清算的做法可能是代价高昂的。其次，将资产的控制权从借款人转移到银行涉及法律和其他行政费用。这些成本是这么多的银行家主要从抵押品的激励效应来判断其价值的一个重要原因。问题是银行如何设计一对贷款合同，以使每一个借款人都能被诱导如实地披露其私人已知的风险。

解：

按照之前讨论的直觉，我们需要向借款人提供两份合同：一份担保贷款合同和一份无担保贷款合同。这些合同应该这样设计，以使 A（安全借款人）选择担保贷款而 B（风险借款人）选择无担保贷款。我们通过三个步骤来解决这个问题。第一步，我们计算出银行处于盈亏平衡点时担保贷款合同的利率。第二步，我们解出无担保贷款合同的利率。第三步，我们解出担保贷款合同中抵押品的数量，此时这些抵押品的存在将阻止风险借款人选择担保贷款而放弃无担保贷款。

步骤 1

因为 A 一定会偿还贷款，所以当银行处于盈亏平衡点时担保贷款合同中的利率 r_u，应该是当期的无风险利率，也就是 10%。

步骤 2

另外，无担保贷款合同中的利率 r_u 应当满足银行的零利润条件，也就是

$$[0.5 \times (1+r_u) \times 30]/1.10 = 30 \quad (7\text{-}1)$$

式（7-1）的左边是银行收益的贴现值，所承诺的还款金额是 $30(1+r_u)$ 美元，但只有 0.5 的可能性银行获得偿还。因为银行是风险中性的，所以它需要按 10% 的无风险利率进行贴现。对于恰好处于盈亏平衡点的银行来说，其预期收益的贴现值应与初始贷款额完全相等。注意，我们的方法与一种观点是一致的，那就是银行拥有投资项目并且它向借款人出售了一个以抵押品为标的物、执行价格为 $30 \times (1+r_u)$ 的看涨期权。当项目价值超过执行价格时，借款人执行这份期权来回购项目，这种情况发生在项目成功时；如果项目失败，借款人会放弃执行这份期权，而银行则保留一个毫无价值的项目。解式（7-1）得出 $1+r_u = 2.2$。因此，未担保贷款合同中规定的还款总额为 $2.2 \times 30 = 66$ 美元。

步骤 3

现在我们解出能够阻止 B 去模仿 A 选择担保贷款合同的抵押品数量。使 B 感到担保贷款合同和无担保贷款合同无差异的抵押品数量 C 可以通过下面这个等式来求出

$$0.5 \times (200-66) = 0.5 \times (200-33) - 0.5 \times C \quad (7\text{-}2)$$

在式（7-2）中，左边是借款人选择无担保贷款合同时其现金流的期望价值，也就是减

去偿还银行之后的净值,右边是选择担保贷款合同时其现金流的期望价值。注意担保贷款合同中的利率是10%(因为银行假定这笔贷款发放给了安全借款人),进而需偿还的债务本息总额是 1.10×30=33 美元。借款人有 0.5 的概率会违约,进而需要将其抵押品让渡给银行。

求解式(7-2)可得 $C=33$ 美元。这样,如果银行要求借款人提供价值至少为 33 美元的抵押品,那么只有 A 会选择利率为 10% 的担保贷款合同。请注意,A 的净预期现金流在选择担保贷款合同的时候是 100-33=67 美元,而选择无担保贷款合同的时候是 100-66=34 美元。B 将选择无担保贷款合同,贷款利率为 120%。这样,银行就可以根据风险把借款人区分出来。最终的结果是一个纳什均衡。银行对于借款人会选择何种贷款合同的信念可通过借款人的行为得到证实。

你一定注意到了银行的抵押品接管成本在这里对结果没有影响。原因是发放给 A 的担保贷款是无风险的,进而 A 永远不会向银行转移抵押品。由于纳什均衡中实现了完美的分离——每一个借款人在均衡中揭示其自身的类型——进而 B 选择了无担保贷款合同,所以在这个例子中银行实际上永远不会接管抵押品。在现实中,当然,几乎没有贷款是无风险的。如果给 A 的贷款存在违约风险,那么银行接管成本就会影响结果,因为它会影响担保贷款合同中的利率。

3)道德风险。抵押品的使用有助于解决多种道德风险问题。这里我们讨论三个:资产替代、投资不足和工作努力供给不足。

资产替代:由于银行贷款的期权性质,借款人在获得贷款之后有选择风险更大的项目的动机。以类似于资本的方式,抵押品可以阻止这种冒险行为。出于当前的考虑,想想以外部担保形式提供的保证。考虑例 7-4。

例 7-4

设想布朗面包店需要一笔 100 美元的贷款来为下一时期得到产出的项目融资。布朗可以在两个项目之间选择:S(安全)和 R(风险)。银行知道这一点,但无法直接控制借款人的项目选择。S 产生 300 美元收益的概率为 0.9,没有收益的概率为 0.1。R 产生 400 美元收益的概率为 0.6,没有收益的概率为 0.4。每个人都是风险中性的,无风险利率是 10%。银行应如何设计贷款合同,使布朗选择更安全的项目?再一次假定,对于布朗来说价值 1 美元的抵押品,对于银行来说价值 90 美分。

解:

对于银行来说,出发点是想使布朗从自身最佳利益出发选择 S 方案,这可以通过要求布朗提供足够的抵押品来实现。由于抵押品在违约出现时要交给银行,这使得项目失败对借款人来说是代价高昂的。由此,借款人希望通过选择 S 来减少失败的可能性。这里关键的假设是银行不能直接控制布朗的项目选择。我们分四步进行。第一步,我们假定银行在假设 S 将被借款人选择的前提下提供给布朗一份无担保贷款。我们将证明这不可能是一个纳什均衡,因为布朗此时会选择 R。第二步,银行假设 R 将被选择进而计算出此时无担保贷款合同中的利率水平。因为当布朗面临银行提供的这样一种无担保贷款合同时,它的确会选择 R,所以这是一个纳什均衡。第三步，我们问是否存在另外一个纳什均衡，也就是说利用担保贷款。我们解出一个抵押品水平，可确保布朗不会放弃 S 而（严格）地偏好 R。假定事实上存在一个被布朗和银行同时接受的担保贷款合同，我们通过使布朗从 R 和 S 两个项目中获得的预期利润相等做到了这一点。第四步，我们验证了选择 S 是布朗的纳什均衡。

步骤 1

首先设想银行以利率 r_u 为布朗提供了一笔无担保贷款。如果银行假定布朗会选择 S，那么在银行的盈亏平衡点的利率 r_u^S 可以由下式得出

$$[0.9 \times (1+r_u^S) \times 100]/1.10 = 100 \qquad (7\text{-}3)$$

求解式（7-3）得出 $r_u^S = 22.22\%$。从布朗的确会选择 S 的意义上看，这是否是一个纳什均衡呢？为了回答这个问题，我们计算布朗投资 R 和 S 的净预期收益。如果布朗选择 S，它的净预期收益是

$$0.9 \times (300 - 1.22 \times 100) = 160.2（美元）$$

如果选择 R，它的净预期收益是

$$0.6 \times (400 - 122) = 166.8（美元）$$

因此，提供给布朗一笔利率为 22% 的无担保贷款无法成为纳什均衡。因为这时布朗将会选择 R 而不是 S，而银行则会因其假定 S 被选择而遭受一定的贷款损失。

步骤 2

现在设想银行假定布朗选择 R。这时银行位于盈亏平衡点的利率 r_u^R 由下式给出

$$[0.6 \times (1+r_r^S) \times 100]/1.1 = 100 \qquad (7\text{-}4)$$

求解式（7-4）解出 $r_u^R = 83.33\%$。现在面对这种利率水平，如果布朗选择 S，那么它的净预期收益是

$$0.9 \times (300 - 183.33) = 105（美元）$$

如果选择 R，它的净期值收益是

$$0.6 \times (400 - 183.33) = 130（美元）$$

因此，布朗会选择 R，而且这是一个银行信念与借款人行为相一致的纳什均衡。

步骤 3

但我们可以用另一个纳什均衡来做得更好吗？每当我们问及这个问题时，很自然地想弄清楚我们为谁做得更好。由于银行被假定在所有情形下都只能赚取预期为零的利润，那么银行为什么要在意呢？答案在于竞争。回想一下零期望利润状况是一种分析上的便利。实际上，我们希望银行至少赚取一点利润。还需要记住，这个利润是超过了正常股本回报率之后的溢价。现在，如果银行能设计一个合同，在不降低银行贷款的情况下增加借款人的预期利润，它就可以诱使借款人远离竞争对手，从而建立起自己的业务"账簿"。因此，面临竞争的银行应尽力给借款人提供最好的交易。

设想银行转而向布朗提供了担保贷款。作为银行家，你要做的是弄清楚多少抵押品可以确保 R 不被选择。让布朗对 S 和 R 感到无差异的抵押品水平需满足下式

$$0.9 \times [300 - (1+r_S) \times 100] - 0.1C = 0.6 \times [400 - (1+r_S) \times 100] - 0.4C \qquad (7\text{-}5)$$

式中，r_S 是担保贷款利率。我们首先要确定 r_S。如果银行成功地诱导布朗选择 S，那么它将按下式设置 r_S 来满足其零利润条件。

$$[0.9\times(1+r_S)\times100+0.1\times0.9C]/1.1=100 \quad (7\text{-}6)$$

在式（7-6）中，注意我们用到了这个事实．1 美元的抵押品对于银行来说只值 90 美分。解式（7-6）得出

$$1+r_S=(110-0.09C)/90 \quad (7\text{-}7)$$

将式（7-7）代入式（7-5），再解出 $C=20.202$ 美元。四舍五入，假定我们取 $C=20.21$ 美元，然后代入式（7-7），我们可以得到 $1+r_S=(110-1.818\ 9)/90=1.202\ 0$，或者说 $r_S=20.21\%$，以保证近似值不会导致银行利润为负。

步骤 4

现在，布朗选择 S 的净预期收益是（从式（7-5））159.79 美元，而选择 R 的净预期收益（也从式（7-5））大约是 159.79 美元。因此，这是一个纳什均衡（其中布朗选择 S）。注意，这个均衡跟之前的纳什均衡（130 美元）比，带给布朗的预期收益要更高一些。⊖ 这样，如果借款人来找你，说你的同城竞争对手提供了一个利率仅为 83.33% 的无担保贷款，你可以通过提供需要 20.21 美元的外部抵押品且利率仅为 21% 的担保贷款来进行回应。有了这些条款，布朗面包店将会接受你的贷款，而你将赚得利润。⊜

在这个例子中，外部抵押品的使用是因为我们假定了有限责任，换言之，如果这些抵押品未被质押，那么在破产时它们就不会损失掉。出于某些不同的原因，内部抵押品也可以阻止资产替代。通过公司内部特定资产的担保，债权人可以确保这些资产不会被那些增加债权人风险敞口的资产所取代。因为这种资产替代可能性的减少可以反映在更好的公司债务价格上，所以发行担保债务的优势可以增加股东的利益。⊜

投资不足： 借款人和贷款人之间利益分歧的一个表现就是借款人不愿意向项目追加投资资金，即使这样做会增加这个项目的总净现值。⊕ 直觉是很简单的。设想你拥有一些不动产，且它们的融资主要来源于银行贷款。这些不动产当前价值 150 万美元。你可以再花额外的 100 万美元，使不动产的价值提高 110 万美元。但是，设想你需要向银行清偿的债务现值是 200 万美元。这时，尽管投资 100 万美元，整个项目的净现值为 110 万美元，但对作为业主/借款人的你来说，这并不是一个好主意。因为通过额外的投资，你增加的现金流现值为 (150+110)-200 = 60 万美元，但这个投资要花费 100 万美元，也就是说，这笔投资的净现值对你来说是 -40 万美元（尽管把借款人和贷款人视为一个整体，这个投资的净现值为 10 万美元）。净效应就是这项投资会被放弃，公司价值被牺牲了。这种投资低效是由于借款公司股东事后的私人最优选择而产生的。然而，他们在事前就得为此付出代价，因为贷款人会预期这种行为，并相应地调整信贷条款。我们如何通过更好的信贷条款来消除这种道德风险进而使借款人在事前获益呢？

⊖ 正如第 1 章所指出的那样，这里经常存在多重纳什均衡。

⊜ 到目前为止，你可能想知道为什么银行做无担保贷款。请注意，同时提供担保贷款和无担保贷款有助于解决私人信息问题。此外，使用外部抵押品来解决道德风险并不总是最佳的。事实上，在例 7-4 中，如果项目 R 成功的回报是 500 美元而不是 400 美元，对银行来说最好的结果是提供一个基于 R 被选择的假定来定价的无担保贷款。

⊜ Smith 和 Warner（1979）认为内部担保可以以这种方式来帮助解决资产替代问题。也可以参见 Leitner（2006）。

⊕ Myers（1977）首次讨论了投资不足问题。

一个答案是让借款人预先承诺事后不会"投资不足"。如果贷款人相信借款人,这个问题很明显就得到了解决。但是,这样的预先承诺具有时间不一致性。贷款人知道借款人在机会出现的时候总有理由不遵守这一承诺。所以对于贷款人而言,相信这样的承诺将有些愚蠢。当然,贷款条款还是可以利用的,需由贷方进行合规性监控。然而,实际上很难看出贷款条款如何迫使借款人在不乐意投资的情况下进行投资。这是因为除非借款人决定利用这些投资机会,否则贷款人通常"看不到"这些投资机会。合同条款可以有效禁止某些行动,但很少能成功地促成不可观测的举措实施。

担保债务可以解决投资不足的问题。⊖ 分析思路如下。设想公司需要为购买一项资产额外融资,并且该公司可以以低于市场价值的价格来购买这项资产。这样,这次购买就可能是一项具有正净现值的投资。同时设想当前有未偿的风险性无担保债务的公司(如果没有进一步的激励)不会去购买这项资产,因为这种做法将会导致公司股东净现值的增加低于这项资产的购买价格。

为了解决这个问题,设想公司发行新的担保债券且以问题资产来作为抵押品。这时,基于"绝对优先"原则,受担保的债权人在出现破产事件时享有第一序位的资产请求权,且借款公司有必要将归于这项资产的现金流转移(至少部分转移)给新的得到担保的债权人,而不是老的没有担保的债权人。由于新的(受担保的)债权人为公司发行的债务支付了公允的市场价值,与新购资产相关的收益从旧的(无担保的)债权人转移到了借款公司股东处,进而增强了他们进行投资的动机。例7-5说明了它的运作机理。

例7-5

考虑约翰逊用品这么一家公司。该公司可以在项目期初($t=0$)投资100美元,在项目期末($t=1$)如果项目成功(状态S_1)可以获得400美元,如果项目失败(状态S_2)则没有收益。状态S_1发生的概率为0.7。最初的100美元融资来自$t=0$时发行的无担保债券。在投资到期之前,但在首轮融资之后,公司将有机会购买价格为100美元的资产A。这项资产将在$t=1$时确定价值120美元。假设不能强迫约翰逊公司购买这项资产,请计算约翰逊公司的最优融资策略。假定每个人都是风险中性的,且无风险利率是10%。

解:

我们通过六个步骤来解决这个问题。第一步,我们假定只有无担保债务可以提供,而初始日的无担保债权人认为只要可以获得资金约翰逊公司就可能会购买资产A。然后我们计算(初始融资以后)为购置资产A融资的100美元的(新)无担保利率。第二步,我们检查这是否是一个纳什均衡。我们发现这并不是,因为约翰逊公司在负担原有的无担保债务时不会购买资产A。第三步,我们检验约翰逊公司不购买资产A这个策略是不是一个纳什均衡。也就是说,如果初始债权人在假定约翰逊公司不会购买资产A的前提下给债务定价,约翰逊公司真的就会不去购买资产A吗(既然约翰逊公司不买资产A,那我们就不需要担心老债权人)?我们发现这是一个纳什均衡。第四步,当所有债权人认为约翰逊公司将会在资产A可能获得资金时购买资产A,我们引入担保债务并计算旧的无担保债务利率和新的担保债务利率。第五步,我们检验这是否是一个纳什均衡,发现这是纳什均衡。约翰逊公司确实购买

⊖ Stulz 和 Johnson(1985)提出了这一论点,也可见 Ongena 等(2015)。

了资产A，而且希望为购置资产A发行担保债务。第六步，我们的结论表明，当约翰逊公司没有购买资产A时，担保债务纳什均衡中约翰逊公司的股东净现值高于无担保债务纳什均衡。

步骤1

首先设想无法发行担保债务。这样，未来购买资产A所需的100美元融资就必须用股权或无担保债务来获得。由于基准论证在任意一种情形中都类似，我们这里假定使用无担保债务。一开始的时候，设想$t=0$时无担保债权人（称之为C_{old}）认为约翰逊公司在资产A可以获得资金时就会购买A。用C_{new}标记（新）无担保债权人，其提供100美元购买资产A。这样，当$t=1$时，公司的价值为520美元的概率为0.7（状态S_1），价值为120美元（状态S_2）的概率为0.3。假定所有无担保债权人均享有同等的优先级，C_{old}在状态S_1时将被全额支付，在S_2时获得60美元。C_{new}获得的收益也是一样的。因此，C_{old}和C_{new}提供信贷的贷款利率也是一样的。同时r_a代表这个利率，然后，如果债权人提供价格合理的债务（即每个债权人获得零预期利润），则获得式（7-8）的解r_a

$$100=[(1+r_a) \times 100 \times 0.7 + 60 \times 0.3]/1.1 \qquad (7-8)$$

式（7-8）的左边是债务融资的数额，右边是C_{old}或C_{new}以10%的无风险利率贴现的预期价值。求解式（7-8）得出$r_a=31.43\%$。这样，当$t=1$时，约翰逊公司有义务偿还C_{old}或C_{new}的数额都是131.43美元。

步骤2

第一个问题是：这是一个纳什均衡吗？为了回答这个问题，我们必须弄清楚C_{old}假设约翰逊公司会购买资产A是否正确。现在，如果约翰逊公司购买资产A，那么对股东产生的净现值是

$$[0.7 \times (520-262.86)]/1.1=163.63（美元）$$

注意，约翰逊公司股东仅在状态S_1时获得正回报，此回报为520（=400+120）美元减去两倍的131.43美元，其中131.43美元是约翰逊公司分别欠两类无担保债权人（C_{old}和C_{new}）的金额。另外，如果约翰逊公司不购买资产A，那么对其股东产生的净现值就是

$$[0.7 \times (400-131.43)]/1.1=170.91（美元）$$

因此，约翰逊公司将放弃购买资产A的机会，尽管它给约翰逊公司带来的总净现值（120-100/1.1=18.18美元为正。这意味着C_{old}假设约翰逊公司购买资产A不可能是一个纳什均衡。

步骤3

因此，现在设想C_{old}假定约翰逊公司不会购买资产A。这时，贷款利率r_b是式（7-9）的解

$$[0.7 \times (1+r_b) \times 100]/1.1=100 \qquad (7-9)$$

求解式（7-9）得出$r_b=57.143\%$。很容易证实，面对这种贷款利率，约翰逊公司确实会选择不购买资产A。这样，在假定担保债务不可行的情形下，这是一个纳什均衡。在这个纳什均衡中，归属于约翰逊公司的净现值由下式给出

$$[0.7 \times (400-157.143)]/1.1=154.5（美元）$$

步骤 4

想象一下,现在约翰逊公司可以自由使用担保信用债务为资产 A 融资。如果约翰逊公司选择这样做,那么这时 C_{new} 的(担保)债权将是无风险的,因为最小的公司价值(出现在状态 S_2)是 120 美元(在 $t=1$ 时,资产 A 的价值),且 C_{new} 对此项资产享有优先求偿权。由于无风险利率为 10%,约翰逊公司对无风险债务的偿还义务将为 110 美元,这可以被公司在状态 S_2 的价值所覆盖(状态 S_2 时的公司价值足以偿还这项债务)。现在设想 C_{old} 认定约翰逊公司如果资金可得的话就会购买资产 A。C_{old} 索要的贷款利率 r_c 将是式(7-10)的解

$$[0.7\times(1+r_c)\times 100+0.3\times 10]/1.1=100 \quad (7-10)$$

这里我们认识到 C_{old} 在状态 S_2 时只得到 10 美元,因为 C_{old} 的债权的优先级低于 C_{new}。求解式(7-10)得出 $r_c=52.86\%$。因此,约翰逊公司的总还款义务为 152.86+110=262.86 美元。

步骤 5

这是一个纳什均衡吗?再一次,我们考虑一下约翰逊公司购买资产 A 的动机。如果它购买资产 A,归属于其股东的净现值是

$$[0.7\times(520-262.86)]/1.1=163.63(美元)$$

如果它不购买资产 A,归属于股东的净现值为

$$[0.7\times(400-152.86)]/1.1=157.3(美元)$$

因此,约翰逊公司的确会购买资产 A(当 C_{old} 在假定资产 A 会被购买的前提下确定贷款的价格时),并且 C_{old} 关于该公司购买资产 A 的动机的推测也得到其行为的支持。为了完成对这个纳什均衡的验证,我们还必须确保约翰逊公司确实希望发行担保债务来购买资产 A。为了检查这一点,让我们保持 C_{old} 给出的固定贷款价格,进而公司必须偿还 152.86 美元。如果约翰逊公司发行无担保债务来购买资产 A,则 C_{new} 将要求贷款利率为 31.43%(因为他们求解式(7-8)决定了这个贷款利率),所以归属于约翰逊公司股东的净现值为

$$\{0.7\times[520-(152.86+131.43)]\}/1.1=150(美元)$$

步骤 6

这样,约翰逊公司的确会选择利用担保债务来为资产 A 融资。此外,约翰逊公司股东在这个纳什均衡中的净现值(163.63 美元)超过了之前那个只能用无担保债务为资产 A 提供资金的纳什均衡(154.5 美元)。因此,对于约翰逊公司而言,当它与 C_{old} 签订贷款合同时,预先约定其在未来不会发行担保债务这样的限制性条款并不符合其利益。

除了说明担保债务如何解决投资不足的问题外,这个例子提出了一个与贷款合同中的契约设计相关的有趣观点。人们有时认为,债权人可以通过在贷款合同中加入一些禁止公司在未来发行相对其现有的任何资产而言具有更高优先级债务的条款来保护自己不被掠夺。然而,尽管所有人都这么说和这么做,但在一个竞争性市场中,最终是借款人来决定接受什么样的契约,因为贷款人会根据借款人愿意接受的合同条款来大概调整贷款的价格(到至少不低于盈亏平衡点的水平)。我们的例子表明,对于借款人而言,保留一定的灵活性使自己未来可以利用新购买的资产作为抵押品(进而使得新债权人拥有对该资产的最高优先级)来获

得担保贷款可能是最优的选择。⊖这么做不仅使借款人变得更好，甚至还可以降低初始债务（在我们的例子中是 C_{old}）的利率水平。在我们的例子中，当禁止公司在未来发行相对任何资金具有更高优先级的债务时，C_{old} 所提供的贷款利率为 57.143%；当允许发行此类债务时，利率变为 52.86%。之所以会出现这种情况，当然是因为在未来发行担保债务的能力解决了债务导致的投资不足问题。

工作努力供给不足：另外一个道德风险是当资产处于高度杠杆化的状态时，借款人在管理该公司的过程中可能出现懈怠现象。抵押品也有助于解决这一道德风险问题。例 7-6 利用外部抵押品说明了这一点。

例 7-6

考虑一位企业家，大卫·巴恩斯先生。他在 $t=0$ 时（期初）借了 100 美元，并将贷款投资到一个项目中。在 $t=1$ 时，他的创业公司巴恩斯制造公司将在项目成功时（状态 S_1）获得 300 美元，而项目失败时（状态 S_2）获得零。S_1 出现的概率为 $p(e)$，其中 e 是巴恩斯先生管理该项目的努力程度。巴恩斯先生可以选择两个努力水平之一：高（h）或低（l）。当巴恩斯先生选择 h 的努力水平时，需承担 40 美元的个人成本，而选择 l 的努力水平时，则不发生个人成本。假设 $p(h)=0.8$，$p(l)=0.6$。巴恩斯先生有抵押品可供利用，但对于他来说价值 1 美元的抵押品对于银行来说价值仅为 90 美分。假定银行不能观察巴恩斯先生选择的努力水平。无风险利率为 10%。计算最优贷款合同。

解：

我们想在这个例子中表明如果银行借给巴恩斯先生一笔总额为 100 美元的担保贷款，他将会更加努力地工作。我们将按四个步骤走。第一步，我们假定银行仅限于提供无担保贷款，巴恩斯先生选择 $e=h$ 并不是一个纳什均衡。第二步，继续保留无担保债务假设，巴恩斯先生选择 $e=l$ 是一个纳什均衡，并且银行会相应地对其贷款进行定价。第三步，我们引入担保并解出让巴恩斯先生对 l 和 h 感到无差异的抵押品数量。我们发现在这种担保水平下选择 h 对于巴恩斯先生来说确实是一个纳什均衡。第四步，我们检验了在担保债务条件下巴恩斯先生的状况有所改进，担保充当了他会更加努力工作的一个预先承诺。

步骤 1

设想首先银行仅提供无担保贷款。如果银行认为巴恩斯先生会选择 $e=h$，那么应该对这笔无担保贷款收取利率 r_h^u 以恰好保持盈亏平衡。

$$0.8 \times (1+r_h^u) \times 100/(1+0.10) = 100 \tag{7-11}$$

这里得出 $r_h^u=37.5\%$。为了检查这是否是一个纳什均衡，我们需要询问巴恩斯先生面对这个贷款合同时是否的确会选择 $e=h$。巴恩斯先生在 $e=h$ 时的预期收益是

$$0.8 \times (300-137.5) - 40 = 90$$

而在这种合同约束下，当 $e=l$ 时，他的预期收益为 $0.6 \times (300-137.5) = 97.5$。这样，这不是纳什均衡，因为巴恩斯先生倾向于 $e=l$。

⊖ 请记住，在我们的例子中，当债务无担保时，C_{old} 和 C_{new} 具有相同的优先级，在获得担保时 C_{new} 具有较高的优先级。但应该指出的是，我们的例子并不表明发行对所有公司资产有重大诉求的新债务是最佳的。相反，这个例子中最优的新债务是对一部分资产的优先求偿权，但对剩余资产没有求偿权。

步骤 2

然而，当银行认为巴恩斯先生会选择 e=l，并相应地对无担保贷款定价时，存在一个纳什均衡。此时，贷款利率 r_l^u 必须满足

$$0.6 \times (1+r_l^u) \times 100/1.10 = 100 \tag{7-12}$$

得出 r_l^u = 83.33%。巴恩斯先生在 e=h 时的预期收益为 $0.8 \times (300-183.33) - 40 = 53.34$。他在 e=l 时的预期收益为 $0.6 \times (300-183.33) = 70.00$。这样，对于银行来说，假定巴恩斯先生将选择 e=l 并据此确定无担保贷款的价格就是一个纳什均衡。

步骤 3

现在让我们看看利用抵押品是否能做得更好。令 C 成为让巴恩斯先生认为 l 和 h 无差异的抵押品水平。那么 r_h^u 和 C 必然与以下等式有关

$$0.8 \times (1+r_h^u) \times 100 + 0.2 \times 0.9C = 110 \tag{7-13}$$

从式（7-13）的左边可以看出，如果项目成功，银行将得到全额偿付（这个概率为 0.8），在项目失败的情况下银行只能收回抵押品（概率为 0.2），且抵押品的价值为 0.9C。求解式（7-13）得出

$$1+r_h^u = 1.375 - 0.002\,25C \tag{7-14}$$

现在，l 和 h 对于巴恩斯先生来说无差异的抵押品数量由下式给出

$$0.8 \times [300 - 100 \times (1.375 - 0.002\,25C)] - 0.2C - 40$$
$$= 0.6 \times [300 - 100 \times (1.375 - 0.002\,25C)] - 0.4C \tag{7-15}$$

注意，我们用式（7-14）解出 r_h^u，将其代入式（7-15）中。求解式（7-15）得出 C=30.61 美元。在式（7-14）中使用 C 的这个值得出 r_h^u=30.613%。为了让巴恩斯先生严格地偏好 h，假定我们选择 C=30.62 美元。现在如果巴恩斯先生选择 e=h，他的收益是式（7-15）的左边，其中 C=30.62 美元，r_h^u=30.613%，收益是 89.386 美元。如果巴恩斯先生选择 e=l，那么他的预期收益是式（7-15）的右边，收益是 89.384 美元。因此，巴恩斯先生更倾向于选择 h，进而对于银行而言，在巴恩斯先生将选择 e=h 的假设下提供这种担保贷款是一个纳什均衡。

步骤 4

请注意，巴恩斯先生在使用无担保债务的纳什均衡中的预期收益为 70 美元，而使用担保债务的纳什均衡中的预期收益为 89.384 美元（如果巴恩斯先生选择 e=l）或 89.386 美元（如果巴恩斯先生选择 e=h）。这样，尽管抵押品出现了损耗，但巴恩斯先生通过使用担保贷款的境况变好了。

我们已经讨论了抵押品的各种作用。被使用的抵押品类型和数量将取决于哪些问题占主导地位。⊖但是，正如之前提及的那样，由于存在再处理成本，抵押品的使用可能是成本高

⊖ 关于抵押品和借款人风险之间关系的经验证据见 Berger 和 Udell（1990）、Boot 等（1991）、Cole 等（2004）和 Jimenez 等（2006）。这些研究发现，大型优质借款人不太可能被要求抵押抵押品，而明显的高风险借款人通常会获得担保贷款（这与我们的分析不一致，在一组不可区分的借款人中，抵押品可以通过诱导低风险借款人抵押更多的抵押品来进行分类）。大型优质借款人被要求抵押较少抵押品的发现似乎也是可信的，因为这些借款人的信息问题可能不太严重。

昂的。造成额外的费用是因为抵押品的质量必须在贷款之前进行评估，然后在贷款期间定期监测。评估和监测的原因是不同借款人之间特定类型抵押品质量的变化可能相当大。例如，当抵押品由应收账款组成时，如果借款人的抵押物来自具有 3A 评级资本充足公司的应收款项，则其质量要高于信用风险较低的借款人应收款。另一个例子是合同应收款⊖，其风险随着商业周期的波动而增加。关键是所有抵押品都不一样，并且对抵押物的处置具有与之相关的各种成本。在决定如何在贷款中使用抵押品时，必须将这些成本与抵押品的潜在利益进行权衡。我们现在讨论信贷 5C 原则的最后一点。

（5）环境。这个词指的是影响借款人偿还贷款能力的经济环境。债务的偿付来自四个来源：收入、资产出售、股票出售和从另一个来源借款。所有这些都应该在确定贷款的合意性、价格和其他条款时加以评估。借款人产生收入的能力取决于商品的售价、投入成本、竞争、商品和服务质量、广告效率和管理质量。借款人的财务报表及其管理分析应该能使银行了解借款人创造收入的能力。

7.7 信贷信息来源

用于承销信贷的信息本身成本就很昂贵，而且质量参差不齐。银行家的信用关键技能在于，在不违反法律要求或社会规范的情况下尽可能以最低的成本搜集最密切的信息。这意味着以巧妙的方式识别新的信息来源和使用标准来源。以下是对银行信贷信息的一些标准来源的简要说明，但我们应强调的是，标准（信息）来源的标准化使用不大可能得到比平均结果更好的结论。信贷信息的巧妙运用是一种有教养的艺术形式，能使成功的贷款人脱颖而出。

标准信贷来源可被划分为内部来源和外部来源。所谓的"内部信息来源"指的是银行内部的信息来源，而"外部信息来源"指的是所有其他的信息来源。

7.7.1 内部来源

（1）与申请人面谈。贷款面谈通常确定借款资金用于贷款申请的用途以及申请与银行贷款政策的一致性。例如，银行的政策指导方针通常规定借款人的最低权益投入，因此可以与借款人讨论违反该指导方针的行为，这可能导致较小的贷款要求。贷款面谈也用于判断与借款人未来还款行为有关的无形资产。此外，它还为贷款人员提供机会告知申请人可能需要用于评估申请的任何额外的财务信息。

（2）银行自己的记录。银行通常保存其存款人和借款人的记录。这一信息来源允许银行评估借款人过去的行为。例如，银行记录将显示以前贷款的还款表现，支票和储蓄账户中的余额，以及透支模式（如果有的话）。⊖即使对于从未成为银行客户的申请人来说，如果这些申请人是潜在客户，中心文件也可能包含一些信息。

⊖ "合同应收款"是承包商未来成功完成合同后应收到的金额。它涉及显示相关货币义务的动产证明文件。由合同应收款来担保的贷款通常在建筑或制造承包商、经销商或零售商需要流动资金时会出现。

⊖ 在第 3 章中，我们指出这可能是银行授信的一个重要优势。

7.7.2 外部来源

（1）借款人的财务报表。这些是绝大多数借款人必须提供的材料。经审计的财务报表是商业贷款的必备要求。即使在贷款金额通常很少的消费贷款中，银行通常也会要求申请人列出其拥有的资产、收入和支出以及现有未清偿的债务。

（2）信用信息经纪人。信息机构或信用机构系统地收集潜在借款人的财务信息，并将其以一定的价格出售给大众（见第3章）。最广为人知的是收集了美国和加拿大300多万家企业信息的邓白氏公司（D&B）。D&B的《企业信息报告》提供企业类型、所有权性质、综合信用评级、公司支付速度、销售、净值、员工人数以及企业的一般状况（包括其实际设施、客户信息的信息基准、资产负债表信息、公司通常的存款余额、贷款合约的还款记录和负责人的履历）信息。可以在D&B的《关键账户报告》中找到更详细的信息。在《邓氏评论》中，D&B还发布了许多行业的财务比率信息。

比较财务信息也可以在罗伯特·莫里斯协会（一家职业贷款人的专业协会）公布的《年度报表研究》中找到。还有众多其他专门从事针对消费者、商业甚至政府借款者的信用信息分析师。

（3）其他银行。银行有时会查询与贷款申请人有关系的其他银行。它们还可能会向公司的供应商核实情况，⊖ 来了解公司如何支付账单，并询问公司的客户，来确定其产品的质量和服务的可靠性。

7.8 财务报表分析

在评估借款人偿还贷款的能力时，银行会把重点放在公司未来产生资金的内部来源上。这些来源包括①净收入；②折旧⊜；③应收账款的减少；④存货的减少。为了评估这些现金流的潜在状况，银行会审查借款人的财务报表。然而，财务报表中的信息包含一定的噪声。银行经常有必要与几个月之前的已经过审计的报表以及存在一定真实性问题的未经审计的中期报表打交道。即使是已经过审计的报表，也会由于GAAP的特质性和审计人员的偶然失误及职业性妥协而存在一定的问题。除这些问题之外，财务报表使用类似账面价值这样的非市场标准来为资产定价，相应地会导致收入的扭曲。因此，财务报表中的信息应该被谨慎地予以解读。2000年股市泡沫的破裂提供了一个例证，当时有些人就赞扬一些债券分析师，这些分析师对基于会计信息来评价亚马逊网站债务的信用状况提出了质疑，认为会计信息不能准确用于反映其现金流进而评估其信用风险，并得出结论认为亚马逊的信用风险要高于它看上去的水平。⊜

⊖ 关于潜在借款人供应商的另外一个信息来源是国家信用管理协会提供的信用交换服务。

⊜ 由于折旧并不会导致现金的流出，但它在净收入的计算过程中被扣除了，所以应该把它加回去得到一个实际的现金流。

⊜ 很多时候，这些问题都与现金流和会计收入之间的差异有关。

7.8.1 评估资产负债表

资产

（1）应收账款。应收账款是借款人资产负债表中期限最短的资产之一，通常被看作短期贷款提供现金流的主要来源。标准的应收账款分析聚焦于账款规模、来源和账龄以及应收账款被积极管理和分散化的程度。与任何其他风险性资产组合一样，分散化会降低风险。银行也可能希望对欠借款人钱的经济主体的财务属性进行调查，因为这些都与借款人的应收账款质量有关。征信所在评估借款人应收账款质量方面起着特殊作用。此外，应收账款的现状或者说账龄是显示其质量的一个有力指标。例如，如果大部分应收账款是90天或以上的，而常规的应收账款是在30天或30天之内偿付的，那么其含义就显而易见了。

并不是所有的借款人都需要同等认真地甄别。风险相对低的借款人，也就是那些有可能获得无担保贷款资格的借款人通常会被纳入一个"大宗"或"一揽子"贷款计划中。对于这种借款人，银行可能只要求其提供月度借款凭证和账龄或库存清单，无须保持积极的日常款项托收控制。接下来的一个风险类别是那些保持了良好记录并拥有分散化的应收账款组合的客户。对于这种借款人，银行可能会附加额外的报告要求，包括详细的转让、托收和账龄分布表。风险最高的类别是那些资产负债表薄弱且营运资金不足的借款人。这时银行会要求其提交所有的标准报告，以及运输单据、发货单和作为银行贷款依据的指定发票等的副本。银行通常会要求这些借款人以"实物"支票的形式直接向银行移交收款项。这是银行行使额外控制权的方式之一。银行甚至可以直接将发票发送到借款人的应收账款组合的账户中，要求其向银行直接支付款项。⊖

（2）合同应收款。借款人可能是一个承包商，有义务在未来完成某项任务。对这种义务的官方承认可能以动产（证明）票据的形式体现，这种票据显示了任务执行方（发包方）的货币性支付义务。这种货币性支付义务被称为合同应收款。动产票据通常可以用作营运资金贷款的抵押品。合同应收款比应收账款的风险更高，因为款项的支付取决于借款人的未来工作表现。由此产生了一种双重道德风险现象：一个是借款人无法成功完成合同规定的任务，另一个是即使任务顺利完成，第三方有可能没有付款给借款人。⊜因此，对合同应收款应进行更多的监督工作。

（3）存货。年龄、流动性、价格稳定性、报废、跌价、保险覆盖范围的充分性、处置阶段以及企业存货会计方法都是评估存货的过程中需关注的问题。

与任何其他形式的抵押品一样，银行也应该关注存货的激励效应和清算价值。然而，对半成品的估价是困难的，这也是信用分析中带有艺术形式的地方。原料和制成品存货都比半成品更容易定价，流动性也更高。在许多情况下，原材料存货拥有最广泛的市场和最低的价格波动。与其他抵押品一样，监控是至关重要的，因为存货处于不断变化的状态之中，进而可能对有担保的贷款人带来潜在的破坏性后果。

（4）固定资产。通常情况下，银行不考虑出售固定资产作为贷款清偿的资金来源。然而，额外的固定资产可能作为贷款清偿的偶然和战略性现金流来源。尽管固定资产的重要性

⊖ 这一程序通常被称为在"通知付款"的基础上与借款人进行交易。

⊜ 在应收账款中，你可以看到这两种风险中只有一种风险会出现。

在于其产生现金流的能力，而不是转售价值，但企业重组往往会产生过剩的固定资产，这些资产的快速销售可以创造价值。

（5）无形资产。无形资产包括商标、专利、版权和商誉。由于流动性不足和测度误差，这些资产通常会被银行赋予很低的价值。尽管存在例外，但总的来看，银行家会对这些资产给出幅度较大的折扣价。

（6）到期金额。如果公司的资产包括来自管理人员和员工的到期金额，银行通常会对公司的管理层不以为然。到期金额会造成公司具有内部欺诈和裙带关系的嫌疑。

7.8.2 负债和净值

（1）应付账款。借款人的应付账款应向银行做出充分的说明。如果借款人不能及时向其贸易债权人支付款项，银行为什么会期望得到不一样的对待呢？银行应确定应付款项是否采取了票据形式，因为这可能表明该公司已无法获得商业信用。如果供应商要求借款人按货到付款（COD）的条款支付，那么银行也应该同样感到警觉。如果借款人欠自己的股东或管理人员钱，那么银行应要求解释，并可以要求这些负债的清偿优先级别低于任何一笔银行贷款。银行还应审查累积的税款和其他费用。

（2）长期负债。长期负债包括定期贷款、信用债券、票据、住房抵押贷款和其他存续期超过1年的负债。银行应关注这些偿付义务的性质、存续期以及为满足所需款项支付而做出的债务条款。当银行考虑贷款请求时，债务契约条款也非常重要。特别地，很重要的一点是要知道借款人现有的未清偿债务是否存在担保，如果是的话，哪些资产已被确认充当了抵押品。

（3）净资产。考虑到我们之前的讨论，权益资本对信贷分析的重要性是显而易见的。然而，会计上的净资产科目是一个特别不可信的科目，因为它充满了测度误差。该科目为资产和负债之间的剩余项，但每一项资产和负债都是带有误差的独立评估所得的。因此，净资产汇聚了所有嵌入在相关科目中的误差。如果所有资产和负债都可以在市场上进行评估，那么净资产应该是权益索取权的经济价值。然而，由于会计信息扭曲和其他测度误差的存在，会计上的净资产科目是一个很难解释的剩余项。

（4）或有负债。这些重要因素有可能成为实际负债。如果这样做，可能会严重损害借款人的偿债能力。评估相关概率和风险可能需要相当大的信息与复杂性。此外，这种负债并不总是出现在借款人的资产负债表中。即使脚注披露揭示了借款人的风险敞口（最高负债），负债的现值也取决于未指明的或有事项和概率。

7.8.3 利润表

利润表分析是资产负债表分析的一个补充。银行家往往在评估短期贷款时强调资产负债表，但评估长期贷款时会更多地关注利润表。回想一下，资产负债表衡量存量，而利润表测度流量。因此，通过查看过去和现在的利润表，银行应该能够了解借款人现金流的稳定程度。当然，在确定现金流趋势时，银行应该注意借款人会计实务中可能出现的变化，以免导致分析混乱。

银行在进行财务比率分析时经常同时使用资产负债表和利润表。主要的财务比率传递了关于公司的流动性、稳定性、盈利能力和现金流前景的信息。

基本上，有流动性、活动（周转率）、盈利能力和财务杠杆四种类型的财务比率。

（1）较为常用的两种流动性指标：流动比率＝流动资产／流动负债，速动比率（或酸性测试比率）＝（流动资产－存货）／流动负债。

"流动"这个词指的是存续期少于1年。

（2）活动比率包括如下一些指标。
- 存货周转率＝销售额／存货。
- 平均收款期（以天计数）＝应收账款／每日销售额。
- 总资产周转率＝销售额／总资产。
- 固定资产周转率＝销售额／固定资产净值。

（3）反映盈利能力的指标也有很多，这些指标如下。
- 销售利润率＝净利润／销售额。
- 总资产回报率＝净利润／总资产。
- 净资产回报率＝净利润／净资产。

（4）杠杆比率被定义为总负债／总资产。

也许，对于贷款人而言最为重要的两个杠杆指标是：税前利息覆盖率和总债务与税息折旧及摊销前利润（EBITDA）的比率。⊖税前利息覆盖率被定义为用持续经营期内税前的净收入除以报告期的总利息支出。税息折旧及摊销前利润是未支付利息、税款、计提折旧及摊销之前的收益。图7-9显示了投资级美国公司借款人的这些比率随时间的变化情况。可以看出，自2002年以来，这些借款人的信用风险一直在下降。

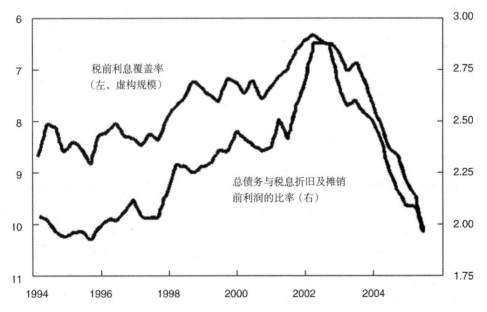

图7-9　美国1994～2005年投资级公司借款人的公司财务业绩（比率）计量

注：税前利息覆盖率是税前持续经营业务的净收入除以报告的毛利息支出。采用花旗银行BIG信用指数中的工业信贷数据。

资料来源：花旗集团。

⊖ 见Sufi（2009），这篇论文显示了总负债/EBITDA的重要性。

值得强调的一点是，这些财务比率通常是以会计价值来计算的。由于银行家需要以同业为基础对这些比率进行评价，所以有必要记住不同的公司可能会使用不同的会计方法。我们在本章章末提供了一个案例，这个案例呼吁把财务比率分析作为信用评估过程的一部分。

7.9 贷款契约性条款

契约性条款是为保护银行而设置的特别合约条款，旨在禁止借款人采取可能对还款可能性产生不利影响的行为。通过达成限制其行为的贷款契约性条款，借款人预先承诺放弃可以从贷款人那里掠夺财富的策略。这可以起到减少贷款人所面临的道德风险，进而改善借款人贷款合约中相关条件的效果。也就是说，贷款的契约性条款降低了债务的代理成本，进而在事前来看同时有利于借款人和贷款人。事实上，契约性条款的存在可以使原本根本不可能发放的贷款成为现实。当然，借款人愿意接受的一整套契约性条款的限制性是有限度的。对于贷款人而言，限制性的契约性条款可以使贷款变得相当安全，但它们也可能使借款人放弃颇有价值的投资选择和策略。⊖

贷款的契约性条款通常取决于借款人的财务状况、它拥有的投资机会、管理记录以及银行的贷款哲学。契约性条款一般可以划分为4种类型：肯定性条款、限制性条款、否定性条款和违约条款。

7.9.1 肯定性条款

这种条款是对借款人施加的义务。在这一类别的条款中经常使用的一种条款就是要求借款人定期向银行提供财务报表。当然，这样做的目的是要让银行跟踪借款人的财务状况，使其可以在出现麻烦时采取预防性措施。

另外一个例子是要求借款人维持最低水平的流动资金。银行偶尔会要求借款人维持银行可接受的管理层。如果管理层由于辞职、死亡或其他原因而发生改变，银行必须认可这种管理层的更替。

7.9.2 限制性条款

这种条款旨在限制借款人的行为。一个常用的限制性条款是限制借款人可向其股东支付的股息金额。这一条款的经济合理性是显而易见的。对于任何债权人而言，其主要的担忧就是借款人存在将流动性和净资产转移给股东的倾向，而不是将其留在公司内来为债权人提供保护。

对于银行而言，它也常常会限制向公司员工支付的薪金、奖金和预付款，并限制固定资产购买等特定类型的投资。限制投资的经济合理性在于保护债权人免受可能降低公司债务价值的资产替代行为的影响。例如，通过购买一项固定资产，银行就可能将公司资产负债表上

⊖ 可能有些情况下，通过禁止借款人采取使银行和其本身更好的行为，限制性贷款协议可能会反过来增加违约的可能性。例如，借款人购买新设备可能会被禁止，但借款人的现金流可以通过这种购买方式得到一定程度的改善，如果这项协议放宽的话，事后贷款人的境况将更好。在这种情况下，贷款人有明显的动机来重新谈判和放松契约（见Berlin和Mester, 1992）。但是，如果贷款人不确定借款人重新谈判的动机，那么重新谈判会对贷款人的潜在利益构成不确定性，贷款人可能会拒绝重新谈判。

的现金替换为产生有风险的现金流的资产，而这种做法可能会增加债权人的风险敞口。

7.9.3 否定性条款

虽然限制性条款限制了特定的行动，但否定性条款在没有银行同意的条件下直接禁止这些行为。一种常见的否定性条款是通常可以在无担保贷款中找到的"否定性的抵押条款"。这一条款禁止借款人将其拥有的任何资产向其他贷款人提供抵押。尽管"否定性的抵押条款"在无担保贷款中更常见，但它在担保贷款中也会存在。即便银行的索取权已受到抵押品的保护，但银行家仍然想将该条款包括在内，因为如果借款人违约，抵押品的价值可能会显著下降。在这种情况下，破产法规定，对于银行索取权重超过抵押品价值的部分，该银行与一般（无担保）债权人具有相同的地位。因此，为其他贷款提供抵押的企业资产越少，银行在破产时可获得的份额就越大。

银行有时也可能会设置禁止并购、重组和资产出售的条款。这样做的原因是这些做法可能会改变公司的风险状况，进而可能对债权人造成损害。对于银行而言，它也常常会禁止借款人向他人提供贷款或者担保他人的债务或其他行为。这种做法的经济合理性也非常清晰。如果借款人做了这些事情，它就会在账户上承担额外的信用风险。通过禁止此类行为，银行保护了自身的权益。

7.9.4 违约条款

这种条款的目的是使整笔贷款在一定的条件下立即到期并进行支付。通常，尽管银行已经有了旨在规范借款人行为的契约性条款，但只要借款人能够按计划付款，违约行为就不需要自动地授权银行召回贷款。然而，有些契约性条款会包含一个确认违约事件的加速条款。这种条款非常有效，因为任意一种违约事件的发生都会导致违反这一契约，进而会自动将贷款置于违约状态，相应地，所有与贷款相关的支付就需要立即付清。这样就可以让银行采取更加及时的行动，而不用等到一笔还款无法付清的时候。加速条款通常由以下事件所触发：

- 无法及时支付款项；
- 陈述和保证不准确；
- 违反契约性条款；
- 破产、清算和 / 或指定财产接管人；
- 超过预先确定金额的判决；
- 抵押品减值，担保和 / 或担保协议无效；
- 在有关协议到期或履行时无法支付其他债务；
- 交叉默认；
- 交叉加速；
- 管理层或所有权变更；
- 没收资产。

上述任何一种情况都可能被视为违约事件，在这种情况下，贷款需加速清偿，并将导致重新谈判或违约。在某些情况下，贷款协议为借款人提供了一段时间，称为治愈期或宽限期，以纠正其违约。如果纠正了，那么银行可以被要求继续贷款。在违约未解决的情况下，银行可以终止贷款关系。银行也可以用借款人的存款抵消贷款义务,行使其抵押品抵押权,甚至迫使借款人进行破产接管。交叉违约条款规定,当借款人在其他债务上违约时,银行有权宣布借款人违约。虽然银行很少行使加速偿还贷款的权利,但这种权利大大加强了贷款人的地位。

7.9.5 贷款协议的其他参数

银行和借款人之间还需要就贷款协议中的金额和价格之外的许多条款进行协商。贷款协议中一些更重要的参数如下。

- 取款时间表:从银行提取资金的时间安排。
- 分期付款时间表:偿还利息、其他费用和本金的时间安排。
- 补偿性余额要求:借款人有义务在贷款银行保持一定金额的存款。这个要求通常用平均存款余额(但也可能包括最低存款余额)来表述。
- 提前偿付条款:在要求的到期日之前偿还贷款时可能面临的处罚。

贷款协议还可能包含一些针对特定情形的条款,具体如下。

- 借款人同意在接下来的12个月内,以公开拍卖或任何一种商业上合理的方式来出售其位于橡树街和春天街街角的一幢商业地产。
- 借款人同意在180天内处理掉其在一家名为"布兰森·特鲁克·莱恩斯公司"中的合伙人利益,并将出售合伙人利益所得的所有收益用于清偿该笔贷款。
- 借款人同意尽快取得并向银行转让价值100 000美元的定期人寿保险。

值得牢记的是,无论多么复杂的契约性条款,都不可能预见到所有的突发事件,并防止所有的灾难。例如,尽管借款人用流动资金存量来衡量的话拥有足够的流动性,但由于其应收账款组合集中在少数几个具有较高信用风险的账户中,所以其实际的流动性头寸可能非常糟糕。没有什么贷款的契约性可以取代银行的戒备和持续监控。

7.10 结论

在这一章中,我们研究了银行的即期贷款决策。我们看到,贷款通常是一种流动性不佳的债务合约,没有活跃的二级市场。银行贷款和交易债券的区别有两个重要的依据。第一,交易往往会缩小借款人和贷款人之间的信息差距,因此银行贷款通常比公司债券了解的信息少。第二,银行执行有价值的筛选服务以克服私人信息问题,执行贷后监测来解决道德风险问题。因此,我们应该期望银行向那些其不太熟悉的借款人和拥有丰富的投资机会的借款人提供贷款,这样道德风险才是值得关注的。这为我们提出了一种方法来考虑哪些借款人会接近银行,哪些人会进入资本市场(回忆第3章)。

针对银行面临的信息问题,我们还讨论了银行贷款合同的设计。对于传统信用分析中的信息问题,我们非常重视抵押品和资本的作用。

银行使用各种内部和外部信息来源,进行有效筛选借款人所需的信贷分析。我们已经讨论了这些来源,以强调信息可得性对银行信贷决策和贷款合同设计的潜在影响。我们希望本章的讨论使你确信,银行的贷款决定是一项复杂的决策,信贷分析、贷款合同设计和贷后监控等专业知识是宝贵的资源。因此,银行具有独特性(回顾第2章和第3章)。然而,即使是最好的专家也不能总是有效地克服贷款合同中的信息问题。有时这些问题是无法克服的，有时新的信息到达，使得先前谈判的贷款合同无效。银行如何处理这种情况是第8章的主题。

7.11 案例研究：印第安纳建筑用品公司

2001年1月15日，布鲁明顿第一国家银行（FNBB）副总裁艾利克斯·布朗正在会见彼得·威利斯。彼得是艾利克斯手下的一个信贷员，他毕业于一家顶尖商学院，拥有MBA学位，且最近刚刚完成他在银行的培训项目。彼得一直对FNBB的一个借款人——印第安纳建筑用品公司（IBS）的财务比率非常关注。银行已安装了一个全新的软件包来协助其进行信用分析，这个软件包会监控现有的借款人，并向银行发出可能出现问题的警告。这个软件包显示IBS的一些关键财务比率出现恶化，进而彼得有些担忧IBS是否有能力来偿还它欠FNBB的将在2006年12月26日到期的473 000美元贷款。

彼得告诉艾利克斯，他针对IBS大约一个月之后的状况进行了一次特别的计算机分析，并注意到该公司的一些关键财务比率正不断下降。彼得根据表7-5和7-6提供的数据对IBS的比率进行了评估。这些比率的数值不仅低于建筑用品行业的平均水平，而且也不符合IBS和FNBB之间协商达成的贷款契约中的规定。表7-7显示了行业平均指标，以及贷款契约中对IBS规定的关键财务比率的数值。在财务分析完成之后，彼得电话联系了IBS的总裁鲍勃·克莱门斯，随后他还写了一封信，通过提供一些细节详细说明了他的担忧。克莱门斯在一封简短的回信中承认公司的某些财务比率已经跌破了贷款契约要求的水平，但由于IBS的财务状况总体上是稳健的，所以没有理由感到惊慌。克莱门斯指出，相对于2003年和2004

表7-5　印第安纳建筑用品公司截至12月31日的年度资产负债表　（单位：美元）

	2000	2003	2004	2005
库存现金	100 000	120 000	90 000	70 000
应收账款	400 000	480 000	600 000	600 000
库存	500 000	550 000	800 000	900 000
流动资产总额	1 000 000	1 150 000	1 490 000	1 570 000
土地和建筑	100 000	90 000	217 000	221 000
机械	150 000	260 000	202 000	179 000
其他固定资产	85 000	66 000	27 000	15 000
总资产	1 335 000	1 566 000	1 936 000	1 985 000
应付票据、银行	47 000	53 000	110 000	473 000
账户和应付票据	156 000	171 500	233 800	319 000
收益	82 000	350 500	252 200	34 300
流动负债总额	285 000	575 000	596 000	826 300
抵押贷款	50 000	40 000	36 000	33 000
普通股	900 000	900 000	1 150 000①	867 000②
留存收益	100 000	51 000	154 000	258 700
总负债和股权	1 335 000	1 566 000	1 936 000	1 985 000

① 公司于2004年发行普通股。
② 2005年公司回购部分股票，称其股票的市场价格非常低。

年而言，公司 2005 年的利润率出现了显著的改进，且 2005 年公司的净资产回报率也显著地高于行业平均水平。彼得在接到克莱门斯的答复后又打电话给克莱门斯，向他解释了为什么他仍然担忧公司出现了违反合约条款中对财务比率的要求这种情况，并要求克莱门斯向他发送有关 IBS 向其客户收取的制成品价格的数据。他还要求提供（未经审计的）IBS 的季度财务报表。

表 7-6　印第安纳建筑用品公司利润表　　　　　　　　（单位：美元）

	2000	2003	2004	2005
净销售额	5 000 000	4 400 000	5 600 000	4 500 000
货物销售成本	4 000 200	3 400 000	4 500 000	3 500 000
营业利润总额	999 800	1 000 000	1 100 000	1 000 000
一般行政、销售和利息支出	521 467	582 000	849 667	519 000
折旧	80 000	105 000	80 000	72 000
杂项资产	65 000	93 000	77 000	71 500
税前净收入	333 333	220 000	93 333	337 500
税收（40%）	133 333	88 000	37 333	135 000
净收益	200 000	132 000	56 000	202 500

表 7-7　印第安纳建筑用品公司

	贷款合同中规定财务比率	2005 年行业平均水平
速动比率	≥ 17	1.6
流动比率	≥ 2.5	2.5
存货周转率	≥ 9.00	8.5
平均收集时间	NA	37 天
固定资产周转率	NA	13.3
总资产周转率	NA	3.00
总资产回报率	NA	9.5%
净资产回报率	NA	15%
债务比率	≤ 38%	31%
销售利润率	NA	3%

注：这些数据来源于行业代表性公司的资产负债表和利润表年终数据。在过去的 5 年里，这些数据大体上是稳定的。

对于彼得的这些要求，克莱门斯似乎有点恼火。他提醒彼得，IBS 已经和 FNBB 有很长一段时间的银行业务往来，并且彼得的前任信贷员也从来没有对 IBS 这么挑剔过，甚至在 IBS 在 2003 年和 2004 年利润边际出现大幅降低的时候也没有提出这些要求。尽管如此，他还是向彼得发送了其所要求的信息。当彼得分析这些信息时，他发现 IBS 收取了比许多竞争对手（尤其是印第安纳州以外的竞争者）高得多的价格。此外，它的速动比率、流动比率和存货周转率从季度间的变化来看均表现出比行业平均水平更大的波动性。

IBS 是一家在印第安纳州中部和南部以及俄亥俄州和密苏里州部分地区销售木材产品与其他各种建筑用品的公司。公司的季节性营运资金需求以及小型资本设备采购的主要融资来源是 FNBB 贷款。IBS 基本上满足两类客户：印第安纳州南部和中部地区的本地客户以及其他地方的客户。来自印第安纳州客户的需求有点不稳定，但由于他们强烈希望从当地供应商那里购买，而且 IBS 有着长期以来的声誉，所以他们的需求对价格上涨的敏感性低于其他客户。过去，每当原材料成本上涨时，克莱门斯亲自走访了许多当地客户，并向他们解释说，他需要提高价格，以跟上成本上涨的步伐。这些努力已经成功地说服了印第安纳州的客户不要转向其他供应商。克莱门斯在把价格上涨转嫁给其他地方的顾客方面远没有那么成功。当IBS增加价格时，他们通常能够找到替代的供应来源。

最近，大卫·克林霍弗，IBS的首席财务官（CFO），一直敦促克莱门斯只关注IBS的"忠诚"的印第安纳州客户，从而降低涉及其他州客户的营销成本。过去，由于印第安纳州客户需求的反复无常，所以克莱门斯不愿接受这一战略。当IBS的价格具有竞争力时，它总能指望俄亥俄州和密苏里州客户的需求达到可预测的水平。竞争加剧和成本上升，严重损害了IBS在2003年和2004年的利润率，并使克莱门斯确信在2005年提高价格能提高盈利能力。作为一直以来应实施更高价格策略的倡导者，克林霍弗非常高兴地向克莱门斯指出，他们的策略已经实现了了不起的成功，公司在2005年的盈利比自2000年以来的任何一年都要高。这样，克林霍弗和克莱门斯都对来自彼得·威利斯的他们认为有些"无谓纠缠"的观点感到失望。

这件事现在已摆在艾利克斯·布朗面前。彼得向艾利克斯指出FNBB在其贷款合同中有一条"加速条款"，该条款使FNBB有权力因为IBS违反了合同条款而要求IBS立即偿还全部贷款。艾利克斯对于这么做有些犹豫，决定打个电话给克莱门斯。艾利克斯劝他注意情况的严重性，银行有可能会要求立即偿还全部贷款，除非IBS采取一些纠正行动。此时，克莱门斯的回复大概是，IBS将需要额外的20万美元的一年期贷款（最好是以10%的利率）来支付几周后到期的另一债权人票据上的应付金额。他还请求FNBB告知他银行想要IBS采取的具体行动。

当挂断克莱门斯的电话后，艾利克斯要求彼得给他详细介绍一下IBS的财务分析状况，以及彼得如此担心的具体原因。他还要求彼得评估是否应该批准IBS的额外信贷申请，并建议如果现有贷款没有被要求加速清偿，同时又发放了新贷款的话，IBS应该被要求采取的具体措施。艾利克斯希望彼得特别关注这样一个事实，即"利润表底线上的盈亏水平"似乎表明IBS在2005年表现得不错，而这使彼得的担忧有些不大合乎常理。

讨论题

设想你是彼得·威利斯，准备一份关于IBS的综合比率分析报告。银行现在就应该收回全部的贷款吗？为什么应该这样做或者不应该这样做呢？FNBB是否应该感到担忧，或者只是彼得反应过度了呢？对于IBS而言，2006年年底是否有可能产生足够的现金来完全偿还FNBB的贷款？将IBS的财务比率与行业平均水平进行比较的有效性如何？

专业术语

loan 贷款 借助一种典型的不可交易和无流动性的债务合同实现的信贷资金发放。

security 证券 一种金融索取权、债券或权益，可能能交易也可能无法交易。

COD 货到付款 贸易活动中的一种支付方式，收到货物时立即支付现金。

commercial paper 商业票据 无担保的债务凭证，一般是公司发行的短期（少于270天）证券。

T-bills, T-notes, and T-bonds 国库券，中期国债，长期国债 美国政府通过美国财政部发行的各种期限的债务证券（在这里，T代表财政部）。

FHLB 美国联邦住房贷款银行 由美国联邦

住房贷款银行委员会领导的美国联邦住房贷款银行体系是之前储蓄信贷协会的首要监管机构。区域性的住房贷款银行现在为小型商业银行和储蓄机构提供包括流动性在内的多种金融服务。

FHLMC 联邦住宅贷款抵押有限公司 该机构也称为"房地美",它最基本的功能是通过从贷款人处购买其资产组合中已经存在的抵押贷款,进而为其流动性供给提供便利。它通过从联邦住房贷款银行借款、发行由政府国民抵押协会担保的住房抵押贷款支持债券、出售保本保息的住房抵押贷款参与凭证以及出售担保抵押凭证等方式为这些住房抵押贷款的购买提供资金。

FNMA 联邦国民抵押协会 它是一家私有(股东拥有)、政府资助的企业。该机构也被称为"房利美",其最基本的功能是提供一个交易和证券化住房抵押贷款的二级市场。它是美国最大的私人住房抵押贷款的购买人。它的业务与房地美相似,除了开展业务的具体组织形式以外没有任何法定的限制。

GNMA 政府国民抵押协会 这是一个由政府整体所有、由住宅和城市发展部经营的法人机构,又称"吉利美",它的作用是提高住房抵押贷款市场的流动性。吉利美通过多种方法来达到这一目的。例如,许多住房抵押贷款具有固定的利率,而这会导致当市场利率上升时,现存的住房抵押贷款交易出现折价现象(也就是其市场价格低于贷款面值)。吉利美向抵押贷款出售方(也就是初始发行的金融机构)承诺以固定价格购买住房抵押贷款。在获得贷款之后,吉利美按当时的市价将它卖给房利美。这意味着吉利美自身吸收了偏离贷款出售方支付价格的折扣。吉利美的另外一个功能是为由政府保险或担保的住房抵押贷款所支撑的证券提供担保。换句话说,吉利美对以政府保险的住房抵押贷款投资组合为基础的证券化资产提供了担保。

S&P stock index 标准普尔股票指数 由 500 家大公司股票组成的标准普尔成分指数。

incentive compatibility 激励相容 使委托人与代理人间的经济动机得以协调一致的情形(见第 1 章)。

C&I loans 工商贷款 一般指的是发放给非金融类公司的贷款。

Nash equilibrium 纳什均衡 一种稳定状态的实现,此时合同涉及的任意一方都没有单方面改变自己的行动的动机。

HLT 高杠杆交易 对那些具有很高的负债/权益比率的借款人所发放的银行贷款可以视为高杠杆交易。

collateral 抵押品 用于确保贷款安全的资产。一旦借款人无法全部和及时清偿贷款,抵押品的所有权将转移到贷款人手中。

absolute priority rule 绝对优先规则 根据贷款人的优先状况,按优先级别依次在贷款人中分配借款人资产。

GAAP 通用会计准则。

prime rate 优惠利率 银行针对其优质客户发布的参考/基准借贷利率。

LIBOR 伦敦银行同业拆借利率 这是英国银行相互之间针对短期贷款所收取的利率水平。

CD rate 存单利率 银行为(大额可转让)存单所提供的利率水平。

optimal stopping rule 最优停止规则 一种统计决策规则,该规则告知决策者何时终止序列抽样过程并做出相应的决策。例如,银行可能有 100 万美元的可贷资金,并且知道如果它等待的时间越长,就会有越多的贷款申请人在它决定向谁贷款之前供其筛选。然而,由于货币时间价值的存在,等待是有成本的。在这个例子中,最优停止规则明确了银行停止筛选进一步贷款申请进而实现利润最大化的条件。另外一个实例是决定在什么时候银行应停止获取与借款人相关的额外信息并做出决策。

discriminant analysis 判别分析 一种用于识别事件预测中最有用因子的统计技术,比如预测破产事件时可用的因子。

The Glass-Steagall Act《格拉斯—斯蒂格尔法案》 1933年美国国会通过的旨在分离商业银行业和投资银行业的法案。法案禁止商业银行参与证券承销和其他投资银行业务，同时也不允许其介入保险公司业务。

复习题

1. 银行资产负债表上有哪些不同的资产类型？
2. 什么是"银行贷款"？能获得银行贷款的不同方式是什么？
3. 讨论贷款与证券的异同。
4. 贷款合同中主要的信息问题是什么？
5. 信用分析的目的是什么？比较和对比非金融公司的资本预算与银行的信用分析。
6. 什么是"信用分析的5C准则"？借款者的"品行"指的是什么，为什么它很重要？
7. 你能直观地解释为什么资本能解决资产替代道德风险吗？
8. 直观地讨论资本如何帮助银行解决"逆向选择"问题。首先解释一下我们所说的"逆向选择"，以及为什么它是银行的问题，这将是有用的。你能把银行贷款合同中资本的作用与风险资本家对寻求创业投资的企业家所投入的最低股本联系到一起吗？
9. 请回答下列问题：
   （1）反向杠杆收购是什么？
   （2）银行客户在反向杠杆收购后成为高信用等级借款人，主要是什么原因？
   （3）为什么我们观察到现在反向杠杆收购大量增加？
10. 工商贷款中担保贷款的范围是什么？抵押品的两种主要类型是什么？
11. 抵押品的成本是多少？尽管如此，为什么"外部"抵押品如此受欢迎？
12. 什么是"投资不足的道德风险"？直觉性地解释抵押品可以减轻这种道德风险这一说法的原因。这对银行贷款契约的设计有何影响？
13. 什么是"合同应收款"？为什么它通常比"应收账款"更具风险性？
14. 银行进行信用分析的主要信息来源是什么？
15. 比率分析在信用评估中的作用是什么？它的局限性是什么？
16. 无意中听到了两个朋友之间的对话：
    汤姆：我觉得银行给我贷款时会告诉我该做什么和不该做什么，这是很不好的。毕竟，我拥有我将用贷款购买的资产，因为我持有它的股份。银行只是把钱借给我。
    杰克：那是胡说，汤姆！当你用银行贷款购买资产时，是银行拥有资产，难道你忘了吗？你是怎么想的？解释你的答案。
17. 什么是"肯定性条款""限制性条款""否定性条款"和"违约条款"？论述它们在信贷合同设计中的作用。
18. 什么是"专家系统"？银行试图怎样将其作为信贷分析的一部分？
19. 考虑一家公司有一笔未偿还的银行贷款，要求该公司下一期偿还900美元。该公司有300美元的留存收益，可以作为公司股东的红利支付，也可以投资于一个周期内产生单一现金流的项目。该公司可以选择投资于一个安全项目S或一个风险项目R。安全项目将在下一期确定性地产生1 000美元，而风险项目将产生2 000美元的概率为0.4，没有现金流的概率0.6。假设每个人都是风险中性的，贴现率为零。对公司来说，哪个项目的总净现值比较高？如果公司做出了股东财富最大化的决定，那么公司将选择哪一个项目？
20. 你是一名银行信贷员。ABC公司请求贷款210万美元。该公司拥有200万美元的留存收益和一项现有债务，这项债务下一期需要偿还400万美元。该公司现有资产到下一期有0.7的概率价值600万美元，有0.3的概率一文不值。如果公司目前不进行投资，这就是资产的未来价值。公司还可以选择投资于两个相互排斥的项目中的一个（A或B）。A项目将在下一期产生400万美元的概率为0.7，产生200万美元的概率为 0.3。它的现金流与资产中的不相关（不包含）。B 项目的收益为 1 300 万美元的概率为 0.2，没有收益的概率为 0.8。它的现金流与资产的现金流也不相关。假设每个人都是风险中性的，没有贴现。此外，ABC 公司现有债务的还款优先级比任何新银行贷款都要高。推断以下两种情形中 ABC 公司的项目选择和你对银行贷款的定价：① ABC 公司有 200 万美元留存收益留存到下一期；② ABC 公司已经宣布现在用留存收益支付股息，因此下一期无法增加现金流。假设银行的资金成本为零，且银行是有竞争力的（定价贷款赚取零预期利润）。

21. 考虑一家公司需要 350 美元投资一个项目，它将在下一期产生一个现金流。公司知道这种现金流的概率分布，但其他人不知道。作为银行经理，你只知道公司要么是低风险的（L），要么是高风险的（H）。如果是 L，那么它在一期以后产生 500 美元收益的概率为 0.8，没有收益的概率为 0.2。如果是 H，它在一期以后产生 1 500 美元收益的概率为 0.6，没有收益的概率为 0.4。公司本身知道是 H 还是 L。假设任何债务的本金和利息都是免税的。适用于本公司的企业所得税税率为 0.2。目前该公司的账簿上没有股本，但如果需要，它将提高股本。该公司被锁定为 L 或 H，但作为银行家，你不能辨别它是什么类型。假设每个人都是风险中性的，贴现率（银行的资金成本）为零。此外，你的银行是有竞争力的（定价贷款赚取零预期利润）。建立一个由两个不同的贷款合同组成的方案（一个要求借款人用部分股权资本为项目融资，另一个不需要股权融资），这样公司将通过选择贷款合同真实地披露其私人信息。

22. 考虑一家公司，在 $t = 0$ 时可以在一个项目中投资 250 美元，这个项目将在一期以后（$t = 1$）产生一个现金流。这项 250 美元的投资将通过在 $t = 0$ 时发行无担保债券筹集。该项目在 $t = 1$ 时产生 500 美元收益的概率为 0.8，而没有收益的概率为 0.2。在本期期末之前，最初的投资之后（比如，在 $t = 1/2$ 时），公司可以立即购买另一种价值 250 美元的资产，称之为 A。如果购买，A 将在 $t = 1$ 时产生 300 美元确定性的回报。那些在 $t = 0$ 时借款给公司的银行不知道到 $t = 1/2$ 时公司是否有这种投资机会。每个人都是风险中性的，无风险利率是 12%。如果你是银行经理，公司在 $t = 0$ 时拥有接近 250 美元的贷款，计算在以下两种情况下你的贷款价格：①公司用无担保债务为购置资产 A 融资或什么也不做；②公司用债务为购置资产 A 融资，并以本题中涉及的资产担保。假设在情形①下，你的银行（初始贷款人）将与为购置资产 A 提供资金的新（无担保）债权人具有同样的还款优先级。你们银行在贷款定价方面很有竞争力。

23. 下面是谈话的摘录，评论它。
巴特沃思：我会同意的，因为我想谈谈你的问题，迈克。你知道，超过 70% 的商业贷款是有担保的，而且从银行的角度来看抵押品确实有一些有益的激励作用。此外，它允许银行从事创造性的贷款合同设计，有助于解决一些棘手的信息问题。它还能改善银行对借款人的监控，这是与担保和无担保贷款都有关的一项关键职能。长话短说，我认为商业贷款是银行活动的一个重要组成部分。如果监管阻止了这一点，那么我认为我们将严重削弱金融中介过程。
主持人：如果银行在商业贷款中的作用减弱，你会预见到什么样的社会损失，巴特沃思？
巴特沃思：那是我最喜欢的话题，迈克，如果我继续谈论它，我们可以一整夜待在这里。但简单地说，我认为，在发放这些贷款、设计贷款合同、制定契约、包括担保要求的制定、监督以及为陷入困境的借款人重组贷款方面，银行发展了相当多的专门知识。如果金融系统以这些技能都需要重新学习的方式演变，那将是一种耻辱。

24. 什么是"借贷功能"，如何分解？分解的好处是什么？

第 8 章

银行借贷中的深层次问题

"银行家是在阳光灿烂的时候想把雨伞借给你,开始下雨的时候又想把雨伞拿回来的人。"

马克·吐温

引言

在第 7 章中,我们研究了借贷过程中的各类信息问题,以及如何通过贷款合同的设计来解决这些问题。在本章中,我们继续贷款交易的讨论,并将探讨的主题进一步扩展,进而涵盖贷款的初始定价和贷款发放之后的合同条款调整等各种各样的问题。第 7 章主要关注的是借贷过程中的静态问题,而本章则主要关注动态问题。在本章中,我们以利润率如何评估和贷款如何定价的讨论为起点。接下来,我们研究贷款合同中可能存在的价格刚性和信贷配给的原因。随后,我们将简要描述银行的最优借贷流程。在此之后,我们将探讨银行和借款人发展长期关系的经济动机,并对贷款违约和重组展开讨论。最后,我们通过展示一个案例研究来帮助大家更好地理解上述这些概念。

8.1 贷款定价和利润率:一般性描述

在本节中,我们将讨论银行如何评估贷款的盈利性以及贷款的定价方式。我们从利润率评估的分析开始,然后对基准贷款利率、补偿性余额等概念进行介绍,并以违约风险与银行利润率之间关系的分析作为本节的结束内容。

8.1.1 评估利润率

为了评估一笔贷款的利润率,银行应首先确定贷款的各项收入来源。这些来源包括①贷款利息;②贷款契约中的非利息费用收入;③由于借贷关系的存在而导致银行为借款人提供多项服务所收取的费用收入。关于②,现实中存在多种来源的非利息费用收入,包括结算费(签订一份贷款协议所收取的费用)、贷款服务费和承诺费(提供信用额度或可得贷款承诺所收取的费用）。[一]关于③，因为借贷关系的存在，借款人可能从银行购买包括现金管理业务和信托业务等在内的各种服务。如果这些服务的购买与贷款的发放之间存在关联，那么由银行出售这些服务所产生的净利润应归因于贷款。

在评估贷款收入之后，银行应计算在产生这些收入的过程中需承担的各项费用，包括处理费、薪金、邮资、广告及其他营销费用、占用费和其他贷款服务费。最后，银行应计算为贷款提供资金的成本。这些成本包括为支撑贷款所涉及的活期存款、定期存款与非存款资金的成本，以及与存款相关的服务成本。在评估收入、费用和成本后，银行就可以算出其贷款利润，如表 8-1 所示。

表 8-1 利润公式

收入	支出	资金的成本 = 利润
贷款利息	贷款处理成本	活期存款成本
非利息费用收入	薪金	定期存款成本
来自银行服务的收入	邮资	非存款资金成本
	广告和营销费用、占用成本	服务成本

8.1.2 基准或参考贷款利率

我们之前对利润率的讨论并没有解释特定的贷款利率本身是如何确定的。在实践中，银行在设定贷款利率时，通常会将其与基准或参考利率联系起来。普遍采用的参考利率是优惠利率。[二]传统上，优惠利率是银行为其认为的最有信誉的客户（通常是具有"蓝筹"信用评级的公司）提供的中短期贷款的利率。

当前，银行最有信誉的客户的实际贷款利率低于优惠利率水平。优惠利率是一个被管理的利率，与市场利率关联较为松散，变化也往往比市场利率更为缓慢一些。

在银行资产负债表的管理过程中，优惠利率的确定是银行所做的众多决策之一。尽管每一家银行都会设定自身的优惠贷款利率，但与之直接竞争的金融机构的行为是一个主要影响因素。此外，在优惠利率的设定过程中，三类主要市场利率水平提供了重要的决策依据：①银行非贷款资产的收益率；②银行所获负债的利率；③作为银行贷款近似替代物的企业债务的利率。利率期限结构、银行家对未来利率的预期、存款的期望增长率以及贷款利率的预期增长等也是优惠利率设定时的重要考虑因素。

银行的许多贷款利率和优惠利率直接挂钩，要么是在优惠利率的基础上有一个额外的"加成"（比如优惠利率 +1%），要么是优惠利率乘上一个乘数（比如优惠利率 × 1.05）。因此，改变优惠利率的决定关系到银行整个商业贷款利率的调整。这意味着银行在决定优惠利率时，必须考虑所有类型贷款的预期需求。

在本章的后面部分，我们将讨论银行 – 客户关系问题。在"关系型银行"这一概念日益受到重视的背景下，银行 – 客户关系是一个特别重要的话题。在这里，我们只需要了解"客户关系"这个概念表示的就是银行向与其建立了长期业务往来的客户所提供的各类服务的各种安排，且在设定优惠利率的过程中，这些关系也是必须被考虑在内的因素。一般来说，客

[一] 见 Berg 等（2015），他们提供的证据表明向美国上市公司提供的 80% 的贷款中包含了费用。

[二] 另外一个参考贷款利率是伦敦银行同业拆借利率（LIBOR），这是伦敦信贷市场银行间近乎无风险的短期借款利率。美国市场中与之相类似的指标是联邦基金利率。

户是厌恶风险的，进而并不喜欢频繁且无法预测的贷款利率调整。这样，为了培育客户关系，银行可能会试图平滑相对于市场利率而言的优惠利率。通常意义上的客户关系包括补偿性余额要求和贷款承诺这两个与优惠利率的确定具有较大相关性的特征。我们将在第 9 章讨论贷款承诺。接下来我们讨论补偿性余额。

8.1.3 补偿性余额

近些年来，随着银行业竞争的不断加剧，"补偿性余额"的使用日益减少。然而，有些银行仍然要求最低平均存款余额（也就是补偿性余额），以此作为对银行提供贷款和其他服务的部分补贴。之所以说是银行的补贴，是因为银行对于补偿性余额一般不支付利息（或支付低于市场水平的利息）。

补偿性余额频繁地与贷款承诺或信贷额度一起被使用。它们可以被视为一种提高有效贷款利率的手段。虽然补偿性余额要求通常以信贷额度美元金额的一个百分比来表示，但许多安排要求在信用额度被激活或使用时借款人存入额外的资金。名义贷款利率的计算是相对于借款本金而言的。如果借款人必须使用部分贷款来满足补偿性余额要求，那么，借款人得到的可用资金的实际贷款利率将超过贷款合同中约定的利率，因为借款人正在为保留在其存款账户中的资金支付贷款利息。这意味着银行可以通过简单地增加补偿性余额要求，在不改变优惠利率的情况下提高实际的贷款利率。换句话说，鉴于优惠利率会影响银行整个贷款利率计划，银行就可以在优惠利率保持不变的前提下通过改变期限、抵押品要求或补偿性余额要求等非价格贷款条款的方式（进而使实际的贷款利率发生有选择性的变化）来应对市场利率的变化。

8.1.4 贷款利润与违约风险的关系

银行应如何设定贷款利率？在第 7 章中，我们做了一个简化的假设，那就是任何一笔贷款的价格都被设定在使银行贷款预期利润为零的水平上。正如之前所描述的那样，这是贷款人之间完全竞争的结果。然而，这类价格应该只能被视为最小值，因为贷款市场的竞争是不完全的。这意味着贷款的价格将被设定在使银行能够赚取利润的水平。问题是：贷款的价格是如何与其风险关联起来的？我们会说明，由于代理问题的存在，银行可能会把贷款的价格确定在某一水平，此时从风险调整的角度看，向风险较高的借款人所收取的利率比安全的借款人更低。

例 8-1

为了研究这个问题，我们可以设想银行可以向借款人收取的价格为比银行针对其贷款的（从期望价值的角度看）盈亏平衡点高 150 个基点的利率水平。在存在由交易成本或转换成本导致的惯性情况下，这是一种被大家所认可的简单的贷款定价方法。这意味着在客户考虑向另外一家银行申请贷款之前，当前的银行可以向借款人收取比其实现盈亏平衡所需价格高 1.5% 的利率。这里假设银行自身的借款成本等于无风险利率。现在设想银行有两类可以通过观察实现分离的借款人：一类是低风险借款人，西夫韦股份有限公司；另外一类是高风险借款人，甘布尔兄弟公司。虽然银行可以区分这两类借款人，但它不能直接控制借款人对银行贷款的使用。每个借款人可以选择投资两个相互排斥的单期项目（S 和 R）之一，每个项目需要 100 美元的投资。这些项目的现金流概率分布如表 8-2 所示。

表 8-2 项目现金的概率分布

借款人类型	项目 S 的现金流分布	项目 R 的现金流分布
低风险（西夫韦股份有限公司）	150 美元	0.9 的概率为 153 美元，0.1 的概率为 0
高风险（甘布尔兄弟），无风险利率为 5%	0.8 的概率为 150 美元，0.2 的概率为 0	0.5 的概率为 161 美元，0.5 的概率为 0

计算银行从每个借款人处获得的期望利润。

解：

我们用三个步骤来解决这个问题。第一步，我们考察西夫韦股份有限公司，并询问银行希望西夫韦股份有限公司选择哪个项目。可以得到的答案是 S。然后我们解出银行可以收取的引导西夫韦股份有限公司选择 S 的利率。第二步，我们研究甘布尔兄弟。如果银行认为借款人会选择 R，那么盈亏平衡利率就很高，以至于借款人会拒绝申请贷款。我们解出引导甘布尔兄弟选择 S 的利率。第三步，我们计算出银行针对每个借款人的预期利润，并发现向西夫韦股份有限公司贷款的利润更高。请注意，这里的一个关键假设是银行无法直接控制借款人的项目选择，它必须通过贷款定价来试图影响借款人的项目选择。另外一个关键的假设是，银行可以收取的在盈亏平衡利率之上的利率加价在借款人之间是不变的。

步骤 1

首先考虑西夫韦股份有限公司。如果银行认为这个借款人会选择 S，那么它的盈亏平衡贷款利率就是 5%。由于银行可在不失去借款人的前提下收取额外的 1.5%，所以它的贷款利率就可以设定为 6.5%。我们可以看到，如果银行收取这个利率水平，那么西夫韦股份有限公司的净预期收益

如果选择项目 S，则为 150−106.5 = 43.5（美元）。

如果选择项目 R，则为 0.9 × (153−106.5) = 41.85（美元）。

这样，银行对西夫韦股份有限公司项目选择的假定就可以得到证实。请注意，由于盈亏平衡利率之上的利率加价是固定的，所以借款人选择的项目风险越低，银行的期望利润就越高。这样，通过贷款定价政策来确保借款人选择 S 而不是 R 才符合银行的利益。那么，在西夫韦股份有限公司的情形下，银行可以收取 6.5% 的贷款利率。

步骤 2

现在考虑甘布尔兄弟。如果银行假定这个借款人会选择 R，那么它就必须将贷款的偿还金额设定为 210 美元才能实现盈亏平衡，注意，(210 × 0.5)/1.05 = 100 美元。但是，甘布尔兄弟不会接受这种条款约束下的贷款。如果银行假定甘布尔兄弟会选择 S，那么它的盈亏平衡利率就为 31.25%，即 (131.25 × 0.8)/1.05 = 100 美元。我们可以证实，只要利率不超过 31.67%，相比 R，甘布尔兄弟会更偏好于 S。这样我们认为银行将收取的利率为 31.67%。

步骤 3

我们现在可以计算银行针对每一个借款人的净期望利润。针对西夫韦股份有限公司，银行赚取的净利润为 1.5 美元或 1.5%。针对甘布尔兄弟公司，银行的净期望利润为 (131.66−131.25) × 0.8 = 0.328 美元。也就是说，银行从低风险借款人那里赚取的贷款期望利润要高

于高风险借款人,即便银行向后者收取了更高的贷款利率。

这个例子说明了与高风险借款人相关的定价难题:如果高利率会引发道德风险问题,那么银行收取更高的利率结果可能会适得其反。

凭直觉感知的分析如下。与低风险借款人相比,高风险借款人具有风险较高的项目,因此银行对这类借款人贷款的盈亏平衡利率也就更高,也就是说,在考虑银行可以获得的利润边际之前,高风险借款人必须要被收取一个相对较高的贷款利率水平。进一步地,因为高风险借款人偿还贷款的概率更低,所以银行必须在盈亏平衡利率之上向这类借款人收取一个更高的名义利率溢价来获得给定水平的利润。然而,正如例8-1所显示的那样,银行收取的利率水平越高,借款人转向风险更高的项目的意愿也就越大。这是一个普通的结果。直觉上讲,因为高额的偿还义务意味着即使项目成功了,借款人在偿还银行之后的净收入也处于一个相对低的水平,甚至有可能是负数。这会使得对于借款人而言,在如果成功就能够产生更大规模回报(尽管成功的概率要低一些)的项目上进行赌博更具吸引力。银行理性地预见了借款人的这种行为。银行意识到,为了从高风险借款人那里赚取与低风险借款人相同的期望利润,它就必须向高风险借款人收取高利率,从而可以使借款人被诱导选择比银行想要其选择的风险更大的项目。换句话说,银行在高风险借款人那里赚取利润的空间较小,因为利率的上涨会阻碍这类借款人去选择银行设想的相对安全的投资项目。

这种分析在管理上的含意很明显。银行可能希望把注意力重新集中在低风险、低利差的借款人身上。存款保险已经扭曲了这些动机,诱使银行追求比其他最优风险水平更高的投资。此外,在银行对风险较高的借款人知之甚少的情况下,银行为这些借款人提供服务赚取的中介租金也可能更多。这也激励银行追求风险较高的借款人。事实证明,利率的激励效应影响了信贷的整体分配,而不仅仅是贷款的定价。这是我们在信贷配给一节中讨论的问题。

8.1.5 贷款定价的数学应用

在提供了贷款定价的基本背景之后,我们现在介绍隐藏在确定贷款流程如何决定之后的数学模型。已经可以证实,银行贷款的定价与非金融企业所使用的资本预算原则密切相关。

8.1.6 贷款定价公式中的基本组成部分

银行会将贷款的价格设定在使银行的净现值(NPV)$\geqslant 0$的水平。为了确保$NPV > 0$,预期的贷款收入必须超过银行的"资金成本"再加上贷款发放的"机构性成本",如下所示。

预期贷款利息收入

$\geqslant$贷款的机构性成本

+(贷款中的债务性融资金额 × 债务成本)

+(贷款中的权益性融资金额 × 权益成本)。

由于预期贷款收入

=(贷款利率 × 贷款规模)- 贷款预期损失,

我们可以得出

$$\text{贷款利率} \geq \frac{\text{机构性成本}}{\text{贷款规模}}$$
$$+ \frac{\text{贷款预期损失}}{\text{贷款规模}}$$
$$+ \frac{\text{贷款中的债务性融资金额}}{\text{贷款规模}} \times \text{银行债务成本}$$
$$+ \frac{\text{贷款中的权益性融资金额}}{\text{贷款规模}} \times \text{银行权益成本} \tag{8-1}$$

8.1.7 机构性成本

贷款的机构性成本指的是监督贷款和抵押品的直接成本、筛选申请人的直接成本以及分配过程中的间接成本。分配过程中的间接成本包括使用财产、厂房和设备的成本以及监督和管理的成本。

对于美国的银行而言，存在多种可以获得的关于机构性成本的实证估计。奥利弗怀曼公司和麦肯锡公司较早的研究表明，这种成本可能高达 250 个基点。当然，这一成本会因银行的规模、运营的市场、现存法规和贷款类型的变化而有所不同。

8.1.8 贷款的预期损失

关于贷款预期损失的公式可以表示为：

银行贷款的预期损失 = 违约概率 × 给定违约情况下的预期损失。

图 8-1 显示了贷款预期损失的每一个组成部分在给定借款以贷款资助的项目作为担保的情况下，可以视为借款人资产价值的函数。

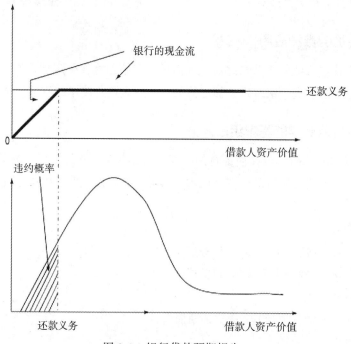

图 8-1　银行贷款预期损失

在实践中，银行经常使用的"回收率"为30%——这意味着给定违约情况下的预期损失为70%。中等市场规模贷款的平均违约概率可能是1.2%左右。

许多银行现在使用借款人的信用评级来估计概率（这也与我们将在后面的章节中讨论的巴塞尔协议II资本要求的方法相一致）。作为穆迪公司的一个部门，穆迪KMV则根据信用评级基于如下方式来估计违约概率的范围：

AAA/Aaa=0.02%～0.03%

AA/Aa=0.03%～0.10%

A=0.10%～0.24%

BBB/Baa=0.24%～0.58%

BB/Ba=0.58%～1.19%

8.1.9 支持贷款的资本结构

就像非金融公司用债务和股权的混合源为其资产提供资金一样，银行也会以债务和股权的组合为贷款提供资金。那么，银行是如何确定资金来源组合的呢？

在这里，我们使用来自公司财务领域的一个众所周知的结果，也就是具有更不稳定的现金流和更高资产贝塔系数（更大的系统风险）的公司在其资本结构中会使用更多的权益资本。类似地，银行也会在为那些具有更高的现金流波动潜力、风险更高的贷款提供资金时使用更多的权益资本。在实践中，银行将创建大量的贷款类别，并决定特定贷款属于哪一类别。每一个贷款类别都有一个假设的资本结构，而与更大风险相联系的类别将被配置更多的权益资金。

8.1.10 银行债务和权益资本的必要回报率

银行债务的税前成本只是银行所有债务的平均成本。这包括各类受保险和未受保险存款的成本，像预付款这样的各种形式的非存款短期借款的成本以及次级债务的成本。这时有：

$$债务成本 = 债务的平均税前成本 \times (1-T) \qquad (8-2)$$

式中，T是银行的有效税率。

什么决定了银行权益资本的成本？这是银行股东在给定投资风险时所要求的最低预期回报率。现在银行资产是独特的，因为它们主要是债务性索取权。这意味着对于银行而言，除非发生违约，否则其在一笔贷款上的收益是固定的。在计算违约风险时，银行必须同时评估单一资产的违约风险，以及把单一资产添加到一个分散化投资组合中的违约风险。

1. 单一贷款的违约风险

设想一家银行正在考虑向一家公司提供贷款。如果银行发放了这笔贷款，那么该公司一年内将有大约7 500万美元的债务到期，同时，拥有一年内期望市场价值为1.5亿美元的资产。公司资产的标准差假定为17%（见图8-2）。

图8-2所给出的是代表违约概

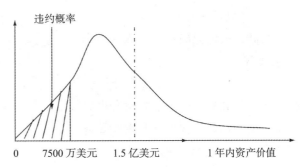

图8-2 公司资产价值分布

率的数字。这是预期的概率值，但它并没有告诉我们银行的实际损失——这是与损失概率相关的随机变量。这样，我们也需要刻画损失的分布状况。对于组合中的每一笔贷款，我们可以使用损失均值（期望损失）和损失方差来刻画损失概率。

借助一个例子来看清这一点。设想一家银行已经给岛上的一个农场发放了贷款，而在给定年份里，这个岛上的左边或右边可能会下雨，但从来不会出现两边都下雨的情况。假定任意一边下雨的概率为 0.5。假设贷款偿付金额为 100 万美元且假定违约的损失率为 100%。在这种情况下，银行的预期损失为 $0.5 \times 100 = 50$ 万美元。贷款损失波动 = 贷款损失标准差：

$$\sqrt{0.5 \times (100-50)^2 + 0.5 \times (100-50)^2} = 50 \text{（万美元）}$$

2. 贷款组合的违约风险

现在让我们考虑组建贷款组合的效果。正如预期回报一样，贷款组合的预期损失是考虑到投资组合分散化效应而调整后的个人预期贷款损失的加权平均值。为了分析分散化是如何影响投资组合的贷款损失波动的，假设银行现在发放两笔贷款，一笔提供给岛一边的一个农场，另一笔提供给岛另一边的一个农场。假设每笔贷款是 50 万美元，所以贷款总额为 100 万美元。现在贷款组合中的损失分布如何？

首先要注意的是，该银行的预期贷款损失仍为 50 万美元（两笔贷款的预期贷款损失总额，每笔则为 $0.5 \times 50 = 25$ 万美元）。每笔贷款的亏损波动是

$$\sqrt{0.5 \times (50-25)^2 + 0.5 \times (50-25)^2} = 25 \text{（万美元）}$$

认识到每笔贷款在投资组合中的权重为 0.5，且两个贷款完全负相关，我们可以使用式（1-7）来获得投资组合贷款损失波动率

$$\sqrt{0.5^2 \times (25)^2 + 0.5^2 \times (25)^2 - 2 \times 0.5 \times 0.5 \times (25) \times (25)} = 0$$

因此，投资组合分散化消除了这种情况下的贷款损失波动。

这意味着支持贷款的股本资本金额取决于贷款所属的投资组合的特征。当银行向现有投资组合增加贷款时，计算该额外贷款对投资组合的贷款损失波动的影响，以便计算由于贷款而导致的增量损失波动，从而得到支持贷款所需的股本资本。

3. 投资组合损失的分布

投资组合损失的分布不是正态的。在实践中，分布是非常偏态的。如图 8-3 所示，"小"（低于预期）损失的可能性很高，极端大额损失的概率很小（但为正数）。

在图 8-3 中，曲线 A 代表分散化程度不是很高的投资组合的组合损失分布状况。损失的方差以及由此导致的贷款损失波动性就相当高。此外，分布是偏的，因为均值位于分布峰值

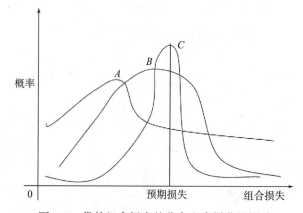

图 8-3 贷款组合损失的分布和多样化的影响

的右侧,也就是说,小于预期损失额损失的概率相对较高。随着投资组合变得具有更好的分散化,我们转向曲线 B,此时分布的分散化使得分布具有较低的贷款损失波动性。进一步的分散化使得分布看起来像曲线 C——它开始将大部分大概率结果聚集在均值或预期损失附近。在极限情况下,随着投资组合变得完全分散化,就像前面提到的两家公司的贷款组合一样,分布崩塌成代表预期损失的一个单点,也就是说,所有的贷款损失波动性被消除了。

8.1.11 概述和总结

一旦银行估计出了用于贷款的权益资本的规模之后,它就可以使用式(8-1)来确定最低的贷款利率。⊖实际的利率将取决于市场状况;在一个给定市场中,银行的垄断力量越大,贷款利率与由式(8-1)得到的最低利率间的(正的)利差也就越大。图 8-4 总结了贷款利率的确定过程。

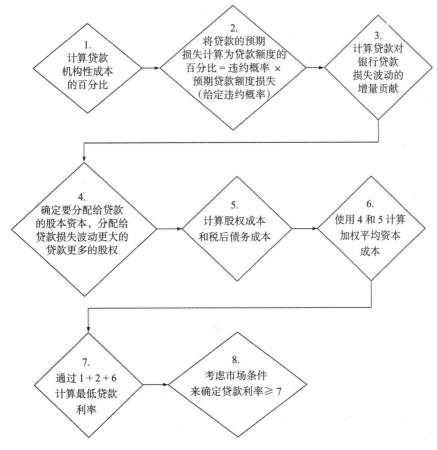

图 8-4 贷款利率的决定

一些重要的额外考虑是贷款承诺应包含在分析过程之中。此外,我们应该认识到,贷款

⊖ 式(8-1)中使用的资本的权益成本要么是银行资本的总权益成本,要么是调整之后考虑到相对于整个银行的贷款风险的一笔特定贷款的资本成本。后者是一种恰当的方法,特别是当这笔贷款具有与银行现有资产组合不同的风险特征时更是如此。

合同中的契约性条款降低了一笔新贷款的风险的同时，高度"集中"（也就是说在一个特定行业中向规模类似的企业发放的贷款）的投资组合应要求更多的权益资本。

8.2 信贷配给

信贷配给被界定为这样一种情形，此时贷款人拒绝按照其为该借款人所公布的（信用）类别标示的价格向借款人发放贷款。信贷配给不是指那些潜在的借款人出于价格的"不公平"或过高而拒绝接受信贷的现象。其核心在于信贷是在贷款人自己所选择的价格上被拒绝的。纵然借款人提出愿意接受比贷款人所要求的更高的利率，其借款请求也会被贷款人拒绝。

信贷配给是一种有些令人困惑的现象。⊖当信贷被配给时，在银行所标示的信贷价格上就存在未被满足的借款需求，也就是说，信贷的需求超过该价格上的（信贷）供给。传统经济理论（或从简单常识来看）意味着在这种情况下，银行可以通过提高信贷的价格来增加利润。如果信贷的供给函数是向上倾斜的且需求函数是向下倾斜的，如图 8-5 所示，那么这种做法应该会带来通常意义上使供求相等的均衡。由于银行提供更多的信贷，价格也更高了，它的利润应该会更高。因此，对于追求利润最大化的银行而言，配给信贷看上去是非理性的行为。⊖情况真的是这样吗？

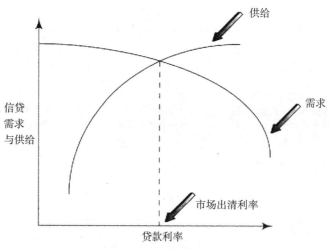

图 8-5 信贷需求与供给

虽然可以设想银行有时会放弃有利可图的贷款机会这种情况，但这种做法似乎不大符合情理。因此，我们首先回答的问题就是对于追求利润最大化的银行而言，配给信贷是否是一种理性的做法。

⊖ 包含在信贷配给中的是"贷款歧视"的做法，也就是贷款人基于种族、性别等因素拒绝提供信贷。这些做法是非法的，也不是我们讨论的重点。参见 Cohen-Cole（2011），他们提供了消费信贷发放中基于位置的歧视的一些实证证据。

⊖ Samuelson（1952）首次提出了这个观点。

8.2.1 为什么我们应该对信贷配给感兴趣

很多人都认为货币供应量的下降会抑制支出。就算货币供应量的下降仅导致了利率的小幅上升，或者支出并没有因利率上升而减少，这种情况都有可能发生。之所以会这样，是因为货币供应量的减少将使银行的可贷资金下降，迫使它们减少贷款（即便客户并没有减少贷款需求）。因此，支出被认为受到银行信贷资金可获得性的约束，而（此时的）信贷就需要通过像信贷配给这样的非价格手段在银行客户间分配。这种观点（通常也称为"信用可得性理论"）提出了货币政策的一条另类的货币政策传导机制，而货币政策传导机制则是我们理解货币政策重要性的主要依据。

之所以我们会对与货币政策相关的信贷配给研究感兴趣，主要有两个原因：首先，如果信贷配给存在，那么即便利率没有变化，货币政策也可以对企业的总投资产生实际影响。也就是说，如果联邦储备委员会感到有必要通过压缩支出来缓解通货膨胀的压力，那么就可能会出现在利率没有发生重大变化的情况下经济增速放缓这样的情况。降低银行的流动性就可能引致这样的情况，因为当流动性下降时，即便公司的投资需求没有变化，由于信贷配给的存在，流动性的减少也可以引致银行贷款的下降。因此，货币政策的有效性在实证上就可能不会被认可。这种现象的一个重要启示是，如果市场中存在信贷配给的话，那么为了提高利率，在通过设置更高水平的贴现窗口借款利率和通过公开市场操作（债券销售）减少信贷可得性这两种货币政策工具之间的选择从经济效应上看就不再是等价的。纵然投资需求对货币政策操纵不敏感，信贷也可以被减少。

其次，很多实证研究发现一种更为紧缩性的货币政策对所有借款人的影响不尽相同。因此，如果与受配给者的身份等相关的信贷配给现象被更好地了解，我们就有能力更好地预测紧缩性货币政策的效应。[⊖]

8.2.2 为什么存在信贷配给

为了理解为什么追求利润最大化的银行可能会配给信贷，我们需要研究在什么条件下，当银行面临对信贷的过度需求时，提高贷款的利率并不是其最优选择。当银行拥有与借款人同样多的信息时，我们将很难理解银行为什么会这样做。如果银行完全知情，它总是可以设定适当的经风险调整的价格，并据此发放贷款。

然而，在一个信息不对称的世界中，信贷配给可能是追求利润最大化的银行的最优策略。这个解释取决于两种类型的信息障碍的存在。[⊖]首先，即使银行对每一个借款人的财务信息进行了分析，它也可能无法在具有不同信用风险的借款人之间做出完全的区分。这被称为"合同签订之前的私人信息"问题。即使银行知道在一个给定的风险分类中借款人的平均风险状况，也可能无法识别个体的风险，回忆第 1 章阿克洛夫（1970）的评述。因此，银行将对处于同一个风险等级内的所有人收取共同的价格，由此导致一部分借款人为另一部分借款人提供了补助。第二个问题是银行可能无法完全控制借款人的行为。因此，借款人可以要

⊖ 早期关于信贷配给的实证证据是由 Jaffee 和 Modigliani（1969）提供的。Jimenez 等（2012，2014）表示，一种更为紧缩的货币政策减少了来自财务状况不佳的银行的贷款，这种现象对于风险较高的公司而言显得尤为明显。参见 Chong 等（2013）来自中国中小企业信贷约束的证据。

⊖ 下面的分析是 Stiglitz 和 Weiss（1981）工作的一个调整版本。

么通过投资项目的选择，要么通过其付出的努力来增加项目的风险，而不会被银行发现。

现在我们想象一下，某家银行对某个特定风险类别公开发布了一个贷款利率，在这个利率水平上，处于这个风险类别的借款人对贷款存在过度需求。此时，如果这家银行选择上调贷款利率，那么什么情况可能会发生？一种可能性是出现逆向选择。在这个风险类型中那些更为安全的借款人可能不愿意以较高的利率获得借款，由此导致继续留在贷款池中的借款人组合的风险变得更高了。如果这种情况发生，那么在较高的利率水平上，银行的期望利润实际上可能会变得更低；下面我们会借助一个简单的数值例子来说明这一点。第二种可能性是贷款利率上升可能会恶化道德风险问题。也就是说，对于那些贷款池中的借款人而言，如果他们拥有投资项目决策的一定自主权，就可能在较高的贷款利率时选择风险较高的项目。这再次意味着在较高的贷款利率上，银行的期望利润变得更低。因此，银行可以得出结论，由于在信贷需求超过信贷供给的利率水平上，银行的期望利润最大化，所以提高贷款利率并不可取。[⊖]图 8-6 以图形的方式描绘这一点。

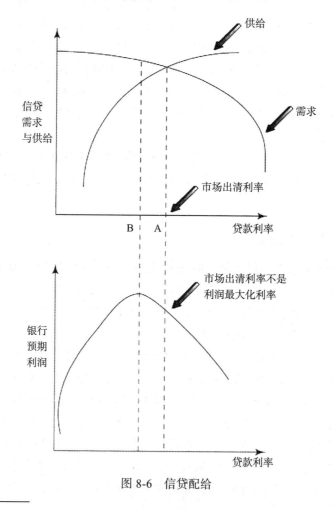

图 8-6　信贷配给

⊖ 也就是说，假设 r 是贷款利率，C 是银行每美元的资金成本，θ 是偿还的概率，那么银行的贷款预期收益率就是 $\rho=(1+r)\theta-C$。重点在于这里的 θ 不能被视为一个不受 r 影响的变量。随着 r 升高，θ 下降。假设 θ 是 r 的减函数和凹函数（即，$\partial\theta/\partial r < 0$，$\partial^2\theta/\partial^2 r < 0$），我们可以看到函数 $\rho(r)=(1+r)\theta(r)-C$ 相对于 r 而言可以达到唯一的最大值。

现在我们借助一个数值例子来说明这些概念。我们首先聚焦于逆向选择问题，同时忽视道德风险。

例8-2

假设你是中城社区银行的一名贷款工作人员，你知道在一个特定的风险级别中存在两类借款人：低风险借款人和高风险借款人。但是你无法在他们之间做出区分。

你相信如果随机选择一个借款人的话，他是低风险借款人的概率为0.5，是高风险借款人的概率为0.5。在这一风险级别中，两种类型的潜在贷款申请人各为1 000人。每位申请人都希望获得100美元贷款。低风险借款人将把这笔贷款投资一个持续一期的项目，并将以0.9的概率获得130美元的产出，以0.1的概率获得0美元的产出。高风险借款人将把这笔贷款投资到一个项目中，这个项目将在一期后以0.8的概率获得135美元的产出，以0.2的概率获得0美元的产出。对于这些借款人而言，中城社区银行是信贷提供的垄断者。⊖假设可以获得的唯一定价工具是贷款利率；为了最大化银行的期望利润，你应该如何确定向这种风险级别借款人贷款的价格？你只有10万美元的可用信贷资金，向你报告的初级贷款人员已给你提供了一个建议，就是当银行宣布收取29%的利率时，银行可能收到了2 000笔贷款申请。当前的无风险利率是5%。假设为了申请银行贷款，借款人在成功状态下必须至少有1美元的净利润，⊖所有的经济主体都是风险中性的。

解：

这个例子说明了信息层面必须考虑的因素是如何使银行的贷款利率保持刚性。为了说明这一点，我们分三步来展开分析。第一步，如果中城社区银行收取29%的利率，并被迫随机配给贷款给一半的贷款申请人（因为所有潜在的借款人都申请），我们可以计算出银行的期望利润。第二步，如果银行收取的利率高于29%，我们可以计算银行此时的期望利润。在这种情况下，低风险借款人退出，银行只能贷款给高风险借款人。第三步，我们比较了前两个步骤中银行的期望利润，并表明，中城社区银行在设定贷款利率为29%并随机配给贷款给一半的信贷申请人时可以实现期望利润的最大化。这一发现的关键在于银行无法在低风险和高风险借款人之间做出区分。

步骤1

很显然，如果银行收取29%的利率，由于银行只能向这组借款人提供10万美元，而贷款需求是20万美元，所以此时银行将不得不配给信贷。现在，银行在不丧失低风险借款人的约束下可以收取的最高利率水平为29%。在这个利率水平上，低风险借款人在成功状态下的净利润是

$$130-129=1（美元）$$

因为还款义务是129美元。很明显，高风险借款人此时也会选择以该利率来申请贷款，因为对他们而言，其在成功状态下的净利润是135-129=6美元。

⊖ 我们可以把这个例子推广到存在众多不完全竞争的银行的情况。

⊖ 这个假设是为了给借款人申请银行贷款创造一个严格的动机。在这个动机缺失的情况下，我们可能面临这样一种情况，也就是借款人在申请和不申请贷款之间是无差异的，这时我们需要假定贷款申请是在这种情况下提交的。

如果以29%的利率提供贷款，中城社区银行的期望利润总额为

$$\frac{(0.5\times0.9\times129+0.5\times0.8\times129)\times1\,000}{1.05}-100\,000=4\,428.57（美元）\qquad(8\text{-}3)$$

对式（8-3）可有如下理解。有0.5的可能性借款人是低风险的，在这种情况下，银行得到129美元的概率为0.9。同样，有0.5的可能性借款人是高风险的，在这种情况下，银行获得129美元的概率为0.8。这解释了式（8-3）分子括号中的项。乘以1 000是因为银行可以提供1 000笔这样的贷款。银行是风险中性的，因此我们以5%的无风险利率贴现。收入的现值减去100 000美元的初始支出就可以得到银行的期望利润。

步骤2

由于在29%的利率水平上，市场中存在未满足的贷款需求——有半数的贷款申请人被拒绝，自然就会有这样一个问题：通过提高贷款的利率，中城社区银行是否可以获得一个更高的期望利润。⊖

很明显，如果把贷款利率提高到29%以上，低风险借款人就不愿意借款。由于只有高风险借款人存在，所以银行也可以将贷款利率一直提高到34%（这是在高风险借款人也退出之前，银行可以向其收取的最高价格）。因为在34%这个价格水平上，贷款需求等于贷款供给，所以我们可以将34%理解为市场出清利率。⊖

中城社区银行在此利率下的总期望利润为

$$\frac{0.8\times134\times1\,000}{1.05}-100\,000=2\,095.24（美元）\qquad(8\text{-}4)$$

请注意，式（8-4）意味着银行知道只有高风险借款人才会申请贷款。

步骤3

现在我们很明显地发现，银行可以通过向贷款申请者收取29%的利率并把资金配给给50%的贷款申请人，而不是将贷款利率提高到市场出清利率的34%来获得更大的利润。这个例子说明了逆向选择的存在如何导致追求利润最大化的银行配给信用的。在面对超额需求的情况下提高利率可能会赶走最好的客户，进而使银行的境况变得更为糟糕。

现在我们转向对道德风险效应的说明。

例8-3

假设中城社区银行在$t=0$时收到一份贷款申请，这份申请来自一家公司，这个公司当前没有资产，却拥有一个时期之后（即$t=1$）的投资机会。这个客户要求贷款涉及的资金必须在$t=0$时提供，要么它就不需要了。在$t=1$时，公司所需的投资支出$I_1=100$美元，其中的55美元来自银行贷款。该公司将在$t=1$时决定是否投资这个项目。当前，这家公司有一些未清偿的证券。如果在$t=1$时公司进行了项目投资，那么从$t=2$开始，它将永久性地每年获得$\tilde{y}$美元的收入。虽然当前公司并不知道$\tilde{y}$是多少，但在$t=1$时，它就会知道。在$t=1$时，存在五种可能出现的状态，如表8-3所示。

⊖ 正如随后的讨论将更加清楚地显示这一点，这个例子中的贷款需求曲线是随着这个贷款利率向下倾斜的。

⊖ 由于有1 000名高风险贷款申请人，每人要求100美元贷款，所以贷款总需求将为10万美元。

表 8-3 $\tilde{y}$ 的概率分布

状　态	概　率	$\tilde{y}$
1	0.05	15 美元
2	0.05	16 美元
3	0.30	17 美元
4	0.40	18 美元
5	0.20	19 美元

因此，如果状态 1 在 $t=1$ 时实现，投资项目将从 $t=2$ 开始每年支付 15 美元。

假设无风险利率为 10%，公司税率为 0。假设 l_1 中的 55 美元将由贷款提供资金支持，其余的将来自公司的留存收益，计算中城社区银行的预期收益（以承诺贷款利率的函数形式表示）。假设 l_1 是从第一期期末，也就是 $t=2$ 时开始在每期支付利息的永久性贷款（统一公债）。

解：

这个例子所传达的基本观点是，对于银行而言，持续地调高贷款利率并不符合其利益，因为当利率超过了某个水平之后，当银行偏好于项目的继续推进时，利率的增加会抑制借款人的投资意愿。我们通过三个步骤来回答这个问题。第一步，我们提供了一个框架，利用这个框架通过承诺利息支付函数形式将银行实际年度利息收入与贷款联系起来。第二步，我们计算不同承诺贷款利率数值下银行每个时期的期望利息收入。第三步，我们得出结论，银行的预期收益在"（上下界限）内部"贷款利率下得以最大化，因此，如果在这个利率上贷款需求超过贷款供给，银行将配给信贷而不是进一步提高贷款利率。

步骤 1

由于 $t=1$ 时，所有的不确定性都得到了解决，所以我们可以将 10% 作为确定是否在 $t=1$ 时进行投资的适当折现率。也就是说，如果在 $t=1$ 时永续年金价值超过投资支出，就会投资 l_1，即当且仅当 $\tilde{y}_s/0.10 \geq l_1$，其中 $\tilde{y}_s$ 归属于借款人收入（$\tilde{y}$ 的一部分）。因为 $l_1=100$，我们需要 $\tilde{y}_s=10$。如果进行投资，则 $\tilde{y}_s=\tilde{y}-55$ 美元贷款的利息。值得注意的是，由于在投资决策的时候（$t=1$），借款人已经拥有了银行贷款资金，进而将其视为自己的留存收益，所以借款人会遵守这一限制。

设 r 是这笔风险性银行贷款的实际年度利息支付（在 $t=0$ 时观察，r 是随机变量），假设该贷款是从 $t=2$ 开始每期支付利息的永久性贷款。令 r 是在 $t=0$ 时未清偿债务的承诺年利息支付，其中承诺 r 的支付从 $t=2$ 时开始。

请注意，银行贷款只有在 $t=0$ 时才有风险。如前所述，在 $t=1$ 时，贷款变得没有风险。在 $t=1$ 时，银行贷款的价值是无风险统一公债的价值，其年息票支付等于银行永久收到的利息支付，即银行贷款的价值 $=\dfrac{\text{利息支付}}{0.10}$。例如，在 $t=0$ 时，承诺向银行支付的利息可能是 17 美元，但是在 $t=0$ 时，我们并不知道这个支付承诺是否可以被兑现。但假设在 $t=1$ 时，状态 3 出现了。那么，如果企业采纳了这个投资项目，这个承诺就可以被兑现，贷款在 $t=1$ 时的价值是 17/0.10=170 美元。换一个情况，如果状态 2 出现了，这一承诺将无法确定性地兑现。此时，如果项目得到实施，银行每年永久的收入只有 16 美元，进而贷款在 $t=1$ 时价值为 16/0.10=160 美元。

步骤 2

现在，不同贷款利息支付下中城社区银行的期望回报可以由表 8-4 给出（在 $t=1$ 时做出的投资选择）。

表 8-4 银行预期收益

承诺贷款利息 $\tilde{r}$	对于借款公司股东而言，投资 l_1 所需的最低 $\tilde{y}$ 水平	在 $t=1$ 时投资 l_1 被采纳的概率	在 $t=0$ 时观察到预计支付银行贷款利息
≤5 美元	15 美元	1.00	$\tilde{r}$
6 美元	16 美元	0.95	5.70 美元
7 美元	17 美元	0.90	6.30 美元
8 美元	18 美元	0.60	4.80 美元
9 美元	19 美元	0.20	1.80 美元
10 美元	20 美元	0.00	0 美元

在该表中，第四列是通过第一列中的每个承诺付款乘以第三列中相应的概率获得的。第三列的数字是通过核查第二列和表 8-3 相关数据获得的。表 8-3 中最小的 $\tilde{y}$ 值为 15 美元，因此观察 $\tilde{y}$ 大于等于 15 美元的概率为 1.00。类似地，从表 8-3 可以看出，获得的 $\tilde{y}$ 至少为 16 美元的概率是状态 2、3、4 或 5 发生的概率，这个概率是 0.95。其余的数字也是如此。

步骤 3

表 8-4 显示对于中城社区银行而言，其预期收益的峰值在承诺贷款利息为 7 美元时达到。我们注意到，当 $\tilde{r}=7$ 美元时，银行贷款的现值为 6.3/0.10=63 美元，超过了 55 美元的贷款金额，进而中城社区银行愿意发放贷款。因此，如果在这个利率水平上，贷款需求超过了贷款供给，即使借款人提出了更高利率的贷款申请，中城社区银行也不愿意发放更多的信贷。在这里，信贷配给的发生是因为道德风险。然而，这种道德风险与之前讨论的现象（即借款人通过从安全的项目转向风险高的项目来增加银行的违约风险）有所不同——在这里，借款人不愿意投资于那些能提高银行预期收益的项目；或者说，这里的问题是投资不足。

8.2.3 银行资本与信贷配给

银行的资本状况也可能影响其信贷配给的决定，因为不同类别的贷款有不同的资本要求。考虑一家拥有必要的存款，但需要筹集额外资金以满足贷款请求的银行。那么相对于从其他来源募集资金的额外成本，筹集这笔资本的额外成本将成为对银行发放贷款所产生利润的一种负担。如果这种额外的成本足够高，那么银行可能宁愿将可用的存款投资于可交易的有价证券而不是贷款。许多人证实这就是在 1990～1992 年期间发生的情况，进而导致了美国的信贷崩溃，尽管当时货币政策措施旨在重振经济。⊖

银行资本和信贷配给之间可能存在关联的另外一个原因是银行资本与在第 3 章讨论的监督动机相关。⊖资本不足的银行可能不会花费成本监督借款人。因此，一笔银行贷款的经济价值会随着资本的减少而下降，进而具有显著低水平资本的银行就认为（缺乏监督）贷款的

⊖ Thakor（1996）提出了一个精确描述这一特点的理论模型，也提供了实证证据的支持。该模型假设与融资相关的额外资本成本是外生给定的，但并没有提供这种成本无法内生的理由。

⊖ 回忆一下，这个观点是基于 Holmstrom 和 Tirole（1997）提出的理论。

违约概率很高，因此它不会认为这些贷款值得投资。

现实中有（非价格）定量信贷配给存在的实证证据。例如，次级住房抵押贷款的借款人，如果没有足够的权益性资金投入（首付）的话就无法获得住房抵押贷款。⊖ 与理论描述相一致，⊜ 也存在证据显示当银行经历对其资本头寸的负面冲击时，它们就倾向于减少贷款，而这种做法可以被解释为要么是对银行贷款的需求减少，要么只是银行减少了贷款（可能由于当银行的资本下降时信贷配给程度上升）。通常来说，很难判断银行贷款的减少究竟是由供应还是需求的影响所致。然而，一些研究已经可以单独地识别供应效应。

一项此类研究利用了涉及日本银行美国分行的"自然实验"来确定银行资本冲击与银行贷款供应之间的关系。⊜ 1989～1992年，日本股票市场陡然下跌。结果，许多日本银行发现其资本充足率降到了低于《巴塞尔协议Ⅰ》规定的最低8%的水平。这相应地导致日本银行美国分行减少了贷款。日本母银行的资本充足率下降1%会导致其分支机构的贷款规模下降6%。因此，这项研究表明，当银行经历了资本充足率的下降时，它会倾向于削减贷款规模。㉔

到目前为止，我们假定银行和借款人之间只存在一个单期的关系。正如之前指出的那样，当银行和借款人之间订立的合约横跨多个时期的时候，有时这就可以减少信息问题。事实上，这是存在长期银行-借款人关系的原因之一。㉕

8.3 即期借贷决策

我们现在转向根据信贷配给的可能性来讨论银行借贷决策问题。为了理解这一点，我们首先要注意的是信贷分析作为贷款决策不可分割的一部分，并不是一个二进制（0或1，也就是银行要么开展信贷分析要么不开展）的过程。信贷分析应更被视为一个连续的过程，也就是说银行可以进行在细节上程度差异很大的信贷分析。

对于银行而言，信贷分析越详尽，其成本也就越高。值得注意的一点是，分析的详尽程度对于银行而言是一个自身的选择性问题，进而代表了其即期借贷决策程序的一个要素。

银行必须在贷款需求的数量和质量存在不确定性的环境中以及自身的能力约束之内来确定即期借贷政策。这些约束包括其在甄别和监控方面的资源限制。相应地，银行有可能没有能力在不牺牲贷款质量的前提下容纳超过预先设定总数水平的贷款。对于银行而言，贷款质量的恶化可能隐含着其破产的可能性提升到不可接受的程度。这意味着银行借贷政策的第一

⊖ 见 Chomsisengphet 和 Pennington-Cross（2004）。这也与 Holmstrom 和 Tirole（1997）一致。
⊜ 见 Holmstrom 和 Tirole（1997），Mehran 和 Thakor（2011）。
⊜ 见 Peek 和 Rosengren（1997）。Peek 和 Rosengren（2013）综述了货币政策传导机制中银行贷款渠道重要性的相关证据。
㉔ 大量证据表明，资本充足的银行能更好地度过全球金融危机，且相比资本不足的银行，其需要削减的贷款规模也更少，见 Berger 和 Bouwman（2013），Gambacorta 和 Marques-Ibanez（2011）以及 Košak 等（2015）。
㉕ 将抵押品包括在贷款合同中也可能有助于减轻信息问题。这样可以减轻道德风险问题并缓解逆向选择问题。Cerqueiro 等（2014）指出抵押品在贷款合同设计中的作用。他们表明，如果信息问题无法得到缓解，那么抵押品价值的下降可能推动银行在提高贷款利率的同时紧缩信贷。

步可能就是建立在一段时期内（比如$(0, T)$）的贷款总额的上限值（比如$\bar{L}$）。㊀在银行已达到贷款最大值之后到来的贷款申请人假定将会被无差别地拒绝，我们把这种现象称为"全局配给"。而在达到最大贷款额度之前，银行并不会不加区别地配给信贷。相反，它会审查申请人的相关特性进而只拒绝那些不太合意的申请人。这种现象被称为"局部配给"。㊁在局部配给情形中，正如我们随后将看到的那样，是否对申请人进行配给的决策是基于银行信贷分析的结果及在该申请人提交的申请到达之前的借贷情况来确定的。

现在考虑一家在固定的计划期内$(0, T)$向每一个随机到达的客户提供1美元贷款的银行，如果一个贷款申请人在$t (0 < t < T)$时刻到达，银行就会进行信用分析来估计借款人的还款概率θ，同时也会考虑迄今为止发放的累计贷款额L_t和距离计划期末的剩余时间$T-t$。银行的即期贷款决策可以视为一种最优停止问题，也就是说，银行必须决定何时停止进行信贷分析，并根据现有信息对申请人做出给予或拒绝贷款的决策。图8-7以流程图的形式描述了决策制定的流程。

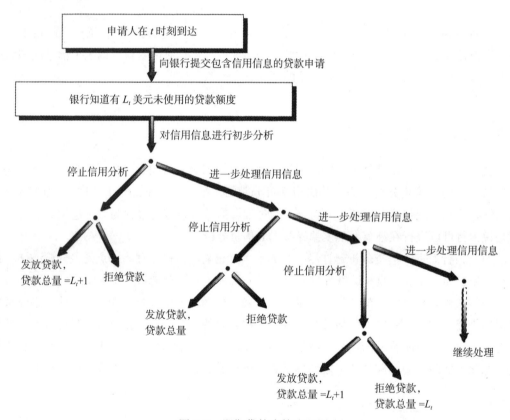

图8-7　即期贷款决策流程图

值得注意的是，在每一个步骤中，银行实际上做了两个决策：①是否需要以额外的成本为代价来获取和/或处理更多的与借款人有关的信息，或者停止信息的获取/处理；②在

㊀ 在这个最为简单的模型分析中，这里的能力常数$\bar{L}$可以被视为一个固定数字的美元规模，但更为复杂的模型分析可以使这一能力变量成为一个与银行所感知到的机会相关的凸的递增函数。

㊁ 有些人用"全局配给"指借款人被完全排除在银行信贷市场之外的状况，而用"局部配给"指个别银行所做的拒绝贷款的情况。我们的用法有所不同。

已经决定不再处理任何更多的信息的条件下，是否发放贷款，或者拒绝提供贷款。请注意，每个步骤中的这两个决策是同时进行的，而不是依次进行的。此外，这些决策也受到L_t和$T-t$的影响。在保持其他条件不变的假定下，L_t越大（也就是$L-L_t$越小）银行的信贷发放标准就越严格（也就是说，被授予贷款的申请人的θ估计值就越高）。因为银行只有不太多的资金可向在t时刻之后提交申请的借款人分配，所以银行也就变得更具有选择性了。类似的原因，在保持其他条件不变的假定下，$T-t$越小，银行信贷发放标准也就越严格。另外一个重要的观察现象是图8-7中的流程图的长度（也就是步骤数）并不是预先确定的。相反，这取决于每一个步骤中的信贷分析所揭示的信息以及L_t和$T-t$。有时候，整个流程只有一个步骤。基于对借款人的初步（有可能粗略）考察，银行就可能决定终止信贷分析流程，然后要么拒绝发放信贷要么授予贷款。我们预计这种情况可能发生在银行非常熟悉的借款人身上。之所以会这样，要么是因为银行相当熟悉他们之前的信贷记录，要么是因为银行相当熟悉他们都是属于某一具有相似违约特征的团体的成员。例如，银行可能会将贷款授予IBM，或者拒绝贷款给一家处于高风险行业的具有高杠杆的公司，且无论在何种情况下，银行都没有在信贷分析上进行显著的投入。这样，信贷信息的跨期和横截面可重复使用性将影响即期贷款决策的流程图。除了与借款人有关的信息之外，L_t和$T-t$还将因与之前描述的类似的原因而影响流程图的长度。例如，如果$L-L_t$大且$T-t$小，则流程图可能会缩短，因为这时银行会放宽信贷的标准，并基于初始信贷分析的有利结果来发放贷款。

银行在一开始的时候掌握的借款人信息量也会产生其他影响。银行有可能会向借款人收取比给定银行所拥有信息时的盈亏平衡利率更高一些的利率。这是因为银行与竞争性银行相比拥有更多的关于借款人的信息，所以它知道这种定价政策不会导致借款人转向竞争对手那里。这种现象被称为"敲竹杠"问题。⊖例如，设想竞争性银行拥有的信息表明借款人的违约概率为0.08。基于自身的信息，现有银行知道概率应该是0.065。这时，现有银行可能会向借款人收取与0.08违约概率相当的利率，进而凭借其信息优势获得一个正的预期利润。我们将在下一节进一步讨论银行-客户关系中这一方面的问题。

请注意，流程图解释了银行是如何做出与局部配给相关的决策的。一旦$L_t=\overline{L}_t$，所有的贷款申请人会在未经任何信贷分析的情况下处于"全局配给"状态。

这种贷款政策观点的一些含义如下。
- $\overline{L}$的增加将降低总体配给程度。但是，这并不意味着每一个贷款申请人必定会面对更低一些的信贷配给。之所以会这样，是因为银行在一开始的时候会遵循一种不太具有选择性的政策，以至于到t时刻时已发放的贷款规模有可能变得更大。然而，如果保持L_t不变的话，那么银行的确会在开始时选择的$\overline{L}$越大，在t时刻越会执行更为宽松的贷款标准。
- $\overline{L}$对在t时刻存货售罄——也就是银行耗尽其可贷资金存量——概率的影响并不明确。这是因为更高的$\overline{L}$一方面会增加银行的贷款能力，另一方面则导致了更为宽松的贷款标准。第一个效应会降低存货售罄的概率，而第二个效应则增加了存货售罄的概率。

⊖ 见Rajan（1992）。

8.4 长期银行-借款人关系

在本节中,我们将讨论长期银行关系的一些好处。这一分析是建立在第3章关于关系型借贷的讨论之上的。一种好处是有可能减少道德风险。另一种则是由于信息的可重复使用性,长期关系可用于更有效地处理私人信息问题。我们将在随后的讨论中举例说明,这对贷款合同的设计以及信贷配给都有潜在的含义。

8.4.1 长期关系和道德风险

当借款人知道其未来可能需要借款的时候,可能会限制其当期有可能对银行造成损害的活动。借款人会权衡从银行处掠夺的当期利益与这些当期活动所引致的更差的信贷条件或信贷配给的未来成本。要明白这一点,考虑一下例8-4。

例8-4

考虑一个借款人(小童玩具股份有限公司)可以在S和R这两个项目之间进行选择。项目S的收益为150美元的概率为0.8,没有收益的概率为0.2,而项目R的收益为162美元的概率为0.5,没有收益的概率为0.5。银行的资金成本等于5%的无风险利率。作为银行家,你无法直接控制借款人的项目选择,因为你无法观察到此选择。你只能发放无担保贷款。假定所有主体均为风险中性。此外,你可以向小童玩具公司收取的利率不得超过你盈亏平衡利率150个基点,否则它将转向另一家银行。计算小童玩具公司和银行在以下情景中的预期收益:①银行和借款人只能在一个时期内签订合同;②银行和借款人可以在两个时间段内签订合同。在②情况下,小童玩具将要求单笔贷款100美元,而在②情况下,小童玩具需要两笔100美元的贷款,在每个时期都可以选择S和R。

解:

我们分四个步骤进行。第一步,我们发现在①情景下,银行拒绝以任何利率对小童玩具发放贷款,因为不管小童玩具选择什么项目,它都难以保持盈亏平衡。第二步,我们考虑情景②,通过签订两个时期的合同,银行有可能在第二个时期引导小童玩具选择S。假定银行仅在第一期贷款偿还时才在第二期发放贷款,对于固定的能确保在第二期S被选择的第二期利率,我们解出银行在第一期可以收取的最高利率,该利率下小童玩具在该期间选择S。第三步,给定第二步中的第二期利率,我们解出使银行在两个时期内实现盈亏平衡的第一期利率。第四步,我们允许银行设定第一期利率高于其盈亏平衡利率150个基点。我们检验小童玩具在两个时期都会选择S,并计算出银行和小童玩具的预期利润。

步骤1

以①为例。假设银行认为小童玩具将选择项目R,那么它必须将借款人的还款义务设定为105/0.5=210美元,以便预期价值可以保本。给定这个条件,小童玩具选择不借钱。如果银行认为小童玩具将选择S,则必须将还款义务设定为105/0.8=131.25美元(31.25%的利率),以便预期价值再次保本。然而,按照这个利率,小童玩具选择S的预期收益是$0.8 \times (150-131.25)=15.00$美元,而选择R的预期收益则是$0.5 \times (162-131.25)=15.375$美元。所以银行对借款人项目选择的信念是矛盾的,银行将贷款利率设定为31.25%不能成为纳什

均衡。事实上，银行可以收取的使小童玩具不会严格地偏爱 R 胜过 S 的最大利率 i_{max} 由下式给出

$$0.8\times[150-(1+i_{max})\times100]=0.5\times[162-(1+i_{max})\times100]$$

求解上式可以得到 i_{max}=30%。然而，在 30% 的利率水平上，无论小童玩具选择什么项目，银行都无法保本。因此，银行不会以任何利率对借款人发放贷款，即我们有一种极端的信贷配给形式。银行和借款人的预期收益都为零。

步骤 2

现在考虑情景②。假设作为一个银行家，你告诉小童玩具："我会以 i_1 的利率给你 100 美元第一期贷款，以 i_2 的利率给你 100 美元第二期贷款，视你偿还第一期贷款的情况而定。如果你在第一期贷款中违约，那么你在第二期将不会获得贷款。"

有了这样的合同，假设我们设置 i_2= 30%。那么我们知道借款人会在第二期选择 S。给定第二期的贷款利率，令 i_{max}^* 是 i_1 的最大值，使得在第一期小童玩具更喜欢投资 S。因此，i_{max}^* 是下列等式的解

$$0.8\times\{[150-(1+i_{max}^*)\times100]+0.8\times(150-130)\} \quad (8-5)$$
$$=0.5\times\{[162-(1+i_{max}^*)\times100]+0.8\times(150-130)\}$$

请注意，在式（8-5）中，左边是假定 S 将在第二期被选中，小童玩具第一期选择 S 时在两个时期内的预期收益。右边是假定 S 将在第二期被选中，小童玩具第一期选择 R 时在两个时期内的预期收益。我们认识到，在每种情况下，只有在第一期项目成功且第一期偿还银行贷款的情况下，第二期贷款才会发放；这样的话，如果第一期项目失败且小童玩具因此在第一期贷款中违约，那么小童玩具的第二期收益为零。求解式（8-5）得到 i_{max}^*=46%。

假设第二期利率为 30%，则 l_1 为银行收取的第一期保本利率；请记住，在 30% 的利率水平下，银行第二期贷款预期亏损。现在，$\hat{i}_1$ 是下式的解

$$[0.8\times(1+\hat{i}_1)\times100-105]+0.8\times(0.8\times130-105)=0 \quad (8-6)$$

在式（8-6）中，$0.8\times(1+\hat{i}_1)\times100-105$ 是银行第一期贷款的预期利润，$0.8\times130-105$ 是第二期贷款的预期利润（为负值）。由于第二期贷款仅在第一期贷款被偿还时才被发放，所以后者乘以 0.8（第一期贷款偿还的概率）。求解式（8-6）得出 $\hat{i}_1$=32.25%。请注意，现在银行在两个时期内盈亏平衡，而不是在每一个时期都盈亏平衡。

步骤 4

如果我们假设在两期交易中，银行可以收取比盈亏平衡利率高 150 个基点的费用，而不会使小童玩具放弃交易转向另一家银行，那么，i_1 将会达到 33.75%（=32.25%+ 1.5%）。现在小童玩具将在每个时期都选择 S。该银行的两期关系预期利润由下式给出

$$0.8\times(1+i_1)\times100-105+0.8\times(0.8\times130-105)$$
$$=0.8\times133.75-105+0.8\times(0.8\times130-105)$$
$$=1.20（美元）$$

小童玩具的预期收益由下式给出

$$0.8\times(150-133.75)+0.8\times[0.8\times(150-130)]$$
$$=25.08（美元）$$

正如例 8-4 所示，银行和借款人都在长期关系中变得更好。我们从没有贷款发生的单期关系的情况，转变为银行和借款人协商两期合同，该合同允许每一方都获得正预期收益。这种改进的直觉如下。在单期的情况下，借款人如果选择项目 R，就不可能为银行产生非负的预期利润，而且银行不可能引导借款人在假设借款人选择 S 时的银行保本利率下选择项目 S。所以没有贷款产生。在两期的情况下，银行可以按比较低的利率进行第二期贷款，那么这可以保证借款人在第二期选择 S。通过适当地提高第一期的贷款利率，可以弥补第二期贷款的预期损失。这个高的第一期利率不会引导借款人在第一期选择 R，因为借款人只有在偿还第一期贷款时才承诺补贴第二期贷款。这意味着借款人感知到现在（两期合同设定）第一期追逐风险的成本比签订单期合同更高。这为银行所期望的第一期贷款利率调整创造了足够的空间，而不用冒借款人转向投资项目 R 的风险。

总而言之，与借款人的多期关系可以减轻道德风险。⊖当借款人知道必须再次与同一家银行打交道时，借款人不太可能掠夺该银行。这样可以激励银行与借款人的关系。

有三点值得注意。首先，重要的是银行向借款人提供具有约束力的两期合同。由于银行预计第二期贷款将出现亏损，所以一旦第二期到期，银行就不愿意发放这种贷款。因此，重要的是要在一开始就谈判具有约束力的合同。其次，像往常一样，借款人在第一期以后可以自由地在其他地方寻求贷款。但是，没有一家银行愿意在单期向借款人提供贷款，而现有的银行正在发放第二期贷款的补贴。因此，借款人宁愿在第二期时选择同一家银行。最后，按照两期合同的条件，在借款人第一期违约的条件下，银行在第二期拒绝向借款人发放贷款，这一决定具有时间上的一致性。这是因为银行如果在第二期贷款会产生亏损，那么银行只有在有义务必须这样做的情况下才会这样做。

8.4.2 长期关系和私人信息

长期关系的一个重要优势是银行通过时间了解借款人。这减少了借款人相对于银行的私人信息不对称，从而改善了信贷分配。换句话说，借款人与银行签约的时间越长，它收到的信用条件越好。借款人不断偿还银行业务，不断地建立持续改进的还款记录，因此能够随时获得更好的信贷条件。⊜我们可以通过下面的例子来理解这一点。

例 8-5

假设中城社区银行面临两种类型无法区分的借款人 G 和 B。G 型借款人希望借款 100 美元来投资一个单期项目，这个项目期末收益是 135 美元的概率为 0.9，收益为 0 的概率为 0.1。B 型借款人希望借相同金额贷款投资一个项目，这个项目期末收益是 150 美元的概率为 0.4，收益是 0 的概率为 0.6。⊜如果借款人在第二期到银行贷款，则将与第一期融资项目完全一样。假设中城社区银行是完全竞争的，而且存在全局风险中性。计算借款人第一期和

⊖ Boot 和 Thakor（1994）检验了通过建立长期银行－借款人关系来减轻道德风险的问题。关于相关文献的讨论，可以参见 Bhattacharya 和 Thakor（1993）、Freixas 和 Rochet（2008）。Ioannidou 和 Ongena（2010）提供了关于银行－借款人关系重要性的实证证据。

⊜ 见 Diamond（1989）。

⊜ 如果两种类型的借款人希望得到数额不同的贷款，且银行也知道哪种类型的借款人需要多少钱，那么银行就能够区分借款人各自的类型。

第二期的贷款利率。中城社区银行的资金成本为 5% 的无风险利率。假设银行之前认为借款人是 G 类型的概率为 0.8，是 B 类型的概率为 0.2。

解：

基本思路是研究银行如何通过时间来了解借款人，以及这种了解如何影响信贷条件。我们分四个步骤进行。第一步，我们解出所有借款人在第一阶段的贷款利率是相同的，因为中城社区银行不能区分借款人的类型。第二步，我们解出在第一期项目成功和借款人还款条件下第二期的保本利率。偿还第一期的贷款引导中城社区银行向上修正了对它的认识，认为借款人是 G 型。因此，在这种情况下第二期的贷款利率低于第一期。第三步，我们解决了在第一期项目失败且违约条件下的第二期保本利率的问题。这个违约行为导致中城社区银行向下修正对它的认识，认为借款人是 B 型。这个利率因此变得很高，以至于没有借款人愿意以这种利率接受第二期贷款。第四步，我们讨论了第一期和第二期的贷款利率实际上是怎样由中城社区银行决定的，以及中城社区银行和借款人的相对议价能力对这一利率的影响。

步骤 1

由于中城社区银行将这两类借款人汇集在一起，所以第一期保本贷款利率将反映出平均成功概率。让概率代表银行先前的想法，即借款人是 G 型，并且 p 表示 G 型借款人成功的概率。另外，让 q 表示 B 型借款人成功的概率。然后，银行评估的平均成功概率由下式给出

$$\gamma p + (1-\gamma) q = 0.8 \times 0.9 + 0.2 \times 0.4 = 0.8$$

因此，第一期银行保本贷款利率是

$$(1.05/0.8) - 1 = 0.3125 \text{ 或 } 31.25\%$$

步骤 2

现在，假设借款人偿还了银行的第一期贷款。那么，中城社区银行如何修正它对于借款人类型的认识？为了回答这个问题，我们需要使用在第 1 章所描述的贝叶斯准则，如下所示

$$\Pr(x_i | y_i) = \frac{\Pr(y_i | x_i) \Pr(x_i)}{\sum_{i=1}^{n} \Pr(y_i | x_i) \Pr(x_i)} \tag{8-7}$$

式中 $x_1, \cdots, x_n$ 是随机变量 x 的可能值；$\Pr(x_i)$ 是 $x = x_i$ 的先验概率；x_i 是从 $x_1, \cdots, x_n$ 中选出的一些值。同样，y_i 是 y 的一些值。在我们的上下文中，贝叶斯准则的应用意味着

Pr（借款人是 G 型 | 项目成功）= Pr（G|S）

$$= \frac{\Pr(S|G)\Pr(G)}{\Pr(S|G)\Pr(G) + \Pr(S|B)\Pr(B)} = \frac{p\gamma}{p\gamma + q(1-\gamma)} \tag{8-8}$$

使用式（8-8），我们看到如果第一期贷款借款人还本付息，那么银行认为借款人是类型 G 的概率由下式给出

$$\Pr(G|S) = \frac{0.9 \times 0.8}{0.9 \times 0.8 + 0.4 \times 0.2} = 0.90$$

因此，第二期平均成功概率为

$$0.9 \times p + 0.1 \times q = 0.9 \times 0.9 + 0.1 \times 0.4 = 0.85$$

如果第一期项目成功，银行第二期贷款的保本利率是 1.05/0.85-1=23.53%。

步骤3

请注意,如果由于项目失败而导致第一期贷款没有被偿还,那么中城社区银行评估借款人是 G 类型的概率为(在下面的等式中,"F 表示失败")

$$\Pr(G|F) = \frac{\Pr(F|G)\Pr(G)}{\Pr(F|G)\Pr(G)+\Pr(F|B)\Pr(B)}$$

$$= \frac{(1-p)\gamma}{(1-p)\gamma + (1-q)(1-\gamma)}$$

$$= \frac{0.1 \times 0.8}{0.1 \times 0.8 + 0.6 \times 0.2}$$

$$= 0.4$$

银行评估这类型借款人平均成功概率为

$$0.4 \times p + 0.6 \times q = 0.4 \times 0.9 + 0.6 \times 0.4 = 0.6$$

因此,银行的保本利率为 1.05/0.6-1=75%。但是,在这种利率下,两种类型的借款人都不希望借款。这意味着第一期贷款违约的借款人实际上被剥夺了第二期贷款。

步骤4

如果借款人第一期的偿还行为可以由其他银行自由观察,那么具有竞争力的中城社区银行将分别在第一期和第二期贷款中收取 31.25% 和 23.53% 的利率。因此,偿还贷款的借款人的贷款利率随时间而下降。在另一种极端情况下,如果竞争银行对借款人的还款行为完全不了解,那么中城社区银行可以在第二期贷款中收取 31.25% 的利息,从而在第二期贷款中获利。这一预期利润可能会导致中城社区银行将其第一期的贷款利率降至 31.25% 以下来参与竞争。⊖当然,这可能会加强偿还第一期贷款的借款人的议价能力。第一期贷款已经以低于保本利率的贷款利率偿还贷款,借款人知道银行只需要在第二期贷款中收取 23.53% 的利息就能使这笔贷款盈亏平衡。当然,借款人已经同意支付更多的钱,但是现在这个承诺是"无法改变的事实",而且(在其声誉方面有一定的代价),借款人可能会迫使中城社区银行重新签订合同。第二期贷款利率可能在 23.53% 至 31.25% 之间,具体利率取决于中城社区银行和借款人的议价能力。

在实践中,其他竞争银行也会了解借款人的情况,但通常不如现有银行了解的那么多。因此,时间在银行与借款人的关系中创造出了可以使现有银行和借款人都受益的信息盈余。有人认为,这种信息盈余也可能在社会上造成浪费。重要的是,现有银行的信息优势可能导致其通过收取过高的贷款利率来收取垄断租金。这意味着借款人在自己的项目利润中所占的份额被削弱。借款人工作所提高的项目利润边际回报因此降低,同时,借款人会减少投入。因此,项目平均收益较低。

8.5 贷款重组和违约

迄今为止,我们提供了一个简化的关于违约过程的观点:如果借款人无法从项目中获得

⊖ Sharpe(1990)分析了这些问题。

足够的现金流，他就会违约。然而，正如我们在银行－借款人关系的讨论中显示的那样，从银行和借款人之间的关系中是可以获得收益的。这样，即便我们忽略了法律和破产的行政成本，通过违约（导致破产）来终止银行－借款人关系通常是成本高昂的。借款人的（破产）成本是一目了然的。但银行同时也承担了一笔成本，因为贷款违约会使银行的资本减少。这意味着如果有可能，银行以及借款人都会对推迟违约的发生感兴趣。这是银行贷款重组现象的一个主要动力。

对于违约和再谈判问题已经有了广泛的研究。这类研究的基本洞见是债务合同的设计与借款人违约的动机有很大的关联，以及贷款人有愿意重新协商合约的动机。此外，这类研究还检验了给定违约和再谈判的可能性，债务合同本身成为有效金融合同的相应条件。[⊖]

8.5.1 财务困境的类型

当借款人陷入财务困境时，贷款重组就变得很有必要。为了便于说明，我们将财务困境划分为三种严重程度：轻度、中度和重度。

（1）轻度财务困境。轻度困境指的是这样一种状况——借款人暂时没有足够的现金流来满足其未偿债务的支付义务，但此时企业的经济价值很轻松地超过了其偿还义务。这样，借款人面临暂时性的现金流短缺，而非资不抵债。如果被强迫清偿债务，这家公司可以在承担一定代价的前提下克服这种现金流的不足，进而满足计划中的债务清偿。这种代价包括推迟一些投资计划、出售所选定的资产，或发行新的股权。然而，这种调整可能会减少公司的经济价值。一个代价较小的替代方案可能是和贷款人接触，向其提出重组公司债务的请求。像银行这样的贷款人可能出于两个原因而愿意接受这种请求。第一，它显示了银行在这方面的灵活性，并借此提高了其在信贷市场中的声誉。第二，如果这样的妥协能最大限度地减少借款人的价值耗散，从长期来看银行也可能从中受益。事实上，银行可以自行索取债务重组所实现的部分收益。

重组这类贷款的通常方法是延长贷款的到期日和减少当前的利息支付，以此来换取未来利息支付的增加。我们将讨论两个这类贷款重组的案例。

案例1：露华浓。[⊖]1986年，露华浓被一家名为罗纳德·佩雷尔曼的知名收购公司收购，并成立了一家佩雷尔曼麦克安德鲁和福布斯控股股份有限公司的全资子公司。此次收购是高杠杆交易（HLT），由化学银行、大通曼哈顿银行、花旗公司和汉诺威制造商的贷款来提供收购资金。高杠杆交易指的是向相对于同业而言负债权益比率处于非正常高水平的借款人发放的贷款。特别地，这种交易被定义为为收购、兼并或资本重组活动提供资金，进而将借款人的资产负债率推高到75%以上；或者是一笔使公司的负债翻一番进而使公司杠杆率达到50%的贷款。露华浓在履行其财务偿付义务方面有着良好的记录，直到1989年似乎没有任何问题。不过，两次事件导致了轻微的危机。第一，1990年严格的HLT监管审查，再加上银行用来增加资本的次级债市场状况恶化，使得露华浓的贷款人重新考虑了对这些贷款的立场。银行决定不再把露华浓贷款继续保留在它们的资产负债表上。因此，它们设计了一个包

⊖ 见Hart和Moore（1998），他们的分析表明，当项目的规模报酬不变，且其现金流和资产清算价值之间正相关的时候，债务合同是最优合同。

⊖ 关于露华浓的新闻报道参见Lipin（1990a）。

含 4 笔长期贷款的一揽子再融资方案，贷款的总额达到 12.5 亿美元，同时还给予了 5.5 亿美元的循环信贷额度，并准备将这些贷款出售给其他贷款人。第二，尽管自从被佩雷尔曼收购以来，露华浓一直表现良好，但很多人都对它的前景表示担忧，因为来自宝洁公司（这家公司最近收购了费伯奇和伊丽莎白雅顿）的竞争日益激化。

穆迪投资者服务有限公司在 1990 年 1 月下调了露华浓的债务评级，并指出行业整合"可能会使市场份额的维持变得更加困难，并给现金流带来额外的压力"，这些事态发展使露华浓潜在的债权人感到紧张。

最初由四家银行提供的一揽子融资方案包括存续期为 4 年的贷款，也就是说在 1994 年到期的贷款。然而，鉴于露华浓公司 3.65 亿美元的高优先级债务将在 1995 年到期，因此，那些购买了这个再融资计划中的贷款的银行发现很难帮助露华浓公司在 1994 年获得再融资资金来偿还这些 4 年期的贷款。许多潜在的债权人不希望出现这样一种状况，也就是恰好在具有高优先级的贷款人得到清偿之前去偿付一笔次级债权。另外市场还存在额外的担心，就是需要在 1994 年一次性清偿（本金为）5 亿～ 6 亿美元的再融资能否完成。

这些困难促使四家发起银行修改了它们提供给市场的交易条款。这些修改采取了结构性和价格调整的形式。不过，有人预计这些条款的调整不会对露华浓的贷款成本产生影响。相反，费用或定价方面的任何变化都预期由签署了整个一揽子方案的四家银行承担，而这四家银行无法对外出售的任何贷款份额也会由它们自身来持有。

这个案例说明了银行在重组借款人债务过程中面临的一些困难，即使这个借款人的财务状况相对较好。事实上，露华浓甚至表示，在接下来的几年里有可能会出售资产，而由此产生的现金流将为完成债务清偿提供必要的缓冲。

案例 2：Zale 公司。⊖一家位于达拉斯的珠宝零售商——Zale 公司，被多伦多的人民珠宝商有限公司和瑞士施华洛世奇国际控股公司于 1986 年年底收购。与露华浓这个案例类似，此次收购的资金来源大部分是通过债务实现的，进而使这笔交易成了一笔高杠杆交易（HLT）。用来为这笔收购提供融资的银行贷款是短期的。1990 年，Zale 公司面临清偿这些贷款的问题。在过去的几年里，这些贷款原本应该早已实现了展期，因为 Zale 公司主要是通过高收益债券的发行来筹集偿债资金的。然而，当时债券市场中的乱象意味着这种融资方式已根本不可能。由于 Zale 公司不能在不对其资产价值造成重大损失的前提下清偿银行贷款，所以它倾向于重组这笔总额为 3 亿美元的与收购相关的债务。

Zale 公司被提供了一项经过重组的于 1993 年 5 月到期的 3 亿美元的贷款承诺。这项承诺涉及无担保贷款，但这些贷款的发放银行在清偿优先级别上与其母公司发行的高收益债券一样。

Zale 公司这个案例说明了借款人和银行愿意采取多类方式，以避免成本高昂的违约和正式破产。

（2）中度财务困境。这是一种当没有债务重组时违约就迫在眉睫的情形。假定既有的债务还本付息义务，企业资产的经济价值低于它需偿还债务的总额。然而，如果债权人同意重组债务，那么企业在未来可能会产生足够的现金流，使公司资产的经济价值超过重组后的债

⊖ 关于扎勒新闻的报道参见 Lipin（1990b）。

务价值，相应地也将会超过企业债务的现值。在这种情况下，债权人的宽容可以视为对公司财富变化的一个赌博。这样，公司的股东和债权人都可以从重组中受益。例 8-6 说明了这种可能性。

例 8-6

神奇电脑公司当前欠其债权人 120 美元。该公司由企业家比尔·道尔斯先生经营。道尔斯先生管理这家公司一个阶段要承担 5 美元的个人成本。道尔斯先生拥有一种管理神奇电脑公司的独特能力；在他的领导下，公司资产在一期后的价值为 125 美元的概率为 0.9，100 美元的概率为 0.1。在其他任何人的管理之下，该公司的价值将为确定性的 90 美元，而这也是公司当前的清算价值。假设无风险利率是零，并且所有主体均是风险中性的。请分析一下债权人可能采取的策略。

解：

考虑到对于债权人而言基本上存在两种策略，因此这里我们分两个步骤解决这个问题。第一步，我们分析如果债权人坚持按现有条件偿还债务将会发生什么。第二步，我们分析一下如果债权人同意涉及减少道尔斯先生债务的重组，那么将会发生什么。我们发现降低债务的面值可以增加债权人的经济价值。因此，重组是债权人的首选策略。

步骤 1

如果债权人坚持按照现行条款偿还债务，显然道尔斯先生更愿意违约。这是因为他在违约条件下的收益是零，而如果他再坚持一段时间，那么他的预期回报是

$$0.9 \times (125-120) + 0.1 \times 0 - 5 = -0.5 \text{（美元）}$$

鉴于必须先偿还债务，道尔斯先生才能获得剩余的收益。由于道尔斯先生在该公司的权益仅为 4.50 美元，而他经营该公司的个人成本为 5 美元，他计算出下一期管理神奇电脑公司的收益为 -0.50 美元。如果神奇电脑公司违约，那么债权人的收入就是公司的清算价值 90 美元。

步骤 2

但现在设想债权人同意进行重组，且重组之后神奇电脑公司的债务偿还额减少到了 119 美元。道尔斯先生从另一个阶段运营神奇电脑公司得到的预期收入是

$$0.9 \times (125-119) + 0.1 \times 0 - 5 = 0.4 \text{（美元）}$$

可以将这个数字与违约时的零收入进行比较。因此，重组使道尔斯先生有动力继续运营神奇电脑公司。债务的价值（也就是债权人的预期收入）现在变成了

$$0.9 \times 119 + 0.1 \times 100 = 117.10 \text{（美元）}$$

这样，通过将债务的面值降低 1 美元，债权人可以增加总额为 27.10 美元的经济价值！

现在我们来看关于一家处于中度财务困境公司的案例。

案例 3：特朗普集团。 这家公司拥有并经营着许多酒店（如特朗普广场酒店）和赌场（如泰姬陵酒店和赌场），且在 1990 年拥有超过 20 亿美元的债务。1990 年 6 月 15 日，星期五，特朗普集团未能向特朗普城堡赌场的债券持有人支付 3 000 万美元的利息，特朗普先生有 10～30 天的时间来防止破产。作为主要贷方的银行提议推迟利息支付，并提供额外的债务

融资，以避免特朗普集团破产。

四家主要贷款机构是花旗银行、大通曼哈顿银行、信孚银行和汉华实业银行。然而，另外还有 100 多家银行向特朗普集团提供了金额较小的贷款，而且还有发行在外的债券。1990 年 6 月，特朗普集团危机引发了款项拖欠，迫使特朗普先生与这四家大银行进行谈判。尽管银行对特朗普公司的现金状况感到紧张，但它们认为强制出售特朗普集团物业财产以清偿债务并不是一个明智的选择。银行面临着一种进退两难的局面。一方面，它们希望特朗普集团通过减少对银行贷款和债券的利息支付来保留更多的现金。另一方面，它们不希望公司被债券持有人强行纳入违约状况——这样这些债券持有人可以通过强制性的清算收取欠款。债券持有人通过清偿优先权排第一的住房抵押贷款债券对特朗普先生的三处财产享有第一留置权：特朗普泰姬陵、特朗普城堡基金和特朗普广场基金。

这是一个经典的情形，也就是说在这种情形下，如果没有债务重组，违约似乎就迫在眉睫了，但预先阻止违约似乎才符合主要贷款人的利益。事实上，在那个时刻，绝大多数主要贷款人似乎很确定一点，那就是如果能避免违约的发生，它们对特朗普组织的贷款未来是可以被偿还的。⊖毫无意外的是，特朗普集团与其主要贷款机构之间谈判的最终结果是，其中的 80 家银行同意在 1990 年 6 月 26 日星期二这天向该公司追加 6 500 万美元借款来避免出现破产这种情况。这些银行还同意延期支付 20 亿美元未偿贷款导致的 8.5 亿美元利息。⊖

（3）重度财务困境。这被界定为借款人实际上拖欠了某些债务的一种情形。这时可以制订一个债务重组计划来阻止借款人进入正式的破产流程。在某些情况下，借款人实际上可能会宣布其根据破产法第 11 章申请重组的意图，有一部分贷款人可能会同意重组债务，以偿还部分债务，此时可实施一个比所有的借款人都得到迁就才可能出台的重组计划更为有效的计划。这样一种重组计划要么在破产法庭之外达成，要么在破产流程期间实现。有许多公司在 2004~2005 年期间宣布破产，但在重组后继续经营，例如许多航空公司（如西北航空公司）和汽车公司（如德尔福）等。我们已经表明，避免正式破产可能对贷款人和借款人都有利，但这种情况并不总会发生。我们现在将提供一个简单的例子来说明对于一些贷款人而言，为了达成一个更为有效的重组计划，帮助借款人偿还一些债务是如何有利于贷款人的。

例 8-7

考虑由比尔·道尔斯先生管理的神奇电脑公司。该公司有两种未偿债务：欠债券持有人的高级债务 100 美元和欠银行的偿还额为 1 000 美元的次级贷款。神奇电脑公司当前的资产清算价值为 200 美元，但如果该公司继续经营，一期之后它的价值是 1 100 美元的概率为 0.9，而价值为零的概率为 0.1。为了额外管理这家公司一段时期，道尔斯先生承担的个人成本为 5 美元。道尔斯先生已宣布他希望申请破产，并已联系银行和债券持有人的受托人。债券持有人希望立即清算该公司。这时银行应该怎么办？假设所有主体都是风险中性的，且无

⊖ Lipin 和 Goodwin（1990）引用了日本银行驻纽约办事处一位官员的话："我们对此表示关切，但我们对'特朗普先生'的状况仍有信心（仅就这家房地产开发商偿付其银行债务的利息支付能力而言）。"他们还引用了欧洲银行（该银行是特朗普皇宫一个 2.2 亿美元设施的相关贷款人）一位官员的话："从财务角度来看，我认为这笔交易没有任何的问题。"

⊖ 这些数字是由 Horowitz 和 Goodwin（1990）报道的。

风险利率为零。道尔斯先生持有公司全部的股权。

解：

我们分两个步骤来解决这个问题。第一步，我们计算所有相关方从持续经营和清算中得到的预期收益。第二步，我们研究如何实施最有效率的计划。在这个例子中是通过让银行购买高级债务来实现的。

步骤 1

很容易看出债券持有人为什么希望立即清算公司：由于神奇电脑公司的清算价值为 200 美元，而且他们有优先受偿权，所以一旦清算，他们就可以收回 100 美元的全部欠款。另一方面，如果公司持续运营，他们收到 100 美元的概率为 0.9，得不到任何偿还的概率为 0.1，也就是说，他们债权的期望价值是 90 美元。然而，从银行的角度来看，如果该公司继续经营，其预期收益是 $0.9 \times (1\,100-100) = 900$ 美元。如果公司被立即清算，则仅有 100 美元。之所以道尔斯先生也希望申请破产，是因为他是一个股东，这样如果神奇电脑公司继续经营，他什么也得不到，而且持续经营时他还需承担个人成本 5 美元。

步骤 2

为确保在破产期间选择最有效率的投资计划，银行可以以 100 美元购买高级债务。此外，银行可以同意重组贷款，以便道尔斯先生只欠 1 090 美元，而不是 1 100 美元。现在，持续经营计划将会被各方都接受，因为道尔斯先生的预期收入是

$$0.9 \times (1\,100 - 1\,090) - 5 = 4 \text{（美元）}$$

高级债券持有人的收入为 100 美元，银行的预期收入为

$$0.9 \times 1\,090 - 100 = 881 \text{（美元）}$$

现在我们将讨论两个关于严重财务困境的案例。

案例 4：西点收购公司。这家公司是威廉·法利先生收购多家公司的一个载体。1990 年 3 月 31 日，西点收购公司无力清偿由信孚银行和富国银行牵头的一个银行集团的本金和利息 7.96 亿美元。当时这笔贷款的发放是为收购西点-佩珀雷尔股份有限公司提供融资。此前，法利先生出于经营目的，已经为西点-佩珀雷尔取得了一笔延长期为 4 年的单独的 10 亿美元的过桥贷款，这笔贷款也是在 3 月 31 日到期。⊖ 西点-佩珀雷尔还有总额为 9 亿美元的未清偿垃圾债券。

贷款给西点收购公司的银行已经预计这笔款项将会违约，并一直设法达成一份协议来确定如何重组这笔贷款。根据相关报道，这些银行不但希望避免公司进入破产程序，而且希望法利先生能与西点-佩珀雷尔高收益债券的公开持有人达成协议。据报道，法利先生为这些债券持有人提供了西点-佩珀雷尔的大量股权，以此来作为换取债务利息延迟支付 3 年的代价。

尽管银行集团的成员与收购贷款的债权人构成并不相同，但信孚银行和富国银行是这笔 10 亿美元过桥贷款的牵头银行。除了延期 4 年，过桥贷款还进行了重组——增加本金 1.65

⊖ 见 Goodwin 和 Lipin（1990a）。过桥贷款通常由一家商业银行或投资银行发放，旨在为接管公司提供临时性融资。贷款人必须为过桥贷款提供资金支持。它是被称为"商人银行"业务活动的一部分，而商人银行业务则指的是银行在公司控制活动（即接管和收购）中承担了一定的金融头寸。

亿美元的同时，将贷款利率从优惠利率上浮 2.5% 下降至上浮 1.5%。这表明贷款人可能愿意减少实际还款义务金额来增加其预期偿付额。

案例 5：艾姆斯百货公司。1990 年 4 月 27 日，星期四，艾姆斯百货公司宣布，它根据《破产法》第 11 章的规定提交了重组申请，向联邦破产法院寻求债权人的保护。1988 年，花旗银行带领一个银行集团向其提供了一笔 9 亿美元的资金来帮助其收购扎耶尔百货连锁店。受行业低迷的影响，艾姆斯百货公司在这笔 9 亿美元的信贷协议中处于技术违约状态，也试图与花旗银行牵头的银行集团进行第二次本息豁免磋商。艾姆斯百货公司宣称，在谈判失败之后，它就根据《破产法》第 11 章的规定提交了重组申请。对于艾姆斯百货公司而言，其面临的基本问题显然是担心公司现金流危机的供应商停止向艾姆斯百货公司供货。

在宣告破产的时候，艾姆斯百货公司宣称化学银行已经同意向其提供 2.5 亿美元的占有资产的债务人（DIP）融资。该笔贷款用于公司在尝试制订一项重组计划期间偿还供应商和开展资金运作。然而，艾姆斯百货公司和化学银行之间的这笔 DIP 融资协议需要得到法庭的批准。据报道，花旗银行也对获得这笔交易感兴趣。接下来，我们提供了关于 DIP 融资进一步的细节。

关于占有资产的债务人（DIP）融资的说明

究竟什么是 DIP 贷款？为什么它会变得如此受欢迎？我们在这里讨论一下这些问题。

申请破产的公司在依据破产法申请破产保护之后经常面临着更大的压力。这些压力根源于出于流动性担忧而躲避破产公司的供应商和客户。为了克服这些困难，1978 年的《联邦破产法》针对债务人如何获得新的营运资金制定了一套统一的标准，以便在破产期间销售商、供应商和客户会继续与公司进行合作。通过冻结债务人公司的资产和负债（包括营运资金的银行授信额度），债务人公司得到了保护。作为这家公司的替代，一个新的法律实体——占有资产的债务人——被创造了出来。1978 年，《破产法》为贷款人提供了向破产公司发放新的债务性融资的激励。为了实现这一点，《破产法》提供了一个具有"超级优先地位"的留置权——这个留置权为这类贷款人提供了一个对借款人现金流的非常高优先级的索取权。这一索取权的清偿顺序仅次于公司正常的行政开支，但在现有的包括优先级债务在内的所有其他债务之前。这一留置权也适用于在债务人摆脱破产之前到期或清偿的贷款。DIP 贷款的一些主要特点如下。

（1）DIP 贷款人对于尚未支持其他债权的任何资产享有索取权。如果这部分资产不足以覆盖 DIP 贷款人的索取权，那么 DIP 贷款人就可以对已向现有债权人提供担保的资产发出一个优先索取权，并将这些资产用作新贷款的抵押品。

（2）大多数 DIP 贷款是作为之前贷款承诺的一部分。承诺费用为所给信用额度总额的 2.5%～4%，贷款利率一般是在优惠利率的基础上加 1.5%～2.5%。此外，通常还有银团费用。

（3）即使债务人在破产期间被迫清算，DIP 贷款人也是最先要被偿还的。

⊖ 见 Goodwin 和 Lipin（1990b）。
⊖ 见 Lipin（1991）。

> DIP 融资据说起源于 1984 年，当时化学银行设置了一个部门，把 DIP 融资以一种新产品的形式推向市场。这种业务在 1987 年开始得到蓬勃发展，当时德士古公司在与壳牌公司的诉讼中损失了 100 亿美元，之后向法庭提出了破产保护申请，转而向化学银行提出了一笔总额为 20 亿美元的 DIP 贷款请求，这笔贷款请求规模最终被缩减为 7.5 亿美元。
>
> 自诞生之初，DIP 贷款市场的竞争极为激烈，但对银行来说这种业务也相当有利可图。[⊖] 美国最高法院在 2004 年 Till 诉 SCS 信贷公司（1245. Ct.1951）案中给出的判决，指出对于贷款人而言存在一个通过广告为按照《破产法》第 11 章占有资产债务人提供融资的自有市场。管理 DIP 贷款的法定框架是美国《破产法》第 11 条第 364 项。

本案例说明贷款人是如何有意愿为无法偿还其现有债务的借款人提供额外融资的。原因如下。通常，一个公司的现金流会受到其客户、供应商和可能的债权人对其财务困境的感知的影响。在艾姆斯的情况中，供应商停止发货导致了其业务中断。在这种情况下，即使借款人申请破产后，银行也可能通过重组或注入额外的贷款来帮助借款人克服流动性不足的问题。

8.5.2 债权人联盟中的协调问题

我们已经展示了债务重组是如何使处于财务危机中的贷款人和借款人同时受益的。然而，在绝大多数情况下，借款人要么从许多贷款人那里借款，要么最初的贷款人向其他人出售了一部分贷款。由此导致的后果是绝大多数债务重组计划涉及贷款人联盟，而这往往会造成协调问题。由于债权人通常有不同的利益取向，所以很难确保所有债权人都会接受重组计划。在 8-7 这个示例中，我们看到两个债权人之间的分歧经常会如何阻碍重组的进行。在这个例子中，可能通过低级债务索取权人（银行）买断高级债权索取权人（债券持有人）的债权来解决这一冲突。然而，在实践中，并不总是那么容易找到一个有效的解决方案，正如下文所讨论的那样。

在之前讨论的特朗普集团这个案例中，大约有 100 家银行牵涉其中。有些银行是"参与者"——这些是与特朗普集团没有直接关联的银行。这些银行是从最初的贷款人（也被称为"受让人"）那里购买的贷款。当不得不对一项债务重组计划进行表决时，受让人是不能投票的，直到他们回来并说服参与者。在特朗普案例中，这种劝说过程既漫长又艰难。许多参与者显然是要求受让人买断其债权。然而，受让人担心会出现"每个人都想离开"[⊖]这样一个局面。在许多情况下，"让参与者离开"可能相当于提供了一个免费的看跌期权。例 8-8 可以说明这一点。

例 8-8

在经历了早期的艰难后，神奇电脑公司发现自己又惹麻烦了。它现在有三种类型的债务：一种拥有最高优先级的银行贷款，拥有次高优先权的债券持有人的高级债券，以及最低

⊖ 见 Rosenthal（2005）的一个扩展性讨论。
⊖ 见 Goodwin 和 Lipin（1990a）。

优先权的债券持有人所拥有的次级债券。一期以后，神奇电脑公司的偿还义务包括250美元银行贷款、45美元高级债券、45美元初级债券。道尔斯先生宣称他打算宣告神奇电脑公司破产。在这个阶段，债权人必须从两个相互排斥的重组计划中选择一个：计划A，神奇电脑公司下一期的价值为290美元的概率为0.6，125美元的概率为0.4；计划B，神奇电脑公司下一期的价值是340美元的概率为1/3，25美元的概率为2/3。如果你是银行的代表，你更喜欢哪一个计划，你会遇到什么样的协调问题？假设所有主体均为风险中性，贴现率为零。

解：

我们分两个步骤进行。第一步，在严格遵守绝对优先权原则的前提下，计算不同计划中各方的预期收益。第二步，我们研究银行的战略，以确保初级债券持有人遵守银行优先计划，并讨论可能遇到的协调问题。

步骤1

假设绝对优先权规则将被严格遵守，我们可以很容易计算各方的预期收益。这些预期收益如下。

为了理解这些预期收益是如何确定的，以A计划下的银行预期收益为例进行分析。全额偿还（250美元）的概率为0.6，银行收回125美元的概率为0.4，则预期价值为 $0.6 \times 250 + 0.4 \times 125 = 200$ 美元，如表8-5所示。

表8-5 不同索取权持有人的预期收益

索取权持有人	A计划预期收益	B计划预期收益
银行贷款	200美元	100美元
高级债券	24美元	15美元
低级债券	0	15美元
股票（道尔斯先生）	0	0

步骤2

显然，银行更倾向A计划。高级债券持有人也更倾向A计划。然而，初级债券持有人更喜欢B计划，并且必须被买断以确保其他人顺从他们的选择。不幸的是，对于你的银行而言，初级债券持有人可能坚持以票面价格而不是以债券的经济价值买入。在这种情况下，你的银行和高级债券持有人必须向其支付45美元。实质上，你给了他们一个免费的期权，行权价格为45美元！你的银行可能会发现支付45美元最有利，因为它仍然使银行的净预期收益为155美元，超出了银行在B计划中的预期收益。但是，对于你的银行而言更糟糕的是，高级债券持有人可能会尝试"搭便车"，坚持让你为了实施计划A而购买他们的债券。尽管与计划A相比，计划B损失了9美元，但他们可能会认为你在B计划中失去的更多。如果银行以45美元的价格买断他们的债券，也相当于给了他们免费的看跌期权。高级债券持有人认为，即使你买断了他们的债券，你在A计划中的净预期收益仍为110美元，这个数目超过了B计划所得。

8.5.3 债务合同再谈判与借款人融资渠道选择

我们已经看到债务合同再谈判对于陷入财务困境的公司而言是多么的重要。然而，考虑到贷款人联盟中潜在协调问题的存在，债务条款和其他合同内容的再谈判程度取决于存在多少债权人以及这些债权人是哪些主体。相比公开募集的债券而言，而向少数大型投资者的私募债券或单一的银行贷款可能更容易进行再谈判。事实上，分布非常分散的债务会显著地提高再谈判的成本。㊀这意味着当借款人选择其资金来源时，应该重视未来再谈判合同条款的可能性这个问题。㊁

债务合同再谈判选择权的价值可以用当合同再谈判具有可能性时受合同约束的借款人的净预期利润与合同再谈判不可能时借款人净预期利润之间的差额来体现。已经有研究表明，借款公司史前的信誉状况越低，这种再谈判选择权的价值越高。之所以会这样，直觉上是因为股东和债权人之间的代理问题在信誉不佳的企业中可能会表现得更为严重，以致最初签订的旨在限制公司行为的债务契约很可能相对而言更为严格。㊂虽然限制性条款控制了代理问题，但也降低了公司追求有利可图的投资的灵活性。相应地，对于这类公司而言，合同再谈判的重要性也就上升了。这意味着信用评级较低的公司更有可能去协商拥有更为严格条款的债务合同，但债权人更有可能在新信息看起来效率低下时选择放宽债务条款。这样，我们预期那些信用评级非常糟糕的公司会选择私募债形式的银行贷款，同时接受更为严厉的债务条款。

8.5.4 财务困境造成的另类中介机会

银行之所以会有意愿剥离涉及陷入财务困境公司的贷款，其中一个原因是这种贷款可能被划为高风险或不良类别，进而需要提供更多的银行资本。银行可以将这些贷款出售给其他在不那么严格的约束下运营的（有可能是非银行）金融中介机构。这样，由于资产被撮合到能更有效地持有这些资产的经济主体手中，一个金融中介的机会就被创造了出来。

注意，在一些结构性财务困境中，银行具有的传统中介功能并没有太大的价值。持续经营是不大可能了。银行现在的目标不再是从事关系型银行业务，而是最大限度地从现存的不良债务中回收资金。这是一种其他类型的中介机构可能更擅长的也更为残酷的活动。事实上，有时候，所谓的"秃鹫基金"的创建就是为了对陷入财务困境的公司债务进行投资来更精确地发挥这种作用。

8.6 结论

本章重点讨论了与贷款定价、信贷配给、银行-借款人关系以及贷款违约和重组等相关的多类问题。在一个信息快速"衰减"以及新信息几乎连续到达的环境中，灵活性是非常重要的。能够根据新信息来重新谈判债务合同中的契约和其他合同条款就变得至关重要。这样的再谈判对于债权人和借款人而言都具有价值。

㊀ 见 Hart 和 Moore（1998）关于最优债务合同和违约后债务合同再谈判的分析。

㊁ 见 Berlin 和 Mester（1992）、Bolton 和 Scharfstein（1996）。Brunner 和 Krahnen（2008）、Guiso 和 Minetti（2010）提供了实证证据。也可见 Aghion 与 Bolton（1992）的基础性贡献。

㊂ Blackwell 和 Kidwell（1988）提供了实证支持。Dichev 和 Skinner（2002）表明违反贷款协议是常见的（大约30%的贷款）。另见 Berlin 和 Mester（1992）、Demiroglu 和 James（2010）。

相对于资本市场融资而言，银行在处理贷款发放与债务合同再谈判方面具有内生的优势。这种优势来自银行作为一个"庞大而单一的"贷款人这样的地位，而资本市场融资通常涉及许多不同的债券持有人，且他们的行为很难协调；债权人之间的协调对于任何一次再谈判的努力而言至关重要。这样，那些发现其拥有的再谈判债务合同期权具有价值的借款人在融资时可能会倾向于银行贷款。在一个高度竞争的环境中，借款人特有的信息是多变的，银行通过商定旨在控制代理问题的具有约束性的条款可以充分发挥其比较优势，同时也保持了足够的灵活性来顾及贷款发放之后这些条款的再谈判。

8.7　案例研究：宙斯钢铁股份有限公司

罗伯特·费尔登（Robert Feldon）在1993年12月创办了宙斯钢铁公司（Zeus Steel Inc.）。在组建自己的钢铁制造业务之前，他一直是一家大型钢铁制造商（塞米诺尔钢铁公司）的营销人员。在费尔登先生看来，宙斯钢铁公司在当地市场中占据了一个特殊的地位。宙斯钢铁公司购买了"次级"钢材，因为这种钢材存在某些缺陷，所以它们已经被钢厂拒绝以顶级或"最优"的钢材接收。由于他与多家供应商保持长期合作关系，所以费尔登先生非常成功地以低于优质钢材现行费率33%的价格采购了次级钢材。宙斯钢铁公司的客户并不反对使用这种次级钢材——要么是因为宙斯钢铁公司消除了原来的缺陷（通过使钢材变得平整），要么是因为这种缺陷只是表面上的（少量钢铁生锈了）。这家公司主要的原料供应来源是炼钢厂、保险公司（这些公司会出售已投保但在海上运输期间受损的钢材）和钢铁经纪商。通常对于宙斯钢铁公司来说，最为困难的时期是钢铁市场表现强劲从而次级钢材很难以折扣价格获得的时候。作为一家制造商，宙斯钢铁公司购买原料钢，并利用其拥有的10台剪切机中的一台将原料钢切割成满足订单需求的较小的条块。

费尔登先生用15万美元的自有资金创建了宙斯钢铁公司。他购买了一座已有35年历史、面积为3万平方英尺的建筑（配有一台新的桥式起重机）。为了购买这座建筑，他除了需要支付6万美元现金之外，在未来的10年间还要再支付24万美元（每月2 000美元，再加上8%的利息）。他在拍卖会上以10万美元的价格购买了10台二手剪切机，为了支付这笔购买款项，他从第一国民银行（FNB）借了5万美元。他剩余的投资资金，再加上来自FNB的5万美元信贷额度都被用作流动资金。

对于100%拥有宙斯钢铁公司的罗伯特·费尔登先生而言，他与FNB之间的关系目前走到了一个非常关键的时刻。他以前的信贷员菲利普·赖林刚刚到另一家银行担任职务，而他的新信贷员迈克·狄更斯（MD）成为一名商业信贷员只有6个月（从信贷部晋升上来的）。宙斯信用调查档案的"信用备忘录"的部分摘录揭示了其与银行关系的脆弱性。

信用备忘录

　　1999年1月30日　MD

　　我拜访宙斯钢铁公司，并首次见到了罗伯特·费尔登。费尔登告诉我，他并不满意他与FNB的关系。据费尔登说，菲利普·赖林是一个好朋友，但不会总对宙斯钢铁公司的贷款要求做出回应。费尔登曾在几个月之前就提醒过赖林宙斯钢铁公司的信贷需求,但 1998 年 11 月批准的新增 20 万美元的信贷额度被处理得有些像最后一刻的"危机"。费尔登强调,当前 50 万美元的信贷额度上限是在"扼杀"宙斯钢铁公司。

我被带领着参观了整个工厂,并对公司的经营水平印象深刻。似乎每平方英寸的空间都得到了使用,其中大部分空间是用来储放原料钢的。费尔登先生对于他在上个月能够以每磅 0.11 美元这样一个非常便宜的价格购买到 30 万美元的"浸了水"的线圈而感到非常自豪;他看上去已经收到了订购一半数量以上这种钢材的订单。

我告诉费尔登,我们很高兴在 1998 年 12 月 31 日收到公司的财务报表时来考虑是否要增加宙斯钢铁公司的信用额度。费尔登指出,这些财务报表会比 1997 年显示的状况要更好一些。

1999 年 2 月 26 日　MD

我接到了来自罗伯特·费尔登的一个紧急电话,他表示将以 20 万美元的价格购买 3 台新机器。他希望 FNB 为购买这批设备提供资金。我建议在星期五共进午餐。费尔登同意带来应收账款、应付账款账龄分析、年终报表和一份新的个人账单。罗伯特的会计师肯恩·海登(Ken Heyden)也将参加我们的午餐会。

1999 年 2 月 28 日　MD

我收到一份邓白氏公司的最新报告,报告显示宙斯钢铁公司的贸易活动有些趋缓。早些时候,邓白氏公司的报告显示宙斯钢铁公司的账单支付方式要么是"贴现",要么是"立即付款"。

1999 年 3 月 2 日　MD

我邀请罗伯特·费尔登共进午餐,与他讨论增加宙斯钢铁公司的信贷额度以及设备融资请求问题。同时出席午餐会的还有肯恩·海登和 FNB 大都会部门负责人约翰·加纳(John Garner)。费尔登对宙斯公司 1998 年的业绩表现非常满意。大部分的销售增长是由于收购了两个新的账户:阿切尔制造和海华沙房车。阿切尔公司主要制造出售给建筑行业的工业工具箱和相关配件,海华沙公司则经营休闲车业务(也是一个制造商)。在这两种情况下,据了解,为了获得业务,宙斯钢铁公司必须在旺季持有其应收账款 60~75 天。

在看这些报表时,我们指出,看起来宙斯钢铁公司的贸易在趋缓(应付账款为 1 225 000 美元)。费尔登强调,有了更大的信贷额度,宙斯钢铁公司可以在 45 天内偿还债务。肯恩·海登指出,他的预测表明,75 万美元的信贷额度是合适的。

我们问到费尔登关于 1998 年利润下降的情况,他回答说,他只是把工资增加了很多,而且他的用于税收目的的库存被"低估了"。当我们对高工资表示担忧时,他辩解说:"你有我的个人保证,不是吗?"

费尔登重申他的融资请求的紧迫性。新的剪切机(两台 48 英寸的和一台 60 英寸的)对服务两个新客户至关重要。我们提到,我们可能会要求用应收账款和存货担保信贷额度,以及 FNB 通常需要经审计的财务报表(对于这一点,费尔登只是半开玩笑地回答:"肯恩将向我另外收取 10 000 美元!")看起来关系有些紧张了。

1999 年 3 月 6 日　MD

与宙斯钢铁公司的三家供应商签订合同来核查其信用。扬斯敦公司和内陆钢铁公司回复说，宙斯钢铁公司是它们的一个长期客户，具有良好的信誉记录。塞米诺尔公司回复说，它对费尔登感到非常有信心，但它发现宙斯钢铁公司的到账时间拖延了60～75天。

1999年3月7日 MD

1998年，宙斯钢铁公司账户中的余额为

平均托收余额：55 000美元

平均费用余额：17 000美元

约翰·加纳与狄更斯于1999年3月6日星期五在加纳的办公室进行了下列会谈。

加纳：迈克，我有些担心宙斯钢铁公司。我知道费尔登脾气暴躁，他上周对我们有点情绪，但我认为他有权利这样做。坦率地说，这个账户在赖林管理的时候被忽视了，他对宙斯钢铁公司有些想当然，并用低利率来讨好费尔登。我们可能不能按罗伯特的意愿去做每件事，但我相信我们诚实的努力会挽救这个账户。毕竟，并没有很多公司能够像宙斯钢铁公司那样成长得如此引人注目。另外，我非常尊重肯恩·海登和他所做的一切生意。

狄更斯：虽然是这样，但还有几件事情是我比较担心的。费尔登已经以工资的形式从宙斯钢铁公司账户中支取了很多钱，而这种做法导致了公司目前资本不足。如果我们满足了他所要求的额外债务，那么我认为这家公司的财务比率看起来会有很大的差异。我也对公司的快速扩张有些担心——我认为这可能是以牺牲财务健康为代价实现的。

加纳：我们总是可以引进一家金融公司，并把应收账款和存货作为抵押品。然后，我们可以参与到它们的信贷额度之中，并自行发放这笔设备贷款。但是，你也知道，这对于费尔登来说是一个代价很大的选择——即使我们的参与率为50%，这笔信贷额度的利率也可能跃升到基准利率之上4%的水平。老实说，我认为有更好的解决方案，而这种方案可以使我们失去宙斯钢铁公司业务的可能性降低。宙斯钢铁公司的盈利记录很好，并且与我们其他许多本地的借款人相比，其债务/净资产比率仍然非常体面。

狄更斯：我们要赶快行动起来，费尔登下周一需要我们给出回复，而且我知道他同时在和中城社区银行沟通。

加纳：以我所知，我们的选择包括这么几个：①以无抵押的方式增加信贷额度（把信贷额度的缺口补上，增加到75万美元），并按照FNB贷款政策（购买价格的75%，3年内摊销完毕）批准设备贷款；②批准全部的75万美元，但以应收账款和存货作为抵押；⊖③批准设备贷款，但邀请一家商业金融公司提供信贷的留置权（并购买那个信贷额度的参与份额）。

迈克，选择权在你。星期一早晨你向贷款委员会陈述一下，说明你认为我们最好的选择是什么。如果你能想出别的方案，那就更好了。我只要求你向贷款委员会提交详细的财务分析来支持你的建议。

问题：你能帮助迈克·狄更斯对宙斯钢铁公司进行财务分析，并为该银行应该如何安排提供建议吗？

⊖ FNB没有基于资产的贷款部门，因此，如果将应收账款和库存作为抵押品，就必须在没有充分的担保和监督的情况下进行。

财务报表（宙斯钢铁股份有限公司，未经审计，由肯恩·海登与该公司提供）

资产负债表（省略了000）

资产		1996-12-31		1997-12-31		1998-12-31
现金		30 美元		68 美元		24 美元
应收账款——净额		150		342		698
存货（LIFO）		110		326		1 006
其他流动资产		6		8		12
流动资产总额		296		744		1740
物业、厂房及设备	422		440		490	
减少累计折旧	90	332	136	304	188	302
总资产		628 美元		1 048 美元		2 042 美元
负债和净值						
应付账款		60 美元		202 美元		768 美元
应付票据——FNB		40		150		500
当前期限						
第一国民银行		10		10		0
抵押		24		24		24
其他流动负债		6		8		26
总流动负债		140		394		1318
长期债务						
第一国民银行		10		0		0
抵押		144		120		96
总债务		294		514		1414
普通股		150		150		150
留存收益		184		384		478
总负债和净值		628 美元		1 048 美元		2 042 美元

利润表（省略了000）

	1996-12-31	1997-12-31	1998-12-31
销售	1 500 美元	2 600 美元	4 300 美元
售货成本			
期初库存	90	110	326
购买	800	1 610	3 494
直接人工	250	274	425
制造费用	54	82	199
期末库存	110	326	1 006
毛利	416	850	862
营业费用			
管理者工资（费尔登）	100	158	242
委员会	90	210	290
办公人员薪水	30	52	58
折旧	42	46	52
坏账准备	2	2	24
杂项	10	16	22
净营业利润	142	366	174

(续)

资产	1996-12-31	1997-12-31	1998-12-31
利润表（省略了000）			
利息支出	18	24	38
税前净利润	124	342	136
税	38	142	42
税后利润	86 美元	200 美元	94 美元

利润表预测（宙斯钢铁股份有限公司）

	季末			
	1999-03-31	1999-06-30	1999-09-30	1999-12-31
销售	1 400 美元	1 800 美元	1 400 美元	1 400 美元
毛利	350	450	350	350
营业费用	250	320	250	250
净营业利润	100	130	100	100

	天数			
应收账款账龄，1999-02-23（宙斯钢铁股份有限公司）	0～30	31～60	61～90	超过90
阿切尔制造有限公司	79 000 美元	80 000 美元	17 000 美元	美元
Able 工具有限公司	46 000	52 000		
百年钢铁公司	12 000	6 000		
Diversey 产品	52 000	38 000	22 000	26 000
史蒂芬的储物柜	58 000	48 000		
海华沙房车	76 000	72 000	12 000	
塞米诺尔钢铁公司	42 000	34 000		
史密斯制造公司	8 000	22 000		
CPN 制造	24 000			
库珀加热和制冷	18 000	26 000		
席勒制造	30 000	36 000		
中美洲产品	8 000	10 000	2 000	10 000
其他账户（低于10 000 美元）	22 000	54 000	6 000	2 000
总价值	475 000 美元	478 000 美元	59 000 美元	38 000 美元

应收账款总额：1 050 000 美元

应付账款账龄，1999-02-23（宙斯钢铁股份有限公司）

扬斯敦钢铁公司	236 000 美元	72 000 美元	美元	美元
塞米诺尔钢铁有限公司	79 000	109 000	40 000	
内陆钢铁公司	101 000	39 000		
大西洋保险	62 000	107 000	28 000	
独立保险股份有限公司		44 000	30 000	
罗伯特·坎宁安公司	57000	83000	19000	
星钢	14000	36000		
其他账户	23000	27000	19000	
总价值	572 000	517 000	136 000	-0- 美元

总应付账款：1 225 000 美元

(续)

个人财务报表，1999-02-23（罗伯特·费尔登）			
资产		负债和净值	
现金	20 000 美元	应付票据	12 000 美元
有价证券（M/V）	270 000	信用卡	2 000
宙斯钢铁股份有限公司（M/V）	2 500 000	抵押贷款	
房地产（M/V）		住宅	84 000
住宅	300 000	共管式公寓	75 000
共管式公寓	220 000		
个人财产（M/V）	150 000	净值	3 287 000
总资产	3 460 000 美元	总负债和净值	3 460 000 美元

贷款报告号：	1067		日期：1998-11-19	
名称：	宙斯钢铁股份有限公司			
业务：	金属制造			
成立时间：	1993 年			
责任人：	罗伯特·费尔登			
起始经营时间：	1993 年			
办公联络：	公关			
要求：	500 000 美元无抵押贷款（从 30 万美元增加）			
目的：	营运资金			
来源：	应收账款收集			
日期：	Prime 加 0.5%（浮动）			
	补偿余额将达到 15%			
平均余额：		1997	1996	1995
	平均收藏	91 000 美元	73 000 美元	46 000 美元
	平均免费	60 000	49 000	31 000
关联贷款：	向罗伯特·费尔登提供 6 325 美元			
信贷限额：	300 000 美元			
现有负债：	300 000 美元			
MONTHS OUT OF DEBT（最近 12 个月）	没有			
担保人：	罗伯特·费尔登（净值 629 000 美元）			
抵押品：	未担保			
注释：				
下一次审查日期：	1999-03-31			

行业平均[①]

资产规模		1～10mm	所有
资产负债表			
资产		%	%
现金等价物		7.2	7.2
应收账款		25.1	25.9
库存		28.1	25.4

(续)

资产负债表		
其他流动资产	1.5	1.5
总流动资产	61.9	60.0
固定资产（净值）	29.8	31.6
其他非流动资产	8.3	8.4
总资产	100.0	100.0
负债和净值		
短期应付票据	8.2	7.1
本年到期——L/T 债务	3.4	3.8
账户和应付票据——贸易	16.1	16.2
预提费用	6.9	7.7
其他流动负债	2.6	3.1
总流动负债	37.2	37.9
长期债务	11.7	13.4
所有其他非流动负债	1.5	1.6
净值	49.6	47.1
总负债和净值	100.0	100.0
收入数据		
净销售额	%	%
	100.0	100.0
销售成本	78.6	76.9
毛利	21.4	23.1
营业费用	14.2	16.4
营业利润	7.3	6.7
所有其他费用（净值）	0.6	0.7
税前利润	6.7	6.0
比率		
流动比率	1.7	1.7
速动比率	0.9	0.9
销售/应收账款	9.0	8.9
销售/库存成本	6.5	7.2
现金流/本年到期	3.8	3.6
债务/价值	1.0	1.1
净资产收益率（税前）	27.6	26.7
资产收益率（税前）	12.9	10.8
销售/总资产	2.2	2.2

①资料来源：罗伯特·莫里斯报表分析。

宙斯钢铁股份有限公司财务分析

可能性	1996	1997	1998	行业（1～10mm）
利润（美元）	86 000.00	200 000.00	94 000.00	
薪水（美元）	100 000.00	158 000.00	242 000.00	
资产收益率（税前）	19.7	32.6	6.6	12.9

(续)

可能性	1996	1997	1998	行业（1～10mm）
净资产收益率（税前）	37.1	64.0	21.6	27.6
毛利率		32.7	20.0	21.4
流动性				
速动比率	1.33	1.06	0.56	0.9
流动比率	2.11	1.89	1.32	1.7
周转				
应收账款（天）				
期末	36.5	48.0	59.2	41.0
平均		34.5	44.1	
库存				
期末	37.0	67.9	106.8	56.0
平均		45.5	70.7	
应付账款（天）				
期末	27.4	45.8	80.2	
平均		29.7	50.7	
杠杆作用				
债务/价值比率	0.88	0.96	2.25	1.0

专业术语

discount window 贴现窗口 一个通常被认为是像最后贷款人这样的工具。借助这种工具，银行可以从美联储获得短期借款来满足其流动性需求。这种短期借贷一般来说需要国债作为抵押品。这类短期借贷所收取的利率被称为"贴现率"，是货币政策工具之一。

open market operation 公开市场操作 美联储通过政府证券的购买和出售来调整银行为支撑其存款性负债所必需的可得的法定准备金水平。向银行出售政府证券会减少银行可以获得的准备金，而从银行处购买政府证券则可以增加准备金。这是一种货币政策工具。

interest elasticity of investment 投资的利率弹性 公司的投资资金需求对利率（借款利率）变动的敏感性测度。

monetary policy 货币政策 与货币供应和利率相关的中央银行（美联储）政策。

reserve requirement 法定存款准备金要求 银行存款和其他（短期）资金来源中的一定比例必须以库存现金或存放在美联储的存款等流动性资产的形式存在。

CD 定期存单 这是具有规定期限和利率的定期存款。它可能是可转让的（适于市场销售的）或不可转让的（不适于市场销售的）。

consol bond 统一公债 一种具有永久期限的债券，也就说这种债券承诺永久支付息票利息流，但没有本金的偿还。

credit crunch 信贷紧缩 信贷可获得性大幅下降。

复习题

1. 假设一家公司在 $t=0$ 时没有资产，在 $t=1$ 时有一个获得5亿美元的投资机会。这笔投资所需的支出将完全通过银行贷款融资。没有税收，每个人都是风险中性的。如果利用投资机会，将从 $t=2$ 开始每年产生 X 美元的收益。但是，现在不知道 X 是多少。在 $t=1$ 时才可获得该信息。现在，我们只能通过以下概率分布描述 X（在 $t=1$ 时）的可能值。

状态	概率	X（百万美元）
1	0.05	100
2	0.10	150
3	0.15	180
4	0.20	200
5	0.25	210
6	0.25	220
ABC 股份有限公司		

无风险利率（单期）为 10%。绘制一张图表，显示这种永久性（风险）银行贷款的流动市场价值与该贷款的承诺利率之间的关系，必须从 $t=2$ 时开始每年支付。

2. 什么是信贷配给？为什么利润最大化的银行进行信贷配给是合理的？

3. 财务困境的三大类型是什么？为什么贷款人在借款人遇到轻度财务困境时愿意重组债务？贷款人通常愿意做出怎样的妥协？

4. 当一家公司陷入中度财务困境时，借款人出于什么动机有意愿从事重组业务？为什么会有这些动机？

5. 当一家公司出现重度财务困境时，贷款人出于什么动机会重组债务？为什么会产生这些动机？

6. 什么是"过桥贷款"，它是如何与"商人银行业务"相关联的？

7. 什么是 DIP 融资，它为什么对现有债权人有利？

8. 讨论处理不良贷款时出现的各种协调问题，以及如何解决这些问题。

9. 假设你是一个银行家，面对数量众多的贷款申请人，他们的风险有高有低。有 600 名低风险贷款申请人和 400 名高风险贷款申请人，每位申请人申请 100 美元贷款。低风险借款人将 100 美元贷款进行了投资，一期以后项目将会产生 150 美元收益的概率为 0.8，没有收益的概率为 0.2。高风险借款人将 100 美元贷款进行了投资，一期以后项目将会产生 155 美元收益的概率为 0.7，没有收益的概率为 0.3。你知道 60% 的申请人是低风险的，40% 是高风险的，但你不能识别特定的借款人是低风险还是高风险。你是一个有 5 万美元可贷资金的垄断银行家。每个人都是风险中性的。目前无风险利率为 8%。允许每个借款人在成功的状态下保留至少 5 美元的利润，以便吸引其申请银行贷款。你刚刚知悉，当你宣布了 45% 的贷款利率后，已收到 1 000 笔贷款申请。但你只能发放其中的 500 笔。你最优（利润最大化）的贷款利率是多少？应该是 45%（你必须对一半的贷款申请人实行配给）还是在无信贷配给下更高的利率？

10. 想象现在是 2002 年 1 月 1 日。你是洛杉矶高增长银行贷款部门的负责人。艾利克斯·沃克先生是一家小型制造公司 ABC 的创始人兼首席执行官，他请求你在 2002 年 3 月 1 日之前为他的公司提供贷款。他表示公司将在 2003 年 2 月 28 日偿还本金和利息。ABC 公司的资产负债表和损益表如下。

ABC 公司 资产负债表 截至 2001 年 12 月 31 日	
现金	50 000 美元
应收账款	250 000
沃克先生到期资产	40 000
库存	800 000
流动资产总额	1 140 000 美元
土地和建筑物	100 000
机械	100 000
其他固定资产	15 000
总资产	1 355 000 美元
应付票据、银行	200 000
应付账款和票据	300 000
应付票据、各种供应商	100 000
收益	50 000
总流动负债	650 000 美元
抵押	550 000
普通股	300 000
留存收益	355 000
总负债和权益	1 355 000 美元

ABC 公司 损益表 2001 年年底	
净销售额	3 650 000 美元
售货成本	2 650 000
营业利润总额	1 000 000 美元
一般行政和销售费用	400 000
折旧	20 000
杂项	200 000
税前净收入	380 000 美元
税（40%）	152 000
净收入	228 000 美元

除了上述信息外，你还知道下列比率，也就是 ABC 所属行业的财务指标平均数值。

流动比率	3
库存周转率	10
平均托收率	25
固定资产周转率	20%
资产负债率	30%

在这笔贷款申请中的一个重要考虑因素是 ABC 公司是否可以通过更加符合行业平均水平的方式来产生偿还贷款所必需的内部资金。这笔贷款请求为 65 万美元。你尚未确定贷款利率，但该客户目前的借款利率为 10%。你预期 ABC 公司在未来几个月的借款利率将维持在 10% 左右。那么，你应该发放这笔贷款吗？如果你决定发放贷款，对这笔贷款请求进行定性分析，并对必要的贷款条款做简要的说明。这里的贷款条款至少应有一个肯定性条款、一个禁止性条款和一个限制性条款。你需要提供可以改进你的分析的额外信息的简要概述。（请详细表述）

11. 考虑一个可以在两个项目 S 和 R 之间进行选择的借款人，每个项目都将在一期以后随机偿付。一期以后，项目 S 的收益是 250 美元的概率为 0.9，收益为零的概率为 0.1。项目 R 的收益是 350 美元的概率为 0.4，收益为零的概率为 0.6。银行的资金成本等于 10% 的无风险利率。作为银行家，你无法直接控制借款人的项目选择，因为你假设全是风险中性的。此外，为使借款人不再转投另一家银行，你最多可以向借款人报价比你的保本利率高 200 个基点。计算借款人和银行在以下两种情况下的预期收益：①银行和借款人签署单期合同，借款人将请求 150 美元单笔贷款；②借款人将需要两笔 150 美元的贷款，每一期都能在项目 S 和 R 之间选择。那么，合同期限应该如何选择？

12. 考虑一家由企业家管理的公司。该公司有两种未偿债务：欠债券持有人 150 美元的优先债务，以及需要偿还 1 250 美元的次级银行贷款。该公司的资产目前的清算价值为 400 美元，但如果该公司继续经营，其价值为 1 400 美元的概率为 0.8，价值为零的概率为 0.2。为了额外管理一期公司，企业家花费的个人成本为 25 美元。企业家已宣布希望申请破产，并已与银行和债券持有人的受托人联系。债券持有人希望立即清算该公司。银行应该做什么？假设所有人是风险中性的，无风险（贴现）率为零。企业家拥有公司所有的股权。

13. 考虑一家有三种类型债务的公司：最高优先级的银行贷款、债券持有人拥有的次高优先级的高级债务以及债券持有人拥有的优先权最低的次级债务。一期以后该公司的还款义务包括银行贷款 150 美元、高级债券 60 美元、次级债券 50 美元。该公司已打算宣布破产。在这个阶段，债权人必须选择两个相互排斥的重组计划中的一个计划 A：下一期公司的价值将为 180 美元的概率为 0.5，价值为零的概率为 0.5；计划 B：企业的价值在下一期将为 260 美元的概率为 0.4，价值为 20 美元的概率为 0.6。如果你是银行的代表，你倾向哪个计划，你预计会遇到哪些协调问题？你怎样尝试克服这些问题？假设所有人是风险中性的，贴现率为零。

14. 以下是一段会话摘录。请对其做出评述。
阿普尔顿：如果银行不这样做的话，那么别人就会这么做。
巴特沃思：我确信这是真的，但问题是这么做是出于一种比较优势，还是一种无谓损失,也就是说,无谓的重复劳动。以 DIP 融资为例。没有任何法律规定只有银行才能提供该服务,但银行是这个市场中最主要的参与者。这不仅仅是一个巧合。

主持人:考虑到过去 10 年美国公司的债务狂潮,我认为 DIP 融资市场在过去 10 年中发展得如此迅猛这一点并不令人奇怪。我个人认为,整个债务重组过程,特别是银行在其中所发挥的作用非常具有吸引力。但具有讽刺意味的是,每次银行从事这项业务时,借款人总是在抱怨银行的信贷配给。

阿普尔顿:我认为这种对于信贷配给的担忧是过度的。首先,我并不真的相信银行会配给信贷,如果是这样的话,那将是不符合理性的行为。我并不习惯担心为什么有人可能要抽 5 美元的钞票(把 5 美元钞票当烟抽)!此外,一项理性的借款人总可以去别的地方找到资金。但老实说,我还没有看到一项令人信服的研究表明银行配给了信贷。

主持人:算了吧,艾利克斯!难道我们需要充分的实证研究去证明每一个事实吗?

巴特沃思:艾利克斯,不要这样回答那个问题。问题的关键在于将信贷配给解释为理性的行为是可能的。受到信贷配给约束的借款人可以去别的地方,这个观点从你嘴里说出来一点都不奇怪,因为你根本就不相信银行的特殊性。

15. 描述银行的即期贷款流程,特别要强调一下信息处理能力约束和贷款需求的随机性在这个流程中所起的作用。

第 9 章

信贷专题：银团贷款、贷款出售和项目融资

> 公司金融活动中看上去私人和技术化的主题引导我们逐步走向国家政策主要问题的核心。我们在这里是和值得我们每一个个体关注的严肃且影响深远的事情打交道。
>
> 汉斯·J. 马斯特，瑞士信贷银行

引言

在之前的两章中，我们研究了与银行贷款相关的一系列问题。但是，还有三个重要话题没有涉及，即银团贷款、贷款出售和项目融资。银团贷款出现于多个贷款方共同参与发放单笔大额贷款的时候。银团贷款中有一家主办银行，通常为商业银行，由它来发起贷款，而其他银行通过提供不同额度的贷款资金参与其中。银团贷款的变体之一就是贷款出售，也就是我们将讨论的另一个主题。项目融资出现在当某个项目的发起公司决定把该项目作为一个独立于公司之外的实体，进而设法发行直接以项目的未来现金流而不是公司现金流做支持的金融要求权来获得外部融资的时候。在本章中，我们将在描述这些业务活动的基础上，对使这些业务活动在某些情况下变得有效的内在经济动力给出解释。

9.1 银团贷款

在这一节中，我们首先讨论什么是银团贷款以及银团贷款的经济功能。然后，我们将探讨国内银团贷款市场和国际银团贷款市场的发展。[⊖]

9.1.1 什么是银团贷款

银团贷款一般指由贷款方（通常是银行）团体向借款方发放的单笔贷款。每一个贷款人对借款方都有一个分离的索取权，即便这时只有一份借贷合同。通常来说，一家发起银行（有时也可以是发起银行群体）会在贷款发放之前针对借款人进行信用分析，并协商确定贷款的定价结构。这些发起银行被称为"优先级银行"，一般由借款方指定，其不仅提供关键

⊖ 见 Dennis 和 Mullineaux（2000）、Gadaneca（2004）和 Allen（1990）对银团借贷市场的研究。

的金融中介服务来解决合同签订之前的信息不对称问题,而且会设计相关的贷款合同。参与银团贷款的其他贷款人(被称为次级银行)则各自提供贷款所需的部分资金。次级银行的数量和身份差异较大,主要取决于贷款的规模、复杂性、贷款定价以及借款人扩展其银行业务关系的意愿。

为什么我们会研究银团贷款?主要原因之一是优先级贷款人分散化其信用风险敞口的需要。通过邀请其他银行参与贷款,优先级贷款人在规避针对单一借款人的超额敞口的同时,也可以发挥它们在信贷发起环节的专业技能,通过提供合同设计、定价和分配服务等赚取一笔费用。也就是说,对于银行而言,银团贷款是解决专业化收益和多样化收益之间固有冲突的一种方式。

对于银团贷款中的次级贷款人而言,辛迪加使它们在无须承担获得专业技能所需成本的情况下参与贷款。也就是说,这些银行可以通过增加其自身缺少专业技能的贷款来实现贷款组合的多样化。此外,银团贷款使这些次级银行与借款人建立了联系,进而为两者在未来更为深入、更加有利可图的合作创造了可能性。

图9-1是一个关于银团贷款结构的例子。这笔银团贷款是2001年由一个银行辛迪加向喜达屋国际酒店集团以贷款承诺(这个概念将在第10章深入探讨)的方式发放的。在这笔银团贷款中,德意志银行是辛迪加中的优先级银行,而美国第一银行、美国花旗银行、里昂信贷银行和瑞士联合银行是次级银行。

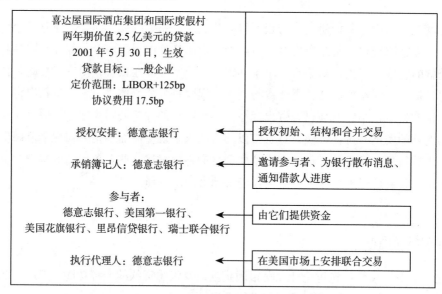

图9-1 简单的银团贷款的案例:喜达屋国际酒店集团

资料来源:Dealogic 和 Gadanecz(2004)。

9.1.2 银团贷款市场

最近几十年,银团贷款一直是美国国内借贷活动中非常流行一种方式。但从20世纪70年代开始,银团贷款也成为国际借贷活动的一个重要组成部分。

在国际市场中,银团贷款最初的发展主要涉及主权贷款业务。事实上,就在1982年墨西哥主权债务违约发生之前,绝大多数发展中国家的债务是由银团贷款构成的。墨西哥和

20世纪80年代的其他主权借款人经历的债务偿还困难导致墨西哥债务被重组成1989年的布雷迪债券。⊖结果，新兴市场国家的借款人被吸引到债券融资，进而导致了银团贷款的收缩。银团贷款的复苏出现在90年代早期，银团贷款市场成了美国最大的公司金融市场，同时成了贷款人承销收入的最大来源。⊜2007~2009年的金融危机压制了银团贷款市场的发展。

图9-2显示了美国银团贷款的增长状况。

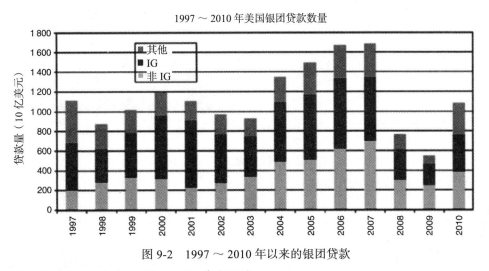

图9-2　1997~2010年以来的银团贷款

资料来源：ThomsonReuters LPC和Smith等（2010）。

到20世纪90年代初，活跃在银团贷款市场中的银行开始采用更为复杂的风险管理技术，其对契约和债券定价模型的使用也更为有效。与此同时，贷款销售的二级市场也开始发展。二级市场的发展开始吸引像养老基金和保险公司这样的非银行金融企业。很多银行开始把银团贷款看作开展投资银行业务的一种方式。此外，新兴市场的借款人也开始发现银团贷款是一个非常有吸引力的融资替代选择，可以作为其他融资渠道的补充。图9-3显示了全世界不同地区的银团贷款活动状况。

虽然随着时间的推移，投资银行在银团贷款市场中的表现日益活跃，但商业银行仍主导着银团贷款市场。银团贷款在二级市场中的交易量目前正在经历快速的增长，而这种增长是由出于贷款交易目的的合同文本标准化及其对银团贷款流动性的正面效应所促成的。⊜

银团贷款二级市场的参与者包括：①做市商；②活跃的交易者；③临时销售者/投资者。做市商通常是大型的商业银行和投资银行，它们拥有头寸、承诺资本，创造流动性。活跃的交易者主要是投资银行和商业银行、专业化的不良债务交易者和机构投资者（也被称为"鹫"基金，它们专门从事不良债务的交易）。不大活跃的交易者包括保险公司和非金融公司。最

⊖ 布雷迪债券是新兴市场国家发行的以美元计价的债券，它以美国国债零息债券作为抵押。这种债券的出现主要是为了减少在20世纪80年代倾向于违约的欠发达国家的债务负担。这种债券用当时的美国财长尼古拉斯·布雷迪的名字来命名——之所以会这样，是因为布雷迪帮助国际货币组织制定了债务减缓计划。

⊜ 见Madan等（1999）。

⊜ 负责指定这种标准的专业机构有欧洲贷款市场协会、亚太贷款市场协会和位于美国的银团贷款和交易协会（LSTA）。

后，存在一些临时性的参与者，它们既可能是银团贷款的买方也可能是卖方。⊖

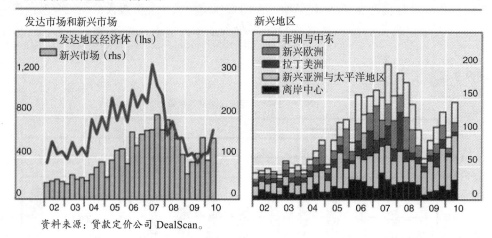

图 9-3 按借款人国籍分类的国际联合借贷数量

资料来源：DealScan 和 Chui 等（2010）。

布雷迪计划

布雷迪计划是时任美国财政部长尼古拉斯·布雷迪于 1989 年 3 月提出的，用来处理困扰一些发展中国家的债务危机。债务危机始于 1982 年，那时拉丁美洲的一些国家面临着高利率和低商品价格，正处在商业银行贷款违约的边缘。这导致流向这些国家的信贷枯竭，以致经济停滞。

布雷迪计划在危机中应运而生，主要措施有：①商业银行在自愿的基础上减免债务的本金和利息；②享受债务减免的国家必须实行经济改革；③由此产生的债务更容易交易，因此提高了债权人转移风险的能力。

因为这项新计划发生在危机时期，每项措施都是独特的，但大多数布雷迪重组都是贷款人选择把债务换成平价或折价债券，它们都是 30 年期的抵押债券。平价债券代表以同等数量用贷款交换债券，附以低于市场的固定利率。通过利率优惠减免长期债务。折价债券代表以小于债券面值的贷款换为债券，通常有 30% ~ 50% 的折扣。基于市场的浮动利率使得债务直接降低。平价债券和折价债券在最终到期时都是以零息票美国国库券作为抵押品而提供担保，其中一部分利息支付也可以由评级高的证券来提供担保。

布雷迪计划在很多方面都是成功的。第一，它使得参与国家通过谈判降低了其债务负担。第二，它使商业银行分散了主权风险。第三，它鼓励许多发展中国家进行积极的经济改革。第四，它使得许多发展中国家重新进入国际资本市场。

⊖ 银行在银团贷款市场中通过流动性风险管理具有一定的竞争优势。Gatev 和 Strahan（2009）强调了银行具有的流动性的功能。Thakor（2005）发展了一个理论，在这个理论中银行出售贷款协议来作为应对未来信贷配给的保险，也就是说，它们提供了保证，确保借款人未来的流动性需求可持续得到满足。也可以参见 Kashyap 等（2002）和 Pennacchi（2006）。非银行金融机构偶尔也会在银团贷款中获得一定的头寸（Lim 等，2014），但是资金也来自机构投资者（参见银团贷款和交易协会，2010）。

9.1.3 银团贷款的定价

从银行和借款人之间关系的密切程度来看,银团贷款是一种介于关系型贷款和交易型贷款之间的贷款(见第7章)。

银团贷款中的优先级银行与借款人之间存在一种业务关系,鉴于这种关系内嵌于银团贷款之中,因此这种贷款就包含关系型贷款的一些方面。但是,银团中的次级贷款人发放的贷款从本质上看是交易型贷款。

银团贷款的定价结构类似于贷款承诺,一般会收取多类费用(见表9-1)。

表9-1 银团贷款的费用结构

费用	类型	说明
安排费用	前端	又称为额外酬金,作为组织交易的回报,由牵头安排人收取和持有
法律费用	前端	法律顾问的酬金
承销费用	前端	在首次联合时为了获取融资而承诺的价格
参与费用	前端	由优先级参与者获得
设备费用	年付	银行提供设备(无论是否被使用)获得的回报
协议费用	年付,向未提取的部分收取	弥补贷款人与协议搭售资产的损失
使用费用	年付,向已提取的部分收取	提高贷款人的收益,允许借款人宣布比实际支付要低的市场收益,可以不公开
代理费用	年付	给代理银行的酬金
中转费用	前端	给中转银行的酬金
预付费用	一次性支付	预付罚金

注:为了避免预扣税款,机构的支付会被调整。对于同意自己的贷款在二级市场交易的借款人来说,一个重要的考虑因素是避免在贷款收购者所在国缴纳预扣税。

资料来源:Gadanecz(2004)。

除了费用以及贷款利率与其资金成本间的价差之外,包括担保、抵押、契约条款设置等在内的各种机制也被用于控制风险敞口。

银行传统上会把贷款出售给其他银行。随着时间的推移,贷款出售的规模出现了显著的上升。⊖ 越来越多的银行开始涉及贷款的买卖。银行一般会雇用资产出售专家。此外,通过银团贷款来出售贷款的银行数量不断增加,并且和传统的贷款出售不同,越来越多的贷款(大约60%)被出售给美国代理银行体系之外的买方,如外国的银行、其他中介机构和非金融企业等。被售出的贷款的期限从1天到2年不等,其中80%左右的期限在90天以内。

9.1.4 什么是贷款出售

由于贷款出售与银团贷款中的发起银行能够确保贷款的部分资金来自其他贷款人,所以两者极为类似。有两种类型的商业性贷款出售:贷款剥离和贷款参与。贷款剥离指的是一笔长期贷款一小段时间内的部分出售。当剥离出来的部分在给定的期限内(通常是5天、30天或者60天)即将到期时,出售它的银行必须支付给剥离贷款持有者合同约定的金额。从本质上看,在那个时点对于这笔贷款而言资金已经枯竭了。为了继续为贷款提供资金,发起银行需要再次出售剥离部分或由自己来提供资金。

⊖ 见 Gadanecz(2004)、Demsetz(2000)、Gorton 和 Haubrich(1995)、Pavel 和 Phillis(1987)。

无追索权的贷款出售可以将贷款从出售方的账目上移除，进而不再需要持有与贷款规模相对应的准备金或资本。在 2007～2009 年的金融危机期间，大量的灰色地带暴露了出来，在这些地方（以担保和其他保证形式存在）附带追索权的安排使贷款出售方仍然暴露在风险之中，而这些风险出售方之前假定早已被转移走了。这些问题并不是什么新鲜事。举个例子，在很早以前人们就争论过剥离会使银行面临再融资风险。1988 年 1 月，FASB 认定想让贷款剥离确认为销售，只需要满足：①剥离贷款的购买者承担了全部的损失风险；②贷款人没有合同规定的义务去回购贷款剥离。美国注册会计师协会中的银行业委员会认为在剥离部分到期时，初始贷款人如果可以以下列两个原因——①借款人违反了合同中的某些条款；②借款人的财务状况出现了重大的不利变化来拒绝贷款要求，那么这种贷款剥离就可以被认定为销售。值得注意的是，第二个原因与贷款承诺中的重大不利变化条款内容是一致的。

9.1.5　贷款参与

与银团贷款类似，贷款参与是一种存在多个贷款人的融资安排。贷款参与和贷款剥离的不同之处在于，贷款参与是一笔贷款的直接出售。当主办银行把一笔贷款中的参与权出售给一个或多个贷款人时，一个参与权就是一笔贷款。[⊖]主办银行继续代表各个参与方来管理贷款。贷款人之间的关系一般在参与协议中予以规范，而参与协议规定的参与者可以获得这笔贷款不可分割的利益。向参与者出售贷款通常发生在主办银行与借款人间的贷款文件已被执行之后。与银团贷款不同，参与者并不直接与借款人签订合约。主办银行与借款人协商确定贷款的条款，收取来自借款人的所有支付，并且抵押品也是由主办银行以自身的名义保管的。参与者提前把资金支付给主办银行，并且这些资金是以购买参与权利益的形式提供的。

相比银团贷款中的次级贷款人，贷款参与人的优势在于，贷款人不需要与借款人签订单独的协议，只需要与主办银行打交道即可。这样，贷款参与看上去更像纯粹的交易型贷款或资本投资工具。银团贷款中的次级贷款人相比贷款参与中的参与人的优势在于两个方面：第一，参与人需要担心主办银行破产带来的额外风险；第二，银团中的次级贷款人可以与借款人建立关系，而参与人与借款人发展关系的可能性微乎其微。

从主办银行的角度看，贷款参与相对于银团贷款的优势在于，可以以这种方式保留其与借款人之间排他性的关系，进而未来不会引发来自银团贷款中次级贷款人关系型借贷的潜在竞争。对于银团贷款中的优先级贷款人来说，其好处就是由于次级贷款人与借款人之间建立了直接的联系，优先级贷款人就可以释放出一定的自有资金，其数量等于次级贷款人发放的信贷金额。

9.1.6　银团贷款和贷款出售之间的选择

银团贷款市场和贷款参与市场都得到了发展，因为无论是对于借款人还是贷款人而言它们都具有明显的经济优势。对于借款人而言，它们具有一些关系型借款的优势，同时也具有一些交易型借款的优势（比如流动性，由此导致更低的借贷成本）。对于优先级贷款人而言，银团贷款利用它们在贷款发起领域的专业技能来解决合同签署之前存在的信息不对称问题，

⊖ 见 Franks（2005）的讨论。

进而协商确定贷款的价格条款，同时，也使它们可以实现信用风险敞口的分散化。这对于贷款参与中的主办银行而言也是一样的。对于次级贷款人而言，银团贷款的好处是可以使它们向其缺乏专业技能的部门发放贷款，进行实现业务的分散化，同时，还有可能使其与借款人在未来有不断加深的业务往来。而对于参与人而言，贷款参与的优点是可以使它们向其缺乏专业技能或没有业务往来的主体提供信贷以实现业务的分散化。

9.1.7 贷款出售和银团贷款中的道德风险和声誉

在贷款出售和银团贷款中，对借款人的甄别和监控仍然很重要。这样正是本着第3章关于"银行是特殊的"讨论的相关精神，银行需要有足够的动机去甄别和监控借款人的投资。然而，由于银团贷款中牵头银行的账簿上仅有贷款的很少一部分，因此它们从事成本高昂的贷款甄别和监控的动机就会弱于当整个贷款都保留在其账簿中的程度。贷款出售也存在类似的情况。这样，如何才能让参与的贷款人相信牵头银行会开展足够的甄别活动，进而确保只有那些信誉高的借款人才能获得借款呢？

解决这个问题的机制之一就是借助声誉的作用。银团贷款是一个互惠互利的重复性博弈。一笔银团贷款中的牵头银行要么日后被邀请成为另一笔银团贷款的参与方之一，要么最终再次接触相同的参与银行并邀请它们加入一个仍由它担任牵头银行的银团贷款。如果这家银行在发放银团贷款的过程中构建了不好的声誉，那么它就有可能在之后的交易中找不到参与人，要么就得在后续的银团贷款交易中持有很大的贷款份额来使其他参与人确信其在贷款发起之前已经进行了适当的尽职调查。⊖

在银团贷款市场中存在关于声誉效应的实证证据。在一项针对银团贷款牵头银行的借款人大规模破产的影响的事件研究中，可以发现，当贷款违约进而显示这些牵头银行发起的贷款质量不佳的时候，这些银行的声誉遭到了破坏，再次在银团贷款中充当牵头银行角色的可能性明显变小。此外，如果它们的确成功地在后续的银团贷款中充当了牵头银行的角色，那么它们将被迫保留很大份额的贷款头寸，同时吸引其他贷款人参与的可能性也更低一些。⊖

9.2 项目融资

在本节中，我们首先界定项目融资，然后分析它所发挥的经济功能以及为什么它近年来会增长得如此迅速，最后分析一下项目融资市场的特点。

什么是项目融资

项目融资是一种为大规模的基础设施项目提供融资的技术，其中的基础设施项目包括能源和矿产等自然资源部门项目。项目融资在很多方面有别于传统的融资。借助项目融资，公司或公共发起人想要投资一个大项目，而这一目的的实现是通过把项目注册成为一个单独的

⊖ 这一点与银团贷款的资产证券化背景有关，这种来自发起人的留置需求（见 Altman（2002）和 Sufi（2007））表明，当借款人要求更强的监控的时候，牵头银行会在银团贷款中保留很大的部分。我们将会在后续关于资产证券化的章节（第11章）中讨论这一点。

⊖ 见 Gopalan 等（2011）。

实体,进而再去寻找仅对项目的现金流享有索取权的融资方。典型的状况是,项目的发起人(也有可能和像投资银行这样的其他发起人一起)投资一部分股权,然后以债务的形式筹集项目所需的剩余资金,且这些债务一般是对出资方无追索权的。这种无追索权的债务意味着贷款人的索取权仅限于项目产生的现金流,而不能向发起人的任何其他现金流进行求偿。为项目提供资金的融资组合一般涉及相对较高的债务比例。

为什么会利用项目融资这种途径呢?有很多的理由。第一,因为项目的现金流不再和发起人的现金流混在一起,这就使得贷款人比较容易解决签约前的信息不对称问题。这会降低贷款人的信息处理成本,进而使借款人受益。第二,现金流不合并意味着资产替代引发的道德风险的下降。这不但可以降低借款人的项目融资成本,而且可以利用更高程度的杠杆,进而产生金额更高的债务税盾。第三,由于涉及多个贷款人,这种融资结构也有与银团贷款一样分散风险的优势。第四,给定项目债务性融资的无追索权性,万一项目运营遇到困难,发起人不会将自身暴露于这种财务困境风险之中。

有两个理由可以解释为什么项目融资不适用于所有的项目。第一,在构建一个特殊目的实体并借助它独立地运营项目的时候,发起人需要承担固定成本。第二,项目的成功一般要依赖于许多不同参与主体的共同努力,进而会产生协调成本。项目融资只有在收益超过成本的时候才具有吸引力。尽管项目融资是一种古老的实践,但自20世纪90年代开始它成了一种日益全球化的业务。这种现象部分归功于全球范围内许多行业的私有化和自由化。⊖

图 9-4 显示了基于地理范围的全球项目融资的发展趋势,图 9-5 则显示了各类行业项目融资的发展趋势。1998~2000 年的显著增长,部分是因为全球投资者的重新配置:1998~1999 年的东亚金融危机之后,投资组合的配置主要是从发展中国家转移到了工业化经济体,在欧洲和北美涌现出了新的项目融资。2000 年之后,由于新世纪初的总体经济放缓,项目融资在全球范围内出现了下降。图 9-4 和图 9-5 没有反映的事实是,2004 年之后项目融资有了强劲增长,这与图 9-2 中显示的银团贷款市场的走势是一致的(这意味着在 2007~2009 年的金融危机爆发之前项目融资强劲增长,但之后降到了一个较低的水平)。

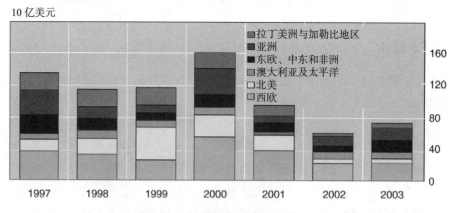

图 9-4 以区域划分的全球项目融资

注:这些数字表示不同年份和区域中项目融资的贷款协议。
资料来源:Dealogic 数据库和 Sorge(2004)。

⊖ 见 Saha 和 Thakor(1987)关于项目融资的理论分析,也可以参见 Sorge 和 Esty(2004)。

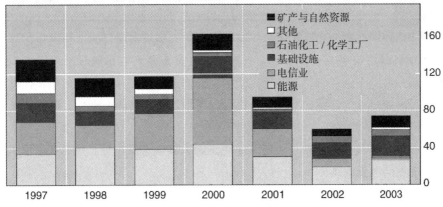

图 9-5 以行业划分的全球项目融资

注：这些数字表示不同年份和区域中项目融资的贷款协议。
资料来源：Dealogic 数据库和 Sorge（2004）。

关于项目融资的长期展望可以说相当乐观。未来发展中国家或工业化国家基础设施项目融资的需求有可能超过其 GDP 的增长速度。⊖

一个典型的项目融资结构是多个契约关系的相互关联，如图 9-6 所示。

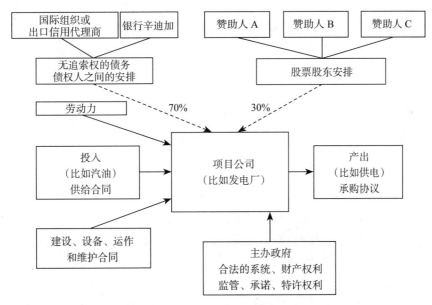

图 9-6 典型项目融资的复杂结构

注：一个典型的项目公司的资金支持，70% 来自有限的或无追索权融资，30% 来自赞助人股权。它们购买了劳动力、设备以及其他投入，以生产有形的产出（如能源、基础建设等）。主办政府为项目的操作提供了合理的框架。
资料来源：Esty 和 Sorge（2004）。

将传统融资和项目融资的特点合并在一起的混合融资结构也正在发展。借助于这种结构，提供给项目的债务融资对于发起人而言仍然没有追索权，但项目的特质性风险则可以由

⊖ 见 Della 和 Gatti（2014）对 OECD 案例的探讨。

贷款人分散开来——之所以可以这样，是因为这些贷款人不是为一个项目提供资金而是为多个项目组合融资。此外，有些混合融资结构也涉及私人企业和东道国政府之间的伙伴关系，其中私人企业承担项目建设和操作风险，而东道国政府则承担项目的市场风险。

近期在项目融资市场上有两个非常有意思的发展现象。一是像政治性风险担保、信用衍生品、一系列有助于融资者管理各种风险的保险产品这样各种形式的信用担保越来越受欢迎。二是项目融资贷款也日益证券化。这么做显著增加了市场的流动性，同时降低了发起人的借款成本。

随着这些发展，项目融资市场可能开始更加融入其他金融市场。图 9-7 显示了可用于基础设施投资的不同融资安排。

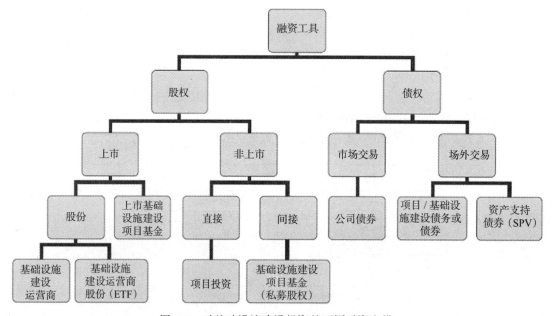

图 9-7　对基础设施建设投资的不同融资安排

资料来源：Della Croce 和 Sharma（2014）。

总之，项目融资的增长是对两种市场驱动力的反应。第一，借款人对获得纯粹与项目特性挂钩并和发起人的其他现金流分离的融资方式的需求，借此实现降低信息和代理成本，同时允许更高的杠杆。第二，贷款人降低信用风险敞口的需求——要实现这一点，贷款人可以通过把大型项目拆分为由许多贷款人提供资金的规模更小的多个部分，同时，也为当地政府参与项目的"社会资本和政府合作"（PPP）模式提供可能。项目融资是商业项目和投资项目之间合作的典范，提供了一系列的经纪业务和定性资产转换服务，比如解决签约前的信息不对称问题、降低代理成本、设计贷款合同等，借此可使借款人持有比其他可能的融资途径更高的杠杆。

9.3　结论

在本章中，我们研究了贷款的三个特定主题：银团贷款、贷款出售和项目融资。把它们关联起来的要素就是项目融资经常涉及银团贷款。银团贷款是融合了关系型贷款和交易型贷款特点的贷款，而项目融资允许借款人借助一个其他融资方式都无法实现的高杠杆来从事投资规模很大的基础设施建设项目，同时，也为其与政府实体之间的风险共担提供了可能。无论是银团贷款还是项目融资，都涉及贷款人做出的贷款承诺，而这个主题我们将在第10章中提及。

专业术语

syndicated loan　银团贷款　多个贷款方参与的贷款。

loan sale　贷款出售　现存贷款或部分现存贷款的出售。

project finance　项目融资　为大型项目提供融资，这些项目分别包含发起方公司的参与。

复习题

1. 什么是银团贷款，它提供了哪些经济功能？
2. 为什么说银团贷款像一种关系型贷款，以及为什么像交易型贷款？
3. 在银团贷款中，优先级和次级贷款人扮演了哪些角色？
4. 什么是项目融资，它提供了哪些经济功能？
5. 为什么相较于传统融资，项目融资的杠杆较高？
6. 为什么项目融资一般只适用于大项目？
7. 为什么证券化会出现在项目融资中？项目融资和银团贷款的二级市场发展有何相似之处？

第五部分 PART 5

银行资产负债表表外业务

第10章

银行表外业务和或有要求权产品

> 对简单的资本负债比率的关注驱动着风险被转移到资产负债表外，但转移到表外后我们就可以视而不见了吗？
>
> 保罗·沃尔克，美国联邦储备体系前主席，1985年10月在银行家协会的一次发言

引言

鉴于银行资产负债表表外（OBS）项目一度在规模上处于可以被忽略的状态，进而在银行报表分析中并不值得对之加以关注。但目前美国银行的表外业务总量已经达到了数万亿美元的量级。表外业务主要包括代表相对于市场和信用等多种风险敞口的或有要求权益（contingent claims）——备用信用证、利率和货币互换、票据发行便利（NIF）、期权、外汇、固定和可变利率贷款承诺、以从国库券到黄金为标的资产的期货和远期合约。贷款承诺占据了银行表外业务最大的份额。此外，对于绝大多数大型银行而言，如果把银行所有的表外业务加在一起，那么表外业务规模将超过其资产账面价值的记录数值。然而这种表述有一定的误导性，因为仅仅有一些或有要求权益会成为银行的（或有）负债，并且这种或有负债也仅仅是发行在外的或有要求权名义金额的一部分。尽管如此，这些数据强调了当前银行业环境中表外业务的重要性。银行拥有的或有要求权的大幅增长与期权和期货等交易所交易的或有要求权的增长相一致。图10-1描绘了全球范围内交易所交易的期权和期货产品的增长状况。

在本章中，我们聚焦于"银行的表外业务"。银行的表外业务指的是那些除了可能在附注中被披露外，并不会在其资产负债表上出现的交易活动。表外业务项目可以分成两大类：一类是与期权类似的或有要求权，另一类是非期权型或有要求权。表10-1展示了每种类型中的不同项目。任意一种或有要求权都包含银行所做出的一个承诺。根据韦伯斯特字典的解释，"承诺"指的是未来做某件事情的一种保证。与期权类似的或有要求权是银行所做的在未来某个时刻，按照预先约定的条款和承诺持有人的选择来进行清算的承诺。因此，与期权类似的或有要求权是银行（也就是卖方）的一种或有债务，并给予承诺的买方一个选择的权利。在一个竞争激烈的或有要求权市场中，当或有要求权出售时银行应该会获得一笔费用，

这笔费用可以视为要求权中选择权的价值。非期权型或有要求权也会涉及向银行支付费用，但通常不是必然把或有负债加在银行身上，因为与这类要求权相关的银行和客户的义务是对称的。因此，即便是出现了决定合约清算的未来或有事项，也没有必要给予客户一个选择权。期货或远期合约就是非期权型或有要求权。

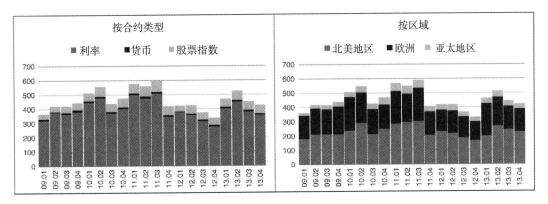

图 10-1 可交易的期货和期权的数量（横轴表示年份或季度，纵轴表示万亿美元）

资料来源：BIS 季度回顾详细统计附件，2009 年 6 月、2010 年 6 月、2011 年 6 月、2012 年 6 月、2013 年 6 月。

表 10-1 表外业务项目

	项 目
与期权类似的或有要求权	1）贷款承诺和担保
	2）期权
	3）备用信用证
非期权型或有要求权	1）利率互换，除去包含期权性质的互换
	2）外汇互换交易，包括远期结算
	3）远期和期货合约

银行表外业务在 20 世纪七八十年代开始爆炸性增长。部分原因是在这段时期，利率和汇率的波动变得日益剧烈。这导致了金融市场和外汇市场的波动性上升，进而创造了企业对金融风险管理服务的强烈需求。银行发现提供这些服务有利可图。因此，对于曾经只能借入德国马克但因其存在境外业务可获得以他国货币计值的收入的德国公司而言，现在它就可以在银行的帮助下控制其所面临的外汇风险。同样地，对于那些短期收入不可预测，研发预算安排面临严重约束的技术密集型公司而言，它们就可以主动接触银行，由银行来为其提供旨在对冲海外收入和规划更长时期内研发费用支出的金融产品。银行表外业务的增长是银行主动尝试提供风险管理服务的自然结果。

银行客户面临两类主要的风险。第一类是商业风险。这类风险可能是由常规因素引起的，如由对公司产出的需求变动的不可预测性所引致的风险，也可能是战略性因素所致，如随着冷战的结束，军火公司面临的武器需求不断降低的风险。第二类风险是金融风险，如在信贷市场中被配给信贷所引致的风险，利率、商品价格或汇率剧烈随机波动导致的风险。这类风险就是银行可以介入的主要方面。银行通过提供贷款承诺，可以在确保信贷可得性的同时锁定利率（相当于提供利率保险）。银行还可以提供各种各样的衍生品，以对冲动荡的市场中不可预测的价格运动。

尽管衍生品和其他表外业务已经存在了很长一段时间，①但只是在风险显著上升的时候，它们才得到了更为广泛的运用。最初，银行与这些活动几乎没有什么关系。在银行强力介入之前，期货和期权主要由芝加哥商品交易所（CME）和芝加哥期货交易所（2007年之后，已成为芝加哥商品交易所集团的一部分）等为代表的有组织的交易所提供。提供的都是对冲商品或（更晚一些出现的）金融产品价格风险的标准化合约。然而，当公司需要针对其特定需求量身定做金融产品时，它们转向了银行。这种需求催生了贷款承诺、远期合约以及互换等种类繁多的客户定制式合约。

银行之所以对客户提出的设计定制式或有要求权感兴趣，不仅是为了强化与客户之间的联系，也因为或有要求权的销售已被证明是银行手续费收入的来源之一。银行表外业务有两个经常被提及的优势。第一，由于表外业务不涉及存款融资，所以现金资产准备金就没有必要存在，与法定存款准备金要求相关的隐性税收负担就可以得到规避。第二，在过去，银行并没有被要求对表外业务或有事项计提资本，尽管由于与1987年的《巴塞尔协议Ⅰ》相关的准则被各国所接受，银行从那个时候起已经被要求这么做。②

在之前的三章中，我们讨论了银行的即期贷款活动。本章的重点是远期市场，安排如下。我们首先探讨贷款承诺，随后提供了使用贷款承诺的经济原理的讨论。然后是关于贷款承诺的定价。紧接着我们讨论贷款承诺和交易所交易看跌期权的差异，以及贷款承诺对货币政策的影响。然后，我们解释两种或有要求权：信用证和利率互换，之后对提供相应或有要求权的银行面临的风险进行分析。接下来探讨对或有要求权的监管，之后提出相应结论。最后有一个关于银行提供或有要求权产品时面临的风险的案例分析。

10.1 贷款承诺：描述

10.1.1 定义和定价结构

贷款承诺是（银行）按照预先拟定好的条款，向某个预先约定的客户发放在预先确定的规模上限内的贷款金额的一项保证。这样一个保证在预先约定的时期（不要与贷款的期限混淆）内是有效的。约定的条款通常明确贷款的利率如何计算、贷款的期限、贷款资金的用途。银行出售承诺的补偿形式多种形式，并以多种组合的形式来收取。收入可以体现为承诺费（commitment fee）的形式，这笔费用通常以总承诺额度的一定百分比的形式体现，并由客户在承诺协议达成的时候预先缴纳。收入也可以体现为使用费（usage fee）的形式，主要针对未使用的信用额度来征收（如每年为25～50个基点）。通常，承诺费和使用费这两种形式会被同时使用。被频繁使用的其他收入形式还有服务费（servicing fee，以借贷资金为基础，其目的在于覆盖银行的交易成本）和补偿性余额要求（借款人在使用承诺期间必须保留在银行的存款余额）。补偿性余额以总承诺额度的一定比例计算，银行对这部分余额支付的利息要低于市场利率。

---

① 举个例子，存单的存在可以追溯到1863年，当时那些为美利坚联盟国工作的伦敦银行家们以双重货币贷款筹集资金，这种贷款的票息利率与远期棉花价格挂钩。
② 关于其历史，参见BIS（2014）。

表 10-2 给出了一份真实贷款承诺合约的详细描述。这份合约说明了贷款承诺中的一个创新,也就是提供给客户一个基准利率的选择权。在这个例子中,Blockbuster Entertainment 公司可以在优惠利率、LIBOR+50 个基点、大额定期存单利率 +62.5 个基点这三种计息方式中确定一种来获得借款。这个选择增加了客户的灵活性,因此提高了承诺的价值。

表 10-2　一份贷款承诺合约的关键条款

Blockbuster Entertainment	
总额	200 000 000 美元
到期期限	48 个月
开始日期	1990-08-31
贷款方	太平洋安全银行
用途	一般公司用途
费用结构	
承诺费	0
年度服务费	12.5 个基点
使用费	12.5 个基点
撤销费	0
降低利率的可选择方案	
优惠利率	
LIBOR+50 个基点	
大额定期存单 +62.5 个基点	

10.1.2　贷款承诺的用途

绝大部分商业贷款都是在贷款承诺下发放的。最新的统计数据表明,在一个典型的美国银行资产组合中,77% 的新增贷款是在贷款承诺的约束下发放的(或者说只有 23% 是即期贷款),并且 46% 的银行完全不提供即期贷款。⊖ 在贷款承诺约束下发放的贷款不仅包括建筑和土地开发贷款,也包括为杠杆收购和并购(M&A)提供资金的贷款。贷款承诺还包含商业票据和票据发行便利中的支持性信用额度。商业票据中的信用额度支持主要表现为,银行同意将向客户发放贷款作为票据发行的替代方式;而票据发行便利中的支持则是如果借款人难以在市场中出售短期票据,银行就同意买入这些票据。

10.1.3　贷款承诺的种类

除用途之外,贷款承诺还可以根据提供给客户的利率保险的性质来加以分类。

从为借款人提供的利率保险程度来看,不同的贷款承诺之间存在较大的差异。固定利率(fixed-rate)贷款承诺给予借款人以一个提前知道的利率借款的权利,进而完全消除了利率和可得性的不确定性。更为流行的浮动利率(variate-rate,或者说固定公式)贷款承诺则不能使借款利率保持固定。相反,它根据与某类指数化利率(index interest rate)相关的固定公式来决定利率。两个常用的公式为附加型和乘数型。附加型版本的浮动利率贷款承诺中的借款利率是在按照承诺提取资金时的基准利率加上一个固定数。较少采用的乘数型版本中的借款利率则是通过提取资金时的基准利率乘上一个规定的常数来确定的。最常使用的基准利率

⊖　见 Huang(2010)。

包括优惠利率、大额可转让存单利率、LIBOR 和商业票据利率。在给定的承诺中，客户也可以被赋予计息公式的选择权，比如优惠利率加 10 个基点，或者借款发生时大额可转让定期存单利率的 1.1 倍。

相对于固定利率贷款承诺，浮动利率贷款承诺并没有为客户提供保护，使其能够避免基准利率随机波动引发的消极影响。然而，只要借款利率中存在一定程度的固定成分，承诺对于客户而言就具有一定的保险价值。在一个"优惠利率＋"的承诺中，附加值保持不变。客户因此获得了一个保证，避免了在承诺存续期间可能由于其信用风险上升而引致的附加值上升的风险。同样地，在一个"优惠利率 ×"的承诺中，乘数保持不变。在这两个例子中，客户在承诺执行时获得的承诺借款利率都可能比贷款承诺不存在时的即期贷款利率要低一些。

即便贷款承诺迫使银行以低于借款人即期利率的利率水平发放贷款，但银行通常还是有决定是否履行承诺的一定的自由度，甚至在签署了最正式的协议的情况下也是如此。这种自由度源于"通用紧张性条款"或"重大不利变化"（MAC）条款的存在，而这类条款实际上是所有贷款承诺合同的标准化内容。如果从承诺发行时至承诺可以执行时，客户的财务状况发生"实质性"恶化，那么这类条款就允许银行解除承诺约束。当然，一旦被拒绝的客户试图通过诉讼来质疑银行提出的实质性恶化评价，那么构成实质性恶化的因素就变成了一个法律问题。但是，这类条款的确在贷款承诺合同中引入了一定程度的自有裁量权。

10.1.4 小结

我们可以借助图 10-2 来描述一份贷款承诺合同。到现在为止，贷款承诺是一项或有要求权这一点应该是非常明确的。合同的或有性质取决于特定借款人在承诺执行时适用的利率水平。如果即期利率高于承诺利率，客户就会履行承诺，此时银行就会遭受一定的损失（但

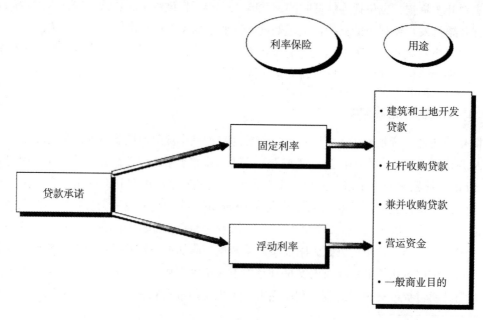

图 10-2　贷款承诺分类描述

这仅仅是一种机会性的损失)。如果即期利率低于承诺利率,那么客户会让承诺过期而不使用,转而在即期市场中借入资金。因此,银行承担了一种义务,而客户则拥有一种选择权。当客户选择执行贷款承诺的某种自然状态出现时,银行会遭受损失,但这些损失带有或有性质,取决于这些自然状态的发生与否。

10.2 贷款承诺的合理性

在本节中,我们将对贷款承诺日益上升的重要性提供几种解释。

10.2.1 供给端的解释

对贷款承诺供给端的解释是通过考察银行(贷款承诺的供给方)销售这类合约的多个动机,来阐明贷款承诺的普及性的。

1. 监管性税收

有些人相信贷款承诺之所以会普及,是因为它们允许银行在获得费用收入的同时,只需要保留最低的额外资本来支持贷款承诺。此外,在贷款承诺被实际使用之前,贷款并不存在,这就意味着实际没有融资活动的发生。因此,在贷款承诺被实际使用之前,银行不需要存款,这意味着直到那个时点存款准备金要求对承诺都不会产生影响。事实上,如果银行仅对与贷款承诺相关的费用收入感兴趣,它可以出售承诺,进而完全避免由于贷款承诺而出现的(潜在)融资问题。当客户决定执行承诺时,银行可以通过将贷款出售给另一家银行实现这一目的。类似地,银行也可以将贷款证券化。

2. 合约自由裁量权和声誉

对或有要求权增长的另一种供给端解释依赖于这样一个理念,就是银行面临着金融资本和声誉资本间的一个权衡。简单地说,这种解释认为,尽管或有要求权是一项在未来交付某些东西的保证,但这种保证总是涉及具有合约自由裁量权的"免责条款"——这种条款允许银行在情有可原的情况下可以选择不履行其承诺,进而发行这类或有要求权就赋予了银行改善金融和声誉资本的总体组合的管理能力。考虑存在一家银行,这家银行已经建立了一种履行或有要求权的声誉——这种声誉意味着即便银行处于根据它和其他主体签订的相关合约条款可以解除承诺的情形中,它依然会履行承诺。举个例子,这家银行可能已经同意向一个

⊖ 使用费的存在改变了决策规则。在存在使用费的情况下,客户只有在即期借贷的有效成本(和客户由于不使用信用额度所必须支付的所有成本)低于承诺的借款成本的时候才会进入即期贷款市场。

⊜ 根据1987年的《巴塞尔协议Ⅰ》,银行第一次被要求需要针对贷款承诺计提资本,但是这种计提仅针对期限超过1年的贷款承诺。这一规定导致了364天类型的贷款承诺增长迅速。根据《巴塞尔协议Ⅲ》,存续期为1年或1年之内的贷款承诺要以20%的信用转换因子来进行评估,超过1年的贷款承诺则将以50%的信用转换因子来评估。

⊜ 银行需要针对存款负债持有"法定准备金"(参见第2章)。多种资产有资格充当法定准备金,包括库存现金、在美联储的存款以及其他类似的资产。这些法定准备要求视银行存款负债的性质而定。我们在本章的后面部分会有进一步的说明。

⊗ 这种解释是建立在Boots等(1993)的理论基础之上的。

客户提供 1 亿美元的信贷额度，利率为 10%。但问题是，当这个客户选择履行承诺时，它的即期贷款利率是 15%，且该客户此时的财务状况很不明朗，以至于银行可以利用"重大不利变化"条款来拒绝向其发放信贷。这时，拥有充足的金融资本的银行可能仍然会允许这样的客户来履行承诺，因为这样做可以使银行增加声誉资本。这样的声誉资本是有价值的，因为它使得银行可以以更高的价格在未来销售或有要求权。现在设想一家已积累了大量的声誉资本但其金融资本却并不充裕的银行也面临着相同的决策。这样的银行可能会选择利用"重大不利变化"条款而不履行承诺。这种做法会导致其声誉资本的贬值，但它保留了稀缺的金融资本。这样，银行所做的不履行承诺的决策是它在综合考虑声誉资本和金融资本后做出的最优权衡，进而从本质上看，这是一种使其声誉资本具有流动性的行为。值得强调的是，声誉资本不像金融资本那样可以（合乎情理地）直接进行交易。在后面的章节中，我们将讨论太平洋安全银行的利率互换交易——在这个交易中，合约性自由裁量权被用来降低声誉资本。

你应该注意到，这种将自由裁量权引入合同的能力可以在像或有要求权这样涉及未来交付保证的合同中找到。此外，贷款承诺中的自由裁量权是有益的，因为它允许银行在流动性和非流动性资产之间做出权衡。

3. 需求预测

通过参与贷款承诺市场，银行可以获得关于未来贷款需求的宝贵信息。之所以会这样，是因为客户购买贷款承诺的金额与其预期的未来借贷需求相关。这使得银行可以相应地安排融资计划和其他活动。我们接下来讨论的问题就是为什么客户会要求贷款承诺。

4. 存款融资型银行贷款承诺销售中的范围经济

银行的资金在很大程度上来自活期存款，因此它们可以获得大量的现金。尽管这些资金的一部分被贷放出去，但银行需要保持足够的流动性来满足存款提取需求——这种存款提取可能会在很短的时间内出现。一旦银行有了流动性，就可以利用这些流动性来满足借款人依托贷款承诺的借款需求，这就存在基于流动性的范围经济。也就是说，银行资产负债表中的现金资产可实现两个目的：支持贷款承诺和手头拥有流动性来满足存款提取需求。⊖

10.2.2 需求端的解释

需求端的解释聚焦于贷款承诺给购买方所带来的收益。许多好处目前已得到证实，我们在这里重点讨论其中的五个。

1. 风险分担考虑⊜

正如第 4 章所讨论的那样，银行为了从利率期限结构的期限溢价中获利，有些时候会对资产负债表中的项目进行期限的错配。但对于银行而言，这并不是唯一一种通过承担利率

⊖ Kashyap 等（2002）提出了这一理论。同时可以参考 Gatev 和 Strahan（2006）、Gatev 等（2009）。然而，在明显的危机时期，借款人可以大规模地提取未使用的信用额度，而这可能使银行的流动性风险不断累积，进而导致银行贷款规模大幅下滑（Millon Cornett 等（2011），以及 Acharya 和 Mora（2015））。

⊜ 基于最优风险分担考虑的贷款承诺需求这一观点最初是由 Campbell（1978）正式提出的，也可以参见 Holmstrom 和 Tirole（1993）以及 Jimenez 等（2009）。

风险来增加预期利润的途径。贷款承诺提供了另外一种方式。当银行出售固定利率贷款承诺时，它就承担了本该由客户（如果客户选择在即期贷款市场中借贷的话）承担的利率风险。客户理所当然地愿意为银行这一承担风险的行为提供补偿，而这笔补偿就体现为其获得贷款承诺时所支付的价格。

对于风险厌恶程度比银行更高的借款人而言，他们愿意向代表他们承担利率风险的银行支付一定的补偿。换句话说，若果借款人的风险厌恶程度高于银行，那么银行承担利率风险所需的风险溢价较客户承担同样的风险所要求的风险溢价要更低一些。正是因为风险偏好的差异，才使得银行和客户之间的交易成为可能。在这一交易中，银行向客户出售了一份贷款承诺，而贷款承诺使得客户所面临的与未来借贷成本相关的不确定性得以降低。在浮动利率贷款承诺中，银行仍然承担了一些利率风险，但规模要比固定利率贷款承诺低。从本质上看，固定利率贷款承诺中的银行不仅吸收了基准利率变动风险，而且承受了借款人信用风险溢价变化所致的风险。相对而言，浮动利率贷款承诺中的银行只承担了后一种风险。但无论何种情形，厌恶风险的借款人将（一部分）利率风险转移给了银行，从银行在一定程度上愿意以借款人可接受的价格来参与交易这点来看，我们对为什么银行客户会要求贷款承诺给出了一个解释。⊖

2. 道德风险

上述解释存在的缺陷之一就是贷款承诺的客户通常是那些规模很大且拥有众多股东的上市公司。借助投资组合理论，我们知道即便是厌恶风险的股东，他们对于其面临的公司特定（异质性）的风险应该是不以为然的，因为他们可以通过分散化来规避这些风险。此外，我们并不清楚为什么相对于银行股东而言，非银行公司的股东总体上会对其承受的系统性风险索取更高的溢价。⊖因此，我们想知道当银行的客户在没有规避利率风险的保险购买意愿的动机驱使时，其是否还存在对贷款承诺的需求。

一种可能性是贷款承诺能够有效地阻止道德风险行为。道德风险的来源既包括借款方生产努力程度（与借款人采用内源融资方式的努力水平比较）降低，也包括以损害银行利益（借助不被察觉的方式）为代价的项目转移行为。关于这一解释的直觉可以这么来说明。在第 8 章的讨论中我们知道，贷款利率对投资有一定意义上的扭曲效应——利率水平越高，归属于借款人的净收益就越低，进而借款人投资懈怠和（或）转而选择高风险项目的动机就越强。这种行为可能导致高昂的成本——借款人要么需要提供抵押品，要么在极端情况下银行会配给信贷。对于银行而言，贷款承诺提供了一种手段，使其在不依赖成本更高的替代方式的情况下，避免出现贷款利率的扭曲效应。为了实现这一目的，银行可以把贷款利率降到足够低的水平来消除（或者是显著地减小）道德风险。一般而言，这种做法将意味着银行可能在贷款承诺约束下遭受预期损失。这种损失可以通过银行在承诺达成时所收取的承诺费来补

⊖ Acharya 等（2013）讨论了银行通过聚集公司的特质性风险为公司提供流动性。基于这种分析的结果就是，当公司暴露在特质性风险而非总体风险中，它们会选择信用额度。Almeida 等（2011）讨论了公司出于收购的目的考虑通过信用额度来确保其较高的流动性头寸。

⊖ 到目前为止，我们忽略了由于银行可以获得的最后贷款人便利和存款保险制度而致使银行的股东存在风险寻求（risk-seeking）动机这一事实。目前我们希望专注于产生贷款承诺需求的可能的经济动机，忽略管制的促进作用。

偿。问题的关键是客户支付承诺费之后就把它视作一笔沉没成本，进而承诺费就不会对项目的顺利开展或投资项目选择产生影响。通过这种方式，贷款承诺有助于克服道德风险。下面的例子说明了这一点。

例 10-1

设想骑士服装公司的管理层在 $t=0$ 时刻知道公司在 $t=1$ 时刻可以得到一个投资机会，将 100 美元投资到一个风险项目，该项目在 $t=2$ 时刻会产生收益。骑士服装公司知道它能够在两个相互排斥的项目（S 或者 R）中选择一个。每一个项目都需要 100 美元的投资。如果公司在 $t=1$ 时刻投资 S 项目，那么这个项目在 $t=2$ 时刻的回报有 150 美元的概率为 0.9，而没有收益的概率为 0.1；如果公司在 $t=1$ 时刻投资 R 项目，那么这个项目在 $t=2$ 时刻的回报有 158 美元的概率为 0.7，没有收益的概率为 0.3。公司试图从银行获得 100 美元贷款，银行无法了解公司的项目选择。

$t=0$ 时刻的无风险单期利率是 10%。在 $t=0$ 时刻尽管并不知道 $t=1$ 时的无风险利率是多少，但市场中的所有人都认为这一利率有 0.5 的概率为 5%，有 0.5 的概率为 15%。假设所有主体均是风险中性的，公司除了你（作为贷款人）可以拥有索取权的项目之外没有其他资产。图 10-3 描述了这些数据。

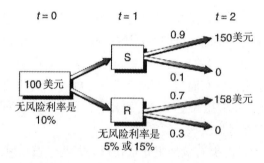

图 10-3 骑士服装公司的投资机会

设想你代表公司的贷款银行，你知道公司有两个选择：①可以等到 $t=1$ 时刻在即期贷款市场上借入资金；②可以购买一份贷款承诺，这份承诺允许借款人按照约定的利率在 $t=1$ 时刻获得贷款。你会给公司什么建议？假设贷款市场完全竞争，银行的预期利润为零。

解：

我们分 6 步来解决该问题。第一步，我们考虑决策①，在 $t=1$ 时刻如果即期无风险利率为 5%，选择 S 项目是一个纳什均衡。第二步，我们继续对决策①进行分析，结果显示如果在 $t=1$ 时刻的即期无风险利率为 15%，纳什均衡不存在。理由就是高利率使得在归还贷款时，公司"太多"的现金流收入转到了银行，所以借款人宁愿在高风险项目 R 上做赌博（尽管这个项目成功的概率低）——一旦项目获得成功，公司就能获得更高的净收益。因此，银行必须在项目 R 被选择的假设下决定贷款的价格。但这个时候，利率水平变得过高，公司会拒绝贷款。第三步，我们指出从社会角度来看，放弃高利率状态时的投资机会将会造成浪费，因为即便利率是 15%，项目 S 也有一个正的总净现值。第四步，我们考虑方案②，并设计了一份贷款承诺合约，进而无论即期无风险利率是多少，公司都会选择投资项目 S。第五步，我们求解使银行把贷款和贷款承诺放在一起的情况下至少获得零期望利润的承诺费水平。最后，我们计算对公司而言贷款承诺的净收益，并证明这个收益是正的。

步骤1

考虑方案①。设想在 $t=1$ 时刻的利率为 5%，你假定骑士服装公司将选择项目 S。为了恰好实现借贷活动的盈亏平衡，如果你要向借款人收取的利率为 i_S，那么这个利率应该满足下面这个公式

$$0.9 \times (1+i_S) = 1.05 \quad (10\text{-}1)$$

式中，0.9 是公司偿还银行的概率。求解式（10-1），可以得到 i_S=16.67%。此时，如果公司选择项目 S，那么它在 $t=2$ 时刻的预期收入是

$$0.9 \times (150 - 116.67) \approx 30 \text{（美元）}$$

另一方面，如果公司选择项目 R，那么它在 $t=2$ 时刻的预期收入是

$$0.7 \times (158 - 116.67) = 28.93 \text{（美元）}$$

这样，公司在这两个项目中更倾向于选择项目 S（而不是项目 R）。对你来说，以 16.67% 的水平提供 100 美元贷款是一个纳什均衡（策略）。⊖

步骤2

现在设想在 $t=1$ 时刻的利率为 15% 的情况。如果你假定公司选择项目 S，那么这时你向借款人收取的利率 i'_S 应该满足下列等式

$$0.9 \times (1+i'_S) = 1.15 \quad (10\text{-}2)$$

求解式（10-2），可以得到 i'_S=27.78%。此时，如果公司的确选择了项目 S，那么在 $t=2$ 时刻它的预期收入是

$$0.9 \times (150 - 127.78) \approx 20 \text{（美元）}$$

另一方面，如果这时公司选择项目 R，那么它在 $t=2$ 时刻的预期收入是

$$0.7 \times (158 - 127.78) = 21.15 \text{（美元）}$$

很明显，公司将偏好于选择项目 R 而不是项目 S，进而对你来说，在贷款利率为 27.78% 时就不存在纳什均衡。但如果你假定公司会选择项目 R，那么你应收取的利率 i'_R 就需要满足下列等式

$$0.7 \times (1+i'_R) = 1.15$$

可以得到 i'_R =64.29%。然而，因为在这个利率水平上，还款时的本金和利息超过了项目可能实现的最大现金流，公司将不会申请贷款。

步骤3

这意味着如果公司只能在即期市场中贷款，那么当且仅当 $t=1$ 时刻的无风险利率为 5% 时，它会选择投资。如果利率是 15%，那么公司将放弃投资机会。从某种程度上看，这种选

⊖ 注意，这里的纳什均衡不是唯一的。如果你假设借款人会选择 R，那么你收取的利率就是 $0.7\times(1+i_S)$=1.05 的解，也就是 i_R=50%。现在借款人在 $t=2$ 时刻从选择项目 S 中得到的预期收益是零，在 $t=2$ 时刻从选择项目 R 中得到的预期收益是 $0.7\times(158-150)$=5.6 美元。这样，相对于项目 S 而言，借款人严格倾向于项目 R，进而对你来说，以 50% 的利率水平提供贷款也是一个纳什均衡。然而，我们关注的纳什均衡（即按 16.67% 的水平提供贷款）严格来讲更受到借款人的偏好（这个均衡有更低的利率以及严格意义上的更高的预期收益率），而作为贷款人的你对这两个均衡则是无差异的，因为无论在哪个纳什均衡下，你的预期收益都为零。因此，银行间的竞争将使得 16.67% 的贷款利率的纳什均衡出现。

择无疑是一种扭曲,因为即使利率是15%,项目S也有正的投资净现值(虽然该净现值对于公司的股东来说并非为正)。如果公司可以通过某种方式说服银行相信当它得到贷款后会投资项目S,那么银行将愿意按使其盈亏平衡的条款向公司提供贷款(但此时对于公司而言,其股东所能获得的投资净现值为正)。然而,银行与公司之间可以信赖的沟通并不总是管用的(我们也做了这样的假设)。如果沟通真的不管用,那么银行必定预期公司按照对其最为有利的方式行事。结果就是公司不愿意接受银行提供的贷款,具有正的净现值的项目S被放弃,进而造成了社会福利损失。

步骤4

我们现在来说明在$t=0$时刻协商达成的贷款承诺可以避免这种道德风险导致的损失。设想在选择①的情形下,无论$t=1$时刻的即期贷款市场的利率是多少,只要公司有获得贷款的意愿,你都会以16.67%的利率水平向公司提供100美元的贷款。这是一个固定利率贷款承诺。根据我们目前的分析,如果在$t=1$时刻的无风险利率为5%,那么公司在这一条款的约束下会选择投资项目S而银行将会盈亏平衡。当然,如果利率是15%,银行发放这笔风险贷款将会遭受损失,因为对银行而言,收取27.78%的利率才能保本。⊖为了弥补这些损失,银行在$t=0$时刻应该收取一笔承诺费。那么这笔承诺费应该为多少合适呢?

步骤5

为了回答这一问题,注意,银行的损失可以通过它在成功状态时应该得到的收入减去在这种状态下实际得到的金额来表示,也就是

$$127.78-116.67=11.11(美元)$$

当且仅当公司项目成功的时候,银行在$t=2$时刻会遭受损失(如果公司的投资项目失败,银行也会遭受损失,但在这种状态下,无论公司选择什么项目,银行都将一无所获),而项目成功的概率是0.9。因此,银行的预期损失为

$$0.9\times11.11=9.999(美元)$$

由于利率为15%的概率是0.5,我们必须按照15%的利率把它从$t=2$时刻贴现到$t=1$时刻,再以10%的利率从$t=1$时刻贴现到$t=0$时刻($t=0$时刻的无风险利率为10%),这样我们就可以将$t=2$时刻发生的预期损失贴现为$t=0$时刻的现值。

因此,银行应向公司收取的承诺费为3.95美元,此时对于银行而言,如果它把贷款和贷款承诺都考虑在内,其预期利润为零。值得重点强调的一点是,鉴于公司在$t=0$时刻就已支付了承诺费,进而在$t=1$时刻面临投资项目的选择时,它会把承诺费视为一笔沉没成本,从而项目选择并不受承诺费多少的影响。

步骤6

我们可以通过比较公司选择①和选择②时的净现值,计算贷款承诺的总收益。当公司选择①时,由于贷款只有在$t=1$时刻的利率为5%时才会发生,所以公司的净现值为

$$\frac{0.5\times30.00}{1.05\times1.10}=12.99(美元)$$

这意味着当公司选择项目S时,其在$t=2$时刻的净预期收入为30美元,在到期时需要

⊖ 注意当借款人选择项目S时,27.78%的利率是正确的盈亏平衡点。目前这个假设是有效的,因为借款人在面临16.67%的借款利率时肯定会选择项目S。

向银行偿付 116.67 美元本金（借款利率为 16.67%）。当公司选择②时，预期净现值为

$$\frac{0.5 \times 30.00}{1.05 \times 1.10} + \frac{0.5 \times 30.00}{1.15 \times 1.10} - 3.95$$

（t=1 时刻的无风险利率为 5%）（t=1 时刻的无风险利率为 5%）（承诺费）

=20.90（美元）

因此，公司通过购买贷款承诺获得了约为 7.91（=20.90-12.99）美元的净收益。值得注意的是，这一增加的收益是扣除承诺费之后的净值。

在这个例子中，贷款承诺可以用于克服难以观察到的借款人资产替代行为存在的可能性所导致的道德风险。类似的论据对于"工作懈怠"式道德风险也有解释作用，这表明贷款承诺可以给借款人带来价值。这个判断可以得到公司层面的实证支持——对于那些购买了贷款承诺的公司来说，当它公开宣告购买之后，其股票价格出现了异常正向的反应。[⊖] 可以得到这样一个结论，即借款人之所以需要贷款承诺，是因为在贷款承诺约束下他们可以获得比即期市场更好的贷款条款。银行之所以能够提供更好的贷款条款，是因为贷款承诺避免了困扰即期贷款活动的一些道德风险问题。

3. 针对其他债权人的流动性担保

当公司购买贷款承诺时，这家公司的原材料供应商就知道该公司拥有与贷款承诺规模相等的流动性。这就可能使供应商确信公司拥有可用于清偿债务的必要资金。基于这个原因，这些供应商可能乐意以相对贷款承诺缺失时更好的条款提供原材料。最终的结果就是公司债务成本的总体下降，而这有利于公司的股东。这种解释可以通过例 10-2 说明。

例 10-2

设想西北商业机器公司（NBM）在 $t=1$ 时刻拥有一个项目投资机会，该项目的初始投资为 100 美元，在 $t=2$ 时刻产生一个随机收益。在 $t=0$ 时刻，公司对该项目的随机收益的概率分布并不确定；收益的分布取决于自然状态（称为 θ），在 $t=1$ 时刻（也就是做出是否投资这个项目的决策之前）NBM 管理层会了解状态信息，但这种信息属于私人信息（即债权人并不知道）。在 $t=0$ 时刻，NBM 管理层所知道的信息就是有 0.5 的概率 θ=G（好状态，此时项目有 0.9 的概率产出为 200 美元，有 0.1 的概率没有产出）。如果出现了差状态，项目有 0.9 的概率产出为 130 美元，0.1 的概率没有产出。

在 $t=0$ 时刻，如果 NBM 管理层决定在 $t=1$ 时刻投资这个项目，那么公司需要购置价值 20 美元的原材料及其他投入。供应商同意提供商业信用，进而在 $t=2$ 时刻公司需要偿还 20 美元和承诺的利息。

从 $t=1$ 到 $t=2$ 时刻的无风险利率为 5%，并且所有人在 $t=0$ 时刻就知道这一点。假设从 $t=0$ 到 $t=1$ 的时间间隔十分短暂，以致可以不考虑贴现问题。同时假设 NBM 的首席执行官在启动项目时将承担一笔非货币性成本（可以视为个人努力成本），而且该成本的货币性现值为 1 美元。图 10-4 表述了该例子的所有数据信息。

⊖ 见 Shockley 和 Thakor（1997）。Boot 等（1987）提供了关于贷款承诺的理论分析，这个分析建立在贷款承诺有助于克服道德风险的基础之上。

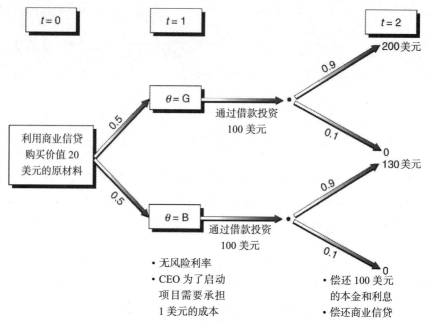

图 10-4 西北商业机器公司的投资机会

如果 NBM ①知道了 θ 后能够在即期贷款市场中获得 100 美元，②在 $t=0$（在了解 θ 之前）时刻购买了贷款承诺，可以在 $t=1$ 时刻借到 100 美元，计算商业信用的价格以及 NBM 的净现值（CEO 个人成本的净值）。

假设银行和商业信用方以具有竞争力的条款提供信贷，每个主体都是风险中性的。

解：

我们分五步来求解该问题。第一步，我们考虑即期贷款方法。我们证明如果供应商在 $t=0$ 时刻假设 NBM 无论 θ 如何都会投资项目，对商业信用进行定价，那么只有当 $\theta=G$ 时项目才会被采纳。第二步，我们讨论这是否意味着商业信用方认为当 $\theta=G$ 时，NBM 将会在 $t=1$ 时刻投资项目，此时是一个纳什均衡，而其他情况下不是。我们证明此时是一个纳什均衡。第三步，我们考虑贷款承诺方式。我们证明存在固定利率贷款承诺，使得无论 θ 是多少 NBM 都会在 $t=1$ 时刻投资该项目。第四步，我们通过检验 NBM 愿意在 $t=0$ 时刻购买贷款承诺，而不是在 $t=1$ 时刻在即期贷款市场上借贷来证明这种承诺是一个纳什均衡。第五步，我们证明贷款承诺更好，因为它降低了整个公司的借贷成本。通过使商业信用以更低的成本为 NBM 所用，消除了投资不足的问题。

步骤 1

我们首先考虑即期贷款方法。因为项目有 0.9 的概率获得成功（无论 θ 如何），无风险利率为 5%，我们从例 10-1 中知道竞争性的贷款利率是 16.67%。因此，100 美元贷款的还款义务是 116.67 美元。如果商业信用方假设无论 θ 的状态如何 NBM 都会选择投资项目，那么商业信用的利率应该是 16.67%。也就是说，公司的偿还义务是 $20 \times 1.1667 = 23.33$ 美元。总的偿还额度为 $116.67 + 23.33 = 140$ 美元。但是如果 $\theta=B$，那么净现值为

$$\frac{0.9 \times 0}{1.05} - 1 = -1 \text{（美元）}$$

在这里我们假定决策者的个人努力成本是 1 美元。注意，等式左边分子为 0 反映了有限责任（否则应该为 130-140=-10 美元）。因此，当 θ=B 时公司不会采纳项目。如果在 t=1 时刻观察到 θ=G，那么公司的净现值为

$$\frac{0.9 \times (200-140)}{1.05} - 1 = 50.43 \text{（美元）}$$

该项目将被采纳。

步骤 2

这就意味着商业信用方或者银行认为无论 θ 如何 NBM 都会接受项目的纳什均衡不存在。假设只有当 θ=G 时项目才会被采纳。那么，因为项目被采纳的概率为 0.5，利率为 i_t，商业信用（包括在即期贷款市场借入 100 美元）要求的利率应满足

$$0.5 \times 0.9 \times (1+i_t) = 1.05$$

得到 i_t=133.33%，那么 NBM 的偿还义务是 20×2.333 3 = 46.67 美元。总的偿还义务变为 116.67+46.67=163.34 美元。如果 θ=G，那么 NBM 的净现值为

$$\frac{0.9 \times (200-163.34)}{1.05} - 1 = 30.42 \text{（美元）}$$

所以在该状态下项目会被采纳。然而，如果 θ=B，项目不会被采纳。所以，商业信用方对 NBM 未来行为的信念是一致的（被 NBM 的行为理性化），对于提供的利率为 133.33% 的商业信用方来说，这是一个纳什均衡。注意，在 t=0 时刻采用即期贷款方式的净现值为 0.5×30.42=15.21 美元，因为公司知道当且仅当 θ=G 时它才会投资。

步骤 3

现在考虑贷款承诺方法。假设 NBM 可以在 t=0 时刻获得贷款承诺，在 t=1 时刻以无风险利率 5% 借入 100 美元。因此，NBM 在承诺贷款条件下向银行的偿还义务就是 105 美元。只有当偿还义务为 116.67 美元时，银行才能盈亏平衡，因此银行的损失是 116.67-105= 11.67 美元，所以承诺费应该为 $\frac{0.9 \times 11.67}{1.05}$ =10.00 美元。如果在 t=1 时刻 θ=B，公司还会投资吗？为了回答该问题，计算 NBM 的净现值为 $\frac{0.9 \times (130-105-23.33)}{1.05}$ -1=0.43 美元，因此 NBM 将会采纳该项目。

注意，我们假设商业信用方认为如果 NBM 在 t=0 时刻购买了贷款承诺，无论 θ 如何 NBM 都会执行项目。我们的分析表明，该假设可以得到验证。

步骤 4

为了验证贷款承诺条件下是否存在纳什均衡，我们需要检验 NBM 是否愿意在 t=0 时刻购买贷款承诺，而不是在即期贷款市场中借入资金。

在 t=0 时刻评估 NBM 的净现值为

$$\frac{0.5 \times [0.9 \times (200-105-23.33)]}{1.05} + \frac{0.5 \times [0.9 \times (130-105-23.33)]}{1.05} - 10 - 1 = 20.43 \text{（美元）}$$

因为这超过了 NBM 在即期贷款条件下的净现值（15.21 美元），所以我们可以得到一个

纳什均衡，即 NBM 在 $t=0$ 时刻购买贷款承诺，可以以 5% 的利率借入 100 美元，而且供应商提供的商业信用利率为 16.67%。

在这个例子中，贷款承诺减少了公司整体的信用成本。回想第 7 章中抵押品可以解决投资不足的问题。在这里贷款承诺也能解决同样的问题。㊀

步骤 5

投资不足的问题明显是因为当 $\theta=B$ 时，只有当项目的成本仅为 100 美元的投资时，项目才有正的净现值（总的净现值也为正）。在这个例子中，总的净现值为

$$\frac{0.9\times 130}{1.05}-100-1=10.43（美元）$$

因此贷款承诺可以避免投资不足的问题。如果我们把 20 美元的原材料看作是 NBM 即使没有这个项目也会购买的，也就是说，购买原材料的费用不会增加项目的成本，那么这个结论是可靠的。但是，如果我们将 20 美元加入到项目的成本中（例如，如果项目不可行，原材料不会被购买），那么总的净现值为

$$\frac{0.9\times 130}{1.05}-100-20-1=-9.57（美元）$$

在这种情况下，当 $\theta=B$ 时该项目是社会效率低下的，因此贷款承诺（当 $\theta=B$ 时 NBM 也会购买贷款承诺）无法解决投资不足的问题。㊁的确，它造成了 NBM 的过度投资。㊂在这个例子中，贷款承诺扮演的角色㊃与第 7 章中抵押品的角色是不一致的。

借款人通常将贷款承诺作为对其他债权人的一种担保。例如，商业票据借款人通常会购买专门银行的贷款承诺，以此支持商业票据发行。

4. 避免未来信贷配给

借款人未来获得信贷的能力受到三种可能的威胁：①自身信用评级恶化；②在一般市场中信贷可得性恶化；③银行特定因素的变化导致其提供的信贷规模缩减。贷款承诺可以防范前两种可能性。当然，贷款承诺中的"重大不利变化"条款限制了承诺作为保险的有效性，但是实证表明贷款承诺仍具有很大的价值。㊄

对借款人的调查发现，最容易被提及的使用贷款承诺的原因就是"普遍的使用便利性和减少贷款安排成本"，以及"防范一般性信贷紧缩"。其次容易被提及的原因就是"可以在

㊀ Berkovitch 和 Greenbaum（1990）已证明了贷款承诺可以消除投资不足的问题。我们上面提供的例子说明这一点。

㊁ 再次声明，我们这里所说的"投资不足问题"指的是公司放弃了总净现值为正的项目。

㊂ 也就是说，当某个项目总的净现值为负时，公司还是投资了这个项目。公司之所以会这样做，是因为对股东来说项目的净现值是正的。

㊃ 在这个例子和例 10-1 中，我们已假定公司具有足够的流动性来支付贷款承诺中的承诺费。为什么这些公司不利用这种流动性来提供项目所需的权益资金，进而减少项目所需的借贷资金呢？Boot 等（1987）探讨了该问题，表明借款人利用该流动性来支付承诺费要严格地优于将其用作项目的权益（并与即期贷款结合起来使用）所能实现的效用。

㊄ 见 Sofianos 等（1990）和 Almeida 等（2005）。Thakor（2005）构建了一个理论模型来解释即使存在"重大不利变化"条款，贷款承诺是如何保护借款人免受信贷配给影响的。

信用条件恶化的情况下获得信贷",以及"可以按照参考利率来锁定一个固定利率加成"。○

5. 减少市场的不完备性

当资本市场是不完备的(回想第 1 章中的讨论),投资者和企业缺乏风险分担的机会。因此,如果市场是不完备的,并且贷款承诺为借款人产生了现金流,该现金流不能被市场中存在的证券通过线性组合复制(如例 10-1),那么贷款承诺就解决了市场不完备性的问题。因为投资者现在有机会拓展其风险分担的渠道,他们可以通过投资那些购买了贷款承诺的公司(以及没有购买贷款承诺的公司)来分散风险。换句话说,投资者想要的现金流组合,可以通过投资购买了贷款承诺的公司来实现。

10.3 贷款承诺约束下谁可以获得借款

并非所有的公司都能获得贷款承诺,尽管贷款承诺对所有公司而言都代表一种极有价值的流动性资源。贷款承诺的主要发放对象是那些预期可以获得高现金流的公司。相对而言,营运现金流较低的公司则不能指望将贷款承诺作为其流动性补充的重要来源,进而它们在流动性管理中更倾向于依赖自身的现金储备。○出现这种状况的原因之一就是银行在贷款承诺中嵌入了一些财务约束条款,而公司必须维持较高的现金流才能满足这些财务约束条款的要求。

除了谁可以在贷款承诺下获得贷款这个问题之外,还存在另外一个问题,即对于购买了贷款承诺的借款人而言,他们是否能够在贷款承诺下实际获得借贷资金。由于存在与贷款承诺相关的"重大不利变化"条款,当履行承诺在财务上成本高昂的时候,银行可以如之前解释的那样拒绝履行承诺。在 2007 ~ 2009 年的金融危机期间,流动性匮乏,许多银行就没有履行承诺。但是,从总体上看,信贷额度的存在仍然有助于减轻金融危机对公司借贷的负面影响。○

10.4 贷款承诺的定价

10.4.1 模型

1. 贷款承诺和期权之间的类比

基于贷款承诺的现金流结构类似于股票看跌期权这样的观察,我们开发了一种贷款承诺

○ 见 Avery 和 Berger(1991)。

○ 这一点是由 Sufi(2009)发现的。在一项跨国分析中,Lins 等(2010)发现公司在经营状况良好的时候会使用信用额度来把握商业机会,但是在经营状况不佳时会持有现金来对冲现金流短缺等冲击。Yun(2009)表明,当公司面临被收购的威胁时,其会使用信用额度而不是持有现金。

○ 要想了解银行不愿意执行贷款承诺的实证证据,可以参见 Huang(2010)。受到信用约束的公司会出于银行未来限制其借贷的担忧而立即使用信用额度(Campello 等,2010)。也可以参见 Ivashina 和 Scharfstein(2010)、Campello 等(2011)等。

的定价方法。[①]正如在第 1 章中所讨论的那样，看跌期权是在未来某段固定时期内或者某个固定时点以一个固定的价格出售（交付）证券的权利，主要内容包括：

- 交付对象；
- 期权价格；
- 执行价格；
- 行权日或执行期间。

例如，在未来 6 个月内的任何时间，为获得以每股 50 美元的价格出售 100 股通用汽车股票的权利，需要支付 500 美元。这里，期权价格为 500 美元，执行价格为每股 50 美元，交付对象是 100 股通用汽车的股票，执行日是未来 6 个月内的任意一天。期权的出售方获得 500 美元的期权费，作为其承担未来 6 个月内由期权买方决定以 5 000 美元购买通用汽车 100 股股票义务的补偿。（某些期权只能在合约到期日而不是在合约存续期内的任意时点行权。）

现在考虑银行的贷款承诺。贷款承诺的买方支付了一笔承诺费（期权费），以此获得了将证券以约定的价格在约定的时间间隔内向银行出售的权利。这里的证券就是承诺持有者的借据（IOU，即债务），执行价格就是贷款的面值（即借贷的美元总量）。这里的时间间隔就是承诺的存续期。因此，银行出售贷款承诺就相当于出售了看跌期权，而交付对象就是承诺购买方的债务凭证。如果这一债务凭证在行权日的价值低于承诺的贷款总额（即执行价格），那么承诺购买方就会行使权利（执行看跌期权）。贷款总额和承诺执行时这一债务工具的价值之间的差额就是客户从履行承诺中获得的收益，收益的现值应该等于承诺费或者客户愿意支付的价格。

2. 模型

设想我们希望对在 $t=0$ 时刻发行的贷款承诺进行定价，该承诺允许买方在 $t=1$ 时刻以约定的利率 i_c 借入 F 美元（贷款的名义价值或看跌期权的执行价格）。贷款的到期期限只有一期（即贷款在 $t=2$ 时刻到期），且贷款没有违约风险。假定当前的单期无风险利率是 i_0。假定借款人债务在 $t=1$ 时刻的单期收益率要么是 $i_1^+ > i_0$，要么是 $i_1^- < i_0$。

i_1^+ 的概率为 p，i_1^- 的概率为 $1-p$。假定 $i_1^+ > i_c > i_1^-$。每一个主体都是风险中性的。那么固定利率贷款承诺的价值是多少？

3. 求解

在 $t=1$ 时刻，设想借款人债务的即期利率是 i_1^-，那么借款人就没有动机去履行贷款承诺，因为此时借款人在即期贷款市场中获得资金的成本更低。但如果即期利率是 i_1^+，那么借款人将会履行贷款承诺，因为承诺利率 $i_c < i_1^+$。此时，$t=1$ 时刻借款人债务的价值是

$$\frac{F[1+i_c]}{[1+i_1^+]} \tag{10-3}$$

式中，$F[1+i_c]$ 是借款人在 $t=2$ 时刻将要偿还的义务，将其以即期利率 i_1^+ 进行贴现就可以得到 $t=1$ 时刻的债务价值。注意，当借款人获得贷款时，他从银行拿到 F 美元的资金，而作为

[①] Thakor 等（1981）最先注意到这种相似性，并建立了一个模型，利用期权定价方法对贷款承诺进行估值/定价。

交换，银行获得了一个债务证券，其价值等于式（10-3）中的数字。也就是说，当借款人履行贷款承诺时，他以 F 美元的价格向银行出售了一份价值为 $F(1+i_c)/(1+i_1^+)$ 的债务证券。对于借款人而言，其执行看跌期权得到的收益为

$$F - \frac{F[1+i_c]}{[1+i_1^+]} \quad \quad (10\text{-}4)$$

在 $t=0$ 时刻贷款承诺的价值为

$$\frac{p\left\{F - \dfrac{F[1+i_c]}{[1+i_1^+]}\right\}}{1+i_0}$$

也就是式（10-4）乘以收益率 i_1^+ 出现的概率 p，随后再以无风险利率 i_0 把这个数值贴现到 $t=0$ 时刻（因为每个人都是风险中性的）。

到目前为止，我们已经讨论了固定利率贷款承诺的定价。浮动利率贷款承诺的定价与之类似。浮动利率贷款承诺中的基准利率加成保持固定。然而，这个加成是银行因为承担了没有在基准利率中反映出来的客户违约风险而收取的溢价。这样，当固定加成小于在即期市场中被收取的加成时，客户就会履行贷款承诺。同样，贷款承诺购买方相当于买入了看跌期权。两者的区别在于固定利率贷款承诺中的买方相当于为借贷成本的上升（基准利率和加成的上升都反映了借贷层面的风险）购买了保险，而浮动利率贷款承诺的买方相当于对评级下滑导致的加成上升购买了保险。

10.4.2 定价模型的实证预测

上述构建的定价模型表明借款人购买了贷款承诺，从而锁定了贷款利率。因此，当借款人经历即期市场中借款成本上升时，我们可以发现更多的贷款承诺会被履行。

存在大量的实证证据来支持这一预测。例如，1990 年，旅行者公司——位于哈特福德的一家保险公司，在评级机构下调了其评级后（提高了其在即期信贷市场中的借贷成本），执行了大概 10.75 亿美元的信用额度。据报道，该公司在将贷款损失准备金增加到 6.5 亿美元时，寻找保持流动性的资源，以及确保其获得短期资金的能力。[⊖]

另外一个与定价模型有关的可检验的预测是，随着客户即期借贷利率波动（未来不确定性）的上升，贷款承诺的成本也会上升。这种预测可以从看跌期权的性质得到验证，即期权的价值随着未来标的资产的价值上升而上升。

10.5 贷款承诺和看跌期权的差别

虽然股票看跌期权和贷款承诺之间存在很多相似之处，但两者也有一些重要的差异。其中四项主要差异如下所述。

⊖ Lipin（1990）写道："旅行者公司的行为不应该被看作一件孤立事件。许多公司在不太确定的经济环境中会试图保留流动性，贷款人这么说。此外，由于商业票据市场中利率上升和其他问题，银行的信贷额度会变得更加有吸引力。"

（1）场内交易的看跌期权是一种有约束力的合约——如果期权被执行，期权的出售方对于合约涉及的支付具有法定的偿付义务。与之形成对比的是，由于"重大不利变化"条款的存在，银行贷款承诺是一种自由裁量的合约。

（2）场内交易的看跌期权是可以转让的合约，而贷款承诺不可以转让。也就是说，如果 A 公司从银行购买了贷款承诺，那么它无法将这份承诺出售给 B 公司，因为贷款承诺是不可转让的。贷款承诺的持有者当然可以选择履行承诺，然后再将资金借给 B 公司，但这显然是不同的交易活动。

（3）贷款承诺的定价不同于场内交易的看跌期权。例如，贷款承诺包含使用费，使用费随着未使用信用额度的增加而增加。这与期权的定价公式不一致。理解使用费的一种方式是借助之前的解释，即银行提供了贷款承诺，因为承诺提供了关于未来贷款需求的信息。贷款承诺下的实际执行和预期执行的偏差代表了预测误差，这些误差对于贷款人来说是有成本的。例如，如果贷款人为了发放预期贷款而产生了准备（资金）成本，然后发现投资到预定计划的贷款比其他贷款的成本要高，那么贷款人的成本会随着其对于预期执行的误差的增加而上升。对承诺中未使用的部分收取费用是为了使客户向贷款人提供更多关于未来信贷需求的信息。

（4）看跌期权要么完全执行，要么就不执行，而贷款承诺的执行行为不是这样的。贷款承诺可以执行 F^*，它通常只是贷款承诺面值 F 的一部分。对于贷款承诺的部分执行有两个可能的解释：

- 客户不完全需要贷款承诺下的所有资金；
- 客户与银行具有长期关系，通过不完全使用寻找与银行开展更好合作的机会。

首先考虑第一种解释，贷款承诺的合理性取决于客户获得非负净现值投资机会的能力。如果客户的财务杠杆是无限制的，并且有获得非负净现值的、无穷的投资机会，那么我们可以预期它对资金的需求与借贷利率是高度弹性相关的，而承诺可以完全执行或者部分执行，如定价模型所示。然而，正的净现值投资机会是有限的。而且，在贷款承诺下客户借贷的能力、意愿受到资本结构的约束，包括对发行债券的限制性条款。在这种情况下，贷款需求与利率是不完全弹性相关的，部分执行是可能的，如图 10-5 所示。

当客户的即期贷款利率是 i^*，承诺利率是 i_c，贷款需求是 F^*（比信用额度 F 小），在贷款承诺下银行的贷款供给函数是垂直的，表明银行在承诺下愿意以 i_c 提供任何数量（最多为 F）的资金。当即期贷款利率为 i 时，贷款的供给函数如图 10-5 所示。该函数说明，银行愿意以利率水平 i^* 提供超过 F 的资金，并且银行愿意提供借贷的量对 i^* 较小的增长不敏感，即不会借出很多；但是如果利率足够高，银行愿意借出更多。

现在考虑第二种解释，客户的执行行为可能影响银行业务的未来定价。这种联系预先假定借款人更换银行或者银行之间的信息交换会产生一定的成本。例如，信息的重复利用性给予现有银行更多的关于客户的信息，使其比之后加入的银行（竞争者）更有优势。这可以强化现有银行以比竞争者更好的条款来提供信贷，因此使得借款人更换银行时会产生成本。现在，由于客户执行贷款承诺会给银行带来损失，我们可以合理地假设银行会根据其观察到的执行情况来调整定价模式。例如，如果客户在银行建立了良好的声誉，只会执行不超过 50% 的信用额度，银行就会将其纳入到贷款承诺定价中予以考虑。这比 100% 执行的承诺费要低。相反，如果客户之前只执行承诺的 30%，而后执行 50%，银行就会提高承诺的价格。当然，人们会说，既然客户不完全执行承诺的额度，那之后就可以削减承诺的规模。然而，客户依然会要求一个更高额度的贷款承诺，高于它平时的需求，因为其未来可能会有不可预期的高信用需求。但是在某种程度上，银行认为这发生的概率很低，所以承诺的定价会随着借款人之前的部分执行而降低。表 10-3 总结了看跌期权和贷款承诺的相同点和不同点。

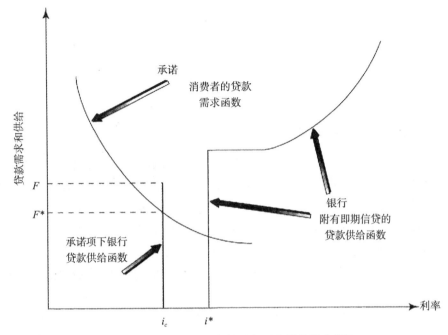

图 10-5 不完全弹性贷款需求下的贷款部分提取

表 10-3 看跌期权和贷款承诺的相同点和不同点

	看跌期权	贷款承诺
相同点	1. 标的证券 2. 期权价格 3. 执行价 4. 执行日	1. 客户的负债（IOU） 2. 承诺费 3. 贷款承诺的规模（F） 4. 承诺执行日期
不同点	1. 有约束力的合约 2. 可转让的合约 3. 没有使用费 4. 完全执行或者不执行	1. 自由裁量的合约 2. 不可转让的合约 3. 有使用费 4. 通常部分执行

10.6 贷款承诺和货币政策

监管部门通过调整信用额度、货币供给量和价格（利率）来实施货币政策。贷款承诺是美联储实施货币政策能力下滑的一个原因。[⊖]原因是一旦贷款承诺售出，借贷的规模是由借款人在约定的利率水平下的资金需求决定的。现在假设美联储希望实施紧缩型货币政策。通

⊖ 见 Duca 和 Vanhoose（1990）。

过公开市场操作，美联储将卖出证券，从而提高利率，而高利率将会减少即期贷款的需求，这就使得在贷款承诺下的借贷变得更加有吸引力，因此贷款承诺得到更多的执行。⊖由于紧缩型货币政策的影响，在短期内，总的银行借贷会扩张。这种短期的刚性最终会扭转，因为银行随后会通过减少贷款承诺的发行来调整。但即便如此，贷款承诺的增长可能增加货币市场的波动，削减货币政策的效果。

10.7　其他或有要求权：信用证

贷款承诺只是近年来增长迅速的或有要求权中的一类业务。在本节中，我们将讨论另外两种增长迅速的或有要求权：商业信用证和备用信用证。

10.7.1　商业信用证和银行承兑汇票

商业信用证被用于促进贸易（大多数是国际贸易）。信用证也是历史最悠久的一类银行合同。在典型的涉及信用证的交易中，出口商对于进口商的支付能力了解不足，同时缺乏执行跨越国境合同的能力。这时出口商会要求进口商安排它的银行出具一份信用证，这份信用证保证当出口商提交合适的货运单据时，银行将向其支付相应的货款。当货物装运好准备出口时，出口商会收到提货单和其他货运单据。信用证是在给定必需的货运单据齐全的条件下进口商银行对出口商的支付承诺。这样，作为交易的第三方，银行用自身的信用替代了进口商的信用，进而降低了出口商面临的违约风险。

当出口商向付款银行出具必要的单据时，它可能会收到一份即期汇票（sight draft，见票即付）或远期汇票（承诺在未来某个时点支付款项）。在后面这种情形中，相应的工具变成了银行承兑汇票（bankers acceptance），这种汇票是可交易的且通常具有较高的流动性。这样，银行承兑汇票可以被看作商业信用证的结果。在商业信用证业务中，任意一张银行承兑的、确保其支付义务的票据就是银行承兑汇票。⊖

换句话说，商业信用证从本质上看就是一份履约保函（performance guarantee）。它可以被界定为在约定条款被满足的条件下，背书或者"承兑"远期汇票的承诺。承兑远期汇票这一行为意味着（从出口商的角度来看）银行的偿付承诺替代了债务人的偿付承诺，进而创造了一种可交易的证券。由此，银行承担了债务人（进口商）可能违约的风险。图10-6描述了银行承兑汇票产生的过程。为了简化起见，我们只包括进口商的银行。有时出口商的银行也以出口商和进口商银行之间中介人的身份参与进来。远期汇票可以被这两家银行同时承兑，从而产生了"双名票据"（two-name paper）。

如果进口商（买方）的银行承兑了远期汇票，进而产生了一张银行承兑汇票，此时银行有两种选择：要么持有，要么在二级市场中出售。如果它决定持有汇票，银行最终就要为贸易活动提供资金（此时，银行实质上向进口商发放了一笔贷款），因此承兑行为是主动的。但是，如果这张承兑汇票在二级市场中出售，那么汇票持有者将提供融资资金，而银行对这

⊖ 这是因为市场利率的上升增加了银行客户的即期贷款成本，而贷款承诺的利率要么保持不变（在固定利率贷款承诺下），要么上升较小的幅度（在浮动利率贷款承诺下）。

⊖ 见 Carmichael 和 Graham（2012）。

一款项支付提供了担保。

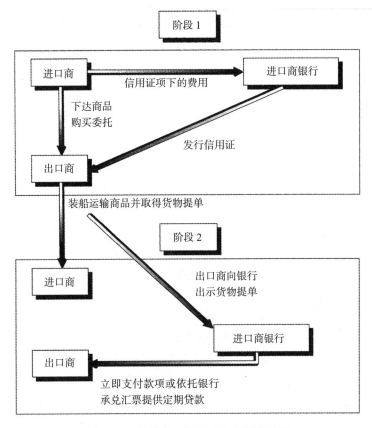

图 10-6 信用证、银行承兑汇票的关系

10.7.2 备用信用证

备用信用证是对"客户方"履约表现的一种担保，通常出现在商业或金融交易活动中。但这种业务通常不涉及融资交易。备用信用证是由"第二方"（买方或者债务人，或者是欠"第一方"的主体）的银行发行的，该银行在出现买方无法履约的情形时承担了向"第一方"（卖方或者债权人，或者是被欠款方）偿付的义务。这时"第二方"将成为银行的债务人，因为银行在信用证的约束下代他支付了款项。从这个角度来看，备用信用证和商业信用证是类似的。然而，商业信用证的发行银行通常需提前支付款项，随后再由客户向其清偿。而使用备用信用证，仅当客户没有完成合约义务时，银行才需支付。因此，与商业信用证相关的银行承兑汇票在备用信用证业务中是不会出现的。

备用信用证通常被用于国际贸易以促进交易的达成，因为卖方对买方的信用资质往往缺乏足够的了解。当然，卖方仍依赖于买方的银行来履行其承诺，这也就是为什么有第二家银行——通常是卖方的银行——用自身来进一步强化发行信用证的银行的保证。这种信用证被称为**保兑信用证**（confirmed letters of credit）。

备用信用证也适用于与简单的国际贸易合同相比包含更大的多样性和复杂性合同的履约保证。通过备用信用证，银行可以渗入原先只有担保公司、产权公司和保险公司可以做的专属业务领域之中。例如，设想某个建造商承诺在一个约定的日期交付一幢完工的建筑物，否则他将面临一笔罚金。买方可以要求建造商提供一份备用信用证来为合同履行提供保证。这样，如果建造商无法按期交工，买方就可以从信用证的发行银行获得这笔罚金。此时建造商就有责任向银行归还其早些时候向买方支付的罚金。在银行业，当市场变得反复无常时，备用信用证也可作为资产证券化和商业票据的信用增级手段，也就是说，它们取代了贷款承诺，进而可以避免触发"重大不利变化"条款的风险。

10.7.3 备用信用证与期权类似的特征

备用信用证可以像贷款承诺一样被视为看跌期权。在贷款承诺的情形中，客户购买了一份期权，这份期权赋予他向银行出售一份证券（客户的负债）的权利，这份证券在执行时的价值可能低于期权合同规定的行权或执行价格（向客户发放的贷款规模）。在备用信用证的情形中，如果出现第一（首要）债务人无力履约（即无法理赔）的状况，银行同意按面值从债权人手中购买一份索取权（即合同债务人的负债）。换句话说，当债务人无法履约进而使债务的价值小于面值的时候，"第一方"（债权人）拥有向银行"出售"债务人的债务的选择权。作为出售这种期权的回报，银行可以获得一笔费用。备用信用证的期权特征意味着发行这种工具的银行向买方传递了一种或有要求权，而给自身施加了一种或有负债。如果债务人无法按照合同条款履约，后者（或有负债）就变成了实际负债。

作为看跌期权的贷款承诺和备用信用证之间的一个重要差异在于，影响标的资产的市场价值的随机过程以及相应的导致行权的触发机制不同。在贷款承诺的情形中，只要客户的即期贷款利率超过承诺利率水平，期权就会被执行。而在备用信用证的情形中，债务人无力履约造成债权的市场价值低于执行价格（债权的担保价值），促使期权被执行。另外一个重要的差异在于执行力。不同于贷款承诺，备用信用证不包含"重大不利变化"条款，进而（对银行而言）约束力相对更强一些。

10.8 其他或有要求权：互换

10.8.1 什么是互换

互换是两个主体之间达成协议，以交换它们对某个特定风险的敞口。交易通常会涉及中介，这个中介既可以充当交易主体也可以是经纪人。[⊖] 举个例子，互换是一种可用作管理各种类型风险的工具。基本上，一份利率互换协议涉及基于名义证券的利息支付的交换，这些证券由于久期或利息支付的方式不同而具有不同的前景。例如，设想一家公司拥有浮动利率的负债和固定利率的资产。显然，如果利率快速上升，这家公司就会遭受损失。现在设想另外一家公司拥有固定利率的负债和浮动利率的资产。如果利率快速下跌，该公司就会遭受损失。因此，这两家公司就可以安排互换来交换它们的利息支付，进而可以缩小它们各自的利率风险敞口。

1981年，利率互换在欧洲债券市场中首次得到使用。大多以浮动利率为基础贷出资金

⊖ 见 Hull（2011）、Gyntelberg 和 Upper（2013）。

的大型国际银行是互换的最初使用者——在互换交易中，它们把固定利率的负债利息支付转变为基于等价名义本金的成本更低的浮动利息支付。互换市场于1982年转移到美国，当时第一次互换发生在萨利美（学生贷款市场协会）和国际电话电报公司的财务公司之间。从那个时候开始，互换市场经历了爆发式的增长，目前互换涉及的名义债券的价值已达到数万亿美元的规模。

典型的互换涉及在一个特定的时期内，基于双方同意的金额（名义本金），用固定利率支付来交换浮动利率支付。这里的浮动利率通常与LIBOR、优惠利率或国库券利率相关联。

10.8.2 互换是如何运作的

设想我们有两家公司。A公司是一家拥有1.5亿美元贷款的银行（这笔贷款是浮动计息的，利率水平为优惠利率加25个基点），贷款所需的资金是通过发行1.5亿美元的10年期债券（按10%的固定利率计息）筹集的。B公司是一家储蓄贷款协会，其资产是1.5亿美元的固定利率住房抵押贷款，贷款所需的资金来源于短期货币市场基金和大额可转让定期存单（这两种负债的利率均与国库券利率挂钩）。每家公司都暴露在希望可以对冲掉的利率风险中。

我们可以在银行和储蓄贷款协会之间安排名义本金为1.5亿美元的10年期的利率互换。互换的结构如下。储蓄贷款协会同意连续10年每年向银行支付本金为1.5亿美元、固定利率为10%的现金流。作为回报，银行同意每年向储蓄贷款协会支付按照浮动的优惠利率+25个基点、本金为1.5亿美元的现金流。通过这种方式，银行和储蓄贷款协会实际上交换了各自的负债。现在，双方都对冲了利率风险敞口，因为固定利率的负债更紧密地匹配了储蓄贷款协会的固定利率资产，而浮动利率的负债与银行的浮动类型的资产更为匹配。图10-7描述了这种互换安排。

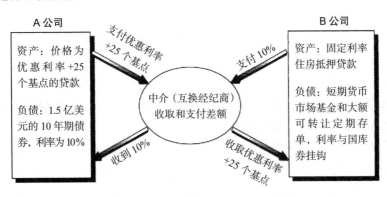

图10-7 利率互换的一个例子

在早期，互换交易通常涉及以经纪人身份出现的中介——这个中介通常是一家商业银行或投资银行。

如今，中介表现得更像是资产转换主体，为互换交易的双方提供了有效担保。例如，在上述交易中如果银行违约了，这个中介就会从储蓄贷款协会收取10%的固定利率支付，并以优惠利率加25个基点的浮动利率向其支付。这样，中介承担了交易中银行的职能，直到它找到一家合适的公司来取代这家已离开交易的银行。在某种程度上，由于中介没有银行的

资产负债表，交易的经纪人可能会暴露在利率风险中。例如，如果利率急速上升，中介就会遭受损失。⊖

通常来说，最常见的互换就是上述例子中所描述的用固定利率贷款交换浮动利率贷款。这种互换被称为"普通型"（plain vanilla）互换。然而，近来其他不同类型的互换在快速增长。其中一种就是浮动－浮动互换，交易主体交换不同指数利率下的浮动利率。例如，一家银行的资产为浮动利率贷款加 20 个基点，其负债是浮动利率大额存单，利率为 LIBOR 减去 40 个基点，该银行想和负债利率为浮动贷款利率的机构交换利息支付。这种互换被称为**基差互换**（basis swap）。

另一种受欢迎的互换涉及不同国家的货币。例如，一家银行的贷款以国外货币计价，存款以本国货币计价，比如，它的贷款利息以日元计价，而存款利息以美元计价。该银行想把以美元计价的支付换为日元计价（可以和一家日本银行进行互换，日本银行的贷款是以美元计价的，而存款是以日元计价的）。

有两种常见的货币互换：传统的固定/固定货币互换和交叉货币利率互换。固定/固定货币互换中每种货币的利率是固定的。本金可以交换，也可以不交换。如果本金参与交换，这种互换将以某种货币计价的固定收益证券转换为以另一种货币计价的固定收益证券。而交叉货币利率互换是将固定支付的现金流交换为浮动支付的现金流，每种支付以不同的货币计价。这些合约通常包含在一笔交易中，有时利率部分和货币部分是分开的。也有其他类型的互换。例如，主体交换不同期限（或者以不同货币计价的）资产的收益率，而不是交换负债的利息支付。关键的一点是互换可以根据互换主体来量身定制，因此互换的种类可以是无穷多的。其中的一些互换类型在之后进行讨论。

10.8.3 互换和互换类型的创新

（1）利率互换的变化形式。

- 分期摊付互换：这是一种在合约存续期限内，名义本金以特定的方式减少的互换。该互换可实现支付的现金流与金融项目或住房抵押贷款提前偿付计划的预期现金流之间的匹配。
- 指数式分期摊付互换：这是一种分期摊付互换，名义本金的摊付金额取决于像 3 个月 LIBOR 这样的指数的随机数值。
- 远期互换：这是一种直到指定的未来日期才开始的互换。互换中的固定利率与即期市场利率相关联，且该互换必须在预先设定的日期执行。
- 升降型互换：这是一种固定利率支付水平变化的互换，也就是在互换存续期内利率水平要么上升要么下降的互换。例如，互换中的固定利率在初始两年内设定为低于市场利率水平，而在互换剩余的期限内设定在市场利率水平之上。

⊖ 因为互换交易中存在中介，所以存在"交易对手风险"——这种风险来自互换合约的某一方违反了合约而退出，但作为中介的互换经纪人无力介入来替代违约的这一方。在 2007～2009 年的金融危机期间，之所以美联储会借助贝尔斯登被 JP 摩根大通银行兼并来救助这家投资银行，原因之一就是贝尔斯登作为互换的参与者和经纪人，参与互换的规模达到了万亿美元的级别，所以美联储无法确定如果这些互换合约不执行，金融市场将会出现什么样的动荡。关于投资银行倒闭的机制的进一步描述，可参见 Duffie（2010）。

（2）涉及资产收益支付而非利率的互换。

- 商品互换：在商品互换中，签约双方同意交换基于黄金、石油或白银这样的特定实物商品价值的现金流。一方支付商品的固定价格，并在未来的某时点收到商品的即期价格。这种对商品基金管理人而言可能具有吸引力的相对新颖的合约通常期限较短（2～3年），但期限最长可至7年。
- 指数收益互换：在这种互换中，一方的支付与像标准普尔500指数这样的市场投资组合的总收益挂钩。这种收益可以根据固定利率（像当前的国库券利率（对应一定期限）加30个基点）或浮动利率（如LIBOR）实现现金流的交换。一类很有意思的指数收益互换是"外国指数互换"（foreign indexed swap）——这类互换被用于交换不同类型的证券（如美国股票和日本股票）的相对收益。举个例子，设想一个投资者拥有5年期的美国浮动利率债券，其收益率是LIBOR加50个基点。这个投资者想投资日本政府债券，但不能直接交易这种债券，同时想管理外汇风险。他可以加入一个互换，借助这个互换，他每个月可收到和日本债券等价的收益，同时支付LIBOR就可以使得他的总收益率等于日本债券收益率加上50个基点。
- 住房抵押贷款互换：这是一种部分或完全复制住房抵押贷款支持证券收益特征的互换。在最基础的结构中，住房抵押贷款的收益率被转换为浮动利率收益率，作为两笔支付基础的名义本金则根据特定的时间表或住房抵押贷款资产池的实际提前偿还经历来分期摊付。这类互换中最近的创新是"指数分期摊付互换合约"（indexed amortization swap）。在这种互换中，固定利率的支付被交换为浮动利率的支付，但名义本金根据时间表来分期摊付，而时间表则取决于预先指定的证券收益率的变动态势。例如，如果证券的收益率下跌的区间在50个基点到100个基点，那么名义本金在接下来的时间内按7%的比率进行分期摊付。

（3）在互换基础上的衍生证券。

- 互换期权：在互换期权中，签约双方中有一方拥有使既存的互换合约终止或者展期的选择权。这些合约也可以叫作"可撤销互换""看涨互换""看跌互换"。从期权特征来看，它们既可以是美式的也可以是欧式的。这样，互换期权基本上就是以互换为标的物的期权。设想有两个交易主体A和B签订了一份合约，合约约定A向B出售看涨的互换期权。那么，在期权的执行日，B就可以选择是否要执行期权。如果B选择执行，他就相当于进入了一份互换合约，该合约约定用固定利率的支付来交换浮动利率的支付。这些支付条款均是事先约定好的，和正式的互换合约一样。唯一的区别就是，签约双方中有一方拥有法定的权利来决定在未来某日是否执行该互换。
- 上限互换：上限互换是一种利息支付本身具有期权性质的互换合约。也就是说，执行（行权）价格被设定为特定的利率水平。举个例子，设想A去互换经纪人那里，向B（互换合约的出售方）购买了一份以3个月LIBOR为标的物的上限互换合约。A向经纪人支付了一笔期权费（期权的价格），经纪人在扣除经纪费之后将这笔资金的剩余部分转交给B。现在，B就有义务定期向A支付一笔资金，该资金的规模等于

名义本金 $\times \max\{0, 3\text{个月 LIBOR} - \text{执行利率}\}$

这里 $\max(x, y)$ 表示取 x 和 y 中较大的值。设想合约的执行利率为10%，如果3个月

的即期 LIBOR 为 12%，那么 B 就需要向 A 支付名义本金乘以 2% 的资金。如果 3 个月的即期 LIBOR 是 9%，那么 B 在利率重设时就不需要向 A 进行任何的支付。这样，上限互换是一系列连续到期期权的集合。这些期权可以被视作以特定利率为标的物的看涨期权或者与利率相对应的标的证券的看跌期权。当利率上升时，证券价格会下跌，这时期权就变得更有价值。与标准的普通股期权一样，上限互换的价值（也就是最初支付的期权费）会随着利率的上升而增加。

上限互换市场已经延伸出许多衍生产品，并实现了个性化。其中的一些如下。
- 下限互换：B 在周期性的期权执行（利率重设）时点向 A 支付的规模等于名义本金 × max{0, 执行利率 − 特定证券的即期市场利率}。
- 上下限互换：B 向 A 支付的规模等于名义本金 ×[{0, 即期利率 − 上限执行利率} − max{0, 下限利率 − 即期利率}]。也就是说，A 向 B 购买了一份上限互换，同时向 B 出售了一份下限互换。

设想上限互换的执行利率为 15%，下限互换的执行利率为 10%。这时如果选定证券的即期利率为 17%，即期利率减去上限互换执行利率为 2%，进而 A 可以获得名义本金乘以 2% 的资金。如果即期利率为 9%，那么下限利率减去即期利率为 1%，进而 A 可以获得名义本金乘以 1% 的资金。如果即期利率落在上限利率和下限利率之间（例如 12%），那么 A 什么也得不到。

10.8.4 作为对冲工具的互换的优缺点

由于互换是对冲利率风险的一种工具，人们自然会把互换和利率风险的其他对冲方式进行对比。我们现在将互换与利率期货和债务再融资这两种替代方式做一个比较。

1. 互换和利率期货的对比

（1）什么是期货合约？利率期货合约是一种基于交易所（相对于柜台交易市场）的合约，签订合约的目的是在未来预先设定的日期以约定的价格出售或购买像国库券这样的特定金融资产。

在对比互换和利率期货之前，应该知道利用期货实现对冲的操作方式。考虑一家储蓄贷款协会，其资产为长期固定利率的住房抵押贷款，而负债是短期大额定期存单。设想储蓄贷款协会做空（出售）了一份大额存单期货合约，换句话说，它保证以一个固定的价格提供（出售）大额定期存单。如果将来利率上升了，那么大额定期存单的市场价值就会下降，因此，储蓄贷款协会就得到与大额定期存单固定出售价格和其市场价值的（正）价差相等的一笔现金流入。⊖另外，如果利率下跌并由此导致大额定期存单的市场价值上升，那么储蓄贷款协会就会遭受损失。因此，当利率上升时，储蓄贷款协会获得的收益被利率下跌时其遭受的损失抵消了。通过这种操作方式，储蓄贷款协会实现了利率风险敞口的对冲。

（2）互换相对于期货合约的优点。利率期货是具有特定的交割日期和特定类型的交易对

⊖ 这些并不是储蓄贷款协会自身拥有的大额定期存单，而是具有相当标准化的合约。储蓄贷款协会不会实际购买大额定期存单，仅收取现金结算。

象的标准化合约。[⊖]因此,如果你试图对冲某种金融债权的利率风险,但这种金融债权并不是利率期货合约允许的可交割的金融工具之一,那么你必须选择与你希望对冲的债权最接近的金融工具并将其纳入可交割对象的期货合约。因为这两种债权的相似性并不完美,所以你承受了所谓的"交叉对冲风险"(cross-hedge risk)。此外,即使债权之间的相似性接近完美,你也要承受所谓的"基差风险"(现货和期货价格间的联系随机变化导致的风险)。相对于利率期货,互换的主要优点就是它并不是标准化的合约,进而可以通过定制来满足客户的需求。因此,利率互换可能获得比期货更好的利率风险对冲效果。但值得关注的是,互换正变得越来越标准化,进而与期货合约越来越类似(但具有更长的对冲周期)。

(3)互换的缺点。第一,不完全的标准化意味着通常很难找到有意愿开展互换交易的对手。换句话说,期货合约比互换合约更具有流动性。第二,与第一点相关,互换具有极高的客户个性化特质,这意味着在一些交易中存在显著的搜寻成本。这些成本会被互换经纪人通过收取更高费用的形式传递给互换交易双方。因此,相对于期货而言,客户会面临更高的互换交易成本。第三,互换无法执行(违约)的风险比期货高。这是因为交易所为期货的交割提供了担保,而互换的一方交易主体没有得到经纪人的担保,如果出现违约,另一方就会遭受损失。如果交易主体得到互换经纪人的担保,那么互换经纪人就起到了清算所的作用,但即便在这种情况下,也会出现经纪人不作为的可能。例如,在2007~2009年的金融危机之后,很多法定机构通过强制标准化,以及要求通过共同对手方进行交易清算和结算,以降低交易对手的风险。

2. 互换和债务再融资的对比

(1)如何通过再融资对冲风险?公司调整其利率风险敞口的方式就是再融资。也就是说,假设公司有固定利率的负债,但是希望有浮动利率的负债,它可以通过回购其固定利率负债,以发行浮动利率负债的资金来回购。为什么这种简单的方法并不总是优于互换和期货?

(2)互换相对于债务再融资的优点。第一,互换避免了债务再融资会遇到的交易成本,例如法律费用、广告费以及监管限制。这是因为互换不会被认为是新的借贷或者公开发行。相反,它只是作为现有负债的利息支付的交换。第二,互换避免了新一轮融资的信息披露要求,因为它不属于融资。这对那些想保护商业机密的公司而言是有好处的。第三,许多信用评级较低的公司相对于评级较高的公司,对某些债务支付更高的固定利率,而不是浮动利率。信用评级较低的公司希望从浮动利率市场中借贷,然后将浮动利率负债换成固定利率负债,这样可以使它们避免支付新发债务产生的信用风险溢价。因此,利率互换出现的一个重要原因(在债务再融资可行的前提下)就是金融中介(互换经纪人)在消除这些信息摩擦方面具有专业化优势,因此搜寻成本、非中介交易(公开债务募集市场)的信用评价成本可以被有效地降低。

⊖ 利率期货的交割对象是国库券、中期国债、长期国债、银行和欧洲大额定期存单、英镑大额定期存单和金边债券、房利美债券等。

10.9 其他或有要求权：信用衍生品

银行参与的或有要求权市场的一个重要发展就是信用衍生品的崛起，该市场直到 1997 年才出现，而后发展到万亿美元的规模。信用衍生品的基本原理很简单。贷款人向第三方购买了基于借款人债务的看跌期权，如果债务的价值因违约等原因下降，贷款人有向第三方出售债务的权利。这样就相当于贷款人为信用风险购买了一份保险。银行成为市场中活跃的交易者，既可以作为信用风险保险的购买方，也可以作为保险的出售方。

图 10-8 描述了 1996～2010 年信用衍生品市场的爆发式增长情况。⊖ 而且，随着信用衍生品市场的证券化速度不断提高，出现了不同类型的信用风险。这就使得针对个人信用风险的特殊冲击可以被分散，而且可以将风险向市场参与方转移。原则上，这可以带来收益。然而，在 2007～2009 年的金融危机中，某些形式的风险上升导致了市场的发展下滑（见第 14 章关于金融危机的讨论）。

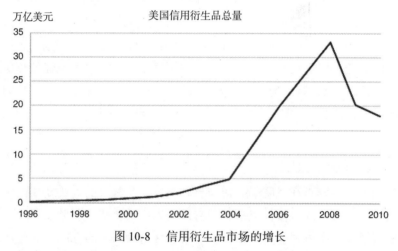

图 10-8　信用衍生品市场的增长

资料来源：英国银行家协会和 BIS。

信用衍生品市场的发展得益于信用衍生品合约标准化程度的提高，以及对美国或者非美国公司的信用起到对冲作用的指数的创建，例如欧洲和日本的公司信用。早期的信用衍生品只是简单的信用违约互换，只包含公司的信用，而最近的增长表明衍生品聚集了不同的信用，然后以证券化等形式串联起来（见第 11 章）。证券化吸引了市场中的机构投资者。预测表明，信用衍生品市场的交易量大部分是由对冲基金支持的。

10.10 或有要求权中银行的风险

10.10.1 风险概览

随着银行提供的或有要求权类产品的迅猛增长，人们对银行资产负债表总体上低估了其风险的担忧也日益上升。人们之所以会有这方面的担忧，是出于两方面的考虑。第一，因为或有要求权并没有被要求计提储备或资本来进行支持，对于银行而言，它就面临很大的诱惑

⊖　关于银行业信用衍生品的使用，参见 Minton 等（2009）、Hirtle（2009）、Stulz（2010）。

去大量销售这种合约,因此每一家银行的表外业务风险可能变得极为巨大。如果银行足够幸运,那么它就可以通过这些要求权的销售获得可观的费用收入,而不用承担风险所引发的后果。但如果事与愿违,那么银行就会遭受资本损失,而鉴于存款保险的看跌期权性质,这又会相应地为银行提供进一步的动机去从事冒险活动。当然,在国际清算银行的资本监管指引下,银行现在已被要求持有针对表外业务的相应资本,进而导致表外业务对银行的吸引力有所下降。第二,或有要求权通常会在银行之间建立连锁关系,而这可以强化银行倒闭引致的或有效应(contingent effect)。

我们现在可以处理某些或有要求权的风险。

10.10.2 贷款承诺的风险

监管部门将贷款承诺视为风险第二高的或有要求权,仅次于备用信用证(即将在下面讨论)。银行在贷款承诺中面临三种类型的风险。第一,由于贷款承诺中的利率具有固定性,所以银行有可能面临不得不以低于即期贷款市场边际的利率水平甚至负边际的利率来提供借贷的风险。第二,银行被迫向比即期贷款市场的风险更高的客户提供借贷的风险,也就是说,向那些在贷款承诺执行时点的条件下本不可能获得贷款的借款人提供贷款的风险。第三,银行在自身流动性缺乏或者流动性补充成本高昂的时候,不得不为贷款承诺提供资金的风险。我们下面讨论每一种风险。

1. 以低收益率提供借贷的风险

贷款承诺中的一个风险就是,银行有可能被迫以某个利率水平发放贷款,而这个利率要么相对于即期贷款机会会导致收益减少,要么会导致直接的损失。对于可变利率的贷款承诺而言,承诺中每一美元面临的这种风险会低一些,但风险依然是存在的。例如,贷款承诺可能允许客户以优惠利率加 1% 的水平获得贷款。然而,银行并不能确定从贷款承诺的发行到贷款承诺执行这一期间内,客户的资信状况是否会恶化。当优惠利率是 10% 时,拥有"优惠利率加一个百分点"承诺的客户,可能比优惠利率是 20% 且拥有"基准利率加一个百分点"承诺的客户具有更大的风险。借款人的资信状况被认为与市场利率的变化呈反向关系,因为更高的利率将使得借款公司的现金流大部分向银行转移。因此,即便在可变利率的贷款承诺中,银行也面临着承诺贷款利率低于将相同的资金投资到具有相同信用风险的即期贷款利率的风险。

优惠利率乘数型合约解决了优惠利率和客户附加利率之间的关联问题。只有当客户现实中应增加的附加利率比贷款承诺中按条款计算出的比率要高的时候,这种类型的合约才会产生上述类型的机会成本。虽然优惠利率乘数型合约也会使银行面临一些风险,但在这种合约的约束下,每一美元的风险敞口要比优惠利率加数型合约小一些。这是因为客户即期贷款的附加利率一般随着优惠利率的上升而呈指数形式增加(例如 2、4、8、16…),而不是像优惠利率乘数型贷款承诺中那样以比例形式增加(例如,2、4、8…)。

即便客户的资信状况并不随市场利率的变化而变动,但银行也会由于优惠利率变动的滞后性而使其提供的贷款承诺面临风险。⊖这种滞后性意味着银行的融资成本仅与优惠利率

⊖ 回想一下第 8 章关于相对于市场利率而言优惠利率反应滞后性的讨论。

不完全相关，因此随着市场利率的变动，当银行的融资成本发生变化的时候，银行就需要调整其向借款人收取的优惠利率之上的附加利率（或乘数）。在浮动利率贷款承诺中，这种附加利率（或乘数）通常是固定的，以至于当利率上升的时候，银行收取的附加利率（或乘数）要比承诺规定的高很多才能实现盈亏平衡。在足够高的优惠利率水平上，银行贷款承诺的利率和融资成本之间的利差将会逆转进而变为负数。当然，当利率下跌的时候，情况正好相反，但鉴于贷款承诺存在期权性质——客户可以选择不执行贷款承诺，使其到期废止，因此这两种情况之间存在非对称性。这是银行在即期贷款市场中无须面临的风险，因为在即期市场中，银行可以随时调整基于优惠利率的附加利率，以此来反映优惠利率对于市场利率变动反应的滞后性。

2. 被迫向具有过高风险的客户提供贷款的风险

贷款承诺还会使银行间接地暴露在日益增加的信用风险之中。利率风险和信用风险之间的关系可以通过两种途径来予以说明。第一，随着利率的上升和波动性的加大，客户投资活动所产生的现金流的经济价值可能会变小，且更具有不确定性。也就是说，当通货膨胀率上升时，名义利率和实际利率之间的百分比利差有可能要比名义现金流和实际现金流之间的百分比差额的变化更大。这样，无论在固定利率贷款承诺还是浮动利率贷款承诺下，高且波动的利率会使银行面临更大的信用风险敞口。第二，高且波动的利率会通过资产替代效应（回想第 8 章关于信贷配给的讨论）增加信用风险，这种情况在浮动利率贷款承诺中更可能出现。客户可能会通过选择具有更高期望收益的投资项目来适应更高的借款利率，而这种状况在即期市场中会受到信贷配给的约束。注意，这种风险与以低收益率提供借贷的风险有所不同，因为对后者而言，风险指的是"可接受的"客户（也就是在即期贷款市场中不存在信贷配给约束的借款人）的利润率有可能变得过低，而这里的风险是银行有可能需要向那些"不可接受的"客户提供贷款。这种风险显然在即期市场中不会出现。

当然，"重大不利变化"条款的存在被认为可以使银行避免向那些财务状况已经显著恶化的借款人提供贷款承诺。然而，银行出于声誉的考虑会不大情愿求助"重大不利变化"条款，因此这种条款所能提供的保护可能非常有限。⊖

3. 在低流动性时期为承诺提供融资的风险

银行发现自己的流动性受到约束，一般有两个原因。一个原因是市场整体的流动性下降，另一个原因是银行自身的特定问题导致日常的流动性来源变得成本极为高昂，甚至流动性来源变得枯竭。在任意一种情况中，为贷款承诺提供资金都让成本变得更为高昂，而这种风险在即期贷款市场中则不会出现。

10.10.3 信用证的风险

商业信用证被用于日常的贸易交易活动，与之相伴随的是信用风险，而备用信用证主要用来提供财务担保，也就是银行以收取费用为前提向特定的第三方提供担保，以确保借款人的各种金融偿付义务。这些担保包括向市政借款人、商业票据发行人以及资产证券化涉及的

⊖ 见 Boot 等（1993）。

主体提供信用增强便利。银行认为这些担保具有风险性，因为这种担保不可撤销，而且是由借款人的财务困境所引发的。

银行在信用证业务中面临三种主要类型的风险：信用风险、单证风险和政治风险。我们依次讨论这些风险。

1. 信用风险

商业信用证和备用信用证的区别在于，在提供商业信用证的时候，银行的支付是建立在客户履约的基础之上的；而在提供备用信用证的时候，银行的支付则发生在客户无法履约的时候。然而，对于银行的风险敞口而言，这种差异并不是很明显，因为银行的风险并不取决于债务人履行规定任务的能力。相反，在这两种情况中，银行的风险都主要依赖于债务人向银行的偿付。这样，无论在商业信用证业务还是在备用信用证业务中，常规的信用风险（routine credit risk）都是银行面临的风险之一。银行已经意识到了其发放信用证和提供正常借贷时所面临的风险的相似性。尽管信用证最初是由银行内部的"非传统"部门提供的，如市政债券和公司金融业务等，但银行宣称目前它们应用了与贷款申请完全一致的针对备用信用证的信用甄别流程。

人们通常认为备用信用证要比商业信用证有更大的风险。产生这种看法的原因之一是备用信用证是当借款人无力支付时银行才进行支付，而商业信用证则是银行在借款人履约的基础上进行支付。如上文所述，这种区别对于评估银行在两种信用证业务中的风险敞口而言并不是很重要。认为备用信用证要比商业信用证风险更大的另外一个原因是，在商业信用证业务中存在库存或在运商品形式的一般抵押品（"商业信用证具有自偿性"），而备用信用证则没有相应的担保品。然而，商业信用证并不总是伴随着抵押品的存在，而备用信用证也不是总没有担保品。进一步说，财务困境通常是伴随着客户抵押品的价值下降而出现的，因此，抵押品只能在信用证业务中为银行提供有限的保护。

即便如此，监管部门和银行都认为备用信用证是银行提供的各种或有要求权中最具风险的业务。原因之一是备用信用证被用来覆盖几乎所有的或有事项，而商业信用证只用于日常的贸易交易。这样，备用信用证仅仅因为覆盖了多种类型的或有事项就变得具有更大的风险。

2. 单证风险

单证风险代表了商业信用证业务中的另外一种风险。虽然这种风险一般可以由银行承担，但美联储的一项调查显示，在被调查的案例中，大概有35%的单证并不符合信用证的要求。不适当的单证有可能导致合约失效，促使购买方拒绝接收货物交付。在这种情况下，银行将被迫自己去寻找一个买家，或选择自己接管货物。

3. 政治风险

美国的出口商有时候对发放信用证的外国银行不是很熟悉，他们会对进口国的政治环境产生担忧。在这种情况下，出口商可能获得来自一家美国银行的确认函，也就是如果付款人无力支付的话，出具确认函的银行有义务向出口商进行支付。提供确认函的（美国）银行会面临两种风险：一种风险是发放信用证的（外国）银行可能违约，另一种风险是外汇控制的政治风险。

10.10.4 利率互换中的风险

虽然互换的规模已经达到万亿美元级别，但这是交易中所有名义本金的总和。实际情况是，只有利率部分是有风险的，因为每个发行人都是根据其本金来交换利息支付的。而且，作为互换交易的经纪人，银行的负债是受到限制的。互换中有两种类型的风险：交易对手风险和法律风险。

1. 交易对手风险

银行最大的风险就是互换参与方的其中一方不能进行利息支付，银行不得不代替违约方承担利息支付。这是一种利率风险敞口。从整体来看，互换是三种主要的或有要求权中风险最低的。

2. 法律风险

互换中会有隐含的法律风险，而这些风险直到最近才开始浮出水面。例如，在一些案例中，破产的银行会对有偿付能力的交易对手银行提起法律诉讼，宣称即便银行宣布破产，交易对手也要履行互换合约的条款。这种情况是，无论合约的具体条款如何，都允许"有限的双向支付"，即如果一方违约，另一方没有义务对合约约定的条款做出支付（这与"完全双向支付"相反，在这种合约中，如果一方违约，双方也要根据互换条款承担义务来进行完全支付）。出于声誉的考虑，或者担心如果没有完成合约条款，它们在法庭中是否会因没有按照合约履约而被起诉，因此，有偿付能力的银行通常会兑现它们的负债（即使没有合约义务的约束）。这种现象生动地说明了银行可以使用或有要求权中的合约自由裁量权来减记其声誉资本，从而保存金融资本，同时也说明这种权衡是银行特有的，不同银行有不同的声誉资本、不同层次的金融资本。

10.11 监管问题

《巴塞尔协议 I》是在 1987 年由国际清算银行主办的会议中达成的，协议提出了一系列资本指导原则：1 年期以下的贷款承诺不需要计提资本准备金，而更长期限的贷款承诺需要符合 4% 的资本充足率要求（是即期贷款的资本充足率要求的一半）。此外，银行可以不根据任何条款无条件取消承诺，而且实施年度信用复核（决定是否继续提供承诺）的银行贷款承诺的期限一般在 1 年以下。备用信用证和其他类型的银行担保有资本充足率的要求。备用信用证的资本充足率要求是 8%。

在《巴塞尔协议 III》的"一般原则"下，由于"信用转换因子"的使用，表外业务项目将转变为"信用风险等价物"。⊖ 最长期限为 1 年的贷款承诺将得到 20% 的信用转换因子，即贷款承诺需要计提的资本应等于在贷款承诺下贷款应计提的资本的 20%。超过 1 年的贷款承诺将获得 50% 的信用转换因子。银行在任何时候无须事先提醒可以无条件取消的承诺，或者由于借款人的信用资质恶化而自动取消的承诺，将获得 0% 的信用转换因子。备用信用证和承兑汇票将获得 100% 的信用转换因子，另外，转售协议和回购协议也是如此。

⊖ 参见最低资本充足率法定要求——国际清算银行（www.bis.org/publ/bcbs128b.pdf）。

表外业务不需要有现金资产储备。因此，银行直到客户执行贷款承诺时才需要为应付贷款保留现金资产，保留的量就是贷款的规模。如果银行利用存款来融资，那么它必须针对存款保留储备金。但是如果银行选择出售贷款或者证券化贷款，它可以避免准备金要求。

或有要求权的会计处理是另一个问题。即便许多或有要求权造成了银行的或有负债，但这些负债并不反映在资产负债表上，而是在附注中披露。另外，尽管根据要求，需要银行在要求权存续期间记录填写摊销表，但是银行收取的手续费要反映在损益表中。因为手续费产生的现金可以增加银行资产的价值，而或有负债并不会增加银行负债的账面价值，或有要求权的出售使得银行可以夸大其净资产的账面价值。而且，在利率大幅波动期间，因为收取的手续费和产生的或有负债会增加，所以当利率波动时银行净资产的账面价值会膨胀得更快。如果负债随着收入的确认而减少，情况就不是这样了，但这似乎不太可能。

10.12 结论

在本章中，我们回顾了关于银行或有要求权的理论，而且对其规模和增长都进行了评述。贷款承诺和信用证的增长超过了银行信贷的增长，正如农产品期货的增长超过了谷物贸易增长一样。在 19 世纪后期，商业银行采取了对客户短期票据的非正式续借保证的尝试。这些保证是正式承诺的初始形式。今天所呈现的贷款承诺的种类可以追溯到 20 世纪 20 年代，那一时期的形势也发生了重要转变，从银行业的"真实票据"学说，[⊖] 主要关注短期自偿性的商业贷款，转向了资金管理的资产转换理论。后者发现，以银行要求权等多种形式出现的流动性增加了银行家提前提供贷款的意愿。远期借贷的快速发展成了商业银行的一部分。

20 世纪 60 年代的负债管理是伴随着 1966 年的信用短缺以及 1969 年的贷款承诺业务的增长而出现的。紧缩的信贷条件促使借款人寻找更多的贷款承诺，负债管理的出现为银行提供了筹集资金的新方式。20 世纪 60 年代后期以及 70 年代是利率上升和波动的时期，增长的通货膨胀促进了更大的贷款需求，周期性的信贷紧缩使得信用额度的需求大增。银行在面临高度不可预测的利率环境时不愿意提供固定利率贷款承诺，因此开始了"浮动"基准利率（1980 年，基准利率变动了 40 次，而 1955 年 8 月到 1968 年 12 月这 3 年期间只变动了 13 次），并提供浮动利率贷款承诺，对基准利率的变动没有提供保护机制。而且，利率波动的加剧伴随着资本市场和外汇市场的波动上升。这使得对银行客户的风险管理变得十分重要，因此银行提供了新的衍生品和其他或有要求权业务。

我们还讨论了最近监管的变化导致了或有要求权资本充足率要求的变化。这些监管变化意味着对银行或有要求权的供给端激励在一定程度上被削弱了。除了这些，我们期望或有要求权在将来能够继续发挥其不断增加的重要性。

[⊖] "真实票据"理论的主要观点是，一个理想的货币政策的充分条件是所有的银行（包括中央银行在内）将它们的贷款限制为由"真实"的抵押品（也就是说，存货或者有形资产）提供担保的"非投资性贷款"。构建联邦储备体系的立法受到了这种理论的影响。对该理论的一个批判在于，这么做会导致顺周期的货币政策，因为在"好的时期"，当银行有足够的合格的有形抵押品时，美联储会向银行投放更多可用的信用，而在"坏的时期"，当银行没有足够的合格抵押品时，可用的信用就会变少。由此导致的结果就是货币政策扩大和恶化了经济周期的影响。

10.13 案例研究：扬斯敦银行

10.13.1 案例简介

约翰·斯坦达德自 1998 年夏季以来担任扬斯敦银行的首席执行官。在上任之前，他是一家区域性银行的副总裁。他被聘用的一个主要原因就是他有在大型运营部门工作的经验。在那个时候，扬斯敦银行正在经历一些与不完善的经营流程有关的问题。斯坦达德先生在激励和组织技能方面有着很好的声誉。他对扬斯敦银行的管理几乎没有漏洞，同时该银行的机构文化以作为银行业的一条"模范舰船"而著称。

扬斯敦银行自 1910 年以来在亚利桑那州开展业务。当斯坦达德在 1998 年出任首席执行官时，公司的股价从最高点 10 美元跌至 4.5 美元。前任首席执行官是创始人的儿子，他拒绝用更现代化的信息处理基础设施取代传统设施系统，使得经营部门毫无活力。在斯坦达德先生到来之前，员工几乎不知道关于贷款的相应政策！扬斯敦银行提供的业务就是固定利率贷款。斯坦达德改变了这一切。他建立了贷款和贷款承诺的标准流程，同时针对银行的客户风险和流动性需求量身设计相关政策。股价也有了反馈，在 1999 年年底，扬斯敦银行的股价飙升到 9 美元，并在 2000 年持续上升。

但是从 2001 年开始，银行的股价变得如"一潭死水"。即便银行的基础结构没有变，盈利能力也很好，但在那一段时期内银行的股价没有上升，而其他竞争银行的股价出现明显的上升。银行的主要股东虽然没有太沮丧，但是也有一些抱怨。斯坦达德意识到可能存在什么大问题使得股价不能上涨。他决定请首席财务官——布莱恩·谢尔顿来谈谈股价的问题。

10.13.2 第一次会议

斯坦达德：进来吧，布莱恩，请坐。我们直接开始说运营的事情吧。我担心我们最近股价的表现。你已经在扬斯敦银行 3 年了，你刚来公司时股价如何？

谢尔顿：我记得好像是 37 美元。

斯坦达德：我们现在是 40 美元，昨天接近 40.25 美元。3 年来就涨了 3 美元！这是怎么回事？我不明白。为什么我们的股价这么低？看看我们的市账比与竞争对手相比如何。我们完全处于下风（见表 10-4），为什么？

谢尔顿：问得好。考虑到我们的管理控制很精细，我们的利润和现金流也很好，我也不知道我们的股价为何这么低。我认为可能是市场对我们银行的价值有错误的认识。也许到下一季度我们披露好的业绩数据时，情况会有所好转。

斯坦达德：好吧，你可能是对的，但是我还是不能安下心来。也许是市场对我们未能察觉的事有所反应。我认为我们应该再找找原因，深入挖掘看看。

会议结束后，谢尔顿先生说会深入地考察并做出反馈。他认为一周之后应该再次开会来讨论该问题。

10.13.3 第二次会议

谢尔顿：我已经研究了一些问题，但还是有所疑惑。看这些数据。我们的资产负债表看起来不错，与 2000 年相比已经好了很多，2000 年全盛期时股价涨了很多（见表 10-5）。我们的关键指标与 2000 年相比也不错（见表 10-6），而且，我们似乎处于行业平均水平之上（见表 10-7）。

斯坦达德：看起来不错，正如我想的一样。看这个（他指着表 10-7），我们资产回报率很高，你认为呢？

谢尔顿：嗯，帮我整理这些财务数据的人提醒我们注意贷款承诺，因为它不反映在资产负债表上。也许是这些导致了我们的股价下滑。

斯坦达德：这说不通啊。我们的贷款承诺政策没有改变，不是吗？你有关于贷款承诺的数据吗？

谢尔顿：当然，看这些（他指着表 10-8 和表 10-9）。这些数据表明我们收取的贷款承诺利率和费用的历史变动情况。我查了购买这些贷款承诺的借款人的信息，借款人的资质与历史情况是相对应的。说实话，我纠结于这些事物背后的道理。我没有看出什么变化，但是我们的股价……

斯坦达德：嗯，我认为应该继续调查，找找可以解释我们的股价这么低的原因。我们是不是忽略了什么，是不是银行处于危机而我们却不自知？

再次，会议结束，并在一周之后再次讨论。这次，斯坦达德有了具体的问题。谢尔顿决定认真研究此事，寻找股价低迷的原因，将关于银行状况的所有因素都纳入考虑之中寻求解释。

10.13.4 数据

表 10-4 扬斯敦银行市账比与行业间的对比

年	扬斯敦银行	BancFirst 银行	行业均值
1991	0.51	1.21	1.18
1992	1.00	1.11	1.08
1993	1.43	1.23	1.13
1994	1.47	1.32	1.21
1995	1.60	1.43	1.31
1996	2.13	1.87	1.53
1997	1.35	1.41	1.41
1998	1.18	1.11	1.20
1999	1.35	1.32	1.27
2000	1.41	1.31	1.34
2001	1.21	1.40	1.47
2002	0.95	1.65	1.53
2003	0.81	1.89	1.66
2004	0.78	1.86	1.63

表 10-5 扬斯敦银行资产负债表 （单位：千美元）

	2000	2005
资产		
现金和存款	125 000	129 000
有价证券	200 000	400 000

（续）

	2000	2005
资产		
贷款：		
房地产贷款	190 000	385 000
商业和工业贷款	315 500	744 000
消费者贷款	140 500	153 742
其他贷款	131 400	142 300
减未实现收益：		
贷款损失准备	1 316	1 500
总贷款	776 084	1 423 542
其他资产	78 000	150 000
总资产	1 179 084	2 102 542
负债和权益		
负债：	1 000 020	1 775 420
存款	75 000	102 000
联邦基金拆借	63 000	90 000
其他负债	1 138 020	1 967 420
总负债		
权益：		
优先股和普通股	11 000	35 122
盈余	14 064	42 000
未分配利润和留存收益	16 000	58 000
总权益	41 064	135 122
总负债和权益	1 179 084	2 102 542

注：2000年发行在外的贷款承诺规模是1 000 500美元，2005年是4 320 000美元。

表10-6　扬斯敦银行2000年和2005年的业绩对比

	2000	2005
净利润（千美元）	8 607	16 820
资产回报率	0.73	0.80
资产负债率	0.97	0.94
负债权益比率	27.71	14.56

表10-7　2005年行业某些指标（同等规模银行的平均值）

	扬斯敦银行	平均值
资产回报率	0.8	0.6
资产负债率	0.94	0.97
负债权益比率	14.56	21.3

表10-8　利率历史变动情况（年化利率百分比）

	1月	2月	3月	4月	5月	6月	7月	8月	9月	10月	11月	12月
1991	7.95	8.00	8.00	8.00	8.27	8.63	9.00	9.01	9.41	9.94	10.94	11.55
1992	11.75	11.75	11.75	11.75	11.75	11.65	11.54	11.91	12.90	14.39	14.55	15.30
1993	15.25	15.63	18.31	17.77	15.57	12.63	11.48	11.69	12.23	14.79	16.06	17.10
1994	20.16	19.43	18.05	17.15	19.61	20.03	20.39	20.50	20.06	18.45	16.84	16.75

(续)

	1月	2月	3月	4月	5月	6月	7月	8月	9月	10月	11月	12月
1995	15.75	16.56	16.50	16.50	15.5	15.50	14.26	14.39	13.50	12.52	11.85	11.50
1996	11.16	10.98	10.50	10.50	10.5	10.50	10.50	10.89	11.00	11.00	11.00	11.00
1997	11.00	11.00	11.21	11.93	12.39	12.60	13.00	13.00	12.97	12.58	11.77	11.06
1998	10.61	10.50	10.50	10.50	10.31	9.78	9.50	9.50	9.50	9.50	9.50	9.50
1999	9.50	9.50	9.10	8.83	8.50	8.50	8.16	7.90	7.50	7.50	7.50	7.50
2000	7.50	7.50	7.50	7.75	8.14	8.25	8.25	8.25	8.70	9.07	8.78	8.75
2001	8.75	8.51	8.50	8.50	8.84	9.00	9.29	9.84	10.00	10.00	10.05	10.50
2002	9.80	9.10	8.20	7.80	7.20	6.30	5.32	5.01	7.73	5.21	5.09	8.30
2003	9.20	8.30	7.40	7.10	6.20	5.50	5.10	4.80	4.50	6.20	9.10	8.10
2004	6.10	3.00	3.00	3.00	4.00	6.83	9.23	9.30	10.20	8.50	7.43	8.91

表 10-9 贷款承诺费（基点平均值）

	承诺费	年度服务费	使用费
1994	12.5	12.5	25.0
1995	12.0	12.0	25.0
1996	12.0	12.0	25.0
1997	12.5	12.0	22.5
1998	12.5	12.5	22.5
1999	12.5	12.5	21.5
2000	12.5	12.5	22.5
2001	12.5	12.5	25.0
2002	12.0	12.5	25.0
2003	12.5	12.5	25.0
2004	14.0	12.5	27.5

10.13.5 任务

斯坦达德先生交给谢尔顿先生一些具体的问题：

1. 是否由于市场非理性或者过度反应导致股价没有上升的趋势，又或者是其他什么原因？
2. 银行该如何做？银行该采取什么政策？或者银行主要面临什么威胁？

专业术语

cost of funds 资金成本 银行为资产融资需要支付的有效利率。资金的来源包括个人存款、大额存单、高级和次级债务、优先股以及普通股。

sunk cost 沉没成本 已经发生且不能被弥补的成本，这种成本与当前的决策无关，因为无论做出什么样的决策，沉没成本都不会受到影响。

LIBOR（London Interbank Offer Rate）伦敦银行同业拆借利率 银行间由于互相提供短期贷款（通常是隔夜）而收取的利率。这是全世界银行参考的基准利率。

T-bill rate 国库券利率 美国财政部发行的短期债务凭证的贴现率。

basis point 基点 1% 的 1%（即 0.01%）。

liability management 负债管理 对银行融

资金的管理（见第12章）。

derivative 衍生品 金融契约，或者称为或有要求权，其价值取决于一项或多项标的资产的价值或者资产价值指数。例如，国库券期货的价值来源于短期国库券利率的变动。银行监管部门和银行所指的衍生品是狭义的概念，例如，远期合约、期货、互换和期权，使用它们的主要目的不是借贷，而是将资产和负债价值波动导致的风险转移。

initial public offering 首次公开募股 公开的股票融资，使私人持有公司转变为公众持股公司。

复习题

1. 什么是表外业务或有要求权，今天我们所知道的或有要求权的种类有哪些？
2. 定义贷款承诺，并简要讨论不同类型的贷款承诺。
3. 对提供贷款承诺的动机给出需求端和供给端的解释。
4. 据称，银行的贷款承诺和普通股看跌期权类似，该宣称是否合理？
5. 对比商业信用证、备用信用证和银行承兑汇票。
6. 什么是利率互换，它是如何运作的？
7. 利率互换交易中经纪人的角色是什么？
8. 讨论"普通型"互换的三种变形。
9. 什么是互换期权、上限互换、下限互换和上下限互换？
10. 和期货合约相比，利率互换具有哪些优势和劣势？
11. 为对冲利率风险，互换相对于直接融资有什么优势？
12. 银行的贷款承诺、信用证和利率互换面临哪些风险？
13. 假设借款人在 $t=0$ 时刻知道其在 $t=1$ 时刻有机会投资175美元于一个风险项目，并在 $t=2$ 时刻获得回报。借款人只能投资于两个互斥项目（S或者R）中的一个。每一个项目都需要175美元的投资。如果借款人在 $t=1$ 时刻投资S，那么项目在 $t=2$ 时刻产生310美元的概率为0.8，没有收益的概率为0.2。如果借款人在 $t=1$ 时刻投资R，那么项目在 $t=2$ 时刻产生330美元的概率为0.6，没有收益的概率为0.4。该借款人的决策不能被银行观测到。

   在 $t=0$ 时刻，单期无风险利率为12%。在 $t=1$ 时刻不知道单期无风险利率是多少，但是知道有0.6的概率为8%，0.4的概率为15%。假设所有人都是风险中性者，借款人除了项目以外没有其他资产。

   假设你代表借款人的银行，而且你和借款人都知道借款人有两个选择：①在 $t=0$ 时刻什么都不做，在 $t=1$ 时刻按当前的利率在即期贷款市场中借贷；②在 $t=0$ 时刻和你协商一份贷款承诺，允许借款人在 $t=1$ 时刻借贷。你的建议是什么？假设存在一个完全竞争的贷款市场，所有银行的预期利润都被限制为零。

14. 以下是一段对话的节选。做出评述。

    阿普尔顿：迈克，这很简单，国际清算银行的规定是最低水平，而财政部的条例使银行高于国际清算银行的最低标准做出决策。困扰我的是国际清算银行的指导原则，是否需要对表外业务计提资本。当这些项目出现在资产负债表上时，针对它们又有新的资本充足率要求，我们是不是双重核算了？

    巴特沃斯：并不是这样，没有双重核算。我认为发行在外的贷款承诺已达到万亿美元级别，美国银行的或有负债问题是应该被控制的问题。监管会计准则（RAP）和通用会计准则（GAAP）处理这些或有负债问题的方式令人遗憾。我认为储蓄机构应该让这些负债反映在资产负债表中，而不是附注里。

    阿普尔顿：贝丝，我认为你有一点激进。人们对这些或有负债如何定价没有一致的认识，你怎么衡量这些风险敞口呢？

巴特沃斯：艾利克斯，这只是你自己认为的。事实上已经有可用的估值模型了，我承认它们并不完美，但是即便有不完善的信息也好过没有。

15. 评述下列节选对话。

主持人：静一静，大家。我认为我们讨论的是银行业改革以及存款保险。那我们谈论的表外业务是否与存款保险有关系呢？

巴特沃斯：这是一个好问题，迈克。我不太清楚，但是我猜测或有负债代表了存款保险基金的隐性负债。银行的或有负债越多，银行体系的风险越大。

阿普尔顿：正如你们两位所说，我认为表外业务是银行的远期业务，所以贝丝的观点难倒我了。也许她有支持她论断的证据？

巴特沃斯：艾利克斯，不，我没有，但是我会研究一下。

第 11 章

资产证券化

罗伯特·M.格里尔正在寻找房子，尽管他自己并不需要住的地方。这位 Lones Lang Wooton 的总经理正在寻找的是最适合纳入证券化住房抵押贷款组合的房子。

《美国银行家》，1990 年 10 月 2 日

引言

银行业曾经是一个颇为简单的行业。银行在借到钱之后，就在借款成本之上再加一个利差，然后把钱贷给其他人。这些存款和贷款活动都反映在银行的资产负债表中。⊖ 但现在的银行在开展资产负债表内业务的同时也开展了很多表外业务。第 10 章讨论了银行包括贷款承诺业务等在内的一些资产负债表表外业务。在本章，我们通过对资产证券化和贷款出售的考察来继续这一讨论。

让我们从贷款承诺开始吧。当银行提供（也可以理解为"出售"）贷款承诺时，那么当且仅当客户执行这一承诺时银行才需要提供资金。如果"执行"发生，这笔贷款就出现在银行的资产负债表中。但即使在这个阶段，银行也可以通过将贷款出售给另一家银行（贷款销售）或将其证券化来避免提供资金。资产证券化涉及将该贷款与其他有类似特点的贷款组合在一起，以资产组合产生的现金流为基础来创造信用增级的债券，然后将这些债券销售给投资者。⊖

我们在第 9 章提及的银行贷款销售的实践历史非常悠久，最早可以回溯到 1880 年。相比之下，资产证券化则是近几十年来才出现的，其出现时间可回溯到 1970 年政府国民抵押协会创造的 GNMA 过手证券——这是一种住房抵押贷款支持证券，由联邦住房管理局和退伍军人管理局单户抵押贷款担保。这样，储蓄贷款协会介入资产证券化活动的历史已近 50 年。另外，银行相对而言是这个市场的新参与者。虽然 1977 年美国银行发行了第一个由传统住房抵押贷款支持的私人部门过手证券，但各种类型的银行贷款证券化直到 1985 年才

⊖ 这就难怪沃尔特·白芝浩这位经济学家写道："银行的业务本该是简单的，如果它变得很难，那么它就出错了。"（白芝浩，1873）

⊖ 如果想更好地了解资产证券化，我们推荐 Pavel（1989）、Fishman 和 Kendall（2000）。

出现。

资产证券化在美国经济中的重要性日益上升。截至 2011 年 4 月，已被证券化的资产规模达到 11 万亿美元，这个数字超过了所有可交易的美国国债的市场规模。⊖ 欧洲证券化资产的体量大概是美国的 20%～25%，但在 2007～2009 年金融危机爆发之前表现出了较高的增长率。图 11-1 显示了相对于 GDP 而言资产证券化的规模。

资产证券化的起源可以追溯到保付代理和担保贷款等常见的贷款实践，这个市场随后演变成了家庭住房抵押贷款池的资产证券化。非住房抵押贷款资产证券化开始于 1985 年 3 月，当时斯佩里租赁金融公司完成了 1.925 亿美元证券的公开发行。这些过手证券（代表了对证券化资产组合的直接所有权主张）是以斯佩里公司（也就是现在的 Unisys 公司）发起的租赁应收账款池作为担保的。瑞士联合银行（现在是瑞银集团的一部分）的信用证帮助这次发行的证券获得了 AAA 的信用评级。

资产证券化市场通常指的是资产支持证券（ABS）市场。ABS 市场中证券的约定期限一般不超过 6 年，平均存续期从 6 个月到 5 年不等。这个市场中绝大部分证券的期限为 18～36 个月。资产证券化市场在美国和海外都得到了快速增长。图 11-2 提供了美国和欧洲年度 ABS 发行规模的相关信息。⊜ 资产证券化在亚洲和拉丁美洲也很重要。⊜

目前，包括汽车贷款和租赁、信用卡应收账款、商用卡车贷款和轮船贷款等在内的很多资产都可以被证券化。私人发行者包括商业银行、工业公司的金融子公司和储蓄机构。表 11-1 提供了美国不同类型证券化资产的相关数据。

在美国，资产证券化最初的障碍来自法律层面的不确定性——人们不清楚《格拉斯 – 斯蒂格尔法案》对公司证券承销或发行的规定是否也会禁止资产证券化。然而，在 20 世纪 80 年代中期，货币监理署颁布规定，国民银行可以出售贷款池中的相关权益。上诉法院维持了货币监理署的立场，驳回了证券业协会（SIA）的诉讼申请。法院裁定，ABS 的销售不受《格拉斯 – 斯蒂格尔法案》的限制，理由是这些工具"不是证券，而是对相关基础贷款的投资"。随后，最高法院拒绝受理证券业协会的上诉，进而明确了国民银行开展资产证券化的权利。⊠

在本章的剩余部分，我们将讨论与贷款销售和资产证券化相关的相当宽泛的话题。首先，我们将资产证券化和贷款销售解释为旨在通过分解传统的借贷功能来获取收益的自然结果。然后我们介绍资产证券化的不同实现途径，随后是对资产证券化经济原理的深入探讨。然后讨论会计和监管问题。随后我们将探讨参与 ABS 市场的银行所面临的一些战略性问题。之后将讨论贷款销售，接下来是结论部分。为阐明银行面临的战略资产证券化问题，我们最后提供了一个研究案例。

⊖ 见 Gorton 和 Metrick（2013）。

⊜ 注意一点，美国的这个数字（与图 11-1 中的数字相反）不包括政府支持机构的 MBS 证券市场，也就是说，数以万亿美元的 MBS 证券是由像房地美或房利美这样的政府支持机构发行的。同样值得注意的是，欧洲一般没有这种政府支持机构发行的证券化资产，因此对于显示的欧洲规模，图 11-1 和 11-2 是一致的。也可以参见 Altomonte 和 Bussoli（2014）。

⊜ 见 Gyntelberg 和 Remolona（2006），Scatigna 和 Tovar（2007）。

⊠ 见 Huber（1992）。

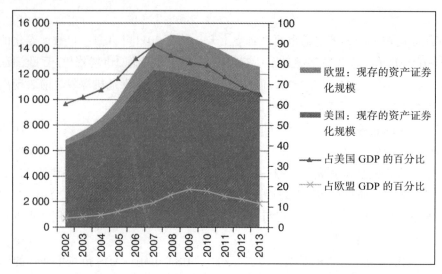

图 11-1　现存的证券化资产：美国 vs. 欧盟（占 GDP 的百分比，2002～2013 年）

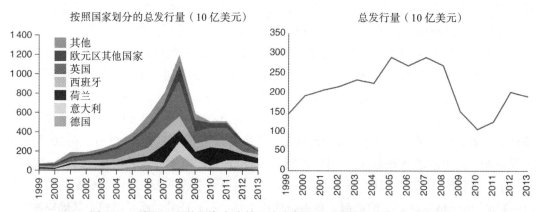

图 11-2　欧元区和美国资产支持证券市场的新发行（1999～2013 年）

资料来源：Altomonte 和 Bussoli（2014），基于 SIFMA 的数据。

11.1　资产证券化和贷款销售经济动机的初步评论

11.1.1　贷款功能的分解

贷款至少可被分解为四个基本流程：发起（包括承销）、担保、服务和提供资金。鉴于金融机构的运作惯例是把这些业务流程聚合在一起，因此这种流程的分解在很长一段时期内很少受人关注。但这些流程的聚合绝非不可改变的。比如，设想一家银行擅长利率和信用风险的处理以及经纪业务的提供。那么，它就可以把自己的业务限制在出具信用证和贷款承诺等方面，而完全不开展存款和生息资产等业务活动。

因此，我们面临的问题是，为什么在一开始的时候这些与贷款相关的功能是组合在一起的，而现在它们又被分解了呢？原因有两个：监管环境导致的融资优势和信息技术。我们逐一考虑这两个原因。

表 11-1 按主要信贷类型划分的已发行的资产支持证券（1995~2012 年）

	1995	1996	1997	1998	1999	2000	2001	2002	2003	2004	2005	2006	2007	2008	2009	2010	2011	2012
总存量规模	260.9	373.8	519.6	653.6	959.6	1 092.9	1 238.8	1 388.1	1 513.9	1 824.4	2 126.7	2 726.0	2 972.2	2 624.3	2 347.7	2 053.3	1 834.3	1 701.1
汽车贷款	52.8	66.7	79.4	88.5	109.4	140.5	167.0	187.6	191.5	177.3	195.9	196.2	181.2	141.5	128.4	117.4	118.4	143.3
占总量的比例	20.2%	17.8%	15.3%	13.5%	11.4%	12.9%	13.5%	13.5%	12.6%	9.7%	9.2%	7.2%	6.1%	5.4%	5.5%	5.7%	6.5%	8.4%
信用卡贷款	129.9	167.1	191.0	199.6	213.8	236.8	265.9	293.3	303.5	297.5	287.2	291.5	324.4	315.6	300.3	216.9	164.1	127.9
占总量的比例	49.8%	44.7%	36.7%	30.5%	22.3%	21.7%	21.5%	21.1%	20.0%	16.3%	13.5%	10.7%	10.9%	12.0%	12.8%	10.6%	8.9%	7.5%
住房权益贷款	34.3	60.6	105.7	146.6	338.0	352.6	388.6	452.9	497.7	711.5	843.2	1 085.3	1 040.2	834.3	679.9	594.2	522.0	469.4
占总量的比例	13.2%	16.2%	20.3%	22.4%	35.2%	32.3%	31.4%	32.6%	32.9%	39.0%	39.6%	39.8%	35.0%	31.8%	29.0%	28.9%	28.5%	27.6%
工厂预制住房贷款	16.1	22.1	28.6	37.4	47.9	52.4	51.7	47.9	39.3	34.1	29.4	25.6	22.6	20.3	18.0	16.5	14.7	13.2
占总量的比例	6.2%	5.9%	5.5%	5.7%	5.0%	4.8%	4.2%	3.4%	2.6%	1.9%	1.4%	0.9%	0.8%	0.8%	0.8%	0.8%	0.8%	0.8%
学生贷款	6.5	14.3	25.9	31.5	36.4	44.7	48.1	58.7	87.8	122.5	159.6	200.6	229.6	237.9	239.5	240.6	234.6	234.1
占总量的比例	2.5%	3.8%	5.0%	4.8%	3.8%	4.1%	3.9%	4.2%	5.8%	6.7%	7.5%	7.4%	7.7%	9.1%	10.2%	11.7%	12.8%	13.8%
设备租赁	8.5	14.3	16.8	20.7	23.8	28.1	26.5	21.5	22.7	24.0	26.2	29.0	28.3	18.6	15.9	13.1	13.9	18.6
占总量的比例	3.3%	3.8%	3.2%	3.2%	2.5%	2.6%	2.1%	1.5%	1.5%	1.3%	1.2%	1.1%	1.0%	0.7%	0.7%	0.6%	0.8%	1.1%
其他[①]	12.7	28.7	72.4	129.2	190.3	237.8	291.0	326.2	371.3	457.6	585.1	897.9	1 145.9	1 056.2	965.8	854.7	766.6	694.6
占总量的比例	4.9%	7.7%	13.9%	19.8%	19.8%	21.8%	23.5%	23.5%	24.5%	25.1%	27.5%	32.9%	38.6%	40.2%	41.1%	41.6%	41.8%	40.8%

① 其他包括 CDO。

资料来源：证券业和金融市场协会。

11.1.2 贷款融资的传统利益

早些时候,存款性机构在获取资金方面享有一定的优势,由此它们培育了包括贷款在内的资产发起和承销所需的专门技能。资金获取方面的优势在很大程度上由金融监管所致,这里的监管包括存款利率上限、定价过低的政府存款保险、准入限制和各种税收优惠(尤其是那些与贷款损失准备金、互助组织和住房有关的税收优惠)。由此产生的租金由储户、借款人和储蓄机构的所有者/管理者共享。这样一种银行体系是在20世纪30年代引入的,当时的美国刚刚经历了10多年的具有极大社会破坏性的银行倒闭事件。这个体系的基础是存在于储户、银行、储蓄机构的所有者/管理者和政府之间的隐性合同。在这个隐性合同中,储户同意接受低于市场的资金回报率,并以此来换取政府的担保,而这份担保(存款保险)实际上将银行和储蓄机构的债务变成了对美国政府的或有债权;银行同意接受管制和监管,来换取以更低的存款成本和更长的存款期限形式体现的补贴;政府接受存款担保下的剩余风险敞口(代表纳税人),以换取银行体系稳定带来的政治利益。

11.1.3 资金利益的流失和资产证券化与贷款销售动机

储户、储蓄机构和政府之间的这份隐性合同一直没有受到太大的冲击,直到20世纪70年代的通货膨胀将存款持有的机会成本从大致100个基点提高到400或500个基点,甚至600个基点。机会成本的上升导致储户转向高收益的货币市场基金。隐性合同开始解体。

在20世纪80年代金融立法改革,尤其是存款利率上限被强制取消的背景下,这种趋势得以持续发展。随着存款利率的上升,银行和储蓄机构的存款租金被不断侵蚀。此外,银行业的准入壁垒也开始崩溃,税收优惠开始消失,存款保险的价格上涨,资本要求也提高了。这些变化在不同程度上减少了银行获得的租金及其在利用存款为贷款提供资金的过程中所享有的优势。然而,它们此前培育的发起、监控和服务技能并没有受到很大的影响。这为银行和储蓄机构提供了(要么通过资产证券化,要么通过贷款销售)最初的推动力,银行借此只从事发起和承销业务,而不为其提供资金。

银行贷款销售和资产证券化的第二个推动力来自信息科技的进步。成功的贷款销售要求买者(通常是另外一家金融机构)有能力评估这笔贷款的回报特征,而这在一个具有良好信息的环境中比较容易实现。考虑到资产证券化的买家是投资者而不是金融机构,信息问题对于资产证券化的发展就显得更为重要了。信息处理科技的进步使投资者对资产的评级变得更为容易,进而减少了投资者和贷款发起者(银行)之间的信息差距。此外,信息技术是金融机构提供服务和监控业务的关键所在,尤其针对被剥离后的现金流。这促进了资产证券化。⊖ 在例11-1中可以容易地看出这个观点。

⊖ 见 Greenbaum 和 Thakor(1987),他们在指定信息处理成本功能的基础上对资产证券化进行了讨论。Boot 和 Thakor(1993)认为在资产证券化过程中,将很大数量的资产聚集到资产组合之中可以分散化关于个别证券的异质性信息,从而减少投资者承担的生产信息的负担,这时可以将来自资产组合的现金流分档,以制造多种(债务性)证券,而这种分档可以创造出信息敏感性的资产,而这些信息敏感性资产的出现则有助于鼓励投资者从事关于证券的成本高昂的信息生产活动。基于这样一种分析,他们解释了资产证券化出现的原因。也可以参见 Kareken(1987)、Fishman 和 Kendall(2000)。关于资产证券化效应的检验见 Thomas(2001)。

例 11-1

设想北美银行发起了一个贷款组合。银行知道这个组合的总收益有两种可能性，即有 0.9 的概率为 100 美元，有 0.1 的概率为 30 美元。我们把这个组合叫作 A。然而，投资者无法区别这个组合和另外一个组合（我们称之为 B）。组合 B 的总收益也存在两种可能性，有 0.7 的概率为 100 美元，有 0.3 的概率为 30 美元。投资者相信，如果在这两个组合中随机选择，那么有 0.5 的概率选择组合 A，有 0.5 的概率选择组合 B。所有经济主体都是风险中性的。

对于银行来说，如果它想告诉投资者其持有的投资组合的"真实"价值，需要承担 11 美元的成本。这个成本可以被简单地认为是贷款组合出售过程中发生的一笔费用。可以把这个成本想象为一种信号成本（如第 1 章所描述的那样），且这种成本会随着信息技术的进步而下降，因为信息技术的进步会使公司采取成本更低的信号显示机制。银行从事贷款发起和服务的净利润为证券化贷款组合价值的 1%，如果贷款保留在资产负债表上，由银行提供资金，那么银行的净利润是贷款组合的"真实"价值的 2% 减去与融资相关的 99 美元固定成本（举个例子，这可以代表监管税收和管理成本的总和）。这时，银行是选择资产证券化还是为贷款组合提供资金呢？如果沟通成本从 11 美元降到 2 美元，银行的选择会发生变化吗？

解：

我们可以分三步来解决这个问题。第一步，我们表明，如果银行决定出售/证券化其贷款组合，它倾向于在不与投资者沟通信息的前提下直接证券化，因为沟通成本超过了信息披露后的收益。在证明没有信息沟通的证券化优于有信息沟通的证券化的前提下，我们在第二步表明银行倾向于为贷款提供资金而不是将其证券化。第三步，我们证明当沟通成本从 11 美元降到 2 美元时，银行偏好于有信息沟通的证券化。

步骤 1

首先，我们计算"混合"投资组合的价值，也就是说，在没有信息沟通的情况下银行贷款组合出售或证券化的价格。假定风险中性，对于拥有组合 A 的银行而言，它能够把贷款组合以组合 A 和组合 B 的平均价值出售，也就是说，价格为

$$0.5 \times (0.9 \times 100 + 0.1 \times 30) + 0.5 \times (0.7 \times 100 + 0.3 \times 30)$$

（贷款组合 A 的期望价值）　（贷款组合 B 的期望价值）

$$=0.5 \times 93 + 0.5 \times 79 = 86 （美元）$$

这时，很容易看出，对于银行而言，向投资者披露投资组合的真实价值并不划算，因为一旦它选择这么做，出售贷款组合的净收益只有 82 美元（即个人知悉的贷款组合价值 93 美元减去 11 美元的信息沟通成本）。这样，对于银行而言，没有信息沟通的证券化优于有信息沟通的证券化。

步骤 2

现在你可以发现，如果银行在没有信息沟通的情况下选择证券化贷款组合，那么它的净利润为 86 美分（86 美元的 1%）。但如果银行为贷款提供资金的话，它的净利润为 $0.2 \times 93 - 0.99 = 0.87$ 美元。这样，当把贷款组合的真实价值告知投资者的成本为 11 美元时，银行将不会选择证券化。我们比较步骤 1 和步骤 2 可以发现，为贷款提供资金是银行的最优选择。

步骤 3

如果沟通成本降到 2 美元,那么银行通过沟通和证券化获得的净利润为 $0.01 \times (93-2) = 0.91$ 美元。这个数值不仅超过了为贷款提供资金的净利润,也超过了在没有信息沟通的情况下证券化的净利润。这表明,信息处理技术的改进降低了财务信息沟通的成本,进而促进了资产证券化。

对这类现象更为全面的讨论出现在稍后一些的章节内容中。

11.2 证券化合约的不同类型

贷款支持证券是由居民、多个家庭和商业住房抵押贷款、汽车贷款、信用卡应收账款、小企业管理局贷款、计算机和卡车租赁、流动房屋贷款和各种金融应收账款作为抵押的。贷款支持证券有三种基本类型,每一种都是从次级住房抵押贷款市场演变而来的。

11.2.1 过手证券

第一类贷款支持证券是过手证券,它代表了对具有类似的期限、利率和质量特点的住房抵押贷款组合的直接所有权。资产组合被置于一个信托基金中,所有权证书直接出售给投资者;每张证书都代表了对整个贷款组合的一种收益请求权。贷款发起者(也就是银行或储蓄机构)为贷款组合提供服务,并收集贷款的利息和本金(虽然有时候,发起和服务可以由不同的机构提供)。贷款组合的服务商从收取的收入中扣减一笔服务费,然后将剩余的款项传递给投资者(由此,这类证券被称为"过手证券")。贷款(住房抵押贷款)的所有权属于证书持有者。这样,过手证券无须在发起者的资产负债表中出现。过手证券包括两种结构:静态池和动态池。下面分别讨论这两种结构。

1. 静态池过手证券

这里的"静态"指的是作为向投资者出售的证券现金流来源的贷款池的性质,或者说这个贷款池是固定的。持有这个贷款池的信托组织在信托层面是免税的,税收仅向信托的受益人征收。绝大多数过手证券提供本金和利息按月支付的现金流。图 11-3 展示了典型的过手证券结构的流程。⊖ 借款人支付的款项以受托人的名义存入有保险银行(受托人)的信托部门独立的计息账户。这个账户被称为"托收账户"。存入这个账户的款项首先用于支付每月的服务费。在每一个付款日,受托人将每月的本金和利息支付给投资者。服务商负责支付受托人的费用。

资产证券化过程中通常存在贷款组合的"信用增级"安排。这种信用增级可以通过提供"超额"担保品和/或发起人购买的保险债券来实现。担保的对象涵盖发行日部分基础资产。比如,设想利用保险债券实现 15% 的信用增级。此时,信用增级提供者就对不超过证券化贷款组合价值的这一百分比的违约损失承担偿付责任。⊜ 实际上,信用增级提供者会购买这

⊖ 之后的分析部分基于 Pavel(1989)。

⊜ 信用增级的水平一般由信用评级机构来决定,而必要的最低信用增级水平是为了达到发行人试图为贷款组合指定的信用评级所需的程度。

些违约的合约。利用信用增级,担保人信托有权从信用增强提供者那里获得补偿,以弥补由于违约而导致的贷款组合的损失,金额不超过指定的覆盖范围。

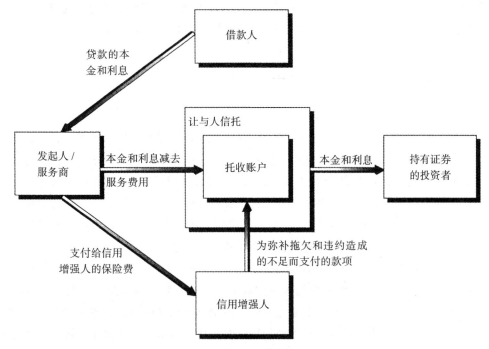

图 11-3 一个静态过手结构的现金流安排

静态过手证券中最常见的一类就是吉利美证券,它是由联邦住房管理局和退伍军人管理局住房抵押贷款担保的住房抵押贷款支持证券。政府国民抵押协会这一联邦政府的直接下属部门充当信用增级提供者的角色,担保本金和利息的按时支付。这样,这些过手证券实际上对投资者而言是不存在违约风险的。高度发达的二级市场确保了这些工具的流动性。联邦住房贷款抵押公司(房地美)这家联邦政府的非直属机构在 1971 年开发了类似的过手证券,被称为"参与证书"(PC)。联邦国民抵押协会(房利美)在 1981 年开发了住房抵押贷款支持证券(MBS)。PC 和 MBS 都是依托不受保险的或私人担保的住房抵押贷款组合发行的贷款支持证券。MBS 每个月利息和本金的全额偿付都由房地美来提供担保,但房地美对本金偿付的时间不提供保证。

私人部门过手证券比联邦机构发行的证券更少见一些。1977 年,美国银行发行了第一只私人部门过手证券。这些证券由传统的住房抵押贷款支持,并购买了私人抵押贷款保险来覆盖整个贷款池,而不是每一笔单独的贷款。因为保险覆盖的是整个贷款组合,所以保险公司可以实现分散化,这意味着它会收取比直接担保代表贷款组合子集的单个贷款更低的保险费。

2. 动态池过手证券结构

"动态"指的是作为向投资者出售的证券现金流来源的贷款池的构成并不是固定的。这一贷款池中的资产通常期限很短,以至于它们会发生循环,进而意味着贷款组合的构成发生了变化。这种结构有时也被称为循环结构,涉及平均存续期限短于依托这个组合发行的证券化产品规定期限的贷款池。当贷款池内的某一贷款到期时,这笔贷款的收益要在固定的期限

（循环期限）内进行再投资。在循环期限内（这个期限可通过结构化设计来满足资产预期的考虑），只有利息会支付给证书持有人。所有的本金支付款项都会用于再投资，以维持初始的本金数额。本金摊付开始于循环期结束时，一般在过手证券的基础上进行。这种设计最常使用的对象是信用卡应收账款（如 JC Penney 信用卡应收账款的 JCP 万事达信用卡信托和西尔斯信用卡应收账款的西尔斯信用账户信托），因为信用卡应收账款的偿付期限不确定，有时可能非常短暂，而这会让那些有最短投资期间要求的投资者感到非常失望。

11.2.2　资产支持债券

资产支持证券的第二种类型是资产支持债券（ABB）。像静态过手证券一样，资产支持债券由一个贷款组合充当抵押品。资产支持债券与过手证券的主要差异在于，在这种情形下，发起人会把资产出售给其全资子公司，而这个公司创建的唯一目的就是进行资产证券化。由此，资产仍保留在发起人的（合并）资产负债表中。也就是说，子公司自身向投资者发行了资产支持证券（一般债务凭证），而不是将资产出售给一个信托机构，然后再由信托机构将基于这些资产的支持证券销售给投资者。这些资产支持证券仅由子公司的资产和任何一种出于证券化目的而获得的信用增级措施来提供担保。图 11-4 描述了资产支持债券的现金流结构。如图 11-4 所示，作为发起人的全资子公司，金融公司向投资者发行证书/凭证，且这种发行通常是通过投资银行的承销完成的。由金融公司托收的来自本金和利息支付的收入被转移至受托人。这些支付款项被加到信用增级提供者提供的现金之中，随后再由受托人支付给投资者。

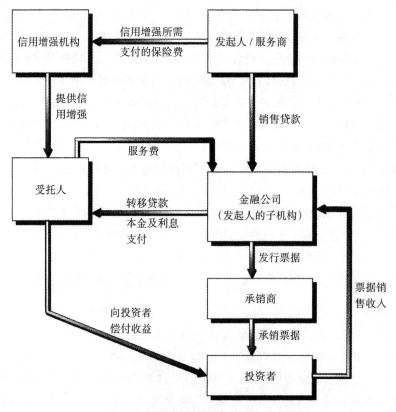

图 11-4　资产支持债券的现金流安排

过手证券和资产支持债券之间的重要差异在于，作为抵押品的资产池中的现金流并不完全用于资产支持债券的本金和利息的支付。资产支持债券的存续期通常是预先设定的（正常是 5～12 年），利息每半年支付一次。

资产支持债券通常存在超额抵押现象。通常的做法是每季度对抵押品进行评估，如果出现抵押品的价值低于债券契约中规定的金额的情况，需要追加资产来增加抵押品的价值。超额抵押现象存在的原因有两点。

（1）像其他形式的信用增级一样，超额抵押的存在增加了投资者的安全性，进而降低了资产支持债券的必要收益率。这有利于发起人，因为超过资产支持债券的本金和利息以及服务费用的任何收入都归发起人所有，在这里，这种收入被用于增加抵押品池的价值。这样，对于发起人而言，超额抵押是其从资产池中托收的收入进行再投资的一种特殊方式。通过再投资来增加抵押，发起人降低了投资者所面临的风险，其效果就如同借款人通过使用项目现金流购买额外抵押而不是用现金流增加股东的股利来降低贷款人的风险。也就是说，超额抵押通过降低某种形式的道德风险改善了总体产出结果。其他形式的信用增级（如保险债券）也会降低道德风险，但是是以不同的方式实现的。举个例子，提供保险债券的公司就被预期会监控发起人，以确保足够高的资产质量。

（2）超额抵押的存在也可以防止投资者因估值日之间抵押品的市场价值下降而造成的损失。这是一个简单的风险分担观点。如果发起人比单个投资者具有更高的风险容忍度（或许是因为其对冲风险的卓越能力），那么这时发起人就可以向投资者提供某种形式的价值波动保险来换取资产支持债券较低的必要收益率。在这种意义上，超额抵押与其他形式的信用增级并没有什么区别。

资产支持债券可以被公共和私人实体使用，但私人发行占据主导地位。主要的私人发行者是储蓄贷款协会和互助储蓄银行。然而，资产支持债券市场比过手证券市场的规模要小很多（大约是过手证券市场的 5%）。导致这种现象的原因之一可能是资产支持债券保留在发起人的账面上。这样，金融机构必须对资产支持债券持有准备金和资本。

11.2.3 转付债券

资产支持证券的第三种形式是转付债券。这种债券结合了过手证券和资产支持债券的特点。它与资产支持债券的相似之处在于，转付债券以债务的形式出现在发起人的资产负债表中。它与过手证券的相似之处在于，被用作抵押品的资产池的现金流完全用于服务这些债券。

1. 抵押担保债券

1983 年 6 月，房地美发行了一种被称为"抵押担保债券"（CMO）的转付债券。抵押担保债券的发行被分为三个"档"（期限类别），每个类别的债券的利息都是每半年支付一次。但是，这些"档"（债券）收到的预定本金付款和还款是严格按照优先顺序进行的。也就是说，A 类债券的持有者收取本金支付的第一笔款项以及任何一笔提前偿付款，一直到 A 类债券的本金得到完全清偿。在 A 类债券得到清偿之后，B 类债券的持有人开始收取本金支付和还款。在 C 类债券持有人收取本金偿付之前，B 类债券持有人的本金必须得到完全清偿。A 类债券持有人的本金一般在自发行日起的 5 年内得到清偿，B 类债券在 12 年内得到清偿，而 C 类债券则在 20 年内得到清偿。图 11-5 提供了第一个 5 年（或者说 A 类债券本金得到清偿前）里抵押担保债券的现金流流向状况。

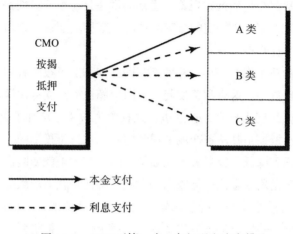

图 11-5　CMO（第一个 5 年）现金流安排

在图 11-5 的结构中，A 类债券将在收取利息的同时，收到基础住房抵押贷款传递过来的所有本金支付，直到它完全得到清偿（估计不超过 5 年）。在这期间内，B 类和 C 类债券只收取利息。尽管由于提前偿付利率有一定的随机性，本金的偿还速度存在波动性，但抵押担保债券结构通过现金流"顺序"支付的方式降低了这种波动性。也就是说，抵押担保债券持有人得到了一种"赎回保护"。他们可以合理地认为，其债券不会在到期前被提前偿付（被赎回）。

抵押担保债券为提前偿付的风险管理提供了便利。提前偿付风险通常由金融机构来承担，这种风险主要是因为当利率下降时，考虑到借款人可以以更低的利率来进行再融资，所以他们往往倾向于提前偿付其债务。这一风险对于期限很长的住房抵押贷款而言尤为重要，因为这类贷款没有针对提前偿付行为的惩罚措施。这样，金融机构就不能获得资金成本相对于其长期资产收益率的下降所带来的全部收益。另外，当利率上升时，机构的资金成本上升，但其资产收益没有增加，因为这时借款人会继续持有其低利率住房抵押贷款。通过投资具有足够长的有效期限的抵押担保债券（就是图 11-5 中的 C 类），金融机构可以降低其提前偿付风险敞口。

现实中存在种类极为宽泛的抵押担保债券。这些抵押担保债券的类型从三个期限类别到六个以上的期限类别不等。但是，绝大多数抵押担保债券有四个期限类别，其中包括三个"常规"期限类别和一个"剩余"类别（也称为"Z 类"）。从发行日开始，前三个类别的债券按照票面规定的利率收取利息。Z 类债券基本上可看作收益债券，当其他三类债券收取利息时，这类债券赚取的利息会被累积为本金，并与原有的本金混在一起。当之前的三类债券的本金清偿完毕之后，Z 类债券可以收取定期的本金和利息支付，以及累积的利息。

抵押担保债券可以被金融机构用于资产/负债的管理。比如，设想储蓄贷款协会持有 30 年期的固定利率住房抵押贷款，其资金来源于期限相对较短的债务。这样的机构就可以通过将住房抵押贷款换为期限较短的抵押担保债券来降低资产负债表中的期限错配。

公共和私人部门的公司都参与了抵押担保债券市场。发行人包括投资银行、联邦机构、建造商、储蓄机构等。抵押担保债券的发行并不是资产销售，因为债务仍然在发起人的账面上。采用这种结构主要是为了满足税收管制的要求。美国的税法规定，如果一个信托机构发行了不按比例分配现金流的多个类别的索取权——就像抵押担保债券那样，那么该信托就无法获得让与人信托的身份。可以回想一下，这个"税收问题"在过手证券中并不存在，因为这些证书的持有人的确收到了以按比例分配的形式体现的现金流。这样，抵押担保债券就不得不容忍将抵押资产继续保留在发起人的资产负债表上，而不是将它们出售给信托的"无效性"。这也导致了另外一种税收劣势，就是由类似准备金和资本充足率要求、存款保险费等监管性税收所导致的成本。这些都限制了抵押担保债券的使用。

2. 房地产抵押投资渠道

1986年的《税收改革法案》(TRA) 批准了房地产抵押投资渠道（REMIC）。抵押担保债券和房地产抵押投资渠道之间的主要差异在于税收的处理方式。如果下列条件满足的话，那么房地产抵押投资渠道就可以视为出于税收目的的资产销售。

（1）房地产抵押投资渠道必须至少包括一种常规等级的债券，以及最多不超过一个剩余等级债券。

（2）房地产抵押投资渠道的抵押品必须包括"合格的住房抵押贷款"或"被允许的投资"。合格的住房抵押贷款包括单户和多户住房抵押贷款以及商业抵押贷款、住房抵押贷款支持证券。被允许的投资则包括短期付息证券（这种证券仅适用于月度现金流在按照约定向债券持有人转付之前的再投资）、为房地产抵押投资渠道的运行支出提供资金的投资和通过抵押品赎回权的取消而获得的财产。

11.2.4 证券化创新

新型证券化合约由于三个主要的原因而得以继续发展。第一，鉴于住房抵押贷款的投资者对于提前偿付风险的处置已变得更为老练，更低的利率水平使得住房抵押贷款内含的提前偿付期权对于这些投资者而言变得更有价值了。这有助于管理提前偿付风险的新型证券被创造出来。

第二，对各类证券未来收益的概率分布相对不是非常了解的投资者会发现，他们在与知情的投资者打交道时处于劣势。因此，不知情的投资者对信息不敏感的证券产生需求，因为这些证券可以使他们在交易时不会被侵占利益。通过对混合的、信息敏感的证券的现金流进行层级划分，与证券化相伴随的现金流剥离经常会创造出信息不敏感的证券，而以这种途径创造的级别最高的证券就是接近无风险的证券，对不知情的投资者具有极大的吸引力。⊖

第三，证券化和现金流剥离方面的创新也有助于创造出对于知情的投资者而言具有吸引力的证券。包含部分私人信息的给定证券总是可以被剥离成两个证券，其中一个证券与原始证券相比更具有信息敏感性（也就是包含更多的私人信息）。

那些有能力以一定的成本获得更多信息的投资者会发现，对于信息敏感性更高的证券

⊖ Gorton 和 Pennacchi（1990）将这个解释作为理解分散化的一揽子证券、无风险大额存单以及其他信息不敏感的资产的优势的一种方式。

而言，他们在信息上的投资回报率会变得更高。这样，这些投资者中有更多的人会变得更知情，这些投资者对（信息敏感）证券的需求也就变得更高，相应地，这些证券的交易价格也会提高，最终证券发行者的收入就增加了。⊖

我们也可以对原始证券具有的其他特性做出类似的分析，也就是说，可以通过现金流的剥离改变证券的特性，以吸引特定类别的投资者。例如，出于投资者的税收考虑和风险态度的不同，他们可能有不同现金流偏好。这时，相比发行人仅发行单一类型的过手证券所能满足的客户需求而言，将这种证券剥离成不同的构成部分可以使发行人更有效地迎合客户的需求。如果这种需求满意度的变化转变为美元，就意味着发行人将获得更高的收入。当利率不断下降时，投资者会渴望一个较低的提前偿付比率。那些想要更高的提前偿付率并以折扣价格交易的住房抵押贷款支持证券的投资者则可以购买"纯本金"（P/O）证券。

1. 剥离证券

剥离抵押证券（"剥离证券"）涉及两类过手证券，这两类证券从同一个住房抵押贷款池中收取不同份额的本金和利息。举个例子，一个平均年化收益率为8%的住房抵押贷款池可以被拆分为息票利率为12%的"溢价"证券和息票利率为4%的"折价"证券。当这个"剥离"过程被发挥到逻辑意义上的极限时，就可以创造出纯利息（I/O）和纯本金（P/O）这两类证券。这被称为I/O–P/O剥离。I/O剥离证券的持有者，其收入主要来自证券化资产池的利息支付，而P/O剥离证券的持有人则获得几乎所有的本金支付。

剥离证券对发行人和投资者而言都具有吸引力。对于投资者而言，这种证券的优势是建立在之前阐述的客户偏好观点之上的。也就是说，某些投资者可能会偏好信息不敏感的证券，而其他投资者则可能偏好信息敏感的证券，同时，也有一些投资者渴望得到出于税收考虑的特定的现金流模式。剥离证券能够满足这些不同的需求。

金融机构也可以利用I/O–P/O剥离证券来对冲利率风险。I/O在对冲固定利率住房抵押贷款和其他固定收益资产方面很有用。利率上升会导致I/O以及其他固定收益资产的价值下降。然而，较高的利率会使提前偿付的速度变慢。这将为I/O剥离证券的持有者带来超出其预期的现金流，进而提高I/O的价值。在绝大多数利率场景模拟中，利率上升会导致提前偿付率下降，从而使I/O剥离证券的价值和银行拥有的其他固定收益资产价格之间形成反向关系。这提供了对冲。

金融机构可以利用P/O剥离证券来对冲固定收益债务。利率的下降增加了P/O剥离证券的价值，因为计算未来本金支付现值的折现率下降了。此外，提前偿付加快，由此加快了P/O剥离证券持有者的现金流的偿付，进一步提高了剥离证券的价值。因此，P/O的价值与固定收益债务的价值是反向相关的，对冲就成了可能。

2. 资产支持商业票据

资产支持商业票据（ABCP）是由指定公司资产（一般是应收账款）提供担保的商业票据。资产支持商业票据这个术语看上去有些自相矛盾，因为商业票据被认为是一种可交易、短期、无担保的公司负债。资产支持商业票据的期限一般是 90～180 天。图 11-6 阐述了资

⊖ 这种解释是由 Boot 和 Thakor（1993）提供的。

产支持商业票据项目是如何运作的。㊀

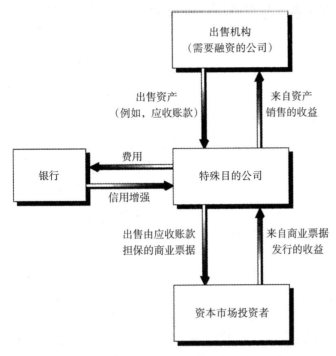

图 11-6 一个典型的 ABCP 项目

银行创建了一家"特殊目的公司"（SPC）。特殊目的公司从需要资金的公司（出售者）手中购买了信用卡应收账款或其他资产。为了给这笔购买交易提供资金，特殊目的公司发行了由其购买的资产作为担保的商业票据。银行提供了信用增级（一般是借助超额抵押和/或备用信用证）。来自银行的信用增级使特殊目的公司有能力为商业票据得到较高的信用评级。

1983 年才开始出现的资产支持商业票据市场发展迅猛，不到 10 年时间就达到了数万亿美元的规模。惠誉国际投资者服务公司报道，在 1993 年年中，有 175 个资产支持商业票据项目正在运行中，这些项目涉及 750 亿美元的现存商业票据和 1 500 亿美元的贷款承诺。到 2006 年年末，美国发行在外的资产支持商业票据的规模增加到 1.1 万亿美元，这一数字比发行在外的无担保商业票据的规模要更大一些，进而成了美国"影子银行体系"的重要构成部分。㊁兴业银行（法国）、德意志银行（德国）、巴克莱银行（英国）、瑞士联合银行（瑞士）、三井住友银行（日本）和加拿大帝国商业银行（加拿大）这样的全球性银行是这个市场中的大玩家。

资产支持商业票据市场在金融危机期间处于巨大的压力之中，并逐渐丧失市场的追捧。金融危机之后，到 2010 年，资产支持商业票据发行在外的规模跌至 4 000 亿美元以下，到 2014 年年底，这一数字只有 2 000 亿美元多一点。㊂资产支持商业票据市场的火爆被看作是促使 2007~2009 年金融危机爆发的因素之一。资产支持商业票据被用于为表外的特殊目

㊀ 这里的探讨是基于 Cutler 和 Sveen 维文（1993）及 Kraus（1993）。
㊁ 见 Covitz 等（2013）。
㊂ 关于这些数字，参见美国银行全球市场管理部的《资产支持商业票据：初步探讨》，2011 年 2 月。圣路易斯联储银行，经济研究，2015 年 1 月，http://research.stlouisfed.org/fred2/series/ABCOMP。

机构（和通道）提供资金，由于它通常用超短期的负债来为长期（而且通常是不透明的）资产提供资金支持，所以被认为是非常脆弱的。我们将在第 14 章更深入地讨论这一问题。

为什么资产支持商业票据会在危机爆发之前的这些年变得如此流行，这在今天仍然是一个非常引人关注的问题。我们可以从需求端和供给端来展开分析。在需求端，资产支持商业票据为一些公司提供了比"常规"（无担保）的商业票据或银行贷款成本更低的资金。由于票据具有的无担保性质（回忆一下第 7 章和第 8 章）导致了与道德风险相关的高成本，所以常规的商业票据融资要么无法获得，要么融资成本过于高昂。由于资本充足率和存款准备金要求的存在，银行贷款融资的成本也可能很高。资产支持商业票据降低公司融资成本的原因之一是银行提供的信用增级。信用增级不仅直接降低了投资者持有票据的风险，而且向外界表明银行参与了对借款人的监控，而这种来自银行的监控是借款人值得信任的一种证明。这样，由银行提供的基础性客户筛选和监控服务在资产支持商业票据市场中发挥了关键作用。

在供给端，基于风险的《巴塞尔协议Ⅱ》（见第 15 章）资本条例提升了资产支持商业票据对银行的益处。如果银行准备向借款人发放贷款，它不仅需要持有旨在为贷款提供资金的存款准备金，而且需要拥有大量的资本（《巴塞尔协议Ⅰ》规定这一规模是 8%）。通过资产支持商业票据，银行只需要持有与信用增级规模的 8% 相等的资本（一般是总借款额的一部分）。举个例子，一笔 10 亿美元的银行贷款需要 8 000 万美元的银行资本，而在资产支持商业票据项目中，银行可能只发行一张与总贷款金额的 10% 相等的信用证，因此只需要准备 80 万美元的资本就可以了。这样，与其他资产负债表表外产品一样，银行能够在无须保留像传统融资业务所需的那么多资本的情况下赚取手续费收入。

如前所述，2007～2009 年的金融危机敲响了资产支持商业票据市场的丧钟。对于发行银行而言，尽管资产支持商业票据已变成其监管套利的热门工具，但资产负债表表外结构通常不会降低其面临的风险。通过流动性担保，很大一部分风险会返回来再次困扰银行。2007 年夏天，发行在外的资产支持商业票据开始了断崖式的下降。下降的触发因素是市场对次级住房抵押贷款和其他住房抵押贷款的违约风险日益增加的关注。

资产支持商业票据市场的崩溃也为代表个人、养老基金、市政机构、公司和其他主体拥有数万亿美元投资资金的货币市场共同基金（MMF）带来了麻烦。从投资者的立场来看，其对于货币市场共同基金的投资被认为是与银行存款极为接近的替代品。在 2007 年之前，许多货币市场共同基金投资于资产支持商业票据，并在具有流动性的市场中出售资产支持商业票据，以满足投资者的取款需求。因为在金融危机期间这个市场的流动性消失殆尽，所以货币市场共同基金就很难满足其投资者的取款需求。为了帮助货币市场共同基金解决这一问题，并防止由于货币市场共同基金通过甩卖证券而进一步压低资产支持商业票据的价格，美联储创建了资产支持商业票据货币市场共同基金流动性便利（AMLF）。

⊖ 见 Acharya 和 Schnabl（2010），Covitz 等（2013）。

⊖ 信用增级强化了银行监控借款人的动机，因为如果借款人破产的话，银行会失去更多。

⊜ 约瑟夫·里兹，位于芝加哥的荷兰银行的副总裁，他 1993 年就注意到了融资的这种劣势，并认为："信贷的定价已经恶化，国际清算银行的资本规则并没有区分向信用评级为 AAA 的公司和向热狗摊发放贷款有什么区别。"（Kraus, 1993）

⊕ 见 Acharya 和 Schnabl（2010），Covitz 等（2013）。

⊛ 见联邦储备体系理事会（Board, 1980）: http://www.federalreserve.gov/newsevents/reform_amlf_htm[8/10/2013]。

AMLF 是由美联储根据《联邦储备法》第 13（3）条所设立的，这一法律条款允许联储委员会在不寻常的环境中授权联邦储备银行向个人、合伙企业和公司发放贷款。在 AMLF 计划中，美联储向美国的储蓄机构、美国银行控股公司和外国银行在美国的分支机构提供无追索权贷款。这些贷款由 AMLF 借款人购买的资产支持商业票据提供完全抵押。收到贷款的这些机构则利用这笔资金从货币市场共同基金手中购买合格的资产支持商业票据，这样货币市场共同基金就成为 AMLF 项目的主要预期受益机构。

AMLF 由波士顿联邦储备银行进行管理，该银行被允许向 12 个联邦储备区内所有合格的借款人发放 AMLF 贷款。该便利在 2008 年 9 月 19 日宣布实施，并在 2010 年 2 月 1 日关闭。

AMLF 计划是一个非常好的例子，展示了政府的流动性供应干预如何帮助正在经历严重的流动性短缺或崩溃的市场——市场之所以会陷入这种状况，要么是因为临时性的市场信念扭曲，进而导致了对不利事件的过度反应，要么是因为信息不对称。⊖流动性崩溃是否是次贷危机期间市场面临的主要难题这一点则完全是另一个议题了。对于这个问题，我们将在后面关于 2007～2009 年的金融危机的章节中再涉及。

11.2.5 其他资产的证券化：汽车应收账款证书、摊销循环债务凭证、知识产权等

1. 汽车贷款

汽车贷款的证券化始于 1985 年。在 1985～1987 年间，它是资产支持证券市场最大的构成部分。2005 年，汽车贷款证券化的规模达到了约 2 200 亿美元。汽车贷款证券化实际上是以汽车和小型卡车为交易对象的零售分期付款销售合同的证券化。贷款的最长期限是 60 个月，贷款的本金和利息每月支付一次。这些贷款以贷款支持证券的形式打包出售。基于汽车贷款的资产支持证券被称为汽车应收账款证书（CARS），这与华尔街对悦耳、易记的缩写词偏好保持一致。它们通常是过手证券，相对应的贷款本金和利息都直接传递给证书持有人。然而，转付结构也可以被使用（如 GMAC）。

汽车应收账款证书一般比住房抵押贷款支持证券具有更高的服务费，因为汽车贷款需要更多的监控。此外，与房屋的价值相比，这种抵押品（汽车）的价值会随着时间的推移出现意料之外的贬值。不过，汽车贷款还是很容易被证券化，因为它们有可预测的违约率和稳定的提前偿付率。

在证券化的汽车贷款市场中，提前偿付的速度通常是借助"绝对提前偿付率"这个指标来体现的。这个比率代表了初始贷款中可能提前偿付的百分比。比如，2% 的比率代表每个月资产池中初始贷款数量的 2% 会预期提前偿付。在汽车贷款发放之前，需要估计提前偿付速度，它成为定价的一个关键因素。图 11-7 描述了汽车贷款在整个存续期内现金流的特征。

⊖ Tirole（2012）说明了政府干预是如何被设计以减少资产市场中的逆向选择，进而市场可以复苏。

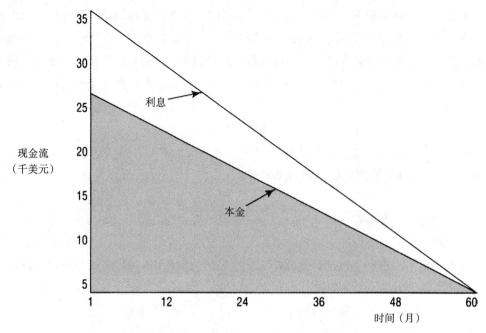

图 11-7 CAR 的现金流分解（假设绝对提前偿付率是 1.3%）

资料来源：Monahan 和 Maureen，《资产支持证券的投资者指南》，希尔森·雷曼·赫顿公司，1989 年 3 月。

2. 信用卡

信用卡应收账款的证券化开始于 1986 年 4 月——当时所罗门兄弟公司私募发行了 500 万美元由第一银行信用卡应收账款池支持的过手证券。⊖ 这些证券被称为摊销循环债务凭证（CARDS）。最初摊销循环债务凭证的约定存续期为 5 年。在初始的 18 个月里，只有利息支付会传递给投资者。在这一时期内，由担保人信托托收的本金支付款项被用来购买额外的应收账款。投资者在初始的 18 个月之后开始收到本金支付。这些摊销循环债务凭证并未得到第三方的担保。第一银行通过设立一个储备资金账户（规模为信用卡债务历史违约率与本金的乘积的 2 倍）提供了超额抵押这种形式的信用增级。银行还保留了信用卡贷款池 30% 的利息，并在覆盖违约损失后收回了储备账户中的剩余资金。除了摊销循环债务凭证之外，"储备资金"这个概念也在其他资产证券化中得到应用。

在第一银行进行了这次尝试之后，其他银行也进入了这个市场。比如，1987 年 1 月，特拉华州共和银行通过循环/过手证券提供了摊销循环债务凭证的动态版本。1988 年，随着花旗和西尔斯等信用卡发行人第一次进入这个市场，摊销循环债务凭证的规模超越了汽车贷款。截至 2005 年，信用卡证券化的规模已达到约 3 750 亿美元。

信用卡的未清偿余额倾向于在很短的时间内支付。这就是为什么摊销循环债务凭证通常存在一个"锁定期"或"买回保障期"（如在第一银行的摊销循环债务凭证这个例子中是初始的 18 个月），在此期间，投资者只能获得与利息支付对应的现金流。这一时期内收到的本金则再

⊖ 证券化的汽车贷款首次公开发行是在 1985 年 3 月。所罗门兄弟公司发行了价值 600 万美元由汽车贷款支持的过手证券，而这些汽车贷款是由美国海丰银行发起并提供服务的。一家私人保险公司为资产池提供了保险，并成立了一个信托来持有这些基础贷款。见 Monahan（1989）。

投资于新的应收账款。本金和利息的摊销在锁定期之后才开始。摊销期的长度取决于信用卡资产池的特征，但这个长度并不是很难估计，因为每个月的提前偿付率是可预测的。图11-8 说明了摊销循环债务凭证的现金流结构，并显示了为什么发行人/服务商对这种证券感兴趣。

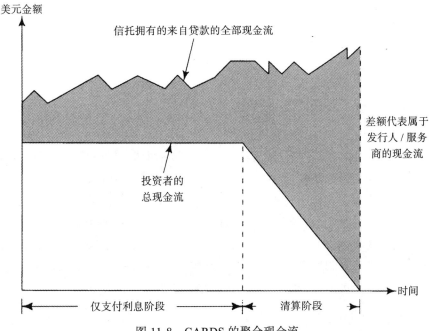

图 11-8　CARDS 的聚合现金流

资料来源：Monahan 和 Maureen《资产支持证券的投资者指南》，希尔森·雷曼·赫顿公司，1989 年 3 月。

信用卡过手证券结构经过了很多改善。举个例子，一次性本金偿付的结构已经得到应用，在这种结构下，投资者能够在到期时一次性获得全部本金。在此之前，投资者只能收到周期性的利息支付。这使投资者能够应对提前偿付风险和早期摊销。⊖

3. 其他有形资产

小企业主管理局（SBA）提供担保的贷款、计算机租赁以及各种形式的贸易信贷目前也已经实现了证券化。由租赁应收账款和贸易信贷支持的证券⊜与住房抵押贷款支持证券非常相似。商业票据或公司债券由租赁或贸易信贷应收账款作为抵押，此时应收账款仍保留在发行人的资产负债表中。有时候，发行人可以把应收账款卖给一个子公司，再由子公司来发行由这些应收账款作为抵押的证券。

融资租赁也可以实现证券化。融资租赁的运营期限涵盖被租赁资产的大部分使用年限。融资租赁要么不能撤销，要么如果撤销，承租人就必须补偿由于取消而给出租人造成的任何损失。

⊖ 这种子弹型结构的一个实例是花旗银行的全国信用卡信托 1989-1。这些证券由 VISA 和万事达应收账款提供支持，信用评级为 AAA/Aaa。锁定期为 24 个月，在这之后的 12 个月内，提前偿付的款项被用来进行再投资，以满足本金和利率支付的需求。瑞士联合银行同时提供了本金额 46% 的存续期担保和 12% 的信用证来应对潜在的信用风险。

⊜ 计算机租赁的资产证券化最初由 Comdisco 公司在 1985 年完成，当时该公司出售了 3 500 万美元由计算机租赁款项支持的 4.5 年期的债券。1985 年 3 月，斯佩公司发行了 1.925 亿美元由计算机租赁款支持的 6 年期票据，并在 1985 年 9 月发行了另外一笔 1.458 亿美元由计算机租赁款作为抵押的债券。

还存在一些可证券化的其他资产，包括垃圾债券、杠杆收购、制造业住房贷款和商业贷款等。除了贸易应收账款外，可证券化的商业贷款还包括员工持股计划贷款（ESOPS）和杠杆收购贷款。⊖

资产证券化如今被视为一种可应用于几乎所有资产的融资方式。已被证券化的"非传统"资产包括未售出的机票、歌曲的版权费、烟草诉讼收益（在不同的州进行证券化），以及像未出售的石油和天然气这样的自然资源。在美国，对资产证券化进行管理的会计法规是FAS 140。

11.2.6 知识产权等无形资产的证券化

在上述所有我们讨论过的证券化例子中，被证券化的对象本质上均是一种有形资产。然而，从概念上来说，我们没有理由认为证券化不能被拓展应用于知识产权等无形资产。毕竟，证券化的一个重要目标是使借款人能够根据未来现金流的现值来筹集现金，而不是等待未来现金流的真实出现。这样，只要无形资产有产生未来现金流的潜力，那么就可以将它证券化。这就是近几年所发生的事情。已进行证券化的无形资产包括商标、品牌名称、产品设计、公司名称和标志、生产技术、数据库和专利。⊖ 在大多数情况下，涉及证券化的公司正在尝试通过额外的途径获得融资，因为它们已经耗尽了通过传统途径获得的债务融资，并缺乏足够的存货来获得额外的存货支持融资，同时不动产也陷入了困境。

11.3 超越经济动机的初步评论：证券化"为什么""是什么"以及"多少才够"

11.3.1 为什么

这一部分我们的目的是更为细致地考察资产证券化的经济逻辑。

资产证券化的供给端，发行人的预期成本：对于发行人而言，证券化的首要成本从性质上来说是各类行政成本，包括法律费用、投资银行费用以及评级机构费用。其他的成本包括将信息传达给投资者的费用和信用增级的成本。

发行人的预期收益：发行人的许多潜在收益包括利率管理、提高流动性以及融资来源多样化。此外，证券化使发行人可以专注于发放、服务和监控贷款，来避免某些税收和监管成本。

（1）利率风险管理。通过将其拥有的一些资产证券化，银行或储蓄机构可以更好地管理利率风险。例如，考虑一家储蓄贷款协会，这家机构持有平均到期时间为27.5年且绝大多数为固定利率形式的居民住房抵押贷款。另外，储蓄贷款协会负债的65%是期限在一年以内的定期存款和储蓄存款。这种巨大的资产负债期限错配给储蓄贷款协会带来了巨大的风险。为了减少这种风险敞口，储蓄贷款协会可以借助过手证券将住房抵押贷款池进行证券化。这样可以将这些资产从其账面上移走，并缩短资产的平均到期时间，同时，储蓄贷款协

⊖ Pilgrim 集团公司，一家位于洛杉矶的共同基金公司，在1988年证券化了商业贷款，当时该公司开始出售基金股份，而基金投资于由一家货币中心和大型区域性银行向国内公司发放的有抵押品的银行贷款。

⊖ 见 Anson（2005），Martin 和 Drews（2005）。这显然不是一个详尽的列表。

会依然为这些贷款提供服务并赚取服务费。

利率风险的另外一种表现形式是提前偿付风险,而这种风险也可以借助证券化来降低。金融机构可以用过手证券和抵押担保证券来替换其资产组合中的住房抵押贷款。这种做法有助于储蓄贷款协会实现分散化。此外,抵押担保证券有助于规避提前偿付风险。

储蓄贷款协会可能会试图延长其负债的平均期限——这将进一步减少其资产与负债到期期限之间的缺口。它可以通过发行住房抵押贷款支持债券和转付证券来实现这一目的。住房抵押贷款仍保留在储蓄贷款协会的资产负债表上,但由于住房抵押贷款支持债券的平均期限为 5～12 年,所以储蓄贷款协会负债的平均期限被有效地延长了。当然,储蓄贷款协会可以通过其他更传统的方式来对冲风险敞口,如互换、期权和期货。但是从交易成本和总体效率的角度考察,资产证券化在许多情况下可能是一种更优的选择方案。

(2)流动性的提升。资产证券化可以提高发行人的流动性。最明显的理由是那些在证券化之前无法交易的资产在证券化完成之后可以在活跃的二级市场上交易。这样,即使发行人仍保留了证券化投资组合的任意部分,发行人也会持有更具流动性的资产。尽管这种观察本身是正确的,但显然不够深入。正如我们在第 6 章关于流动性的讨论所显示的那样,如果一种资产可以被迅速出售且没有相对其"真实"价值的部分损失,那么这种资产就是具有流动性的。相应地,流动性消除了卖方掌握的关于资产未来前景的信息和潜在买家掌握的信息之间的巨大差距。如今,活跃的交易提升了资产的流动性,因为交易本身为潜在的购买者提供了生产与资产相关信息的激励。部分信息会通过交易规模、价格和相关参数等传递给其他人(那些可能并不知情的人)。⊖这样,交易提高了与资产相关的公共领域信息的可用性,进而提升了流动性。

然而,在引入资产并以不会给出售方造成巨大损失的价格对这个资产进行交易之前,它必须有一定程度的流动性,换句话说,关于资产,买方和卖方之间的信息差距不应该过大。资产证券化可以通过两个重要的途径来实现这种初始流动性。第一,来自第三方的信用增级降低了发行人和投资者之间的信息不对称效应。信用增级可以像(部分)备用信用证一样发挥作用,因为它用信用增级机构的信用风险替代了资产池面临的部分信用风险。如果相对于证券化的资产池而言,投资者对于信用增级机构(这类机构有可能已经创建了市场声誉)有更好的了解,那么相关的信息不对称就会被降低。有时,信用增级机构会提供直接的信用证,在这种情况下,信息不对称的程度可以得到进一步降低。

资产证券化提高(甚至在交易之前)资产流动性的第二种方式是通过汇集大量的资产以及随后的资产组合现金流分层实现的。为了理解这一点,我们可以设想一个具有多"档"的抵押担保证券,每一个"档"的证券都拥有自己的优先级地位。发行人与未来资产组合收益相关的私人信息的重要性会随着优先级的上升而逐步弱化。⊜也就是说,私人信息对于第一档证券(即对投资组合的现金流拥有第一索取权的证券)的重要性要比对于作为一个整体的

⊖ 见 Grossman(1981)。

⊜ 这一点是由 Boot 和 Thakor(1993)提出的。Subrahmanyam(1991)给出了一个多少有些不同但也算恰当的观点。他注意到当有人把资产组合集中起来时就存在一种实际发挥作用的"信息分散化"效应,也就是说,这时关于整个资产组合的私人信息问题要比构成这个组合的单个资产中存在的私人信息问题更少一些。这种分析意味着资产证券化提升流动性的另一个机制。

资产组合的重要性小得多。这样,通过将资产组合分离为不同档的证券,发行人从本质上说是以特定的方式将与投资组合相关的全部私人信息分布在不同类型的证券之间。这种做法本身未必会降低总体的信息不对称,但是它的确使具有高优先级的证券相比整个组合而言更具流动性(具有更低的信息敏感性)。发行人可以选择保留其对信息敏感性最高(流动性最低)、投资组合现金流优先级最低的部分拥有索取权的证券,并将剩余的证券出售。发行人只需要为投资组合中的留存部分提供资金支持。资产组合的其余部分则都得以流动化和证券化了。⊖ 例 11-2 阐述了这一点。

例 11-2

设想北美银行有两笔贷款,每一笔都将在一段时期后到期并偿还。贷款偿付现金流是独立同分布的随机变量。每笔贷款都以 0.9 的概率向银行偿付 100 美元,0.1 的概率偿付 50 美元。然而,虽然北美银行知道这一点,但潜在的投资者不能将该银行的贷款组合与南方城市银行进行区分。南方城市银行有相同数量的贷款,但每笔贷款都以 0.6 的概率得到 100 美元的偿付,以 0.4 的概率得到 50 美元的偿付。投资者的事前观点是,北美银行有 0.5 的概率有价值较高的资产组合,有 0.5 的概率有价值较低的资产组合。假设北美银行想将这些贷款进行证券化,并且知道如果在没有信用增级的情况下这样做,将贷款的真实价值向投资者传递的成本是真实价值的 5%。这个问题的数据在图 11-9 中有说明。探讨一下北美银行的证券化选择。假设信用增级机构可得,且信用增级机构能够(以忽略不计的成本)确定北美银行贷款组合的真实价值,那么北美银行应该购买哪种信用增级?假定投资者是风险中性的,并且贴现率为 0。

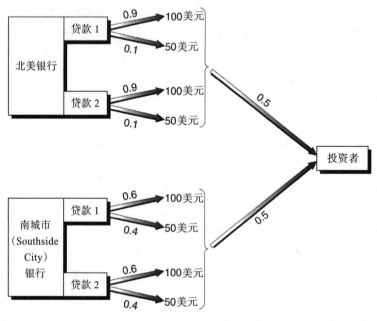

图 11-9 北美银行的贷款组合

⊖ 这会导致更低的融资成本。Nadauld 和 Weisbach(2012)指出,通过资产证券化可以减少 18 个基点的借款利率成本。Loutskina 和 Strahan(2009)以及 Loutskina(2011)表明资产证券化提供的额外的流动性可以鼓励银行从事(非流动性的)银行借贷活动(减少贷款人状况对信贷供给的影响)。

解：

我们通过四步来解决这个问题。第一步，我们表明，如果北美银行将其贷款组合证券化为单一证券（也就是说没有现金流的剥离或创造分档证券），相对于没有信息沟通的证券化（在这种情况下，投资者设定了贷款组合的混同价格），它会偏好有信息沟通的证券化（在这种情况下，投资者了解银行的贷款组合的真实价值）。第二步，我们通过创建由两个特定类别的债券持有人代表的两类分档证券来检验证券化的好处。我们表明现金流分区可通过提高在第一步中考虑的证券化的预期收入而使北美银行受益。第三步，我们规定了一种特殊形式的信用增级。第四步，通过信用增级，贷款可以具有完全流动性。虽然由比投资者更了解北美银行投资组合的一方进行信用增级总是会有所帮助，但是这种形式能够最大限度地提供帮助，因为它假定信用增级机构可以以微不足道的成本确定北美银行贷款组合的真实价值。

步骤1

如果北美银行不与投资者沟通任何信息，那么其证券化贷款组合的市场价值是投资者评估的平均价值

$$\{2 \times 0.5 \times [0.9 \times 100 + 0.1 \times 50]\}$$

↑ ↑ ↑
贷款总额　贷款组合价值较高的可能性　较高价值的贷款组合的预期价值

$$+\{2 \times 0.5 \times [0.6 \times 100 + 0.4 \times 50]\}$$

↑ ↑ ↑
贷款总额　贷款组合价值较低的可能性　较低价值的贷款组合的预期价值

$$=175（美元）$$

现在，北美银行私底下知道其贷款组合的预期价值为

$$2 \times (0.9 \times 100 + 0.1 \times 50) = 190（美元）$$

这样，如果北美银行想与投资者沟通其私人信息，将花费 $0.05 \times 190 = 9.5$ 美元。然后北美银行能够以 190 美元的价格出售其组合，净收益为 $190 - 9.5 = 180.5$ 美元。这意味着与没有信息沟通的证券化相比，北美银行更偏好于有信息沟通的证券化。

步骤2

考虑以下证券化替代方案。北美银行可以通过"优先－次级结构"或"次级－优先级结构"创建两种类型的债券持有人。收到第一层级的 A 级债券持有人，总共有权获得 100 美元。在他们得到偿付之后，B 级债券持有人有权获得 100 美元或较少的剩余现金流。现在，因为 A 级债券持有人确定可以获得 100 美元，无论贷款组合价值较高或较低（注意任何组合的最低收益都是 50 美元），银行都没有必要将信息传递给债券持有人。这个贷款组合可以以 100 美元出售。因为 B 级债券持有人最多有权获得 100 美元的收益，贷款组合的最大总收益是 200 美元，显然这些债券持有人本质上是剩余索赔人，但他们在 A 级债券持有人得到偿付之后获得了所有的现金流。因此，B 级债权的价值必须等于债券组合的总价值减去 A 级债券的总价值，即 190-100 = 90 美元。因为总贷款组合的市场价值是 175 美元，A 级债券的市场价值是 100 美元，所以 B 级债券的市场价值应该是 175-100 = 75 美元。如果现在北美银行选择将 B 级债券的真实价值传递给投资者，它将能够以 90 美元销售这些债权，但是银

行的传递成本将是 $0.05 \times 90 = 4.5$ 美元。因此,这种方式的证券化净收益为

$$100 + 90 - 4.5 = 185.5 \text{(美元)}$$

利用证券化将贷款组合中的现金流分为具有不同的"信息敏感性"的两类,北美银行的净收入会更高。

步骤 3

现在思考信用增级。安排信用增级的最好方式是要求信用增级机构向 B 级债券持有人支付承诺金额 100 美元与 A 级债券得到偿付之后实际剩余的现金流之间的差额。忽略信用增级机构违约的可能性,这保证 B 级债券持有人确定能收到 100 美元,不管证券化贷款组合的质量如何。因此,银行不需要任何信息传递。问题是:假定信用增级是竞争性定价的,北美银行应该向信用增级机构支付多少?

步骤 4

为了回答步骤 3 的问题,假设我们将组合中的两笔贷款分别记为 1 和 2。然后,有 4 种可能的"状态":①贷款 1 和 2 都支付 100 美元(这种情况发生的概率是 $0.9 \times 0.9 = 0.81$);②贷款 1 支付 100 美元,贷款 2 支付 50 美元(这种情况发生的概率是 $0.9 \times 0.1 = 0.09$);③贷款 1 支付 50 美元,贷款 2 支付 100 美元(这种情况发生的概率是 $0.1 \times 0.9 = 0.09$);④贷款 1 支付 50 美元,贷款 2 支付 50 美元(这种情况发生的概率是 $0.1 \times 0.1 = 0.01$)。现在,在状态①中,信用增级机构没有任何负债,因为 200 美元的组合现金流可以满足两级债券持有人的要求。在状态②和③中,总组合现金流为 150 美元,所以在每种状态下,满足 A 级债券持有人之后,只有 50 美元向 B 级债券持有人支付。在这两种状态下,信用增级机构的负债都是 50 美元,两种状态(状态②或状态③)发生的总概率为 $0.09 + 0.09 = 0.18$。在状态④中,总组合现金流是 100 美元,所以信用增级机构的负债是 100 美元。因此,信用评级机构负债的期望价值是 $0.18 \times 50 + 0.01 \times 100 = 10$ 美元。在竞争性市场中(零贴现率,风险中性),这就是北美银行需要向信用增级机构支付的费用。因此,北美银行的净收益为

贷款组合已经是"完全"流动的。

(3)融资来源的分散化。资产证券化为初始发行人提供了传统意义上的融资来源之外的其他融资途径。例如,对于银行而言,传统的融资渠道包括存款、联邦基金、次级债券、优先股和权益,所有这些途径从本质上看都是对银行整个资产组合的索取权。通过将一些资产分离出来然后放到一个资产池中予以证券化,银行可以在传统的融资来源之外实现资金来源的分散化。这一点对于任何一家银行的首席财务官而言都很重要。

(4)聚焦发放、服务和监控业务。你可以回忆一下,我们在第 3 章讨论的金融机构具有的关键经济功能是与信息问题的解决相关的。证券化的优势之一是它可以使银行专注于贷款的发放、服务和监控业务——由于专业化,银行通常能比其他机构更有效地进行这三种活动。当银行或储蓄贷款协会发起一笔贷款时,它提供了一项颇有价值的甄别服务——对于那些对借款人有兴趣但了解很少的人而言,银行愿意发放贷款实际上是告诉了他们之前不知道

的一些信息。这可以降低借款人从其他（非银行）来源获得信贷的成本。贷款服务是银行有能力以较低的成本提供的一类交易性业务，之所以会这样，是因为银行具有处理许多其他类似交易的专业能力。当然，监控借款人是银行提供的一类基本中介服务。通过将贷款证券化，银行可以专注于这三种活动，而无须为贷款提供实际融资。如果没有来自监管机构的帮助，目前并不清楚银行在融资方面是否有特别的优势。从消极的方面看，资产证券化的出现有可能使贷款重新谈判变得复杂。⊖

（5）帮助避免"逆向选择"成本。典型的情况是，银行拥有一个资产组合，而构成组合的资产具有不同程度的信息敏感性。即便市场对资产组合的估值是正确的，但很可能出现的情况是其中有些资产的价值被市场高估了，另一些则被低估了。现在我们考虑一家正面临为一些全新贷款提供资金前景的银行，并且这些贷款几乎不存在信息不对称，换句话说，银行对这一新贷款组合的价值评估大致相当于市场给出的估值。但设想银行在总体上处于一种被低估的状态。如果银行这时以传统（非证券化）方式来筹集资金（部分可以以未投保的存款和股权形式存在）进而为这些贷款提供资金，它将不得不支付一笔"逆向选择成本"——从某种意义上说，如果投资者和银行的管理层拥有完全相同的与所有银行资产相关的信息，那么银行的融资成本将会变得更低一些。之所以会发生这种情况，是因为为这些全新贷款提供资金的投资者实际上正在购买对银行全部资产组合享有索取权的债权。换句话说，这些因素可能解释了银行在贷款融资方面的劣势。

设想银行决定将这些贷款证券化，而不是走常规路线。现在那些提供必要资本的投资者正在购买仅对新资产享有索取权的债权。这样，如果这些资产并不存在信息不对称，那么实际上也就不存在"逆向选择"成本了。⊜Gelco公司，标准普尔给出的信用评级为BB的一家卡车租赁公司提供了一个实例。它的由高质量租赁应收账款支持的商业票据被评为A-1级。通过将租赁应收账款证券化，该公司可以节省80个基点的借款成本。⊜这个例子阐明了公司可以如何利用针对其所有资产的边际资金成本。这种做法与另外一种相当成熟的被称为"项目融资"的做法类似——项目融资涉及公司为一个新项目创建一家法律上独立的子公司，来为项目提供资金。可以参考第9章的讨论。

避免逆向选择成本的关键要素是，通过特殊目的公司（SPC）的资产证券化，一般可以实现证券化资产相对于借款公司而言的"破产隔离"。也就是说，一旦发行人申请破产，为特殊目的公司提供融资的贷款人拥有的索取权不会相应地被"债务人持有资产"的贷款人所稀释。然而，对于特殊目的公司的投资者而言，这种破产隔离保护并不完美，有可能在法律诉讼中遭到破坏。这样我们就可以预期，破产隔离的法律风险被法庭削弱得越多，特殊目的公司投资者所要求的利率水平也就越高。⊗

（6）避免中介税。由于资产证券化允许一家存款机构可以直接从投资者而不是存款人

⊖ Piskorski等（2012）指出，证券化的住房抵押贷款的抵押品取消赎回处于更高的水平。类似地，Agarwal等（2011）发现了资产证券化之后贷款重新谈判所面临的挑战。

⊜ 当银行决定证券化其新发放的贷款时，就存在市场重估银行现存资产的可能性。这种可能性会导致贷款的信号显示更为复杂。由于市场认识到银行证券化其全新资产的部分动机来自银行自身拥有的关于现存资产的私人信息，所以这种情况可能会出现。在这里我们忽视这一点。

⊜ 见Shapiro（1985）。

⊗ 这正是Ayotte和Gaon（2006）在实证检验中发现的结论。

那里获得资金,所以它可以帮助避免像法定存款准备金、资本充足要求和存款保险费这样的"中介税"(或监管税)。这种收益在过手证券的情况中最为明显,因为相关的资产从金融机构的资产负债表上删除了,进而消除了针对这些资产的资本持有需要。此外,由于出售过手证券所得的收益并非存款,所以也就不涉及存款准备金要求或存款保险费。

在监管性税收和机构选择对何种资产进行证券化之间存在着一种更为微妙的互动关系。像存款准备金要求这样的许多监管性税收在传统意义上是一种定额税,因为它们并不依赖于所涉及资产的风险。也就是说,这种跨越资产风险的税收存在"积聚"现象,而实际的税收对应资产风险的某种平均值。这样,低风险资产(它们应该有低于平均水平的税率)"补贴"了高风险资产(它们应该有高于平均水平的税率)。通过将低风险资产证券化,进而仅将高风险资产留在账面上,银行可以减轻这些税收的影响。借助这种方式,银行在账面上会持有高于平均风险的资产,但只按照平均风险来支付税款。

资产证券化的供给端,投资者视角:在讨论了为什么金融机构和其他公司愿意对其资产进行证券化之后,现在我们转向分析为什么投资者会愿意持有这些资产。投资者投资于银行资产(如贷款)的方式之一是直接购买银行权益。相对于这种替代方式,购买证券化债权提供了许多可能的好处,下面我们讨论其中的两个。

(1)市场不完全性下降。资产证券化可以通过两种方式来降低市场不完全性。第一,它改善了投资者能够持有的资产的质量,进而提高了可用资产的质量分布。第二,它为投资者提供了更多类型的现金流。这里首先思考质量。金融机构借助资产证券化提供给投资者的索取权的信用评级通常要比机构自身更高。之所以会这样,有两个原因。首先,正如我们之前所讨论的那样,对于金融机构而言,它有动机去证券化风险更低和信息敏感性更低的资产。其次,信用增级改善了被证券化了的资产池的质量。这样,绝大多数资产支持证券都是3A或2A的信用评级这一点也就不令人感到奇怪了。与其他可用的方式相比,资产证券化为投资者提供了获得信用、质量更高的索取权的机会。

接下来考虑现金流的种类。由于资产证券化将资产积聚、现金流分层和信用增级结合在一起,所以它不仅产生了现有偿付向量的线性组合(回忆一下第1章中关于市场完全性的讨论),还可以为投资者提供其之前无法获得的索取权。此外,即便在债权可以由那些有混合可用证券意愿的投资者进行"自我制造"的情况下,资产证券化在交易成本方面也是一个更为经济的替代选择。举个例子,资产支持证券拥有有限的提前偿付风险,因此这些证券的有效存续期对于市场收益的变化相对而言不太敏感。这意味着对于给定的收益率下降,对于投资者而言,这些"正的"凸性和有限提前偿付的特点可能在不采取证券化方式的相同的配置情形中是无法实现的。这样,资产证券化有助于降低金融市场的不完全性。

(2)流动性。考虑到资产支持证券的市场规模和所涉及的活跃交易,投资者可以确信他们正在购买具有流动性的索取权。资产证券化可被视为一种产生流动性的(相对于传统的融资方式而言)替代技术。㊀

㊀ 但正如我们之前所看到的那样,如果投资者开始严重担心标的资产的信誉状况,那么即便是在对证券化了的索取权进行交易的市场中,流动性也可能会枯竭,就像我们在2007年的资产支持商业票据市场中见证的那样。见 Covita、Lang 和 Suarez(2013)。

11.3.2 什么？附有追索权的资产证券化 vs. 存款和风险分担

追索权这个概念是理解资产证券化对发行人和投资者做了什么的关键所在。当资产证券化没有附加追索权时，投资者只拥有对已被证券化了的资产池的索取权，而对发行人的任何其他资产都没有索取权。另外，附有追索权的资产证券化与传统的资产负债表贷款非常类似。当购买的资产违约时，附有追索权的证券的购买者拥有将其持有的索取权交易成为一般性银行索取权的选择权，这种一般性银行索取权就和未投保的存款人持有的存款一样。如果银行破产的话，那么投资者也有权选择持有证券化了的资产。

在这一部分，我们将讨论附有追索权的资产证券化。事实证明，资产证券化的好处与通过创造多类证券所得的好处非常类似。在创造多类证券的情形中，针对同一个抵押品池但按顺序进行偿付的多个索取权得到了发行。基本上，由于可以向风险厌恶度最高的投资者销售优先级最高的索取权，所以可以实现更好的风险分担。根据现行法律，银行不允许发行针对其资产负债表资产的多类或具有高优先级的存款索取权。也就是说，存款索取权不得进行（优先级的）分层处理。由此，从银行的角度看，它们失去了一个迎合潜在存款人群体"客户偏好"的宝贵机会。然而，附有追索权的资产证券化给银行提供了一个机会，使它可以在有选择性地迎合具有不同风险偏好的存款者的过程中获利。那些未投保的存款人可以转而选择使其对银行资产组合（如证券化了的资产）的一部分享有优先索取权的合约。有附加担保（也就是附有追索权的资产证券化）的贷款支持证券看上去像一张大额并附有优先持有证券化了的资产（而不是像其他存款者一样排队等待获得银行其他资产的份额）的存单。在参与者拥有不同风险厌恶度的资本市场中，我们可以预期风险厌恶度更高的投资者会购买这些证券化了的索取权，而那些风险厌恶度较低的投资者则会承担更高的风险。这样，资产证券化比标准存款合约实现了更好的风险分担。这种直觉可通过下面建立的模型得到正式的分析。⊖

模型：考虑一家银行，它需要筹集 d 美元来为其第一期的投资项目提供资金，这个投资项目在期末时会获得收益 $A(\theta)$ 美元，θ 是一个未来可能的自然状态。设想该银行必须以联邦存款保险公司保险存款的形式筹集 d_i 美元，以未保险存款的形式筹集 d_u 美元，以权益形式筹集 d_e 美元，$d_i+d_u+d_e=d$。保险存款的利率为 r_f（这些存款是无风险的），也就是无风险利率。我们假定联邦存款保险公司和银行股东都是风险中性的。存在一个单一的、代表性的未投保存款者，他厌恶风险且有一个基于财富的效用函数 $U(w)$，这个效用函数是递增且凹的，即 $U'>0$，$U''<0$（回想一下第1章关于风险规避的讨论）。未保险存款的替代选择是投资于无风险资产，利率为 r_f。

令 B 美元为向未投保存款人承诺的还款额，$D(\theta)$ 为他们在期末实际收到的状态或有款项。为了诱使他们投资于无保险存款，必须满足

$$\sum_{\theta=1}^{N}p(\theta)U(D(\theta))\geqslant U(1+r_f)d_u \tag{11-1}$$

式中，未来可能的状态为 $\theta=1,\cdots,N$；$p(\theta)$ 是状态 θ 的概率。式（11-1）表示未投保存款人投资这些存款的期望效用应该不低于其投资于无风险资产所获得的确定收益所带来的

⊖ 这个模型是基于 Benveniste 和 Berger（1987）的研究。

效用。

现在，$(1+r_f)d_i$ 是银行承诺付给有保险存款人的数额，$D(\theta)$ 是银行承诺付给未投保存款人的数额。如果 $A(\theta) \geqslant (1+r_f)d_i+B$，那么银行有偿付能力，保险存款人可以从银行收到 $(1+r_f)d_i$。如果 $A(\theta) < (1+r_f)d_i+B$，那么银行破产。这时保险存款人还是可以收到 $(1+r_f)d_i$，但只有部分资金来自银行，联邦存款保险公司要承担剩余不足部分的支付。在这种情形中，联邦存款保险公司会接管银行，向保险存款人支付 $(1+r_f)d_i$，然后再将银行的剩余资产与未投保存款人按一定的比例分享。⊖ 这里的分享比例由投保和未投保存款对总存款基数的相对贡献来决定。也就是说，当银行无力偿还的时候，即 $A(\theta) < (1+r_f)d_i+B$，未投保存款人收到的金额为

$$D(\theta) = \left[\frac{B}{B+(1+r_f)d_i}\right]A(\theta) \quad (11\text{-}2)$$

联邦存款保险公司收到的金额为

$$F(\theta) = \left[\frac{(1+r_f)d_i}{B+(1+r_f)d_i}\right]A(\theta) \quad (11\text{-}3)$$

我们现在可以写出第一期期末每一个主体的收益状况。首先，投保存款人收到 $(1+r_f)d_i$，无论 θ 是什么。其次，未投保存款人收到

$$D(\theta) = \begin{cases} B & \text{如果 } A(\theta) \geqslant (1+r_f)d_i+B \\ A(\theta)/[B+(1+r_f)d_i] & \text{其他情形} \end{cases} \quad (11\text{-}4)$$

银行的股东收到（在期末）

$$S(\theta) = \begin{cases} A(\theta)-B-(1+r_f)d_i & \text{如果 } A(\theta) \geqslant (1+r_f)d_i+B \\ 0 & \text{其他情形} \end{cases} \quad (11\text{-}5)$$

联邦存款保险公司收到（在期末）

$$F(\theta) = \begin{cases} 0 & \text{如果 } A(\theta) \geqslant (1+r_f)d_i+B \\ -(1+r_f)d_i + \left[\dfrac{(1+r_f)d_i}{B+(1+r_f)d_i}\right]A(\theta) & \text{其他情形} \end{cases} \quad (11\text{-}6)$$

注意式（11-6）中的较低项在 $A(\theta) < (1+r_f)d_i+B$ 时适用，以至于

$$-(1+r_f)d_i + \left[\frac{(1+r_f)d_i}{B+(1+r_f)d_i}\right]A(\theta) < 0$$

这样，联邦存款保险公司的期末现金流总是为零或更少（负值）。

期初，银行股东向联邦存款保险公司支付存款保险费。假定保险费对风险不敏感，且被公平地定价。令 p 表示保险费。为了给出保险费，我们将状态 θ 按照 $A(\theta)$ 进行升序排列，所以 $A(1) < A(2) < \cdots < A(N)$。令 $\theta=m$，如果 $\theta > m$，则 $A(\theta) \geqslant (1+r_f)d_i+B$，如果 $\theta < m$，

⊖ 在现行的法律下，银行的资产负债表中不能出现具有高优先等级的索取权。这样，当银行破产时，FDIC 将向投保的存款人全额偿付，同时，按相应的比例与未投保存款人一起享有银行资产。这种分享资产的方式与下文中提出的方式类似。

则 $A(\theta) < (1+r_f)d_i+B$。这样，式（11-6）的期望价值是

$$\pi = \frac{1}{1+r_f}\sum_{\theta=1}^{m}p(\theta)\left\{(1+r_f)d_i - \left[\frac{(1+r_f)d_i}{B+(1+r_f)d_i}\right]A(\theta)\right\} \quad (11\text{-}7)$$

也就是说，存款保险费等于联邦存款保险公司负债的贴现值。

这里的问题是：银行股东投资的净现值是多少？看起来这个数值是

$$\text{NPV} = \frac{1}{1+r_E}E\big[S(\theta)\big] - \pi - d_e \quad (11\text{-}8)$$

这里 $E(\cdot)$ 表示"期望价值"，$S(\theta)$ 由式（11-5）给出。现在注意 B 和 d_u 是如何联系在一起的。利用式（11-1）和式（11-4），可以看到它们是按如下方式联系的

$$\sum_{\theta=1}^{m}p(\theta)U\left\{\frac{B}{B+(1+r_f)d_i}A(\theta)\right\} + \sum_{\theta=m+1}^{N}p(\theta)U(B) = U\big\{(1+r_f)d_u\big\} \quad (11\text{-}9)$$

式（11-9）左端（LHS）是未投保存款人投资于银行存款的期望效用，这可以直接由式（11-4）得到。之所以我们将式（11-1）视为等式，是因为银行的目标是最大化其股东的财富，它会向未投保存款人支付可吸引其存入资金的最小金额。

现在可以很清楚地看到，d_u 越高，为了满足式（11-9），B 就必须变得更高。B 的提升有两种效应。一种效应是它提高了当银行有偿付能力时未投保存款人能收取的金额。另一种是它提高了当银行陷入无力偿付状态时未投保存款人对银行资产的索取比例。

对于任意固定的 d_u，随着未投保存款人风险厌恶度的上升，B 也必须增加。这是因为它要求了更高的风险溢价，或者说对于风险性收益要求更高的期望价值。当然，当未投保存款人的风险厌恶程度上升时，随着 B 的增加，$S(\theta)$ 会减少，进而银行股东的福利会恶化（见式（11-8））。鉴于附有追索权的证券化活动减少了未投保存款人所承担的风险，这为其付诸实践提供了强有力的动机。现在我们来看一下这一点是如何实现的。

为了将资产证券化纳入模型，我们把银行资产分割成两个组合——一个资产负债表内组合 A_b 和一个表外组合 A_o。A_b 中的贷款由保险存款和权益来提供资金，总共为 $d_i + d_e$ 美元；而 A_o 中的贷款则由证券化了的债券来提供资金，可以为银行带来 d_u 美元。这两个组合加起来可以产生和以前一样的收益，即

$$A(\theta) = A_b(\theta) + A_o(\theta) \quad (11\text{-}10)$$

我们假定银行继续为贷款证券提供支持。这样做时，银行直接将贷款支付的款项转给存款人。然而，这种新安排的关键特征是 $A_o(\theta)$ 的收入款项必须首先用于偿付证券化债券。只有当这些债券全额偿付之后，对应的收入才可以被用在其他地方。也就是说，证券化债券的持有人对 $A_o(\theta)$ 产生的收入款项享有优先索取权。加入证券化债券这一选择给予投资者额外的保护，因为如果来自 $A_o(\theta)$ 的收入款项不足，则允许其将索取权变为针对资产负债表表内资产的债权。在这种情况下，投资者像未投保存款人一样行使其债权，因为 $A_o(\theta)$ 和 $A_b(\theta)$ 被聚集到了一起。这样，当证券化债券的持有人行使追索权时，他被限定为针对总资产 $A(\theta)$ 按比例进行索赔。

因此证券化债券的持有者收到

$$D^*(\theta) = \begin{cases} B^* & \text{如果 } A(\theta) \geq (1+r_f)d_i + B \\ B^* & \text{如果 } A(\theta) \geq (1+r_f)d_i + B \text{ 且 } A_o(\theta) \geq B \\ \left[\dfrac{B^*}{B^* + (1+r_f)d_i}\right] A(\theta) & \text{其他情况} \end{cases}$$

支付结构在图 11-10 中进行说明。我们已经定义了 $\theta = n$ 作为 $B^* = A_o(\theta)$ 的状态。

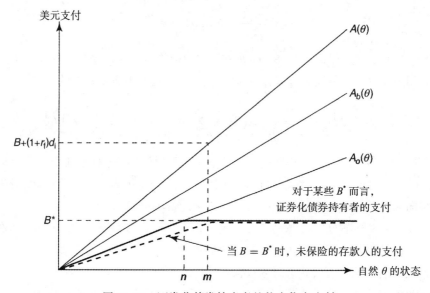

图 11-10 证券化债券持有者的状态依存支付

在图 11-10 中，为了便于比较，我们假定 $B^* = B$，即未投保存款和证券化债券的承诺还款金额是一样的。在这种情况下，我们很清楚地看到，在同样的偿还金额下，证券化给予未投保存款人更高的收益。这一更高的金额来自证券化合约中包含的额外的期权特征。在我们的模型中，在证券化和非证券化这两种替代方式中保持不变的不是承诺的偿还额，而是从未投保存款人处筹集的初始金额 d_u。当 d_u 保持不变时，我们有 $B^* < B$。

与其借助模型来证明附有追索权的资产证券化可以提高银行股东的财富，倒不如提供一个数值例子来说明这一点。人们基本的直觉非常简单，就是联邦存款保险公司和银行股东都是风险中性的，进而比未投保存款人"更有能力"来吸收风险。附有追索权的资产证券化将未投保存款人的某些风险转移给这些主体，进而改善了风险分担状况。这种做法的效果就是减少了银行股东必须承诺偿付给未投保债权人的数额，这将提高银行股东权益的期望价值。这也提高了银行股东权益的风险，但由于他们是风险中性的，所以他们并不关心这个变化。

例 11-3

北美银行需要在期初筹集 50 美元，来为一项在期末会有不确定收益的投资提供资金。收益的概率分布如下。

状态 θ	1	2	3	4
收益 $A(\theta)$	0 美元	50 美元	100 美元	150 美元
概率 $p(\theta)$	0.25	0.25	0.25	0.25

单期无风险利率为 0.10。银行必须从联邦存款保险公司的担保存款中筹集 30 美元，从未担保存款（进行或没有进行资产证券化）中筹集 15 美元，从权益中筹集 5 美元。北美银行的股东和联邦存款保险公司都是风险中性的。未投保存款人是风险厌恶的，效用函数为 $U(w)=\sqrt{w}(w\geqslant 0)$。当①北美银行以传统方式利用存款来融资；②北美银行发行证券化债券，该债券对任何状态下 $A(\theta)$ 的 60% 收益的特定资产组合有优先索取权，计算这两种状态下北美银行股东的净现值。

解：

我们通过 6 步来解决这个问题。第一步，我们考虑传统存款融资并解出 B，即必须向未投保投资者承诺的偿还额，以从他们那里筹集 15 美元。我们利用式（11-9）来进行计算。第二步，我们用式（11-7）来解出保险费 π。第三步，我们计算北美银行股东的净现值。第四步，我们考虑发行证券化债券的方式，并解出 B^*，即承诺给证券化债券的数额。第五步，我们解出这种情况下的保险费。第六步，我们解出进行证券化时北美银行股东的净现值，这比传统存款融资的净现值要高。

步骤 1

我们考虑①。注意 $d_i=30$，$d_u=15$，$d_e=5$，$r_f=0.1$。因为投保存款人的债权是无风险的，所以这些存款的利率应为无风险利率 10%。因此，北美银行对这些存款人的偿还义务为 $d_i(1+r_f)=30\times 1.1=33$ 美元。银行对债权人的总偿还义务是 $33+B$。为了解出 B，我们首先需要推测其价值，这样我们才能找出北美银行能偿还的状态，以及不能偿还的状态。假设我们推测 $50<33+B<100$。那么，北美银行在状态 1 和状态 2 下不能偿还，在状态 3 和状态 4 下可以偿还。现在我们用式（11-9）解出 B

状态 1 和状态 2 下的期望效用收益　　　状态 3 和状态 4 下的期望效用收益
　　　　　↓　　　　　　　　　　　　　　　　↓

$$0.25\times\sqrt{\frac{B}{B+33}\times 50}\quad +\quad 0.5\times\sqrt{B}=\sqrt{1.1\times 15}$$

解这个等式大约可得 $B=32$ 美元。这意味着我们的推测是正确的，则 $B+33=65$ 美元。

步骤 2

接下来我们用式（11-7）来解出保险费 π。

$$\pi=\frac{1}{1.1}\times\left\{0.25\times 33+0.25\times\left[33-\left(\frac{33}{65}\times 50\right)\right]\right\}=9.23（美元）$$

步骤 3

进一步地，因为北美银行的股东只有在银行能偿付的状态（状态 3 和状态 4）下才能收到钱，所以股东收益的期望价值是

$$E[S(\theta)]=0.25\times(100-65)+0.25\times(150-65)=30（美元）$$

因此，由式（11-8）给出的北美银行股东的净现值为

$$\text{NPV}=\frac{30}{1.1}-9.23-5=13.04（美元）$$

步骤 4

现在考虑②。当北美银行进行资产证券化时，总资产组合的收益分布如下（见表 11-2）。

表 11-2　组合的收益分布　　　　　　　　　　　　　　　　（单位：美元）

状态	1	2	3	4
收益 $A(\theta)$	0	50	100	150
证券化债券的收益 $A_o(\theta)$	0	30	60	90
资产负债表上的资产收益 $A_b(\theta)$	0	20	40	60

现在，假定我们估计 $50 < B^*+33 < 100$，$B^* \leq 30$ 美元。于是状态 1 是证券化债券收益比承诺金额更少的唯一状态。因此，通过解下面的等式可以得到 B^*。

$$0.75 \times \sqrt{B^*} = \sqrt{1.1 \times 15} = 4.062$$
　　　　　↑
　　状态 2、3、4 的累计概率

可得到 $B^*=29.33$ 美元。

步骤 5

现在我们可以解出存款保险费，为

$$\pi = \frac{1}{1+r_f}\left\{p(1)(1+r_f)d_i + p(2)\left[(1+r_f)d_i - \{A_b(2)+A_o(2)-B^*\}\right]\right\}$$

注意，联邦存款保险公司只对状态 1 和状态 2 的付款负有责任。在状态 1 中，它对承诺给投保存款人的全部偿还额负有责任，而在状态 2 中，它对该金额减去资产负债表上的资产金额 $A_b(2)$，以及证券化债券的持有者得到偿付后的表外资产金额 $A_o(2) - B^*$ 负有责任。因此

$$\pi = \left\{\frac{1}{1+r_f}\{0.25 \times 33 + 0.25 \times [33 - \{20+(30-29.33)\}]\}\right\}$$
$$= 10.30（美元）$$

步骤 6

现在，$B^*+(1+r_f)d_i = 29.33+33 = 62.33$ 美元。因此，$E[S(\theta)] = 0.25 \times (100-62.33) + 0.25 \times (150-62.33) = 31.34$ 美元。

这意味着

$$\text{NPV} = \frac{31.34}{1.1} - 10.30 - 5 = 13.19 （美元）$$

因此，在这个例子中，资产证券化导致北美银行股东净现值增加了 1.16%，这种增加是由于未投保投资者、银行及其保险人不同的风险偏好所致。

11.3.3　证券化多少

鉴于资产支持证券（ABS）的激增和资产证券化甚至扩展到了无形资产，一个显而易见的问题是：任何资产都可以且应该被证券化吗？答案是否定的，有三个主要因素可以解释为什么仍有资产无法被证券化。[⊖] 我们接下来讨论这三个因素。

⊖　见 Caouette（1990）。

1. 易于标准化的程度

第一，对于有利可图的证券化资产而言，它应该是较为容易实现"标准化"的。也就是说，它的契约特征应使其成为由其他类似的资产构成的相对同质组合的组成部分。住房抵押贷款就是一个很好的例子。住房抵押贷款合同是标准化的，进而平均来说，它们的现金流模式具有相当的可预测性。但情况不一定总是这样。事实上，证券化的可能性促进了标准化。附带特殊合约特征的贷款（比如高贷款价值比的贷款，以及某些类型的由高管的个人抵押品担保的杠杆收购贷款）就很难标准化，因此也很难证券化，尽管我们已见证了杠杆收购贷款的证券化。之所以对合约的同质化有要求，是因为其与交易和信息处理成本有关。当大量的个人贷款聚集在一起时，投资者就只需要估计组合的收益。这既造成了"信息意义上的分散化"，也造成了"统计意义上的风险分散"，进而导致组合的现金流变得更具可预测性，对单一资产的特性也更不敏感。这减轻了发行人在设计以组合的现金流为基础的特殊证券时所面临的问题。此外，这也使投资者更容易评估证券化资产的价值。这吸引了大量的投资者，并改善了证券化资产市场的流动性。

但这并不是说，那些更具异质性和信息敏感性的资产不可以被证券化。相反，这些资产在证券化时需要获得更大的信用增级，这种带有局限性的例子之一就是具有"完全追索权"的资产证券化。当构成一个组合的资产具有较大的差异性进而难以标准化时，该投资组合的现金流就会变得对组合证券的实际选择高度敏感。此时，对于这样的投资组合而言，就需要更大的信用增级，进而当这种需求超越某个临界点时，对于发行人而言，其购买必要的信用增级可能就不划算了。这样，标准化可以被视为一种节约发行人资本的方式，因为对于具有标准化特点的投资组合而言，在其证券化时只需要较少的信用增级就可获得更高的信用评级。没有适当的信用增级，信用评级机构和投资者不得不对组合中的单个证券进行深入的研究。为了更清楚地看到这一点，考虑例11-4。

例11-4

假设有3种可能的资产，北美银行可以选择其中两种进行证券化。我们把这些资产称为a、b和c。这些资产非常相似，其现金流分布如下。资产 i "成功"的概率为 p_i。计算不同组合的概率分布。对于投资者来说，确切地知道证券化组合中包含哪两种资产有多重要？如果资产c被现金流在[0, 1 000]（见图11-11）内均匀分布的资产d替代，你的答案会改变吗？

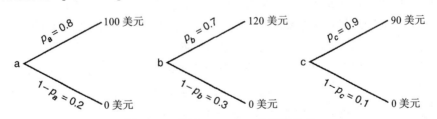

图11-11 资产a、b和c的概率分布

解：

我们通过两步来解决这个问题。第一步，我们计算三个可能的组合（ab、ac和bc）的概率分布，并得出结论，它们非常相似。第二步，我们会说明用d替代c会有很大的影响，因为投资者现在需要了解组合的构成。

步骤 1

现在，如果北美银行要选择资产 a 和 b，总资产现金流分布将会是：有 0.06（即 $(1-p_a) \times (1-p_b)$）的概率为 0，有 0.56（即 $p_a \times p_b$）的概率为 220 美元，有 0.24（即 $p_a \times (1-p_b)$）的概率为 100 美元，有 0.14（即 $(1-p_a) \times p_b$）的概率为 120 美元。期望价值为 164 美元。如果发行人要以资产 a 和 c 组成资产组合，概率分布会是：有 0.03 的概率为 0，有 0.27 的概率为 210 美元。期望价值为 161 美元。类似地，如果资产组合包括 b 和 c，概率分布会是：有 0.03 的概率为 0，有 0.63 的概率为 210 美元，有 0.07 的概率为 120 美元，有 0.27 的概率为 90 美元。期望价值为 165 美元。投资组合的收益在表 11-3 中做了总结。

表 11-3　不同组合的概率分布

状态/组合	低现金流（美元）及概率	中现金流（美元）及概率	中高现金流（美元）及概率	高现金流（美元）及概率	期望价值（美元）
a 和 b	0，0.06	100，0.24	120，0.14	220，0.56	164
a 和 c	0，0.02	90，0.18	100，0.08	190，0.72	161
b 和 c	0，0.03	90，0.27	120，0.07	210，0.63	165

显然，如果你是一个决定是否购买该组合一部分的投资者，那么知道该组合的精确构成并不很重要。所有的资产组合都有相似的期望价值，并且每个组合都是低概率实现低现金流，高概率实现高现金流，中等概率实现中等及中高现金流。

步骤 2

现在想象 c 资产被 d 资产替代，d 资产的现金流在 [0, 1 000] 之间均匀分布。现在很容易看出，对投资者来说，其知道组合包含哪种资产非常重要。比如，资产 a 和 d 组合的期望价值为 580 美元（资产 a 的期望价值为 80 美元，资产 d 的期望价值为 500 美元），而资产 a 和 b 组合的期望价值为 164 美元。如果投资组合的现金流是被分割的，那么对于次级索赔人来说，知道组合的构成就更重要了。这就是同类资产池更容易进行证券化的原因。

2. 私有信息的程度

另外一个重要考虑因素是与资产有关的私有信息的程度。如果贷款发起人知道大量与贷款相关的信息，其他人却不知道，这时信息沟通成本就有可能阻碍资产证券化。这一点与同质性相关，因为信息敏感的资产更难实现标准化。但是，即便贷款组合是同质的，如果投资组合中的每一笔贷款都充满了发行人所拥有的私人信息，那么资产证券化的成本可能会极高。真正意义上的"不透明的"资产通常很难以接近其真实价值的价格出售。相应地，可能需要有大幅折扣来诱使投资者购买他们并不完全了解的资产。对这种资产进行证券化可能并不利于发行人。比如，在美国将尼日利亚的一家当地银行发放的消费者贷款组合进行证券化并出售可能是非常困难的，尤其是当无法获得关于其历史还款模式的统计数据时更是如此。相比之下，美国的信用卡应收账款在美国就容易被证券化。只需对信用卡申请人进行粗略的初步筛选，因此没有多少贷款人知道但其他人不知道的信息。此外，这种合同本身也是相当标准化的，信用卡组合的还款模式也具有相当的可预测性。消费者住房抵押贷款也具有类似的特征。决定谁获得住房抵押贷款的甄别流程是标准化的，因此，一旦某人获得了住房抵押贷款合同，他就落在一个借款人群之内——对于这些借款人，初始贷款人并不比评级机构和投资者了解的信息更多。

私有信息如何影响证券化资产选择的一个重要含义是，保留在银行资产负债表上的资产的质量可能会恶化。可以被证券化的资产一般更具流动性。继续留在账面上的资产可能具有较差的流动性，也可能还有其他的问题。㊀银行可能倾向于在其账面上保留这些低质量资产，因为银行如果想出售这些资产，就只能以相对于其"真实"价值的大幅折价出售，而这些价值可能只有银行私下里知道。因为在流动性和风险之间通常存在这种反向关系，所以银行资产组合的风险可能会由于证券化而上升。对此无须过于担忧的原因是，银行可以通过购买以其他银行发起的贷款作为支撑的证券化债券来实现分散化。

当然，随着信息科技的进步，金融信息的处理和沟通成本下降了，这使得证券化的成本变得更低。显而易见的含义是，我们可以预期证券化将在范围和数量上得到增长。

3. 道德风险

借助于传统的借款活动，初始贷款人将贷款的发起、承销、融资和服务合并起来。这时贷款人就有动机去监控贷款。正如我们在第 3 章所讨论的那样，监控是银行的一个重要活动。然而，借助资产证券化，贷款的发起和融资被分离了。这样做弱化了发行人监控被证券化的贷款的动机。㊁之所以会这样，是因为监控对于发行人而言是一项成本较高的活动，并且监控带来的好处（即从证券化组合中得到的现金流的改善）归属于购买证券的投资者，而非发行人。在这种背景下，传统银行可以被看作解决与贷款业务分解相伴随的道德风险的一种方式。一种显而易见的解决方法是通过利用附有部分追索权的资产证券化将一定的信用风险转移给发行人。这样做就可以让发行人面临风险敞口进而承担监控的职责，从而减少道德风险。

然而，追索权的引入引发了其他的会计／监管问题。回想一下，资产证券化的一个强烈动机是由于资本和存款准备金法定要求、存款保险费以及其他成本的存在——这些因素估计会使存款吸收者的融资成本上升 125 个基点。如果贷款被进行了附有追索权的证券化，那么它们通常无法从账面上移除，进而也就不能规避任意一种监管成本。但是，发行人可以利用替代追索权的方法来解决道德风险问题，同时无须将贷款继续保留在账面上。优先／次级结构、超额抵押和第三方担保都可以提供减少道德风险的信用增级。

信用增级可通过两种方式来处理道德风险。第一，它直接改善了证券化资产的信用质量，因此投资者就可以较少地受到发行人所提供的承销和监控质量的影响。第二，它为信用增级机构提供了强化监控发行人的动机，以确保发行人对证券化投资组合中的贷款进行承销和监控。我们可以期望信用增级机构具有监控的专业技能，从而可以比单独的投资者更有效地进行监控。此外，就像银行通过集中监控活动来节省监控成本，进而避免"监控重复"一样，信用增级机构也可以节省监控成本——如果不是这样，而是由单个投资者进行重复性的

㊀ Greenbaum 和 Thakor（1987）借助模型分析表明，在某些特定情况下，银行会证券化较高质量（也就是较低的违约风险）的资产，同时将较低质量的资产留置于资产负债表内。Agarwal、Chang 和 Yavas（2012）的实证研究表明，银行持有较高违约风险的贷款（逆向选择和可察觉的监控需求有可能会阻止这些资产的证券化）。然而，他们确实发现在证券化了的贷款中存在更高的提前偿付风险。

㊁ 这种因果分析见 Gorton 和 Pennachi（1990）。Mester（1992）提供的实证证据显示，对于银行而言，监控它自身发起的贷款要比监控购买的贷款成本更低一些。

监控活动，那么由此导致的成本可能会比信用增级机构更高。但是，由于信用增级机构的监控活动的边际有效性会随着监控的不断增加而下降（也就是规模收益递减），所以信用增级的收益存在一个天然的上限。这将反映在信用增级机构向发行人所收取的费用之中。取决于资产的性质（尤其是发行人对其现金流监控的敏感度）和试图达到的信用增级水平，发行人可能面临一个临界点，一旦超过这个点，从它的角度来说，获得进一步的信用增级是不合理的。换句话说，超过这个点之后，鉴于道德风险的存在，对于发行人来说，有些资产最好利用存款而不是证券化和信用增级来提供资金。

有些类型的工商业贷款不太可能成为证券化的对象，尽管在我们看来，这一类型贷款的范围预计会日益变小。那些价值高度依赖于贷款人监控的贷款通常会受到许多道德风险的影响，正如我们在第7章和第8章中看到的那样。这类贷款难以证券化，因为信用增级的成本实在是太高了。换一种说法，初始贷款人提供的监控质量的不可预测性有可能会导致由这些贷款产生的现金流的很大的不可预测性。我们预计，从道德风险的角度着眼，这类贷款很少被证券化。这正是我们所观察到的现象。但是，尽管现实是这样，我们预计很少的（如果有的话）工商业贷款将来会被证券化。

虽然像信用增级和追索权这样的措施可以减轻资产证券化涉及的基本道德风险问题，但很有意思的一个问题是在实践中，银行的动机是否会受到这样一种认知的影响，即银行知道其目前正在发起的这笔贷款随后将被证券化。一项关于被证券化的次级住房抵押贷款数据的实证研究解决了这个问题。⊖在住房抵押贷款市场中，投资者使用的经验法则是住房抵押贷款借款人的FICO评分。与向FICO评分低于620分的借款人发放贷款相比，向那些FICO评分高于620分的借款人发放贷款存在更高的无条件被证券化的概率。尽管我们猜想向FICO评分为619分的借款人发放贷款与向FICO评分为621分的借款人发放贷款有着相似（或稍高一点）的信用风险，但有证据表明，向FICO评分刚好在临界值620分以上的借款人发放的简易贷款在发放两年时间内违约的概率通常高于FICO评分恰好低于620分的贷款。

导致这种现象的一个重要原因是，对于发行人而言，FICO评分在620分以上的贷款比FICO评分在620分以下的贷款具有更高的流动性。这种额外的流动性通过两种途径发挥作用，而这两种途径都弱化了贷款人的甄别动机：被证券化的比率和完成证券化所需要的时间。对于被证券化的比率，相比620分以下的贷款，620分以上的贷款被证券化的比率高10%。至于完成证券化所需要的时间，一笔可接受的评分在620分以下、简易的次级贷款，要比可接受的、评分在620分以上的贷款在贷款人的资产负债表上多保留大约2个月的时间。根据我们对上述两点的分析，甄别动机下降的影响很大——像我们在上述两个纬度中所做描述那样，更易被证券化且简易贷款的投资组合的违约率比不太容易证券化且同等风险的投资组合要高20%。

这些实证性研究的结果具有显著的实际意义——住房抵押贷款的发行人的信用甄别动机似乎受到贷款是否将被证券化的影响。当发行人知道贷款更可能在账面上持有而不是被证券化时，它通常会在发放贷款之前更为谨慎地甄别借款人。

⊖ 见 Keys、Mukherjee、Sern 和 Vig（2010）。

11.4 金融机构涉及资产证券化的战略性问题

资产证券化是银行和其他金融机构对债权进行清偿并使资金来源多样化的技术。它的巨大增长只是资本市场正在进行的思想革命的一个指标。

11.4.1 作为资产负债表管理工具的资产证券化

如前所述，资产证券化可以被金融机构用来管理各种风险。这些风险是：

- 利率风险；
- 提前偿付风险；
- 信用风险；
- 流动性风险。

绝大多数贷款出售和贷款参与都涉及对初始贷款人没有明确追索权的销售活动，进而上述所列的所有风险都一并出售转让了。在资产支持证券市场中，追索权更为普遍，所以只有上述风险的一部分被出售方处理了。导致这种差异的原因不难看出。贷款出售和贷款参与涉及的是银行相互之间或银行与其他金融机构之间的交易，而这些金融机构都有能力来评估其所涉及的风险，同时确保充分的监控。⊖ 追索权以及由此导致的监管成本进而就可以规避。但资产证券化则涉及与众多小规模投资者进行交易的金融中介机构，对于这些投资者而言，他们必须借助追索权来让机构提供足够的监控进而确保其安全。

资产证券化具有的管理方面的含义是，金融机构必须对通过资产证券化（不附有追索权）而摆脱的风险所带来的收益与资产证券化的成本进行仔细的权衡。一方面，存款融资作为资产证券化的一种替代方式，不仅要支付利息成本，而且要承担监管成本。另一方面，资产证券化不仅涉及固定成本（合规性成本加上发行成本），而且涉及信用增级成本（这种成本是资产池的异质性和信息敏感性的函数）。这些可供选择的融资方式的成本将决定该机构对哪些资产进行证券化，以及向买家提供多少追索权的选择。正如我们之前所看到的那样，非常"不透明"的资产有可能很难被证券化。金融机构要么偏好于利用贷款参与安排引入其他贷款人，要么完全由自己来提供资金。换言之，当金融机构在"刺穿""不透明"资产的"面纱"方面享有比较优势，但发现很难向投资者解释其价值时，它就会选择资产负债表内融资。

11.4.2 作为定价工具的资产证券化

随着银行业的准入变得更为容易，在过去几年间银行不得不想出办法来应对更为激烈的价格竞争。尽管银行必须具有竞争性，但它们也必须确保其定价处于有利可图的水平。有些银行尝试通过设定贷款发放的最低利率水平来实现这一点。它们将这个利率水平称为"最低购买利率"，且将其作为向贷款提供资金的估计成本，然后再加上提供可接受的最低收益的利差。不幸的是，银行通常无法精确地确定任何特定资产的真实融资成本。许多银行基于它们的平均总资金成本来给出一个粗略的估计值。

资产证券化则可以帮助银行提高定价的精确性。比如，如果一家银行不断地将初始资产

⊖ 在贷款出售的情形中，出售者有时只出售部分贷款，在账面上保留部分贷款。这可以被视为信用增级的一种替代方式。

置入证券化资产池中，那么它就可以直接以该资产的融资成本为基础来定价。这么做可以确保持续性市场驱动定价，进而确保银行总是以有利可图的利差来创造资产。此外，由于证券化有助于发起银行规避法定存款准备金和资本重组要求的成本，所以它还可以为银行提供相对于非证券化银行竞争者的竞争优势。这种竞争优势允许银行要么降低价格并借此来扩大市场份额，要么在当前的价格水平上赚取更高的利润。

11.4.3 作为实现市场渗透和分散化目的的战略性武器的资产证券化

1. 市场渗透

在对特定市场中银行的比较优势进行详尽的分析之后，设想你的银行决定的最优策略是在这个给定的市场中成为价格领导者，同时不断扩大市场份额。然而，你担心执行这种策略会带来显著的风险，因为迅速变化的市场条件可能意味着净利差（也就是贷款利率和银行为该笔贷款融资的成本之差）会随机波动，有时会跌至所配置资本的最低必要收益率之下。出于战略性原因的考虑，你的银行必须在市场中保持存在的持续性。然而，银行所面临的未来利差的随机性意味着这种战略驱动的连续性可能要付出相当大的代价。而这可能会迫使你的银行以承受阶段性损失为代价在市场上站稳脚跟。这是投资不足问题的一种存在形式，因为你可能会出于短期成本的考虑而被迫放弃投资，即便从长期来看保持存在的持续性对你来说可能是最佳选择。

一个精心设计的资产证券化计划可以成为克服这一障碍的极佳的战略性武器。设想你的银行已完成定位，要进军质量高但利润边际较低的汽车贷款市场。这时你可以构建并参与一个商业票据项目，汽车贷款则可以被周期性地放进这个项目之中。汽车贷款的定价可以每日进行调整，以与市场状况保持一致。你可以在发起贷款时决定任何一笔贷款的利润边际，同时计算利用存款和参与商业票据项目这两种融资方式各自的盈利。如果通过存款或作为替代方案的证券化这两种方式进行融资都无法实现盈利，那么这时你可以放弃这个贷款机会。如果利用存款为这笔贷款融资盈利较高，那么你可以对它做个标记，然后把它保留在银行的资产负债表上。但如果这笔贷款通过存款提供融资无法使银行实现盈利，这时，你可以检查一下将这笔贷款证券化是否有利可图，而不是直接放弃这个贷款机会。在某些情况下，即使表内贷款无法实现盈利，但证券化（以商业票据成本计算）对你来说是有利可图的。这样，银行可通过资产证券化来确保其出于战略性考虑所选择的市场部门中保持存在的连续性。从本质上讲，这个分析解释了企业即使在存在固定成本的情况下仍会保留多个融资来源。值得注意的是，这样一种策略也可能是由流动性所驱使的。

2. 分散化

正如我们在第 7 章中所看到的那样，资产组合的分散化可以显著降低银行破产的风险。这绝对不是一个新见解。事实上，所有的银行家都知道这一点。然而，似乎存在一种贷款组合的集中度日益上升的发展态势。⊖这一点对于工商业贷款组合而言表现得尤为明显。之所

⊖ Boyd 和 Smith（1993）指出了一个与资产证券化相关的分析角度。他们认为，贷款人在监控其所处地域的借款人时的效率要比监控其他地域的借款人时的效率更高一些。这样，银行经常会发现，购买一些由其他银行发起并证券化的资产，而不是完全由自己来发起和监控资产是一种更优的分散化策略。

以会这样，是因为竞争的不断加剧已迫使银行出于维持利润边际的考虑开拓有竞争性的细分市场。银行擅长在其拥有比较优势的市场上提供贷款，而这相当自然地导致了其贷款在地理区域或行业分布上的集中，或两者皆是。因此，银行在专业化和分散化之间出现了冲突。

银行家们最初借助开展国际借贷和在全国范围内扩张贷款发放办公室网络来应对这一冲突。贷款发放办公室的设立旨在克服州银行法的束缚。然而，对于很多银行而言，这些做法的结果令人失望。坏账损失不仅源自银行对全新的信贷环境缺乏足够的了解，而且也因为开发新的关系所必需的营销费用日益增长。在经历了这些不成功的分散化尝试之后，银行做出的反应是撤出其较为熟悉的地区/行业的细分市场。

资产证券化可以通过允许银行克服地理限制来免遭贷款组合分散化不足所导致的损失。银行可以向比其他人更了解的借款人发起贷款，并为贷款提供相应的服务。它们所具有的信息优势的回报可以以更高的利差和利润边际这种形式得到反映。但没有必要因为这些贷款提供资金而牺牲分散化。发行银行可以将这些贷款中的一部分予以证券化，从而释放资金来寻求其他的贷款机会并实现分散化。此外，银行也可以购买由擅长在其他行业和地理区域发放贷款的银行证券化的贷款。这也促进了分散化。

从银行总体战略的立场来看，资产证券化打开了之前被关闭的大门。银行可以积极地开拓新的市场，无须仅出于在这个市场站稳脚跟的考虑不得不计划未来的周期性损失，同时，也可以专注于某个行业和地区而无须考虑分散化不足的风险。

11.4.4 战略性决策和资产证券化结构

随着银行监管和竞争环境的进一步演进，资产证券化将不得不继续调整，正如它到目前为止已经进行的调整一样。到目前为止，公司提出了创新性资产证券化结构，允许银行实施其战术和战略目标，同时导致数量日益增加的有形和无形资产被证券化。我们预期这种趋势将会继续下去。

11.5 贷款出售和贷款证券化的比较

我们在第9章中讨论过的贷款出售和资产证券化颇为相似，但两者之间存在三点基本区别。第一，贷款出售仅仅是将贷款组合所有权的一部分从发行人转移给其他人，而资产证券化则改变了现金流模式和其他资产特性。因此，贷款出售是一种经纪功能，而资产证券化涉及定性资产转化（回忆第2章的内容）。第二，借助资产证券化，针对资产的索取权可以在资本市场中以证券的形式出售，初始贷款进而被转化成了可在市场上交易的证券，而在贷款出售中，资产仅仅是从一家银行转移到另一家银行，没有发生实质性的转换。第三，绝大多数贷款出售是在没有明确追索权的情况下进行的。此外，不像资产证券化，贷款出售通常没有担保、保险或任何其他形式的显性信用增级，尽管发行人保留的部分份额的贷款在减轻道德风险方面有点类似于信用增级。这样，贷款出售通常是将贷款永久性地从出售者的资产负债表上移除了。

贷款出售和资产证券化之间的一个显著区别是，通过将贷款出售给另一家银行，这笔资产仍然留在银行业内，而通过资产证券化，它被转化成一种资本市场投资产品。然而，从战略性选择的角度看，贷款出售和资产证券化给银行带来了类似的优势。当银行设计与实施一项综合性的贷款出售和资产证券化计划时，它所拥有的针对特定地区和特定行业的借款人的贷款发放、服务和监控业务的能力就可以在不损害其分散化目标的情况下得到有效的利用。[⊖]

11.6 结论

2007～2009年的金融危机对某些证券化市场造成的负面影响非常严重。资产支持商业票据市场或多或少已经停滞了。然而，资产证券化是一种当适当执行时具有独特收益的技术。它促成了分散化收益，并降低了资金成本。鉴于这些显著的好处，对于银行和储蓄机构而言，在其传统融资的相对成本没有出现大幅度下降的情况下，趋于资产证券化的发展态势仍可能会持续下去。银行过去拥有的相对融资优势建立在存款利率上限、贴现和预付、存款保险和税收体系以及银行业准入管制等基础之上。想要这些优势重新回归，可能性不大，特别是考虑到银行现在面临的显著上升的监管成本和监管不确定性。这样，只要能开发出针对道德风险问题的可行的解决方案，资产证券化就有可能会增长。如果这些解决方案涉及针对发行人的某种形式的追索权，那么它们需要满足法律顾问、监管机构和缔约方的利益要求。

资产证券化已成为影子银行体系发展的核心。影子银行被定义为"除监管存款机构（商业银行、存款机构和信用合作社）之外，作为中介机构将储蓄导向投资的金融实体"[⊖]，并且这种"引导"是通过证券化产生的。影子银行体系的主要参与者是资产支持证券和资产支持抵押票据中转机构、回购协议和货币市场共同基金。

11.7 案例研究：孤星银行

11.7.1 简介

孤星银行是位于加利福尼亚州帕洛阿尔托的一家规模相对较小但发展迅速的地区性银行。最近几年，该银行专注于向小型个人计算机制造商提供贷款。从历史上看，这些客户主要集中于帕洛阿尔托和周边的"硅谷"地区，但在过去的几年中，银行已在其他高科技增长地区开展了类似的业务。尽管这家银行不像它的一些竞争对手那样规模庞大，但作为一家对计算机行业非常了解的银行，它享有较高的市场声誉。

孤星银行的首席执行官约翰·兰斯顿认为个人计算机行业将继续大幅增长。银行希望成功地利用当前的声誉和专业技能获得更大份额的市场，但它面临两个主要制约因素。第一，与行业的快速增长保持同步，要求银行处理好融资困难的问题，因为对于银行而言，其吸收存款的基础受到各种监管法规和竞争性因素的限制。特别地，杠杆率约束要求银行筹集额外的资本来支持规模更大的存款基础，而这被认为是一种成本较高的选择。第二，出于战略性原因的考虑，银行必须在这个市场中保持存在的持续性。市场份额下降可能会让竞争对手由于对市场业务的理解不断加深而建立同样高的声誉。

⊖ 但是，人们不能排除监控动机可能会受到损害的情况，见 Parlour and Plantin (2008)。

⊖ 见 Bernanke (2010)。

考虑到这些因素，兰斯顿把拉娜·坦纳和副总裁休·阿克斯顿带进他的办公室，讨论他对银行贷款定价政策的担忧。

11.7.2 第一次会议

兰斯顿：你们都知道我们的处境。由于我们一直在对这些计算机公司发放贷款，所以我们取得了很大的成功。我们发现了其他银行不懂的机会，但是我担心一些事。第一，我们的业务贷款组合集中在计算机行业（见表 11-4）。第二，我担心我们在这一领域贷款的成功可能意味着我们没有对这些贷款进行正确定价。我们的资产回报率最近有点下滑（见表 11-5），我认为我们的贷款定价可能太低了。

表 11-4 孤星银行按行业分类的商业贷款

	2000	2001	2002	2003	2004	2005
建筑业	23%	28%	35%	38%	27%	23%
电脑制造业	32%	38%	43%	47%	52%	55%
零售商店	17%	18%	12%	10%	13%	12%
批发商	5%	5%	4%	4%	5%	4%
其他	23%	11%	6%	1%	3%	6%

表 11-5 孤星银行利润指标

	2000	2001	2002	2003	2004	2005
总资产收益率	0.900	0.875	0.000	0.834	0.752	0.654
净资产收益率	11.2	11.0	0.0	9.4	8.7	6.32
毛利润	54.8	54.2	50.1	54.5	53.0	51.2

坦纳：嗯，显然，我们要做的是通过进入其他市场来实现分散化。但我们不能忘记我们几年前的惨败，当时我们认为我们将大举扩张进入房地产开发贷款领域（见表 11-6）。

表 11-6 孤星银行建筑业/房地产业发展贷款

	2000	2001	2002	2003	2004	2005
总量（百万美元）	46.0	61.6	84.7	101.1	82.6	80.9
贷款损失（百分比）	0.9	1.1	2.1	3.4	1.9	1.1
估计净收益	0.02	0.01	−0.02	−0.02	0.00	0.01

兰斯特：（叹息）啊，那是肯定的。我们在那件事上受到了打击，我想我们已经吸取了教训，我们应该坚持自己的长处。

阿克斯顿：嗯，接下来要考虑的是出售我们的一些资产。通过将部分贷款资金转移到其他地方，我们将专注于我们最擅长的事情——识别和监控成功的公司。这样一来，我们就可以在这个行业中保持多样化，同时分散化投资组合。我和其他银行谈过做一些贷款出售。

兰斯顿：好极了！这看起来有希望吗？

阿克斯顿：不幸的是，事实并非如此。与我们交易的大多数公司规模都很小，你知道的。事实上，所有这些公司都在生产一种产品，这种产品对最终用户来说是一种商品，这意味着技术或成本上的细微差别可能会对所有公司的盈利能力产生巨大的影响。我们有自己的计算机奇才团队，他们是这方面的佼佼者。但具有讽刺意味的是，同样的知识优势让我们在这个市场上击败了规模更大的银行，使它们害怕直接从我们手中购买贷款。它们不认为自己能像我们一样区分坏的和好的借款人。它们害怕我们会把我们的失败者推给他们。底线是我们要么以低于实际价值的价格出售贷款，要么提供大量的信用增级（见表11-7）。

表 11-7　估计贷款销售值　　　　　　　　　　　　　　　　　（单位：美元）

估计值基于一个2 000万美元的静态转付资金池。市场估值是基于从相关投资银行家那里获得的平均估值	
真实价值（估计未来现金流的净现值）	17 200 000
没有追索权的贷款销售（没有信贷增强）	16 100 000
有完全追索权的贷款销售	17 200 000
没有追索权的贷款销售（有成本为70万美元的信贷增强）	17 100 000

兰斯顿：嗯，我想让你们两个人详细检查一下，特别是我们的贷款组合证券化的可能性。看看我们的选择是什么，下个星期再来找我。

会议结束了，拉娜·坦纳和休·阿克斯顿开始研究银行可能的选择。坦纳将研究各种证券化市场，而阿克斯顿将检查会计和监管方面的问题。

11.7.3　第二次会议

兰斯顿：嗯，坦纳，你要研究更直接的证券化的可能性。你认为我们可以把我们的几笔贷款打包成资产支持债券出售吗？

坦纳：很不幸，即使我们发放贷款的那些公司生产用于销售的非常相似的产品，但它们在金融结构、成本等方面有很大的不同。比如，盖尔微系统公司与辛特尔公司有一个以当前价格购买记忆芯片的长期合约。所以，如果美国对日本芯片征收关税，从而提高了记忆芯片的总成本，那么盖尔会获利。其他公司与该行业的其他部门有各种长期和短期合约，包括一些十分复杂的软件许可协议。简单地说，这些公司不是非常同质的（见表11-8）。它们唯一的共同点大概就是它们所处的行业，以及它们通过商业租赁协议进行很大一部分销售的事实。

表 11-8　顾客档案

公司名称	销售（百万美元）	员工数	D/A	ROA	P/E
盖尔微系统公司	523	2 100	0.40	0.21	23
Encore 系统	215	1 450	0.80	0.19	*
Southgate 公司系统	207	934	0.67	0.23	31
Texlon	185	1 200	0.32	0.13	18
瑞翁株式会社	127	600	0.87	0.29	42

注：D/A 是按账面价值计算的负债/总资产，ROA 是资产收益率，P/E 是股票价格与盈利之比。

* 非上市公司。

兰斯顿：那底线是什么？

坦纳：我们可以试着将我们的某些贷款打包给这些公司，但是这些公司差异较大的收益可能意味着投资者必须了解哪些公司在资产池中。和我聊过的华尔街的人似乎认为，如果我们试着销售这些债券，我们可能会损失很多基点，或者我们不得不进行超额抵押或购买保险债券。

兰斯顿：嗯，我们似乎进退两难了。一方面，我们比其他人有能力更好地识别和监控良好的贷款状况。另一方面，正是这种优势使我们很难将这些贷款从账面上拿掉。

阿克斯顿：还有一个我们没有谈到的因素。正如你提到的，我们确实集中在一个相对狭窄的行业中。此外，个人计算机行业历来对宏观经济变化非常敏感。当经济不景气时，个人和企业很容易推迟购买新的计算机。这意味着我们资助的所有公司可能具有高度相关的违约模式。我们的许多个人客户也在计算机行业工作，所以我们的消费者贷款的违约模式也与计算机行业相关。如果我们进行有追索权的证券化，那么我们并没有在计算机商业环境的总体变化上使自己实现分散化。经济衰退可能只是暂时的，我们之前也经历过，但如果我们不进行真正的分散化，在这种特殊的风险中，我们的杠杆会更高——我们可能会在紧张的情况下失去战略性的市场份额。

兰斯顿：好吧，这很难。休，告诉我你发现了什么。

阿克斯顿：有件事是很清楚的。除非我们愿意以巨大的折扣销售这些贷款，否则我们必须保留大量追索权。这意味着，尤其是对于监管会计准则，我们很难把这些从账面上拿下来。

兰斯顿：好吧，这是我希望你们两个做的。我们已经讨论了银行很多不同的选择，但现在该行动了。我希望你们一起工作，对我们提到的每个选择，以及你们能想到的任何其他选择进行系统的检查。然后向我报告每种办法的优点和缺点，并就哪种政策对我们来说最合适给出最终建议。

11.7.4 任务

介绍案例中提到的每一种方法的优点和缺点，确保涵盖最重要的问题。尝试创造性地考虑其他解决方案，为银行提出一些可能更好的方案。

专业术语

GNMA 政府国民抵押协会（见第 7 章）

FNMA 联邦国民抵押协会（见第 7 章）

FHLMC 联邦住房贷款抵押有限公司（见第 7 章）

FHA 联邦住房管理局 它是住房和城市发展部的联邦机构，联邦住房管理局不发放贷款，但它为低收入家庭提供多种贷款保险和补贴计划，以帮助稳定住房抵押贷款市场。

implicit contract 默认契约 经济学中的一个术语，指在未来的行为中，双方之间有一种默契。它没有明确的合同，也没有法律上的约束力。

GMAC 通用汽车金融服务公司 一家金融公司，该公司是通用汽车公司的一个子公司。

BB, A-1 ratings BB，A-1 评级 由私人机构对债券做出的评级，专注于评估信用风险。公司通常向这些机构支付费用来获得债券评级。随后信用评级被公开，这会对评级债券的收益率产生影响。一般来说，字母越排在前面，信用风险越低，即 A 级好于 B 级，AA 级好于 A 级。

复习题

1. 贷款出售和资产证券化的相同点和不同点是什么？
2. 贷款交易的四个基本要素是什么？为什么这些一开始是统一的，现在要通过证券化来分解呢？
3. 讨论过手证券（静态池和动态池）、资产支持证券和转付证券，尤其关注这些合约之间的区别。
4. 抵押担保证券（CMO）和房地产抵押投资渠道（REMIC）是什么？

5. 为什么过手证券比转付证券更受欢迎，为什么房地产抵押投资渠道正在代替过手证券？
6. 纯利息和纯本金剥离是什么，它们如何被用于对冲利率风险？
7. 促进资产证券化的供给端和需求端的动机是什么？
8. 什么是资产支持商业票据？为什么它会受欢迎？为什么公司不避开银行直接发行有担保的商业票据？
9. 证券化有任何"天然"极限吗？是什么？什么类型的资产最可能进行资产证券化，以及什么资产可能进行证券化？
10. 解释金融机构如何利用证券化作为资产负债表管理和定价的战术工具，以及作为市场渗透和分散化的战略武器。
11. 证券化的预期未来增长预示着银行与美联储控制货币总量的能力，这句话什么意思？
12. 假设银行A有两笔贷款，每一笔都是一个周期后偿还，其现金流是独立同分布的随机变量。每笔贷款都以0.8的概率向银行偿还250美元，以0.2的概率向银行偿还125美元。然而，虽然银行A知道这一点，但潜在的投资者不能区分该银行的贷款组合与有相同数量贷款的银行B的贷款组合，银行B的每笔贷款都以0.5的概率偿还250美元，以0.5的概率偿还125美元。投资者先前认为，银行A有0.4的概率有价值较高的资产组合，有0.6的概率有价值较低的资产组合。假设银行A希望将这些贷款证券化，并且它知道，如果在没有信用增级的情况下这么做，那么它向投资者传达贷款的真实价值的成本是真实价值的8%。探索A银行的证券化方案。假设信用增级机构可得，且信用增级机构能够（以忽略不计的成本）确定贷款组合的真实价值，那么银行A应该购买哪种信用增级？假定投资者是风险中性的，并且贴现率为零。
13. 下面是一段对话，对它做出评价。

主持人：好的！那是给你的，艾利克斯。但是我不理解一件事情。如果银行仅被允许投资于十分安全的资产，那么银行目前所投资的所有资产会怎么样？

阿普尔顿：没什么大不了的。这些资金可以转移到资本市场中，或由无担保存款提供资金。

主持人：但是这样的非中介化或再中介化必然是一件好事吗？

阿普尔顿：我不明白为什么不是。银行已经将它们的许多资产进行证券化，从信用卡应收账款到抵押贷款。我所建议的只是那个过程的自然延伸。

巴特沃思：当然，但是证券化有天然的限制。此外，即使通过证券化，银行仍然是发行人。艾利克斯，我认为你所建议的是基于银行没有什么特别之处的前提。

第六部分
PART 6

银行的资金

第 12 章

存款合同、存款保险与影子银行

> 至于为银行存款提供担保这件事,在政府一开始这么做的时候……政府就遭受了可能的损失。我们并不希望让美国政府来为个别银行的错误与过失负责,并在未来鼓励不健康的银行业。
>
> 富兰克林·德拉诺·罗斯福,在他作为美国总统的首次新闻发布会上所言

引言

在前面的章节中,我们聚焦于存款类机构资产负债表的资产方。现在,我们转向负债方。存款机构有多种类型的负债来源,本章我们集中讨论各种类型的存款,因为对于存款类机构而言,这种形式的资金来源占据了主导地位。我们将在第 13 章讨论资本。在讨论存款类机构之后,我们将讨论影子银行体系中各类机构是如何获得资金的。

在美国,"银行存款"和"存款保险"这两个术语几乎是不可分的。但从理论上说,把存款合同本身所涉及的问题与存款保险相关问题区分开来是非常重要的。因此,我们将首先探讨没有保险问题的存款合同,然后讨论"负债管理",也就是管理银行净利息差(资产收益与负债成本之间的差额,一般以总资产的百分比来表示)的过程。对于存款保险的分析紧随其后。当讨论完未投保的存款合同之后,我们就可以了解政府存款保险是如何改变存款合同以及存款者的行为的。

我们对那些目前仍对存款保险相关问题的重要性深信不疑的人持怀疑态度。不断增加的金融危机及其导致的经济破坏似乎在强化安全网的重要性,而这些安全网的存在则使存款人宽心,使他们无须担忧存放在银行的货币的安全性。这是因为,如果存款人有这种担忧,他们就会倾向于在稍有风吹草动之际就要求提取存款,而这将可能使整个银行体系变得非常脆弱,使其暴露在谣言和含沙射影所导致的银行挤兑风险之中。但问题是,关于存款保险,存在不少贬低者。最主要的批评在于存款保险所提供的安全网创造了一种道德风险,存款人很少有动机耗时费力地对银行施加市场约束,即便银行过度地承担了风险或做了不谨慎的决策。许多人指责存款保险为 20 世纪 80 年代的储蓄贷款协会危机和普遍的银行危机埋下了种子。⊖尽管这些观点似乎都可以被接受,但要试图解释我们为什么会接受存款保险,尤

⊖ 根据 1983 年的《总统经济报告》,储蓄贷款协会行业的损失在 1 000 亿美元到 1 600 亿美元之间。

其是为什么会接受当前这种似乎使联邦保险非常有必要的存款合同，仍然是非常困难的一个问题。本章我们主要集中在对这些问题的讨论上。不幸的是，**储蓄贷款协会危机在很大程度上是可以避免的**，而紧随这场危机之后的监管改革本该在危机爆发之前就成为现实。早在1977年，学术期刊就已经明确指出，受联邦保险的存款机构有强有力的动机去承担从社会福利角度而言过度的资产风险，而仅凭借那个时期实施的资本监管根本无法控制机构的这一动机，进而根本性的监管改革变得极为必要。

然而，有些人可能仍会辩称，站在那个时点，我们的历史经历（尤其是从大萧条之后联邦存款保险创设以来的这段历史）并没有使我们准备好接受类似储蓄贷款协会危机这样的系统性冲击。在1933年之后很长的一段时期内，极低的银行倒闭率使银行业成为一个相当不寻常的行业。因此，另外一个谜就是，为什么这种倒闭浪潮没有发生在20世纪80年代之前？本章所基于的诸多实证和理论研究成果提供了关于最近困难爆发时机的非常有价值的分析，使我们得到这么一个结论，那就是尽管我们在大萧条之后经历过较为舒适的生活，但我们本该预见到很多事情的发生。

20世纪80年代储蓄贷款协会危机之后实施的监管改革，尤其是与存款机构和监管宽容性相关的资本监管，很好地实现了增强存款银行业的安全性和稳健性的目的，至少对于处于储蓄贷款协会危机中心的规模较小的机构来说是这样。然而，自2000年以来，银行业的大规模整合和影子银行体系的爆炸性增长，在很大程度上是由越来越多的资产证券化所致，正在造成银行监管当局似乎毫无防备的各种各样的风险。⊖ 非常脆弱的结构化融资和高杠杆也开始流行。⊜ 缺乏监管的主要原因与大多数影子银行机构（经纪公司、货币市场共同基金、投资银行、资产支持证券渠道、形式上是非存款机构但实质上是存款机构的机构等）有关联，这些机构没有存款保险的庇护，不受银行监管当局的管制，但在证券交易委员会（SEC）的管辖范围内。

但是，2007～2009年的次贷危机源于美国的影子银行业。危机造成许多机构陷入财务困境，如美国国际集团（AIG）和贝尔斯登（Bear Sterns）。互换合同和其他安排使许多机构（包括存款机构）相互关联，而这些机构及其安排的不透明意味着美联储和财政部等监管机构无法确定允许它们破产所导致的后果。不断壮大的银行控股公司越来越多地进行影子银行业务，使得事件进一步复杂化。因此，即使这些机构不一定是有存款保险的存款机构，联邦储备委员会也采取了前所未有的援助来阻止许多此类机构的倒闭。这些事件将在第14章中进一步讨论，第14章专门讨论2007～2009年的金融危机。但到目前为止我们意识到，这场危机是一次惨痛的觉醒，人们现在已经认识到，金融机构不再仅仅是"太大而不能倒闭"，还出现了"相互关联而不倒"，这种系统性风险不仅仅是一些凭空产生的外生冲击，还是系统内部激励机制的结果，以及各个机构对这些激励措施的反应。

本章的其余部分组织如下。接下来，我们首先讨论存款合同。之后，我们将阐述负债管理，以及它是如何受到利率管制和存款保险的影响的。然后讨论存款保险。我们研究了赞成

⊖ 例如，像信用违约互换（CDS，本质上是一种针对债务工具违约的保险单）这样的一个巨大市场是在缺乏监管的环境中兴起和发展的。

⊜ 比如可以参见《纽约联邦储备银行经济政策评论》；《融资模式的稳定性》（2014年）和Yorulmazer（2014）。在第2章中，我们指出了投资银行业务运作中的高杠杆。

和反对存款保险的论据,包括政府提供存款保险以阻止银行挤兑和恐慌的能力。我们还检验了与存款保险风险敏感定价相关的问题,作为对联邦保险机构的道德风险的重要性的实证分析。实证证据还提供了有关存款保险问题的时间安排的见解。然后我们讨论20世纪80年代美国的存款保险崩溃以及此后的事态发展。最后,我们讨论影子银行(非存款机构)部门的融资问题。

12.1 存款合同

12.1.1 存款合同的性质

存款合同要么是像大额存单这样有确定的期限,要么可以随时提取。我们将重点关注活期存款,这是一种典型的银行负债。当个人或公司把钱存进一个账户,且这个账户中的钱可以随时(也可以说即期)赎回时,一份活期存款(合同)就被创造出来了。

活期存款合同有四个重要特点:
- 它是一种债务合同;
- 它的存续期是无穷短的,但可以无限地展期;
- 它不能在二级市场上交易;
- 它受"序贯服务约束"原则的约束。

1. 债务合同

由于存款是一种债务契约,因此在未受保险的银行存款的存款人在与银行打交道时,与银行和它的借款人交易时一样,面临相同的资产替代等道德风险(见第7章和第8章)。这意味着,当银行收到一份存款时,它仅仅是从存款人处借到了一笔钱。

2. 存续期

存续期指的是存款人被保证可以在任意时间取回存款而不会受惩罚的时期,也就是说,在此期间存款人可以将银行的负债按面值回售给银行。这样,活期存款实际上就具有了和货币一样的流动性。它们之间的主要区别在于,货币没有违约风险,而未受保险的银行则可能违约,进而无法完全满足提取存款的需求。事实上,在本节中我们将假定没有存款保险,这样我们可以专注于存款合同本身的特点。

3. 不可交易的合同

活期存款不能在二级市场交易这个事实意味着,存款人的收益并不直接取决于与银行有关的信息是如何被其他市场参与者所处理的,也就是说,存款人不会面临市场价格风险。与计划未来在市场上以(随机的)公允价格出售交易性证券的人不同,活期存款的存款人在银行具有偿付能力的时候,明确地知道其未来从账户取款的任意时间点所能收到的(名义)金额。

然而,最后一个关于银行具有偿付能力的条件并不总是能满足。事实上,如果银行发生了一些事情,进而使我们确信它将变得糟糕的话,那么我们预计有疑虑的存款人会跑到银行去提取存款。如果你到银行的时间晚了,那么有可能在你到达那里的时候银行已用完了所有资金来偿还早到的存款人。在这种情况下,如果没有存款保险,那么你可以提取的最大金额将低于你的预期金额。从这个意义上说，你的存款回报取决于其他储户对银行的看法，就像你在到期之前清算任何可交易的债务合同时碰到的情况一样。

4. 序贯服务约束

之所以你的存款收益依赖其他存款人的行为，是因为存款合同满足一种序贯服务约束（SSC）。因此，当存款人试图取款时，银行支付的金额只取决于其承诺支付的金额以及他在那些希望取款的存款人所排队列中的位置。特别地，对于一个特定的存款人而言，他所能提取的金额不能取决于银行掌握的关于排在他之后的存款人的任何信息。这样，银行以"先到先得"为基础来偿付存款人。为了弄明白这一点，考虑一家银行，它拥有 5 美元的股权以及来自 95 个存款人（每个存款人存入 1 美元）的 95 美元无息存款。该银行价值 100 美元的资产包括 20 美元的现金和 80 美元的贷款（这是贷款持有至到期的现值）。但如果贷款被提前清算，则价值只有 27.50 美元。因此，如果贷款被提前清算，那么银行的清算价值就是 47.50 美元。现在想象一下有些存款人急于取回存款。其他人也听到了这件事，进而对该银行的资产产生了怀疑。这时就出现了全面的银行挤兑。当银行早上打开门时，你在 95 个排队取款的存款人中排名第 48 位。当分行经理走进来时，她数了一下排队的人数，看到每个存款人都在那儿取款。尽管如此，SSC 意味着银行无法使用这些信息来确定应该向排在第一位的存款人偿付多少金额。在这种情况下，经理被迫收回未偿的贷款，也就是将它们清算，收取了 27.50 美元。前 47 名存款人每人将获得 1 美元，你会收到 0.50 美元，而排在你之后的所有存款人都会空手而归。人们可能会认为，一种更公平的做法是给 95 个等待的存款人每人 0.50 美元，但是 SSC 阻止了这一做法。

存款合同的性质之所以值得关注，有两个原因。第一，当银行所有的负债都没有保险时，这些特征对于约束银行管理具有重要意义。这意味着活期存款合同的细节可能不是偶然的结果，它们服务于同一个目的。第二，当存款存在保险时，活期存款合同的一些特征鼓励了银行挤兑，进而增加了存款保险人的责任。

12.1.2 活期存款合同和经济动机

1. 不可交易性及存款的债务性质的影响

首先要考虑的是，即期债务是无法交易的，而且它是一种债务契约。第 7 章和第 8 章的分析意味着，在这种情况下，存款机构有动机以损害存款人的利益为代价增加资产风险。也就是说，这些机构的管理者有动机投资于风险贷款，进而将财富从存款人转移到股东。类似地，存款人面临一种道德风险，因为存款机构有动机在监控它为其发放贷款的借款人的过程中产生懈怠，这也会对存款人的预期收益产生不利影响。道德风险的第三种形式是欺诈。存款从本质上说是"他人的"资金，管理者可能会被诱使侵吞这些钱的一部分为自己所用。虽然这些病态被归咎于联邦存款保险，但是在采用存款保险之前这些问题就已经存在了。[○]我们的理论预测，即使在（不可交易的）未保险存款中，欺诈的动机也是存在的。由于缺乏市场定价的约束，所以存款合同不可交易这一事实加剧了道德风险问题。

○ 见 Calomiris 和 Kahn（1991）。

2. 存续期的影响

然而，事实证明，存款合同的其他两个特征（无限短的存续期和序贯服务约束）有助于减轻这些不同类型的道德风险。在阐述下面的直觉之前，⊖我们首先考虑存续期不确定的影响。

设想有很多人在银行开设了活期存款账户。我们可以很自然地想象其中一些存款人特别擅长分析银行的财务状况，而其他存款人则缺乏这种能力。我们设想，这些有分析能力的存款人时刻关注着银行的管理者，因为他们认识到道德风险的存在可能会降低其预期收益。现在，想象一下，一些警觉的存款人发现，银行的高风险贷款表现不佳，许多这类贷款有可能出现违约。此外，这些存款人发现，银行已经向高层管理者"亲密的朋友"发放了大量贷款，这引起了人们对欺诈的猜疑。这些知情的存款人应该做些什么呢？因为他们知道如果银行处于危险之中，可能会拖欠他们的存款，所以他们最好的选择是尽快取走存款。

当这些知情的存款人从银行提取资金时，存在两种可能性。一种是不知情的存款人没有反应。在这种情况下，银行的资金流出总额将取决于知情的存款人所持有的存款规模。如果持有量足够大，银行将被迫吸引新的存款。第二种可能性是部分或全部不知情的存款人观察到知情的存款人在取款，于是决定跟随。在这种情况下，会出现银行挤兑。无论哪一种情况，银行都需要吸引新的存款取代提款（或清算）。清算要么涉及银行贷款的回收，这会导致借款人相关生产活动的中断，要么向其他银行出售贷款。显而易见，对于银行来说，吸引新存款这一替代选择将变得极为困难。因为潜在的存款人将会观察到大量存款被提取，进而不愿将其存款委托给银行。即使有一些存款资金流入，银行也需要为这些存款支付更高的利率。这样，对银行来说，知情存款人的提款可能是代价高昂的。因此，承担这些成本的预期可能会阻止银行的管理者进行风险投资，并避免银行逃避对借款人的监控，还可以减少欺骗存款人的诱惑。

3. 序贯服务约束的作用

这种分析表明，存款的即期性质有助于使银行的管理层保持警觉。然而，在这个约束过程中存在一点小障碍。如果某个存款人可以依靠其他存款人来监控银行，那么这个存款人所要做的就是留心知情存款人的行动。对于"搭便车"的存款人而言，他并不需要花费个人资源来监控银行。这可能会破坏存款人的监控。原因是每个存款人都可以认为其他人会进行必要的监控，而在这种情况下没有人会监控！这就是序贯服务约束发挥作用的地方。因为如果排在队伍前面的存款人的预期收益比排在队伍后面的存款人的预期收益更高，他认识到通过执行"追随领导者"策略所得的预期收益要低于自己监控时得到的收益。这就加强了每个存款人的监控动机。这些想法在例 12-1 中有具体说明。

关于（未投保）存款合同激励效应的一个示例

例 12-1

假设银行在 $t=0$ 时从 105 个存款人手中各获得 1 美元。股东向银行投资 10 美元股本，

⊖ 这种直觉是基于 Calomiris 和 Kahn（1991）的分析。还可以见 Diamond 和 Rajan（2001），Jacklin 和 Bhattacharya（1988）。

银行贷出 110 美元，留存 5 美元作为现金储备。在 105 个存款人中，有 30 名存款人（称为 D_1 型存款人）能够监控银行的管理，剩余的存款人（称为 D_2 型存款人）只是出于交易和保管目的而将钱存入银行。每个 D_1 型存款人每期监控银行的成本为 0.01 美元。

银行有两个相互独立的投资机会。项目（或贷款）A 在 $t=1$ 时收益为 200 美元的概率为 0.7，收益为零的概率为 0.3。项目 B 在 $t=1$ 时收益为 150 美元的概率为 0.9，收益为 112 美元的概率为 0.1。如果银行选择其中一个项目，那么银行选择该项目后继续执行到结束的可能性为 0.9，将有 0.1 的概率转换到其他项目。这里，我们假设银行可能会在项目选择中出错。⊖ 通过监控银行，D_1 型存款人可以在 $t=0$ 和 $t=1$ 之间的某个时间点发现银行真实的项目选择，例如在 $t=1/2$ 时。这些存款人如果愿意，可以在 $t=1/2$ 时通过取款来强制清算银行，这种清算的威胁对银行进行高风险项目的选择是有抑制作用的。请注意，银行的项目（或贷款）在 $t=1$ 时到期。如果在 $t=1/2$ 时清算，则它们对银行来说仅值 25 美元。根据存款合同的条款，如果存款人在 $t=1$ 时取款，则银行承诺支付 12% 的利息（前提是银行具有这样做的财务能力），如果在此之前取款，则无利息。因此，如果存款人在 $t=1$ 时取款，则有权获得 1.12 美元，如果在 $t=1/2$ 时取款，则有权获得 1 美元。无风险贴现率为零，所有代理人均为风险中性。

所有 D_2 型存款人计划在 $t=1$ 时取款，但每一个存款人都有在 $t=1/2$ 时出于流动性需求随机取款的动机。为简化起见，我们假设，虽然没有人提前知道哪个（D_2 型）存款人希望在 $t=1/2$ 时取款，但希望取款的人的比例已知，为 5/75。也就是说，有 5 个 D_2 型存款人希望在 $t=1/2$ 时取款。假设银行的管理者按照股东利益最大化做出决策。计算银行及其存款人的均衡策略。

解：

在开始分析解决方案之前，总结银行和不同类型存款人的可用策略是有用的，如表 12-1 所示。

表 12-1 参与者的策略

代理人	策略		
银行	在 $t=0$ 时选择项目 A	在 $t=0$ 时选择项目 B	
D_1 型存款人	监控并根据监控结果决定是否在 $t=1/2$ 时取款	在 $t=1$ 时不监控并取款	在 $t=1/2$ 时不监控并取款
有流动性需求动机的 D_2 型存款人	在 $t=1/2$ 时取款	在 $t=1/2$ 时取款	
其他 D_2 型存款人	在 $t=1$ 时取款	在 $t=1$ 时取款	

我们将分 4 个步骤来解决这个问题。第一步，我们在 D_1 型存款人不监控且银行知道没有监控的情况下分析银行的项目选择。我们发现银行在这种情况下会选择项目 A。第二步，我们表明，我们在步骤 1 中的假设是无效的，因为不存在没有 D_1 型存款者监控的纳什均衡。

⊖ 这一特征可以确保 D_1 型存款人能够在均衡时监控银行。之所以会这样，是因为在均衡状态中，存款人监控的威胁将使银行选择符合存款人意愿的项目。如果这个选择是无误的，存款人预期银行会做出符合其意愿的项目选择，进而也就不会有监控的需求。但反过来，银行也应该会预期存款人的行为，进而决定投资于股东所偏好的项目。依此类推！这里的关键是有一个时间一致性问题，而这个问题会导致均衡不存在。然而，我们提出的解决方案将表明，当银行的项目选择容易出错的时候，这个问题是可以避免的。

接下来，我们希望检验如果所有 D_1 型存款人都监控，它是否是纳什均衡。第三步，我们发现，如果银行认为所有的 D_1 型存款人都会监控，那么它会选择项目 B。第四步，我们将考察单个 D_1 型存款人的策略，前提是他知道所有其他的 D_1 型存款人都将监控并且银行选择了项目 B，结果表明该 D_1 型存款人愿意监控。这验证了所有 D_1 型存款人都参与监控的确是纳什均衡。

在这个例子中的关键假设是，不能根据银行的项目选择签订合同，因为不是所有的存款人都可以观察到项目。如果不是这样，存款人的监控就不会起到任何作用。

步骤 1

我们首先分析 D_1 型存款人不监控银行的结果。假定银行知道没有监控，那么它将会倾向于选择哪个项目？如果它选择项目 A，且这个选择无误，那么股东的预期收益是

$$\underset{\text{成功的概率}}{0.7} \times (\underset{\text{总收益}}{200} - \underset{\text{银行支付其存款人}}{112}) = 61.6 \text{（美元）}$$

如果银行选择项目 B，且这个选择无误，那么预期收益是

$$\underset{\substack{\text{高收益的}\\\text{概率}}}{0.9} \times (\underset{\substack{\text{项目 B 的}\\\text{高收益}}}{150} - \underset{\substack{\text{银行支付}\\\text{其存款人}}}{112}) + \underset{\substack{\text{低收益的}\\\text{概率}}}{0.1} \times (\underset{\substack{\text{项目 B 的}\\\text{低收益}}}{112} - \underset{\substack{\text{银行支付}\\\text{其存款人}}}{112}) = 34.2 \text{（美元）}$$

当项目选择容易出错时，如果选择项目 A，银行股东的预期收益是

$$0.9 \times 61.6 + 0.1 \times 34.2 = 58.86 \text{（美元）}$$

选择项目 B 时，他们的预期收益是

$$0.9 \times 34.2 + 0.1 \times 61.6 = 36.94 \text{（美元）}$$

因此，如果没有监控，银行将选择项目 A。

步骤 2

现在的问题是：如果没有 D_1 型存款人参与监控，这可以是纳什均衡吗？这相当于询问这是否符合每个 D_1 型存款人的最佳利益，当该 D_1 型存款人知道其他 D_1 型存款人也没有参与监控时。假设你是其中一个 D_1 型存款人。如果你不监控，你的预期收益是

$$\underset{\substack{\text{银行实际选择}\\\text{项目 A 的概率}}}{0.9} \times \underset{\substack{\text{如果银行选择项目 A,}\\\text{存款人的预期收益}}}{(0.7 \times 1.12)} + \underset{\substack{\text{银行过失选择}\\\text{项目 B 的概率}}}{0.1} \times \underset{\substack{\text{银行选择项目 B 时}\\\text{存款人的收益}}}{1.12} = 0.8176 \text{（美元）}$$

现在，如果你进行监控，发现银行选择了项目 A，你该怎么办？如果你什么也不做（即不提取存款），那么你在 $t=1$ 时的预期收益是

$$0.7 \times 1.12 - \underset{\text{你的监督成本}}{0.01} = 0.774 \text{（美元）}$$

如果你提取存款，你知道该银行将被迫清算其资产组合，因为它只有 5 美元的现金储备，有 5 个 D_2 型存款人将在 $t=1/2$ 时因流动性需求而取款。清算将获得 25 美元，所以银行

总共有 30 美元可供支付。在 $t=1/2$ 时，你一定能收到你的 1 美元。因此，你的收益将是
$$1 - 0.01 = 0.99（美元）$$

这意味着如果你进行监控并发现银行选择了项目 A，那么你应该要求在 $t=1/2$ 时提取存款。另外，如果你发现银行选择了项目 B，而且你等到 $t=1$ 时提取存款，那么你的收益是
$$1.12 - 0.01 = 1.11（美元）$$

如果你在 $t=1/2$ 时提取存款，则你的收益为 0.99 美元。因此，你最好是等到 $t=1$ 时（记住，在 $t=1/2$ 和 $t=1$ 之间的时间，价值为零）再提取存款。我们现在可以计算出你在监控状态下的整体预期收益。收益是

$$0.9 \times 0.99 + 0.1 \times 1.11 = 1.002（美元）$$

    ↑   ↑

你发现项目 A 被选择，   你发现项目 B 被选择，

因此在 $t=1/2$ 时取款   因此在 $t=1$ 时取款

显然，这一收益超过了你不监控时的收益（0.817 6 美元）。这证明当其他人不进行监控时，你将有动机进行监控，这意味着无人监控不会是纳什均衡。

步骤 3

现在我们检验所有 D_1 型存款人都监控会不会是纳什均衡。我们首先注意到，如果银行认为所有的存款人都将进行监控，那么选择项目 B 符合银行的最佳利益。我们下面验证这一点。

如果银行选择项目 A，那么项目 B 被无意中选择的概率只有 0.1。也就是说，银行将在 $t=1/2$ 时被清算的概率为 0.9。因此，银行的股东选择投资项目 A 的预期收益是

$$0.1 \times 34.2 = 3.42（美元）$$

   ↑   ↑

银行不被清算的概率   如果银行过失选择项目 B 且不被清算，

                             银行股东的预期收益

如果银行选择项目 B，那么只有 0.1 的概率银行将在 $t=1/2$ 时被清算（这是项目 A 被错误选择的概率）。因此，银行的股东选择项目 B 的预期收益将是

$$0.9 \times 34.2 = 30.78（美元）$$

很明显，股东倾向于选择项目 B。

步骤 4

下一步是检验 D_1 型存款人的策略，当他知道所有其他的 D_1 型存款人将监控并且银行选择了项目 B 的时候。如果你是存款人并且你进行监控，那么你的收益（在 $t=1$ 时）是 1.12 美元（如果你在 $t=1/2$ 时发现，该银行确实选择了项目 B）。但是如果你发现银行选择了项目 A，那么你将要提取存款。现在的问题与以前的情况有些不同。你意识到如果你发现项目 A 被选中，那么其他 29 个 D_1 型存款人也会发现。再加上 5 个有流动性需求动机的 D_2 型存款人，这意味着在 $t=1/2$ 时希望取款的队伍排了 35 个存款人。但银行的清算价值只有 30 美元，因此只能满足前 30 名存款人。假设每个去银行取款的人成为前 30 名之一的概率相同，那么你将是前 30 名提款者之一的概率是 30/35。⊖在这种情况下，你的预期收益只有

⊖ 借助序贯服务约束，这就是你将收到 1 美元的概率。

（30/35）×1 = 0.857 1 美元。如果你不是排在前 30 位的人，你什么也得不到。因此，你进行监控的总体预期收益为

$$0.9 \times 1.12 + 0.1 \times 0.857\ 1 - \underset{\underset{\text{监督成本}}{\uparrow}}{0.01} = 1.083\ 7\ （美元）$$

如果你决定不监控，那么你的行为就像 D_2 型存款人。如果其他 D_1 型存款人发现项目 B 被选择（这个概率为 0.9），那么你的预期收益将为 1.12 美元；但如果他们发现项目 A 被选中，并决定在 $t=1/2$ 时清算银行（这个概率为 0.1），你的预期收益为零。因此，你不进行监控的总体预期收益为

$$0.9 \times 1.12 = 1.008\ （美元）$$

对你来说，另一个可能的策略是像有流动性需求动机的 D_2 型存款人一样行动，在 $t=1/2$ 时提取存款，而不进行监控。在这种情况下，你认识到，有 0.9 的概率其他 D_1 型存款人不会取款，而有 0.1 的概率他们会这样做。如果其他 D_1 型存款人不取款，则所有人（包括你）中只有 6 个存款人希望在 $t=1/2$ 时提取存款。银行将被迫清算，你将确定性地获得 1 美元。如果其他 D_1 型存款人提取存款，银行也将被清算，你将有 30/35 的机会获得 1 美元。因此，在没有监控并取款的情况下，你的预期收益是

$$0.9 \times 1 \times 1 + 0.1 \times \frac{30}{35} \times 1 = 0.908\ 6\ （美元）$$

比较三个收益（1.083 7 美元、1.008 美元和 0.908 6 美元），我们发现你最好的策略是监控。因此，对于所有 D_1 型存款人来说，监控银行，对于银行来说，选择项目 B，这才是一个纳什均衡。

虽然我们这里明显是在存在资产替代道德风险的情形下设计了这个数值示例，但涉及管理欺诈的直觉是类似的。在任何一种情况下，存款的即期性都会对银行的管理造成压力，使其不会太偏离存款人的意愿，而且 SSC 通过创造一种情形，让所有警惕的存款人都希望监控银行的行为，从而为旨在确保银行"适当"行为的存款人监控威胁提供足够的可信度。这样，存款合同的这些具体特征对实现未投保银行的合同缔约方的动机一致性起着至关重要的作用。这自然导致了人们对存款保险的质疑。但是，在谈论存款保险之前，我们先讨论一下银行的负债管理。

12.2 负债管理

到目前为止，我们讨论了存款合同的经济原理。存款合同的使用是我们所谓的银行负债管理不可分割的组成部分。

12.2.1 什么是负债管理

存款类机构特别关注它们的净利差（NIM），即资产的收益率与负债利息成本率之间的差额。净利差一般表示为银行总资产的一部分。负债管理指的是金融机构为维持其融资资产

的持续性和成本有效性而采取的策略。

在负债管理中有三个主要（相关）的问题。第一个是多元化，它是指在多种资金来源中进行选择，以避免过度依赖某一特定来源。第二个选择涉及负债组合。存款类机构使用各种存款来筹集资金，㊀每一种存款都代表一种作为策略选择的具体的契约形式。第三个选择与负债的期限结构相关，它决定了银行在给定资产期限结构下的利率风险敞口。我们简要讨论每个问题。

12.2.2 多样化

多样化的资金来源降低了流动性风险（回顾第6章）。在联邦基金市场的拆入和拆出、在贴现窗口的借款、回购协议的使用、大额可转让定期存单、经纪存款和欧洲美元存款，都是银行旨在实现多样化的融资技术。在联邦基金市场和贴现窗口的借款通常是短期的；大多数联邦基金交易是隔夜贷款，但最近期限为数周的定期联邦基金交易数量有所增加。对于期限较长的债务，银行则依赖各种存款。在这些存款中，突出的是大额可转让定期存单（也称为jumbos），它们是具有市场化利率且交易活跃的大额定期存款，最短期限为一周，面额超过10万美元。大多数可转让存单都直接向客户发行，尽管一些大型机构会将其向经纪商发行，再由经纪商将其出售给其他投资者。以这种方式销售的存款被称为经纪存款。

大型银行也使用欧洲美元存款，这是以美元计价的定期存款，但存放在美国之外的银行，包括美国的银行在国外的分支机构。欧洲美元存款以多种方式被创造出来。也许最简单的方法是一个美国人将其在美国本土银行的存款转账到另一个国家的银行。这些存款仍然以美元计值。欧洲美元存款受美国联邦储备委员会现金–资产法定准备要求的限制，但不受美国存款保险的保护。

银行也可以通过回购协议来筹集资金。回购是指销售适销证券，并约定在未来某一特定日期购回。也就是说，这是一种由有价证券担保的贷款。只要回购的抵押证券是美国政府或政府机构的证券，回购就不受准备金要求的限制。回购的期限从隔夜到一个月甚至更长。由于回购涉及抵押品，所以它们不被视为存款，进而也不在存款保险的范围之内。

银行利用其他各种资金来源，如次级债务以及资产证券化和贷款出售。证券化也有助于银行贷款组合的多样化。此外，银行控股公司可以发行商业票据。

12.2.3 负债组合

银行负债可分为两类：产品和投资工具。㊁产品赋予买方一种金融要求权以及某些银行服务。也就是说，这是一种把货币性和可能的非货币性收益捆绑在一起的合同。例如，银行支付利息并提供交易服务的支票账户。对于公司而言，其他服务包括以可能的补贴价格提供现金管理。这样，基于产品形式的存款购买者（被称为"客户"）同时获得了显性和隐性两

㊀ 我们到目前为止忽略了像批发融资这样的非存款性资金来源。
㊁ 见Merton（1993）。他认为，金融机构存在产品和投资工具混合的现象。人寿保险单和某些类型的存款合同就是对应的例子。Merton和Thakor（2015）指出，许多金融中介机构从投资者（那些购买了投资工具的主体）和客户（那些购买了产品的主体）那里筹集资金。他们解释说，有效的安排是将客户与金融中介信用风险隔离，同时让投资者承担这种风险。

种收益，对这种存款的需求既取决于显性收益的高低，也取决于存款人从银行服务中可得到的价值。⊖由于对这类服务的需求主要来自零售存款人，所以存款规模通常较小（低于 25 万美元的法定存款保险上限）。此外，客户更偏好于其合同中的偿付尽可能地对中介本身所拥有的财富不敏感。例如，人寿保险单以被保险人死亡为条件为受益人提供特定的现金支付。如果合同的赔偿是基于保险公司的财务状况以及被保险人的寿命，那么该合约的效率就会降低。⊖由此，由于保险公司的财务状况下滑导致投保人的风险增加，可能会使保费出现大幅下降，从而导致实际的保费低于精算得出的公平的费率水平。因此，对于保险公司来说，尽可能降低保单持有人的风险是有经济意义的。在银行这种情形中，这可以解释为什么银行提供的基于产品的存款通常是完全投保的。

另外，投资工具只是一些金融索取权，与非金融企业的负债颇为相似。银行不需要为索取权的持有人提供交易或者其他服务，所以这些合同的设计会涉及与非金融公司面临的同样的风险 – 收益权衡问题。投资工具的一个例子是经纪人存单。作为一种投资工具，存款合同倾向于由机构来购买，面额相对较大，同时也包含一定的未投保存款。它们的价格通常是通过二级市场的交易来确定的。

银行负债管理的内容之一就是选择一个由基于产品的存款和投资工具构成的适当的组合。相对来说，基于产品的存款，其价值对银行风险的变化不敏感，所以它们并不需要存款人对银行管理进行大量的监控。而投资工具的价值对银行风险较为敏感，所以对于投资工具的持有人而言，监控银行可以使其获得经济回报。因此，对于拥有这些存款（投资工具）的银行而言，它们可能会受到更大的市场约束。从银行管理层的角度来看，他们可能有意愿减少对这些存款的依赖程度，进而弱化来自市场的约束。当然，这样做可能会牺牲银行资金来源的多样化，并且与这种做法相伴随的流动性风险最终可能导致管理层失去对银行的控制权。另一方面，银行的股东则希望更多地依赖投资工具，以确保来自市场的约束达到其期望的水平。这意味着在负债管理中，股东和银行管理者层间存在代理问题。

12.2.4 久期结构

在资产久期结构给定的情形下，银行对负债久期结构的选择将决定其利率风险。假定资产具有较长的久期，在负债端选择与之相匹配的较长的久期可以实现利率风险最小化。但是，考虑到银行在提供特定资产和负债（基于其客户需求）时所带来的附加值，通常来说，银行的负债比资产的久期要短。

银行经常使用衍生工具来解决这一冲突（见第 10 章）。管理良好的银行购买最有利的资产和负债，然后使用期权、期货和互换来达到预期的免疫程度，借此防范利率风险。

⊖ 这些服务往往受到存款人的高度重视。Song 和 Thakor（2007）设计了一个理论模型，其中，银行从核心（零售）存款中赚取租金，并用这些存款为关系型贷款提供资金。

⊖ Merton（1993）认为，阿罗 – 德布鲁经济（参考第 1 章关于市场不完整性的讨论）可以说明这一点。一套完整的这种证券提供了帕累托有效的资源分配。但是，如果这种证券的收益也取决于发行人的财务状况，见 Merton（1989）、Merton 和 Thakor（2015），那么配置效率就会降低。

12.3 存款保险

12.3.1 存款保险基本理论：历史视角

1. 存款保险的需要

如果之前讨论的活期存款合同在约束银行管理层方面表现良好，那么我们为什么需要存款保险？有很多原因。并不是所有的原因在今天的环境中都能说得通，我们之后会谈到这一点。现在，我们简单地注意一点，就是未投保（活期）存款合同可能具有很大的破坏性。从某种意义上讲，这可能导致对银行的过度约束。可以通过下面的分析来理解这一点。在12.2节中，为了简化起见，我们假定警惕的存款人可以毫无偏差地发现银行的项目选择。实际上，这一发现可能容易出错。这时就可能出现即使银行的项目选择与存款人的偏好一致，银行有时也可能被迫清算资产。事后来看这就是一种社会性浪费。

此外，银行资产组合风险中的系统性要素可能会在银行之间产生传染效应。也就是说，当一家银行破产时，存款人怀疑这种破产可能是由于该区域所有银行资产组合的系统风险要素所导致的，进而可能导致银行挤兑的蔓延。由于经常需要花费很长的时间才能将银行破产的确切原因公之于众，所以即使一家特定银行破产是由其管理不善等特殊因素导致的，这种传染效应也可能会出现。事实上，这一点就是"太大而不能倒闭"这一监管条例的依据，而这一条例会导致政府拯救规模足够大的银行，使其免于破产的命运。

这两个问题在一定程度上都可以通过存款保险来解决。当一家政府机构为银行存款提供保险时，无论银行的财务状况如何，存款保险都可以保证存款人能够收到承诺的款项。这使得存款人没有必要再去监控银行，同时也减少了个别银行或银行群体面临挤兑的可能性。

2. 历史背景

在美国，联邦存款保险的出现是因为1933年《银行法》的颁布实施。《银行法》还创建了联邦存款保险公司（FDIC）来为银行存款提供保险。1934年，这种保险体系扩展到储蓄贷款协会，随之成立了联邦储蓄贷款保险公司（FSLIC）来为储蓄贷款协会的股份（存款）提供保障。1971年，信用合作社也被纳入存款保险的范围。⊖ 所有这一切都是由大萧条以及1933年3月出现的迫使罗斯福总统宣布"银行假日"的大规模银行挤兑所促使的。但是，大萧条时期出现的银行业恐慌并不是什么新鲜事物。1866～1934年，美国出现了7次银行业恐慌。这里，我们将使用"银行挤兑"（bank run）来表示单个银行的存款人想用存款来兑换货币的情况，而用"银行业恐慌"（banking panic）来表示许多银行的存款人想用存款来兑换货币的情况。

在联邦存款保险出现之前，恐慌通常是通过暂停存款兑换成现金来解决的。在这种做法中，银行就是简单地关门了事，进而把那些想提取存款的存款人挡在银行之外。通过给银行这样一个"喘息的空间"，"大量歇斯底里的存款人"有了一个冷静的机会，有关银行财务状况的更多信息也可以被公布出来。除非这些资料证实了存款人最担心的事，否则当暂停解除之后，这些存款人就可以被说服，进而不再提取存款。暂停取款意味着存款合同违约，这是

⊖ 从法律的角度来说，信用合作社不应该接受存款，而应向成员发放信用合作社的股份。在实践中，信用合作社的股份与存款非常相似，以至于我们并不能区分它们。

违反《银行法》的。尽管如此,在 7 次恐慌中有 5 次都曾涉及暂停兑换(这 5 次恐慌分别发生在 1873 年、1890 年、1893 年、1907 年和 1914 年)。⊖

在银行业恐慌期间使用的另外一种方法是发行清算所贷款凭证。这种凭证来自商业银行清算所(CBCH)。商业银行清算所是一种银行间的私人制度安排,发挥了中央银行的部分功能。最初成立商业银行清算所是为了方便支票的结算。例如,在 1853 年纽约商业银行清算所组建之前,商业银行的支票托收是通过银行之间的日常交换和结算过程完成的。商业银行清算所则通过银行与单个结算所之间的交易使结算过程集中化。但是,随着清算所的不断演变,它有能力提供一些额外的信息服务,比如针对其成员银行的证明(基于成为交易所成员所必需的最低资本要求)和监控(基于定期审计)。那些无法满足商业银行清算所监管要求的成员会受到处罚,如罚款或被驱逐。这节省了存款人在清算所缺失的情况下不得不承担的个人监控费用。

对于银行而言,减少挤兑的可能性的方法之一就是减少存款人对银行资产的担忧。1857 年危机期间,第一次发行的清算所贷款凭证就是为了实现这一目的而进行的一种尝试。商业银行清算所贷款委员会首次授权发行贷款凭证。每当成员银行出现现金不足,进而无法满足存款提取需求时,它就可以向商业银行清算所贷款委员会提出凭证申请,其向借款银行收取 6%～7% 的利率,并要求提供可接受的抵押品。这些凭证的期限通常为 1～3 个月,银行可以用它们来代替货币使用。存款人愿意接受贷款凭证来交易其活期存款,因为贷款凭证是商业银行清算所而不是单独一家银行的债权。这样,存款人就获得了某种保险(分散化利益),以防单独一家银行破产。这意味着,当一家银行面临挤兑时,它要么向存款人支付贷款凭证(从而用基于自身资产的索取权来交换基于商业银行清算所的索取权),要么从那些出售贷款凭证的存款人处募集新的存款。然后,银行可使用这些款项来偿付原来的存款人。通过建立银行间的共同保险体系,解决了信息不对称引起的特定的银行风险问题。

尽管商业银行清算所尽力约束其成员银行,但它们无法消除所有的道德风险。除此之外,商业银行清算所本身也存在崩溃的可能性。因此,存款人监控仍然可以发挥一定的作用,这就相应地导致银行挤兑会偶尔出现。

3. 联邦存款保险存在的理由

尽管私人制度安排可以降低银行挤兑的可能性,但有两个原因导致它们无法根除银行挤兑。首先,尽管像商业银行清算所这样的私人制度安排为存款者提供了一些分散化的机会,但这种分散化受到成员银行集团规模的限制。规模限制可能是由运输或信息成本引起的。此外,随着集团的规模越来越大,单个银行欺骗商业银行清算所的成本会下降,进而商业银行清算所对成员银行进行监控的动机也会弱化。这可能是在 1853 年纽约商业银行清算所成立后的 10 年内,大量的新清算所如雨后春笋般出现,而不是只有一个单一的"大型"票据清算所的原因之一。私人制度安排的第二个弱点是,存款人永远不能完全确定这种安排的完整性。这样,存款人仍有监控商业银行清算所的动机。相应地,这也意味着恐慌的出现不可避免。

1914 年,美国联邦储备体系创建,它在一定程度上是为了应对私人制度安排不能有效

⊖ 见 Gorton(1988)。

行使中央银行的关键职能的问题。尽管如此，美联储仍然无法阻止大萧条期间银行恐慌的爆发，而这最终导致了联邦存款保险制度的建立。两个赞成联邦存款保险制度的论据如下。

（1）货币供应，宏观经济论据。在宏观经济层面，存款保险可以通过阻止银行倒闭引起的货币存量减少来扮演稳定器的角色。由于商业银行是一国货币存量的主要提供者，大规模未经保险的商业银行破产将减少货币供应。存款保险可通过两种方式来防止这种情况出现。第一，它把存款放回原处，如果没有存款保险，这些存款就会流失。第二，它通过保持公众的信心来阻止银行业恐慌。

存款保险必须由联邦层面提供，是由于联邦政府承诺履行所有合同支付的可信度。由于联邦政府几乎可以无限制地通过税收来增加收入，所以它可以满足的支付承诺远远超过存款保险基金。这种税收既可能是显性的（也就是政府可以简单地提高税收），也可以是隐性的（政府可以印更多的货币来偿还存款人，从而通过降低每一单位货币的实际价值来征税，如征收铸币税）。

（2）改善消费者福利，微观经济论据。我们已经注意到单个存款人监控银行的动机。这会导致成本高昂的重复性监控。在例12-1中，均衡涉及30个警觉的存款人都需要监控银行，即便只要有一个存款人监控也是足够的。联邦存款保险通过两种途径降低了总监控成本。第一，由于政府机构（联邦存款保险公司）为存款提供了保险，被保险的存款人进行监控的需求要么被消除了（存款保险完全覆盖），要么减少了（存款保险不完全覆盖）。此外，由于联邦存款保险公司自身必须监控银行，所以即便没有投保的存款人也会感到更低的监控需求。换句话说，绝大部分监控责任从单个存款人转移到了联邦存款保险公司。这就消除了未投保存款人面临的大部分重复监控活动，就像私人的CBCH安排一样，不存在任何剩余的监控动机。第二，联邦存款保险公司被认为精通于对投保银行的监控，因为它必须与大量的投保银行打交道。这样，即使不考虑监控重复性的减少，监控成本也可能直接下降。例如，在例12-1中，每次监控可能只花费0.75美分，而不是1美分。

降低监控成本的总体效应就是存款实际利率的提高，⊖但存款保险的这种收益可能会被我们尚未解决的众多执行方面的问题所抵消。

12.3.2 银行挤兑与恐慌：理论与实证证据

尽管存款保险可以消除银行挤兑是一个有些过时的观点，但过去10年间的研究让我们对银行挤兑和银行恐慌为什么会发生有了相对更清晰的理解。鉴于储蓄贷款协会危机和银行业的动荡，并且许多人把这种情况与联邦存款保险联系在一起，作为存款保险的替代性制度，值得我们认真考虑。本节提供了一个有助于思考这些问题的分析视角。

当信息的不完善阻挠市场的运行时，来自政府的干预可能是有道理的。一个较为典型的例子就是二手车市场中阿克洛夫（Akerlof）的"柠檬"问题（回顾第1章），"柠檬法"为许多州的二手车买家提供了保护。另一个例子是联邦航空管理局对航空公司安全的监管，以及联邦食品和药物管理局对医疗药品市场的监管。在这些市场中，对于消费者而言，让市场提供必要的供应商约束可谓成本高昂。同样，如果银行业恐慌使经济生产部门陷入混乱，而联

⊖ 为了理解这一点，设想在例12-1中，存款人可以被确保银行将会选择项目B，而为了确保这一选择的总监控成本只有0.75美分。

邦存款保险能有效降低恐慌的可能性，那么存款保险的存在或许就是有道理的。下面讨论的两个主要理论解释了存款保险如何防止挤兑和恐慌。

1. 银行挤兑的"太阳黑子"理论

这个理论认为，银行挤兑是由诸如"太阳黑子"这样完全随机的事件所触发的。[一]假设我们生活在一个包含两个时期的世界，有三个时点：$t=0$，1，2。所有人都是风险厌恶者。在 $t=0$ 时，每个人拥有投资项目的财富。每个项目在 $t=1$ 时需要 1 美元的投资，如果项目没有被提前清算，那么它在 $t=2$ 时就可以产出确定的 R 美元。项目具有正的净现值，也就是说，如果每个项目都持续到 $t=2$ 时，它们都能提供显著高于无风险利率（其值为零）的投资收益率（即 $R > 1$ 美元）。但是，如果项目在 $t=1$ 时被提前清算，这时就会造成生产效率的损失，从而项目的产出只有 1 美元。在 $t=0$ 时，所有人都不确定他们未来对消费时间的偏好。在 $t=1$ 时，他们会受到"偏好冲击"，进而知道他们将要死亡还是能存活到另一个时期。如果他们将要死亡，那么他们想要在 $t=1$ 时提取他们投入项目的资金并立即消费。如果他们知道他们会继续活着，那么他们想把钱继续留在项目中，进而在 $t=2$ 时消费 R 美元。对于所有人来说，f（一个随机数值）部分个体在 $t=1$ 时为"濒死者"，$(1-f)$ 部分为"健在者"。[二]

如果没有银行存在，会发生什么事呢？当然，如果你在 $t=1$ 时发现你是一个"濒死者"，那么你将清算你的投资并消费 1 美元。我们称第一期消费为 C_1^D，这时 $C_1^D=1$，而你的第二期消费 $C_2^D=0$。如果你发现你是一个"健在者"，那么你将选择在 $t=1$ 时不消费（即 $C_1^L=0$），而在 $t=2$ 时的消费金额 $C_2^L=R$。这样，不存在银行的一个结果是数组 $\{C_1^D=1, C_2^D=0\}$ 或数组 $\{C_1^L=0, C_2^L=R\}$，其选择取决于个人。问题是，在 $t=0$ 时，从单个主体的角度来看，这是一个最好的结果吗？答案显然不是！由于你是一个厌恶风险的人，所以你喜欢在 $t=0$ 时获得保险来应对自身消费倾向未来遇到的随机冲击。这就是银行可以帮助到你的地方。

基本思路如下。为了给厌恶风险的个体提供使其避免偏好冲击的保险，银行可以承诺在 $t = 1$ 时存款人可以提取的款项略高于 1 美元，而在 $t = 2$ 时提取的款项略低于 R 美元，但仍然要确保在 $t = 2$ 时提取的款项超过在 $t=1$ 时的金额。由于 $R>1$，所以这只是一个简单的个人财富从相对较高的自然状态到相对较低状态的跨期再配置，也是一个经典的保险方案。可以把这种利用银行实现的状态与通过资本市场实现的跨期重新配置状况（但不涉及保险）做一个比较。只要银行对在 $t=1$ 时平均有多少人会取款（这与保险公司基于精算表估计的结果相似）有合理的好想法，就可以按照以下方式构建存款合同，也就是银行把一定比例的项目在 $t=1$ 时进行清算，并将清算所得款项用于满足存款提取需求。请注意，由于这时承诺每个存款人的收益超过 1 美元，而每个项目在 $t=1$ 时的清算价值为 1 美元，所以需要清算的项目数应多于取款人数。因此，直到 $t=2$ 时才提取存款的那些人收到的金额就会低于 R 美元。这是一个很好的安排，因为在 $t=2$ 时的收益超过了 $t=1$ 时的收益，所以如果一个存款人"有能

[一] 见 Noyes（1909）和 Gibbons（1968）。Bryant（1980）、Diamond 和 Dybvig（1983）提供了更多当代的处理方法。下面的讨论基于 Diamond 和 Dybvig（1983）。实证证据显示，银行挤兑并非"太阳黑子"这样的现象，而通常是由存款人对于银行破产的担忧触发的，见 Gorton（1988），我们稍后再详细讨论这一点。

[二] "濒死者"和"健在者"这两个词并不能按字面意思来理解，在这里只代表那些分别有立即消费（濒死者）偏好和延期消费（健在者）偏好的两类主体。

力"等到 $t=2$ 时，他就会等。这样一个可能的结果就是，只有那些"濒死者"在 $t=1$ 时取款，而所有的"健在者"都等到 $t=2$ 时再这么做。这样，所有存款人的境况都要比没有银行时更好，因为他们在 $t=0$ 时得到了一些保险，以应对其偏好未来发生不可预知的变动。

然而，这样做美中不足的地方在于，整个计划都是建立在这样一种假设之上，就是在 $t=1$ 时刻，没有一个"健在者"会取款。但问题是，如果一个"健在者"认为其他像他这样的人有可能会"惊慌"，进而在 $t=1$ 时取款，会发生什么情况呢？如果这个种观念被证明是有道理的，那么他成为唯一有耐心的存款人显然是愚蠢的，因为在这种情况下银行必须在 $t=1$ 时清算所有的项目，进而在 $t=2$ 时就没有什么可以支付了。这样他也会尝试在 $t=1$ 时取款。换句话说，"健在者"在 $t=1$ 时的信念至关重要。如果一个代表性的"健在者"认为其他人将在 $t=1$ 时取款，那么他也将取款，进而在 $t=1$ 时会发生银行挤兑与恐慌。这是一个纳什均衡。另一方面，如果有代表性的"健在者"认为其他人会等到 $t=2$ 时，那么他也会等，这也是一个纳什均衡。这些信念与银行资产的质量无关。

你如何才能排除这个坏的纳什均衡呢？一种方法是提供存款保险。[⊖]如果所有存款人的债权都得到了保险，那么"健在者"知道他们在 $t=2$ 时将会得到一个偿付保证，并且这个偿付与其他存款人的行为无关。因此，这时所有的"健在者"只有到 $t=2$ 时才会取款，进而也就不存在银行挤兑了。例 12-2 将这些想法具体化了。

例 12-2

设想有 100 名厌恶风险的个人，在 $t=0$ 时每个人都有 1 美元可投资于一个项目。如果这个项目在 $t=1$ 时被清算，则项目收益为 1 美元，如果在 $t=2$ 时被清算，则收益为 2.25 美元。在 $t=0$ 时，没人知道自己在 $t=1$ 时的"类型"（表示他的消费偏好）。如果一个人被证明是"濒死者"（D 型），那么他的消费效用函数是

$$U_D = \sqrt{C_1^D}$$

如果他被证明是一个"健在者"（L 型），那么他的消费效用函数是

$$U_L = 0.6\sqrt{C_1^L + C_2^L}$$

从这些效用函数可以看出，"濒死者"只能从 $t=1$ 时的消费中受益，"健在者"在 $t=1$ 时或 $t=2$ 时消费无差别（他从每期消费中均获得相同的效用），以至于他更偏好于更大的消费。在 $t=0$ 时已知在 $t=1$ 时 40% 的个体将最终成为"濒死者"，60% 的个体将成为"健在者"。如果①没有银行且每个人投资自己的项目；②有一家银行接受每个人 1 美元的存款，并将所有收益投资到 100 个项目中，计算每个人的事前（$t=0$）预期效用。

解：

我们将分为六步来解决这个问题。第一步，我们计算每个人在没有银行时的预期效用。在这个计划中，如果一个人在 $t=1$ 时消费，那么他将收到 1 美元，如果他在 $t=2$ 时消费，那么他将收到 2.25 美元。第二步，我们介绍一个由 100 个存款人共同拥有的银行。对于在 $t=1$

⊖ Jacklin（1987）提供了另外一种解决方案。如果项目所有者可以在 $t=0$ 时发行可交易性的股权来融资，然后在 $t=1$ 时支付股权股利，那么就可以设计出一种方案，使得"濒死者"和"健在者"可以通过彼此之间进行交易来实现与存款合同完全相同的风险分担，这样就可以避免对银行的需求，同时消除了银行挤兑。

时取款的每个存款人，银行将承诺支付 1.1 美元，对于在 $t=2$ 时取款的每个存款人，银行将承诺支付 2.1 美元。每个存款人在 $t=0$ 时都会有比非银行情形中更高的预期效用。第三步，我们证明了中间结果导致了（好的）纳什均衡，其中所有 D 型存款人在 $t=1$ 时取款，所有 L 型存款人等到 $t=2$ 时才取款。第四步，我们证明还有一个所有存款人都在 $t=1$ 时取款的（坏的）纳什均衡。第五步，我们注意到，第四步描述的银行挤兑没有特别的原因，但无论何时只要银行的存在使得存款人变得更富有，银行挤兑是可能出现的。第六步，我们展示了存款保险如何消除纳什均衡。

步骤 1

首先考虑无金融中介的情况。为简单起见，我们假设，在 $t=0$ 时，"濒死者" / "健在者" 部分（0.4 和 0.6）可以被视为所有个体的主观概率评估。然后每个人都认为他在 $t=1$ 时是 D 型存款人的概率为 0.4，是 L 型存款人的概率为 0.6。在无金融中介的情况下，$\{C_1^D=1, C_2^D=0\}$，$\{C_1^L=0, C_2^L=R=2.25$ 美元$\}$。因此，每个人的预期效用将是

$$E(U) = 0.4 \times \sqrt{1} + 0.6 \times 0.6 \times \sqrt{2.25}$$
$$= 0.940\ 0$$

步骤 2

现在考虑一家 100 位存款人共同拥有的银行。它为存款人提供了偏好冲击的保险，存款 $C_1^*>1$ 和 $C_2^*<R$（星号表示中间情形下的第一和第二期消费），规定 C_1^* 和 C_2^* 是相互排斥的。例如，假设银行在 $t=0$ 时宣布 $C_1^*=1.1$ 美元。那么，在 $t=1$ 时，40 个存款人取款，银行需要支付 44 美元，这需要对 44 个项目进行清算。其余 56 个项目将在 $t=2$ 时产生 $56 \times 2.25=126$ 美元的总收益。该银行将能够承诺 60 个存款人都能在 $t=2$ 时取款 $C_2^*=126/60=2.1$ 美元。存款人在 $t=0$ 时的预期效用将是

$$E^*(U) = 0.4 \times \sqrt{1.1} + 0.6 \times 0.6 \times \sqrt{2.1}$$
$$= 0.941\ 2$$

因此，通过银行提供消费平滑可以使每个个体变得更好。

步骤 3

步骤 2 的结果是存款人之间的纳什均衡。每个 D 型存款人的纳什均衡策略是在 $t=1$ 时取款，因为这是给他的最高效用（他在 $t=2$ 时消费的效用为零）。对于 L 型存款人来说，给定其他 L 型存款人的策略（等到 $t=2$ 时取款），那么在 $t=1$ 时，没有 L 型存款人可以通过取款来增加效用。这是因为 L 型存款人在 $t=2$ 时取款的效用为

$$0.6 \times \sqrt{2.1} = 0.869\ 5$$

而在 $t=1$ 时取款的效用为

$$0.6 \times \sqrt{1.1} = 0.629\ 3$$

因此，纳什均衡需要所有 D 型存款人在 $t=1$ 时都取款，而所有 L 型存款人都要等到 $t=2$ 时再取款。

步骤 4

然而，"好的"结果并不是唯一的纳什均衡，还有一个银行挤兑的"坏的"纳什均衡。要弄明白这一点，假设典型的 L 型存款人认为所有其他 L 型存款人都在 $t=1$ 时而不是 $t=2$ 时

取款。⊖作为"典型的"L型存款人，应该怎么办？

假设你也决定在 $t=1$ 时取款，然后银行会注意到 100 个存款人都希望取款，那么 100 个项目将被清算以获得 100 美元。根据序贯服务约束（SSC），银行将向前 90 名存款人每人支付 1.1 美元，其余 1 美元将支付给第 91 位存款人，最后 9 位存款人什么也没有收到。如果你等到 $t=2$ 时取款（当其他所有存款人都在 $t=1$ 时取款），你什么都没有。如果你在 $t=1$ 时匆匆跑到银行，假设你在队列中的位置是随机的（排在队列中的位置具有相同的概率），那么你有 0.9 的概率收到 1.1 美元，有 0.01 概率收到 1 美元，什么都不能收到的概率为 0.09。显然，你的最佳策略是在 $t=1$ 时取款。因此，在 $t=1$ 时取款也是所有存款人的纳什均衡。这种均衡是银行挤兑。

步骤 5

有两点值得注意。第一，在步骤 4 中出现的银行挤兑没有特别的原因。我们无法说明会产生什么样的纳什均衡。因此，虽然我们可以说银行挤兑是有可能的，但我们说不出为什么。第二，银行消除这种类型的挤兑的一个简单方法是，规定在 $t=1$ 时提取活期存款只能获得 1 美元。在这种情况下，在 $t=1$ 时，银行不需要清算更多的项目，所以等到 $t=2$ 再取款的存款人肯定会收到 R 美元，因此，对于每个 L 型存款人来说，等到 $t=2$ 时取款是最佳决策，而不管其他 L 型存款人做什么。但在这种情况下，银行的存款合同并不提供任何风险分担，银行与非中介情形比没有带来附加价值。因此，当银行增加价值时，挤兑是可能的。⊜

步骤 6

存款保险可以消除银行挤兑均衡，而不会使银行破产。看到这一点，想象一下，政府保险部门要保证在 $t=1$ 时取款的任何个体都将获得 1.1 美元，任何在 $t=2$ 时取款的个体将获得 2.1 美元。那么只有好的纳什均衡被保留下来。⊜

这个理论所传递的信息是这样的：在缺乏存款保险的情况下，给定与活期存款相关的序贯服务约束（SSC），即使一家完全健康的银行也会面临银行挤兑的威胁。换句话说，银行挤兑的出现可能是由个体信念的转变所导致的，而与"真实"的经济或银行体系的健康状况无关。银行挤兑甚至只是简单的由"太阳黑子"等不可抗力触发的随机表现形式。在法语中，"银行挤兑"这个词，口语化的表述就是 sauve qui peut（人人为己）。

虽然有些银行挤兑反映了"太阳黑子"现象，但是很难进行实证研究，以证实究竟是什么因素精确地触发了一次银行挤兑。另外，银行业恐慌常常是由关于银行的不利信息所触发的。现在我们转向银行挤兑的信息理论。

⊖ 不要问为什么。这种分析的关键在于，这能否成为一个纳什均衡。也就是说，基于这样一种关于他人行为的信念，对于典型的 L 型存款人而言，他也采取同样的行动是否值得？

⊜ 你会注意到，这里银行存在的原因不同于第 3 章的分析。

⊜ 暂停兑换也可以起到同样的作用。这家银行可以在 $t=0$ 时宣布，在 $t=1$ 时只有前 40 个提款人将会每人被支付 1.1 美元。剩余的提款只能在 $t=2$ 时才能发生。这样做会成功，但这仅限于 $t=0$ 时"濒死者"所占的比例是确定无误的。如果这个比例是随机的，那么这时银行事先就不会知道何时暂停兑换。在这种情况下，为了在不牺牲银行提供的风险分担服务的情形下消除效果不佳的纳什均衡，存款保险就非常有必要了。

2. 信息和银行挤兑

设想我们有三种类型的个体。⊖我们仍然假定存在必须第一个阶段结束时消费的"濒死者"（D 型个体），这类主体占所有人数的比例为 f。但在"健在者"（L 型个体）中间，我们现在假定他们中的一部分人会收到关于银行资产终值（在 $t=2$ 时）的信息。在之前的理论中，我们假设这个值（R 美元）是非随机的，并且所有人所知道。现在假定 $\tilde{R}$ 是一个随机变量，其期望值为 R。令 $\tilde{R}=H>0$ 的概率为 p，$\tilde{R}=0$ 的概率为 $1-p$。这样，在 $t=0$ 时，没有一个个体知道在 $t=2$ 时的值 $\tilde{R}$，或在 $t=1$ 时他自身的类型（D 型或 L 型）。但是，在 $t=1$ 时，每一个个体都会发现自己是 D 型还是 L 型，并且有 q 比例的 L 型个体知道在 $t=2$ 时的 $\tilde{R}$ 的取值。没有人知道在 $t=1$ 时每一种类型的个体究竟有多少人（也就是说，比例 f 和比例 q 都是随机变量）。

D 型个体和 $t=1$ 时知情的 L 型个体所面临的选择是非常直观的。所有的 D 型个体会排队提取他们的存款。如果知情的 L 型个体知道 $R=H$，那么对他们来说，等到 $t=2$ 时取款更符合他们的利益，进而也可以避免项目被过早地清算。但如果知情的 L 型个体知道 $R=0$，那么在 $t=1$ 时，无论账户上可取的金额是多少，他们都应该取款。

现在考虑不知情的 L 型个体的选择问题。他们既可以在 $t=1$ 时取款，也可以等到 $t=2$ 时再取款。他们所做的决定是基于其对银行资产在 $t=2$ 时的价值的评估。虽然他们不能直接观察这一数值，但他们可以通过观察在 $t=1$ 时取款队列的长度来推断。⊜在推断过程中，他们意识到，之所以有人会在 $t=1$ 时排队提取存款，是因为那些人发现自己是 D 型个体。但他们并不知道究竟有多少这样的人。这意味着当他们在 $t=1$ 时观察取款队列的长度时，并不能确定这些人是否都是 D 型个体，还是包括一些知情的 L 型个体。

但是，如果队列越长，那么越有可能出现的情况是，队列中真的包含一些得知关于银行的不利信息的知情的 L 型个体。如果不知情的 L 型个体能够肯定队列中包含知情的 L 型个体，那么他们将在 $t=1$ 时取款；如果他们确定队列中只包含 D 型个体，那么他们将等到 $t=2$ 时才取款。但是当他们不能确定这一点的时候，他们就会根据队列的长度来作为判定知情的个体所拥有信息的一个噪声信号。这样，如果队列足够长，他们就会在 $t=1$ 时取款，而如果队列较短，他们会推迟到 $t=2$ 时取款。

如果将银行挤兑界定为在 $t=1$ 时不知情的 L 型个体取款的状况，那么我们会看到，当一些存款人收到有关银行的不利信息时，银行挤兑更有可能发生。原因是随着知情的 L 型个体也加入排队取款的行列，他们会增加队列的长度，而这会导致不知情的 L 型个体也试图取款。这样，银行挤兑就是由那些试图从取款队列的长度中发现银行状况的存款人所引起的。然而，由于他们的学习过程存在"噪声"（他们有时会把基于流动性动机的取款与知情存款人的取款混淆），所以他们会产生第 I 类错误和第 II 类错误。⊕也就是说，可能会出现当他们应该挤兑的时候，他们却没有去挤兑银行（当队列相对较短，但包含知情的 L 型个体时；如果零假设是银行健康，这就是第 II 类错误）；而当他们不应该挤兑时，他们却去挤兑银行（当

⊖ 这里的讨论是基于 Chari 和 Jagannathan（1988）。
⊜ 这个推断通常带有一定的噪声，公式化的推断可以利用贝叶斯准则来实现（见第 1 章）。
⊕ 统计学中的第 I 类错误是指（原）假设是真的，但决策者拒绝了这一假设，第 II 类错误是指当（原）假设是假时，他却接受了（或更恰当地说，不能拒绝）这个原假设。

队列相对较长，但仅包含 D 型个体时：第 I 类错误）。因为银行挤兑有时会出现在存款人不应该挤兑的时候，所以存款保险可以通过消除不知情的 L 型个体错误取款的可能性来改善福利。

3. 关于恐慌的实证证据

严格来说，上述讨论的两个关于银行挤兑的理论都无法解释恐慌。根据"太阳黑子"理论，银行挤兑是一个完全随机的事件，因此没有任何理由认为出现一次挤兑就会加速恐慌的到来，尽管恐慌的出现可能纯属巧合。根据不利信息理论，银行挤兑是由银行的特有信息所引起的，所以也没有理由认为银行挤兑具有传染效应。这些都是关于银行挤兑而非银行业恐慌的理论。

但是，可以通过调整不利信息理论来为银行业恐慌提供一个解释。设想有一些与某些事件相关的信息，而这些事件与所有银行的财富有关。也就是说，存在一些会影响所有银行的系统性风险因素。然而，与标准资本资产定价模型不同，我们这里假定这些系统性风险因素并非众所周知的。这时，个体可能根据对可能的相关事件的观察来尝试推断有关系统性风险的内容。例如，一家大型银行破产可能导致存款人相信一般经济状况的恶化，而这可能会导致恐慌。这一直觉与不利信息理论相似。根据这个理论，存款人从同一银行存款人的行为中推断出关于该银行的一些事情，一家银行的存款人从其他银行的存款人的行为中推断出其他银行的一些事情。⊖

揭示不利的系统性信息的一个例子是经济衰退的出现，或在经济衰退期间出现银行挤兑。1873～1914 年，每一次商业周期性衰退都伴随着银行业恐慌。

有实证研究的证据可以支持这一版本的不利信息假设。如果银行业恐慌确实是系统性事件，那么在恐慌发生之前，个人的风险感知必然会发生变化，而这相应地必然会导致存款/货币比率的变化。也就是说，感知风险变量必须在恐慌出现的日期达到一定的临界值。此外，风险预测因子和感知风险的变动应在发生恐慌时而不是在其他时点发生。如果这种情况发生在其他时点，那么在那些时点应该也会发生恐慌。

对美联储成立之前发生的多次银行业恐慌进行的实证研究，有助于我们对风险感知变化与银行业恐慌之间的关系有更深刻的见解。⊜为了找到衡量感知风险的代理变量，经验主义者使用破产企业的负债中非预期的变化值作为代理变量。⊜这具有一定的合理性，因为非金融企业的命运会影响银行的命运。如表 12-2 所示，银行业恐慌发生的时间对应负债价值冲击的最大值出现的时间。银行业恐慌一般在商业周期峰值几个月之后出现。

研究还表明，货币/存款比率的变化与感知风险的度量显著相关。因此，在美联储成立之前的数据支持感知风险阈值这一触发恐慌的概念。最近的研究表明，1890～1909 年的银行业恐慌是由于货币中心银行的存款净额流动以及低水平的超额准备金引发的。股票市场价值变动造成的影响并不大。㉔

⊖ 为了理解近来包含这种直觉的一些理论，见 Acharya 和 Thakor（2015）。
⊜ 这里显示的证据来自 Gorton（1988）。
⊜ 在 Gorton（1988）的实证研究中，这一变量是通过估计时间序列模型的残差（误差项）测度的。
㉔ 见 McDill 和 Sheehan（2006）。

表 12-2　国民银行时代破产企业负债价值发生最大非预期变化的时间
与银行业恐慌发生时间之间的关系

NBER 峰谷年表（经济周期）	破产企业负债价值发生最大非预期变化的时间	银行业恐慌发生的时间
1873 年 10 月～1879 年 3 月	1873 年 12 月	1873 年 12 月
1882 年 3 月～1885 年 5 月	1884 年 6 月	1884 年 6 月
1887 年 3 月～1888 年 4 月	1887 年 11 月	没有恐慌
1890 年 7 月～1891 年 5 月	1890 年 12 月	1890 年 12 月
1893 年 1 月～1894 年 6 月	1893 年 7 月	1893 年 7 月
1895 年 12 月～1897 年 6 月	1896 年 10 月	1896 年 10 月
1899 年 6 月～1900 年 12 月		没有恐慌
1902 年 9 月～1904 年 8 月		没有恐慌
1907 年 5 月～1908 年 6 月	1908 年 2 月	1907 年 12 月
1910 年 1 月～1912 年 1 月	1910 年 3 月	没有恐慌
1913 年 1 月～1914 年 12 月	1914 年 3 月	1914 年 9 月

资料来源：Gorton, Gary, "Banking Panics and Business Cycles," *Oxford Economic Papers* 40, 1988, 751-781.

1914 年联邦储备体系的形成和 1934 年存款保险的启动对银行业恐慌的出现时机有着显著的影响。1914～1933 年，从表 12-3 中可以看出，至少有一次（1920 年 6 月）感知风险变量的较大变化导致了与美联储出现之前类似的银行业恐慌，但在美联储出现之后，这种变化并没有引起实际的银行业恐慌。

表 12-3　联邦储备银行时代破产企业负债价值发生最大非预期变化的时间
与银行业恐慌发生的时间之间的关系

峰谷（经济周期）	破产企业负债价值发生最大非预期变化的时间	银行业恐慌发生的时间
1918 年 8 月～1919 年 3 月	1918 年 11 月	没有恐慌
1920 年 1 月～1921 年 7 月	1920 年 6 月	没有恐慌
1923 年 5 月～1924 年 7 月	1923 年 11 月	没有恐慌
1926 年 10 月～1927 年 11 月	1927 年 4 月	没有恐慌
1929 年 8 月～1933 年 3 月	1929 年 12 月	1930 年 10 月
		1931 年 3 月
		1933 年 1 月

注：1920 年 6 月，感知风险的变化足够大，在美联储出现之前的时代引发了恐慌。

资料来源：Gorton, Gary, "Banking Panics and Business Cycles," *Oxford Economic Papers* 40, 1988, 751-781.

存款保险的引入再次显著地改变了存款人的行为。1935～1972 年，也就是引入存款保险之后，尽管有几起较大的破产企业负债冲击事件，但没有一次造成恐慌。这样，存款保险似乎已经实现了其设立的初衷。

12.3.3　存款保险定价和道德风险

一直到 20 世纪 80 年代，联邦存款保险的定价在很大程度上对风险并不敏感。也就是说，每家银行都被要求缴纳保险费，但保险费的金额只取决于存款数量，而不是其风险的大小。许多人指责这一点，认为这种做法强化了被保险的存款机构承担过高风险行为的动机。请注意，像银行这样的机构可以通过多种方式来增加风险。但是，出于讨论的目的，我们这里将重点放在银行投资高违约风险资产的动机上。虽然存款保险费率现在对风险很敏感，但在保险费率的设计中只使用了有限种类的风险，进而只能说，保险费与绝大多数银行的风险粗略相关。在本节中，我们将展示存款保险定价的不完全风险敏感结构是如何刺激银行过度冒险的动机的。⊖

存款保险作为期权：考虑一家被保险的银行（存款的本金和利息均被承保）。这家银行已募集存款资金，需要在期末偿还 B 美元存款本息。期末银行的资产总值为 V 美元。现在，如果 $V \geq B$，那么存款人从银行收到 B 美元，银行的股东收到 $(V-B)$ 美元。如果 $V \leq B$，则银行破产，此时，在银行股东没有收益的同时，存款保险公司持有了该银行的资产，并向存款人支付 B 美元。在这种情况下，存款保险公司的净亏损为 $(B-V)$ 美元。因此，不同参与人在期末时的收益可以写为

股东：　　　　　　　$\max[0, V-B]$
存款人：　　　　　　B
存款保险人：　　　　$\min[0, V-B]$，其值或者为零（当 $V>B$ 时），
　　　　　　　　　　或者为负（当 $V<B$ 时）

存款保险的效果是创造了一笔流向公司的额外的现金流入，金额为 $-\min[0, V-B]$ 美元。但 $-\min[0, V-B]$ 也可以写为 $\max[0, B-V]$。因此，如果存款存续期的剩余长度为 T，$G(T)$ 代表存款保险担保对于公司的价值，则在到期日有

$$G(0) = \max[0, B-V] \tag{12-1}$$

现在你可以回顾一下我们在第 1 章和第 10 章中关于看跌期权的讨论，式（12-1）代表的这种支付结构与看跌期权到期时的支付结构完全相同。要弄明白这一点，设想 V 是期权标的证券的（随机）价值，B 是行权（或执行）价格。那么，作为看跌期权的持有人，如果证券的价值 V 小于 B，那么你将行使你的权利，以 B 美元的价格将证券出售给期权卖方。在这种情况下，你通过行使期权获得的收益为 $(B-V)$ 美元。另外，如果 $B<V$，那么你将不行使权利，而让期权失效，此时你的收益为零。

1. 期权成本

换句话说，当联邦存款保险公司为一家银行的存款提供保险时，它是在出售一份对银行有利的看跌期权。对于联邦存款保险公司而言，提供这种保险的成本可以简单地看作看跌期权的价值。我们可以使用布莱克 – 斯科尔斯（Black-Scholes）（1973）期权定价公式来计算这个值

$$G(T) = Be^{-rT}\Phi(x_2) - V\Phi(x_1) \tag{12-2}$$

其中

$$x_1 \equiv \frac{\log(B/V) - \left[r + \frac{\sigma^2}{2}\right]T}{\sigma\sqrt{T}}$$

$$x_2 \equiv x_1 + \sigma\sqrt{T}$$

式中，r 是即期无风险利率；$\Phi(\cdot)$ 是标准正态累积分布函数；V 是当前银行资产的价值，

⊖ 这里的讨论是基于 Merton（1977）。

σ^2 是单位时间内的资产价值对数变化的方差比率。这里假定布莱克-斯科尔斯的所有假设都能得到满足。

2. 单位美元存款的成本

我们可以计算出合适的单位美元存款保险费。如果联邦存款保险公司承诺存款人在未来 T 时一次性支付 B 美元,那么这些(无风险)存款的现值将是

$$D = Be^{-rT} \tag{12-3}$$

令 $g = G(T)/D$ 为联邦存款保险公司存款保险担保单位美元存款的成本。然后,使用式(9-2)和式(9-3)可以得出

$$g(d,\tau) = \Phi(h_2) = \frac{1}{d}\Phi(h_1) \tag{12-4}$$

其中

$$h_1 \equiv \frac{\log(d) - \frac{\tau}{2}}{\sqrt{\tau}} \tag{12-5}$$

$$h_2 \equiv h_1 + \sqrt{\tau} \tag{12-6}$$

式中,$d \equiv D/V$ 是银行当前的存款与资产价值比率,$\tau \equiv \sigma^2 T$ 是存款期间资产价值对数变化的方差。

3. 风险敏感性存款保险定价方案的性质

有几点值得一提。首先,存款与资产价值比率的增加导致联邦存款保险公司单位美元存款保险费的增加,即

$$\partial g/\partial d = \Phi(h_1)/d^2 > 0$$

同理,随着 τ 的增加,存款保险成本也增加,即

$$\partial g/\partial \tau = \Phi'(h_1)/2d\sqrt{T} > 0$$

这里的上撇号表示导数。因此,$\Phi'(h_1)$ 是 h_1 的标准正态密度函数。这是期权的一个众所周知的性质,其价值随着标的资产波动的加剧而增加。因此,联邦存款保险公司应对资本与总资产比率较低,并且总资产价值波动较大的银行收取较高的存款保险费。换句话说,如果联邦存款保险公司向每个银行收取的单位美元存款保险费是固定的,而不是根据 g(d 和 τ 的一个函数)确定的,假定联邦存款保险公司平均而言处于盈亏平衡状态,那么具有较高的资本比率和较低的资产风险的银行,就为拥有较低的资本比率和较高的资产风险的银行提供了补贴。

4. 期权特征与道德风险

这些观察结果强调了存款保险内在的道德风险。由于 g 是存款保险对银行单位美元投保存款的价值,所以银行可以通过减少资本和增加资产波动来提升这一价值。在这个意义上,如果联邦存款保险公司收取的保险费对银行的这些举措不敏感,那么遵循股东财富最大化原则的银行就存在增加财务杠杆和资产波动性的动机。图12-1说明了这种激励。

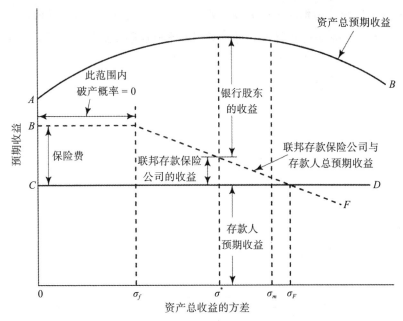

图 12-1 预期收益与风险之间的关系

在图 12-1 中，曲线 AB 是银行扣除破产成本后的总预期收益。⊖该曲线在 σ^* 处达到最大值。直线 CD 代表存款人的预期回报保持不变，因为我们假定存款是完全投保的。存款人和联邦存款保险公司的总预期收益等于存款利息加上存款保险费减去预期的破产成本。当 $\sigma < \sigma_f$（某一阈值变量）时，曲线 BF 表示的总预期收益是一个常数，因为在此范围内，银行破产的概率为零。但随着银行破产的可能性的增加，联邦存款保险公司和存款人的总预期收益会下降。由于存款人受到完全保护，而存款保险费对 σ 不敏感，所以联邦存款保险公司的预期收益率随着 σ 的上升而急剧下降。因此，尽管当 σ 超过 σ^* 时银行资产的总预期收益率会下降，但在这个范围内，银行股东的预期收益是在增加的。事实上，股东的预期收益的最高值出现在 $\sigma_m < \sigma^*$ 处。

风险（用 σ 表示）的最优水平取决于决策者的目标。如果目标是将联邦存款保险公司的负债最小化，那么最优风险选择就是 $\sigma = \sigma_f$。如果目标是最大化银行的总预期资产收益率，那么最优风险选择是 $\sigma = \sigma^*$。但是，如果做出最大化股东财富的决策，那么最优风险选择是 $\sigma = \sigma_m$。这样，如果"社会期望"的风险选择是 σ^*，那么银行将通过选择 σ_m 来承担比社会最优风险更大的风险。这就是存款保险的道德风险。

5. 为什么要关注银行业道德风险

你可以回顾一下第 7 章和第 8 章的内容，那些从银行借款的非金融企业也存在类似的道德风险。然而，对于非金融企业来说，这种道德风险的成本是由私人贷款机构事后承担的，且这些贷款人会在事前（通过定价机制）将这些成本转嫁给借款人。这样，这种道德风险在处于均衡状态的各个签约方之间得到了定价。然而，对于银行及其他受联邦政府保险的存款机构来说，这些成本是由联邦存款保险公司事后支付的，也就是最终是由纳税人承担的。当

⊖ 图 12-1 是基于 Keeton（1984），他在论文中提供了一个类似的图（参见论文第 32 页）。

然，如果联邦存款保险公司整体实现了盈亏平衡，那么这些成本就会在事前转移给整个银行业，进而这只是银行间财富的再分配。也就是说，风险较低的银行最终对风险较高的银行进行了补贴，对纳税人而言则没有带来直接的财富影响。

这一分析，再加上之前我们关于存款保险担保与看跌期权之间相似性的讨论，表明了安全监管在银行业中的作用。如果存款保险存在，银行就会倾向于降低资本并增加风险。资本充足要求和资产组合限制试图解决这些由存款保险导致的激励扭曲。但是，这些监管措施的实施并非总是有效的。

在例 12-3 中，我们借助看跌期权的定价公式提供了一个关于道德风险效应的数字示例。

例 12-3

考虑一家拥有一年内到期并受联邦保险的存款的银行。想象一下，银行的资产价值每月都会发生变化，并且你已经得到了过去 7 个月的资产价值数据（你可以假设资产价值变动的概率分布随着时间的推移而保持不变）。

月份	银行资产价值（百万美元）	月份	银行资产价值（百万美元）
1 月	100	5 月	100
2 月	101	6 月	98
3 月	99	7 月	97.605 074
4 月	102		

设想银行目前的存款与总资产价值比率为 0.95。计算对银行来说单位美元存款保险的价值。资产价值变动的方差固定，计算在（你选择的）更高的存款与总资产价值比率下该保险的价值；保持存款与总资产价值比率固定，计算在资产价值变动的方差更高的情形下该保险的价值。

解：

我们通过三个步骤来解决这个问题。第一步，我们计算银行资产价值的方差 τ。第二步，使用第一步得到的 τ 值计算 h_1 和 h_2。第三步，我们计算单位美元投保存款的存款保险的成本。

步骤 1

为了计算 τ，我们将 V_t 定义 t 月的资产价值，V_{t-1} 定义为 $(t-1)$ 月的资产价值。因此，当我们在第 2 个月写资产价值时，我们写成 V_2，当我们在第 2 个月写 V_t/V_{t-1} 的比率时，我们写成 V_2/V_1。我们可以构建出表 12-4。

表 12-4　资产价值方差的计算

A 月	B 资产价值 V_t	C V_t/V_{t-1}	D $\log(V_t/V_{t-1})$	E D 的样本均值	F E^2
1 月	100	—	—	—	—
2 月	101	1.01	0.009 95	0.013 988	0.000 195 7
3 月	99	0.980 2	−0.020 00	−0.015 962	0.000 254 8
4 月	102	1.030 3	0.029 85	0.033 888	0.001 148 4
5 月	100	0.980 4	−0.019 79	−0.015 752	0.000 248 1
6 月	98	0.980 0	−0.020 2	−0.016 162	0.000 261 2
7 月	97.605 074	0.995 970 1	−0.004 038	0	0

在表 12-4 中，我们将 D 列中的数值相加除以 6 得出"样本均值"，为 -0.004 038。然后用 D 列中的每个数值减去样本均值，得到 E 列的各个数值。F 列的数值是 E 列中的每个数值的平方。现在

$$\sigma^2 = \frac{\text{F 列所有数值之和}}{5}$$

$$= \frac{0.002\ 108\ 2}{5} = 0.000\ 421\ 6$$

注意，除以 5 是因为我们在计算方差时失去了一个自由度。现在，$\tau = \sigma^2 T = 0.000\ 421\ 6 \times 12 = 0.005$（近似）。注意，$T = 12$，因为存款期限为 1 年，资产价值每个月都会发生变化。

步骤 2

接下来，我们利用式（12-5）计算 h_1，可得

$$h_1 = \frac{\log 0.95 - \log(0.005/2)}{\sqrt{0.005}}$$

$$= -0.760\ 76$$

我们使用式（12-6）计算 h_2，可得

$$h_2 = -0.760\ 76 + \sqrt{0.005} = -0.690\ 05$$

步骤 3

现在，我们使用式（12-4）计算 g

$$g = \Phi(-0.690\ 05) - \frac{1}{0.95}\Phi(-0.760\ 76) \cong 0.009\ 9$$

这样，对于银行来说，存款保险保证的价值大约是 99 美分/100 美元投保存款。这比过去收取的保险费水平（例如，每 100 美元投保存款收取 25 美分）要高很多。在表 12-5 中，我们给出了各种存款与总资产价值比率和值的计算数值。注意，如果我们将 d 增加到 1，并将 τ 固定为 0.005，则 g 上升到 2.82 美元/100 美元投保存款。这说明存款保险对银行带来了追求杠杆的激励。同样，如果我们将 d 固定为 0.95，并将 τ 增加到 0.006，则 g 的价值增长到 1.209 美元/100 美元投保存款。这说明银行有投资风险更高的资产的动机。

表 12-5 单位美元投保存款的存款保险成本

存款保险成本（g）	存款与总资产价值比率	方差（τ）
0.000 55	0.85	0.006 00
0.000 40	0.85	0.005 50
0.000 28	0.85	0.005 00
0.000 18	0.85	0.004 50
0.000 11	0.85	0.004 00
0.003 26	0.90	0.006 00
0.002 74	0.90	0.005 50
0.002 23	0.90	0.005 00
0.001 76	0.90	0.004 50
0.001 32	0.90	0.004 00
0.000 93	0.90	0.003 50
0.000 60	0.90	0.003 00

（续）

存款保险成本（g）	存款与总资产价值比率	方差（τ）
0.000 15	0.90	0.002 00
0.012 09	0.95	0.006 00
0.011 02	0.95	0.005 50
0.009 92	0.95	0.005 00
0.008 80	0.95	0.004 50
0.007 65	0.95	0.004 00
0.006 47	0.95	0.003 50
0.005 28	0.95	0.003 00
0.002 87	0.95	0.002 00
0.001 72	0.95	0.001 50
0.000 72	0.95	0.001 00
0.000 33	0.95	0.000 75
0.030 89	1.00	0.006 00
0.029 58	1.00	0.005 50
0.028 20	1.00	0.005 00
0.026 76	1.00	0.004 50
0.025 23	1.00	0.004 00
0.023 60	1.00	0.003 50
0.021 85	1.00	0.003 00
0.017 84	1.00	0.002 00
0.015 45	1.00	0.001 50
0.012 62	1.00	0.001 00
0.010 93	1.00	0.000 75
0.008 92	1.00	0.000 50
0.006 31	1.00	0.000 25
0.005 64	1.00	0.000 20
0.004 89	1.00	0.000 15
0.003 99	1.00	0.000 10
0.002 82	1.00	0.000 05
0.001 26	1.00	0.000 01

资料来源：Merton, Robert C., "The Cost of Deposit Insurance and Loan Guarantees," *Journal of Banking and Finance* 1, June 1977, 10.

期权定价方法表明了在设定存款保险保险费时必须考虑的因子。单位美元投保存款的保险费必须对银行资产的波动性以及存款与总资产价值比率保持敏感。否则，银行为了股东的利益将有动机降低资本，增加资产风险。由于布莱克－斯科尔斯的许多假定在现实中无法得到满足，所以期权定价方法并不是设定存款保险保险费的一种确切方式。⊖例如，银行的资产价值常常表现得很跳跃，而不是布莱克－斯科尔斯假定的一条跨越时间的连续路径。无论如何，表 12-5 的数值都表明，银行从对风险不敏感的存款保险定价中获得的收益是巨大的。

⊖ 此外，可能难以确保存款保险公司能准确无误地度量银行的风险，见 Flannery（1991）对这一影响的讨论。

12.3.4 关于道德风险的实证证据

除了有关道德风险的逸事证据外，还存在大量的、确切的科学证据来支持我们所回顾的理论。联邦存款保险从1934年就开始存在，但很多明显的问题到1970~1990年才出现。这表明在过去，存在着一些制衡因素，降低了由存款保险引致的冒险倾向。接下来讨论的一些实证证据将使我们更了解这些因素。

1.联邦存款保险对风险承担行为影响的证据：信用合作社的案例

1971年，随着美国信用合作社管理局（NCUA）的成立，联邦存款保险的范围拓展到信用合作社，其存款保险的覆盖范围和银行及储蓄机构完全一致。

信用合作社：①向自己的成员发放贷款；②向其他信用合作社发放贷款；③与其他信用合作社进行贷款合作。信用合作社的资产组合主要包括：①购买耐用消费品的担保贷款；②对类似政府债券、向其他信用合作社发放的贷款和商业银行存款等低风险资产的投资。

信用合作社可以通过降低资本缓冲和提高总资产中高风险资产的投资份额来提高风险。有实证检验为这个假设提供了支持⊖。图12-2描述了1949~1992年联邦信用合作社的资本比率（界定为资本除以总资产）的变化态势。1970年，也就是在联邦存款保险被采用之前，其资本比率大约与1949年的水平持平。在存款保险制度从无到有的过渡期内，资本比率出现了小幅下降。但在实施存款保险的阶段，该比率降幅较大。这与存款保险可能会伴随道德风险问题的预测是一致的。

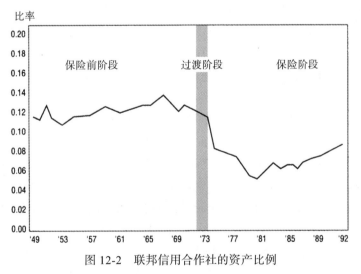

图12-2 联邦信用合作社的资产比例

资料来源：美国信用合作社管理局（NCUA）。

通过检验银行资本比率随着时间的推移出现的变化轨迹，可以发现它与信用合作社具有类似的变化态势（见图12-3）。很明显，银行在存款保险出现之前资本水平要高很多。⊖

⊖ 见 Clair（1984）。

⊖ 在第2章中，我们讨论了主要金融机构在2007~2009年金融危机爆发之前的一段时期里差异化的资本充足的变化情况。

图 12-3 美国银行净值比

资料来源：Flannery 和 Rangan（2008），*Y-9C Reports*，Acharya、Mehran、Schuerman 和 Thakor（2012）。

2. 银行业中市场势力与道德风险之间的关系

正如我们之前提及的那样，现实中的一个主要困惑是，尽管联邦存款保险（为商业银行等金融机构）提供了冒险激励，但为什么美国的存款保险系统这么多年以来一直运作良好，又为什么在近期问题才暴露出来。一种解释是，银行的风险承担倾向取决于其拥有的特许权价值。特许权价值（也就是未来现金流的资本化价值）越高，银行承担风险的动机就越弱。这是因为高风险意味着更高的破产可能性，而一旦破产，存款保险公司将接管银行，银行的特许权就不存在了。这样，特许权价值越高，银行破产的成本就越大。过去，各种各样的反竞争限制赋予了银行市场势力，进而强化了其特许权价值。尽管固定费率存款保险给银行带来了从事过度的冒险行为的动机，因特许权丧失而遭受的损失却成为制衡这种动机的重要因素[⊖]。20 世纪 80 年代的管制放松加剧了银行业竞争，进而降低了银行的特许权价值。更大的风险就是可以预测的了。

有证据支持这一理论预测。图 12-4 表明 1952～1986 年间，美国 25 家最大的银行控股公司资本与总资产比率平均数值的变化情况。该比率的下降态势极为明显。

在直接检验风险承担和特许权价值之间关系的实证研究中，需要对未来租金的资本化价值（也就是市场势力）进行测度。一个测度指标是"托宾 q 值"，这个指标近似计算了资产的市场价值（即普通股的市场价值加上负债的账面价值）与资产账面价值的比率。q 比率越高，（相对于资产的账面价值而言）特许权价值就越大。因为银行承担风险的行为无法被直接观察到，所以需要借助代理变量来衡量。一个合理的代理变量是大额未投保存单的利息成本。这类存单的持有者应该对银行风险十分敏感，进而对风险更高的银行会要求更高的利率。实证结果是具有说服力的——q 值每上升 1%，会导致存单的平均成本下降 16～18 个基点。此外，这种关系在统计上是显著的。这样，银行承担风险的程度看起来在 20 世纪 80 年代出现了显著的提升，而这归功于降低了银行特许权价值的管制放松。

为了用最近的数据来做一个比较，我们在图 12-5 中提供了账面价值和市场价值两个纬度的 25 家最大的银行控股公司在 1959～2012 年期间的资本比率变化状况。从《巴塞尔协

⊖ 要想了解这一理论，可参见 Chan 等（1992）。下面的讨论中涉及的实证证据来自 Keeley（1990）。

议 I 》开始的资本充足监管的效果是显而易见的,因为资本比率在 20 世纪 80 年代后期开始向上漂移,但值得注意的是,我们在第 2 章中曾说明有些机构有不同的经历。⊖

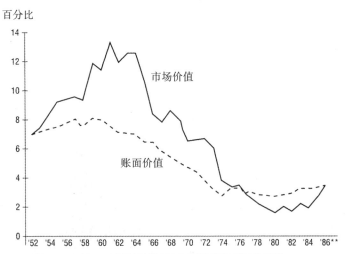

注:1985 年,25 家银行控股公司的资产比例是均等的;
1986 年的数据是第三季度的数据,其余都是年度数据。

图 12-4　资本与总资产比率、市场价值和账面价值

资料来源:Keeley, Michael C., "Deposit Insurance, Risk, and Market Power in Banking," American Economic Review 80, December 1990, 1183-1200.

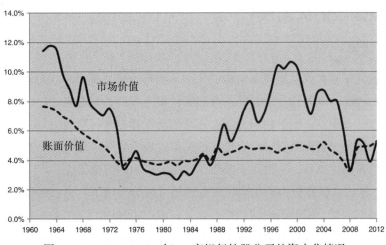

图 12-5　1962～2012 年 25 家银行控股公司的资本化情况

注:这些数目表明了 1962～2012 年,25 家银行控股公司的加权平均资本化。资本比率用账面价值(股东股权资产或总资产)和市场价值(资产价值的市场价值)表示。

资料来源:电子计算机会计数据库和作者自己的计算结果。

在图 12-6 中,我们显示了 1992～2011 年间银行破产的数量。这些数据表明,在 20 世纪 90 年代早期,银行倒闭的数量剧烈下降,并长期维持在一个相对较低的水平,因此,这

⊖ 回顾一下我们在第 2 章中讨论的内容,可以发现在 2007～2009 年的金融危机爆发之前,很多介入投资银行业务的银行提高了杠杆。

一时期的银行是在资本比率较为健康的背景下运行的。随后,在金融危机期间,银行倒闭的数量明显上升。

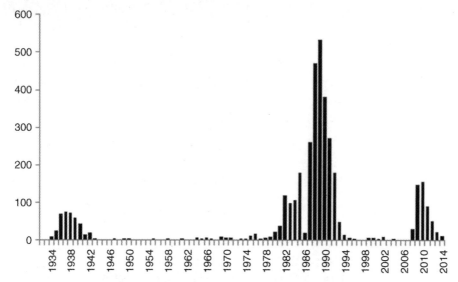

图 12-6　FDIC 保险商业银行和储蓄机构(包括储蓄银行和储蓄组织)年度破产数量
资料来源:FDIC 银行业历史数据。

12.4　存款保险的大崩溃

12.4.1　总体背景

我们已经回顾了存款保险对储蓄机构的风险承担行为所造成的影响的相关理论与实证证据。为了研究 20 世纪 80 年代存款保险的大崩溃,很重要的一点是要记住,在 70 年代中期,存款保险的运作一直很好。但有两项发展在逐渐削弱联邦存款保险的力量。一是银行特许权价值的降低,这增加了管理者尝试投资更多的高风险资产以及进行欺诈的动机。另一个是同时期监管机构的警惕性减弱,这提高了联邦存款保险机构的道德风险。

20 世纪 80 年代,储蓄机构的崩溃和银行倒闭可以分为以下三种:过多的风险承担、高管在特权下的过度消费,以及彻底的欺诈。而且,以下三种因素交织在一起可能会引起财富的转移或损失:由于监管放松导致存款保险的风险性敏感定价、低特许权价值,以及监管机构监控松懈。监管不力可能是由于监管资源不足,以及监管者和被监管机构之间相互勾结所引起的。图 12-7 对这些影响进行了简单总结。

这并不是储蓄贷款协会和银行的管理者在 20 世纪 80 年代的某天一早醒来,决定改变决策方式,以便"敲诈"纳税人。

重点是他们的动机被改变了,决策规则还是一样的,但改变了的动机也改变了他们的行为。存款保险危机不仅源于存款机构,还源于那些目光短浅和草率制定政策的政客和监管者。图 12-7 简短地讨论了原因和影响。

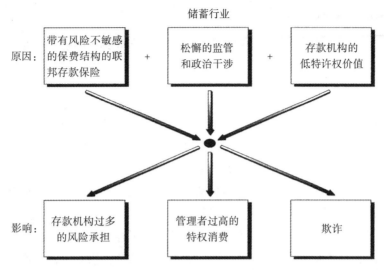

图 12-7　银行业和储蓄行业问题的影响原理

12.4.2　监管机构和政治罪责

许多年来，储蓄贷款机构的管理者一直忽略储蓄行业的问题，为了改善问题，监管者允许破产机构继续经营。我们在第 7 章和第 8 章的信用风险分析强调了资本对借款人风险承担行为的重要影响。这同样适用于存款机构，当它们资本不足时，它们冒高风险的倾向更大。当资本状况较差时，高风险行为很容易出现。实际上，1981 年，FHLBB 确实意识到了储蓄机构行业正处在困境之中，但它并没有关闭所有破产的机构。⊖

这种不作为是更广泛的监管不力的一部分。以下列出了为期两个月的《今日美国》——甘尼特服务调查的主要调查结果。⊜

- 一些监管者与行业有紧密的联系。⊜
- 在一些案例中，监管者指出，储蓄贷款机构想要快速壮大，并为了牟利去投资风险资产。
- 监管当局缺乏权力和人力资源去监控快速成长的储蓄贷款机构。
- 国会一直拒绝增加储蓄贷款机构的监察人员，这阻碍了 FHLBB 解决储蓄贷款机构的问题。㉔

⊖ 1990 年的一期《美国银行家》引用了时任 FHLBB 主席理查德·T. 普拉特先生的话："如果我们在 1981 年就清算了储蓄贷款行业，那么当时清算的成本将相当于今天的 1 780 亿～3 800 亿美元。如果当时采取这种清算行动，那么这种政策就应该是最愚蠢的公共政策。"

⊜ 见《今日美国》，1989 年 2 月 14 日。

⊜ 汤姆·休斯顿先生（艾奥瓦州银行前主管）宣称，监管者旅游过于频繁了，给这个行业带来了较大的成本。他说："他们是如此受欢迎，进而受到了很好的招待……因此毫不令人意外，他们不可能制定出合理的决策。"

㉔ 埃德温·格雷先生（1983 年 3 月～1987 年 6 月担任 FHLBB 主席）谴责国会和里根的管理团队没有授予监管机构更多的权力，同时，也指责了可能会对监管机构产生影响的来自储蓄贷款协会的强有力的游说。在 1989 年 2 月 14 日的《今日美国》中，他指出："我们不断地向国会和里根的管理团队提出要求，但什么也没有得到。我们有一个受 700 名检察官监管的杂乱的银行体系，我们预期这些检察官们监控拥有 1 万亿美元资产、数量达到 3 300 家的储蓄贷款协会。有时候我们的检察官会被他们监控的储蓄贷款协会雇用而离职。"数据显示，在这段时期，初级检察官每年的薪酬为 14 000 美元，离职率达到 25%。

12.4.3 过度风险承担

就像之前讨论的那样，三种检测风险承担的主要方式就是检验资本与总资产的比率、大额（未投保）存单的利率和机构投资组合的资产。我们将讨论后两种。

1. 更高的大额存单利率

风险高的机构会支付更高的大额存单利率，反过来看，那些支付更高的存款利率的机构会投资高风险、高收益的资产，从而弥补存款利息成本。因为风险承担行为在破产或濒临破产的机构中更强烈，所以人们预期这些机构能支付更高的利率。发生在美国西南部地区的事情是很明显的，在那里，储蓄贷款行业是崩溃的。破产机构支付了更高的利率并导致了一种自我实现的预言。当一家存款机构的净资产较低时，它更可能投资风险较高的资产，因此储户希望有相对较高的利率。反过来，利率越高，越增加了存款机构对高收益、高风险资产进行投资的动机，这样就构成了一个循环。而且，为了与破产机构竞争，非破产机构将被驱使支付更高的利率，由此引发了投资风险较高资产的强烈动机。

2. 在高风险资产上的投资

有大量关于储蓄贷款机构投资过高风险资产的例子，如开发商用投资者的贷款建滑雪场、投机政府证券、投资垃圾债券组合等。

12.4.4 管理层过高的特权消费

即使很难衡量管理层的额外收入水平达到多少是合理的，但是也有一些例子能显著地表明这些情况，包括机构支出，如购买飞机，支付护送服务费用，办公室里昂贵的古董和油画，富丽堂皇的洗手间等，联邦储蓄贷款保险公司调查的这些机构很明显地存在浪费。

12.4.5 欺诈

据估计，储蓄贷款机构管理者的欺诈行为给政府造成的直接损失为 80 亿～150 亿美元，其中 80% 的欺诈是由破产的储蓄贷款机构造成的。军队、大厦、飞机、女人、劳斯莱斯以及开曼群岛银行账户等外快涌向储蓄贷款机构的高管，因为他们掠夺了联邦保险存款。

储蓄贷款机构的欺诈会导致诚信的管理人员管理的储蓄贷款机构破产，这种破产是由于出售不良贷款造成的。比如，正处于破产的联邦储蓄和莫尔文、阿肯色州的贷款，如果购买固定利率的 4 400 万美元贷款给檀香山的高楼建筑，那么紧接着就会违约。

很多欺诈案例都很复杂。名声不好的储蓄贷款机构和借款人结合了大量的贷款和财产，以弥补个人对贷款的使用。一些储蓄贷款机构让借款人为取得贷款支付 4%～10% 的高利息。储蓄贷款机构把这些费用记为收入来虚增利润。许多贷款其实并不会被偿还，只是其所有权在储蓄贷款机构的管理者手中。储蓄贷款机构的高管可能在参与过程中取得了回扣。在得克萨斯州，这种方法被称为"我赢了头，而联邦储蓄贷款保险公司丢了尾"。

在储蓄贷款协会危机过后，政府接到了大约 10 万起控告储蓄贷款机构的高管、领导、所有者、借款人以及对破产负有责任的人的民事诉讼。这些诉讼努力尝试弥补由欺诈、过失、管理不善造成的损失，但是否成功，结果并不确定。

总之，自大萧条以来最大的银行业大崩溃，并不仅仅是一次倒霉的打击或银行业外部环境改变的结果。激烈的竞争提高了利率的波动性，管制的放松降低了存款机构的盈利性，同时降低了特许权价值。银行行为模型预测，有了联邦保险机构，被保险机构承担风险的动机会增加，这表明有必要对其加强监管。但不幸的是，由于投入到监管行为的资源较少，在放松监管的同时，安全性也降低了。监管不当和政治干预共同使得实际行动偏离了最初提出的设想。⊖

后来，就数量和全球性影响来说，2007～2009年的次贷危机超过了储蓄贷款协会危机，它还影响到美国的影子银行体系以及其他国家的存款机构。我们将在第14章讨论这些内容。

12.4.6　银行业脆弱性、存款保险以及存款保险大崩溃后的发展

在本节中，我们可以看到存款保险导致了道德风险，进而使银行不计后果地承担风险。事实上，使用存款保险来降低银行挤兑和银行业脆弱性的可能性是内在矛盾的。银行越感觉安全，其风险累积就越大。这说明对存款保险运用的程度施加限制是有社会效率的，要为市场纪律约束留出空间，但这也可能会导致银行挤兑。换言之，这就是最优的银行业脆弱性的大小，即一方面运用市场纪律监管（这伴随着出现银行挤兑的可能，但是会抑制银行从事高风险投资活动的动机），另一方面需要确保银行挤兑的可能性不至于过高，以致银行业过度脆弱，要在这两方面做出权衡。⊜当然，2007～2009年的次贷危机教会我们，深思熟虑的实践可能并没有什么意义，事实上监管机构很难拒绝事后救助，尤其是当面临大型相互关联的金融机构可能会倒闭的状况时。因此，市场纪律的约束效力可能会减弱，因为不管是否有存款保险，银行的债权人都会由事前的期望变成事后的宽容。

有人可能会说，解决与监管宽容和存款保险有关的道德风险的途径之一是将资本充足要求作为工具，降低银行承担过高风险的倾向。与《巴塞尔协议Ⅰ》有关的监管改革以及1991年的FDICIA强烈支持了这个说法，即足够高的资本充足要求在风险控制上是有效的。⊜

然而真正的问题是，首先，我们是否需要存款保险，因为如果没有存款保险，我们所观察到的许多监管机构将是不必要的。但离开了存款保险，银行就没有挤兑了吗？⊕这是一个悬而未决的问题。共同基金没有存款保险，直到2007～2009年次贷危机出现之前，我们没有观察到任何挤兑，即使是由于对共同基金投资风险的担忧所引起的挤兑。一个稳健的银行体系，受到可信的最后贷款人的支持，在今天看来，或许不会像过去没有存款保险制度下的银行体系那样脆弱，尤其是当有人考虑，在次贷危机中，有选择性地救助未受存款保险覆盖的机构会提高金融系统的安全性。⊛如果这是对的，那么整个存款保险制度和监管体系的安排将会被重新考虑。

⊖ 我们建议大家阅读Adams（1990）、Mayer（1990）、White（1991）的文献来了解更多最终促成美国储蓄行业崩溃的因素。
⊜ 这个隐含的结论可以从Calomiris和Kahn（1991）的分析中得到，Diamond和Rajan（2001）也讨论过。对于银行业脆弱性的其他分析，见Allen和Gale（2001）与Yorulmazer（2014）。
⊜ 《巴塞尔协议Ⅱ》带来了更具有混合性的影响（见第15章）。
⊕ 见Miller（1995），他在论文中提出了强有力的支持废除联邦存款保险的论据。
⊛ Acharya等（2013）提出了一个理论，在这个理论中，监管者要基于一次可观察到的银行破产是否代表一场系统危机的推断，来从事选择性的、状态依存的救助活动。

12.5 影子银行部门的融资

借助于存款类金融中介——传统银行部门，存款人把货币存入银行，然后再由银行通过贷款的方式使资金流向投资者手中。相比之下，影子银行体系是一个由专业化的非存款性金融机构构成的网络体系，这个体系通过一系列的资产证券化和担保融资技术将资金从存款人转移到投资者手中。⊖影子银行从事信用和期限转换，就像传统银行所做的一样，但无法正式获得公共流动性来源（如贴现窗口）和存款保险。

12.5.1 影子银行的增长

影子银行融资规模的增长速度实际上已超过了银行存款融资，如图 12-8 所示。⊜影子银行中的机构主要是各种类型的非存款性金融机构，如投资银行、保险公司、共同基金、对冲基金以及金融公司；资产支持商业票据和 ABS 等资产证券化结构；证券化结构中的主要投资者，如货币市场共同基金。

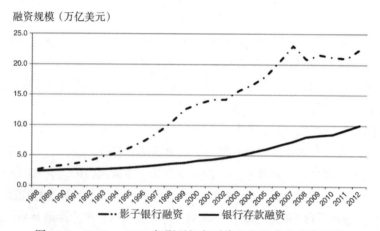

图 12-8　1988～2012 年影子银行融资和银行存款融资规模

资料来源：FDIC 的银行业历史数据，Bouwman（2014）。

影子银行通过利用商业票据和回购协议等可交易工具来筹集资金。回购协议是一种重新购回的协议，机构使用可交易证券作为抵押品来借入短期贷款，当贷款被偿还时抵押品被归还。在这些交易中使用的抵押品来自资产支持证券的创造，而这些支持证券则是通过贷款、租赁以及住房抵押贷款证券化而产生的。存款人持有货币市场共同基金的份额，而不是银行存款。

12.5.2 融资过程：如何运作

在影子银行体系中，存在一个批发性融资、基于证券化的贷款的资金链条，这一资金链条可以将住房抵押贷款这样高风险、长期的贷款转换为短期、低风险的货币性工具。这一转换过程如下所述。⊜

⊖ 这里的讨论部分是基于 Adrian 和 Ashcraft（2012）。
⊜ 摘自 Bouwman（2014），也可参见 Yorulmazer（2014）。
⊜ 见 Adrian 和 Ashcraft（2012）。

贷款发起：金融公司发起汽车贷款、租赁、不良住房抵押贷款，而银行则会发起不同类型的住房抵押贷款。

贷款批发：由一些特定目的载体来操作，并通过资产支持商业票据来提供资金。也就是说，这些特殊目的载体提供了一个可以把贷款打包然后进行证券化的机构。

资产证券化：涉及贷款的汇集和结构化，把这些贷款转化为定期的资产支持证券（ABS），并由证券公司的 ABS 辛迪加交易部门来操作。

ABS 批发：由回购协议和互换来提供资金，通过交易账簿来促成交易。

债务抵押凭证的创造（CDO）：通过资产支持证券的汇集和结构化来创造债务抵押凭证，同样由证券公司的 ABS 部门操作。

ABS 中介：由有限目的金融公司、结构化投资实体、信用对冲基金来行使，其资金来源于回购、ABCP、债券和资本票据。

融资：所有这些相关的活动均在批发融资市场中实施，而这个批发融资市场是一个包括货币市场共同基金和证券公司这样受监管和不受监管的中介的混合。拥有现金的投资者通过短期回购协议、商业票据、债券等为影子银行提供资金。

图 12-9 总结了影子银行体系中的信用中介过程。

12.5.3 商业银行在影子银行体系中的角色

商业银行通过多种方式参与影子银行业务，其中，最为明显的是那些属于银行控股公司（BHC）的商业银行。一家银行控股公司可能拥有一个设有货币市场共同基金的财富管理机构，也就是说，影子银行能存在于银行控股公司内部。另一个例子是通过银行控股公司的证券公司子公司完成的三方回购融资。类似地，一家银行控股公司可能有一个资产支持商业票据的特殊目的载体，尽管这个载体对于银行控股公司而言可能是表外业务，但它可能会得到银行控股公司的商业银行子公司贷款承诺的支持。⊖ 另外一个联系是由商业银行发起贷款，而这些贷款的资产证券化业务创造了证券，这些证券再由影子银行来持有，随后影子银行可以用这些证券作为回购交易中的抵押品来获得借款。

将来，随着银行控股公司面临更严格的流动性监管要求，部分影子银行活动可能会从银行控股公司转移到影子银行体系中进行。

12.6 结论

我们在本章中专注于存款合同、负债管理和存款保险的讨论。存款合同的内在性质会使银行容易受到挤兑，同时也会导致银行业陷入恐慌之中。存款保险的目的是最小化银行挤兑和银行业恐慌出现的概率。事实上，自 1933 年联邦存款保险启动以来的近 50 年里，相比其他行业而言，银行业和储蓄行业的破产概率出奇地低。此外，稳定的经济环境意味着负债管理对银行来说不是一件非常紧迫的事。

⊖ Avraham（2012）指出，2012 年，在美国 5 家最大的银行控股公司中，每一家都拥有超过 1 500 家的子公司。见 Cetorelli（2014），他把银行控股公司描述为影子银行体系中的一张"网"。

378 第六部分 银行的资金

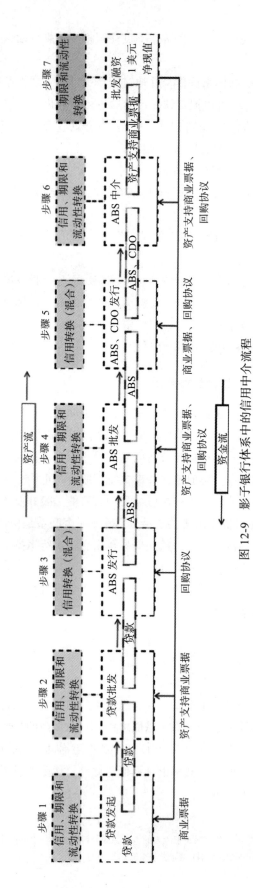

图12-9 影子银行体系中的信用中介流程

资料来源：Pozsar 等（2010）。

但在1970～1980年间，一切都发生了变化。随着利率波动的加剧和利率管制的放松直至最后的消除，负债管理成为银行需要认真考虑的内容。此外，监管放松、市场价格的高波动性、监控懈怠、政治干涉、联邦保险机构的高管腐败等众多因素交织在一起，逐渐削弱了整个行业的安全性，进而给存款保险基金造成了巨大的损失。而具有讽刺意味的是，这些事件具有很大的可预见性。

2007～2009年的金融危机带来了新的挑战，特别是影子银行部门融资结构的脆弱性。第14章对此有更为深入的介绍。

专业术语

charter value　特许权价值　银行对其所有者（股东）的经济价值。它可以被看作是预期利润的净现值，这是银行在经营期间能为股东带来的利润。

anticompetitive restrictions　反竞争限制　这些限制措施旨在限制银行业的竞争。

price elasticity of demand　需求的价格弹性　衡量市场需求对价格变化的响应能力。

junk bonds　垃圾债券　企业发行的（违约）风险非常高的债券。这些债券有着较低的信用评级和较高的收益率。

capital asset pricing model　资本资产定价模型　一种描述资本市场风险定价的模型。特别地，它预测了证券的预期收益与其系统性风险因素（定义为"β"，证券回报率和市场回报率的协方差与市场收益方差之比）之间的线性关系。

复习题

1. 存款合同需求的主要经济特点有哪些？当存款未被保险时，这些特点怎样进行纪律管理？
2. 在联邦存款保险之前，怎么处理银行挤兑和银行业恐慌？为什么这些都不完全令人满意？
3. 什么是银行挤兑？怎样在经济背景下解释银行挤兑？
4. 存款保险是如何防止银行挤兑和银行业恐慌的？
5. 解释存款保险和普通股看跌期权的相似性，以及这些是如何导致道德风险的？
6. 为什么美国的存款保险在1980年之前一直做得很好，后来为什么失败了？
7. 讨论银行管理者、会计、监管者和政客在"银行业/储蓄贷款协会危机"中扮演的角色。
8. 什么是负债管理，它的主要目标是什么？
9. 在负债管理中，银行股东和管理者之间存在着哪些代理问题？
10. 道德风险是非道德的，还是非法的？或两者都不是？你可以列出定义存款机构不道德行为的概念框架吗？
11. 银行或储蓄贷款协会的行为的哪些方面是不道德的？比如投资垃圾债券是否不道德？一定要事前考虑好而不是事后弥补。
12. 为什么在之前的10年中不道德行为那么泛滥，而不是在那之前？是人们变了吗？道德降低了吗？环境变了吗？你能把这段时间与历史上其他相似的时期联系起来吗？
13. 考虑一家银行在 $t=0$ 时从200个不同的存款人中各获得1美元的存款。它将25美元的股东权益投资到银行，贷出200美元，保留25美元作为现金储备。在这200个存款人中，共有75名存款人（称为 D_1 型存款人）有能力监控银行的管理；剩余的存款人（称为 D_2 型存款人）只是为了交易和保管而将钱存入银行。每个 D_1 型存款人监控银行的成本为每期0.03美元。

    银行有两个相互独立的投资机会。项目

（或贷款）A 在 $t=1$ 时的收益为 300 美元的概率是 0.6，没有收益的概率为 0.4。项目 B 在 $t=1$ 时的收益为 250 美元的概率是 0.8，收益为 220 美元的概率是 0.2。如果银行选择这两个项目中的一个，那个银行实际上会投资这个项目的概率是 0.7，即银行将以 0.3 的概率无意中投资另一个项目。因此，我们假设银行可能在项目选择中出错。通过监控银行，D_1 型存款人可以在 $t=0$ 和 $t=1$ 之间的某个时间点，比如在 $t=1/2$ 时，发现银行的真实项目选择。如果这些存款人愿意，可以在 $t=1/2$ 时通过取款强制清算银行。请注意，银行的贷款/项目在 $t=1$ 时到期。如果银行在 $t=1/2$ 时被清算，则它们对银行的价值仅为 70 美元。根据存款合同条款，在 $t=1$ 时取款，银行承诺支付 15% 的利息（以银行有能力偿付为前提），如果在此之前取款，则不支付利息。因此，如果存款人在 $t=1$ 时取款，则有权获得 1.15 美元，如果在 $t=1/2$ 时取款，则能获得 1 美元。无风险贴现率为零，所有代理商均为风险中性。

所有 D_2 型存款人计划在 $t=1$ 时取款，但每个人都受到随机的流动性动机需求的支配，在 $t=1/2$ 时取款。为简化起见，我们假定虽然没有人提前知道哪个（D_2 型）存款人希望在 $t=1/2$ 时取款，但知道希望取款的人的比例是 25/125。也就是说，25 个 D_2 型存款人希望在 $t=1/2$ 时取款。假设银行的管理者按照股东利益最大化做出决定。计算银行及存款人的均衡策略。

14. 为什么影子银行在过去 20 年里迅速成长？它暗示了哪些系统性金融风险？

第13章

银行资本结构

"总的来说，M&M 定理应用于银行业的一个重要信息是，你应该知道巧妇难为无米之炊。在经济形势较好的时候，你可能想你可以做到这一点；但是当经济不好的状况来临时，你会付出更多。"

默顿·米勒（1995）

引言

总的来说，银行的资本结构代表了银行为其资产负债表融资所做的选择，也就是使用什么组合的股权、次级债务和存款。这是任何关于银行稳定性的讨论中的一个核心问题，因此监管者对此具有很大的兴趣。之所以如此，是因为银行的资本结构影响其脆弱性和承受经济冲击的能力。银行在面对这种冲击时非常脆弱，因为它们提供各种类型的定性资产转换（QAT）业务，而这些业务会让它们暴露在各种类型的风险之中。这些定性资产转换业务在之前的章节中已做了详细的讨论。银行面对的风险可能产生意料之外的冲击，进而危及银行持续获得资金的来源并导致银行破产。银行资本结构中资本的规模越大，它承受这些冲击的能力就越强。银行资本有些类似于"制动距离"——银行的资本越多，它与经济意义上的破产之间的距离就越远，这样，银行管理者对警示信号做出反应的时间就越长，就越可能做出提高其生存概率的决策。

如果银行是不享受存款保险的实体，或者它们的倒闭没有被视为造成了成本高昂的经济外部性，那么银行的资本结构决策将是一个"私人问题"，也就是留给其股东和管理者的事情。但情况并非如此。首先，银行的存款是投保的，而这意味着存款保险机构赋予了银行股东一个基于银行资产的看跌期权。⊖ 这就刺激银行为了提高看跌期权的价值而持有一个较低的（相对于社会效率而言）资本水平。其次，银行破产通常具有传染性。这在一定程度上是因为银行持有高度相关的资产组合，所以一家银行破产可能会导致存款人和无保险债权人从其他银行提取资金，进而导致金融危机，如我们在第 12 章中讨论过的那样。这样，监管者将乐于看到银行持有足够的资本，以便从一开始就可以避免单个银行破产。此外，如果一

⊖ 见 Merton（1977）。

些银行的确破产了，那么监管者也希望其他银行拥有足够的资本，以减轻多米诺骨牌（传染）风险。出于这些因素的考虑，监管者会严格限制银行的资本结构，要求其必须拥有某一最低规模的权益资金。

为了理解为什么银行以其现有的方式选择资本结构，以及为什么监管者要施加资本充足限制，首先要问的是：对于银行来说，是否存在私人最优资本结构，也就是说，一个什么样的债务和权益组合可以使银行的总价值最大化？当然，这是公司金融学学生非常熟悉的经典的资本结构问题。因此，从莫迪利亚尼和米勒（1958）的杠杆不相关性定理在银行业适用性的讨论开始是合适的。然后我们会讨论关于M&M定理适用性的常见谬误，也就是说，有时人们会用一些错误的理由来说明M&M定理不适用于银行业。然后我们将讨论当M&M定理的关键假设不成立时的资本结构理论，借以构建银行的最优资本结构。随后，我们将讨论对于银行而言为什么私人最优资本要比社会最优资本更少。接下来我们会讨论一些关于银行资本、银行贷款和银行价值之间关系的实证证据。

本章以不同的方式总结了银行业中资本的定义和银行业监管中的资本测度方法。另外，本章还提供了很多例子来表明银行业中的资本结构问题与公司财务理论中的处理方法存在较大的差异。

13.1 M&M定理适用于银行吗？消除一些谬论

在1995年一篇名为《M&M定理适用于银行吗？》的论文中，默顿·米勒提供了两个关键词的摘要：是和不是。他在论文的开头部分阐述了银行家的一个普遍观点：银行业中的权益资本成本太高，要求银行筹集资本来满足更高的资本充足要求，将减少银行业中的股东的价值，同时减少银行贷款。论文开篇简明扼要地总结了他对这个问题的看法：⊖

"当坐在我旁边的银行家抱怨利润丰厚的贷款机会被那些受到资本约束的银行放弃时，我打断他并问道，'那么，为什么它们不筹集更多的资本呢？'他说，'它们做不到，资本太贵了。它们的股票仅能以账面价值的50%出售。''账面价值与权益资本成本之间没有任何关系，'我回应道，'这只是市场表达我们给了它们1美元，它们却成功地把它变成了50美分这句话的方式而已。'"

米勒的总体结论是，对于银行来说，要求它们在运营过程中保持更高的资本不会给银行业带来任何伤害，因为更高的资本会提供额外的安全性，而作为对安全性提高的一种回应，银行资本的（权益）成本将会下降。换句话说，米勒认为，银行业中权益资本的成本过高是因为其权益资本太低了。米勒说：⊖

"事实上，人们经常告诉我，他们可以很容易地设想一家拥有95%的存款和5%的权益的银行，但他们无法设想一家拥有5%的存款和95%的权益的银行。好吧，我肯定能设想出来。之所以这样的设想对某些人来说很难，仅仅是因为这些人把权益资本成本看成是一个固定的数值。但问题是，权益资本成本并不是一个固定的数值，它是一个函数，而函数的值

⊖ 见 Miller（1995）。

⊖ 见 Miller（1995）。

则取决于公司盈利性资产的风险和公司资本结构的杠杆水平。"

米勒接着谈到，对于银行来说，监管层面的存款保险和"太大而不能倒闭"的安全网会鼓励银行保持不足的资本水平，进而从监管者保护自身利益的角度来说资本充足要求是必要的——这一点就像银行要求自己的借款人保持足够的净资产一样。⊖

有很多人并不赞同米勒对这个问题的观点。常常有人会认为，M&M定理明显不适用于银行业，因为银行业在许多方面都偏离了M&M定理成立的必要假定。这一点可能是真实的。尽管如此，从现代金融的基础性支柱之一——M&M资本结构定理开始，并论证这个定理无法适用于银行业所给出的多个理由是否经得起严格的审视显然也是很重要的。在这样做的过程中，至关重要的一点是，首先需要消除与银行资本成本为什么非常高和M&M定理不适用相关的一些谬误。⊜

谬误1：资本是银行必须放置在一旁的钱，不能用于借贷，因此，银行资本充足要求的提高会减少银行贷款。

银行一般会受到两种监管要求的约束：准备金要求和资本充足要求。准备金要求本质上是一种流动性要求，它要求银行以现金（或存放在中央银行的存款）的形式保持其资金的一部分。⊜准备金要求还包括银行自愿持有的额外的现金储备缓冲，以应对存款提取和再融资（展期）风险。这样，准备金要求的直接影响就是，我们能在银行资产负债表的资产部分看到现金的持有，这部分现金的确是被套牢了，进而无法贷出。

资本充足要求就完全不同了，它与银行资金来源组合中的权益资本占总资产的份额有关。这样，（约束性）资本充足要求的直接影响体现为银行资产负债表中负债端持有的权益资本的多少。与现金储备不同，权益资本可直接投资于高风险贷款，就像银行使用的其他任何融资形式一样。也就是说，权益并不直接约束银行的投资。实际上，没有人能在资产负债表上画箭头，进而说明某一特定资产就是通过某一特定负债来提供资金的，换句话说，银行的整个融资组合（包括所有权益和负债）被用来支持整个资产组合。从这个意义上讲，银行的权益和它的负债或存款之间并不存在任何差异，因为从这些来源筹集的所有资金都被汇集起来，用于为银行资产负债表的资产部分提供融资。这样，权益不会通过某种方式将潜在的可贷资金冻结固定，进而减少放贷。

谬误2：银行必须要有高杠杆，因为存款是银行业务中的一种生产要素。

银行有别于非金融性公司的地方在于，银行负债的很大一部分是以存款形式存在的，而存款是银行提供的金融中介业务中必不可少的一部分。举个例子，存款是银行流动性创造业务不可分割的一部分。银行还提供基于存款的各种交易和相关业务。⊜因此，就像牛奶是制作奶酪的一种生产要素一样，存款也是银行生产产品过程中的一种生产要素。也就是说，存款既是银行的负债，又是其要素投入。这样，有人认为，银行业的高杠杆是其生产过程固有

⊖ Miller（1995）提道："实际上，模仿是如此接近，以至于当银行家抱怨资本充足要求时，我忍不住要笑了，因为我知道他们总是会对向其申请贷款的借款人施加更为严格的资本要求。"

⊜ 以下讨论来自Thakor（2014）。在Admati和Hellwig（2013）的著作中，他们也对与银行资本有关的常见的神话或谬误进行了广泛的讨论。也可以参见Berlin（2011）的评论。

⊜ 准备金要求的存在通常是针对存款的。

⊜ 这里可能存在互补性。比如，存款账户的交易服务可以在借贷中提供信息上的好处（Mester等，2007）。

的，进而没有高杠杆的金融机构就不是真正意义上的银行。

虽然这种说法表面上看似乎很有道理，但这种推理在很大程度上是不正确的。银行的确为存款人提供了宝贵的流动性和交易服务，但这产生了利润。这就是为什么银行愿意为吸收存款而投入资源来建立分支机构，并愿意支付一定的溢价从其他银行购买核心存款或分支机构。但是这些存款和借助存款产生的利润并不是无限的。因此，想象银行已经以对其成本有利的方式筹集了所有的核心存款。现在它的杠杆率达到了一个特定的水平。如果有人希望银行拥有更多的资本，那么他需要做的所有事情就是要求银行在其资产负债表上投入一定数量的权益资本，以达到预期的杠杆率。当然，银行的投资机会可能没有这么多，以至于可以全额使用其所有的资本和存款，而这会导致银行积累部分资金。但在这种情形下，银行能将其闲置资金（贷款机会已经耗尽之后未被使用的资金）投资于净现值为零的可交易证券。⊖这样，要求更多的权益资本并没有约束存款业务，进而银行可以被要求以权益资本的方式为自己提供足够的资金，最终达到被审慎监管认为有效的水平。⊜

谬误3：存款的成本比权益资本更低，因此更高的资本会迫使银行依赖更昂贵的融资，从而减少银行的价值。

随便问任何一位银行家，他都会告诉你，银行为存款支付的利率远低于银行股东所要求的收益率。因此，有人认为，如果我们使银行的规模保持不变，同时提高银行资本，银行就会被迫使用更昂贵的权益资本来代替存款，进而会使银行价值降低。

尽管银行存款成本低于权益成本这一点是对的，但较高的权益资本会导致银行价值降低这一推理所得的结论是不正确的。考虑下面一个例子。⊜考虑两家银行，A 和 B，每家银行都有 100 美元的贷款组合，且无杠杆权益资本成本为 10%，存款成本为 5%。不存在税收。假设银行 A 通过 10 美元的权益资本和 90 美元的存款来融资，银行 B 通过 20 美元的权益资本和 80 美元的存款来融资。假定每家银行每年都从贷款中赚取 10% 的收益，这一收益率也是评估贷款现金流时的适当的风险调整贴现率。所有现金流都是永续性的。利用与银行的无杠杆资本成本和杠杆资本成本相关的公司融资公式，可以得出银行 A 和银行 B 的杠杆权益

⊖ 不受约束的零净现值投资机会的可得性这一假设在金融理论中非常普遍，也是资本预算中净现值规则这一基本估值方法的核心所在。可交易证券的无套利均衡定价也暗示银行对这些证券所支付的款项应该等于这一证券未来现金流的现值——零净现值投资。在银行业的背景中，这种分析无法成立的机制之一是银行的资本结构会直接影响银行的现金流或资产价值，正如 Calomiris 和 Kahn（1991）或 Diamond 和 Rajan（2000）分析的那样。

⊜ 换句话说，之所以银行的杠杆会由于有利可图的存款而变得非常高，不应该简单地理解为是因为人们假定银行存在一个任意的固定规模，进而排除了银行拥有更多的权益资本的可能性这一假设。这里应该有一个更为微妙的论证过程。DeAngelo 和 Stulz（2015）提出了一种不同的分析思路，解释了银行为什么具有高杠杆，以及为什么要求银行在资产负债表内持有权益资本可能会带来社会成本。他们的分析建立在流动性创造基础之上。也就是说，这是众多放宽了 M&M（1958）假设的论文中的一篇，说明了为什么银行具有高杠杆是一种最优选择。

⊜ 这个例子取自 Mehran 和 Thakor（2011）。

资本成本分别为55%和30%。⊖银行A和银行B权益的市场价值分别是10美元和20美元。这样，用权益的市场价值减去权益的账面价值（投资资本）来衡量银行股东的净现值，银行A是10-10=0美元，银行B是20-20=0美元。此外，在每种情况下，银行的总价值都是100美元。股东喜欢银行A的资本结构的程度既不会超过也不会少于银行B。

如果在这个例子中，无杠杆权益成本与贷款利率相同，那么结果也没有任何差异。再如，如果贷款收益率被设定得更高了，结论也是相同的。

那些声称这一说法是正确的人所犯的关键错误在于，他们并没有意识到，将权益资本注入银行会降低所有未投保资金来源的成本，从而使银行的总价值（以及银行股东的净现值）保持不变。正如我们之前引用默顿的论述那样，向银行注入权益降低了其权益资本成本。当然，在资本结构已经改变的时候，我们的银行规模保持不变，与存款相关的利润并不存在这个假定仍然成立。如果有人想引入这种利润，比如债务税盾补贴，那么他会立即选择一个最优资本结构，也就是像莫迪利亚尼和米勒（1963）认为的那样，完全由债务构成的角点解。这是来自公司财务的一个旧洞见，适用于所有的公司，当然也包括银行。但是，正如之前所显示的那样，如果获得存款是有利可图的，那么我们就应该假定这些利润能够被全部获得，这时再把与意愿权益资本相等的权益资本加上去，而不用担心这一思维实验中固定银行规模的条件。

谬误4：银行业日益上升的权益资本会降低银行的净资产收益率，进而减少银行业股东的价值和银行贷款。

这里有多个断言，因此我们依次设法解决它们。首先，当其他情况不变时，银行资本比率的上升（或杠杆率的降低）会导致其净资产收益率（ROE）下降这一点从数学角度看，的确是事实。但是，在一个没有税收的世界中，由于杠杆率下降所导致的净资产收益率下降并不会影响银行股东的价值。理由是银行净资产收益率的下降会伴随着股东要求的净资产收益率的下降。之所以会这样，是因为当更多的权益被注入银行时，银行股东的风险下降了。资本增加会导致银行股东的价值下降的唯一途径是当存在税收且银行规模固定时用权益资本代替了债务。这与莫迪利亚尼和米勒（1963）关于债务税盾的观点是类似的，所以就这一论点而言，银行并没有什么特别之处。学术界提出了多个论据来表明当各种摩擦（如Jensen和Meckling（1976）提出的代理成本）被引入时，全债务杠杆并非最优资本结构。这一点也是众所周知的，且适用于所有的公司。

最后一个观点认为，如果银行被要求持有更多的资本，那么更高的资本会导致净资产收益率降低，从而银行就会减少贷款的发放。设想银行将净资产收益率的目标定为20%。之

⊖ 这一公式来自M&M定理，也就是说

$$r_e = r_u + (r_u - r_d)(1-T)(D/V_s)$$

式中，r_e是杠杆化的权益资本成本；r_u是无杠杆时的权益资本成本；r_d是债券的（税前）成本；T是税率；D/V_s是以市场价值测度的债务/权益比率，也就是说，V_s是银行权益的市场价值（即股票价格 × 发行在外的股票的数量）。这样，对于银行A而言，有

$$r_e = 0.10 + (0.10-0.05)(D/V_s)$$

由于$V_s = (r_L L - r_D D)/r_e$，$r_L$是贷款利率，我们有$V_s = [(0.10 \times 100) - (0.05 \times 90)]/r_e = 5.5/r_e$，将这一结果代入$r_e$中的表达式可以得到：$r_e = 0.10 + 0.05 \times (90 r_e / 5.5)$，也就是说$r_e = 55\%$。对于银行B，我们也可以类似地得到$r_e$。

所以银行必须把净资产收益率设定在这个水平上,是因为银行股东所要求的收益率就是这么多。比如,当权益资本为 4% 时,银行的贷款组合使银行能提供这一收益率。但如果银行现在被要求持有 8% 的资本,那么在贷款定价、存款的融资成本和其他变量保持不变的情况下,它只能获得一个较低的净资产收益率。为了获得初始的 20% 或更高的净资产收益率,银行需要持有一个具有更高的平均贷款利率的贷款组合。给定与以前一样的投资机会,对于在资本结构中有更多的权益资本的银行而言,赚取相同的净资产收益率的唯一途径就是清除其贷款组合中收益率较低的部分。这相应地减小了银行的贷款规模。

上述这种推理是错的。⊖ 为了了解原因,我们回到这样一个事实,那就是银行的净资产收益率目标不能被视为固定不变。如果银行的资本比率从 4% 上升到 8%,那么银行股东所要求的回报率也会降低到 20% 以下。在没有税收影响的情况下,银行没有理由为了应对更高的资本要求而减少贷款的发放。如果银行的贷款政策有任何变化,那么最可能出现的情况是银行会增加放贷,因为拥有更高资本的银行会认为自己不太容易受到风险的影响,进而有可能将部分现金转变为贷款。确切地说,有较高资本的银行可能在银行间市场获得更高的流动性,而这将使其在更低的现金储备基础上运作。

13.2 银行资本结构理论

关于银行资本结构存在两组理论,而这些理论做出了差异性很大的预测。

13.2.1 理论 1:银行业中的高杠杆率是必不可少的

这个理论是我们在第 12 章中详细讨论过的。它认为与银行存款相关联的序贯服务约束(更一般地说,拥有与资产相比期限更短的存款负债)导致了银行市场纪律约束。这个理论认为,这种纪律约束无法通过权益来体现。由此,为了拥有适当的市场纪律约束,并制造经济运行所必需的流动性,银行必须是高度杠杆化的。由于这个理论承认高杠杆率会让银行变得脆弱和容易受到挤兑的影响,所以它建议在银行稳定性与银行流动性创造和借贷之间进行权衡。

13.2.2 理论 2:银行需要有更多的资本

这个视角的理论强调了银行资本的积极作用。这些理论可以分为两大类。第一类理论历史相对要久远一些,这些理论已得到认可,主要建立在 Jensen 和 Meckling(1976)关于银行业存在资产置换道德风险问题的认识之上,因为权益代表了针对银行总资产的一种看涨期权,进而通过投资风险更高的资产就可以增加看涨期权的价值。有了足够高的杠杆率,银行甚至可以选择净现值为负的风险投资。为了应对这种道德风险,银行可能需要拥有足够高规模的资本。大量的模型把这个观点作为它们的核心。⊜

银行业需要更多有形的权益资本来限制资本不足的银行过度承担风险的行为这一观点在 20 世纪 80 年代非常流行,尤其是在美国储蓄贷款协会危机爆发之后。这一理念也是许多具

⊖ Admati 等(2013)提供了关于银行资本成本分析中存在许多谬误的宽泛讨论。

⊜ 例如,可以参见 Admati 和 Hellwig(2013)关于债务过剩的分析。也可以参见 Furlong 和 Keely(1989)、Merton(1977)以及 Bhattacharya 等(1988)的综述。

有里程碑意义的监管改革的核心，如 1987 年的《巴塞尔协议 Ⅰ》、1989 年的《金融机构和监管改革法案》以及 1991 年的《联邦存款保险公司改进法》。

第二类（也是最近的）理论运用了不同的论据来强调银行业中资本的价值。这个观点认为，较高的资本为银行提供了更强的监控借款人的动机。⊖ 这不仅改善了借款人的融资条款和银行信贷的可得性，也提高了其通过非银行渠道进行融资的能力，因为这些融资者也将得益于银行监控导致的借款人信贷质量的改善。此外，银行的权益资本不仅可以强化银行的监控动机，而且提高了银行的生存概率，进而增加了关系型贷款的价值，产生了进一步强化银行监控动机的正反馈效果。

像较早的资产替代道德风险理论所强调的那样，这些基于监控的银行资本结构理论加强了银行资本促进金融系统稳定性的观点。除非有理由表明，银行的权益资本比银行债务要更昂贵，否则银行就应该持有尽可能多的权益资本。

当然，由于债务的利息支付可作为应纳税收入的抵减项，所以债务融资为银行提供了一种税收优势。这就在权益的监控收益和债务的税收收益之间产生了权衡，进而为银行创造了一个最优的资本结构。这会在下面的例 13-1 中进行阐述。

例 13-1

设想存在一家银行，这家银行可以在 $t=0$ 时发放 100 美元的贷款。这笔贷款在 $t=1$ 时可以偿还。贷款主要为借款人可以投资的一个项目进行融资。借款人可以从三个相互排斥的项目中进行选择：G、N 和 n，每一个项目都需要在 $t=0$ 时投资 100 美元，并在 $t=1$ 时产生一个随机的收益。项目 G 的收益有 0.9 的概率为 150 美元，有 0.1 的概率没有收益；项目 N 和 n 的收益为 150 美元的概率均为 0.6，没有收益的概率均为 0.4。项目 N 可以给借款人带来一笔（无法在合约中显示的）10 美元的私人收益。这些私人收益可以被视为借款人可以消费的先决条件，这种条件与给定的项目或银行无法控制/防止的项目现金流转移有关。

银行可以监控借款人的项目选择，但要花费 6 美元的成本。这一成本可以理解为银行在监控借款人的项目选择时所付出的各种非货币形态的努力，以货币等价表示的数值。银行监控可以阻止借款人选择项目 N，但无法阻止其选择 n。也就是说，即便银行进行了监控，借款人仍然可以在项目 G 和项目 n 之间进行选择，而且银行并没有能力观察到借款人究竟选择了其中哪个项目。

银行可以以存款和权益组合的形式来筹集贷款所需的资金。为了简化起见，假设银行所有的权益都是"内部权益"，也就是说，权益资金完全是由那些承担贷款监控成本的银行管理层提供的。存款人无法观察到银行是否监控了贷款。

无风险利率为 1%。每个人都是风险中性的，所以无论是股东还是存款人，都要求 1% 的预期收益。银行具有相对的稀缺性，因此它可以向借款人收取任何它想收取的利率水平。银行在 $t=1$ 时的净收入面临 30% 的税率。为了简化起见，假设存款人和借款人无须支付税收。⊜ 对于银行而言，它可以获得任何它想得到的存款规模，只要存款人被保证得到 1% 的预期收益。类似地，银行可以根据需要提供足够的内部权益资金，只要银行的股东被确保得

⊖ 见 Holmstron 和 Tirole（1997）。

⊜ 这个例子是对 Holmstrom 和 Tirole（1997）提出的理论模型的说明。

到 1% 的预期收益。

这时银行的资本结构应该如何设计呢？

解：

我们通过 4 个步骤来解决这一问题。

步骤 1

一开始的时候，我们可以注意到，对于想获得 100 美元银行贷款的借款人而言，只有项目 G 可以得到融资支持。之所以会这样，是因为项目 G 的预期收益现值为 $0.9 \times 150/1.01$，这个数值要比初始投资额 100 美元大。也就是说，项目 G 具有足够大的价值，使其在财务上具有可行性。至于项目 N 和项目 n，从银行的角度看，它从项目中可以得到的最大偿付额为 150 美元，因此贷款的最大期望现值为

$$0.6 \times 150/1.01 < 100 \tag{13-1}$$

这意味着银行通过提供贷款所能收取的收益现值要低于初始贷款的发放额。

步骤 2

接下来我们计算借款人可以提供的"有担保的偿付金额"。"有担保的偿付金额"指的是借款人向银行做出的可以确保清偿的贷款的最大支付额。我们设这一金额为 L。这时，L 应该可以从下式求出

$$0.9 \times (150-L) = 0.6 \times (150-L) + 6 \tag{13-2}$$

为了理解式（13-2），注意式子的左边是借款人选择项目 G 时所能获得的预期收益，而右边则是借款人选择项目 n（即便银行进行了监控，它也不能阻止借款人选择这个项目）时所能获得的预期收益。注意式（13-2）的右边包含 6，也就是借款人选择项目 n 时所能获得的私人收益。任何超过 L 的贷款偿付金额将会使式（13-2）右边的数值大于左边的数值，进而使借款人偏好于选择项目 n 而不是项目 G。我们知道这样做在财务上是不具有可行性的，因为在这种情况下，没有银行会发放贷款。这样，L 就是借款人最大的贷款偿付金额或有担保的偿付金额。求解式（13-2），可以得到 $L=130$ 美元。

步骤 3

这里我们检验并核实一下，如果银行不进行贷款监控，借款人会偏好于选择项目 N，而不是项目 G。也就是说，如果借款人被给予一笔偿付金额为 130 美元的贷款，这时他投资于项目 G 的预期收益为

$$0.9 \times (150-130) = 18 (美元)$$

而他投资于项目 N 的预期收益为

$$0.6 \times (150-130) + 10 = 22 (美元)$$

所以借款人倾向于选择项目 N，但我们知道银行永远不会为项目 N 提供资金支持。因此，如果银行发放了贷款，它会发现进行监控是有利可图的。

步骤 4

我们注意到，由于债务在支出中存在税盾效应，银行希望选择与满足契约设计中的激励兼容和问题的参与约束相一致的最大杠杆。我们从这一点开始分析。这样，对于银行而言，在监控借款人仍有利可图的情况下，利用存款为贷款提供融资的最大金额是多少？设 D 为这个存款水平。这时为了在 $t=0$ 时筹集到 D，银行必须向那些未投保的存款人承诺在 $t=1$ 时

支付一笔金额为 $D\times 1.01/0.9$ 的款项，因为这笔存款的预期现值为

$$0.9/1.01\times(D\times 1.01/0.9)=D \quad (13\text{-}3)$$

在式（13-3）中，我们将 $D\times 1.01/0.9$ 这个预期价值乘以还款概率 0.9，然后将其按照 1% 的无风险利率贴现。

这样，D 就可以通过下式进行求解

$$0.9\times(130-D\times 1.01/0.9)\times(1-0.3)-6\geqslant 0.6\times(130-D\times 1.01/0.9)(1-0.3) \quad (13\text{-}4)$$

式（13-4）的左边为银行税前的预期收益，也就是

$$0.9\times(130-D\times 1.01/0.9)$$

借款人向银行偿付贷款本息（130 美元）的概率是 0.9，而在这种情况下，银行向存款人支付的款项是 $D\times 1.01/0.9$。如果借款人违约，那么在有限责任制度的约束下，银行也无法向存款人支付任何款项。在借款人有能力清偿贷款本息这种状况中，税前收入乘以（1-0.3）（这里 0.3 是税率）是为了得到银行的净收入。6 美元的监控成本（来确保项目 G 被选择）则要从银行的净收入中扣除。

式（13-4）的右边为如果银行不进行监控进而项目 N 被借款人选择时银行的净收入。求解（取等号时的）式（13-4），可以得到 D 的最大数值为 90.38 美元。

如果 D 大于 90.38 美元，式（13-4）右边的数值会超过左边的值，这时银行会选择不进行贷款监控。

这意味着银行的最优资本结构将是 9.62 美元的权益（从账面价值的角度看就是 9.63% 的资本比率）和 90.38 美元的存款。这时存款人的预期收益率恰好为 1%。借款人的净现值为

$$0.9\times(150-130)/1.01=17.82（美元）$$

银行股东享有的净现值为

$$0.9\times(130-90.38\times 1.01/0.9)\times(1-0.3)-6=12（美元）$$

这个例子向我们展示了如何通过确保银行有足够的资本，并使资本符合银行的最佳利益，在监控借款人方面发挥作用，从而得到一个最优的银行资本结构。在这个例子中，最关键的一点是存款是无担保的，进而不存在政府对银行进行救助的可能性，因此存款的定价准确地反映了风险。如果违反了这些条件中的任何一个，存款定价对银行风险将变得不具有敏感性，银行私底下的最优资本结构也将涉及更高的杠杆率。事实上，这些政府安全网可能为银行为什么比非金融公司具有更高的杠杆率提供了最好的解释。

尽管这些基于监控的理论解释了更高的资本是如何降低银行破产的风险的，但很多研究也显示，较高的银行资本会降低银行业的融资 / 流动性风险。这是由于资本状况更好的银行在应对意料之外的低利润或其他减少资产净值的冲击时，其面临的以甩卖价倾销资产的压力要低得多。⊖之所以会这样，是因为它们有更多的资本缓冲来应对这些冲击。减少资产低价甩卖情况的发生就意味着市场流动性风险的降低，因为正是资产的低价甩卖，才导致银行资产价值的下降，并由此降低了银行的借贷或获取流动性的能力。最近的理论还指出，银行业

⊖ 当一个行业中的很多公司同时出售资产时就会出现甩卖，而甩卖会导致资产价格呈现螺旋式下降。参见第 14 章中关于这一点的更多分析。关于甩卖功能的综述见 Shleifer 和 Vishny（2011）。

高资本的另一个优势是它会导致由个别银行倒闭所引发的传染性风险降低。㊀

13.3 银行资本、银行贷款和银行价值的实证证据

关于银行资本对借贷活动的影响，债务约束理论预测，更高水平的银行资本会减少银行贷款；相反，基于监控的理论则预测，较高的银行资本会导致更多的贷款。实证证据似乎支持基于监控的理论的预测，虽然校准这些（潜在的）效果极具挑战性。

我们从关于银行的资本水平如何影响银行贷款的实证证据的简要讨论开始吧。总的来说，由于很难实现需求和供给效应之间的有意义的分离，所以建立因果联系是一项艰巨的任务。但是，也有少数几篇论文采用了巧妙的识别策略来建立因果联系。比如，有篇论文考察了当1989～1992年因日本股市急剧下跌而导致日本银行的资本水平下降时，这些银行在美国的分支机构的借贷活动受到了哪些影响。㊁结果发现，这些美国分支机构发放的贷款出现了明显的下降。基于这项以及其他类似的研究，我们可以发现，当银行资本经历了负面的外部冲击时，银行会减少贷款。而借款的减少则会破坏银行与其借款人之间的关系，因为这些关系依赖于借款人持续获得银行信贷。研究显示，在金融危机时期，拥有较多资本的银行能够更有效地行使其关系型贷款的功能。㊂

银行资本对银行的流动性创造会产生什么影响呢？一项包括资产负债表和表外项目的全面的银行流动性创造指标的研究报告发现，对于美国绝大部分以美元计值的流动性创造而言，更高的资本会导致更大的流动性创造。㊃也就是说，对于大型银行（这些银行在美国经济中创造了大部分的流动性（81%））而言，资本与流动性创造之间的关系是正的。

还有实证证据表明，较高的资本可以强化银行的竞争性地位，进而使其获得相对于拥有较低资本的同行的优势，借此在存贷款市场上获得更快的发展。此外，更高的资本也允许银行在金融危机期间获得市场份额。㊄现在我们转向银行资本和银行价值之间的关系。令人惊讶的是，目前关于这个问题只有少量的研究。但有一个例外，最近完成的研究构建了理论模型，并对其进行了验证。㊅这个模型的理论预测如下：①在横截面数据研究中，总银行价值和银行权益资本具有正相关性；②在并购背景中，银行价值的不同构成部分也与银行资本具有正相关性。研究的实证检验部分为这些预测提供了强有力的支持。实证结果与基于监控的观点中银行的作用分析（这也是这项研究的理论特色）是一致的，并且相对于各种替代性的

㊀ 见 Acharya 和 Thakor（2015），他们提出了一个模型，在这个模型中，一家银行破产使得其他银行的债权人推断出他们银行的资产价值也恶化了，由此导致了其他银行的破产。他们表明如果银行增加它们的权益资本，这种传染的可能性就会降低。

㊁ 见 Peek 和 Rosengren（1997）。

㊂ 见 Bolton 等（2014）。

㊃ 见 Berger 和 Bouwman（2011）。

㊄ Calomiris 和 Powell（2001）发现，在20世纪90年代的阿根廷，资本强化了银行吸收存款的能力。Calorniris 和 Mason（2003）发现，在大萧条期间，美国的银行也有类似的现象。Calomiris 和 Wilson（2004）在对20世纪二三十年代纽约银行的一项研究中发现，在高风险贷款市场中具有更高资本的银行享有竞争优势。也可以见 Berger 和 Bouwman（2013）。

㊅ 见 Mehran 和 Thakor（2011）。

解释变量——增长前景，渴望获得持有头寸，资金匮乏的收购方渴望购买资本充足的目标，营销时机，优先次序，以及具有约束性资本要求的银行的效果，实证结果也是稳健的。

这样，较高的银行资本似乎与较高的贷款、较高的流动性和较高的银行价值是有关系的。尽管如此，金融机构似乎对保持较高水平的资本较为抵触，进而忙于各种"监管套利"，也就是从事一些资本需求较低的业务活动。⊖它们为什么会这样做，我们将在 13.4 节中提及。

13.4　为什么银行会表现出对高杠杆的偏好

我们在 13.3 节中的讨论似乎表明，银行应自愿保持高资本水平，从而避免监管资本充足要求的必要性。但情况并不是这样。正如前面指出的那样，银行不仅具有很高的杠杆率，而且它们似乎还利用每一个机会来降低其在资产负债表上持有的权益数额。本节将讨论这种行为的可能原因。

（1）税收优惠。所有公司都能从债务的使用中获利，因为在公司层面，债务利息是可以抵税的，而向股东支付的股利却不可以。莫迪利亚尼和米勒甚至认为这将使公司选择完全债务（和一股股票）资本结构的角点解。但对于银行而言，债务的税收优势甚至更具吸引力，因为银行有一些不需要纳税的竞争者（如信用合作社）。因此，为了与这些免税收的竞争者更有效地开展竞争，银行采用高杠杆率来最小化其税收支出。

（2）过度债务。当公司拥有较高水平的债务时，它可能会放弃净现值为正的项目，而不是通过权益的发行来为这些项目融资，因为这么做会降低权益价值。之所以如此，是因为一旦选择了这个项目，项目产生的大多数收益都归属债券持有人，同时可能使权益价值减少。⊖考虑例 13-2。

例 13-2

设想一家公司基于过去的借款需要向债券持有人偿付 70 美元的本息。当前它拥有的项目的期末收益为 100 美元的概率是 0.5，没有收益的概率为 0.5。现在设想公司可以投资 20 美元，使项目的期末收益确定性地变为 75 美元。这是一个净现值为正的投资。然而，在投资之前，权益的价值是 $0.5 \times (100-70) = 15$ 美元。如果股东将 20 美元（以权益的形式筹集）投入该项目，权益价值将为 $75-70=5$ 美元。鉴于这一数值明显低于 15 美元，因此股东不愿意这么做。

如果债券持有人同意将对他们的偿付减少到 50 美元，并额外提供实现 75 美元的确定性收益所需的 20 美元，那么股东就会愿意将这 20 美元用于投资，以实现确定的收益。这是因为权益的价值在这两种情况下是相等的，均为

⊖ Becker 和 Opp（2013）从这个角度检验了一项新近出现的变化（持有住房抵押贷款支持证券的保险公司资本充足比率计算的变化）的经济效应。这一变化用政府付费、太平洋投资管理公司和黑石集团给出的风险评级代替了信用评级。他们发现，评级的替换导致了总体上资本充足要求的显著下降，进而判断推动这一监管改革的是保险行业的利益，而不是金融稳定方面的担忧。

⊖ 见 Myers（1977）。

$$0.5 \times (100-50) = 75-50 = 25 \text{（美元）}$$

但债券持有人的预期收益现在由

$$0.5 \times 70 = 35 \text{（美元）}$$

减少到了

$$50-20 = 30 \text{（美元）}$$

（3）高管薪酬导致的净资产收益率（ROE）偏好。许多银行高管的薪酬是基于净资产收益率，以及与其他银行相比的净资产收益率。在实践中，净资产收益率目标通常不会根据银行资本随时间的变化而调整，只要它满足资本监管要求和银行自己的目标利率。这鼓励了高杠杆率。⊖

（4）政府安全网。正如我们之前所看到的那样，存款保险中看跌期权的价值随着银行资本的增加而减少。因此，对于银行而言，如果不针对额外的风险收取相应的存款保险费，那么银行会有提高杠杆进而提高其期权价值的动机。其他政府安全网，比如救助，也会带来类似的动机。

13.5 银行资本和监管

到目前为止，我们并未对银行资本和银行权益进行区分。"资本"这个词指的是银行的负债端，就像权益一样，它是银行资金来源的一部分。总的来说，虽然资本的范围要比权益更宽泛一些，但它们之间的一个相似之处在于，它们都代表一个可创造"制动距离"的缓冲，进而保持了存款机构的生存能力和向存款人偿付的能力。也就是说，资本大体上为存款人提供了一个安全缓冲。

尽管如此，银行资本并不完全等价于银行权益。虽然权益是资本的一部分，但某些类型的混合和次级债务形式的融资来源也被纳入一些监管资本的界定之中。国际清算银行（BIS）——协调确定所有在《巴塞尔协议》中签字的国家的资本标准的机构——区分了核心一级、一级、二级和三级资本来源。核心一级资本代表最为严格的资本界定——它指的是账面普通股权益（实收资本和留存收益），也就是说，任何一家非金融性公司都会考虑其资本（权益）。它被设想"在不触发清算的情况下，在持续经营的基础上支持损失"⊖，并应该无条件地吸收风险，且对企业而言永久性地存在。一级资本的范围要比核心一级资本更宽一些，因为某些其他金融工具可以被包括在内。

关于监管资本的所有其他界定在某种意义上都要更宽泛一些，因为它们允许更多的银行融资来源被计算为资本，进而对核心一级资本的直接解释和损失吸收特性进行了折中。举个例子，除普通股之外，一级资本还包括非累积性且不可赎回的优先股。层次越高的资本，允

⊖ 注意，这一分析是遵循标准的公司财务理论展开的，也就是杠杆的增加会导致银行预期净资产收益率的上升。然而，这种现象不应被解读为为股东创造价值，因为股东所要求的最低预期收益也会上升，以反映更高的杠杆率给股东带来的更高的财务风险。但是，银行股东似乎通常对于这类使净资产收益率上升的策略非常认可。与之前的过度负债观点不同的一个解释是，在经营状况良好的时候，风险没有完全反映在价格中，而且被低估了（Boot, 2014；Thakor, 2015）。

⊖ 见 BIS, 2006。

许越多的融资来源被纳入其中。除了普通股和优先股之外，二级资本允许某些类型的（债务和权益）混合资本工具和长期（也就是说期限足够长）次级债务的纳入，同时也认识到"长期次级债务工具作为资本的构成要素存在很多缺陷，因为次级长期债务有固定的存续期，以及除清算之外无力吸收亏损。这些缺陷使我们有理由对有资格列入资本基础中的债务性资本的规模设置额外的限制"。三级资本——作为《巴塞尔协议Ⅱ》的一部分而被引入的一个概念，则指的是那些有助于吸收银行在外汇风险和大宗商品上风险敞口的项目。除了包含在二级资本中的项目之外，三级资本还包括某些短期的次级债务。

之所以可以划分这些不同的资本类别，原因之一是银行监管机构以两种不同的方式看待资本。一种方式是将其作为一种融资来源，资本可以增强银行偿债的概率。从这个角度看，银行需要更多作为剩余索偿权的资本，也就是说，资本来自那些不能强迫银行陷入资不抵债状态的融资者。这是"真实的"资本——普通股。这类资本可用于吸收损失，而不会危及银行的偿债能力。监管机构看待资本的另一种方式是它应该有助于保护存款保险基金。从这一点来看，所需要的就是资本的求偿等级要劣于存款，而这为将许多求偿等级劣于存款的工具纳入资本提供了理由。

2007～2009年金融危机之后，资本规则已经进一步收紧。这场危机将那些非权益资本的不足暴露了出来——从某种意义上说，当对偿付能力的关注上升到足够高的水平时，债务融资者可能会逃离银行。用规则制定者特有的语言来表达，可以得出的结论是"资本质量"必须得到提高，而这意味着应该存在更多的"真实的"资本。⊖

银行监管资本与人们对非金融性公司资本的看法不同的第二个方面是用于资本比率测度中资产界定的"可变性"。与非金融性公司不同，这些公司在计算资本比率时，可以简单地使用总净资产的账面价值，而在计算银行的资本比率时通常要使用"风险加权"资产。也就是说，"风险权重"被用来调整资产的价值，以反映资产的风险差异。在这种方式下，银行的消费贷款（非住房抵押贷款）可以被赋予100%的风险权重，因此，1美元这种资产在计算分母时被算作1美元，而其他一些资产，比如主权政府债券，则可能会被赋予零风险权重，进而在计算资本充足率时，这笔资产就从资产基数中消失了。虽然有些风险很高的资产被赋予超过100%的风险权重，但绝大多数资产的风险权重都落在0到100%之间，所以对资产进行风险加权的总体效果是减少了分母（资产），从而提高了计算出来的银行资本充足比率。换句话说，计算基于风险的资本的实际作用使得资本比率要比通过其他方式计算出来的看上去更高一些。2007～2009年的金融危机导致了对这种实务操作的重新评估，从某种意义上说，监管者已经认定，基于风险的资本比率不能作为审慎监管所跟踪的唯一比率。这样，监管者今天也关注不基于风险加权资产的（互补的）资本比率，也就是所谓的"杠杆率"。从我们对非金融公司的资本的认识来看，我们对这一比率是非常熟悉的：它是账面权益资本与总资产的比率。

⊖ 这就是所谓的2006年规则（BIS，2006）的《巴塞尔协议Ⅲ》修正案（BIS，2011）。2006年规则被称为《巴塞尔协议Ⅱ》。两者之间的主要区别在于，一级资本变得更为严格，在一段过渡期之后，一级资本从本质上将变为具有完全损失吸收能力的"真实的"资本，同时，三级资本（即相对短期的次级债务）被放弃了。

13.6 结论

本章探讨了银行如何实现最优资本结构的问题。我们的出发点是莫迪利亚尼和米勒（M&M）的资本结构无关定理是否适用于银行，以及如果不适用的话，这个定理的哪些假定被违背了。在这一讨论中，我们消除了一些常见的谬误，这些谬误经常被用于（错误地）论证 M&M 理论不适用于银行业。

在此基础上，我们提出了两个可以产生相反的预测的银行资本结构理论：债务约束理论认为，银行业拥有更高的杠杆率（进而拥有较少的资本）有利于促进银行借贷和流动性创造；而监控理论则认为，银行拥有更多的资本（进而拥有更低的杠杆率）有利于促进银行借贷和流动性创造。实证证据似乎支持监控理论。在很大程度上，拥有更高资本的银行发放的贷款更多，创造了更多的流动性，更具有竞争性，面临更低的破产和流动性风险，在金融危机的冲击中生存的可能性更高，价值也更高。这些发现对于公共政策而言是一个好消息，因为资本化程度更高的银行也导致了更高的银行稳定性。

然而，银行的私人动机会朝着维持较低的资本水平这一方向运行。即使不考虑存款保险和救助安全网的因素，对于银行而言，高杠杆率也存在税收优势，正如包含税收的 M&M 理论，银行也希望最大化存款融资，因为这将会使它们的加权平均资本成本最小化。⊖ 然而，使它们避免向这个极端方向发展的原因是，资本的存在对于诱使银行去监控它们的（关系）借款人至关重要，进而足够的资本必须存在于银行的资本结构之中，以此来支持银行良好的借贷决策和良好的贷后行为。⊖ 换句话说，在银行的定价过程中，资本既影响分子（现金流），也影响分母（资本成本）。此外，在通常情况下，银行的私人动机并没有考虑银行资本过少导致的系统脆弱性所造成的社会外部性。正如我们讨论的那样，监管机构通过制定各种各样的监管资本比率来应对银行保持低资本水平的倾向，其中一些监管资本比率与在公司融资中非金融公司的资本比率之间存在显著差异。我们会在第 15 章和第 16 章回答这些问题。

专业术语

bank capital 银行资本 一般被认为是普通股本。《巴塞尔协议Ⅲ》对"一级"资本的定义主要包括普通股和一些符合要求的优先股。

BIS 国际清算银行 国际资本监管的协调机构。

leverage ratio 杠杆率 在公司财务中，杠杆率通常被定义为公司的负债/总资产。在银行监管中，恰恰相反，杠杆率表示为权益/总资产。

capital requirements 资本充足要求 银行监管机构要求银行以权益资本的形式持有其部分资产。监管资本还允许某些类型的非权益债权被计入资本。此外，在计算资本比率时，对资产的衡量是根据资产风险（基于风险权重）进行了调整。

subordinated debt 次级债务 这是银行持有的无担保债务，即债券。这种债务优先于股本（当然）次于存款。

⊖ 从公共政策的角度来看，这一点意味着如果政策的目标是鼓励银行持有更多的权益资本，那么税法就应该被修改，以减少相对债务而言权益的税收劣势。Schepens（2014）发现，当比利时在 2006 年这么做的时候，银行的反应是增加了它们的资本比率。

⊖ 那些被用于抵消这一点进而驱使银行拥有更高的杠杆率的因素是存款保险（正如 Merton（1977）所显示的那样）和政府救助产生的效应。

复习题

1. 关于银行业中资本的作用,常见的谬误有哪些?这些谬误是错的吗?
2. M&M资本结构无关定理适用于银行业吗?为什么是或者为什么不是?
3. 关于银行资本结构的两个主要理论是什么?根据实证证据对每个理论做出评价。
4. 为什么银行的杠杆率比非金融企业要高得多?
5. 假设银行可以在 $t=0$ 时发放120美元的贷款。贷款将在 $t=1$ 时偿付,并为借款人可以投资的项目融资。借款人可以从3个相互排斥的项目中进行选择:G、N和n,每个项目在 $t=0$ 时的初始投资额都为120美元,并在 $t=1$ 时产生随机的收益。项目G以0.8的概率得到200美元的收益,0.2的概率没有收益。项目N和n都以0.5的概率得到200美元的收益,有0.5的概率没有收益。项目N为借款人提供了15美元的私人收益。银行可以选择以12美元的成本监控借款人的项目选择。然而,银行监控只能防止借款人选择项目N,而不能防止借款人选择项目n。

银行可以通过存款和权益的组合为贷款提供资金。为简化起见,如例13-1,假定银行权益都是"内部权益"。存款人不能观察到银行是否对贷款进行了监控。

假定无风险利率为2%,所有经济主体都是风险中性的。银行是相对稀缺的,因此它可以向借款人收取任何它想要的利率。为简单起见,假定 $t=1$ 时只有银行的净收入按30%的税率征税。只要对存款者承诺的预期收益率为2%,银行就可以得到相当数量的存款。类似地,只要对股东承诺的预期收益率至少为2%,银行就可以根据需要提供任何数量的内部权益。银行的资本结构应该是什么?

第七部分 PART 7

金融危机

第14章

2007～2009年的金融危机与其他金融危机

"在关于这场危机的分析中,我在向金融危机调查委员会提交的证词中,对其触发因素和内在脆弱性之间的区别进行了说明。危机的触发因素是指触发了2007～2009年金融危机的一些特殊事件或因素(也可以理解为最接近的原因,如果你这么想的话)。次级抵押贷款市场的发展是触发危机最重要的一个因素。相比之下,内在脆弱性指的是在金融体系内部和监管领域存在的结构性和更为基础的缺陷,而这些缺陷对初期冲击起到了传播和放大作用。"

本·伯南克(Ben Bernanke),2012年4月13日[一]

引言

2007～2009年的金融危机被普遍认为是自20世纪30年代大萧条以来最为严重的一场金融危机。[二]这场危机使全球金融体系处于全盘崩溃的威胁之中,导致许多大型金融机构被迫接受来自各个国家的政府救助,造成了股价大幅下跌。由于危机导致许多银行撤出了信贷市场,所以在危机发生之后,公司借款人只能接受规模更小、价格更高的贷款,同时,消费贷款也下降了,相应地,实体部门的投资也更低了。[三]面向消费者和公司的贷款下降,也导致了失业率的上升。[四]在美国,雷曼兄弟公司这家具有158年历史、业务覆盖全球的投资银行申请了破产,与此同时,在美国资产证券化市场具有举足轻重地位的两家规模庞大的政府支持企业——房利美和房地美与保险业巨头美国国际集团(AIG)也寻求政府的救助,美联银行(Wachovia,美国规模第四大的银行)则被花旗集团收购。作为对这些事件的反应,金融市场变得高度动荡,道琼斯工业平均指数在2008年9月29日经历了最大的单日跌幅。随着伦敦银行同业拆借利率(LIBOR)和3个月国库券汇率之间的利差(市场也称为TED利

[一] 见本·伯南克"关于危机及其政策应对的一些反思",在拉塞尔塞奇基金会上发表的演讲,以及关于"重新思考金融"这个主题的世纪基金会会议,纽约,2012年4月13日。也可以参见Bernanke(2010)。
[二] 本章的材料主要来自Thakor关于2007～2009年金融危机的综述。
[三] 见Campello等(2011)、Gorton和Metrick(2012)、Santos(2011)。
[四] Halfenhof(2014)发现,消费者信贷的减少是失业率上升的一个主要驱动因素,这会导致消费者购买力的下降,进而其对产品和服务的需求也会下降。

差)直线上升(见图 14-1,可以理解为市场对交易对手风险日益上升的担忧),^㊀投资者的信心急剧下降,信贷渠道显著收紧。

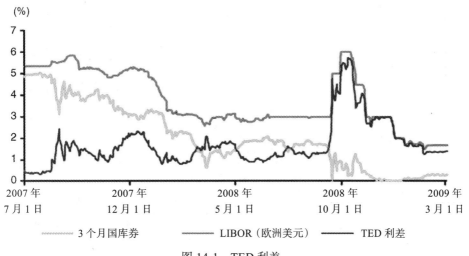

图 14-1 TED 利差

资料来源:美联储和 Marshall(2009)。

达拉斯联邦储备银行估计这次金融危机造成的成本约为美国 1 年产出的 40%~90%,为 6 万亿~14 万亿美元,相当于每一个美国家庭损失 5 万~12 万美元。^㊁即使是这些令人难以置信的损失估计规模,看起来也可能过于保守了。如果把人力资本和未来工资收入的现值包括在内,这次危机所导致的美国财富的损失可能高达 15 万亿~30 万亿美元,或者是 2007 年美国产出的 100%~190%。^㊂表 14-1 提供了对于不同维度的危机成本的估计值,图 14-2 显示,产出的反弹比之前商业周期中的表现要弱得多。

表 14-1 危机成本的不同维度

	收入损失成本		国家创伤成本和机会损失	异乎寻常的政府支持
	根据产出路径	根据总财富(隐含消费路径)		
2012 年(万亿美元)	6~14	15~30	14 以上	12~13
占 2007 年产出的百分比	40~90	100~190	90 以上	80~85

资料来源:Atkinson 等(2013)。

危机的后果是美国国会通过了《多德-弗兰克法案》。这是一项内容极为庞杂的立法,旨在全面地改变美国金融体系的监管架构。众多的监管变革在欧洲也得到深入的思考和实施。在本章中,我们首先描述和分析这场金融危机。然后,我们对危机中的主要事件以及事件发生的时间进行概述。随后,我们集中于事件的因果关系,旨在揭示造成危机的原因,解释对危机成因的大致共识所在,以及我们仍然有不同意见的地方,进而对危机的现实经济效应进行讨论。在此基础上,我们简要介绍监管部门对危机的反应,并对这些反应进行评估。然后,我们将讨论一些其他国家发生的危机,并将其与美国进行比较。最后是对本章的总结。

㊀ 见 Marshall(2009)。想了解这些事件具体细节的描述,见 Brunnermeier(2009)。

㊁ 见 Atkinson 等(2013)。

㊂ 这些估计由 Atkinson 等(2013)提供。

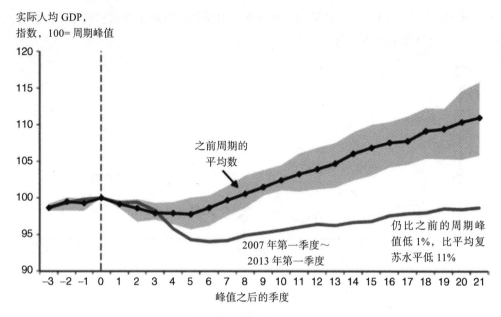

图 14-2 金融危机之前和之后的实际人均 GDP

注：灰色区域显示了自 1960 年以来主要经济衰退的波动范围，不包括持续期较短的 1980 年的衰退。
资料来源：经济分析局、人口普查局和 Atkinson 等（2013）。

14.1 发生了什么

2007～2009 年金融危机的爆发紧随始于 2006 年夏季并一直持续到 2007 年的一次信贷紧缩。绝大多数人都同意，危机根源于美国的房地产市场。那些导致危机期间房地产价格泡沫破裂的因素将在本章的后面部分讨论。2007 年年初，当房地美宣布不再购买高风险住房抵押贷款，以及新世纪金融公司（一家向高风险借款人发放住房抵押贷款的牵头机构）向法院提交破产申请的时候，危机的初始征兆就已经浮现出来了。这些事件的发展加剧了投资者对住房抵押贷款的信贷风险和持有这些贷款的金融机构偿付能力的担忧。这些事件发生的时间和由此导致的效应在表 14-2 中进行了总结。

表 14-2 金融危机主要事件时间轴

2007	
1～7 月	次级住房抵押贷款承销商 Ownit 住房抵押贷款清算公司和新世纪金融公司申请破产。信用评级机构大幅下调住房抵押贷款支持证券的信用评级。德国国有开发银行（KfW）这家德国政府拥有的投资银行支持德国产业投资银行（IKB）
8 月	住房抵押贷款和信用市场中的问题蔓延到银行同业市场。回购交易抵押品的折扣率上升；资产支持商业票据的发行者无法滚动发行其现有的票据；法国大型投资基金冻结赎回
8 月 17 日	美国次级抵押贷款的发行者——国家金融服务公司发生了挤兑
9 月 9 日	北岩银行这家英国银行出现了挤兑
12 月 15 日	花旗银行宣布将 7 个结构化投资载体纳入资产负债表，金额为 490 亿美元
12 月	美国国民经济调查局随后宣称，12 月将是经济周期的顶部
2008	
3 月 11 日	美联储宣布创造定期证券借贷便利，以促进流动性

(续)

2008	
3月16日	JP摩根大通同意在美联储的支持下购买贝尔斯登公司，美联储宣布创建一级交易商信贷便利
6月4日	穆迪和标准普尔公司下调了单一保险商MBIA和AMBAC的信用评级
7月11日	因迪美（IndyMac）倒闭，并由政府接管
7月15日	美国证券交易委员会发布一个指令，禁止金融性股票的裸卖空行为
9月7日	美联储接管了房地美和房利美
9月15日	雷曼兄弟申请破产
9月16日	Reserve Primary Fund（一家货币市场基金）"跌破1美元"，导致针对货币市场基金的挤兑，美联储向AIG贷款850亿美元，避免其破产
9月19日	美国财政部宣布为货币市场共同基金提供临时担保，美联储宣布了资产支持商业票据货币市场共同基金流动性便利
9月25日	华盛顿互惠这家美国规模最大的储蓄贷款机构（拥有3 000亿美元的资产）被当局控制
10月	金融危机蔓延到欧洲
10月3日	美国国会批准了问题资产救助计划，授权支出7 000亿美元
10月8日	美国、英国、加拿大、瑞典、瑞士的中央银行和欧洲中央银行一致下调利率，来救助世界经济
10月13日	主要的中央银行宣布向美国美元基金提供无额度限制的流动性；欧洲政府宣布整个系统的银行再注资计划
10月14日	美国财政部向9家主要银行投资了2 500亿美元
2009	
5月	监管资本评估项目（压力测试）的结果公布
6月	美国国民经济研究局相应地宣称，6月将是商业周期最困难的时期
10月	失业率飙升到峰值10%

资料来源：改编自Gorton和Metrick（2012）。

这种不断上升的关于清偿能力的担忧导致投资者从各类金融机构中撤出资金。根据大多数人的看法，这场危机始于2007年8月，那时，随着投资者从之前被认为非常安全的多个市场中大规模地提取短期资金，回购交易中的"折扣率"陡然上升，同时，资产支持商业票据的发行人普遍经历了融资困境，无法再通过现存票据的展期来获得资金。⊖

之所以2007年期间影子银行体系中的短期融资市场面临着巨大的压力，是因为当时美国房地产价格出现了急剧的下跌。这导致信用评级机构在2007年中期下调了资产支持金融工具的信用评级。从2007年第三季度到2008年第二季度，1.9万亿美元的住房抵押贷款支持证券收到了信用评级的降级通知，反映了评级机构对更高风险的评估。这给投资者带来了巨大冲击。⊜ 这种状况在导致信贷市场继续收紧的同时，也迫使美联储通过开放短期借贷便利（定期证券借贷便利，TSLF）和旨在出售住房抵押贷款相关金融产品的拍卖活动来提供救济。但由于资产价格持续下降，这些措施未能防止损失进一步增加。

⊖ 见Gorton和Metrick（2012）。回购的"折扣率"指的是相对于在回购交易中充当抵押品的证券的市场价值而言的一个折现，在回购交易中，借款人必须接受这样的折扣率（相对于其以抵押品为基础能够借到的资金而言）。

⊜ 正如《商业周刊》在2007年10月1日的《评级降级的结构性分析》中的报道："在一个日历年度内，债券的评级从最高的AAA降至较低的CCC的概率仅仅是万分之一。"Benmelech和Dlugosz（2009）发现，住房抵押贷款支持证券平均下降了5~6个信用等级，显著高于公司债券评级下降的平均水平。也可以参见Marshall（2009）。

2008年年初，这种市场压力开始以机构倒闭的形式显现出来。美国国家金融服务公司这家住房抵押贷款机构在2008年1月被美国银行收购。2008年3月，美国第六大投资银行贝尔斯登由于住房抵押贷款支持证券的价格暴跌所导致的巨额投资损失而无法实施短期融资的展期操作。贝尔斯登的股价在危机发生之前的52周内曾达到的高点是每股133.20美元，但随着它在对冲基金和其他业务领域的亏损不断被曝光，股票价格经历了自由落体式的下降。JP摩根大通向贝尔斯登的所有现有股东提供的初始报价是每股2美元。在美联储以提供一揽子财务援助计划的方式介入之后，交易最终达成的价格是每股10美元。随着美国最大的住房抵押贷款机构因迪美的破产（该机构被美国政府接管），问题继续发酵。随后，房利美和房地美这两家拥有5.1万亿美元的住房抵押贷款机构披露了极为明显的财务困境，并在2008年9月被政府接管。

接下来的一次主要市场恐慌发生在2008年9月15日雷曼兄弟按照《破产法》第11章的规定向法院提交申请之际。这时雷曼兄弟已没有能力筹集必需的资金来承销它那些已被信用降级的证券。同一天，美国国际集团，作为信用违约互换领域的一家牵头保险公司，收到政府救助的850亿美元，因为它当时已面临严重的流动性危机。第二天，多米诺骨牌继续被推翻，Reserve Primary Fund这家货币市场基金"跌破1美元"，也就是其每股净值低于1美元。这导致了针对货币市场基金的挤兑。银行同业拆借利率大幅上涨。

市场状况还在持续恶化。2008年9月25日，华盛顿互惠银行（一家规模非常大的储蓄贷款机构）被FDIC接管，其大部分资产被转让给了JP摩根大通。10月，危机已经蔓延到了欧洲，迫使全球各地的中央银行相互合作，宣布协调性地降息，并做出向市场提供无限流动性的承诺。但是，越来越多的人认识到，此次事件可能是一场清偿能力不足的危机，进而银行需要拥有更高水平的权益资本来应对这场危机。美国政府提供了所需的部分资本。到10月中旬，美国财政部已向9家主要银行投入了2 500亿美元的资本金。

危机一直持续到2009年。2009年10月，美国的失业率已达到10%。表14-2提供了关于这些事件的简单概况。

14.2 原因和影响：危机的原因及实际影响

虽然人们对这场危机发生的原因存在一些共识，但专家们对于事件因果链中的许多联系仍然存在意见分歧。我们首先提供一个引发危机的事件链的图形描述，然后对链条中的每个环节进行讨论（见图14-3）。

14.2.1 外部因素

在与金融危机相关的大量专著和论文中，不同的作者提出了危机发生之前的各种各样的因素，正是这些因素制造了一个等待被点燃的火药桶。⊖关于这些因素哪些是最重要的，则没有达成共识，我们将按顺序对它们逐一进行讨论。

⊖ Lo（2012）对学者和记者撰写的关于危机的21本专著进行了优异且简要的总结和批评。

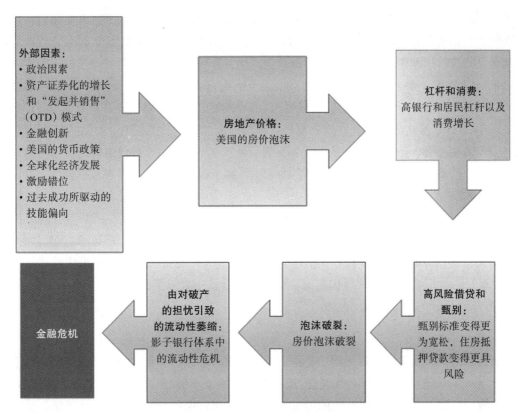

图 14-3 危机爆发之前的事件链

1. 政治因素

有些人指出,政治因素在埋下这场危机的种子方面发挥了重要作用。一种观点认为,因教育体系的结构性缺陷所造成的社会不同阶层教育可得性的不平衡导致了美国经济不平等现象的扩大。㊀ 来自民主党和共和党这两个党派的政治家们都认为,自有住房比率的扩大可以作为解决这一日益扩大的财富不平等现象的一种途径,因此采取立法措施以及其他激励措施,使银行通过放宽承销标准,向更广泛的借款人发放住房抵押贷款。这导致了高风险住房抵押贷款的出现。㊁ 住房需求的高涨推高了房价,进而导致了房地产价格泡沫。

与政治因素有关的另一种不同的观点则把危机归咎于政治意识形态驱使的管制放松进程。这种观点认为,20 世纪 80 年代的管制放松创造了强大的大型金融机构,而这些机构拥有显著的政治影响力,可以阻止未来的监管。㊂ 这种"监管俘获"造就了一个以监管不足和政府与大型银行之间关系暧昧为特征的倾向于导致危机的金融体系。

2. 资产证券化的增长和"发起并销售"(OTD)模式

有人意识到,与美国政府扩大住房所有权的意愿相伴随出现的以"宽松货币"为特征的

㊀ 见 Rajan(2010)关于事件链的分析。

㊁ 其中一项措施涉及 20 世纪 90 年代中期《社区再投资法案》(CRA)的强化。Agarwal、Benmelech、Bergman 和 Seru(2012)提供的证据表明,CAR 导致了银行业风险贷款的增加。他们发现围绕着 CRA 核查的 6 个季度中,每个季度的借贷平均增加了 5%,而这些季度的贷款违约率高出 15% 左右。

㊂ 这一观点可以参见 Johnson 和 Kwak(2010)。

货币政策进一步鼓励了银行放宽贷款发放的标准。特别地，一项针对欧元区和美国银行贷款标准的实证研究发现，（由"宽松货币"货币政策导致的）较低水平的短期利率导致针对家庭和企业的贷款标准更为宽松。此外，资产证券化、薄弱的银行资本监管和长时间的宽松货币政策等因素进一步放大了借贷标准的宽松。⊖因此，这些条件使银行发现，在危机爆发之前的一段时期，通过不断地扩大住房抵押贷款的规模可以为其带来丰厚的利润。实证证据进一步表明，OTD 模式鼓励银行发放规模日益增加的高风险贷款的同时，导致银行甄别贷款的努力程度要显著弱于当这些贷款被保留在银行账面时的情形。⊜银行出售贷款倾向的一个标准偏差，已被证明可以将违约率提高约 0.45%。鉴于通常情况下违约率水平较低，这代表违约率总体增加了 32%。⊜

这些发展导致流入房地产市场的信贷规模大幅增加，进而使更多的消费者有能力购买住房。贷款的发起规模（新发行的贷款）从 1990 年的 5 000 亿美元上升到了 2007 年的 2.4 万亿美元，但在 2008 年上半年又下降到了 9 000 亿美元。住房抵押贷款存量规模在同一时期从 2.6 万亿美元增加到 11.3 万亿美元。住房抵押贷款中次级贷款所占的份额从 1995 年的 8.7% 上升到了 2005 年的峰值 13.5%。㉔

3. 金融创新

许多金融危机爆发之前都出现了金融创新，而这些金融创新往往与银行业的高杠杆率以及由此导致的资产价格泡沫相伴而行。这场金融危机也不例外。㉕在危机爆发之前的 20 余年间，我们目睹了金融创新爆炸式的增长。之所以会出现这种现象，部分原因可能是金融市场的竞争性非常强，进而金融机构已经很难单纯地利用标准化的金融产品（也就是那些所有人对其收益分布具有共识的产品）来赚取较高的边际利润。这就鼓励它们不断寻找新的金融产品，尤其是那些人们对其信用可靠性看法不一致的产品。这种共识的缺乏在限制这些产品市场竞争性的同时，也允许参与提供这些产品的金融机构（至少在一段时间里）获得较高的利润。

这些金融创新中有相当一部分给社会带来了巨大的利益。但很多创新也内在地具有更高的风险。之所以会这样，是因为不仅竞争对手可能对这些产品是否可靠存在异议，提供这些产品的金融机构的融资者们也可能存在这种意见分歧。当这种情况出现时，对于创新者而言，其短期资金将无法通过展期来获得，融资危机也就随之而来。在危机爆发前借助资产证券化所创造出来的全新资产支持证券的爆发式增长，为这场危机的到来创造了非常理想的环境。㉖

⊖ 见 Maddaloni 和 Peydro（2011）。正如我们在资产证券化那一章所看到的，OTD 模式使放宽信贷标准、较少投资于甄别进而发放高风险贷款对于银行而言变得成本较低。

⊜ 见 Keys 等（2010）。

⊜ 关于这一点的证据，见 Purnanandam（2011）。

㉔ 截至 2009 年年初，美国房地产市场的估值约为 19.3 万亿美元。见 Barth、Li、Lu、Phumiwasana 和 Yago（2009）。

㉕ 见 Reinhart 和 Rogoff（2008，2009）。

㉖ 这一观点可参见 Thakor（2012）。一个有些不同但相关的解释是，金融创新常常涉及被投资者忽视的"极端风险"，进而导致对高风险证券的过度需求。当投资者意识到这些风险的存在时，他们会抛售这些证券，让金融机构来持有这些证券，并最终导致危机的提前到来。见 Gennaioli 等（2012）对这一观点的分析。

4. 美国的货币政策

很多人认为，美联储采取的宽松货币政策（尤其是在危机爆发前的六七年间）是价格暴涨和随后的崩溃（进而导致这场危机）的主要促成因素之一。这种观点认为，货币政策在2001～2007年期间过于"宽松"，因为在这一时期，政策确定的实际利率要远远低于历史经验所建议的政策应采取的利率水平（见图14-4）。

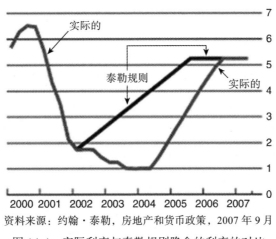

图14-4 实际利率与泰勒规则隐含的利率的对比

资料来源：Chart from The Economist, October 18, 2007。

这些不同寻常的低利率，作为美联储货币政策选择的一部分，被认为应该对加速房地产市场繁荣并最终导致房地产行业崩溃承担主要责任。现有的研究也支持这一观点。一项用于估计利率与房地产市场之间实证关系的回归表明，2001～2007年期间，利率下降与房地产市场繁荣呈现很高的正相关性。此外，一项旨在考察处于反事实情形中会发生什么情况的模拟性研究显示，如果美联储继续遵循如图14-5所示的泰勒规则⊖决定的利率政策，我们就不会看到与已发生的规模相同的房地产市场繁荣。⊜当然，如果房地产繁荣没有出现，也就不会有泡沫破裂，进而也不会有危机了。

类似的情况也出现在欧洲，由于通货膨胀和GDP的差异，各国偏离泰勒规则的程度各不相同（见图14-6）。与泰勒规则确定的利率偏离最大的国家是西班牙，进而如果用房地产投资占GDP比重的变化这一指标来测度的话，西班牙出现了最大规模的房地产市场繁荣。相对而言，奥地利偏离泰勒规则的程度最小，进而也经历了房地产投资占GDP比重的最小幅度的变化。

⊖ 泰勒规则是一种货币政策规则，这一规则规定了为应对通货膨胀率、产出和其他经济状况的变化，中央银行应如何调整名义利率。特别地，这一规则（归功于斯坦福大学经济学家约翰·B.泰勒）规定，通货膨胀率每上升1%，中央银行就应该把名义利率提高超过1%来进行应对。

⊜ 见Taylor（2009）的研究。

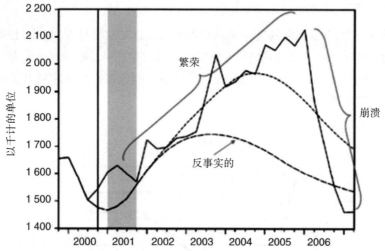

图 14-5 危机之前繁荣时期和泰勒规则约束下（反事实）的房地产建设状况

资料来源：Taylor（2009）。

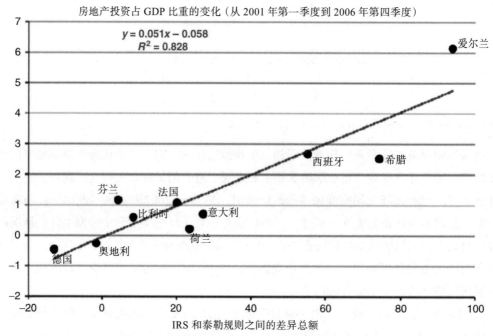

图 14-6 欧洲地区房地产投资与偏离泰勒规则情况的对比

资料来源：Taylor（2009）。

看起来为了实施宽松的货币政策，中央银行之间存在一定的国际协调。很明显，欧洲中央银行利率决策的很大一部分可以通过美联储利率决策的影响来予以解释。⊖

5. 全球化经济发展

一些人指出，全球化经济发展也是促成这场危机的因素。⊜在过去的 20 年里，新兴市场国家（最突出的是中国）占全球 GDP 的比例不断上升。财富的日益增长使这些国家积累

⊖ 为了了解细节，可参见 Taylor（2009）。
⊜ 这里的讨论部分是基于 Jagannathan 等（2013）的工作。

了大量的储蓄，而缺乏广泛的社会安全网意味着这些国家中的个人有强烈的动机紧紧握住储蓄，而不是通过沉溺于更高的国内消费来减少储蓄。相反，这些储蓄者试图投资于安全的资产，进而导致大量的资金涌入美国，这些资金被投资于银行债务、AAA级住房抵押贷款支持证券等资产。再加上美国大约在同一时期实施的宽松货币政策，这些因素共同作用的结果是使流入美国和西欧的流动性（资金）达到了一个非常高的水平。这导致了非常低的住房抵押贷款利率，如图14-7所示。

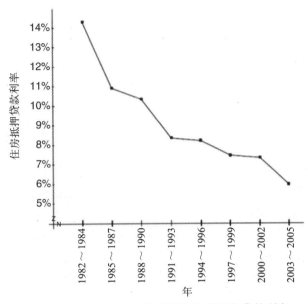

图14-7 1982～2005年年平均住房抵押贷款利率

资料来源：Holt（2009）。

流动性泛滥通常会导致通货膨胀的增加，因为有更多的钱可用于购买商品和服务。然而，新兴市场经济体的崛起意味着西方的跨国公司可能把采购、制造和各种后台支持服务转移到那些劳动力成本较低的国家。因此，西方发达国家的核心通货膨胀率维持在较低的水平，并没有向中央银行发出停止宽松货币政策的信号。此外，涌入的大量"热钱"流向了房地产市场，进而导致住房需求的增加，并推高了房价。

6. 激励错位

很多人认为激励错位也在造成金融危机方面发挥了作用。这种观点的分析如下。金融机构，尤其是那些认为自己是"太大而不能倒闭"的金融机构会承担过多的风险，因为对于它们而言，不仅存在存款保险等形式的法理上的安全网保护，而且还有因为监管层不愿让这些机构破产导致的事实上的安全网保护。㊀监管机构与纳税人之间的动机不一致所导致的监管机构放松监管允许这种风险承担行为的存在。㊁此外，"被误导"的政治家们过分信任不受管制的市场的优越性，这也促成了这类活动。这也是美国政府金融危机调查委员会（FCIC）提交的报告的核心观点。㊂

㊀ 见Bebchuk和Fried（2010），Litan和Bailey（2009）。

㊁ 比如，可参见Boot和Thakor（1993），Kane（1990）和Barth等（2012）。

㊂ 这份报告宣称，行业参与者和政府监管机构看到了危机即将来临的信号，但选择了忽视这些信号。它指责美联储过于支持行业增长性目标，比如，引用美联储理事爱德华·格莱姆利克在2004年的讲话："我们希望鼓励次贷市场的增长。"也可以参见Johnson和Kwak（2010），Stiglitz（2010）。

这种冒险活动是银行采取的激进式增长战略的一部分。这意味着银行有意愿大幅度增加其住房抵押贷款规模。这种融资规模的增长也成为推高住房价格的另外一个促进因素。

7. 过去成功所驱动的技能偏向

虽然激励错位显然在这场危机中起到了一定的作用，正如它们在以前的金融危机中所表现的一样，但它们并不能解释整个事件的进程，对于2007～2009年的这场金融危机而言更是如此。特别地，最近的这场危机发生在金融部门经历了很长时期的高利润和增长之后，且在那段美好的时间里，几乎没有任何一家信用评级机构、监管机构和金融体系的债权人这些所谓的金融体系"看门狗"对危机的出现和严重性提出任何警告。⊖这表明，除了激励错位之外，其他有可能是互补的因素也起了作用，最终导致了危机的爆发。

造成危机的一个主要驱动因素也许是，危机爆发之前的长期成功使每个人都高度相信银行家所具有的风险管理技能。⊖为了了解这个因素是如何导致金融危机爆发的概率变得更高的，想象一下更高的贷款违约概率在很大程度上受到管理信用风险的银行家技能的影响，并且单纯地由运气或银行家控制之外的因素导致违约的可能性很小。最初的时候，银行发放相当安全的贷款，因为风险较高（进而利润也更高）的贷款被银行的融资者视为风险过高而无法接受。现在，如果随着时间的推移这些贷款都成功地得到了偿付，那么每个人就可能提高他们对银行管理（信贷）风险能力的评价，即使贷款组合表现良好可能仅仅是因为运气好。在这种情况下，由于投资者对银行家技能的判断提升了，这些高风险的贷款就变得风险相对较低，银行就有可能为这些高风险的贷款提供资金。如果这些贷款还能够成功偿还，那么具有更高风险的贷款就会得到资金的支持。这样一来，银行承担的风险继续上升，却没有人对即将到来的危机发出警告。

当然，即使是低概率事件（所谓的"黑天鹅"），有时也可能会发生。这样，投资者最终有可能发现自己处于一种他们认为结果纯粹依赖运气的状态。当这种情况发生时，投资者的信念将陡然反转，回到之前的状况。在他们以前的信念中，由于只有相对安全的贷款才能得到融资，所以，对银行风险管理能力信念的突然下滑会导致投资者提取那些被提供给突然被视为"过度冒险"项目的资金。根据这一理论的预测，正是在出现足够长时期的高盈利、低贷款违约状况的时候，银行的风险承担活动会增加，仅当事前的违约概率被认为足够低的时候，金融危机才会发生。

14.2.2 房地产价格

由于上述所讨论的各种因素，美国的房地产价格在危机发生之前，尤其是在1998～2005年期间经历了显著的上升。1987～2005年期间，凯斯-席勒住房价格指数翻了一番以上，且很大一部分升值出现在1998年之后，如图14-8所示。

⊖ 事实上，国际货币基金组织独立评估办公室的报告指出："在经历了十几年的良性经济运行和低宏观经济波动之后，市场中存在持续的乐观主义情绪，这一标题消息不过是其中之一罢了。那种认为金融市场非常稳健，进而大型金融机构可以经受任何可能出现的问题的信念，降低了其对处理风险的紧迫性判断，对于可能出现的严重负面后果也是如此。"2004～2007年期间，也就是危机爆发之前的几年间，国际货币基金组织报告称，个别金融机构非常稳健。国际货币基金组织独立评估办公室继续批评国际货币基金组织未能对冲击和金融体系的脆弱性发出警告。

⊖ 这里的推理分析是基于Boot（2005）的工作。

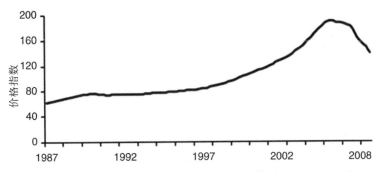

图 14-8 标准普尔/凯斯-席勒住房价格指数（1978～2008）

资料来源：标准普尔/凯斯-席勒住房价格指数，标准普尔公司，Marshall（2009）。

能够进一步证明存在房地产价格泡沫的实证证据来自这样一个观察，即大概从 1999 年开始，房地产价格与租金成本的比率出现了显著的上升，如图 14-9 所示。[⊖]

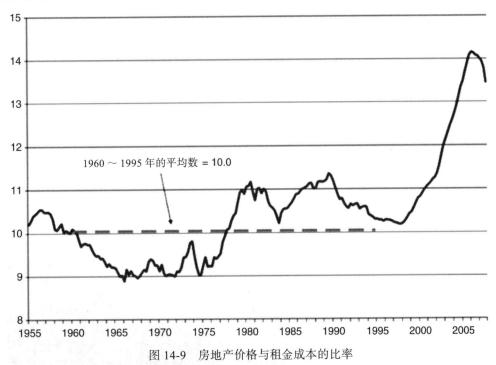

图 14-9 房地产价格与租金成本的比率

资料来源：美国联邦储备委员会，资金流量表；经济分析局，全国收入和产品账户，Cecchetti（2008）。

14.2.3 杠杆和消费

房地产价格泡沫促使个人消费大幅增加。身处低税收、低利率、宽松的信贷、日益扩张的政府服务、廉价的消费品和房价上涨的环境中的美国家庭感到变得更为富足，于是开始了一场消费盛宴，导致个人储蓄率自大萧条以来首次下降到 2% 以下。这一时期美国家庭消费的增长非常惊人。1980～1999 年期间，人均消费以每年 1 994 美元的速度稳步增长，随后从 2001 年到 2007 年，每年增长约 2 849 美元，如图 14-10 所示。[⊜]

⊖ 见 Cecchetti（2008）。

⊜ 见 Jagannathan 等（2013）。

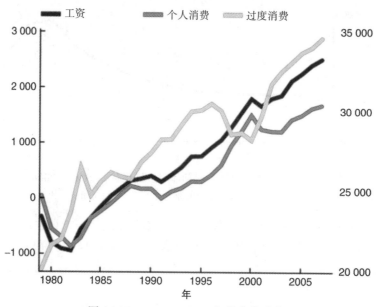

图 14-10 1978～2008 年的人均消费

注：所有数字是以每个家庭的 1980 年美元测算。
资料来源：Jagannathan 等（2013）。

有些更高的消费是通过不断上升的房价所支持的更高的借款融资实现的。事实上，将房地产财富转化为消费的最简单的方法是依赖住房不断增加的净值来借款。随着个人住房价值的上涨，住房抵押贷款增长得更快。图 14-11 显示了这一现象——住房净值从 1995 年占住房价值的 58% 下降到 2007 年占住房价值的 52%。⊖

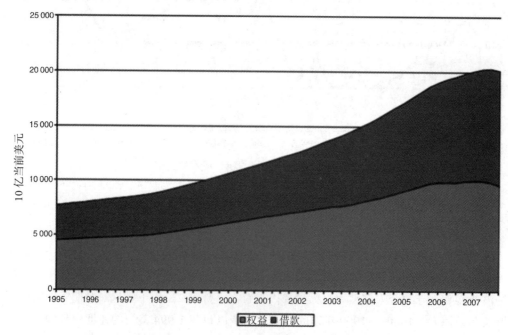

图 14-11 家庭不动产中权益和借款的演变

资料来源：美联储资金流量表和 Cecchetti（2008）。

⊖ 见 Cecchetti（2008）。

房地产价格泡沫导致消费者杠杆上升，这在即将到来的危机中发挥了重要作用。利用详细的邮政编码层面的数据进行的一项实证研究表明，危机期间抵押贷款的违约率在次级抵押贷款集中的邮政编码区域（或者说自 1996 年以来，次级贷款借款人所占的比例相对较高的邮政编码区域）出现了极为显著的上升。㊀研究显示，2002～2005 年期间，虽然次级抵押贷款集中的邮政编码区域的很多街区的收入增长出现了显著下降（有些地区甚至出现了绝对的收入下降），这些地区的住房抵押贷款却经历了前所未有的增长。该研究还指出，这种情况之所以非同寻常，是因为 2002～2005 年是过去十几年里个人收入和抵押贷款增长出现负相关的唯一一段时期。㊁换句话说，只有在那段时间里，人们在其收入下降时才会更多地去借钱。

促使这种态势进一步恶化的是，消费者杠杆的增长主要是由那些可能拥有最低处理能力的主体所导致的，同时还伴随着金融机构（尤其是那些被证实处于危机中心的影子银行体系中的金融机构）的杠杆率的上升。杠杆率上升使得这些金融机构变得更为脆弱，进而与其不处于这样一种资本短缺的状况时相比，它们更没有能力来处理消费者的住房抵押贷款违约和 MBS 价格迅猛下滑所引发的问题。

14.2.4 高风险借贷和甄别

在资产证券化一章中，我们讨论了一些实证证据来说明资产证券化可能会弱化银行甄别借款人的动机。另外，还有证据显示，在次级（被证券化了的）住房抵押贷款市场迅猛发展期间，市场质量出现显著下降，贷款人似乎也意识到了这一点。㊂特别地，如果以贷款绩效来衡量其质量的话，那么在危机爆发之前的连续 6 年里贷款质量出现了持续的恶化，并且即便对信用评级、债务水平、贷款额度和证明其能够还贷的能力这样的借款人特征差异，产品类型、摊销期限、贷款额度和抵押贷款利率等贷款特征差异，以及房价涨幅、街区收入水平和失业率变化等宏观经济条件差异进行调整之后，这种质量恶化现象在统计上也是显著的。贷款人似乎已经意识到，贷款的违约风险日益增加这样一个事实可以通过危机爆发之前的近 10 年里贷款人向借款人收取的利率越来越高得到证实。由于贷款的质量也有类似的下降（如更高的贷款价值比率），10 年之前发放贷款的利率上调幅度要低于最近 10 年里的贷款利率调整幅度。这样，即便贷款人有可能低估其发放贷款的信用风险，但他们还是意识到了发放的贷款风险较高这样一个事实。

这些贷款人看上去已经采取了措施来降低其资产负债表中的一些风险。研究表明，从 2006 年年末到 2008 年年初，贷款的发起人倾向于出售贷款，收集贷款收入，然后将出售贷款所得的资金用于新的贷款发放，并重复这一过程。㊃研究还显示，在危机期间更多地介入 OTD 市场的银行发起了质量过分低劣的住房抵押贷款，而这一结果无法通过可观察到的借款人的质量差异、资产所处的地理位置差异或者高 OTD 和低 OTD 银行的资本成本差异来

㊀ 见 Mian 和 Sufi（2009）。

㊁ 这项研究将 2004～2005 年出现的这种分离现象归结为次级住房抵押贷款证券化的增长。消费者杠杆与金融机构杠杆率的相关性增加，使得金融体系变得极为脆弱（Goel 等，2014）。

㊂ 这方面的证据由 Demyanyk 和 Van Hemert（2011）提供。

㊃ 见 Purnanandam（2011）。

解释。这一证据表明，OTD 模型诱使发起银行在发放贷款之前具有更弱的动机来甄别借款人。然而，对于具有更低资本的银行而言，这种效应更为明显，这意味着资本强化了银行甄别借款人并以更低水平的信用风险运营的动机。

14.2.5 泡沫破裂

根据大多数人对这场金融危机的理解，这场金融危机的开端可以追溯到房地产价格泡沫的破裂，而 2008 年 9 月雷曼兄弟公司破产事件则是金融危机加剧的标志。但到底是什么因素导致了房地产价格泡沫的破裂呢？

有些研究提到的证据表明，在金融危机出现之前，房地产价格持续上涨是一个非常普遍的现象。⊖但它们并没有解释是什么原因导致了房地产价格泡沫破裂。然而，我们可以通过检查与初始的房价下跌相关的贷款违约的动态变化，以及这种变化如何推动后续房价进一步下跌进而导致泡沫破裂来更深入地了解事情的发生过程。房价在 2006 年的第二季度达到了顶峰。房价从顶峰开始的初步下跌发生在 2006 年第二季度至第四季度期间，但这次下降的幅度较小，仅为 2%。⊜

对于那些信用良好的借款人申请的优质住房抵押贷款而言，如此小幅度的价格下降不大可能导致大量的违约事件，尤其是不会导致美国不同地区之间出现高度相关的违约。之所以会这样，是因为这些借款人在购买房屋时就拥有了 20% 的权益份额，进而小幅度的价格下降并不会使住房抵押贷款"置于水下"（即净值为负）进而引发违约。

但次级住房抵押贷款则不一样。即使是住房价格的小幅下降，也会推动这些具有很高风险的借款人走到违约的边缘。2006 年第三和第四季度的止赎率上升了 43%，2007 年，这一指标与 2006 年相比又增加了惊人的 75%。⊜为了吸引借款人购买住房，可调利率住房抵押贷款的初始抵押贷款利率一般定得很低。那些拥有可调利率住房抵押贷款的住房拥有者成了受打击最大的一个群体，因为住房价格下降意味着这些人所拥有的住房的权益变成了负值（鉴于他们一开始购买住房的时候，需要直接拿出的自有资金的比例非常低）。因此，当他们住房的抵押贷款利率向上调整的时候，他们发现自己很难支撑每月更高的按揭贷款偿付金额。由于这些借款人无力偿付住房抵押贷款支付款项，所以信用评级机构开始调低住房抵押贷款支持证券的信用级别，进而导致许多不利事件相继发生，如表 14-1 所示。这导致了信贷可得性降低，推动了利率上升，加剧了住房价格下降的螺旋运动，最终甚至威胁到优质借款人的还款能力。从 2006 年第二季度到 2007 年年底，固定利率住房抵押贷款的止赎率上升了约 55%，而次级住房抵押贷款的止赎率则上升了约 80%。对于那些拥有可调利率住房抵押贷款的借款人而言，情况更为糟糕——他们的止赎率上升了约 400%，而次级贷款借款人止赎率上升的幅度约为 200%。

14.2.6 由对破产的担忧引致的流动性萎缩

在金融危机爆发之前，美国经济中的影子银行业务增长迅猛。影子银行体系中一个值得

⊖ 相关证据可参见 Reinhart 和 Rogoff（2008，2009）。

⊜ 见 Holt（2009）。

⊜ 见 Liebowitz（2008）。

关注的问题是，它严重依赖回购协议和商业票据这样的短期债务。美国投资银行的回购负债在危机爆发之前的 4 年间增加了 2.5 倍。⊖据国际货币基金组织（2010）估计，2002～2007年的每一年，美国市场中未清偿的回购规模占美国 GDP 的 20%～30%。国际货币基金组织对欧盟的相关估计要更高一些，未清偿的回购规模占欧盟 2002～2007 年每一年 GDP 的30%～50%。

回购交易基本上可以被视为一种"抵押"存款。⊜存款人（或贷出方）把钱存到一家金融机构中，存期很短，通常为隔夜。这笔存款的金额通常较大，超出了存款保险的上限。这笔存款的支付利率就是隔夜回购利率。由于没有存款保险，为了降低存款人的风险，接受存款的机构给予存款人一定数量的有价证券作为抵押品。如果接受存款的机构破产了，存款人可以出售抵押品，以收回存款金额。这类交易通常涉及"折扣率"。如果存款 80 美元，金融机构给存款人提供的作为抵押品的证券的价值也是 80 美元，那就不存在"折扣率"。如果存款 80 美元，而作为抵押品的证券的价值为 100 美元，那么此时折扣率就是 20%。

回购交易使用国债、住房抵押贷款支持证券、商业票据等作为抵押品。随着与住房抵押贷款违约相关的消息开始扩散，人们对住房抵押贷款支持证券的信用质量的关注度也开始上升。次级住房抵押贷款承销商的破产申请和信用评级机构在 2007 年年中对住房抵押贷款支持证券所做的大幅降级，使人们对回购交易中使用的许多类型的抵押品的信用质量和可能存在的基础住房抵押贷款发起人开展的信用甄别质量问题产生了严重担忧。这导致回购折扣率大幅飙升，使影子银行部门的短期借款能力显著下降，从而造成了流动性萎缩危机。

一个至关重要的问题是，这场危机究竟是市场范围内的流动性紧缩，还是因对单个银行偿付能力风险的担忧上升而导致的某些银行资金可得性的萎缩（对其他银行没有影响）。也就是说，有一种观点认为，当人们意识到住房抵押贷款支持证券的风险比他们设想的程度更大时，由于住房抵押贷款支持证券的创造过程涉及多个步骤——从多个住房抵押贷款的发起，到把它们集中在一起，再到资金池分档证券特征的确定，这些步骤中包含的较高的信息不对称和不透明度意味着投资者很难确定哪个住房抵押贷款支持证券是高质量的，哪个不是，进而导致市场流动性的全面枯竭。⊜因此，当与住房抵押贷款违约相关的坏消息来临时，就会产生市场范围内（无明显差异）的冲击效应。根据这种观点，这场危机就是一次流动性紧缩。

另一种观点认为，这场危机的核心是某特定银行的偿付能力问题，不是流动性危机。最近的一项研究考察了商业银行、投资银行和对冲基金层面的资金来源与资产销售情况。⊜研究假设，如果金融市场的流动性枯竭，那些依靠短期债务的机构将被迫以甩卖出售资产。⊜然而，实证分析结果表明，大多数商业银行和投资银行在危机期间没有经历融资下降，也没有从事预期中与流动性短缺相伴随的甩卖活动。那些在危机期间经历了流动资金短

⊖ 见 Bernanke（2010）。
⊜ 见 Gorton 和 Metrick（2012）。
⊜ 关于这一观点，见 Gorton（2010）。
⊜ 见 Boyson 等（2013）。
⊜ "甩卖"会出现在当许多面临相同约束的金融机构的杠杆加高进而不得不同时出售资产的时候，这会导致那些被倾销的资产的价格出现螺旋式下降。举个例子，如果金融机构发现它们的融资来源枯竭，那么这种情况就可能发生。对于这一现象的解释可参见 Shleifer 和 Vishny（2011）。

缺的金融机构的主要问题源于其资产负债表的资产方面,也就是与这些机构持有的资产所蕴含的信用风险相关的坏消息的到来导致资产价格出现下降。商业银行的权益资本和资产价值与其净减值计提之间高度负相关,而投资银行的资产变化似乎反映了市场估值的变化。⊖这样,根据这种观点,这场危机就是一场清偿能力危机。

然而,有些事件似乎对整个市场产生了影响。雷曼兄弟破产后,紧跟着在一家大型基金"跌破1美元"之后出现了货币市场共同基金大额提款的现象。资产支持商业票据市场也遇到了相当大的压力。截至2007年7月底,市场中的资产支持商业票据的余额为1.2万亿美元,其中绝大部分票据是由货币市场共同基金持有的。当部分商业票据到期时,商业票据的发行人在许多情况下无法实现资金的"借新还旧",有人把这种情况称为"挤兑"。⊖如图14-12所示,从2007年8月开始,市场的情况急剧恶化。

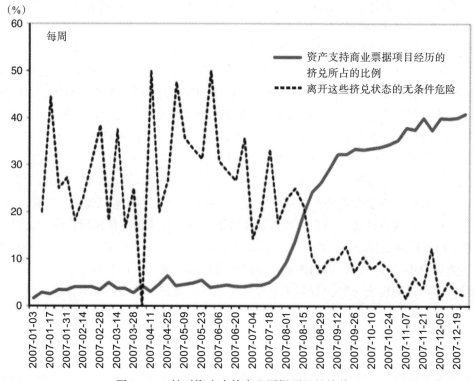

图14-12 针对资产支持商业票据项目的挤兑

资料来源:Covitz等(2013)。

2007年下半年,资产支持商业票据市场规模下降了3 500亿美元。这些项目中有许多需要担保人的支持,以弥补这种资金来源的减少。作为资产支持商业票据的主要持有者,货币市场共同基金受到了负面影响,最终导致Reserve Primary Fund这家大型货币市场共同基金"跌破1美元"。相应地,对于发行在外的商业票据而言,资产支持商业票据的收益率上

⊖ Fahlenbrach等(2012)的研究支持这种观点,即危机期间金融机构所面临的问题是与这些机构相关的特定的问题,而不是市场普遍的问题。研究显示,1998年危机期间,一家银行的股票的收益状况可以被用来预测其在2007~2009年的股票收益和破产的可能性。这一发现强化了商业模式和信贷文化这类银行特定属性的重要性。

⊖ 见Gorton和Metrick(2012)、Covitz等(2013)。

涨。许多规模不断萎缩的资产支持商业票据项目出售其基础资产，进一步推动了价格下行的压力。所有发生的这些事件使许多货币市场共同基金寻求其担保人的救助，以避免出现"跌破1美元"现象。但即使在这种情况下，实证证据显示，货币市场共同基金所遭受的挤兑主要是由于资产风险和偿付能力问题，而不是流动性危机。⊖

总的来说，看上去现有的证据表明，这场危机最终演变成了一场偿付危机，在危机时期，投资者对住房抵押贷款违约风险的担忧不断上升，导致其从拥有住房抵押贷款支持证券的机构（尤其是那些将其作为抵押品来进行短期融资的机构）提取资金。而大规模的资金撤出造成了流动性危机的出现。

14.2.7 危机的实际效应

这场金融危机产生了显著的实际效应，我们可以对这些效应做一个形象描述，如图14-13所示。

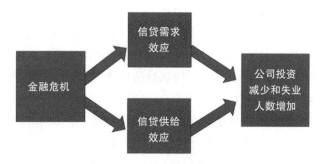

图14-13 危机的实际效应

1. 信贷需求效应

这场金融危机之所以会对家庭的信贷需求造成负面影响，是基于以下逻辑。⊖由于本章中之前讨论的各种原因（包括日益放宽的承销标准、宽松的信贷、不断上涨的住房价格、低利率等），家庭的负债显著提升。这时，房价泡沫破裂极大地耗损了家庭的净资产。作为回应，高杠杆家庭削减了消费。然而，杠杆较低的家庭却没有增加消费来抵消高杠杆家庭的消费下降。这一点并不奇怪。许多低杠杆的家庭消费者可能正在消费他们想要消费的水平，因此可能没有太多的理由去消费更多。

实证证据显示，金融危机前家庭杠杆和消费下降之间的这种相互作用是导致危机期间所发生的事件的重要原因。特别地，该研究还表明，经济衰退之前家庭债务的大量累积与住房价格的下降相结合可以解释之后消费崩溃的发生、严重性和持续时间。在那些住房价格下跌幅度较大的高杠杆国家和更多依赖房屋作为财富来源的地区，消费下降的规模更大。这样，随着住房价格的下跌，消费和旨在为这种消费提供资金的信贷需求也相应地下降了。

2. 信贷供给效应

大量的实证证据表明，这场金融危机也导致了银行信贷供给的显著下降。其中的一个

⊖ 见 Kacperczyk 和 Schnabl（2010）。

⊖ 见 Mian 等（2013）。

证据显示，银团贷款在危机期间出现了下降，鉴于银团贷款是企业部门信贷的主要来源之一，这种状况也就显得非常重要。⊖银团贷款市场不仅包括银行，还包括投资银行、机构投资者、对冲基金、共同基金、保险公司和养老基金（见第9章，了解更多关于银团贷款的内容）。证据显示，银团贷款从2007年年中就开始下滑，并且从2008年9月开始，这种下降开始加速。2008年第四季度的银团贷款总额比第三季度下降了47%，比2007年第二季度（这是信贷繁荣的高峰时段）下降了79%。借贷下降出现在所有类型的公司贷款中。

不仅贷款规模出现了下降，而且信贷的价格也显著上升。公司在危机期间支付更高的贷款利差。⊜对于那些要从遭受了更大损失的银行获得借款的公司而言，贷款利差上升显得更为突出。即便把特定企业、特定银行和特定贷款因素作为控制变量，以及将银行损失的内生性考虑在内，这一结论仍然成立。

试图将信贷供给和信贷需求效应区分开来是一件相当有挑战性的工作。一项研究验证了当总体信贷需求不断降低的时候，信贷供给是否明显下降。⊜这个研究考察了在明确界定的地理位置运营的德国的储蓄银行，按照法律规定，银行仅服务于本地客户。每一个地区都存在一家地方银行，该银行由该地区的储蓄银行所有。这些地区银行（区域性银行）拥有不同程度的美国次级住房抵押贷款风险敞口。这些风险敞口也给这些地区银行带来了不同程度的损失，因此需要各个储蓄银行向其注入不同数量的权益资本。换句话说，不同的储蓄银行受到了不同的影响，而这种影响取决于它们的地区银行由于次级住房抵押贷款风险敞口而遭受的损失大小。这项研究发现，受影响严重的储蓄银行削减了更多的信贷。贷款申请人被遭受更大打击的银行拒绝的平均概率明显高于不受影响的银行。

还有问卷调查证据显示，由于金融危机的爆发，信贷供给下降了。⊛2008年12月，调查人员完成了一项针对北美、欧洲和亚洲39个国家的1 050名首席财务官（CFO）的问卷调查。美国约20%受调查的公司（欧洲约为14%，亚洲为8.5%）表示它们受到了很大的影响，因为它们面临的信贷可得性降低了。因此，它们削减了资本性支出、股息和雇员人数。

3. 公司投资减少和失业人数增加

随着家庭消费的下降和信贷的稀缺性以及信贷成本的上升，公司投资减少和失业率上升也就不足为奇了。美国进入深度衰退阶段，2008～2009年有近900万人失业，占劳动力总数的6%。这种状况使许多人在危机消退后试图重新进入劳动力大军的信心下降，导致劳动力参与率降到历史最低水平。这也意味着后续对失业率的测度往往会低估真实的失业率。即使这样，测量出来的失业率也从2008年9月的6.2%上升到2009年1月的7.6%。美国房价平均下降了约30%，美国股市则在2009年年中下降了约50%。

美国汽车工业受到的打击尤其严重。相比2008年9月，2008年10月汽车销售额下降了31.9%，美国的零售额在2008年9～10月下降了2.8%，与2007年9月相比则下降了4.1%。

⊖ Ivashina和Scharfstein（2010）发现了银团贷款的下降。

⊜ 见Santos（2011）。

⊜ 见Puri等（2011）。

⊛ 这里讨论的证据来自Campello等（2010）。

14.3 应对危机的政策

自 2007 年 8 月开始,所有发达国家的政府均采取了一系列措施来应对金融危机。国际货币基金组织(2009)确定了 13 个国家所采取的多达 153 项单独的政策行动,其中仅美国就有 49 项政策行动。这也意味着政策干预组合的数量太多了,很难在这里一一讨论。因此,我们简要介绍其中主要的干预类别(见图 14-14)。⊖

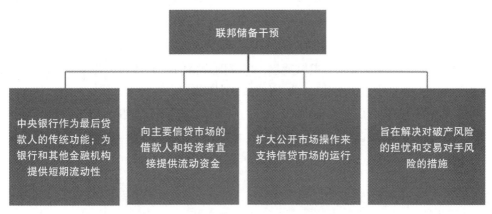

图 14-14 联邦储备委员会提供的主要干预类别

14.3.1 作为最后贷款人的中央银行的传统功能的扩展

这一政策干预组合包括贴现窗口、定期拍卖便利(TAF)、一级交易商信贷便利(PDCF)和定期证券借贷便利(TSLF)。联邦储备委员会还批准了美联储与 14 家外国的中央银行之间的双边货币互换协议,以协助这些中央银行向其辖区内的银行提供美元流动性,在这些安排中规模最大的是与欧洲中央银行的协议。

贴现窗口很长时间以来就是美联储使用的主要的流动性提供工具。2007 年 12 月,TAF 被引入,用于充当贴现窗口的补充。TAF 通过拍卖机制向存款性机构提供信贷。与贴现窗口贷款类似,TAF 贷款必须具有完全被贷款联邦储备银行认可的抵押品。最后一次 TAF 拍卖在 2010 年 3 月 8 日举行。

PDCF 成立于 2008 年 3 月,以应对三方回购市场中的压力,以及由此导致的一级证券交易商所面临的流动性压力。一级交易商是指那些充当美联储公开市场业务中的交易对手的经纪交易商,在为美国国债市场提供流动性方面发挥着关键作用。PDCF 作为一级交易商的隔夜贷款便利,类似于存款性机构的贴现窗口。信贷扩展要求提供全部的抵押。该便利于 2010 年 2 月 1 日关闭。

TSLF 是一种一周一次的贷款便利,旨在促进国债和其他抵押品市场的流动性。该计划为以其他项目认可的抵押品为基础的期限为 1 个月的贷款提供国债。借款人是参与了单一价格招标以获得这些贷款的一级交易商。TSLF 于 2010 年 2 月 1 日关闭。

⊖ 这里的讨论是基于联邦储备委员会(www.federalreserve.gov/monetarypolicy/bst_crisisreponse.html)。

14.3.2 向主要信贷市场的借款人和投资者直接提供流动资金

这一干预措施包括商业票据融资基金（CPFF）、资产支持商业票据货币市场共同基金流动性便利（AMLF）、货币市场投资者融资基金（MMIFF）和期限资产支持证券借贷便利（TALF）。我们之前在证券化一章中讨论了 AMLF（见第 11 章）。

CPFF 成立于 2008 年 10 月，旨在为美国发行商提供商业票据流动性。根据该计划，纽约联邦储备银行向专门设立的有限责任公司提供了 3 个月的贷款，然后该公司用这笔贷款直接从发行人手中购买商业票据。CPFF 于 2010 年 8 月 30 日解散。

MMIFF 旨在为美国货币市场的投资者提供流动性。在这一措施下，纽约联邦储备银行可以向一系列专用车辆提供优先担保贷款，以资助合格的投资者购买合格的资产。MMIFF 于 2008 年 10 月 21 日成立，于 2009 年 10 月 30 日解散。

TALF 旨在帮助市场参与者满足家庭和小企业的信贷需求，支持发行由消费者贷款和小企业贷款抵押的资产支持证券：汽车贷款、学生贷款、信用卡贷款、设备贷款等。它的目标是振兴消费者信贷证券化市场。该措施于 2009 年 3 月启动，于 2010 年 6 月结束。

14.3.3 扩大公开市场操作

这些举措的目标是支持信贷市场的运作，并对长期利率施加下行压力。这些举措涉及为美联储的投资组合购买长期证券。例如，从 2012 年 9 月开始，联邦公开市场委员会（FOMC）决定以每月 400 亿美元的价格购买机构担保的住房抵押贷款支持证券。此外，从 2013 年 1 月开始，美联储以每月 450 亿美元的价格购买长期国债。

14.3.4 旨在解决对破产风险的担忧和交易对手风险的措施

随着危机的不断演进，以及大量的流动性注入似乎无法终结危机，美联储开始意识到，它必须应对人们对破产风险的担忧问题。处理破产风险担忧的一个措施是问题资产救助计划（TARP），该计划最初于 2008 年 10 月得到授权，并在 2010 年 10 月 3 日结束。该计划原来的意图是让政府从金融机构购买高风险的"有毒"资产，以实现资产负债表的"清理"，进而降低市场对金融机构资产负债表的资产信用风险的感知水平，相应地使信贷市场得以解冻。⊖然而，实际上，该计划演变成了政府购买股权证券（资本购买计划），并获取了各种金融和非金融公司的所有权。

这一计划实施之后，对于美国的银行而言，它们面临着通过其他方式来使自身重新资本化的监管压力。如果银行不这么做，就意味着政府可能会向银行注入更多的股权，进而导致政府拥有更大的所有权——这是绝大多数银行试图避免出现的前景。结果，美国的银行迅速完成了资本重组，人们对交易对手风险的担忧也消失了。这可能是这场危机最有效的政策应对措施。相比之下，欧洲的银行并没有被迫进行同等程度的资本重组，因此危机的后续效应在欧洲延续了很长时间。

⊖ 见 Tirole（2012）。他提出了一个理论，在这个理论中，这种来自政府的干预降低了逆向选择问题，进而解冻了信贷市场。

评估政策举措

许多人相信，中央银行提供的流动性支持在危机初期阶段稳定了市场。但是，从长远来看，这些政策是否是正确的措施，或者说问题是否得到正确的诊断，对此人们并没有达成共识。至少，在雷曼兄弟破产之后，市场表现出了相当大的波动性，这表明中央银行正在不断尝试所有的政策，同时也在边学习边累积经验（可以说是边走边搭桥），并且也不是所有的举措都可以获得设想的效果。

中央银行面临的一个关键问题是，要确定它们观察到的事件是由于流动性所致，还是由于有关机构资产负债表的资产质量信息不对称以及资产负债表不透明而产生的交易对手风险所导致的。美联储和欧洲中央银行都认为这是流动性问题，反映在我们之前讨论的前三类措施中。但是，如果这个问题是交易对手风险，那么恰当的做法就是要求银行把资产负债表更加透明化，直接处理越来越多的抵押贷款违约问题，并采取措施，把更多的资金注入金融机构⊖，这一举措在美国政府开始重组银行业务时得到了落实。

我们怎么知道真正发生了什么呢？一项研究解决了这个问题。⊖它从检查伦敦银行同业拆借利率－隔夜指数互换（LIBOR-OIS）利差开始。这个利差等于3个月的伦敦银行同业拆借利率减去3个月的隔夜指数互换。隔夜指数互换衡量的是市场对联邦基金3个月期利率的预期，与3个月期LIBOR相当。从伦敦银行同业拆借利率控制中减去隔夜指数互换的利率预期，从而隔离风险和流动性影响。图14-15显示了在危机之前和危机期间这种利差的走势。

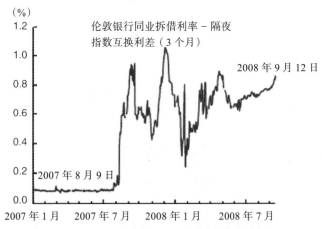

图14-15　危机期间第一个5年里伦敦银行同业拆借利率－隔夜指数互换利差
资料来源：Taylor（2009）。

图14-15显示，2007年8月初，利差上涨且居高不下。这是一个问题，因为这种利差不仅是衡量经济压力的一个标准，而且因为贷款和证券利率与LIBOR挂钩，所以它还会影响货币政策如何传递。控制隔夜指数互换的固定利率，利差扩大增加了借款人的贷款成本，从而导致经济紧缩。因此，政策制定者有意愿推动利差的下降。但就像医生一旦误诊就不能有效地治疗患者一样，中央银行如果不能正确地诊断利差上升的原因，就不能使利差降低。

⊖ Berger和Bouwman（2013）的实证研究发现，拥有更高资本的银行有更高的概率在危机中存活下来。
⊖ 见Taylor和Williams（2009）。

为了了解利差的扩大是由于对风险的担忧加剧还是流动性问题引发的,研究测量了拥有相同期限的无担保和有担保银行间贷款利率之间的差异。⊖该研究将此称为无担保-担保之间的利差。⊜这种利差本质上是衡量风险的一种方法。然后该研究对LIBOR-OIS利差与无担保-担保利差进行了回归,发现两者之间高度正相关。研究得出的结论是,LIBOR-OIS利差主要是由对风险的担忧驱动的,流动性几乎没起任何作用。

作为对这一结论的进一步支持,研究还表明,TAF对LIBOR-OIS利差影响不大。此外,金融危机期间联邦基金利率急剧下降——联邦基金目标利率从2007年8月的5.25%降至2008年4月的2%,也没有成功地减少LIBOR-OIS利差(见图14-15)。但是,这导致了美元贬值和油价飙升,导致世界经济增长出现急剧下降。

研究结果显示,2008年10月,随着LIBOR-OIS利差的进一步扩大,危机也进一步恶化(见图14-16)。也就是说,危机出现一年以后,情况更糟。有人认为,2008年9月雷曼兄弟破产是一个直接原因。然而,研究表明,这不仅仅是一个原因,更是一个征兆,而真正的罪魁祸首是市场参与者担心由于房价下跌和石油价格上涨等会导致违约风险大幅上涨。也就是说,研究提供了强有力的证据表明,这是破产风险造成的危机。

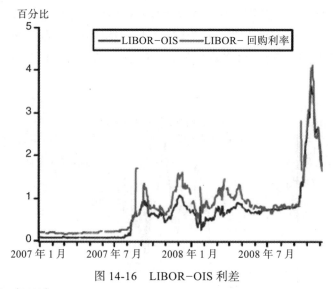

图14-16 LIBOR-OIS利差

资料来源：Taylor（2009）。

中央银行（特别是美联储）最终似乎也认识到危机的本质还是在于破产风险,需要采取将银行资本化的措施,以减少市场参与者对交易对手风险的担忧。这些措施最终有助于结束危机。

14.4 其他国家的金融危机和监管干预

金融危机出现在许多不同的国家,其中许多危机涉及各种形式的中央银行干预。国际货

⊖ 这是之前提到的由Taylor和Williams（2009）完成的研究。
⊜ 无担保-担保利差=LIBOR减去以政府支持的抵押品为对象的回购利率。

币基金组织发现，在全球 42 次银行业危机中，有 32 次是政府通过某种形式的资本重组或资本注入进行干预的。所以在这个意义上，美联储在 2007～2009 年金融危机期间的资本重组举措并不例外。我们讨论了其他一些国家的危机，以便对比各监管部门的反应。⊖

14.4.1 瑞典

像许多其他金融危机一样，瑞典也经历了房地产价格泡沫金融危机。20 世纪七八十年代，瑞典的信贷扩张和房地产行业蓬勃发展，1981～1991 年房价翻了一番。瑞典的汇率与德国挂钩，1990 年由于原东德和原西德的统一，德国的利率上升，瑞典的利率也大幅上涨，从而导致瑞典经济衰退，物价急剧下降。因此，1993 年，银行的不良贷款增长到占 GDP 的 11%。

这显著削弱了瑞典最大的银行的资本比率，这些银行无法满足监管资本要求。与美联储在次贷危机期间的做法不同，瑞典政府并没有将资本注入银行，而是将瑞典最大的两家银行国有化，并向第三家银行提供贷款担保。政府对这些银行的所有权允许其迅速清算不良资产和重组无力偿债的公司。这个过程花了不到 6 年的时间，花费的成本不到 GDP 的 2%。

14.4.2 拉脱维亚

拉脱维亚从中央计划经济体（曾是苏联的一部分）向自由市场经济体转型，导致了在 4 年内 60 多家持牌银行的创建。然而，私人银行业的迅猛增长也使得中央银行很少或根本没有对其进行监控。相应地，不良贷款行为也就变得失控了。

1995 年，当中央银行要求所有银行提交经过审计的财务报表时，危机就发生了。最大的银行无力提交经审计的报表，并被发现已丧失清偿能力，进而在 1996 年被清算。其他几家银行也被发现陷入了无力偿债的状态。在危机期间，整个银行业的不良贷款都增加了。由于缺乏处理贷款抵押品的法律，银行很难收回贷款。

一系列的干预措施帮助银行体系得以稳定。一些银行被清算了，政府制定了新的银行法（它加强了中央银行的监管权力），存款保险也得以建立，来自欧洲复兴开发银行的援助也发挥了作用。

14.4.3 阿根廷

自 20 世纪 80 年代以来，阿根廷经历了 4 次银行业危机，其中 2001 年出现的是"三重危机"。银行部门在 90 年代通过私有化和重组实现了转型。这次转型允许外国银行的进入。然而，银行的盈利能力较低，且大部分银行资产是阿根廷政府债券。

2001 年，随着经济状况的恶化，对银行清偿能力和国家法定货币（比索）币值稳定性的担忧造成了大规模的存款提取，人们将比索兑换成美元和海外存款。这是一次典型的银行业危机，也是这场"三重危机"的第一部分。

随后，2001 年 12 月，政府债务出现违约，摧毁了已经被削弱的银行资产组合。这是"三重危机"的第二部分。

⊖ 以下讨论是基于 Contessi 和 El-Ghazaly（2011）的研究。

"三重危机"的第三部分指的是金融危机迫使阿根廷退出货币局制度。货币局制度是将阿根廷比索与美元挂钩的可兑换方案。由于这时银行挤兑仍在继续,所以政府限制存款提款并冻结了所有存款账户。这些措施进一步使流入银行的存款下降,同时减少了银行贷款。

政府干预还涉及一些额外的措施,包括转换为以美元计值的贷款,以不同利率吸收从美元到比索的存款,批准监管放松,三家银行的国有化以及关闭另一家银行。

14.5 结论

本章回顾了自大萧条以来最具破坏性的金融危机的原因和影响的研究,以及各国中央银行为应对危机所采取的政策回应。这场危机似乎是由许多彼此之间相互影响的因素——政治、货币政策、全球化经济发展、激励错位、资产证券化的增长和过去成功所驱动的技能偏向等导致的。

无论造成危机的原因是什么,这场危机持续的时间超过了人们的预期,并对美国和全球实体经济产生了巨大的影响。中央银行采取了前所未有的措施来应对危机。这些政策是否是正确的措施,是一个并未达成共识的问题,这一点将会是未来许多年的研究课题。

然而,这场危机表明,银行业(包括影子银行)资本水平的显著提高看起来对于降低危机爆发的可能性大有帮助。研究显示,较高的银行资本水平可以同时降低破产风险和融资或流动性风险。⊖这样,在如何降低未来发生危机的可能性的讨论中,更好的资本监管应该成为中心焦点。

专业术语

breaking the buck 跌破1美元 货币市场基金一般投资于相对安全的证券,力求使每一股份的净资产值稳定地维持在1美元这个水平上。当每股净资产值跌破1美元时,就可以说该基金"跌破1美元"。

EBRD 欧洲复兴开发银行 这是一个由许多西方国家提供资金支持的金融机构,旨在为中欧、东欧、中亚以及地中海南部和东部国家向市场经济转型提供帮助。

ECB 欧洲中央银行

FDIC 联邦存款保险公司

Fannie Mae 联邦国民抵押协会(FNMA)

fire sales 甩卖价出售 在一个行业中,许多企业同时出售类似的资产,这会导致资产价格出现螺旋式下降。

Freddie Mac 房地美 联邦住房贷款抵押有限公司(美国政府支持的旨在证券化家庭住房抵押贷款的企业)。

IMF 国际货币基金组织

LIBOR 伦敦银行同业拆借利率 这是由位于伦敦的几家牵头银行估计的平均利率水平,如果它们从其他银行借款时,将要按照这个利率进行支付。

MBS 住房抵押贷款支持证券

OTD 资产证券化中的"发起并销售"模式 在这个模式中,银行发起贷款的目的是证券化(也就是向其他人销售证券),而不是在其账面上持有贷款。

fail risk 尾部风险 涉及巨大损失的极端风险,但这类风险发生的概率非常低。

⊖ 见第13章关于银行资本的分析和Brunnermeier(2009)。

第八部分 PART 8

银行监管

第15章

银行监管目标

"火、轮子和中央银行是有史以来伟大的三项发明。"

威尔·罗杰斯（Will Rogers）

引言

在之前的章节中，我们讨论了银行监管的一个方面：存款保险。在本章中，我们将在更宽泛的背景下讨论银行监管，重点关注监管的目标和激励效应。

银行业的公共监管有着漫长而又多变的历史，其根源可以追溯到为自己保留了铸币权的主权国家。通过在一块扁平的金属块上刻上印记，一枚可以充当交易媒介的铸币就被创造了出来，其交易价格超过了金属的内在价值。这种溢价来源于铸币提供的货币性服务，而这种货币性服务又是由铸币的管理稀缺性及其成分构成的真实性所带来的。从铸币中获得的溢价或垄断利润（也称为铸币税）由主权国家（许可的拥有者）所有。铸币税是最有效的税收方式之一。

与铸币类似，银行存款也提供货币性服务。尽管银行存款一般都是暂时的，但它们也具有人为的稀缺性。银行存款也会产生铸币税，这使得银行成为政府监管的一个明确目标。但公共监管的存在鼓励了银行进行适应性调整，以规避监管，相应地，银行的这种适应性调整又导致了更多的侵入式监管。这种动态，有时被称为监管辩证法，已经导致了更加广泛的监管。

现在，众多支持监管的依据被提了出来，其中包括：

- 维护单个机构的安全和稳健；
- 维护金融体系的稳定；
- 培育竞争；
- 消费者保护；
- 信贷分配；
- 货币控制。

政府监管的表现形式包括法定的披露要求、反歧视限制、社区再投资标准、现金资产准备要求、最低资本充足要求、分支机构设置、银行控股公司限制、资产禁令、单一借款人的贷款上限和存款利率上限等。图 15-1 总结了监管的主要目标。

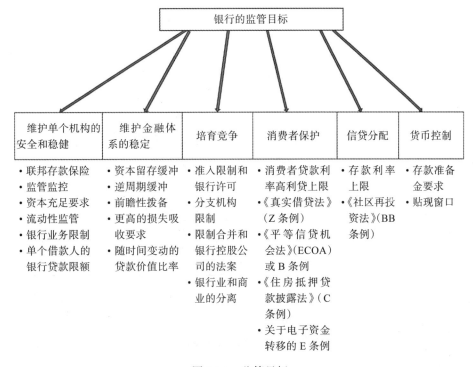

图 15-1　监管目标

在 15.1 节中，我们将解释政府安全网（包括存款保险）产生的银行监管的最基本原因。然后介绍负责银行监管的机构，包括美国、日本、英国和欧盟的机构。随后，我们将讨论各种各样的监管"类别"：安全和稳健、宏观审慎监管、政府对银行市场结构和竞争的监管、消费者保护、信贷配置和货币控制。第 16 章将介绍监管和监管改革的历史。

15.1　银行监管的本质

金融体系的稳定对于实体经济的平稳运行至关重要。包括 2007～2009 年全球金融危机在内的多个金融危机实例表明，银行破产会对实体经济造成巨大的损失（见第 14 章）。这样，单个机构的安全和稳健是重要的，但超越单个机构的思考（也就是聚焦于整个金融体系的稳定）也非常重要。金融危机通常涉及几个机构突然同时处于压力之中，这就解释了为什么我们要同时强调单个机构的安全与稳健以及整个金融体系的稳定。前一种观点更微观，重点是单个机构，后一种观点则更为宏观，考察了整个系统。

第 14 章在讨论金融危机时表明了这两种观点通常具有内在的关联机制：单个银行破产可能会触发其他银行的问题，进而通过传染效应蔓延到整个"系统"。无论何种情形，维护单个机构的安全与稳健以及整个金融体系的稳定是银行监管的首要目标。

为了说明银行监管的本质和安全问题，考虑以最后贷款人便利、存款保险或其他担保形式为银行提供的政府安全网。这些安全网造成了银行从政府掠夺利益的可能性。㊀如果安全网要继续存在，那么政府就有必要采取一些措施，对这种道德风险做出回应，而这种回应通常表现为某种形式的公共监管。

15.1.1 没有政府安全网的原始银行家

回忆第 3 章中的金匠，他通过印制超出其黄金持有量的仓储收据，逐渐演变成一个拥有部分准备金的银行家。这种环境中的贷款收益就是铸币税，也就是（以收据形式存在的）货币制造过程中的垄断利润。㊁现在考虑同样的金匠需要面对一个处于萌芽状态的中央银行。设想金匠的黄金库存被中央银行购买，以换取中央银行的无息活期存款，而中央银行又出售黄金来购买有息的政府证券。㊂资产负债表如下：

中央银行		金匠	
政府证券	存款（金匠的）	中央银行存款	收据
150	150	150	1 000
		贷款	
		850	

首先，请注意，这里 150 单位的中央银行存款是金匠自愿的现金资产储备。对于金匠而言，发行超过其流动性资产持有量 850 个单位的收据是他的最优决策。另外，1 000 单位的收据负债由对应的 1 000 单位的抵押品来支持，其中 850 单位以盈利资产的形式存在，其余 150 单位则是中央银行存款。

这样，与收据货币相关的铸币税由金匠（以更低的收益形式）与中央银行（以政府证券的收益形式）共享。这种共享，粗略地讲，主要取决于金匠以发放贷款的方式发行了多少超额的收据。这个决定大概反映了金匠自身的风险偏好。值得注意的是，中央银行并没有强制规定金匠必须以中央银行存款的形式持有最低的存款份额来为其收据负债提供支持。因此，这里没有法定的现金资产储备要求。

15.1.2 政府安全网和道德风险

现在，由于意识到金匠所面临的由银行挤兑引发的脆弱性（见第 2 章），这里使中央银行拥有最后贷款人便利。为了更具体化一些，假定中央银行随时准备向金匠提供一笔数量不受限制且利率水平为无风险利率加上 1%（或 2%）的抵押贷款，金匠拥有的正常（但不具流动性）贷款充当了这笔贷款的抵押品。我们进一步假定金匠发行的收据规模保持不变。我们可以将收据规模想象为一个货币政策指标，中央银行可以通过公开市场操作（也就是通过政

㊀ 见 Freixas（2010）和 Kane（2014）。这些与银行监管经济学相关的文献由 Bhattacharya 等（1998）进行了整理。

㊁ 当然，其他人也可以进入这个行业，进而使利润下降。但即便是第一个进入这个行业的主体，也只能扩张到其对提款的恐惧要求扩张停止之际。在任意一种情形中，出于提款风险的考虑，在利差压力消除所有的铸币税之前，收据规模的扩张会被预期终止。

㊂ 这就要求金匠的客户愿意接受其他机构的存款或货币，以代替原先存入的黄金。但这种状况并不像表面上看起来那样异乎寻常。直到 1972 年，当尼克松总统切断了黄金和美元之间最后的官方联系时，美国的银行存款才不能非常容易地兑换成黄金。今天似乎很少有人意识到这一点或对此感到担忧。当里根总统在 1980 年当选时，他任命了一个委员会来研究重新回到金本位制度的可能性，但这个想法很快就夭折了。

府证券的购买和出售）来抵消由于引入最后贷款人便利而导致的银行试图扩大收据发行规模的倾向。㊀

现在的问题是：最后贷款人便利的引入是如何影响银行存款准备金率的选择的？换句话说，最后贷款人便利的引入是如何影响银行发放多少贷款这个决定的？很明显，由于最后贷款人对于金匠来说代表一种额外的流动性来源，所以他持有非营利性的中央银行存款的需求下降了。

因此，金匠/银行将会增加贷款的发放，这将暂时增加发行在外的收据的规模。此时中央银行为了将收据的规模恢复到1 000单位，将被迫出售政府证券。㊁

如果我们看一下新的资产负债表，那么在引入最后贷款人之后，可能会出现如下情况：

中央银行		金匠	
政府证券	存款（金匠的）	中央银行存款	收据
100	100	100	1 000
		贷款	
		900	

这样，最后贷款人便利的引入导致50个单位的盈利资产从中央银行转移到金匠。这种盈利资产的再分配等同于铸币税从政府向私有的金匠/银行的转移，这是最后贷款人便利内在的道德风险的一个表现症状。中央银行为私人银行提供了一层全新的保护——最后贷款人便利，由于资金头寸状况变得更加安全，所以金匠/银行为了扩大盈利会减少自身提供的保护（现金资产）。但是，金匠盈利的增长至少在一定程度上是以中央银行的损失作为代价的。从中央银行的角度来看，这显然是最后贷款人便利的无意却带有剥削性的副作用。如果最后贷款人政策实施的强度足够大，那么金匠所面临的所有存款提取或流动性风险（见第6章）都会转移给中央银行。银行业的私营部门风险将被国有化，所有的铸币税也将转移给金匠/银行。从适度的安全和稳健（也就是稳定性）的角度来看，最后贷款人便利的引入有助于降低金匠面对银行挤兑的脆弱性，但它也会带来一定的代价：金匠可能会利用最后贷款人便利。

15.1.3 针对道德风险的监管反应

这种道德风险威胁到最后贷款人便利的可行性，由此引发了中央银行旨在限制银行行为的适应性反应，如法定现金资产准备金率。这些行为限制以及违反限制后的制裁，在私人合约订立的过程中也可以明显找到相似的内容。火灾保险单的存在通常会降低被保险人的警惕性，进而为保险公司带来额外的风险。作为应对，保险公司会要求被保险人保持最低的安全标准，违反这一标准要求将导致保险失效。在吸收存款的银行中，绝大部分公共监管可以被解释为是对政府提供的安全网产生的道德风险的保护性反应。其中最重要的是最后贷款人便

㊀ 假定收据规模固定不变仅仅是为了简化起见，并不会对基本的论点产生影响。
㊁ 中央银行通过出售其持有的美国政府债券，可以清偿它的存款负债，进而降低了金匠的流动性资产规模。这将促使金匠减少贷款，直到最初的1 000单位的收据被重新接受。

利、存款保险、支付体系保护，以及"太大而不能倒闭"政策。⊖所有这些政策都会产生将私人银行的成本和风险转移给公共银行（中央银行）的道德风险，因此引发了旨在限制这类剥削活动的针对银行行为的约束。

这一银行监管理论的关键在于，放松管制的潜在效应与安全网的扩张错综复杂地交织在一起。放松管制，除了消除冗余，还必须有促成监管的安全网的同步收缩。这种关联是不可避免的，那些忽视这种权衡关系的与放松管制相关的华而不实的分析就存在问题。这里的问题是银行破产和不稳定带来的（可感知的）巨额成本引发了政府的救助担保，正是出于同样的原因，这种担保很难收缩。最近的一些监管举措试图通过压缩银行破产的公共成本来对抗这种不可避免性。第 16 章将讨论的《多德–弗兰克法案》和沃尔克规则就是在这一方面的尝试。

15.2　银行监管机构

与支离破碎的金融服务行业结构相平行的是一个具有类似框架的支离破碎的公共监管机构体系。监管职责的组织划分主要取决于银行所处的国家——不同的国家在监管框架方面存在显著差异。在绝大多数国家（63%）中，中央银行拥有针对银行的监管权。在 27% 的国家中，银行监管被委托给中央银行之外的特别的监管机构。4% 的国家存在多个银行监管机构，但其他安排也是有可能的（世界银行，2013）。⊖

通常情况下，银行监管机构有多项任务（见图 15-2）。这些任务不仅包括监控和维持系统的稳定，也包括打击资助恐怖主义融资等金融犯罪，以及银行结构调整和重组、市场行为规范、消费者保护、竞争和反垄断政策等。我们也可以观察到监管机构职能的多样性：存在多个机构，且银行监管权力可能在不同的机构间分配。可能存在单独的存款保险机构，它也可以是中央银行的一部分（在 18% 具有显性存款保险的国家中是这样），但很少是银行监管机构的一部分（只有 2% 的国家是这样），抑或是财政部的一部分（仅 1% 的国家是这样）。

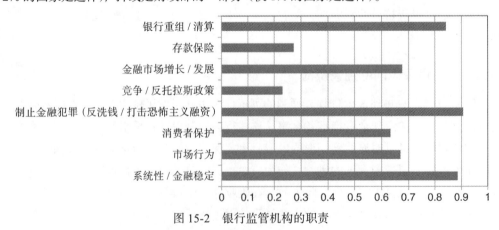

图 15-2　银行监管机构的职责

资料来源：世界银行（2013），柱条表示银行监管机构拥有特定授权的国家的比例。

⊖ 与"太大而不能倒闭"非常接近的概念是"太多而不能倒闭"。当很多银行都可能倒闭时，监管者会倾向于救助其中的大多数银行。见 Acharya 和 Yorulmazer（2007）。

⊖ 见 Cihak 等（2013）和 Barth 等（2001, 2003, 2008, 2013）。

借助于几个多边组织，全球正在尝试创建一个更加国际化、覆盖面更广的监管体系。像金融稳定委员会（FSB）、国际货币基金组织和国际清算银行这样的机构试图促进国际监管协调，并超越地区性的监管安排。在欧盟，共同货币（欧元）的出现——特别是围绕欧元的危机——已经导致各成员国企图寻求针对主要金融机构的泛欧层面的监管。

15.2.1 美国的监管架构

在美国，金融业的每一个主要部门都有自己专门的监管机构，且在州和联邦两个层面重复。举个例子，商业银行、储蓄机构和信用合作社既可以在州层面也可以在联邦层面获得特许（经营许可）。因此，每一个州都会有负责颁发执照，核查、管理和监控储蓄机构、信用合作社和商业银行的政府机构。同样，联邦政府也会特许、管理、监控这些机构，并为其提供保险。存款保险则是由联邦机构，也就是联邦存款保险公司来管理的。金融危机导致一些人试图强化联邦政府在监管银行方面的功能，赋予了美联储更为明确的职责。人寿保险公司主要在州层面进行监管，但最近多起破产事件导致了跨越州界的溢出效应，引发了更多在联邦层面加强保险监管协调的呼声。即使在证券交易委员会主导的证券行业，公司要发行股票或债务证券时，也必须向其公司注册地所在的州申请批准。⊖

在本节中，我们讨论监管商业银行的机构。即使只讨论金融服务业的很小一部分，我们也能清楚地了解监管的复杂性和分散性。

美国的双重银行体系意味着一家银行的经营许可既可以来自联邦层面，也可以来自其注册所在州。⊜即使是州特许的商业银行，也有可能受到至少两家联邦银行监管机构的监管，因为它们必须满足美联储的现金资产准备金要求，同时几乎无一例外地要向联邦存款保险公司投保。国民银行至少受三家或更多的联邦机构的监管。监管（规则制定）和监督（监控服从）之间存在一定的区别，监督包括检查和相关的活动。所有联邦层面的银行监管机构——货币监理署、美联储和联邦存款保险公司以及州层面的银行监管机构都具有监管和监督职责。⊜

1. 货币监理署

作为美国财政部的一个内设机构，货币监理署是一家联邦银行监管机构，并在历史上发挥了重要作用。它是根据1864年的《国民银行法》创建的，旨在特许和监管"国民银行"。在那个时候，美国几乎所有的银行都是由州政府特许的，并受州一级机构的监管。事实上，自从19世纪30年代初期安德鲁·杰克逊总统拒绝了美国第二银行的再许可申请，联邦政府就脱离了监管银行的业务活动。㉔

回想一下，1864年美国正处于南北战争时期，当时国民银行体系的创建被看作为联邦

⊖ 期货业也有自己专门的联邦监管机构，即商品期货交易委员会（CFTC）。

⊜ 联邦特许银行被要求在它们的名称中有"国民"的字眼，而州特许银行则被禁止在它们的名称中使用"国民"或"国民协会"的字眼。类似地，联邦特许的储蓄机构必须在它们的名称中有"联邦"的字眼，而州特许的储蓄机构则被禁止在其名称中使用"联邦"的字眼。

⊜ 然而，就某些监管法规而言，规则的制定者可能并不是监督实施者。举个例子，美联储针对所有的存款机构制定了储蓄真实性监管条例，但它主要监管银行（和储蓄机构控股公司）。

㉔ 为了进一步了解美国银行业的早期历史，见 Lash（1987）。

债券市场的发展提供的一个机会,为了给战争提供资金,发行了创纪录数量的联邦债券。因此,《国民银行法》对州特许银行的负债征收了 5% 的税款,同时开始特许设立国民银行,而这些银行需要持有美国政府证券,以满足准备金要求。在那个时候,从充当支付手段和银行融资工具的角度看,银行存款远不如银行票据重要。货币监理署的首要责任是对商业银行中的国民银行进行特许和监管,这些银行虽然数量较少,但都是一些大型银行。

在 2007～2009 年的全球金融危机(大衰退)爆发之后,货币监理署发生了一些变化。《多德-弗兰克法案》解散了储蓄管理局,并将其对储蓄贷款协会的监管职责移交给了货币监理署,美联储则充当储蓄银行控股公司的监控者。同时,美联储获得了对具有系统重要性的金融机构的监管权,这可能有效地降低了货币监理署的重要性。

2. 联邦储备体系

联邦储备体系创建于 1913 年,也就是在对 1907 年爆发的具有特别破坏性的金融恐慌的一次探究性调查完成之后。联邦储备体系的主要宗旨是为易受流动性危机的银行体系提供最后贷款人服务。㊀ 作为最后贷款人,联邦储备体系随时准备为流动性不足的银行提供符合抵押条件的短期贷款。这样,自其创建伊始,联邦储备体系就利用现金资产准备金比率来阻止银行用最后贷款人便利提供的流动性取代其之前持有的现金资产。

所有国民银行都被要求成为联邦储备体系的成员,而州特许银行则可自愿取得成员资格。直到 1980 年,所有参加存款保险体系的商业银行才被迫满足美联储的现金资产准备要求。

至少从两层意义上说,美联储是一个非常成功的监管机构。它设法保持其不受丑闻困扰的同时,(绝非巧合地)极大地扩展了其监管职权的范围。针对后者或许最重要的法律是 1956 年的《银行控股公司法案》和 1970 年的《道格拉斯修正案》。这些法律赋予了联邦储备体系对所有银行控股公司的监管控制权。实际上,美国任何一家重要的银行都是由银行控股公司所有的,美联储利用对银行控股公司的监管权对银行采取的每一个举措都有巨大的自由裁量权。㊁ 这些举措通常包括银行内部和外部的并购活动。银行控股公司的组建或购买每一家子公司都需要获得联邦储备体系的明确许可,且美联储对于审批标准还享有较大的选择空间。因此,在美国,美联储的主席有时被认为是美国排名第二的最有权势的人这一点并不奇怪。

2007～2009 年的金融危机导致美联储的作用进一步扩大,因为它可以向共同基金、投资银行和保险公司等影子银行体系中的大量非存款性未投保金融机构提供流动性和资本(见第 12 章中关于影子银行的讨论)。联邦储备体系的巨大监管自由裁量权及其对资本市场的巨大影响力使其在众多公共监管机构中位列首位。2007～2009 年金融危机的爆发暴露了美国金融体系监管结构的主要缺陷——特别是监管相互关联的存款机构和影子银行的效率低下。这种缺陷进一步明确(和加强)了联邦储备委员会的授权。特别地,联邦储备体系获得了针对具有系统重要性的金融机构的额外监控职责,无论这些金融机构是否是商业银行。

㊀ 美联储也被赋予了提供具有灵活性货币的权力,正是这一授权导致了目前使用的联邦储备券。

㊁ 这种监管自由裁量权源自立法宗旨的模糊性。举个例子,在评估银行控股公司收购非银行机构时,美联储被要求判断拟议中的收购是否与银行业密切相关,以至于它属于"适当事件"。有些人指责这种模糊性是一种糟糕立法的标志,而其他人则高度赞扬这种模糊性,觉得这可以作为制约道德风险问题的一种有益方式。

3. 消费者金融保护局

全球金融危机主要涉及的是银行，这些银行向那些无力清偿的借款人发放了贷款（大部分是住房抵押贷款）。这是本书前面曾讨论的信贷标准日益宽松这一总体趋势的部分表现。这种做法现在被称为"掠夺性贷款"，用于表示众多不知情（和财务不成熟）的借款人在银行激进且带有误导性的销售策略吸引下承担了其根本无力承受的住房抵押贷款。㊀作为一种政策回应，根据《多德－弗兰克法案》创建了一个独立机构——消费者金融保护局（CFPB），其任务就是实现抵押贷款、信用卡、金融产品和服务领域的消费者保护。消费者金融保护局设置在联邦储备体系内部，但独立于美联储。

4. 联邦存款保险公司

联邦存款保险公司成立于 1933 年大萧条时期。与它的前身一样，当时对于政府存款保险的创建与否存在着极为深刻的政治矛盾情绪。尽管面对的是陷入崩溃状态的银行业，以及类似的重振公众信心的迫切需求，但罗斯福总统强烈反对联邦存款保险，理由正是我们用于解释最近储蓄贷款协会和银行产生亏损的原因。贵族出身的罗斯福，他的思想领先他所处的时代近半个世纪。尽管如此，最终他还是签署了 1933 年的《银行法》，而正是这部法案在美国历史上第一次提出了联邦存款保险以及与之相伴随的联邦存款保险公司。㊁初始计划是为每个银行账户中最先存入的 2 500 美元提供保险，但多年以后，存款保险的覆盖面已扩大到 25 万美元。㊂

除了显性存款保险之外，联邦存款保险公司经常向存款人支付超过规定限额的存款，以至于自从 1933 年以来，很少有"未投保"的存款人由于银行或储蓄贷款协会倒闭而遭受损失。第二层隐性保险是由联邦存款保险公司自行决定的，通常会利用以下两种理由中的一种来将其合理化。之所以这样做，要么是因为给所有人而不是其中某些人提供补偿的成本要低一些，要么是因为让一些银行承担损失可能会破坏整个金融系统或该破产银行的稳定。这样做有一定的价值，因为清算可能会给未投保存款人的补偿带来额外成本，同时也有助于把这家银行作为一个持续经营的实体保留下来（可能成为另外一家银行的一部分）。

这种论证具有自我实现的特征，也显得较为可疑。尽管如此，但这种做法在很多年里运行得不错。存款保险费率一度很低（每年 6 ~ 12 个基点），既包括受保险的也包括不受保险的国内存款。银行破产事件也少有发生（1975 年之前，每年平均不到 10 家，且几乎所有破产的银行都是小型银行），（联邦存款保险公司和联邦储蓄贷款保险公司的）存款保险基金直到 20 世纪 80 年代都在稳定增长。在这一时期的大多数时间里，联邦存款保险公司成了监管领域一个几乎与世隔绝的地方，很少被见到或听说。它的这种匿名性可视为其成功的证据。

20 世纪 80 年代后期，情况发生了变化，当时每年破产的银行高达 200 家，且具有代表

㊀ 宽松的住房抵押贷款标准所导致的激进的借贷操作被认为是引发次贷危机的原因之一（Keys 等，2010）。但是，Agarwal 等（2014）仅找到了极为有限的证据来支持这样的结论，那就是掠夺性贷款触发了次贷危机。因此，关于这一问题，研究者并没有达成共识。

㊁ 有些人（见 Golembe（1960））倾向于将这个计划描述为政府担保，而不是保险，因为这个计划最终是由政府的征税权而不是由被投保机构缴纳的极为有限的资金池资源支持的。

㊂ 存款保险对集体拥有账户（比如养老基金存款）的覆盖规模远大于 25 万美元。这些账户受保护的上限是 25 万美元与参与集体账户的人数相乘之后的金额。

性的破产事件都涉及非常大型的银行。这些事件导致1993年的存款保险费率上升到了25个基点。联邦存款保险公司的合并存款保险基金在1991年出现赤字。但1992年这种赤字状况就得到了缓解，且自1992年之后基金规模稳步增长，一直到全球金融危机的出现。对联邦存款保险公司"良好"状态的衡量可以通过其基金余额占被保险存款总额的百分比来表示。这也被称为准备金率，定义为

$$一年的准备金率 = 第四季度基金余额 / 第四季度预计被保险存款总额$$

图15-3显示了准备金率随时间的变化态势。法律要求指定的（最低）准备金率为1.25%。2006年期间存款保险评估比率在0至0.27%之间变化，绝大多数银行没有支付存款保险费，平均年度评估比率约为0.11%。在2009～2010年全球（或次贷）金融危机期间，准备金率变为了负数。

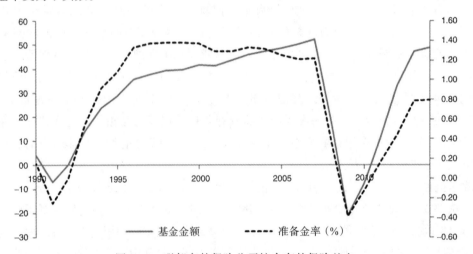

图15-3　联邦存款保险公司综合存款保险基金

注：左侧轴为基金金额，以10亿美元计；右侧轴为准备金率（%）。
资料来源：联邦存款保险公司。

《多德－弗兰克法案》设立了一个单独的基金，也就是所谓的"有序清算基金"，可用于一家大型、复杂金融公司的清算，而这些金融公司破产会对美国的金融稳定构成系统性威胁。

5. 金融稳定监控委员会

《多德－弗兰克法案》创建了金融稳定监控委员会（FSOC），目的是对美国金融体系的稳定性有一个更加整体（宏观）的了解。金融稳定监控委员会试图识别影响美国金融稳定的风险，促进市场约束的完善，并及时应对影响美国金融体系稳定的威胁。金融稳定监控委员会的成员包括来自主要监管机构的高级代表。金融稳定监控委员会由财政部长担任主席，对监控、分析和评估美国金融体系的风险具有广泛的权力。金融稳定监控委员会向国会和美联储针对金融机构或市场监管方面的变化提供建议，以减轻金融体系的系统性风险。它的任务范围较广。例如，金融稳定监控委员会（在其投票成员中拥有2/3的绝对多数）如果发现非银行金融机构对美国金融体系的稳定构成了严重威胁，就可以将其置于美联储的监管之下。

6. 金融研究办公室

金融研究办公室（OFR）也是根据《多德－弗兰克法案》创建的，设置在财政部内部，

其目的是为议会和其他银行监管机构提供支持。为了吸引最有能力的专业人员加入，金融研究办公室内部人员的工资不受绝大多数联邦雇员必须遵循的一般工资标准的约束。金融研究办公室主任任期为 6 年，并拥有要求发布权，也就是说，金融研究办公室主任可以发出命令，来收集旨在实现金融研究办公室目标所需的所有数据。

7. 监管银行的其他联邦机构

参与银行业务的非银行政府机构包括环境保护署、劳工部、国家税务局和联邦调查局（每笔 10 万美元以上的现金交易，除了某些特殊的情况外，必须向联邦调查局报告）。银行也面临着金融市场监管机构（如 FTCC）和司法部的监管，它们可能会对银行的不当行为处以重大罚款。但是，相对于银行监管机构而言，这些机构往往很少参与银行的日常运营。⊖

值得提及的还有证券交易委员会和司法部的反垄断部门。前者监管公开市场上债务和股本证券的出售，后者负责在银行并购以及串通和其他反竞争性行为中的反托拉斯法管理。

证券交易委员会也在关于银行会计的辩论（如在通用会计准则与市场价值会计之间的选择）中确认了自己的角色。这是与证券交易委员会有关的一个问题，因为它涉及财务报告和金融市场的信息披露。我们稍后再回到这个问题的讨论上来。

15.2.2　日本的监管架构

日本的银行监管被置于金融服务局的管辖范围之内。金融服务局是日本内阁府办公室的一个外设机构，目标是保证日本金融体系的稳定和保护存款人的利益。此外，金融服务局还有责任保护保单持有人和证券投资者，创建一个公平、透明的金融市场。金融服务局的任务包括金融体系规划、政策制定以及对银行、保险公司和金融市场参与者等金融机构的监控，还包括对会计准则的审查和对注册审计公司和注册会计师的审查。

日本的存款保险是日本存款保险公司（DICJ）的责任。日本存款保险公司的主要业务包括存款保险业务（例如从受保险的金融机构收取保险费）、破产清算、资本注入、购买不良贷款以及追究破产银行经理的民事和刑事责任。用于结算和支付目的的存款完全由存款保险支付。定期存款的本金加应计利息最高可达 1 000 万日元。

虽然日本中央银行（日本银行）被赋予的主要职责是货币政策，但它也提供清算服务，并负责维护金融体系的稳定。它也行使最后贷款人的职责。⊜

15.2.3　英国的监管架构

在 2013 年之前，英国的银行监管是建立在三方体制基础之上的，涉及三个监管机构：金融服务管理局（FSA）、英格兰银行（英国的中央银行）和财政部。金融服务管理局是英国主要的银行监管机构，负责维持人们对英国金融体系的信心和稳定。它的职能还包括保护消

⊖ 在 LIBOR 丑闻和围绕次贷危机的不当行为（对于一些人来说，这是导致全球金融危机的首要原因）中，很多金融机构被收取了巨额罚款。举个例子，巴克莱由于承认其在 LIBOR 丑闻中发挥的作用，被商品期货交易委员会罚了 2 亿美元，被美国司法部罚了 1.6 亿美元，被英国金融服务局罚了 5 950 万英镑。瑞士联合银行因卷入 LIBOR 丑闻总计被罚了 15 亿美元。美国几家主要银行由于介入了与次级住房抵押贷款信息错误披露相关的问题而被罚数十亿美元。

⊜ 见 Tamaki（2008）。

费者和减少金融犯罪。

由于无法预见 2007 年全球金融危机的开始，英国的主要监管模式发生了变化。随着《金融服务法》（2012 年）的颁布，金融服务管理局被废除，审慎监管局（PRA）和金融行为监管局（FCA）这两个新的监管机构被创建。

金融行为监管局负责确保金融市场和金融市场参与者的适当行为，目的在于保护消费者免受金融公司滥用行为的侵害。金融行为监管局是一个独立的监管机构，由其向监管的金融服务行业成员收取费用来提供运营资金。

英格兰银行拥有大量的监控和管理实质性权力。审慎监管局作为英国中央银行的一部分，负责维护英国金融体系的稳定。它监控和管理存款机构、保险公司和大型投资公司，还负责为保单持有人提供适当的保护。

除了审慎监管局以外，英国还成立了一个独立的金融政策委员会（FPC），作为英国中央银行的子公司。金融政策委员会的主要目标是识别、监控和减少系统性风险，保障英国金融体系的稳定。它负责监管金融市场基础设施供应商，进而帮助政府制定经济政策。

早些时候，2009 年《银行法》已经赋予英格兰银行在处理破产银行方面的大量的权力。特别是，英格兰银行内设的处置指挥部在旨在成功重组破产银行相关工具的特别处置机制中发挥了关键作用。

英国的存款保险是由 2000 年《金融服务和市场法》正式引入的。这部法案将存款保险责任分配给金融服务补偿计划，这是一个向监管机构和财政部汇报的独立机构，其董事由金融行为监管局和审慎监管局来任命。它的覆盖范围不仅包括每家银行每人 8.5 万英镑的银行存款，还包括每家银行每人约 5 万英镑的投资和 5 万英镑的住房金融工具。另外，它还保护 90% 没有上限的保险索赔权。⊖

15.2.4 欧盟的监管架构

欧盟的银行监管在历史上一直被置于各国监管机构的管辖之内。全球金融危机表明，在高度相互关联的欧洲银行业市场，国家对银行的监管不足，尤其是在欧元区——在这里单一货币（即欧元）导致了金融体系的快速一体化。欧盟的监管改革导致其创建了一个（设想中的）共同的管制和管理框架，也就是所谓的银行业联盟。银行业联盟建立在针对欧盟的金融机构的单一规则手册基础之上，由单一监管机制（SSM）和单一解决机制（SRM）构成。

单一规则手册包含欧盟所有的金融机构必须遵守的监管规则立法框架。手册对资本监管予以立法，使各国的存款保险规则保持同步，制定了银行监管和防范银行倒闭的规则。

单一监管机制赋予欧洲中央银行监管欧元区那些规模最大的银行的权力。国家层面的监控机构对其他（规模较小的）国民银行进行监控，但它们也要受欧洲中央银行的控制。欧洲中央银行监控银行是否遵守了单一规则手册（特别是这些机构的资本是否充足），并负责对那些正处于破产进程中的银行进行早期干预。单一监管机制于 2014 年投入运行。

单一解决机制建立了"单一决议委员会"这样一个新的、独立的欧盟机构，来处理欧盟

⊖ 英国金融危机之后的监管改革还包括取消竞争机构公平交易办公室和竞争委员会。它们的职责在很大程度上合并到了一个新成立的机构——竞争和市场管理局。

内部的破产银行。它还建立了由欧盟各银行提供资金的"单一银行清算基金"。单一决议委员会将使用单一解决机制提供的清算工具和单一银行清算基金的资金来有效地处理国民银行和跨国银行的破产事件。从2016年1月1日起，单一解决机制开始全面运作。

人们设想中的银行业联盟是围绕欧元出现的大规模危机的产物。一些国家的政府无力控制赤字，也不具有足够的竞争力来遵守为实现单一货币所设定的规则。持有大量本国主权债券风险敞口的国内银行是这场普遍性信心危机的一部分。银行业联盟力图强化欧洲的银行，这样做也可以强化单一货币的基础。这样的银行业联盟会如何演变，是一个很大的未知数，因为欧元区是由19个具有强大的国内任务的国家组成的，这些国内任务可能与货币联盟所要求的协调相冲突。

银行业联盟的设想是在较早之前尝试整合欧洲金融部门之后提出的。2008年，欧盟构建了欧洲金融监管体系（ESFS），这一体系由三个新的欧洲监管局——针对银行业、保险业和金融市场——和欧洲系统风险委员会（ESRB）构成。⊖欧洲系统风险委员会负责欧盟金融体系的宏观审慎监管，有点像美国的金融稳定监控委员会。它的任务包括预防系统性风险、保障金融稳定、保持金融部门平稳运作，以支持实体经济。

三家欧洲监管局（欧洲银行管理局（EBA）、欧洲保险和职业养老金管理局（EIOPA）与欧洲证券和市场管理局（ESMA））是三个独立的监管机构，每个机构负责一个特定行业的监控。但和与欧洲中央银行相关联的银行业联盟不同，每家欧洲监管局主要拥有的是"软"权力，这意味着它的功能主要是提供协调。欧洲银行管理局负责确定欧盟统一的规制，以及监控技术标准、准则和最佳做法及其在欧洲各国的应用。⊜欧洲银行管理局可以向欧洲议会、理事会和欧盟委员会提供意见。欧洲银行管理局还充当调解人，以解决各国监管人员之间的潜在冲突，并在紧急情况下担任协调员。⊜欧洲管理局和欧洲系统风险委员会如何适应其在银行业联盟中的角色，仍是一个悬而未决的争论性话题。包括不同地理范围（欧洲管理局和欧洲系统风险委员会与28个欧盟成员国相关联，而银行业联盟主要针对18个欧元区成员）在内的一些问题已经出现了，欧盟和欧洲中央银行之间的势力范围之争也可能会出现（银行业联盟与欧洲中央银行挂钩，而欧洲管理局和欧洲系统风险委员会则"属于"欧盟）。无论如何，当前"欧洲计划"正在推进过程之中。

15.2.5 国际协调

2007～2009年金融危机之后，国际协调获得了额外的动力。巴塞尔委员会、金融稳定委员会和G20（由世界上经济规模最大的20个经济体的政府领导人构成）等机构强烈要求采

⊖ 欧洲监管局的创建依据是欧盟第1093/2010号、1094/2000号和1095/2010号监管规则。这些规则是2010年10月24日和2010年12月15日（L331, 12-119）由欧盟议会和委员会通过的。

⊜ 欧盟地区的银行监管通常以欧盟指令的方式引入，对于这些欧盟指令，成员国一般被要求在各国的立法中予以体现，但在具体实施过程中有一定的酌量权。为了实现一个平衡的监管架构，欧洲银行管理局的任务是起草法律法规。约束性的技术标准（以规制或决定的形式被欧盟委员会采纳之后）不仅在法律上具有强制性，也直接适用于欧盟各国。

⊜ 金融管理局的前身是负责协调金融部门规则制定和监督实践的欧盟委员会。金融管理局和欧洲系统风险委员会是所谓的德拉诺西亚委员会建议的结构，该委员会是在2008年全球金融危机刚刚爆发时在欧盟委员会内部设置的（见欧盟委员会，2014）。

取行动来促进全球的金融稳定。在接下来的部分，我们将讨论巴塞尔委员会在设定全球资本充足要求方面发挥的关键作用。金融稳定委员会由财政部、中央银行和监管机构的高级决策者组成，旨在通过协调各国金融监管当局和国际标准制定机构，使它们更好地制定强有力的监管、监督和其他金融部门政策。通过鼓励这些政策在跨部门和跨司法管辖区的一致执行，来培育一个公平竞争的舞台来促进国际金融稳定。⊖金融稳定委员会与G20之间关系紧密。

除了这些机构，国际货币基金组织在维护世界范围内的金融经济稳定方面也发挥了重要作用。

15.3　安全和稳定规制

银行监管试图在推动银行"安全和稳定"运作的同时，也维护整个金融体系的稳定。后者关注宏观审慎（这是15.4节的主题）。我们首先关注单个金融机构的安全和稳定。在第12章中，我们解释了存款保险是如何导致倾向于冒险的道德风险的。这样，限制性条例被用于减轻政府安全网造成的内生性风险。政府安全网既包括显性存款保险计划（见关于美国联邦存款保险公司的讨论和存款保险安排），也包括对被认为"太大（或重要）而不能倒闭"的金融机构的隐性政府担保。图15-4总结了安全性规制的类型。这些规制的繁杂状况体现了实现安全目标的困难程度，尤其是当这些受监管的机构还可以通过采取一些行动来规避这些规章时更是如此。

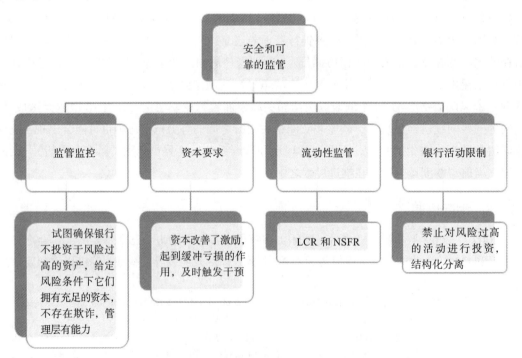

图15-4　安全和可靠监管的类型

资料来源：FDIC 关于银行业的历史性统计。

⊖ 见 www.financialstabilityboard.org/about。

15.3.1 监管监控

公共监管机构对银行的定期检查是美国监管的核心内容。事实上,三家联邦层面的银行监管机构都雇用了大批银行审查人员,而每一个州层面的银行监管机构也都有自己的审查人员。

虽然银行审查人员有相互重叠的司法管辖对象,但它们之间也存在正式的分工。货币监理署审查所有的国民银行,联邦储备委员会审查所有州特许联邦储备委员会成员银行(和银行控股公司),联邦存款保险公司则审查上述两个范围之外的所有投保银行。⊖当然,各州也负责审查由各州自行特许的所有银行。州和联邦监管机构通常会互相接受审查结果。有时候它们会联合审查。换句话说,它们之间存在一些协调,但也伴随相当多的监管重复。下面讨论美国监管评级体系的审查细节。

1978 年,监管机构采用了统一的机构间银行评级体系,也就是大家所熟知的 "CAMEL"(资本充足率(C)、资产质量(A)、管理能力(M)、收益质量(E)和流动性水平(L))。1997 年,第六个因素,也就是"市场风险敏感度"(S)被加入这个体系,形成了现在的 "CAMELS"。所有这些因素都不能孤立地加以判断。例如,被考虑接受的资产质量状况取决于银行拥有多少资本。

- 资本充足率:对银行资本充足率的评估不仅要考虑银行的规模大小,也要考察银行资产负债表表内和表外的资产负债构成状况。我们稍后会更详细地介绍资本问题。
- 资产质量:审查人员会评估银行投资组合中各类贷款的信用风险状况,并将这些贷款划分为良好、次级、可疑或损失等不同的类别。
- 管理能力:审查人员试图判断银行的管理层和董事会的能力,考虑的因素包括技能、管理敏锐度、诚信和遵守银行规制的意愿等。⊖
- 收益质量:这里的评价不仅针对收益本身,还包括其相对于同行而言的收益水平。评估的一个目标是判断内部产生的现金流对银行资本的影响。
- 流动性水平:监管机构通过审查信贷环境、存款波动性、贷款承诺及其他针对银行的或有要求权、资本、当前的流动资产存量以及银行在短期内筹集资金的能力等因素来评估流动性水平。
- 市场风险敏感性:监管机构评估银行的资产、负债和净资产值对利率等市场环境变化的敏感性。

直到最近,对于绝大多数银行而言,监管审查代替了外部审计。但是,银行的监管审查并不完全等同于外部审计。外部审计的重点在于财务报表及其与通用会计准则的一致性,相关结果也可以被外部和内部同时使用。银行的监管审查则关注资产质量和监控的有效性,结果仅供内部使用。事实上,在银行之外披露银行审查的结果(如 CAMELS 评级)是违法的。

⊖ 2007~2009 年金融危机之后,美联储针对具有系统重要性的金融机构的新职责在监管体制中产生了更多的监管重叠。

⊖ Gaul 和 Palvia(2013)发现,管理能力较低的 CAMELS 中的 M 评分与糟糕的会计收益之间存在强相关关系。他们的研究意味着来自监管机构的管理评估是有益的(也可以参见 DeYoung 等,2001)。

监管审查和外部审计也都试图揭露欺诈行为，但有些人会说这样做好坏参半。⊖

1991年，《联邦存款保险公司改进法》（FDICIA）授权监管机构开展对银行的年度全面审查。这些监管审查和审计是以已取得的基于信用评级分类的信息为基础的，而这种分类是根据其揭示银行真实财务状况的能力所确定的。

银行监管审查结果会提供给银行的董事会，随后审查人员会和董事们进行对话，其目的在于澄清有关问题，并讨论审查中发现的问题的解决步骤。在这之后，审查报告将被提交给监管机构，而监管机构与银行间的关系也会受到审查报告结果的影响。

监管机构可以对管理层或董事会的不当行为施加广泛的制裁措施。建议之后一般是警告，然后是停业——在这份通知中，监管机构要求管理层终止或在未来不能再重复某项业务，否则的话就会面临法律的制裁。管理层可以被解雇。董事们可以被处以罚款或被解除职务，甚至成为银行业的禁入者。银行可以被置于托管或接管状态。董事及管理人员可以因为违反信托义务、疏忽、重大过失或犯罪而被提起民事或刑事起诉。监管机构实行制裁的权力非常广泛。

CAMELS评级在评估银行的财务状况时能提供多少信息量是一个悬而未决的问题。看起来较为可能的情况是，在银行业较为稳定的时期，这些评级对银行的财务状况比在危机时期更有信息价值，因为在危机时期，CAMELS中的一些因素可能具有较低的相关性。⊖

美国联邦储备委员会对银行控股公司采用了更宽泛的评级体系，也就是RFI/C（D）。这个体系的名字来源于评级体系的主要组成部分的首字母缩略词：风险管理（R）、财务状况（F）、母公司和非存款类分支机构的潜在影响（I）以及存款性机构（D）的构成（参见银行控股公司监管手册的4070部分，联邦储备委员会，2014a）。风险管理（R）衡量银行控股公司风险管理和控制的有效性，主要基于四个子部分来构建：董事会和高级管理层的监控，风险监控和管理信息系统，内部控制以及风险管理政策、流程和限制。财务状况（F）通过对收益、资本、流动性和资产质量的评估来测度银行控股公司的稳定性。影响（I）评估了银行控股公司内部的非存款性实体在面临下行风险时对附属存款性机构的冲击。存款性机构（D）部分是根据附属存款性机构的CAMEL评级来计算的。然后所有评级都合并到一个综合排名（C）中。

最大且具有系统重要性的银行控股公司要接受额外的全面资本分析与审查（CCAR）——在全面资本分析与审查中，美联储评估（部分是基于压力测试）银行控股公司是否拥有足够的资本和足够稳健的风险管理实践来忍受长时间的财务困境（联邦储备委员会，2014b）。

监管流程在不同国家之间存在显著的差异。为了改善整个国际银行体系的监管，巴塞尔银行监管委员会（BCBS，2012）为有效的银行业监管提供了重要原则。这些重要原则涉及监控权力、责任和职能。此外，相关原则也对重点关注公司治理、风险管理、资本充足率和遵守监管标准等银行业务提出了监管预期。例如，一项重要的监控原则就是要监控集中性

⊖ 如果股东人数超过500人的话，银行和银行控股公司必须接受审计，但这是美国证券交易委员会的法定要求。仅在1991年《联邦存款保险公司改进法案》通过之后，拥有超过10亿美元资产的银行（控股公司）才被要求进行外部审计（美国联邦法规第74条，35745，2009年7月20日）。

⊖ 这也正是Gasbarro等人（2002）在东南亚金融危机期间对印度尼西亚银行的发现。尽管在印度尼西亚经济稳定时期，绝大多数CAMELS变量是具有信息内涵的，但在危机期间CAMELS变量的信息内涵明显下降。

风险，并制定大额敞口的上限。也就是说，一家银行可能会过度暴露于单一的大额借款人或一群相互关联的借款人面前。监管者需要仔细地监控银行是否充分识别、测度和控制集中性风险。

安全和稳定监管的有效性并不能被认为是理所当然的。金融机构可以采取一些行动来破坏监管。这种行为被称为监管套利。监管套利的一个例子就是曾经被施加于银行的存款利率上限是如何通过脱媒得以规避的（见下面的内容）。

存款利率上限

以 Q 条例形式实施的存款利率上限始于 1933 年的《银行法》。在活期存款利息支付被禁止的同时，美联储被授权可以对成员银行的定期存款和储蓄存款支付利率设置上限。Q 条例随后扩展到联邦存款保险公司承保的所有银行。

Q 条例的利率上限降低了存款成本，进而抵消了不太流行的存款保险费。坚持存款利率上限有两个理由。第一，银行从事高风险资产投资的动机将会被弱化，进而银行的利润可能会变得更高，且波动性也会下降。第二，有很多人认为，如果利率不受到限制，那么处于货币中心的规模较大的银行会吸引农村地区的存款。

存款利率上限是否可以实现上述这两个目标，主要取决于非价格竞争的有效性。当一家银行希望吸引更多的存款，但发现其受到 Q 条例的约束时，它将会在其他方面展开竞争。在 Q 条例利率上限具有实际约束效应的时期（如 1969～1970 年、1973～1974 年和 1978～1980 年），银行就开展了从商品赠送到现金管理服务补贴等多种形式的非价格竞争。⊖

当然，银行和其他存款性机构可以规避存款利率上限这样一个事实，并不意味着利率上限没有效果。利率上限导致的非价格竞争扭曲了资源配置。为了了解这一点，请注意，即使在利率上限缺失的情况下，银行也可能向存款人提供非价格竞争激励，进而可能出现的情况是，当不存在（利率上限）约束的最优资源分配时，银行不仅会支付有竞争性的利息，而且会向存款人提供其他服务。但当 Q 条例的利率上限具有约束力时，银行就会配置更多的资源来提供这些辅助性的服务，而这种额外的配置代表几乎是确定无疑的低效扭曲。此外，像法定存款准备金要求一样，Q 条例利率上限引发了众多负债工具的创新。欧洲美元存款的增长就是同时受法定存款准备金要求和 Q 条例刺激的结果。

到 1986 年，所有的存款利率上限事实上都被逐步取消了。⊖市场利率与 Q 条例利率上限之间的差距日益扩大，引发大规模存款外流（脱媒），这是利率上限被逐步淘汰的理由之一（Mertens，2008）。

⊖ 其他非价格竞争的方式包括分支机构的过度设置、自动柜员机和银行营业时间的延长。

⊖ 直到最近，银行业机构才被禁止向活期存款支付任何利息。然而，这一禁令并没有太大的意义，因为消费者交易账户可以被归类为可转让支付命令账户或权益分享账户。由于可转让支付命令账户可以提供给个人、非营利机构和公共机构，所以针对活期存款利息支付的禁令仅适用于企业存款。但是，银行可以为它们的企业客户提供现金管理、密码箱、工资单等服务而不违反利息支付禁令。见 Huber（1989）。

15.3.2 资本要求

从账面价值上看，资本是留存收益和发行在外的普通股买入价之和，而以市场价值来测算，资本则是当前每股的市场价格乘以发行在外的股票总数后得到的数值。然而，出于监管的目的，资本的界定还包括一般（但不特定）的贷款损失准备金、永久性优先股和特定的长期债务。⊖ 贷款损失准备金是被指定用于吸收未来贷款损失的资金；当损失出现时，它们可以通过冲销贷款损失准备金而不是当期收益的形式来处理。提取损失准备金的会计实务可以实现收入的跨期平滑。作为资本的一种形式，贷款损失准备金提高了银行债权人的索取权价值。同样，长期债务（主要包括次级票据和信用债券）的清偿优先权低于存款，以至于银行资产负债表上长期债务的规模越高，意味着给存款人提供的保护就越大。因此，监管机构将贷款损失准备金和长期债务纳入银行资本的依据是两者的优先权都低于存款，进而其可以充当存款人以及存款保险公司保护者的角色。正如我们最近看到的，在全球金融危机之后，资本的定义变得更为狭窄，并倾向于排除债务。这么做的理由是，无论采取何种形式，债务都可能导致财务困境，并最终威胁到稳定。联邦银行监管机构区分了一级资本和二级资本。资本重组要求适用于总资本（一级资本加二级资本），并对二级资本占资本总额的比例设定了上限要求。在下面的内容中，我们给出了对这两类资本的界定。

一级资本和二级资本

一级（核心）资本：
- 普通股；
- 留存收益；
- 资本盈余（通过以超过面值的价格出售普通股或优先股所获得的资金）；
- 公开披露的资本准备金（尚未公开的现金股利支付留存的准备金加上未预见或有事项的准备金）。

二级（补充）资本：
- 贷款和租赁损失准备；
- 存续期至少为 20 年的优先股；
- 初始平均存续期至少为 7 年的次级义务（包括股票和债务）；
- 未公开披露的资本准备金；
- 混合资本工具（这类工具具有债务和权益特性，但有可能包含在监管资本中，比如优先股和可转换债务）。

总资本：
一级资本 + 二级资本。

在 20 世纪 80 年代以前，对于银行的资产负债表而言，现金资产法定准备要求是一个比资本充足要求更重要的约束指标。诚然，新的特许银行拥有合理且界定清晰的初始资本充足

⊖ 对特定的受损资产，需要提供特定的准备金，然而一般准备金不分配给可识别的受损资产，因此具有一般可用性。

要求，而且纽约联邦储备银行提出的资本标准与现行风险相关的资本充足规则极为相似。尽管如此，针对银行的资本监管与储蓄银行相比仍存在显著的差异——储蓄银行的资本充足要求优先于流动性要求，进而被视为首要的监管要求。

这种差异反映了这样一种传统观点：银行面临的主要风险是存款提取风险，而不是信用风险，对储蓄银行的假定则恰好相反（也就是说，其面临的主要风险是信用风险，而不是存款提取风险）。商业银行旨在发放短期且自动清偿的商业性贷款，主要是具有高度可预测的还款模式的贸易融资、存货和应收账款融资。但是，LBO、LDC、商业不动产、定期贷款、表外业务活动和利用银行控股公司延伸进入非银行活动等业务扩大了商业银行资产转换的信用风险。

银行扩大的信用风险意味着政府安全网更大的风险暴露，而监管机构的反应就是出台更为严格的资本充足要求。为了控制银行资产，银行的股东被要求增持股份。

1978 年的《国际银行法》(IBA) 规定了对商业银行的第一个具有法律效力的全国性资本充足要求。在此之前，唯一的联邦资本标准适用于新设立的特许银行。另外，资本标准是临时性的，通常会作为银行控股公司申请的一个要求来得到落实。例如，银行控股公司为了获得收购一家住房抵押贷款银行子公司的许可，美联储会要求其提供额外的资本才能进入这一新的业务领域。

1978 年的立法要求银行资本占总资产的比例不低于 5.5%，其中，资本包括实收股本、留存收益、一般（而非特定）贷款损失准备金、有限数量的永久性股票和特定类别的可转换长期债务。

1. 《巴塞尔协议 I》

自 1978 年以来，银行资本已经成为银行监管的焦点。随着全球市场中银行间的国际竞争越演越烈，公共监管机构已经认识到对各国银行资本充足要求进行协调的必要性。因此，1987 年，在位于瑞士巴塞尔的国际清算银行的主持下，美国、日本和西欧主要国家举行了会议。经过漫长而艰苦的谈判，最终《巴塞尔协议》为 12 个会议参与国的所有银行提供了一个大致统一的资本充足监管标准。这一全新的巴塞尔（有时也被称为库克，以这次会议英国组织者的姓名命名）比率将从 1993 年开始全面实施，并覆盖所有投保银行。到了 1993 年，世界范围内所有主要的银行都满足了巴塞尔资本充足要求。⊖这一协议（现在一般被称为《巴塞尔协议》）被誉为国际银行合作进程中的一次伟大的胜利和"公平的竞争环境"到来的预兆。协议的主要内容总结在表 15-1 中。前面部分的内容已经给出了对一级资本的界定。协议准则明确在计算资本充足率时使用的资本基础需排除以下特定项目（这些项目之前一般包含在资本充足率的计算之中）：①商誉；②其他无形资产；③对绝大多数不并表的附属公司的资本性投资；④银行组织之间相互持有的资本性工具；⑤重估储备金。

《巴塞尔协议 I》将法定资本要求与银行资产的构成挂钩。因此，资本充足要求被界定为风险加权资产而不是总资产的百分比。银行风险加权资产是银行账面资产和与表外风险敞口对等的信贷规模的平均值。出于风险加权的目的，协议划分了五种资产类别，也就是表 15-1 中的编号 1 到编号 5。《巴塞尔协议 I》要求最低的总体风险加权资本比率为 8%，其中一级资本至少占 50%。为了计算需要多少资本，银行必须首先确定五种风险类别中每

⊖ 见 Reuters（1993）。

一类资产的资产规模。设 A_i 代表风险类别 i 的美元规模，$i = 1$，2，3，4 或 5。令 C_i 表示类别 i 的转换因子，即 $C_1 = 0$，$C_2 = 0.10$，$C_3 = 0.2$，$C_4 = 0.5$，$C_5 = 1.0$。那么银行所需的总资本是 $(C_1A_1 + C_2A_2 + C_3A_3 + C_4A_4 + C_5A_5)$ 的 8% 或 $0.08 \times (C_2A_2 + C_3A_3 + C_4A_4 + C_5A_5)$，因为 $C_1 = 0$。此外，银行必须拥有的一级资本至少为 $0.04 \times (C_2A_2 + C_3A_3 + C_4A_4 + C_5A_5)$。美国银行监管机构还基于杠杆率约束额外施加了一项快速纠正措施（PCA）要求，强制规定获得最高 CAMEL 评级的银行的一级资本不得低于其总资产的 3%，而其他银行则需要保持 4% 的比例。评级更低的银行可能需要持有更高的资本，最高可以达到 6%。表 15-2 总结了美国的银行所面临的三种资本约束。

表 15-1　《巴塞尔协议 I》(BIS) 资本充足要求

最低总体资本充足比率：8%		
资本充足比率的构成：二级资本不超过 50%		
对特定资产的资本充足率要求		
资产风险类型	以百分比表示的转换因子	符合标准的资产
1	0	现金（包括外汇），对联邦储备银行的债权，期限短于 91 天的美国直接债务，对 OECD 中央政府和银行的债权，期限不足 1 年的贷款承诺
2	10	更长期限的联邦政府债务，由政府债券或官方借贷机构存款担保的贷款，联邦储备体系银行股票（面值）
3	20	对国内存款机构的债权，对 OECD 国家外国银行的短期债权，托收过程中的现金项目，由联邦机构担保的债权或偿付权，由州政府和地方政府信用担保的债权，风险最低的备用信用证
4	50	未以发行机构信用担保偿付的政府债权（收益债券或类似票据），居民住房抵押贷款，期限超过 1 年且未使用的贷款承诺，票据发行便利，中等风险的备用信用证
5	100	对公司的债权（包括贷款和债券），担保类型工具，受制于回购协议和其他信用替代协议的证券销售，特定的备用信用证

表 15-2　针对美国银行的资本约束概况

1. 总资本 $\geq 0.008 \times \sum_{i=2}^{5} C_i A_i$

2. 一级资本 $\geq 0.08 \times \sum_{i=2}^{5} C_i A_i$

3. 一级资本 $\geq \left[0.03 \times \sum_{i=2}^{5} A_i \right] + d$

其中，A_i = 第 i 类资产的美元规模，i 如表 15-1 所示，从 1 到 5 变化
C_i = 巴塞尔风险权重或适用于第 i 类资产的转换因子
d = 针对 CAMEL 评级低于最优的银行资本的附加值，通常取值在 $0.02 \sum A_i$ 和 $0.03 \sum A_i$ 之间
注意，上述方程 2 和 3 可以合并为：

4. 一级资本 $\geq \max \left\{ 0.04 \times \sum_{i=2}^{5} C_i A_i, \left[\left(0.03 \times \sum_{i=2}^{5} A_i \right) + d \right] \right\}$

其中，"max" 是指大括号中两个值取较大的一个。银行的资本必须同时满足上述 1 和 4

《巴塞尔协议 I》的各个签署国可自行对本国银行施加更高的资本充足要求。如前文所述，资本充足要求对包括表内和表外项目在内的各类资产都具有风险敏感性。虽然《巴塞尔协议 I》中的资本充足要求关注的焦点是信用风险，但利率风险也得到了一定程度的认可。

例如，初始存续期超过 91 天的联邦政府债务的资本充足率要求为 0.8%，而存续期更短的政府债务的资本充足要求则为 0。针对表外项目（如贷款承诺、备用信用证、利率和货币互换等）施加的资本充足要求是《巴塞尔协议Ⅰ》的另一个创新。

从某种意义上看，资本充足要求像国际银行合作进程中迈出的第一步。人们对资本充足率存在许多指责。第一，对风险等级的划分简单粗暴，以至于其容易被利用。住房抵押贷款只需要商业贷款 50% 的资本，但是我们很容易找到信用风险高于商业贷款的住房抵押贷款。实际上，商业贷款能够以住房抵押贷款的形式那样被重新打包。监管机构似乎总是低估了资本市场的灵活性和可塑性。贷款仅仅是一种可以满足签约这类目的的书面合同而已。

第二，风险等级是可以被操纵的。⊖ 举个例子，设想一家银行投资了零资本要求的美国国债，然后进入摊销互换交易（回顾第 8 章），在这个交易中，它需要支付这些债券的总收益，同时收取基于住房抵押贷款的款项支付。即使这家银行实际上持有的是住房抵押贷款，但银行所面临的国际清算银行资本充足要求低于住房抵押贷款的 4%。

第三，利率风险未能在《巴塞尔协议Ⅰ》中得到应有的重视，尽管 1991 年的立法规定监管机构要开发新的资本监管准则，以共同反映利率风险和信用风险。

第四，为了满足特殊主体的利益，这一协议做出了许多妥协。举个例子，持有权益的未在账面记录的资本利得的 45% 可以算作二级资本。对于持有大量按购买价计算的权益的日本银行而言，这种妥协具有特别的重要性。美国银行则被禁止将未实现资本利得视为资本。

第五，《巴塞尔协议Ⅰ》资本充足要求假定不同国家的银行业面临的风险基本上是相同的。但是，不同国家银行收益率的波动性存在极为显著的差异。这意味着作为协议基础的资产——风险类别的划分可能太过于单一和粗暴，不同国家的最低资本充足率应有较大的差异。

第六，由于资本比率的规定是以账面价值为基础的，所以这个比率无法根据收益的波动和银行权益账面价值与市场价值之间的关系来进行调整。此外，资本充足要求也没有认识到银行资产负债表具有投资组合的特征。由于单个资产类别的资本充足要求是线性的，所以该协议并没有意识到资产收益之间协方差的不同会影响分散化和投资组合的风险。

尽管存在这些缺点，但《巴塞尔协议Ⅰ》作为资本标准国际协调进程中具有历史性的第一步，尤其是它将资本与风险联系起来，同时认识到了表外项目的意义，这些都非常值得一提。后来的事实证明，《巴塞尔协议Ⅰ》基本上只能算作是第一步，而修订后的协议，也就是《巴塞尔协议Ⅱ》于 2004 年被采纳。这些内容将在下面部分讨论。还需要提醒的一点是，由于监管机构被要求关闭那些资本明显不充足的银行，《联邦存款保险公司改进法案》的快速纠正措施要求实际上进一步强化了资本的重要性。

2.《巴塞尔协议Ⅱ》

2004 年 6 月，十国集团（G10）的中央银行行长和银行监管当局负责人发布了一份新闻稿，共同签署公布了《统一资本计量和资本标准的国际协议：修订框架》。这是一个全新的资本充足框架，被称为《巴塞尔协议Ⅱ》。框架中基本法的规划实施预计在 2006 年年底完

⊖ 这一点由 Merton（1994）所指出，后来 Goodhart（2013）也提到了这一点。

成,而更为先进的方法则要求在 2007 年年底之前被采用。○许多人认为,《巴塞尔协议Ⅱ》是《巴塞尔协议Ⅰ》开启的进程不断演进的结果。

《巴塞尔协议Ⅱ》的目标:《巴塞尔协议Ⅱ》有许多目标,其主要目标如下所示。
- 确保资本充足监管不会变为竞争劣势的来源之一。
- 采用更具风险敏感性的资本充足要求。
- 更多地利用银行自身的内部风险评估。
- 将市场纪律和监管监控作为整个监管架构的一部分,以确保审慎地承担风险,而非仅仅依靠资本充足要求。
- 涵盖更为全面的风险,包括信用风险、利率风险和操作风险。
- 考虑银行的风险缓释工作。
- 采用一种与时俱进的、更具有前瞻性的方法。

《巴塞尔协议Ⅱ》的三大支柱:《巴塞尔协议Ⅰ》专注于银行资本充足率。相比之下,《巴塞尔协议Ⅱ》采取了一种更为全面的方法,依赖三个"支柱"来确保银行承担适度的风险。这三大支柱是:
- 第一支柱:最低资本充足要求;
- 第二支柱:监控审查流程;
- 第三支柱:披露(或市场约束)。

这里的理念是,监管机构被认为应依靠三种机制来控制银行风险,也就是资本充足要求(与《巴塞尔协议Ⅰ》中的规定一致,但做了一定的修正,也就是将资本充足要求与一系列更为广泛的风险相关联,而不仅仅是信用风险)、监控审查和市场约束。我们接下来对每个支柱做简要说明。感兴趣的读者可以访问国际清算银行的网站,以获得更为详细的信息。

第一支柱:最低资本充足要求。最低总资本充足要求必须以信用风险、市场风险和操作风险三大风险作为基础来进行计算。在计算资本充足率时要利用监管资本和风险加权资产这两个概念。总资本充足率不得低于 8%,同时,二级资本不得超过一级资本的 100%。

经过调整,符合条件的监管资本的定义与 1988 年《巴塞尔协议Ⅰ》在本质上是相同的。○

《巴塞尔协议Ⅱ》将风险加权资产界定为

$$总风险加权资产 = 信用风险确定的风险加权资产 + 12.5 \times 市场风险和操作风险的资本充足要求$$

请注意,上述式子中的 12.5 是最低资本充足率 8% 的倒数。

针对信用风险的风险加权资产是通过下列方式确定的。银行可以在信用风险资本充足要求的两种较为宽泛的计算方法中进行选择:标准法和内部评级法(IRB)。我们首先考虑标准法。在表 15-3 中,我们提供了在这种方法下分配给不同类型信贷资产的权重。

○ 美国不太情愿采纳《巴塞尔协议Ⅱ》,决定仅 25 家最大的银行根据协议来做。
○ 两者之间存在偏离的一个例子是在可以采纳的方法(基于内部评级的方法)中,一般贷款损失准备金不能纳入二级资本。

表 15-3　标准法下不同信贷资产的风险权重

索取权类型	指定的风险权重
1. 对于主权国家政府和中央银行的索取权	取决于国家的信用评级：AAA 到 AA- 的国家为 0%，A+ 到 A- 的国家为 20%，BBB+ 到 BBB- 的国家是 50%，BB+ 到 B- 的国家为 100%，低于 B- 的国家为 150%，未评级国家为 100%
2. 对于非中央政府公共部门实体（PSE）的索取权	风险权重由各国自主决定，针对特定国内 PSE 的索取权可视为对构建 PSE 的主权国家的索取权
3. 对于多边开发银行（MDB）的索取权	风险权重基于外部风险评估，适用于高信用评级 MDB 的索取权的风险权重为 0%（即那些拥有 AAA 外部评级的 MDB）
4. 对于银行的索取权	一国的监管机构可以从两种方案中选择一种。第一，对在某一国家注册的所有银行制定一个风险权重，该风险权重类别要比分配给该国家主权信用的风险权重更高一些，但风险权重的上限是 100%。第二，基于银行自身的外部信用评级来确定风险权重，最低为 20%，未评级银行的索取权的风险权重为 50%
5. 对于证券公司的索取权	如果证券公司受到的监管安排（包括基于风险的资本充足监管）与银行类似，那么对证券公司索取权的风险权重设置可以和银行一样；如果两者之间存在不同，那么选择适用于证券公司索取权的风险权重
6. 对于公司的索取权	依赖公司的信用评级：AAA 到 AA- 的公司为 20%，A+ 到 A- 的公司为 50%，BBB+ 到 BB- 的公司是 100%，低于 BB- 和未评级的公司为 150%。在各国自主决定的情况下，监管当局可以允许银行将所有公司索取权的风险权重设置为 100%，而不考虑其外部评级
7. 包含在监管零售组合中的索取权，如循环信贷额度、（像信用卡和透支这样的）信贷额度、个人长期贷款和租赁、小企业融资便利和承诺	风险权重为 75%
8. 个人住房抵押贷款和由个人住房抵押贷款担保的索取权	风险权重为 35%
9. 由商用不动产担保的索取权	风险权重为 100%
10. 过去未及时支付的贷款（未支付的时间超过 90 天）	风险权重为 100%～150%，取决于特定的条款
11. 高风险类型索取权，比如评级低于 B- 的针对主权国家、PSE、银行和证券公司的索取权，评级低于 BB- 公司的索取权，评级在 BB+ 和 BB- 之间的资产证券化"档"证券	风险权重为 150% 或更高，评级在 BB+ 和 BB- 之间的资产证券化"档"证券的风险权重为 350%
12. 权益投资、银行和证券公司发行的监管性资本工具等其他资产	风险权重为 100%
13. 资产负债表表外项目	• 将使用信用转换因子（CCF）。初始存续期最高为 1 年的承诺将获得 20% 的信用转换因子；初始存续期超过 1 年的承诺将获得 50% 的信用转换因子；而附有重大不利变化条款的承诺的信用转换因子为 0 • 短期自我清偿的贸易信用证会获得 20% 的信用转换因子

　　除了规定风险权重来反映各种资产所蕴含的信用风险之外，《巴塞尔协议Ⅱ》还认识到，银行减缓风险的努力可能会影响其风险敞口，进而在尝试计算最低资本充足要求时考虑到这一点。举个例子，如果信贷交易中存在抵押品，那么银行就可以降低这笔交易所需的资本。换句话说，银行的信用风险敞口可以通过抵押品得到限制。但是，如果这里讨论的

债权在发行时获得了特定的信用评级，并且这个信用评级已经反映了银行的风险缓解措施，那么除了通过风险缓解对信用评级的影响而导致的资本减免之外，不能再有额外的资本减免了。

接下来，我们转向信用风险测度的内部评级法（IRB）。这种方法允许一些银行依靠自身的风险构成来确定特定风险敞口的资本充足要求，只要使用这种方法的银行满足特定的条件和法定披露要求。内部评级法的风险构成包括违约的概率（PD）、违约损失（LGD）、违约风险敞口（EAD）和有效期限（M）。在一些情况下，银行可能被要求使用监管当局规定的数值，而不是对一个或多个风险构成的内部估计值。

内部评级法的第一步是将银行账面上的风险敞口划分为具有不同内在风险特征的多个类别的资产：公司类、国家主权类、银行类、零售类和权益类。在这些宽泛的类别中，可以存在一些子类别。每一种资产类别存在三个关键要素。

- 风险构成：银行提供的风险参数估计值，其中一些是监控部门给出的估计值。
- 风险加权函数：将风险构成转化为风险加权资产，进而计算出资本充足要求。
- 最低要求：某一银行为了使用内部评级法而必须达到的最低标准。

对于多个资产类别，内部评级法中又存在两种宽泛的方法：基础法和高级法。在基础法下，作为一个通用规则，银行提供自己对 PD 的估计值，同时依赖监管部门提供的对其他风险构成的估计值。在高级法下，银行对 PD、LGD 和 EAD 中的一个或多个构成提供自己的估计值，同时自己进行有效期限（M）的计算。

资产证券化在《巴塞尔协议Ⅱ》中得到了特殊处理。银行被要求针对传统证券化和合成证券化产生的风险敞口确定监管资本充足要求，并考虑证券化的经济实质，而不是其法律形式。受资本充足要求约束的证券化结构包括为证券化交易提供信用风险缓解措施所产生的风险敞口，对资产支持证券的投资，次级证券的自留，以及流动性便利或信用增强的提供。这些风险敞口的实际资本充足要求取决于风险敞口的信用评级。

操作风险被定义为由于内部流程的不完善或失效、人员或系统以及外部事件等造成损失的风险。操作风险包括法律风险，但不包括战略风险和声誉风险。确定操作风险资本充足要求的几种方法也体现在《巴塞尔协议Ⅱ》中（详细信息见下文）。

操作风险的资本要求

《巴塞尔协议Ⅱ》规定了计算操作风险资本费用的三种方法：①基本指标方法；②标准化方法；③高级测量方法（AMA）。协议鼓励银行在开发更复杂的操作风险测量系统和实践的同时，遵循现有方法的连续性，并为标准化方法和高级测量方法规定具体的合格标准。

根据基本指标方法，银行必须持有相当于前 3 年平均年度总收入 15% 的经营风险资本，不包括任何年度总收入为负的数字。

根据标准化方法，可将银行业务分为 8 条业务线：企业融资、销售与交易、零售银行、商业银行、支付结算、代理服务、资产管理和零售经纪人。总资本费用为 3 年里每年每条业务线的监管资本费用总和的平均值。在任何一年中，任何业务线的负资本费用（因为总收入为负）均可以无限制地抵消其他业务线的正资本费用。但是，当某一年所有业务线的总资本费用均为负数时，该年度不在计算之列。作为资本保留的总收入的百分比因业务线而有所不同。⊖

根据高级测量方法，监管资本要求等于银行内部运营风险测量系统产生的风险度量。使用高级测量方法需要经过监控审批。

《巴塞尔协议Ⅱ》还包括针对市场风险的资本充足要求。在《巴塞尔协议Ⅱ》中，银行被要求建立流程，以使其能够评估并积极管理所有实质性的市场风险。针对市场风险的内部资本充足率的评估应该基于在险价值（VAR）模型和压力测试，其中压力测试包括极端市场压力情景下的集中性风险评估和流动性不足评估。银行的内部资本评估被要求证明不仅有足够的资本来满足最低资本充足要求，而且能够承受一系列严重但看似合理的市场冲击。⊜

第二支柱：监控审查流程。《巴塞尔协议Ⅱ》的监控审查流程旨在确保银行拥有足够的资本来支持业务中的所有风险，同时也鼓励银行开发和利用更好的风险管理技术来监控和管理风险。这一审查过程必须包括银行管理层在制定内部资本评估流程和设定适当的资本目标方面的责任。

人们希望监管机构能够评价银行是如何评估其相对风险而言的资本需求的，并在适当时候进行干预。这种互动旨在促进银行和监管机构之间的积极对话，以便在任何缺陷被识别出来的时候，快速纠正措施能够被采纳，用于降低风险或恢复资本。

有三个主要的领域可能特别适合第二支柱中的处理方式：有些风险（如信贷集中风险）虽然被纳入第一支柱的考虑范围，但第一支柱并未充分考虑这种风险的影响；银行资产负债表内的利率风险、业务和战略风险等没有被纳入第一支柱的考虑范围；商业周期影响则属于银行外部风险因素。此外，第二支柱还涉及监管机构对采用第一支柱中高级测量方法（如信用风险 IRB 框架和操作风险处理）的银行是否遵守了最低标准和披露要求的评估。

《巴塞尔协议Ⅱ》还提醒银行监管机构以一种透明和负责任的方式来履行其义务。此外，它鼓励各国监控机构之间加强国际合作，尤其是对复杂国际银行业组织的跨境监管。

第三支柱：披露（或市场约束）。鉴于银行活动的复杂性日益上升，对于银行监管机构而言，对这些活动进行详细的监控虽然不是不可能，但也变得极为困难。因此，《巴塞尔协议Ⅱ》试图通过要求更高的透明度和披露来鼓励市场纪律的约束。在这一过程中，《巴塞尔协议Ⅱ》希望鼓励专业投资者和金融分析师对银行进行监控，以此来作为对银行监管的补充。但是，《巴塞尔协议Ⅱ》在这一方面提供的细节和精确性内容最少。除了强调增加透明度和披露的必要性之外，它对如何使这个支柱发挥效应并没有太多的表述。⊜

⊖ 企业融资、销售与交易、支付结算占 18%，15% 用于商业银行和代理服务，零售银行、资产管理和零售经纪人业务占 12%。

⊜ 《巴塞尔协议Ⅱ》还包含其他修正内容。在适当的情况下，银行必须考虑以下因素：价格的非流动性／"间隙"，头寸集中度（相对于市场交易量而言），非线性产品／深度虚值头寸；事件和违约；相关性的显著转变，以及 VAR 可能无法恰当捕捉的风险（如回收率的不确定性和偏度风险）。

⊜ 很多建议已经被提出来激励私人部门投资者去监控银行，其中包含迫使银行为自己提供次级债务所需的部分资金。这类债务的定价可以使投资者提供潜在的关于银行当前状况的信号，同时为监管机构提供有用的互补性信息。见 Bliss（2001）、Calomiris（1998）、Evanoff 和 Wall（2009）。

3.《巴塞尔协议Ⅲ》

全球金融危机凸显了银行和金融体系监管中存在的重大缺陷。在 2007～2009 年金融危机爆发前夕出台的《巴塞尔协议Ⅱ》也没有逃脱受指责的命运。《巴塞尔协议Ⅱ》被指责为几乎等同于顺周期的银行资本监管，具有监管套利的巨大可能性[⊖]，并由此造成了银行资本不足，进而使银行无法平安度过这次严重的经济风暴。特别地，这种"基于模型"的方法被批评很容易受到操纵，进而在经济运行良好的时期产生过于乐观的风险评估（由此导致很低的资本充足要求）。后面这个因素在银行的业务运作过程中创造了显著的顺周期性。资本的"质量"也受到了批评——类似债务的融资来源仍然被允许计入资本来满足资本充足要求。人们对那些模型批评的焦点在于，由于这些模型需要得到监管机构的认证，而这种认证导致了这些模型的标准化，这可能迫使各个银行的战略呈现出更高的相似度。经营战略的相似性可能会使银行资产组合的选择具有更高的相关性，进而提升了系统性风险，最后，交易对手风险并没有得到充分的解决，这种风险不仅威胁单个金融机构的安全和稳定，而且威胁到整个系统的稳定。作为回应，巴塞尔委员会于 2011 年 6 月 1 日提出了新的《巴塞尔协议Ⅲ》（见 BCBS（2011，2012））。

《巴塞尔协议Ⅲ》致力于通过提高银行资本质量、加强风险覆盖和增加不基于模型的杠杆率来加强全球资本框架。

提高银行资本的质量： 总监管资本是由一级资本和二级资本构成的。一级资本被视为高质量银行资本，也就是说，这部分银行资本可以在持续经营的基础上（即在银行的正常业务运作中）吸收损失。相比之下，二级资本是质量较低的银行资本，也就是说，这部分银行资本能够在已经发生损失的基础上（如银行进入了破产清算程序）吸收银行损失，它不能阻止财务困境的发生，但为存款人提供了一些保护。

在 2007～2009 年的金融危机爆发之前，不同国家之间对银行资本的界定（和在高质量一级资本和低质量二级资本之间的划分）不太精确，同时存在巨大的差异。这种状况造成了两个问题。第一，尽管资本充足率可作为银行稳定性的一个相对或比较性指标，但在银行和银行体系之间进行资本水平的比较极为困难。第二，银行可以通过让各种非权益资金来源充当合格的银行资本，从事资本套利。为了解决这些问题，《巴塞尔协议Ⅲ》更清晰地界定了哪些资金来源可以算作银行资本，并更关注最高质量层级的银行资本（也就是一级银行资本）。特别地，一级资本被核心一级资本所取代，而核心一级资本包含普通股、留存收益和股票溢价、其他综合收益累积和公开准备金，以及监管性资本调整。

额外的一级银行资本则由一些混合工具构成，这些工具需要满足的标准包括：①受偿顺序在存款人、一般债权人和银行次级债权人之后；②永久性地没有赎回动机；③银行需要在股息/息票支付方面享有完全的自由酌处权。最后一项要求股息/息票必须从可供支付给普通股股东的可分配收入中支付，并且未支付的股息不得对银行施加任何限制（除非触发了不向普通股股东支付股息的条款）。

与《巴塞尔协议Ⅱ》相比，《巴塞尔协议Ⅲ》中的一个重大改变涉及在一级资本的构成中逐步淘汰了具有赎回动机（升级条款所致）的混合资本工具。《巴塞尔协议Ⅱ》还允许利

⊖ 见经济合作与发展组织（2012）。

用三级银行资本来覆盖市场风险（三级银行资本包括一般损失准备金、未公开准备金和许多种类的次级债务）。现在二级银行资本在《巴塞尔协议Ⅲ》中已经被取消了。此外，二级银行资本将在不同司法体系中更好地保持协调一致。

二级资本的主要任务是在银行违约的情况下弥补银行存款人或普通债权人的损失。因此，《巴塞尔协议Ⅲ》规定，二级银行资本的受偿顺序在银行存款人和普通债权人之后。它不应该通过资产证券化来提高优先等级，且初始存续期最低不少于5年，5年后才能赎回。二级资本的购买者不得作为发行银行或关联方，同时发行银行也不得为其购买提供资金。⊖

提高银行资本的数量：《巴塞尔协议Ⅲ》要求银行的核心一级资本至少达到风险加权资产的4.5%。一级资本与风险加权资产的比率不得低于6%，总资本与风险加权资产之比至少达到8%。

加强风险覆盖：除了提高银行资本的数量和质量之外，资本监管还应该覆盖银行的主要风险敞口。全球金融危机已经表明，一些资产负债表表内和表外的风险在很大程度上并未被考虑在内。因此，《巴塞尔协议Ⅲ》旨在筹集资本来提高其风险覆盖范围，尤其是对持有复杂的金融衍生品和交易账簿中的产品。

银行需要使用压力测试下的风险价值资本充足要求方法来计算对交易对手信用风险的最低资本要求。压力测试下的风险价值资本充足要求是在连续12个月重大财务压力情境下计算出来的。风险价值资本充足要求背后的理念是，银行应构建足够的资本来度过长时间的财务困境。

尽管《巴塞尔协议Ⅱ》要求银行必须提供资本缓冲来覆盖交易对手潜在的违约风险，但2007～2009年的全球金融危机表明，交易对手信用状况恶化（不一定是违约）可以使银行陷入巨大的压力之中。因此，《巴塞尔协议Ⅲ》规定银行必须建立足够的资本来覆盖由于交易对手信用状况下降而导致的盯市损失（也就是所谓的信贷估值调整CVA风险）。《巴塞尔协议Ⅲ》还规定了一种处理所谓的错误方式风险的方法。错误方式风险被界定为风险敞口随着交易对手信用状况的恶化而增加这样一类状况。通过抵押品来进行风险管理的实务标准也得到了改善。

《巴塞尔协议Ⅲ》还解决了银行体系内部的系统性风险问题。它提高了双边场外衍生品风险敞口的资本充足要求，极力激励银行将其衍生品风险敞口转移到（像清算所这样的）中央交易对手方。中央交易对手方也要遵守严格的标准（如资本充足要求），以确保建立稳健的金融市场基础设施。

杠杆率：资本充足监管面临着包括潜在的顺周期性、复杂性、可操纵以及银行使用的内部模型可靠性的不确定性等在内的诸多麻烦。⊜这些麻烦使人们渴望一种简单且更为基础的充当资本充足监管要求补充的工具。作为一种政策性回应，《巴塞尔协议Ⅲ》将最低未加权杠杆率指标作为一种额外的资本监管要求。杠杆率指标的计算如下

$$杠杆率 = 资本测度 / 风险敞口测度$$

基本上，杠杆率指标在本质上最接近账面权益与总资产之间的比率，对那些考虑非金融

⊖ 《巴塞尔协议Ⅲ》也提供了规则，要求银行控股公司以及互助和合作储蓄机构将资本纳入其中。

⊜ 见BCBS（2014）。在某些资产上选择错误的风险权重，可能会损害基于风险的资本金要求；此外，政府鼓励银行购买风险权重过低的资产。

公司的资本结构问题的人来说，这一比率是大家所熟悉的。

特别地，银行的杠杆率指标至少需要达到3%。杠杆率指标中的资本测度指的是《巴塞尔协议Ⅲ》所定义的一级资本，其相关内容在前面已经进行了说明。风险敞口测度指的是资产负债表表内敞口（资产负债表上的所有项目以及一些调整项目）、衍生品风险敞口、证券融资交易（如回购协议、逆回购协议、证券借贷）敞口和表外敞口的总和。这样，基本上我们可以把杠杆率指标理解为是一级资本与银行总敞口（包括会计意义上的资产负债表表内和表外项目）之间的相对数值。

此外，《巴塞尔协议Ⅲ》旨在通过增加反周期的资本缓冲、降低最低资本充足率监管的周期性、引入前瞻性储备和增加资本留存等途径来降低基于风险的资本充足要求的顺周期性。《巴塞尔协议Ⅲ》另一个值得注意的特征是它引入了全球性的流动性监管指标，这一点将在15.3.3节进行介绍。

15.3.3　流动性监管

从历史上看，流动性监管主要被认为是一种货币政策工具，其次才充当一种审慎监管工具。尽管如此，维护足够的流动性被认为是极其重要的。在2007～2009年全球金融危机爆发之前，银行在高度发达的金融市场中似乎很容易获得流动性。⊖然而，全球金融危机表明，金融体系在运行中可能会经历流动性紧缩的状况，金融市场也没有之前所想象的那样具有弹性，也就是说，我们可能会观察到流动性的冻结，进而银行通过金融市场来获得流动性将变得困难和成本高昂。特别地，在很大程度上依赖金融市场中的短期借贷（也称为批发融资）的金融机构具有的根本性缺陷变得极为明显。像雷曼兄弟这样的投资银行和英国北岩银行这样的贷款机构，它们是典型的利用非常短期（通常是隔夜借款）的融资途径为自身提供大量资金的金融机构，大量投资于住房抵押贷款和抵押担保债务等长期资产。当人们对这些资产的信用质量出现严重的疑虑时，市场对这些金融机构破产风险的担忧显著提升，由此导致这些机构所面临的短期融资市场基本处于冻结状态，从而使这些机构的再融资能力，包括整个市场的稳定性面临巨大的压力。北岩银行甚至遭受了一场真实的银行挤兑——存款人在其大厦前排起了长队。雷曼兄弟的境遇也好不了太多。交易对手方撤回了资金，加剧了其面临的流动性问题。这些金融机构极低的资本水平进一步加剧了流动性压力，产生了全面的信心危机。其他的金融机构也面临同样的压力，进而诉诸资产销售（以弥补资金缺口），而这种行为加剧了资产价值的下降，进一步侵蚀了金融机构和破坏了整个金融体系的稳定性。这是一种期限错配、信用风险过高和资本水平极低相互结合的经典状况，这些因素的融合使得人们对破产的担忧提升到很高的水平，相应地造成了流动性紧缩。

当前的资本充足监管规定显然不足以应对由金融机构资产和负债之间的期限错配而导致的不稳定性。对资产价格具有抑制效应的资金市场冻结和资产强制销售使那些即便资本足够充足的金融机构也感到了压力，并在一定程度上受到信心危机的冲击。

这场金融危机的教训非常明显。资本充足监管和流动性监管两方面都需要得到加强。为了实现这样的目的，《巴塞尔协议Ⅲ》引入了两项流动性监管措施：流动性覆盖率（LCR）和

⊖　借助货币市场共同基金来获得资金也变得极为流行。

净稳定资金比率（NSFR）。净稳定资金比率要求银行拥有相对于期限超过 1 年的资产流动性状况而言足够稳定的资金来源。这一监管措施旨在防止利用（短期）的批发融资来持有长期资产。

与净稳定资金比率要求银行在较长时期内实施可持续的期限结构不同，流动性覆盖率旨在促进面临流动性风险的银行的短期融资弹性。特别地，流动性覆盖率要求银行必须拥有足够规模的高质量流动资产（HQLA）来满足自身的资金需求，进而使自身能撑过 30 天流动性极低的时期。

流动性覆盖率需要大于或等于 1，这里的流动性覆盖率被界定为[⊖]

流动性覆盖率＝高质量流动资产存量/未来 30 个日历天期间净现金流出总额

高质量流动资产存量被界定为即使在处于严重危机时期的市场中仍具有流动性的资产，也是最理想的可以作为中央银行业务抵押品的资产。这些资产的基本特征是风险低，估值具有确定性，且与风险资产的相关性较低。最理想的情况是，这些资产是在发达的交易所中上市交易的。

《巴塞尔协议Ⅲ》对两类高质量流动资产进行了区分。一级高质量流动资产可以不受任何限制地纳入，而二级高质量流动资产最多占所有高质量流动资产的 40%。符合一级高质量流动资产的资产包括铸币和银行券、中央银行储备和高质量（具有流动性，且可进行大规模交易）的可适销证券（政府债券或由政府、中央银行、公共部门企业、国际货币基金组织和欧洲中央银行担保的债券）。根据《巴塞尔协议Ⅱ》，这些资产的风险权重被指定为 0%。[⊖]一级高质量流动资产不存在折扣率。

根据银行监管机构的判断，二级高质量流动资产可以进一步分解为两个层次：2A 标准级资产和较低质量的 2B 级资产。2B 级资产最多不得超过高质量流动资产总额的 15%。2A 级高质量流动资产是高质量（具有流动性，交易活跃）的市场证券（在《巴塞尔协议Ⅱ》中的风险权重被指定为 20%）和信用评级至少为 2A 且不是由银行自身发行的高质量公司债务性证券。2A 级高质量流动资产适用于 15% 的折扣率。

根据监管机构的决定，被划分为 2B 级的资产需要更高的折扣率：个人住房抵押贷款支撑证券（25% 的折扣率），信用评级在 A+ 和 BBB 之间的企业债务性证券（50% 的折扣率），以及普通股权（50% 的折扣率）。这些资产要受到额外的监管要求，以确保其在流动性短缺的时候能够充当流动性资产。所有的一级和二级证券均应在具有高度流动性的深度市场中交易。

流动性比率 LCR 中的分母被界定为

未来 30 个日历天期间净现金流出总额＝预计现金流出总额

$-\min\{$预计现金流入总额，预计现金流出总额的 75%$\}$

这里"min"运算符（意味着选择大括号中两个数值中的较小值）确保了分母中现金流出总额至少为总流出额的 25%。预计现金流出总额的计算方法是将资金来源的数量与相应的流失率相乘。全额投保的零售存款（也就是所谓的"稳定存款"）获得至少 3% 但通常为

⊖ 见 BCBS（2013a）。流动性监管法定要求会逐步生效。最低的 LCR 应在 2015 年 1 月 1 日达到 60%，每一年该比率应以 10 个百分点的速度增加，直到 2019 年 1 月 1 日达到 100%。

⊖ 如果证券由风险权重非零的主权国家提供担保，那么仅在这个特定国家的流动性风险才会得到覆盖。

5% 的流失率。未投保或部分投保的存款，也就是所谓的不太稳定的存款，获得至少为 10% 的流失率。30 天内到期（或在这期间可以赎回）的未担保的批发融资一般会有 100% 的流失率。⊖

除了流动资金监管要求外，《巴塞尔协议Ⅲ》中的流动性监管还设置了以下几种监管工具，可供银行管理机构在监管中使用。

- "契约性期限错配"确认了在预定时间段内的期限错配状况。
- "融资集中度"确认了那些提供主要资金的交易对手所面临的敞口程度（包含暴露的货币风险）。
- "可用的且没有作为抵押品的资产"确认了当有筹集额外的资金的需求时可用于充当抵押品的资产数额。
- LCR 通过重要货币来监控某些货币之间的流动性风险。
- 与市场相关的监控工具是将市场数据作为银行内部流动性风险的早期提示。

15.3.4 银行活动限制

1933 年的《格拉斯－斯蒂格尔法案》实现了美国商业银行和投资银行在立法上的分离。美联储的成员银行被禁止从事除美国政府债券、一般义务市政证券以及特定政府机构的债务之外的股票、债券或其他证券的承销、分销或交易活动。法案也禁止银行与投资银行公司或从事投资银行业务的其他机构合并。商业银行和投资银行的分离是基于一种有争议的观念，这种观念认为大萧条时期大规模的银行业崩溃是由于银行从事了证券活动。

《格拉斯－斯蒂格尔法案》还确认了各个州在地域扩张方面的权限，银行地域扩张这一问题最初是在 1927 年的《麦克法登法案》中提出的。这样，分支机构和控股公司的问题就需服从各个州政府的意愿，这有效地阻止了跨州银行业务的发展，同时确保了一个支离破碎的行业。银行可以充当中介的资产及其地理来源受到了严重的限制。这意味着银行与本地社区的命运紧密地联系在一起，分散化的机会非常有限，利用规模和范围经济的机会也是如此。⊖值得注意的是，这些限制都是建立在贷款和证券之间的区别越来越小这一基础之上的。在实际运用中，私募发行的债务证券是贷款，而证券化的贷款则可以视为证券。在寻求扩大业务活动的银行家眼里，贷款和债务证券之间的差异并没有消失。

随着时间的推移，银行家们不间断地对业务限制的测试促成了监管机构对法案的重新诠释，银行被允许进入以前被禁止的各种活动区域。例如，通过控股公司的附属机构，银行能够在受到行业规模的严格限制下承销市政债券、商业票据，甚至是公司债券和股票。在立法没有变化的情况下，与资产禁令相关的管理规定在很大程度上是由监管机构放松的。可以

⊖ 为了反映更高的稳定性，在未担保的批发融资情况下，流失率可以进一步降低。这种未担保的批发融资是由小企业客户（5%、10% 或更高的流失率）、非金融公司、主权国家、多边开发银行、中央银行和 PSE（20% 或 40% 的流失率）提供的。在支付结算、托管和现金管理活动（25% 流失率）中出现的营运存款情形中，流失率也可以降低。额外的准备金与衍生品、借贷承诺、抵押品和现金流入有关。

⊖ 作为对过度集中化的一项抵消措施，银行被允许向任何一个主体（自然人或法人）提供不超过其资本 25% 的贷款（资本金的 15%，加上存在高质量的抵押品作为支持的额外的 10% 的资本金），但也存在例外情况（即具有系统重要性的大型金融机构必须将它对其他具有系统重要性的大型金融机构的敞口限制为不超过资本金的 10%）。

确定的是,这些举措在法庭上经受了考验,但在大多数情况下监管自由化在司法上得到了持续的推进。这种情况实际上非常引人关注,因为对20世纪30年代立法的重新解读是一件基础性的事情。由商业银行及其控股公司承销企业债券和股权证券几十年来被《格拉斯-斯蒂格尔法案》简单地认定为一种非法活动。当银行和它们的监管机构试图让法律放宽这一限制时,它们的努力一次又一次地受到其他各类利益集团的阻挠而化为了泡影。然而,当银行监管机构简单地重新解读《格拉斯-斯蒂格尔法案》时,法院竟然支持了它们这样做的特权。

曾经旨在分离商业银行和投资银行的这样一堵牢不可破的高墙就这样在没有立法的情况下被零打碎敲地拆除了。⊖类似地,银行发现可以通过共同基金这样一个途径进入资产管理行业。银行是可以出售和管理共同基金的,而这原本也是被《格拉斯-斯蒂格尔法案》阻止的行为。事实证明,银行业与保险业之间的分离更为僵化。保险利益集团的游说使银行在大部分情况下不能介入保险业。然而,银行在大力开展财务担保业务竞争的同时,一些保险公司也提供了存款金融中介服务。银行出售的备用信用证和保险公司出售的财务担保就是颇为相似的替代产品,尤其是在资产证券化的信用增级活动中更是如此。⊖同样,银行和保险公司在年金市场中也存在直接竞争。

在《格拉斯-斯蒂格尔法案》被废除之前,为了在一定程度上实现吸收存款的银行与非传统业务活动之间的分离(见下面"银行控股公司和分业经营"内容),银行所从事的业务范围不断扩大的证券活动被强制纳入控股公司的附属机构之中。

银行控股公司和分业经营

1956年和1970年的《银行控股公司法》明确规定,美联储是主要的联邦银行监管机构。

1956年的《银行控股公司法》将多家银行控股公司置于美联储的监管之下。所有银行控股公司的成立及其针对银行的收购事项均须得到美联储的明确许可。1956年的法案没有预料到的一点是,银行控股公司会被用于除了购买银行之外的目的。20世纪60年代,出现了一种新类型的银行控股公司,通常被称为one-BHC。它的出现主要被用于规避各种类型的监管目的。例如,one-BHC可以发行商业票据,而银行是不允许这么做的。它们将发行票据所得的资金流向其附属银行,而这些银行则为了获得商业票据资金发行非存款性负债。银行从而规避了针对这些负债的现金资产准备金要求。

另外,one-BHC也可以作为一种增加财务杠杆的手段。通过利用控股公司承担的债务和权益资金来购买附属银行的股权,银行所有者实际的杠杆率上升了。银行控股公司也被用作"税盾",因为银行向控股公司支付的股利可以用于偿还控股公司的债务,无须在控股公司层面作为收入而被征税。

最后,one-BHC被用来扩大银行的权力。银行控股公司可以购买旅行社、咨询公司、证券附属机构和其他银行不允许直接购买的企业。所以令人并不意外的是,在1956年的

⊖ 举个例子,有些保险公司拥有储蓄机构。
⊖ 这些评论适用于国民特许银行。有些州允许银行从事代理、经纪、承销和非常宽泛的保险活动。

法案颁布之后，one-BHC 增长迅猛。⊖1970 年，针对《银行控股公司法》的《道格拉斯修正案》将 one-BHC 置于美联储的监管之下。此后，所有银行控股公司的组建及所有银行或非银行实体的收购活动，都必须获得美联储的明确许可。正如之前所描述的那样，银行控股公司立法的模糊性赋予了美联储宽泛的自由裁量权。在 1978 年确定银行法定资本充足要求之前，银行控股公司的申请成了美联储强迫银行额外注入资本的最重要的手段。

公共监管机构和银行本身往往都倾向于将一些不大传统的活动安排在单独注册的控股公司子公司中经营，而不是银行自己直接从事这类新业务。这种做法的合理性可以从两个角度来考虑。首先，控股公司被视为"力量之源"——根据美联储 Y 条例，"银行控股公司将充当其子公司的财务和管理实力的来源"。另外，禁止银行直接参与一项活动是一种实现分离的措施，这样如果新业务出了什么问题，那么银行，也就是拥有大部分资产和净值的机构，可以与这些不利影响隔离开来。

但通过这种方式将银行完全隔离开来的可能性有多大呢？这取决于我们对多种因素的考量。首先是子公司的债权人是否在法律上对银行和/或控股公司享有采取救济措施的问题。这是一个被律师称为"揭开公司面纱"的问题。法院通常会尊重相关公司的法律层次的划分，但这取决于法庭对这些行为采取何种理解。公司的广告就很可能会影响法院对这种形式分离的认可度。因此，如果银行让公众有这样一种认识，就是它支持子公司的承诺，那么法院就可能会认为有理由允许子公司的债权人向银行或控股公司寻求赔偿。这方面的标准带有必要的判断性，很少有明确的界定。

或许比法律层面的考虑更重要的是声誉问题。举个例子，一些非银行子公司所遭受的不利状况会不会导致其他控股公司附属机构的成本上涨或者业务丧失？子公司破产有可能导致母公司或银行附属机构的信用评级下调。为了防止这种可能性，母公司的管理层有可能会自愿转移资源来支持深陷困境的子公司。无论是客户的反应，还是自愿转移资源来支持深陷困境的子公司，这两种可能性中的任意一种，都将破坏控股公司结构所实现的分离。

因此，控股公司隔离成员间业务的能力很容易被夸大，而且通常是这样。那些认为只要非银行业务被隔离在控股公司的子公司中，银行就可以不受惩罚地从事任何合法业务的观点，并没有很好地认识到通过控股公司结构实现的业务分离所内含的脆弱性。

最终，随着 1999 年《金融服务现代化法案》的通过，《格拉斯-斯蒂格尔法案》于 1999 年被废除。《金融服务现代化法案》也被称为《格雷姆-里奇-比利雷法案》，借此来反映发起这个法案的参议员的名字。这部法案废除了《格拉斯-斯蒂格尔法案》第 20 条和第 32 条，进一步授权满足资格标准的银行控股公司和外资银行开展一些宽泛的业务活动。

就这种组织形式而言，它允许包括银行、证券公司和保险公司等在内的美国金融服务提供商相互联系，进入各自的业务市场。金融服务提供商的加入，导致了金融服务业开放和自由的竞争。

2007～2009 年的全球金融危机重新唤起了银行业务活动结构性分离的想法。一些交易

⊖ 见 Fischer（1986）和 Mester（1992）。

及更多以交易为导向的活动，如金融衍生品投资、介入结构化金融产品和活动，以及金融市场中的高风险交易等，给银行带来了显著的风险和损失。这些活动被认为导致了金融体系在危机期间脆弱性的增加，同时也是导致危机发生的重要因素。不同国家的监管机构都认识到了这些根本性原因的重要性，但对如何解决由这些根本性原因引发的问题采取了不同的举措。我们这里重点关注三类主要措施：美国的沃尔克规则（也是《多德－弗兰克法案》这一针对危机的立法回应的一部分）、英国维克斯委员会的建议以及欧盟的利卡宁建议。

沃尔克规则：在美国，《多德－弗兰克法案》第619条，也就是所谓的沃尔克规则禁止任意一家银行参与自营交易，即利用自有账户在金融市场上交易获利。此外，沃尔克规则还禁止银行持有对冲基金或私募股权基金的权益。

沃尔克规则背后的主要想法是保护金融部门和政府安全网（"纳税人"），避免它们承担（机会主义）投机活动带来的风险。该规则意识到，银行可以使用它们的核心业务活动，包括支持性的政府安全网，来支持具有极高风险的交易活动。沃尔克规则尝试通过将交易与银行业务活动分离来解决这一问题。这种做法是否能有效地实现这一目的仍有待讨论。实际上，《多德－弗兰克法案》的实施需要一些时间。

沃尔克规则存在一些豁免事项，以处理灰色地带的问题。其中一个重要的豁免是"做市"。做市涉及银行的一类交易活动，银行参与这类交易的目的是给证券市场提供连续性和流动性。举个例子，银行可以以存货的形式持有一些证券，来满足客户的购买订单，或当客户想出售证券却没有对应的买方时吸收来自该客户的证券供给。另外一个豁免出现在当交易的目的是对冲而不是投机的时候。对冲豁免背后的想法非常清楚，即银行应该被允许从事管理和降低风险敞口的活动。这样，规则允许的活动包括旨在做市和开展承销活动的投资，以银行客户的名义开展的交易和美国政府债务工具的交易（金融稳定委员会，2012）。

实际上，沃尔克规则允许和禁止的活动之间的差异是很难界定的，这导致对规则运作细则的制定极为复杂，同时也面临着与规则实施有关的持续的挑战。该规则于2014年4月1日起正式生效。[⊖]例如，你如何判断银行的交易动机是对冲还是投机？如何在银行的做市活动与投机活动之间进行区分？提出的一些衡量这些事后差别的指标，可能会以阻碍做市活动告终。

英国的《维克斯报告》：英国采取了一种稍微不同的银行业结构改革方式，它将风险活动从标准的银行业务活动中隔离出来。所谓的《维克斯报告》（银行业独立委员会，2011）旨在将对实体经济的平稳运作至关重要的零售银行业务从全球性批发及投资银行业务中分离出来。银行被要求必须"围栏"其零售银行业务。更具体地说，银行必须将零售银行业务的运作转移到一个在法律、经济和操作层面均和银行其他部门相分离的特殊子公司中。这家零售子公司应符合所有的最低法定监管要求（包括资本充足率、流动性、资金和大额敞口等）。它与银行集团其他部门之间的联系应该非常有限，且应当具有独立的公司治理结构，其中独立董事占多数，财务报告的提交方式也与一家独立的上市公司相同。

需要被围栏的活动包括向个人和中小企业提供的存款与透支服务。围栏中禁止的活动则包括与交易相关的活动、证券的发行与承销、做市、二级市场中的活动、衍生品交易（出

⊖ 见 78 F.R. 5536（2014年1月31日）；http://www.gpo.gov/fdsys/pkg/FR-2014-01-31/pdf/2013-31511.pdf。

于套期保值动机的交易除外),以及向欧盟经济区之外的客户和金融客户提供的非支付结算服务。

银行被允许开展的活动要受到针对批发融资的特定限制的约束,包括住房抵押贷款和信用卡这样向个人和公司提供的有担保与无担保的贷款,向大型非金融公司提供存款和贷款,贸易融资,以及销售那些来自银行的非围栏部门但不会给围栏部分带来风险敞口的产品。

欧盟的《利卡宁报告》:在美国和英国借助《多德 – 弗兰克法案》和银行业独立委员会的工作报告实现重大监管变革之后,欧盟委员会设立了一个委员会来评价银行业监管框架,并提出改进建议,与结构性措施相关的建议是其特别关注的焦点。

委员会完成的报告,也被称为《利卡宁报告》(Liikanen 等,2012),建议拥有大量交易活动的银行应将这些活动转移到独立的法人实体(所谓的"交易实体"),与存款和零售支付业务分离。分离旨在确保交易活动不再是显性或隐性的受政府安全网保护的标准银行业务,需要转入交易实体的活动包括自营交易、资产或衍生品头寸,这些头寸是通过做市活动、向对冲基金和 SIV 提供贷款以及私募股权投资而产生的。

与《维克斯报告》相比,《利卡宁报告》采用的方法是建立一道分离墙,把交易活动和零售业务分隔开来。然而两者的基本思想是一样的:交易不应该从政府安全网中受益,也不应该使银行的零售业务受到威胁。此外,在这两种情况下,所有活动(尽管是分离的)也可以在一个"屋檐下"继续进行,这与欧洲常见的全能银行模式是一致的。

如何评估?最大的问题是沃尔克规则、《维克斯报告》和《利卡宁报告》提出的结构性补救措施是否有效。从表面上看,这并不是显而易见的。回想一下,来自市场的力量有效地削弱了《格拉斯 – 斯蒂格尔法案》。为什么这些新的结构性方法不会遭受同样的命运?这是一个悬而未决的问题。另一个问题是,将机构驱赶出某个市场(沃尔克),或者分离金融市场活动(维克斯,利卡宁)就会使金融体系更加稳定吗?我们是否能够承担遍布整个金融体系的活动的普遍失败?⊖ 举个例子,如果一家银行的交易部门破产了,那么这会对银行其他部门产生什么样的声誉溢出效应?这会对实体经济产生什么样的影响?回想一下,雷曼兄弟曾是一家投资银行,然而它的破产被一些人认为是 2007~2009 年加深金融危机的事件之一。还需要注意的是,零售业务也可能极具风险性(北岩银行就是一个例子)。因此,这些被建议采纳的措施的有效性仍然是一个未经验证的假设。此外,我们对这些措施的成本也并不了解。

15.4 稳定性:宏观审慎监管

在 2007~2009 年的全球金融危机爆发之前,银行监管的重点是微观审慎监管,银行监管机构的主要目标是防止单个银行破产。现在,宏观审慎监管获得了更高的监管关注度。宏观审慎监管的主要目标一般来说是保证金融体系的稳定。监管机构关注系统性崩溃(通常意味着许多金融机构同时破产,或同时陷入困境之中)风险。这也被称为系统性风险。正如第

⊖ 见 Goodhart 和 Lastra(2012)。

14 章所指出的那样，金融危机（也就是整个金融体系陷入困境）一般出现在高杠杆金融机构过度借贷引发的资产价格高涨带来的繁荣期之后。宏观审慎监管试图抑制这种繁荣——崩溃周期。如美联储主席珍妮特·L. 耶伦（Janet L. Yellen）在 2014 年所指出的那样：

"我相信宏观审慎的监管方式需要发挥主要作用。这种监管方式应关注于'贯穿整个周期'的标准，借此增强金融体系面对不利冲击的韧性，同时聚焦旨在确保现有的监管范围覆盖之前未涉及的具有系统重要性的机构和活动的努力。这些监管努力应辅以逆周期宏观审慎工具的使用……"

宏观审慎监管试图最小化因那些陷入困境的金融机构出售资产而导致资产市场中的甩价出售状况，和相应的由甩卖价所引发的对这些机构资本头寸的不利影响，以及由这些机构信贷发放的下降而导致的信贷崩溃出现的概率。无论最初使资产价格下降并导致金融机构甩卖资产的不利经济冲击是什么，信贷崩溃会通过那些在危机中幸存下来但无法获得融资的企业的经济活动的收缩使初始经济冲击进一步恶化。这将进一步拖累实体经济，加剧经济低迷，并导致更大的顺周期性。宏观审慎政策的目标是增强银行体系在经济增长阶段的韧性，进而使银行更好地为经济衰退期的到来做好准备。⊖

人们对《巴塞尔协议Ⅱ》的指责之一是，基于风险的最低资本充足要求将增加银行业的顺周期性。特别地，在经济增长时期预计风险较低的银行很容易以相对较低的资本水平来满足最低资本充足要求，甚至可能产生"超额"资本。这会鼓励额外的贷款并进一步促进经济增长。在经济衰退时期，意识到更高风险的银行需要累积更高的资本缓冲来满足基于风险的资本充足要求。由于很难在经济衰退期筹集到额外的资本，所以银行会削减贷款，而这会加剧经济的衰退。

在《巴塞尔协议Ⅱ》的框架内也存在一些限制顺周期性的空间，也就是说，如果在设定评估风险的参数指标时包括覆盖衰退期的足够长的时间周期的话。如果是这样，预计的风险将不会因经济周期的不同而有很大的变化，由此也不会给最低资本充足要求增加周期性。此外，银行监管机构可通过第二支柱的监控审查流程来降低顺周期性。例如，监管机构可以在经济繁荣时期要求更高的风险估计值和资本充足水平。

《巴塞尔协议Ⅲ》提出了一些额外的措施来减少银行业的顺周期性（BCBS，2011）。资本留存缓冲指的是银行在正常运行期间形成的额外资本，这些资本可以在危机时期提取出来。《巴塞尔协议Ⅲ》规定了基于风险加权资产的普通股一级资本 2.5% 的资本留存缓冲。如果最低资本充足要求已经得到了满足（包括最低 4.5% 的普通股一级资本，6% 的一级资本和 8% 的总资本要求），那么普通股一级资本就只能用作资本留存缓冲。

如果资本留存缓冲被耗尽，那么银行就需要通过限制向股东、其他资本提供者和雇员的利润再分配（例如，通过限制股利支付、股票回购和向员工自行支付的红利）来恢复这一缓冲。再分配约束随着资本留存缓冲耗尽程度的上升而增加。

《巴塞尔协议Ⅲ》还规定了逆周期缓冲的要求。如果一个国家出现了过度的信贷增长，进而显示系统性风险正在银行体系中不断积累，那么它就应该在国家层面实施逆周期缓冲措施。更具体地说，一家全国性的银行监管机构可以强制要求银行将风险加权资产的

⊖ 也可以参见 BIS（2008）和 IMF（2011）。IMF（2013）、Galati 和 Moessner（2013）讨论了宏观审慎监管和其他政策（如货币政策）之间的相互作用。

0～2.5%作为逆周期缓冲。

前瞻性拨备是降低银行业顺周期性的另外一个工具。前瞻性拨备指的是会计实务中基于"预期损失法"而不是当前的"应计损失法"的贷款损失准备金。应计损失法要求银行仅在损失事件发生之后提取（针对贷款损失）准备金。然而，这种做法赋予了银行在2007～2009年全球金融危机期间推迟确认损失的巨大的回旋余地，而这种状况正是预期损失法试图避免的。⊖

作为回应，国际会计准则委员会（IASB）公布了全新的《国际财务报告准则第9号》（IFRS 9）标准。该标准规定了所有涵盖会计减值处理的金融工具的预期信贷损失模型的应用。根据《国际财务报告准则第9号》标准，银行需要以预期信贷损失来提取拨备。此外，当金融工具的信用质量出现显著下降时，银行需要确认整个存续期内由其引致的信贷损失（IASB，2014）。该准则于2018年1月1日生效。然而，国际会计准则委员会尚未与美国财务会计准则委员会（FASB）达成统一的观点，且FASB正致力于制定关于金融工具的自身标准。

更高的损失吸收要求：除了关注在顺周期活动中反映出来的系统性风险的时间维度之外，监管机构还可以计划控制系统性风险的横截面维度。特别地，风险可以集中在金融体系中，威胁整个金融体系的稳定。举个例子，风险在一家被认为"太大而不能倒闭"的银行中的集中，有可能导致系统性的银行危机。就此而言，巴塞尔银行监管委员会⊜建议向具有全球系统重要性的银行设置额外的资本充足要求。而所谓的"更高的损失吸收要求"必须以普通股一级资本的形式存在，其规模则根据该银行在全球的系统重要性程度设定为风险加权资产的1%～3.5%。银行在全球的系统重要性反映了该银行破产可能对全球金融体系造成的影响。系统重要性程度可以通过几个指标来测度，包括银行的规模、银行的相互关联性和复杂性、银行运营的全球化程度及其服务的可替代性。

杠杆率：基于简单、非风险杠杆率的资本充足监管也有利于降低顺周期性。最低杠杆率提供了在整个经济周期内不会发生变化的资本的最小份额。在风险被认为处于较低水平的经济良性运行时期，杠杆率的存在对那些想过度扩张的银行施加了约束，进而可以弥补可能过低的基于风险的最低资本金要求。

流动性监管：流动性监管通过要求银行在资产负债表中保留足够的流动性资产，来降低银行业的流动性风险。⊜

其他措施：其他各种手段也可能有助于抑制系统性风险。一个重要手段是欧盟正在设想的随时间变动的贷款价值比率要求。当中央银行怀疑高资产价格有可能形成突然破裂的泡沫时，它们有可能被授权对银行施加更高的贷款价值比率要求。这种做法可能会迫使借款人更多地依赖内部资金，并遏制市场中像房地产这样的资产价格上涨——正是房地产等资产随后的价格下跌导致了金融危机。另外一个在欧盟决策者议程中颇受关注的话题是高管薪酬。欧盟已经采取了措施来限制可变薪酬并促进"奖金扣减"。在这种安排中，银行高管

⊖ G20（2009）鼓励这种会计标准的制定者改进会计准则，即为了降低会计标准的复杂性，改进贷款损失准备金，使之更好地反映金融工具的信用质量，同时在国际上统一会计标准。

⊜ 见BCBS（2013b）。

⊜ 见Brunnermeier和Oehmke（2013），他们提供了对流动性监管的分析。

因在银行经营良好时期的高收益而获得的奖金,可以在银行经营低迷时期被"扣减"。这种措施背后的理念是限制高管通过承担风险以及随之而来的高利润波动导致的(不对称)薪酬利益。

15.4.1 资本结构和负债结构随时间推移的实证证据

最终,应该对资本充足要求在提升资本水平方面的有效性进行实证性评估。在这一方面,《巴塞尔协议Ⅰ》和《巴塞尔协议Ⅱ》以及1991年的《联邦存款保险公司改进法》均不能被视为是绝对成功的,而对《巴塞尔协议Ⅲ》的判断现在为时尚早。尽管在那些规模较小的金融机构中,资本充足率的变化存在较大的差异,但美国那些规模最大的金融机构(如银行控股公司)的平均资本充足率在2007～2009年金融危机爆发之前显著下降。这种下降在大型银行控股公司中表现得最为明显(见图15-5、图15-6以及第2章中报告的证据)。

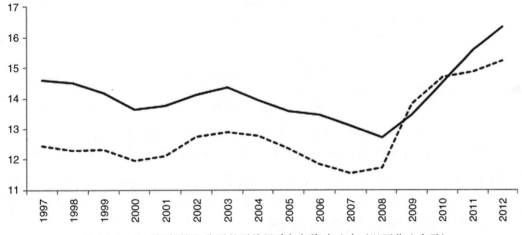

图15-5 美国银行控股公司的平均风险加权资本比率(以百分比表示)

资料来源:FR Y-9C的季度数据,样本数据为1997年第一季度到2012年第四季度的数据,实线代表所有的银行控股公司,虚线代表总资产超过500亿美元的大型银行控股公司。

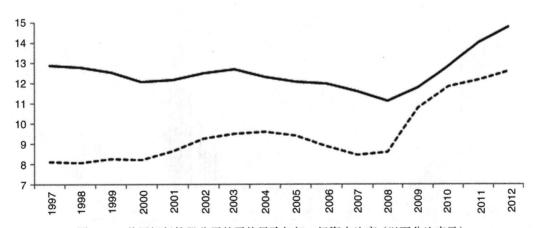

图15-6 美国银行控股公司的平均风险加权一级资本比率(以百分比表示)

资料来源:FR Y-9C的季度数据,样本数据为1997年第一季度到2012年第四季度的数据,实线代表所有的银行控股公司,虚线代表总资产超过500亿美元的大型银行控股公司。

除了不断下降的资本充足率之外，很明显，银行利用了相当广泛的资本和资产界定来使权益资本水平不断降低，甚至低于监管机构建议的资本充足率水平。也就是说，巴塞尔框架中基于风险的资本充足要求所提供的灵活性，已被用来减少权益股本的数量。借助图15-7，我们可以看到，欧洲银行的普通股与总资产比率是多么低，这个数值比一级资本与风险加权资产的比率还要低一些。

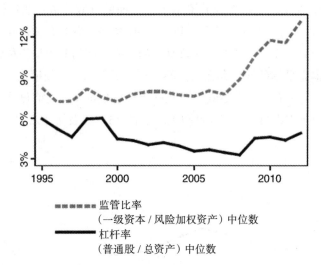

图15-7　欧洲银行的账面杠杆率与监管比率（前20家银行的中位数）

资料来源：Bloomberg and "Is Europe Overbanked?", Advisory Scientific Committee of the ESRB（2014）。

此外，在2007～2009年金融危机期间，银行资本不足导致美国出现了大量的银行破产（见图15-8）。如图15-9所示，在2007～2009年金融危机期间，银行破产造成的损失规模使之前银行危机期间出现的损失规模相形见绌。

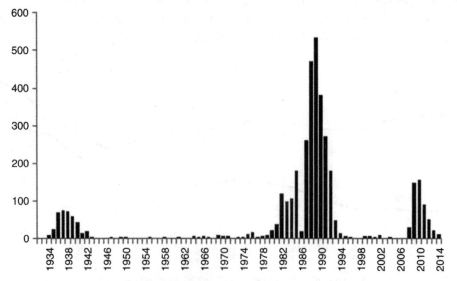

图15-8　受FDIC保险的商业银行和储蓄机构（包括储蓄银行和储蓄协会）每年破产的数量

资料来源：FDIC银行业历史数据。

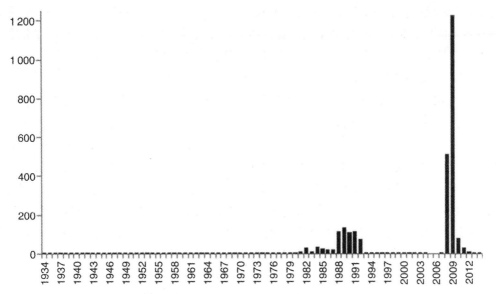

图 15-9 受 FDIC 保险的存款超过 10 亿美元的商业银行和储蓄机构（包括储蓄银行和储蓄协会）每年破产的数量

资料来源：FDIC 银行业历史数据。

15.5 市场结构、消费者保护、信贷分配和货币控制监管

15.5.1 市场结构与竞争

和其他市场中出现的情况类似，银行内部之间的竞争对于其客户而言总是有利的，借款人可能会获得成本更低的资金，而存款人也可能会获得更高的利率。但正如我们下面将要讨论的，银行内部之间的过度竞争可能会鼓励银行采取承担过度风险的行为。

一方面，竞争有利于金融体系中资源的有效配置。竞争压力迫使银行提高效率，而这些因效率的提高所带来的收益，银行将会与其客户一起分享。

另一方面，竞争也可能导致银行系统的不稳定，因为传统业务的利润率被竞争所挤压，所以银行就可能通过追逐高风险的借款人和投资来承担过度的风险。这样，银行监管可能会试图通过提高准入壁垒、分支机构设置约束、银行控股公司限制和兼并控制来抑制竞争。你可以回忆一下第 12 章中提到的通过提升现有银行和储蓄机构的特许权价值来增强安全性的内容。通过限制新银行的准入，已有银行的特许权价值得以增大，从而增加这些现有银行所能获得的经济租金。近年来，技术进步可能降低了准入壁垒。此外，在 2007～2009 年全球金融危机爆发之前，公共政策也赞成日益激烈的竞争。最近的一些监管措施再次强调了增加准入壁垒的重要性。现在我们来看看市场结构和竞争监管是通过什么方式对行业结构产生影响的。

美国的银行许可： 制定许可政策的目标在于影响行业结构，同时促进充足的资本化以及管理层的道德修养和能力。在联邦存款保险公司设立之前，准入许可权由货币监理署和州银行机构共同承担，因此各个地区存在广泛的差异。联邦存款保险公司的出现为银行和储蓄机构的特许增加了一个统一的标准。直到 20 世纪 60 年代中期，联邦存款保险公司、美联储和货币监理署合作实施了一种限制性的许可政策。例如，1936～1955 年，仅有 70 家新银行得到许可。随后，许可的法定要求变得更为透明：要获得一张银行牌照，银行在拥有足够的资本和可信赖的管理层的同时，必须提交精心设计的运营计划。

美国的分支机构和银行控股公司限制：美国在 1993 年有 11 000 多家银行，超过了其他任何一个国家。导致这种银行扩张现象的主要原因是高度限制性的分支机构政策，直到 1994 年的《里格尔 - 尼尔州际银行和分支效率法案》允许州际银行的存在，这一现象才有所缓解。国民银行和州特许银行的地域扩张均要受其所在州的法律的限制。这个规定是 1927 年《麦克法登法案》的遗产。根据美国财政部 1991 年 2 月的建议，国会曾起草了一部旨在允许资本充足的银行可无视州界约束开设分支机构的法案，但这部法案最终未能通过。可以肯定的一点是，随着多州条约的签署，许多破产机构为银行业务的跨州扩张提供了机会。⊖ 因此，即使在《里格尔 - 尼尔州际银行和分支效率法案》通过之前，通过一系列针对破产的储蓄机构和银行，以及住房抵押贷款银行和消费金融公司的收购活动，花旗集团宣称它可以在 30 个州开展业务，而西北银行（现为富国银行）则宣称其可在 50 个州开展业务。美国银行等其他银行也建立了强大的跨州组织，但不同银行跨州组织的模式较为多变。

在 1956 年的《银行控股公司法案》颁布之前，控股公司模式被允许在中西部、西海岸和南部各州存在，并成为规避银行分支机构限制的一个工具。这样，如果一家银行意欲在分支机构设置受到严格限制的州进行业务扩张，那么它就可以成立一家控股公司，然后再由这家公司通过收购在州内独立注册的银行来实现。这种组织结构允许银行实现了在营销、融资和流程处理等方面的规模经济，但每家银行都需要承担成为独立法人实体的成本。在银行需要独立维持法定准备金要求和资本充足要求的同时，每家银行也需要一个独立的董事会。显然，这种由多家银行构成的银行控股公司无法实现分支结构所有潜在的成本节约。

1994 年《里格尔 - 尼尔州际银行和分支效率法案》的通过最终允许银行跨州设立分支机构。然而，鉴于当时的银行分支机构处于过剩的状况，银行随后的跨州业务扩张方式主要是通过收购位于不同州的银行，而不是开设新的分支机构实现的。这场整合的重要后果之一是美国银行数量的急剧下降。银行数量下降的趋势受全球金融危机的影响进一步加剧，到 2013 年年底，银行数量仅为 5 876 家。值得注意的一点是，在 2008 年之前，银行分支机构的数量快速增加，此后直到 2013 年，银行分支机构的数量保持在类似的水平（见图 15-10）。

与另外一家银行合并是银行开设分支机构的一种替代方案，但 1956 年的《银行控股公司法案》、1970 年的修正案和 1960 年的《银行兼并法案》要求银行监管当局在获得司法部关于兼并反竞争效应的意见后，再对所有设想的兼并者进行审核。1966 年对《银行兼并法案》的修正案将更多的责任转移至司法部，司法部在审核银行兼并时，对涉及的反竞争效应更为重视。虽然在 1982 年再次修订了相关准则，但其基本理念都在于判定银行的兼并是否会显著地减少竞争。⊜

⊖ 破产的金融机构为规避州法律提供了机会，因为联邦政府可以在不考虑州限制的情况下安排资产受损机构的出售事宜。

⊜ 在测度竞争时，如果储蓄机构主要从事零售银行业务，那么司法部就会将其纳入监管范围。法院将《银行兼并法案》及其修正案视为《克莱顿 - 谢尔曼法案》制定的标准在银行业的运用（见 Pekarek 和 Huth，2008）。在近期的金融危机期间，关于反托拉斯法的实施过于宽松的问题被反复提及，尤其是针对大型金融控股集团的总体集中度达到很高的水平（Foer 和 Resnikoff，2014）。

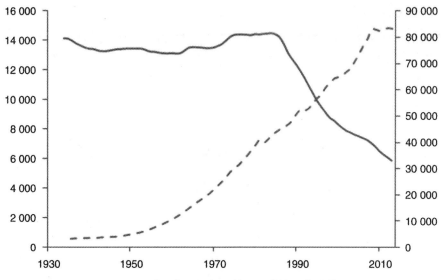

图 15-10 美国商业银行的数量和分支机构的数量

注：实线和左侧轴代表美国商业银行的数量，虚线和右侧轴代表分支机构的数量。
资料来源：FDIC 银行业历史数据。

全球金融危机期间欧盟的竞争政策：竞争政策通常都建立在反卡特尔政策、兼并政策和国家援助控制这三大支柱基础之上。欧盟的反卡特尔政策主要依据《欧洲联盟运行条约》（TFEU）第101（1）条——条约禁止"可能影响成员国之间的贸易，并以防止、限制或扭曲国内市场竞争为目标的企业之间的所有协定、企业协会的决定和协调一致的做法"。条约明确禁止采取固定价格或其他交易条件来限制生产、市场、技术开发或投资，分享市场或供给来源，使其他交易主体处于不利地位，要求契约受其他不相关义务的约束。㊀

作为竞争管理当局，欧盟委员会猛烈打击银行业中的卡特尔行为。例如，欧盟委员会针对 8 家国际银行在金融衍生品市场中的合谋行为征收了总额为 17 亿英镑的罚款。这些银行通过操纵 LIBOR 和欧洲银行间同业拆借利率（EURIBOR），来从基于这些利率定价的金融衍生工具中赚取交易利润。㊁

欧盟的兼并控制主要由《欧共体兼并规则》（ECMR）及其实施细则来界定。《欧共体兼并规则》第 2 条第（2）项规定："那些在共同市场或共同市场的某个子市场中不会显著阻碍有效竞争（尤其是导致主导地位的建立或强化）的集中，应该是与共同市场相兼容的"。欧盟委员会对共同体层面的兼并（即对大多数欧盟国家均能产生影响的并购）进行评估。欧盟各个国家的竞争管理当局负责评估欧盟成员国之间的其他并购交易。㊂

在欧盟内部，各国政府为本国银行提供金融支持的做法是被禁止的，因为这样做可能会阻碍跨境竞争和共同内部市场的运作。被禁止的另一个原因是，这种支持会造成不正当的竞争（通过类似"太大而不能倒闭"政策的担保），此时效率低下的银行可能会以牺牲更有效率的竞争对手为代价而获得不正当利益，最终导致消费者福利的损失。此外，政府保护也可

㊀ 见欧盟委员会（2013）。

㊁ 见 http://europa.eu/rapid/press-release_IP-13-1208_en.htm。

㊂ 见欧盟委员会（2013）。

能增加银行承担的风险。

在2007～2009年全球金融危机期间，为了防止金融系统完全崩溃，政府干预被认为是不可避免的。政府为了维护金融系统的稳定，主要的做法是支持银行，为破产银行提供担保、额外的流动性、资本和转移资产。它们不仅向银行提供集体性的支持，也给予个别银行支持（见图15-11），因为恢复稳定是当时最重要的目标。

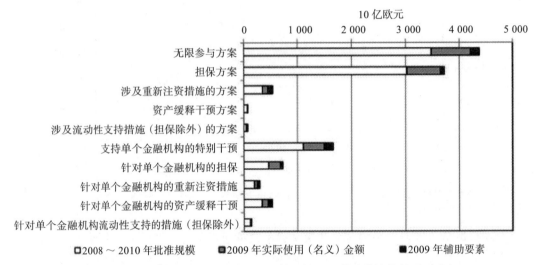

图15-11 批准规模的最大值、实际使用情况和救助措施的辅助要素

资料来源：Hasan和Marine（2013）和欧盟（2010b）；无限参与的组织方案包括担保、重新注资措施、资产缓释干预和流动性支持措施；支持单个金融机构的特别干预包括单个金融机构担保总额、重新注资措施、资产缓释干预和流动性支持措施。

欧盟委员会基于"解决成员国经济运行中出现的严重动荡"需要国家层面的援助这样一种认识，借助国家援助控制程序的例外条款，允许成员国在2007～2009年金融危机期间提供政府援助。欧盟委员会发布了多条通告来提供法律上的确定性，并就国家援助的规则提供了指引。然而，相关文件规定，提供国家援助需要附带额外的救济措施和针对接收者的限制。如果国家援助是针对单个银行而不是金融体系中的所有银行，或者是向资不抵债的银行而不是缺乏流动性的银行提供国家援助，那么额外的救济措施和限制成本将会变得特别高。

15.5.2 消费者保护监管

美国的消费者保护监管有多种形式。例如，高利贷法限制了贷款人对消费贷款所收取的利率。保护借款人免受剥削性贷款利率的理念可以在《圣经》中找到出处。在美国，这一立法可以追溯到1641年马萨诸塞州通过的一部高利贷法。从经济的角度来看，高利贷利率上限并没有什么意义，除非贷款人是一个垄断者。当银行遇到与评估风险相对应的贷款利率高于高利贷上限的借款人时，这家银行会拒绝提供贷款。⊖

另外一种形式的公平监管要求贷款人披露信息。《真实借贷法》要求贷款人向客户提供

⊖ Robins（1974）开展了一项关于房地产借贷的研究，发现当高利贷利率上限比市场住房抵押贷款利率要低的时候，居民建筑活动水平下降了约25%。

与财务收费和年度利率相关的标准化的信贷信息，以便借款人更明智地做出决定。类似地，《房地产交割程序法》（RESPA）要求向住房抵押贷款的借款人提供与房地产清算过程相关的所有信息和一张统一的清算单（披露结算时所有的费用和收费）。

2007～2009年的全球金融危机使监管机构聚焦于银行在追求更高（特别是与抵押贷款相关的）利润的过程中可疑的银行业务实践。相应地，根据《多德-弗兰克法案》，新的《住房抵押贷款改革和反掠夺性贷款法》被采纳，以作为《真实借贷法》的补充。《住房抵押贷款改革和反掠夺性贷款法》的目的在于限制一些贷款实务：①向不具有信用可靠性的借款人提供贷款；②对财务状况不成熟、不了解贷款条款的借款人发放贷款。如前文所述，《多德-弗兰克法案》（第10条）还创建了消费者金融保护局。

除了保护借款人外，立法还力求保护存款人的利益。《真实借贷法》于1991年颁布，作为《综合存款保险改革和纳税人保护法》的一部分。《真实借贷法》于1993年6月生效，目的是促进存款机构决策之间的竞争。《真实借贷法》需要统一披露利息支付与收取存款费用的条款和条件。它适用于所有的银行和储蓄机构，包括参保的和未参保的。信用合作社不直接受《真实借贷法》的约束。信用合作社管理协会（NCUA）是管理信用合作社的监管机构，采用了类似的规则。

鉴于电子转账（EFT）的快速增长，监管机构对这一活动的监管也就不足为奇了。1978年，《电子资金转账法》（EFTA）旨在通过确定电子转账参与者的权利、义务和责任来保护消费者。EFTA专注于交易类型，而不是提供服务的机构的类型。它适用于大多数通过电子终端、电话、计算机和磁带发起的资金转移，以授权金融机构对账户进行借记或贷记（例如自动取款机转账、电话支付、销售点终端转账）。因此，如果通过支票付款，它就不包含在EFTA中。

EFTA是一个复杂的需求网络，其中之一是向用户提供可用于发起电子转账交易的"访问手段"（例如，卡和个人识别号码）。其他要求与披露和文件有关。在消费者首次进行电子转账交易之前，金融机构必须提供书面披露声明，明确说明提供电子转账服务的条款和条件。

此外，对于在电子终端发起的每一笔交易，金融机构必须提供书面收据，明确说明有关交易的相关信息。

15.5.3 信贷分配法规

由于银行信贷的可得性会影响经济活动的模式，所以政府为了实现某种社会和政治目的，通常会干预信贷分配。在每一个国家中几乎都可以发现某种形式的政府信贷分配。非典型的情况是，除了在战争期间或国家陷入紧急状况之外，公开的政府信贷分配在美国的使用非常罕见。然而，美国已经广泛地采用了许多间接的信贷分配机制。下面我们讨论其中的一些机制。

- **旨在购买证券的信贷**：证券信贷自1934年以来就一直受到美联储的监管。初始信贷额限制在证券价值的一个百分比之内。如果信贷发放之后证券的价值下降了，那么借款人将会收到保证金追加的通知。这时借款人必须提供额外的抵押品或出售股票。此外，美联储可能会限制成员银行支持证券交易的贷款总额。这种限制和保证金要求产生的明显效应是限制购买证券的信贷总额。
- **税收政策和担保项目**：税收抵免和税收抵扣已被用于影响包括信贷分配在内的各类经济活动。例如，税收抵免可用于鼓励资本性投资和提高家庭的能源利用效率。慈善性捐款的税收抵扣可以增加流入合格的慈善组织的资金规模。
- **针对特定经济领域的信贷项目**：美国政府在促进住房、教育和农业这样的特定经济领域发展的信贷项目方面有着悠久的历史。

举个例子，通过明确地鼓励提升家庭自有住房比例，储蓄行业得到了政府的扶持。这类机构的投资组合受到限制，政府提供了税收优惠来鼓励其对居民住房抵押贷款的投资。Q 条例的主要目的之一是保持低融资成本，进而使住房购买者可以获得低成本的信贷。为了进一步激励信贷流入房地产行业，房利美、吉利美和房地美三个机构被创建了出来，政府为这些机构提供补贴，进而使其可以为住房抵押贷款提供二级市场。政府在引导信贷流向房地产领域发挥了巨大的作用。

1970 年，联邦政府通过采纳"担保学生贷款"项目开始引导信贷流向教育领域。学生可以获得的贷款利率非常优惠，同时还包含自由还款条款。学生贷款市场协会的创建就是为了给学生贷款提供一个二级市场。

联邦政府还补贴了农业领域。农业信贷系统（FCS）给农民提供了有补贴的贷款，农村电气化管理局（REA）向农村合作社发放低息贷款，并为农村电话和有线电视贷款提供担保。1988 年，国会创建了联邦农业抵押贷款公司，来为农民住房抵押贷款和农村房地产贷款提供一个二级市场。⊖

在全球金融危机爆发之后，美国面临巨大的改革各类联邦机构（包括房利美和房地美在内）的社会压力。这些联邦机构被视为促成住房抵押贷款大规模超卖的罪魁祸首。到目前为止，尽管改革的力度有限，但它一直是人们讨论的主题之一。⊜

- **通过消费者保护条例来影响信贷分配**：监管法规还试图确保贷款人在信贷分配过程中不存在歧视。其中一项规定是《平等信贷机会法》（ECOA），是根据美联储的 B 条例实施的。ECOA 禁止任何基于种族、宗教、国籍、婚姻状况、年龄和性别的信贷歧视。⊜1975 年的《住房抵押贷款披露法》（C 条例）和 1977 年的《社区再投资法》（BB 条例）试图达到类似的目的（见下面 1977 年的《社区再投资法》的内容）。C 条例禁止"信贷歧视"，也就是避免向特定社区提供信贷的做法。BB 条例则鼓励金融机构服务其所在社区的所有合法的信贷需求。

⊖ 联邦农业抵押贷款公司是一家由美国政府创建的机构，由董事会来运营（该董事会的 5 名成员由美国总统任命）。和房地美、房利美、萨利美一样，联邦农业抵押贷款公司也是政府支持企业（或 GSE）的成员。它们是同时带有私有和公有特征的混合机构。一些公司拥有已发行的私人股票，但都有政府任命的董事会成员。它们的债务并没有得到政府的显性担保，但这些债务在交易的时候就像是存在某些政府保护一样。较为典型的情况是，这些"代理"债务交易时的收益率要比相同久期的国债的收益率高出不到 50 个基点。这些机构购买、出售、重新整合和担保其委托人的私人债务，并且不受 SEC 注册要求的约束。

⊜ 见 CBO（2014）。

⊜ 这种信贷歧视被称为"圈红线"（red lining）。银行为了避免被指责开展掠夺性借贷活动以及"圈红线"行为，必须谨慎行事。由于少数群体的借款人被认为信用不高而拒绝向其提供信贷，可能被误认为"圈红线"行为，而向事后被判断为信誉不高的群体中的一些人发放贷款，可能被视为掠夺性借贷。

1977 年的《社区再投资法》

《社区再投资法》（CRA）要求银行在自己的社区中发放贷款，即便商业决策要求在其他地方使用银行的资源。此外，在《社区再投资法》被采纳之前，已经存在联邦基金市场和美国国债市场这样的机制来将资金从盈余地区转移到赤字地区。《社区再投资法》的逻辑是，银行是由政府特许的，拥有特权和补贴，进而有义务为银行获得财务资源（存款）的地方社区服务。但问题是，作为经纪人，银行的存在是为了在利率空间差异的驱使下将资金从盈余用户（地区）重新部署到赤字用户（地区）。举个例子，由于经济增长率和投资机会的差异性，在长达几十年的时间里，在东海岸借助银行存款所筹集的资金流向了西海岸。这种具有福利改善效应的金融资源流动有可能会违反《社区再投资法》，当然是否违反法律取决于它是如何被应用的。《社区再投资法》可能会扭曲信贷流动，进而引发生产效率的下降，这也是围绕这一立法的许多争议的根源。

以前，拥有少于 2.5 亿美元资产的银行（被认为是"小银行"）大多要接受测试，看它们是否向整个社区发放贷款。资产超过 2.5 亿美元的银行（被视为"大型银行"）的测试主要针对贷款业务，但这些银行测试得分的 25% 必须与社会服务相关，25% 涉及社区再投资活动。2004 年，CRA 规则的改变解放了近 1 800 家拥有 2.5 亿～10 亿美元资产的银行，使这些银行不再需要面临 CRA 的数据收集要求，也无须进行社区投资和服务测试。全新的社区发展测试涵盖四个领域的活动：经济适用房、社区服务、经济发展和恢复稳定活动。

由于申请人的性别、种族、宗教信仰和其他特征不同而导致的"圈红线"（信贷歧视）或其申请借贷被拒绝造成了社会分歧。⊖此外，借助一些蓄意混淆或误导客户的条款来表明贷款或其他金融服务的成本也是错误的。但我们应该理解的一点是，银行的业务有可能基于不完整的信息做出最有效的信贷决策，而性别、种族、年龄、残疾和出生地与信用之间也存在相关性，同时观察这些特征的成本也更高。因此，银行家不一定是倾向于歧视的偏执狂，也不应期望他将使用免费获得的信息的社会成本内在化。但这的确是《平等信贷机会法》的逻辑基础，这些立法倡导者认为，拥有价值高昂的许可权的银行家在运营中享有特权，进而必须承担这种特权附带的义务。

《多德－弗兰克法案》第 12 条题为"改善主流金融机构服务的可得性"，旨在为低收入和中等收入人士提供从金融机构获取主流金融产品和服务的渠道。第 12 条支持在受联邦保险的银行开立账户，提供小额贷款、金融教育和咨询服务。第 12 条的宗旨是，中低收入个体应该依赖普通的金融产品，而不是像发薪日贷款和预付现金等带有掠夺性的贷款产品。

15.5.4 货币控制条例

与货币管理目标相关的两类主要的银行监管形式是存款准备金要求和贴现窗口。然而，来自中央银行的"道义劝说"也发挥了一定的作用。此外，由于全球金融危机的爆发，几种

⊖ 基于 HMDA 数据的研究发现了借贷中存在歧视的证据。举个例子，参见 Cummins（1993）和 Munnell 等（1996）。也可以参见 Duca 和 Rosenthal（1993）。

非常规货币政策工具也被用来应对金融市场的困境。下面我们逐一讨论这些内容。

（1）法定存款准备金要求。现金资产准备金要求规定银行必须以不生息、流动性资产（库存现金或存款）的形式保留特定份额的存款负债。如果银行是美联储的成员银行，准备金存款就要放在美联储，如果不是美联储的成员银行，其准备金存款应放在美联储的成员银行。美国所有的存款机构都需要遵守针对客户存款的准备金要求。

存款准备金要求因存款类型而有所不同。例如，定期存款的准备金要求为零，而可随时提取的存款或净交易账户中的存款，则需要遵守依赖于特定存款水平的准备金要求。一开始存的 1 450 万美元存款不需要准备金。1450 万～1.063 亿美元的存款，则存在 3% 的准备金比率，超过 1.063 亿美元的存款准备金要求为 10%。㊀准备金以 14 天平均持有存款金额进行计算。

存款准备金要求最早出现的理由是它可以充当流动性来源。㊁这一理念来自货币储备作为兑换纸币的流动资金来源所发挥的作用。然而，法定存款准备金在满足存款提取时是不可用的。之所以会这样，是因为任何一笔存款的提取将减少可用的准备金，而这种准备金赤字必须得到及时弥补。举个例子，设想有一家银行，它有 100 美元的存款，且对于这些存款有 5% 的法定存款准备金要求。想象银行拥有 10 美元的资本，那么这家银行的总资产为 110 美元。这家银行被要求以现金储备的方式保留 5 美元。想象一下，这家银行的确这样做了，并将剩下的 105 美元投资于其他资产。现在，设想银行面临一笔 5 美元的存款提取要求，银行利用准备金满足了这一提款需求。由于银行现在拥有 95 美元存款，所以它需要保留 4.75 美元的准备金。这就要求银行要么吸收新的存款（但是请注意，由于法定准备金要求也适用于新存款，因此银行需要吸收的新存款实际上要超过 4.75 美元）㊂，要么清算其他资产。㊃

这就是部分存款储备金要求的内在矛盾。准备金要求的存在不是增强了流动性，而是将资产冻结成非流动性的形式。㊄任何部分准备金银行系统的安全性，完全取决于安全、可靠的最后贷款人的可得性。从这个角度来看，存款准备金要求所能发挥的作用并不大。

存款准备金要求作为货币政策工具已被合理化了。㊅美联储银行储备委员会在其 1931 年提交的报告中指出，"存款准备金要求所能行使的最重要的功能就是信贷控制"。由于不断上升的存款准备金要求意味着银行只能贷出更低比例的存款，所以在原则上美联储可以通过改变存款准备金要求来影响信贷的可得性。

然而，从实务角度看，存款准备金要求在美联储的货币政策中仅仅起到了一种微不足道

㊀ 见 http://www.federalreserve.gov/monetarypolicy/reservereg.htm。

㊁ 见 Efgeworth（1888）。

㊂ 事实上，银行至少需要筹集 5 美元的新存款，且所有的货币都是现金形态。如果筹集到了更多的新存款，比如说 10 美元，那么多出的金额（这里是 5.5 美元）需要以合格储备的形式进行投资。

㊃ 举个例子，银行可能要出售部分可销售的资产或者贷款。

㊄ 当然，当准备金率接近 100% 的时候，这些问题就消失了，因为所有的银行资产都作为符合条件的准备金。这种带有限制性的分析是一度颇为流行的由 Henry Simons（1934）、Simons（1935）提出的 100% 存款准备金率的基础。

㊅ 为了详细地了解存款准备金政策早期的发展历史，见 Federal Reserve Staff（1938）。为了了解近期的做法，见 Goodfriend 和 Hargraves（1983）。

的作用。从美联储创建初期直到 20 世纪 20 年代，贴现窗口是首要的信贷政策工具㊀，而从 1942 年直到 1951 年财政部与美联储签订协议，存款准备金要求几乎保持不变，因为当时美联储受到支持政府债券价格政策的约束。

目前关于存款准备金要求内在逻辑的官方表述是，它们是一种货币政策工具。这种立场在 20 世纪 50 年代首次得以明确，当时美联储认为，存款准备金可以作为一种限制货币存量以及信贷增长的机制。不过就现在的理解，人们认为这是一种似是而非的观点。即便没有存款准备金要求，银行也会自愿持有一些现金资产，现金资产的规模则取决于最后贷款人工具是如何定价和管理的。与法定存款准备金的影响类似，在银行自愿持有现金资产时，存款的扩张和收缩也会紧随其持有的现金资产规模的变化而至。此外，存款准备金要求存在许多缺陷：由于存款机构可以创造存款的替代品来规避存款准备金要求（因为监管机构向全新的负债施加存款准备金要求时，一般存在时滞性），所以准备金要求的存在助长了一些虚假的创新。㊁

存款准备金要求最重要的特征是，它们可以确定中央银行与私人拥有的银行关于铸币税的分享比例。存款准备金要求设定得越高，流入美联储的铸币税份额就越大，而这些收入最终会回流到财政部。更低的存款准备金要求则直接将这种垄断利润流向了私人拥有的银行。这就是为什么存款准备金要求有时被称为一种针对银行的税收，但反过来它们也可以被描述为一种补贴，这取决于谁对存款铸币税拥有直接索取权。

有人认为美联储之所以继续支持存款准备金要求，是因为它能带来三种官僚主义的好处。㊂首先，存款准备金要求允许向财政部汇入大量的资金，由此可以提升美联储持续的预算独立性。当前，美联储的收入在扣除支出和一笔小额的应急准备支出之后，以一种特许经营税的形式缴纳给了财政部。㊃其次，存款准备金要求为美联储提供了一些天然的支持者，因为受存款准备金要求约束的金融机构会被美联储所影响。㊄最后，在过去，当存款准备金要求仅适用于美联储的成员银行时，它们使美联储有能力扩大运营范围，为了使这些成员银行不脱离美联储，它需要提供各种各样带有补贴的服务。㊅

关于存款准备金要求，我们需要记住的事情是，它们最基本的存在逻辑是解决与 LLR 便利相关的道德风险问题，而真正的问题是政府与私人拥有的银行之间关于存款铸币税的分摊。

（2）贴现窗口。贴现窗口是美联储履行其 LLR 职责的一种机制。银行被允许通过贴现窗口来获得借款，以满足其短期的流动性需求。在 1980 年《存款机构放松管制和货币控制法》（DIDMCA）通过之前，贴现窗口仅供成员银行使用，DIDMCA 扩大了其适用范围，使非成员银行、S&L、互助储蓄银行和信用合作社等机构也可以利用贴现窗口。这种做法很

㊀ Friedman 和 Schwartz（1963）认为，1936～1937 年间存款准备金法定要求的提高使 1937～1938 年的经济崩溃提前发生了。

㊁ 见 Greenbaum 和 Higgins（1983），Porter 等（1979），联邦储备工作人员（1979）。

㊂ 见 Greenbaum 和 Thakor（1985）。

㊃ 截至 2006 年 7 月，法定准备金为 450 亿美元。如果美联储在当时 6.5% 的贴现率下支付 1% 的利息，那么每年向银行支付的利息接近 24.75 亿美元。

㊄ 见 Kane（1974）。

㊅ 见 Gilbert 和 Peterson（1974）。

"公平"，因为 DIDMCA 还将联邦层面的现金资产准备金要求扩大到了所有机构。

当存款机构通过贴现窗口获得借款时，它通常会将政府证券作为贷款的抵押品。这种借款被用于弥补由于（意料之外的）存款提取而造成的准备金损失。这样，贴现窗口与存款准备金要求之间存在极为密切的关系。

创建贴现窗口是美联储创设的主要原因之一。除了提供流动性之外，贴现窗口还促进了货币政策的实施，因为紧缩性的公开市场业务可以耗尽单个金融机构的流动性。下面的内容提供了关于贴现窗口的详细信息。

贴现窗口细节

- **简要历史**：美联储拥有三个主要的货币政策工具，分别是公开市场操作、法定存款准备金要求的变化和贴现窗口借款条款的变化。作为一种货币政策工具，法定存款准备金要求的变化从未在前后一致的基础上被使用。一种观点认为，它们代表了一种非常烦琐的政策工具，尽管这在很大程度上是一个没有确定答案的问题。换句话说，存款准备金要求可以从 10% 变为 10.000 1% 而不是 10.5%，那么这时它们就不会显得那么麻烦了。尽管如此，这种"烦琐的"观点经常被引用，并作为使用存款准备金要求的制约因素。而且，至少在美联储成立初期，公开市场操作也没有被过多地使用。贴现窗口的管理成为监管银行准备金的主要工具。

  由于贴现窗口的目的之一是鼓励银行的安全，所以使用贴现窗口被认为是一项特权，而非其应得的权利。在美联储创立时，安全和流动性主要是通过鼓励银行发放由真实商品为依托的短期、自我清偿的贷款（"真实票据"）实现的。在美联储运行初期，银行只能通过贴现合格的商业票据（"真实票据"）才能从贴现窗口获得借款。从事风险性投资的银行可能会被美联储拒绝，进而无法利用贴现窗口。

  大萧条之后的银行业改革使银行应该被允许更多地使用贴现窗口这一原则被采纳。"真实票据准则"被放弃的同时，银行可以使用区域储备银行接受的任何抵押品，在贴现窗口获得借款。这样，在紧接着大萧条之后的一段时期，贴现窗口主要被美联储用于随时准备充当最后贷款人的途径，进而确保银行体系整体的流动性，而不是作为货币政策工具或影响银行专注开展真实票据借贷的方式。⊖但近年来，贴现窗口与联邦公开业务相结合，已经成了一种重要的货币政策工具。举个例子，当美联储想借助货币扩张来刺激经济时，它可以降低贴现窗口的借款利率。这种做法通常会在经济中产生涟漪效应，降低一系列其他利率，并促进投资和消费借款的增加。

- **贴现率**：存款机构在贴现窗口获得借款的利率被称为贴现率。这一利率水平由各地区联邦储备银行董事会制定，并须得到美联储主席的批准。

  对于存款机构而言，其在贴现窗口的借款成本具有双重性。一个是贴现率本身，另一个是随之而来的加强监控的成本。

⊖ 美联储仍可以利用贴现窗口来修正潜在用户的行为。举个例子，1966 年，美联储不鼓励成员银行发放特定类型的商业贷款，那些非常合作的银行就可以轻易地利用贴现窗口。目前并不清楚贴现窗口在数量上有多重要。借款准备金的变化似乎只受到贴现率变化的轻微影响。但是，贴现率的变化在改变未来预期方面可以发挥更大的作用，也就是说，它可以充当一种信号传递设备。

- 从贴现窗口获得的借款形式：存在三种不同形式的贴现信贷，分别是一级信贷、次级信贷和季节性信贷。
- 一级信贷和次级信贷：一级信贷通常为隔夜贷款，主要提供给财务状况较为稳健的金融机构，一般附有最低的条件约束。那些不满足一级信贷标准的存款机构就只能利用次级信贷这一形式了，次级信贷附有较高的条件约束，同时需要进一步监控。
- 季节性信贷：由于像农村农业银行这样的一些银行会受到可预测的大规模季节性信贷需求变化的影响，同时缺乏随时进入信贷市场的渠道，所以美联储在1973年修改了A条例来向银行提供季节性信贷。这种信贷的发放对象仅限于那些存款规模低于规定的最高金额的机构，这么做的理由是规模较大的机构拥有利用信贷市场的途径。这种信贷的发放期限从四周到九个月不等。
- 向其他机构提供的紧急信贷：紧急信贷主要提供给个人和企业。只有在极为罕见的情形中，并且只有在区域性联邦储备银行和理事会磋商之后才可以提供这种信贷。只有当借款人不仅无法利用其他途径获得信贷，而且其无法获得信贷有可能对经济产生灾难性后果的时候，这类信贷才可以被提供。
- 法定存款准备金余额和超额准备金的利息：2006年的《金融服务监管救济法》允许联邦储备银行向存放在该银行的满足法定存款准备金的存款余额和超额准备金支付利息。2009～2013年期间，这一利率被设定为0.25%。

（3）道义劝说。世界各地的中央银行也借助"道义劝说"或"劝诫"来对其监管的银行实施控制。这种途径就是通过说服、哄骗或胁迫对银行施加压力，进而要求它们以特定的方式行事。相对于银行业更为集中的欧洲或日本而言，这种政策实施模式在拥有数千家银行的美国不大可行。

（4）2007～2009年全球金融危机期间的各种非常规货币政策工具。美联储实施了几项非常规货币政策工具，来应对金融市场上出现的大范围动荡。例如，作为联邦储备银行创立的融资便利，期限资产支持证券借贷便利（TALF）被用来向以消费者和企业贷款作为抵押品的资产支持证券市场提供支持。根据TALF，纽约联邦储备银行通过向拥有高质量资产支持证券的金融机构提供贷款，这些资产支持证券以新近发行的消费者或小企业贷款作为支持。其他几种便利由于对应的市场条件已明显改善而被逐渐废除。⊖有关这些工具的更多讨论见第14章。

15.6　结论

在美国，银行监管已有两个多世纪的历史，而在其他一些国家可能更久。尽管监管架构

⊖ 这些工具包含货币市场投资者融资便利、ABCP MMMF流动性便利、商业票据融资便利、一级交易商信贷便利、长期证券借贷便利、长期拍卖便利、存续期拓展项目和再投资政策。见 http://www.federalreserve.gov/monetarypolicy/expiredtools.htm。

的形成在很大程度上是由于历史事件，并不是考虑周全的监管议程的结果，但仍存在一些重要目标，可用于指导银行监管。在本章中，我们解释了这些目标，并描述了银行所面临的主要监管法规。在第 16 章中，我们将讨论 20 世纪 90 年代和 21 世纪初的银行业立法中的重要里程碑。

专业术语

basis point 基点 一个百分点的 1%。

BHC 银行控股公司

ECB 欧洲中央银行 它是欧洲单一货币（也就是欧元）的中央银行，其主要任务是维持欧元的购买力，进而实现欧元区的物价稳定。

FDIC 联邦存款保险公司

federal funds market 联邦基金市场 银行在短期内借入和贷出现金资产准备金的市场。

FHLMC 联邦住房贷款抵押有限公司

FNMA 联邦国民抵押协会

GAAP 通用会计准则

GNMA 政府国民抵押协会

IMF 国际货币基金组织

LBO 杠杆收购 借助很高的杠杆来收购一家公司。

LDC 针对发展中国家的贷款

LLR 最后贷款人

NOW 可转让支付命令账户 一种存款账户。

OECD 经济合作与发展组织

OCC 货币监理署 美国财政部设置的一个机构，负责国民银行的特许和监管。

regulatory arbitrage 监管套利 银行采取行动来规避监管要求。

SEC 证券交易委员会 美国资本市场的监管主体。

复习题

1. 银行监管的主要目标是什么？请讨论每一个目标。
2. 银行监管内在的必要性是什么？请将你的答案与银行存在的理由联系起来。
3. 微观审慎监管和宏观审慎监管之间的主要概念性差异是什么？
4. 美国银行监管的主要机构有哪些？每个机构的职能又是什么？
5. 为什么我们需要法定存款准备金要求？这些法定要求有什么局限之处？
6. 贴现窗口存在的目的是什么？
7. 为什么我们有资本充足要求？一个良好的资本标准包括哪些内容？
8. 基于资本标准的国际协调这一点批评《巴塞尔协议Ⅰ》。
9. 相对于《巴塞尔协议Ⅱ》而言，《巴塞尔协议Ⅲ》试图在哪些方面做了改进？
10. 讨论银行业安全监管的关键要素。每个要素在确保银行安全方面发挥了什么特殊的作用？在这方面，这些监管要素在多大程度上是互补和替代的？
11. 讨论美国分支机构和银行控股公司立法的经济逻辑。
12. 银行控股公司立法的模糊性对美国银行的行为产生了什么影响？
13. 讨论银行资本是如何被划分为一级资本和二级资本的。将银行资本与非金融公司中通常的资本界定进行对比。从你的角度看，为什么银行有这样更为细致的资本界定？为什么要把银行资本划分为一级资本和二级资本？最后请解释一下为什么在全球金融危机发生之后一级资本的主导地位增强了。
14. 对美国、英国、日本和欧盟的监管架构进行比较分析。
15. 为什么监管机构需要监管银行业中的市场结构和竞争性问题？
16. 赞成和否定消费者保护法规的理由分别是什么？

第 16 章

银行业立法和监管改革的里程碑

> 对于人们独自能做好的所有事情，政府就不应该进行干预。
>
> 亚伯拉罕·林肯

引言

在本章中，我们将讨论银行业立法进程中的一些里程碑事件，并对银行监管改革方案进行评论。在第 15 章中，我们主要讨论了监管目标，以及这些监管目标是如何通过各国采取的各种监管措施予以实现的，本章是对第 15 章内容的补充。在这里，我们首先从历史性的角度来检查在银行业的发展过程中发生了什么事，其中包括对多个关键银行法案（也就是银行业立法中的里程碑）的更为全面的描述。随后，我们将审查银行监管的主要问题，并检查这些问题产生的原因和可能的解决方案。特别是，我们将深入讨论美国 1991 年的《联邦存款保险公司改进法》(FDICIA) 和 2010 年的《多德－弗兰克法案》以及最近的欧盟立法议程。《多德－弗兰克法案》和最近的欧洲立法议程在很大程度上是对全球金融危机的回应；《联邦存款保险公司改进法》则是对 20 世纪 80 年代大规模储蓄贷款协会危机的回应。我们将这些在危机爆发之后的应急法案与 1999 年的《金融服务现代化法案》（《格雷姆－里奇－比利雷法案》）的放松管制议程进行对比。《巴塞尔协议》的相关内容已在第 15 章讨论过了。

16.1 银行业立法的里程碑

从美国最早的历史来看，银行业立法塑造了政府与私人所有的银行机构之间的关系。第一批银行由各州政府特许设立，但联邦政府保留了对银行跨州业务和铸币与现金制造的控制权。

随着政府稳定经济活动责任的日益上升，政府与银行之间的关系也越来越紧密。与银行相关的破产和金融恐慌往往出现在经济衰退之前，进而使许多人认为，银行在制造金融恐慌和商业周期方面起到了推波助澜的作用。图 16-1 概括了美国银行业监管的七个主要时期。

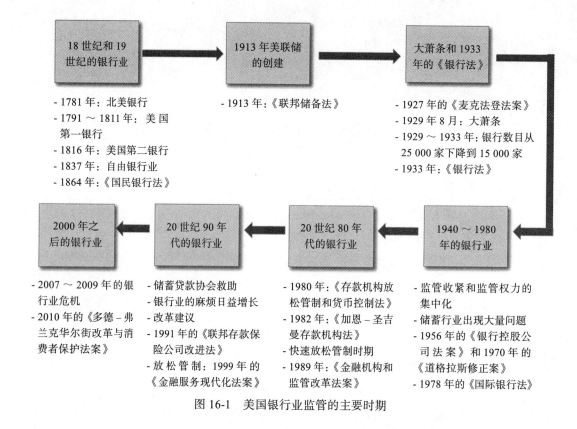

图 16-1　美国银行业监管的主要时期

16.1.1　早期的银行监管

1. 18世纪和19世纪的银行业

1781年北美银行的创建是由处于发展初期的政府对财政代理人的需求所推动的。在殖民地赢得独立后不久,大陆会议就向北美银行发放了永久的特许权状。随后,其他银行也相继出现。然而,人们对北美银行借贷政策和纸币发行能力的指责导致了授予其特许权状的废止。

2. 美国第一银行和第二银行

在时任财政部长亚历山大·汉密尔顿的积极支持下,美国第一银行于1791年成立,并获得了为期20年的特许权状。由于这家银行可以发行纸币、吸收存款、在8家分行之间转移政府资金、管理公共支付以及向政府和私营部门发放信贷,所以它是一家处于萌芽状态的中央银行。但是,美国第一银行并没有充当银行资金存取机构,不是一家清算所,也没有成为银行储备金的创造者。此外,它也没有行使最后贷款人的角色。由于这家银行的"反南"偏见、对农业利益的忽视以及英国人对银行所有权的不断上升,当时它受到了严厉的指责。由于国会没有更新对它的特许权状,所以该银行在1811年终止。

1816年,国会特许设立了美国第二银行。尽管这家银行最初只是政府的财政代理人,但它逐渐演变成一家处于萌芽状态的中央银行。例如,它可以赎回可疑机构的银行券。但是,这家银行被认为是以牺牲农业(借款人)利益为代价并代表"东部"(贷方)利益的专业代理人。当代表农业和边境利益的安德鲁·杰克逊当选为总统时,他扼杀了重新赋予美国第二银行特许权状的努力。因此,美国第二银行的联邦特许权状于1836年终止。

1837～1864年这一时期通常被称为"自由银行业"时代。这是联邦政府对银行业干预最少的一段时期。各个州实际上放开了缰绳。伴随着价值各异的银行券的出现，与"野猫银行"相关的多姿多彩的故事到处流传。这些银行为了阻止票据兑现，往往故意选择建在偏远的地区。

3. 1864年的《国民银行法》

1864年的《国民银行法》标志着联邦政府重返银行业。通过规定对州银行票据征收5%的税收，以及对国民银行准入的执照要求，自由银行业时代宣告结束。《国民银行法》创建了货币监理署，由它来对国民银行进行特许和监控，同时监管国家货币。由于存在对州银行票据的税收要求，那些规模最大、信用最好的银行获得了国民银行的特许权状。

从出发点来看，《国民银行法》的颁布目的可能更多地与内战融资而不是银行改革有关。国民银行被要求持有政府证券，以满足其流动性要求。此外，民粹主义者并不信任银行，努力避免银行出现过度的权力集中，最终导致了一种分散化的银行业结构。

内战后的一段时期出现了周期性的金融动荡。之所以如此，是因为当时银行的流动性经常需要经受那些反复无常的票据和存款持有人的测试。但不可避免地，总会有一些银行被发现缺乏现金（流动性），而传染性恐慌偶尔会接踵而至。系统性风险来自允许银行以其他银行存款的形式来持有其准备金的规定。与准备金及伴随而来的恐慌相关的一系列金融事件，最终导致1913年美联储的创建。此外，在美联储出现之前，货币体系效率低下，数以千计的独立银行发行的纸币相互之间并不是完美的替代品。这不仅是一个私人存款的时代，而且是一个私人制造货币的时代。这时，交换媒介的数量与银行的数量一样多。

4.《联邦储备法》

在1907年具有特别破坏性的金融恐慌发生之后，美国国会创设了国家货币委员会，由委员会提出银行体系的改革建议。他们的工作促成了1913年的《联邦储备法》，并根据这一法案创建了美联储。

美国是最后一个建立中央银行的主要西方国家。美联储独特的去中心化设计反映了历史上美国人民对建立一个强大的准政府银行机构的矛盾心理。美国根深蒂固的民粹主义思潮对银行业的集中领导机构这个设想感到有些畏缩。联邦储备系统的天才之处在于，即使它的结构设计极为复杂，却能够可靠地运行。虽然美联储名义上是一个私有机构，但它本质上是一个政府机构。美联储名义上下设了12个独立的公司实体，但几乎所有重要的决定都是位于华盛顿特区的由总统任命的理事会做出的。

最初，美联储具有票据发行的权力、最后贷款人的权力，并提供清算服务。但随着时间的推移，美联储对货币政策和银行监管承担了越来越多的责任。对于美联储而言，或许它最重要的银行监管职责是承担了监控银行控股公司活动的责任。

16.1.2　1920～1980年间的立法

1. 1927年的《麦克法登法案》

《麦克法登法案》解决了国民银行的地域扩张问题。每一个州都保留了确定州特许银行扩张其设施或分支机构的基础的权力。这样，伊利诺伊州把银行的办公场所限制为只有一个（因此有了单元银行这个概念）。加利福尼亚州对其银行设立分支机构的权力则没有任何限制，这意味着，加利福尼亚州的银行可以在该州的任何地方设立办公场所。还有一些像纽约这样的地方允许在有限的区域内设立分支机构。类似地，一些州允许多银行控股公司存在，而另一些州则明确禁止银行控股公司的成立。

当时出现了一个与国民银行权力相关的问题。在《麦克法登法案》通过之前，与竞争性国民银行相比，一些州银行享有更广泛的分支机构设置权力。《麦克法登法案》赋予了国民银行与其所在州的州银行一样的权力。因此，加利福尼亚州的国民银行将拥有与加利福尼亚州的州特许银行相同的分支机构设置权力，位于伊利诺伊州的国民银行将受到与伊利诺伊州州立特许银行同样的限制。

这种授权原则保留了双重银行体系和银行业市场的分散性。⊖在将州特许银行和国民银行放在一个平等立场的同时，法案也阻止了国民银行在全国范围内的扩张，从而限制了银行的资金来源和信贷风险的分散化以及利用规模经济的能力。这种分散化问题在20世纪80年代再次困扰着银行业。得克萨斯州的主要银行在20世纪90年代经历的困境和破产，在很大程度上是由于能源相关行业的风险敞口无法实现分散化。得克萨斯州并不是个案。能源行业恐慌也为俄克拉何马州、路易斯安那州和科罗拉多州等地的主要银行带来了相同的问题。随后出现的新英格兰银行的困境与区域性衰退之间也存在类似的关联。最近，美国国防支出的削减和其他地方性问题也加剧了加利福尼亚州银行的压力。

《麦克法登法案》及其针对跨州银行业务扩张的立法问题最终是通过《格雷姆－里奇－比利雷法案》解决的。该法案允许资本充足的银行跨越各州界限扩张业务。尽管银行数量迅速减少，前十大银行的市场份额也出现了互补性增长，但美国在全国范围内拥有分支机构的大型银行的数量仍显得较为不足。

2. 1933年的《格拉斯－斯蒂格尔法案》

1919～1929年，有6 000家银行被暂停经营或清算，另外有4 000家与其他银行合并。1929～1933年间，有10 000家银行破产，相应地，银行数量从25 000家下降到15 000家。在美国经历最严重的经济衰退时期（1932年，国民生产总值下降了50%，货币供应量下降了33%，失业率达到了25%），不断破产的银行成为民众不满的焦点。没有什么比表面上经营不善的银行损失流动性资产更能将普通的民众转化为革命者了（回想一下，那个时候我们除了货币之外没有其他可以获得的无风险资产，共同基金出现的时间要晚得多，而政府证券的面额太大了）。

这就是当时新当选的富兰克林·罗斯福总统着手进行银行业改革时所面临的大环境。作为这场危机的标志性事件，1933年3月的银行假日关闭了所有银行。国会这时制定了《银行法》，相比之前美国历史上的任何一部法案，这部法案产生的影响更为根本和深远，并最终重构了银行业。

尽管罗斯福总统心存疑虑，但1933年的立法仍然引入了联邦存款保险制度。这一改革解决了公众对无风险资产的需求，阻止了资金从银行存款逃向货币的现象。这部立法还规定

⊖ 后续的立法推翻了储蓄机构分支机构的限制。为详细了解早期美国银行业的发展状况，见Hammond（1957）。

了存款利率限制，为银行提供了一种新形式的补贴。与 1935 年的《银行法》一起，《格拉斯－斯蒂格尔法案》将证券业务从商业银行中剥离了出来，并施加了比之前程度更高的干预式监管。⊖ 1933 年的立法中最重要的条款总结如图 16-2 所示。

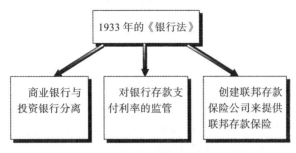

图 16-2　1933 年《银行法》的重要条款

这部立法被誉为政府对私营部门干预最为成功的案例之一。罗斯福总统对存款保险的担忧在整整 50 年之后才成为现实。直到 20 世纪七八十年代的通货膨胀出现之前，联邦存款保险公司收取的存款保险费比每年存款基数的 0.1% 还要低一些。存款保险基金的规模稳步增长，银行破产显得有些无关紧要。《格拉斯－斯蒂格尔法案》，尤其是法案创建的存款保险制度被认为是新政期间最受赞誉的里程碑之一。正如第 10 章和第 11 章所指出的那样，存款保险制度受关注的地方并不在于它最终被解体，而在于它能够持续这么长的时间。罗斯福总统清晰地预见到了存款保险制度中的道德风险。但他可能无法理解的是，这些内部冲突竟然可以在长达 40 年的时间里得到有效控制。

在《格拉斯－斯蒂格尔法案》颁布 2 年之后，1935 年的《银行法》付诸实施。这部法案把联邦储备委员会更名为联邦储备体系理事会，并将其权力扩展到监管联邦储备银行的贴现率和现金资产法定准备金要求，以及证券信用交易保证金要求的制定。协调公开市场业务的委员会更名为联邦公开市场委员会（FOMC）。

3. 1940 ～ 1980 年间的银行业

美国的银行体系在第二次世界大战之后持有大量的美国政府证券和现金资产准备金。这时的银行资本充足，信用风险只是一个很小的问题。事实上，在美国历史上规模最大的战时动员期间，银行贷款组合的规模增长非常小。大部分债务积累是由政府直接提供资金支持的，而银行在积累政府债务的过程中仅扮演了次要的角色（回想一下，这个时期的银行业仍处于大萧条后的创伤恢复期）。

当很多人设想的战后经济恐慌实际并没有出现的时候，所有这一切发生了变化。从战场回来的退伍军人被压抑的需求得以释放，由此带来了持续的繁荣，银行家试图寻求更多的方式参与其中。要实现这一点，就需要银行重新审视它们的"防空洞"心态，制定出可以审慎地处理更大风险（主要是信用风险和流动性风险）的方法。

这样，在战后时期，我们见证了那些从第二次世界大战中存活下来的银行（政府证券占其资产的比重超过 74%）开始用商业贷款来替代政府证券。银行的资产负债表变得更大了，资本充足率下降了，现金资产准备金率也出现了下降。正是在这种环境下，银行扩张了其分

⊖　见 Benston（1990）和 Lucas（2013）。

支机构系统，开始更积极地持有公司的权力。

4. 1956 年的《银行控股公司法》和 1970 年的《道格拉斯修正案》

虽然在 1933～1948 年间，集团银行（银行控股公司）的业务规模增长很少，但在 1948～1956 年间，相关机构的活动出现了显著好转。⊖对利用银行控股公司这种方式来实现地域和业务扩张的担忧促成了 1956 年的《银行控股公司法》和 1970 年的《道格拉斯修正案》。在法案颁布之前，联邦政府对于银行控股公司（也就是银行的母公司）并没有管理或监控的权力。这被认为是一个需要解决的漏洞。《银行控股公司法》将银行控股公司定义为拥有或控制 25% 或以上比例的有表决权股份的任何一个实体，且该实体控制了两家或多家附属银行的董事会。1956 年的《银行控股公司法》要求银行控股公司：①不允许拥有除银行或向附属银行提供服务的公司之外的任何其他公司的所有权；②在联邦储备体系理事会注册；③向理事会寻求针对任何银行收购活动的许可。

虽然美联储负有监管银行控股公司的主要职责，但它关注的重点是控股公司和多家银行控股公司的银行收购活动。这样，1956 年的立法在很大程度上忽视了单一银行控股公司针对非银行的收购问题。这是因为非银行收购在 1956 年尚未成为一个问题。但对银行限制的持续测试，银行业摆脱萧条心态的征兆使后一个问题的重要性日益显现。1970 年的《道格拉斯修正案》要求所有银行控股公司的收购事项必须明确得到美联储的批准。美联储也制定了一份许可和禁止的活动清单，但清单中的这些项目仅仅是假定的，任何一项单独的收购都需要得到明确的批准。《道格拉斯修正案》赋予美联储的责任有些含糊不清——"（非银行收购活动）应该与银行业密切相关，才能成为恰当的事件"，进而美联储在决定银行控股公司的收购申请时，实际上具有不受限制的酌处权。

对银行控股公司监管的重要性，无论是现存的还是潜在的，在当前的改革争论中都非常明确。首先，现有立法明确规定，美联储几乎拥有无限的权力。其次，所有扩大银行业务的建议事实上都依赖于控股公司及其存在问题的"防火墙"，以保护银行及其被保险的存款。几乎可以肯定的是，随着银行业立法的放宽，银行控股公司的作用将会扩大，美联储也将成为监管的焦点。

5. 1978 年的《国际银行法》

1978 年的《国际银行法》是为了给美国银行与其竞争对手（也就是在美国市场上运营的外国银行）提供一个更好的"公平的竞争环境"。根据《麦克法登法案》，外国银行的分行被迫要选择一个州作为所在地，并且它们也被要求满足与美国竞争对手银行相当的资本和流动性法定要求。

对于银行业而言，首次明确的持续性资本充足要求就是与对等性界定的复杂实践相关的附带品。⊖这可以作为 20 世纪 30 年代立法成功的另一个证据。在 1978 年的立法中，5.5%

⊖ 见 Fisher（1986）。旨在对银行控股公司实施更严格的监管的法案在 1933～1955 年间的每一届国会召开期间都会被提出，因此银行家对更为严格的保证金监管感到担忧。这种对于即将出台的法案的恐惧，促使多部门银行业得到了迅猛的发展。

⊖ 之前的银行不得不在成立之初就满足最低资本充足要求，但在银行破产极少出现的时候，很少有人在此时会关注银行的资本。

的资本充足率要求就是在界定美国银行和美国市场中具有竞争性的外国银行的对等性时的一个事后考虑。

6. 储蓄行业的问题

20 世纪 70 年代，由于通货膨胀率高且不稳定，利率水平和波动性出现了大幅度上涨。此外，信息技术大幅改善。这两个事件对银行业和储蓄行业产生了深远的影响。意料之外的利率变化导致那些资产负债表不匹配的金融机构出现了严重的亏损。由于法律要求储蓄银行的资产只能锁定于长期固定利率抵押贷款，所以它们与逐渐以浮动利率贷款取代固定利率贷款的银行相比，遭受了更大的损失。信息技术进步削弱了准入壁垒，导致来自共同基金、金融公司和资本市场等种类宽泛的非银行金融服务提供商的竞争日益加剧。到 1980 年，整个储蓄行业处于破产的边缘，银行业破产规模和频率都出现了上升。

16.1.3　20 世纪 80 年代的立法

20 世纪 80 年代的立法发展具有独特的重要性。之所以有这种判断，是因为这些立法试图解决在一个相当稳定的银行业环境中开始出现的裂缝，而这种相当稳定的银行业环境是第二次世界大战结束之后美国的重要特征之一。更具竞争力的银行业环境和储蓄机构危机都需要得到立法的回应。

1. 1980 年的《存款机构放松管制和货币控制法》

《存款机构放松管制和货币控制法》解决了两个主要问题：存款利率上限所加剧的存款脱媒，以及随着更多的银行试图避免维持现金资产准备金法定要求的成本而导致的美联储成员的流失。

对于商业银行而言，《格拉斯 – 斯蒂格尔法案》引入的存款利率上限一直以来都是一件令人喜忧参半之事。当政府证券、货币市场共同基金等存款替代品的市场利率仅稍高于存款利率上限时，由于存款人惯性或便利的存在，银行可以从中受益。但随着市场利率与利率上限之间的差距日益扩大，存款人变得焦躁不安，资金也会从银行流出。在利率非常稳定的时候，存款利率上限是银行业的主要支持，但当利率水平更易变动时，同样的存款利率上限却成为令银行颇为头痛的问题。

这个问题有可能通过将存款利率上限与市场利率指数化挂钩来予以解决。但这种做法从未出现过。监管者似乎更偏好于无约束的自由裁量权，但他们试图及时调整利率上限的努力总是无法适应快速变化的资本市场。

《存款机构放松管制和货币控制法》通过逐步取消除活期存款之外所有存款的利率上限来解决这个问题。⊖银行可以以它们认为合适的方式自由地在存款市场上开展竞争。甚至对活期存款的利率限制也可以利用面向消费者的可转让支付命令账户予以规避。人们不太清楚的是，早期的存款补贴对抑制银行的高风险策略有多么重要。《存款机构放松管制和货币控制法》还将受联邦保险的存款上限从每个账户 4 万美元提高到 10 万美元。这削弱了存款人监控银行的动机，进一步鼓励了银行从事高风险业务。

⊖ 促使《存款机构放松管制和货币控制法》出台的一个催化剂是，最高法院处置可转让支付命令账户、ATM 和股金提款账户被宣称非法的最后时限设定。

《存款机构放松管制和货币控制法》的第二个主要动机是想让所有被保险的银行接受美联储的现金资产准备金法定要求的约束。这解决了美联储成员不断流失的问题。满足美联储现金资产准备金法定要求的机会成本会随着市场利率水平的提高而上升,美联储成员数量的下降还构成了20世纪70年代综合征的另外一种表现。这样,《存款机构放松管制和货币控制法》消除了监管套利的机会。有意思的是,自1980年以来,美联储将活期存款的法定准备金率从最高的16%的水平降至10%。这样,监管主导权伴随着纳税人承担的铸币税向银行转移。《存款机构放松管制和货币控制法》的主要条款概要如下。

> **《存款机构放松管制和货币控制法》的主要条款**
> - 所有存款机构被允许发行附息支票账户,并被要求持有美联储规定的现金资产法定准备金。
> - 储蓄贷款协会被允许将最多20%的资产组合为消费者贷款、商业票据和公司债务工具。
> - 联邦特许的储蓄贷款协会被允许提供信用卡服务和介入信托活动。
> - 对于储蓄贷款协会而言,占存款5%的法定资本要求被联邦住房贷款银行委员会设定的3%～6%所取代。
> - 存款利率上限在6年内逐步取消。利率放松管制将由存款机构放松管制委员会(DIDC)来管理,该委员会的主席由财政部长担任,美联储、联邦存款保险公司、联邦住房贷款银行委员会和国家信贷联盟局的负责人是委员会中具有投票权的成员。
> - 存款保险限额提高到每个账户10万美元。
> - 允许联邦特许的储蓄贷款协会在州内设立分支机构。
> - 针对储蓄贷款协会的早期地理业务限制(只能在距办公室50英里⊖的半径范围内发放贷款)被取消。
> - 扩大了联邦特许的储蓄贷款协会从事收购、开发和建设(ADC)贷款的权力。

2. 1982年的《加恩-圣吉曼存款机构法案》

《加恩-圣吉曼存款机构法案》专门针对储蓄银行。该法案试图通过扩大储蓄银行的权力来增强其盈利的潜力。这部立法是对1980～1981年利率飙升所造成的行业性巨大损失的回应。

优惠利率飙升到21%以上。储蓄行业被迫用成本非常高的负债来为其庞大的由贷款和固定利率住房抵押贷款构成的投资组合提供资金。持续超过18个月的损失侵蚀了这个行业很大比例的资本金。⊜这些损失大部分是由于储蓄银行受法律所限只能发放固定利率住房抵押贷款所导致的。为了使它们重新盈利,很多人认为,储蓄银行需要获得更多的自由资产处

⊖ 1英里≈1.61千米。

⊜ 损失的金额预期为1 500亿美元(Balderstone, 1985)到1 650亿美元(Kane, 1990a)。也可以参见Kane和Yu(1993)。为了便于理解,注意,储蓄行业是一个万亿美元的行业,但其资本比例低于5%。

置权，包括发放可调利率住房抵押贷款的权力。

《加恩-圣吉曼存款机构法案》提供了该行业试图获得的扩张资产的权力。这使信贷风险大大增加，因为那些受损最严重的机构往往是最渴望采取高风险策略的机构。《加恩-圣吉曼存款机构法案》的主要内容总结如下。

> **《加恩-圣吉曼存款机构法案》的主要条款**
> - 通过允许开展下列业务，联邦特许储蓄贷款协会拥有的资产配置权得以扩大：
>   - 商业住房抵押贷款，但不超过总资产的40%。
>   - 消费贷款，但不超过总资产的30%。
>   - 商业贷款，但不超过总资产的10%。
>   - 商业租赁，但不超过总资产的10%。
> - 取消之前关于贷款价值比率的法定限制，允许储蓄贷款协会贷出相对于项目评估价值而言更多的资金。
> - 授权联邦存款保险公司以及联邦储蓄和贷款保险公司发行"净值证书"，该证书可在无须实际注入资金的情形下出于监管目的增加机构的资本。

3. 1989年的《金融机构改革、复兴与实施法》

《金融机构改革、复兴与实施法》（FIRREA）是《加恩-圣吉曼存款机构法案》的后续补充。它制定了处理破产与濒临破产的储蓄银行的机构和程序。储蓄银行监管机构——联邦住房贷款银行委员会被剥夺了权力。在财政部内部创建了一个全新的储蓄银行监管机构——储蓄监控办公室（OTS）。FSLIC这家储蓄银行保险公司也被重组，并以储蓄协会保险基金的形式纳入联邦存款保险公司。这部立法还创建了重组信托公司（RTC），来处理破产的储蓄银行及其资产。

《金融机构改革、复兴与实施法》为那些遭受损失的储蓄机构进行更积极的重组奠定了基础，随后在政府的干预下，1 000多家储蓄银行实现了重组。《金融机构改革、复兴与实施法》尝试纠正早期监管政策的被动性和宽容性。

《金融机构改革、复兴与实施法》在资本充足要求方面有两项重要规定。首先，《金融机构改革、复兴与实施法》规定了三种类型的资本要求：有形资本、核心资本和基于风险的资本。有形资本是普通股和永久性优先股，储蓄监控办公室要求储蓄银行拥有的有形资本至少等于其总资产的1.5%。核心资本被界定为有形资本加上非永久性优先股和合格的次级债券，储蓄监控办公室要求储蓄银行拥有的核心资本至少等于其总资产的3%。1994年之后，商誉等无形资产将不再被视为核心资本的一部分，法案还提供了阶段性计划，规定了无形资产从监管资本中被逐步淘汰的速度。其次，随着《金融机构改革、复兴与实施法》的通过，"监控商誉"这个词被用来表示在由联邦储蓄和贷款保险公司提供协助的针对资不抵债的储蓄银行的收购活动中所创造的商誉——在这类收购活动中，监管机构达成了一项特别协议，允许将这种商誉算作监管资本的一部分。这种商誉需要5年的时间才得以逐步淘汰。而所有其他类型的商誉则立即被取消了纳入监管资本的资格。基于风险的资本充足比率必须超过8%，而且其计算方式与《巴塞尔协议》中一级资本的充足比率相同。

《金融机构改革、复兴与实施法》授权财政部开展一项研究，就存款保险体系的改革提出建议。这项研究导致财政部于1991年2月提出了一项建议。财政部的建议包括两方面：限制存款保险制度的风险，同时开放银行市场。特别是，它主张将限制存款保险的覆盖范围与风险敏感的保险费定价和较高的资本充足要求结合起来。同时，它主张全面放开跨州银行业务，并允许银行与其他金融机构联合。综合来说，财政部的建议旨在减少纳税人的负债责任，促进更好的信贷分配，并增强银行业的实力。⊖《金融机构改革、复兴与实施法》的主要内容如图 16-3 所示。

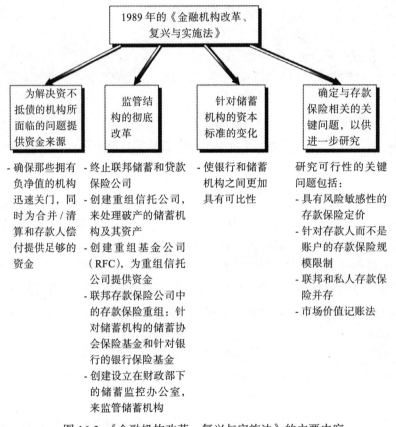

图 16-3 《金融机构改革、复兴与实施法》的主要内容

财政部大胆的改革设想被拒绝了，取而代之的是我们将在本章后面部分讨论的《联邦存款保险公司改进法》。

16.2 银行监管的问题

16.2.1 问题

在表 16-1 中，我们总结了存款金融机构中存在的突出问题，以及可能的原因和常见的

⊖ 见 Keeton（1991）。

解决办法。我们这里想表达的观点是，纳税人希望建立一个具有全球竞争力的银行体系，将其风险敞口降至最低。

表 16-1　20 世纪 80 年代存款性机构面临问题的症状、原因和通常的建议措施

症状	可能的原因	通常建议的措施
• 过度风险承担 • 管理层欺诈	• 源自存款保险定价的扭曲激励 • 无效的监管监控 • 存款性机构较低的租赁价值	• 提高资本标准 • 对风险敏感的存款保险 • 银行业准入限制 • 狭义银行 • 改进监控流程 • 为监管覆盖提供更多的资源
• 在关闭破产机构过程中的过度拖延——容忍度	• 监管会计准则（RAP） • 自私自利的银行监管者	• 市场价值会计 • 改进监管激励
• 货币政策不可预测的影响	• 法定准备要求 • 金融创新	• 调整法定准备要求 • 减少有助于金融创新的监管性税收
• 对于银行而言很高的权益资本成本	• 监管不确定性	• 使监管更具可预测性，同时消除可被市场察觉的监管反复
• 美国银行业不断下降的竞争力	• 经济信息处理能力的改进，银行服务价值的下降 • 相对于外国银行而言，市场份额丧失	• 更少的冗余监管 • 扩大银行权限，允许其进入投资银行和保险业 • 打破分支机构设置限制 • 资本充足标准的国际协调

16.2.2　原因和可能的解决办法

在本节中，我们简要讨论表 16-1 列出的每一个主要问题和可能的补救措施。我们的讨论围绕存款保险、监管不确定性、公允价值会计准则（MVA）和扩张的银行权力四个问题展开。

1. 存款保险和银行的激励

我们在第 10 章中的讨论强调了与存款保险相关的问题。人们通常认为，这些问题源自：①存款保险定价；②监管机构的激励；③银行高管的激励。我们依次简要讨论这些问题。

（1）存款保险定价。对风险不敏感或对风险敏感较低的保险费将限制风险承担的责任转移给了监管机构，而不是通过定价机制的约束使风险得以控制。正如我们下面讨论的那样，《联邦存款保险公司改进法》认识到了这个问题的存在。然而，在实施有效遏制冒险行为的对风险敏感的存款保险定价方案时存在许多困难。这些困难包括风险测度[⊖]和信息不对称[⊖]。适当的基于风险的存款保险定价必须依赖许多反映信用风险、利率风险和流动性风险的变量。我们应该如何测度这些风险呢？此外，即使我们可以测度这些风险，存款保险费又应如何与测度的风险挂钩？信息不对称问题源于银行比监管机构拥有更多的与自身风险相关的信息。这样，在设计准确反映风险的存款保险计划的过程中，监管机构面临的任务是获取银行的私人

⊖ 见 Kareken 和 Winter（1983），Flannery（1991）。有些风险有可能达到难以测度的程度（见 Caballero and Krishnamurthy，2008）。

⊖ 见 Chan 等（1992）和 Pennacchi（2006）。

信息。

《联邦存款保险公司改进法》采纳了风险敏感的存款保险费率，这代表了监管改革的重要一步。

（2）监管机构的激励。有些人相信，许多银行业问题的根源在于政治和官僚问责制的内在缺陷。[⊖]掩盖糟糕的监管绩效的证据，并放松对受监管企业的限制是政府应对行业困境的通常做法。类似地，银行开展的激进冒险活动也是其面对监管宽容的理性反应。

这一观点认识到了公共监管层面同样存在委托代理问题。监管者和政治家们被视为纳税人的代理人，作为代理人，他们拥有明确的目标，而这些目标通常与其委托人的目标相冲突。为了理解这一观点，设想银行业或储蓄行业，这个行业是由许多遭受损失进而净值为负的企业构成的，并且这些企业都向往制定、实施高风险投资组合策略。

监管机构本应该迅速关闭这些企业。但这么做通常会使政治家们感到苦恼。此外，来自监管机构的救助可能会向公众显示它们之前所犯的错误，而正是这种错误才使情况恶化到企业需要破产清算或被接管的地步。那些陷入困境的企业隐含的经济损失越大，公开承认其破产对监管机构的声誉造成威胁的可能性就越大，监管机构容忍的倾向也就越高。它们希望破产的局面可以出现反转，或者可以将问题转嫁给继任者。很多监管者和政治家有这样的想法，就是一旦承认破产，他们的职业生涯就被毁了。这种想法和在古代杀死带来坏消息的信使这一做法相似。《金融机构改革、复兴与实施法》和《联邦存款保险公司改进法》通过更大幅度地限制宽容性监管来应对这个问题：如果一家机构的账面净值跌至低于资产的2%，那么这家机构就必须在设定的时间内被关闭。

如果我们假定被保险机构不断地通过全新的且有些意料之外的方式把风险转嫁给存款保险基金，那么我们可以想象存在如图16-4所示的三种监管体制。[⊖]

图16-4 连续的监管体制

如图16-4所示，监管者一开始都是本意善良的公务人员。然而，当他们发现受其监管的公司采取的行动未曾被识别出来，并且威胁到了存款保险基金的偿付能力的时候，他们就面临着一个"交叉点"。这些监管者会认识到一点，那就是这些问题难以解决，因此通过拖延或否认问题的存在，他们的职业利益才能得到更好的体现。就储蓄行业而言，这个转向否认问题存在的"交叉点"出现在20世纪70年代后期，并且这种否认的监管态度一直延续到1987年。在此期间，储蓄行业的游说制造了与该行业状况不相符的信息。当时人们的担心看上去仅限于其认为联邦储蓄贷款保险公司破产会加速危机到来的可能性。严重问题的存在和监管的不作为可借助表16-2中的数据来表明。

⊖ 关于这一观点，最强有力的论据来自Kane（1989a，1989b，1990a，1990b，2014）。也可以参见Campbell等（1992），Boot和Thakor（1993），Morrison和White（2013）。

⊖ 这种分析是基于凯恩（1989a，1989b）。

表 16-2　1975 到 1984 年由 FSLIC 承保的储蓄机构财务状况和破产情况的数据

年	净值市场价值 / 总资产的比率	通用会计准则下资不抵债的机构数	FSLIC 解决的破产的机构数
1975	−7.77	17	11
1976	−7.25	48	12
1977	−6.62	38	10
1978	−6.87	38	4
1979	−9.32	34	4
1980	−12.78	43	32
1981	−15.41	85	82
1982	−10.63	237	247
1983	−6.03	293	70
1984	−2.74	445	336

资料来源：Edward J. Kane, "The Unending Deposit Insurance Mess," *Science* 246, October 1989b, 451-456。

如表 16-2 所示，在公众意识到这一点之前，这个行业平均陷入破产状况已经有很长一段时间了。此外，由联邦储蓄和贷款保险公司主导的清算或重组的机构数量也远远小于实际的破产机构数。由于这是行业快速增长的时期，所以许多资产净值为负的企业不仅被允许留在这个行业中，而且被允许增加资产。

但是，掩盖问题的时间越长，维持欺骗就变得越来越难。原因有两方面。第一，不承认存在损失只不过是推迟会计上的确认而已。第二，随着时间的推移，如果允许经济上已经破产的银行继续运营，那么考虑到银行日益上升的风险承担动机，可能会导致损失增加。

上述讨论是基于现存的联邦存款保险结构而言的。然而，许多这种结构的替代方案已经被提出来了。一个是私有化存款保险。这将为银行业提供一个自我保险方案，在这个方案中，银行可以互相保险和监控。但实施这个方案的困难在于，如果存在大量的银行，那么每一个成员的监控动机可能都很弱。⊖

第二种选择是将存款保险仅限于"狭义银行"。也就是说，只有那些投资于最安全的证券（如美国国债）的银行才能提供被保险的存款账户。其他银行将投资于它们自己选择的资产，但只能以无保险的负债来为这些资产融资。这将在保留联邦存款保险的同时，限制纳税人的风险敞口。

最后，有人建议通过取消存款合同本身来改革存款保险制度。正如我们在第 12 章中所看到的那样，存款合同产生了银行挤兑的可能性，因为序贯服务约束使每一个存款人在觉察到银行面临的麻烦时就试图第一个到柜员窗口提取存款。虽然存款保险是对这种潜在破坏性的一种反应，但另外一种可能的方案就是取消序贯服务约束。如果银行发行类似股票的索取权（如共同基金的索取权），就可以实现这一点。由于基金的提取与该基金中投资者的部分所有权相当，所以任何投资者/存款人首先提取都不会获得任何优势。这种合同可以被赋予全面的交易服务。个人将暴露在"市场风险"之中，因为共同基金的价值将随着市场状况的

⊖ 当一些负有监控责任的银行陷入财务困境时，这些动机可能会被进一步弱化。而财务状况不佳的银行减少监控，可以导致更多的银行由于警惕性的下降而陷入困境。这将引入系统性风险因素，并可能具有传染性。为了了解银行挤兑对宏观经济的影响，可以参见 Loewy（1991）、Gertler 和 Kiyotaki（2013）。也可以参见 Donaldson（1992）和 Gilchrist 等（2009）。

变化而随机波动，但恐慌性挤兑的威胁将不复存在。⊖第 12 章也讨论了这个问题。图 16-5 总结了存款保险问题可能的解决方案。

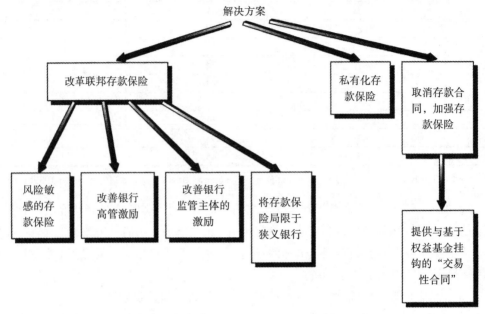

图 16-5　对于存款保险问题的可能解决方案

（3）银行高管的激励。如果银行高管可以因为银行破产而得到某种形式的回报，那么他冒险的动机就会被强化。高管获得回报的方式之一是，当他们离开陷入困境的公司时可以获得的"金降落伞"。联邦存款保险公司现在对陷入困境的公司所进行的支付有一定的限制。这是沿袭货币监理署 1991 年的一个决定，这个决定终止了向东南银行公司前董事长查尔斯·兹威克（Charles Zwick）每个月支付 42 000 美元。1991 年 2 月，监管机构强迫濒临破产的跨国金融公司前董事长兼首席执行官 Alan P. Hoblitzell 返还了 915 865 美元的遣散费。

1990 年的《银行欺诈法》授权联邦存款保险公司制定严格的担任银行保险基金监护人的金降落伞规则。联邦存款保险公司必须批准向陷入困境的银行的离职高管提供的任何金降落伞。为了获得许可，金融机构必须证明管理人员没有任何欺诈行为，对该机构的受损状况不承担任何重大责任，且没有违反银行法和刑法的相关规定。此外，所有金融机构在被允许为董事和高管支付法律费用之前，都必须满足类似的标准。

2. 监管不确定性

对银行业的公共监管，部分是为了解决公共安全网导致的道德风险问题。这不仅包括存

⊖ 消除不按票面价值进行结算这种现象是 1913 年《联邦储备法》通过的动机之一。尽管重新回到这样一种状态显得有些过时，但人们现在愿意接受共同基金的索取权来作为存款的替代品。有些人认为，取消序贯服务约束就可以消除银行挤兑的威胁这一点有些不大现实，因为我们见证了美国 2007 ~ 2009 年金融危机期间货币市场共同基金出现的挤兑（见第 14 章）。但是，正如 Kacperczyk 和 Schnabl（2013）所记录的那样，对于共同基金的挤兑主要是因为投资者（理性地）感到这些基金采取了较高风险的活动，进而对这些基金资不抵债的可能性有较多的关注。这与银行拒绝一笔贷款基本上没有什么差异，因为此时银行相信借款人处于资不抵债的边缘。人们很难把这种现象称为"恐慌性"挤兑。

款保险和最后贷款人这样明确的担保，也包括政府对支付系统和"太大而不能倒闭"的不明确的担保。因此，这个问题就不仅是设计一个最优的监控体系。它要求联合设计担保结构和监控体系，以实现社会目标，同时，以最低的社会总成本来控制道德风险。

一个有吸引力的解决途径是尽量减少监管需求，但这意味着最小化安全网的覆盖范围。事实上，这可能是对政府安全网实施限制的最有说服力的一个论据。然而，即使是覆盖范围最小的安全网，也会引致一定的政府风险敞口，所以进行一定的监控／管理可能还是必要的。因此，我们将被迫在最低限度担保体制的背景下解决最优监管设计这一问题。

在考虑这个问题的时候，区分法规的自由裁量权和非自由裁量权的特征是很有用的。后者代表了现金资产法定准备金要求、资本充足要求、单一借款人贷款规则和存款保险费计划等或多或少要求比较明确的法规。另外，自由裁量权的法规涉及较大的模糊性。类似的例子包括1970年《道格拉斯修正案》中适用于银行控股公司收购的标准、当前做法下存款保险的覆盖范围、利用贴现窗口的标准、对于陷入困境的机构的干预标准以及银行业和储蓄行业的会计准则等。

模糊性的好处之一是，它赋予了监管机构打击道德风险的一件武器。[⊖]当银行不确定监管机构是否会在特定情况下拯救该银行时，它可能会竭尽全力来避免陷入危险。然而，模糊性也会带来成本。由于监管干预的概率和本质越来越难以猜测，投资者开始要求在银行股权上获得更高的风险溢价。这增加了银行的资本成本，并在更加可预测的环境中降低了相对于竞争对手的竞争力。从监管机构并未内化银行增加的资本成本的角度看，自由裁量权的存在起到了将财富从股东转移到纳税人或监管机构的作用。

3. 公允价值会计准则

人们普遍认为，监管会计准则（RAP）和通用会计准则（GAAP）是导致储蓄行业和银行业问题的主要因素之一。监管会计准则在一段时间内隐瞒危机的严重性，因为它延迟确认了未实现的损失，从而在机构的经济净值为负的时候夸大了资本。鉴于在经济上陷入资不抵债的金融机构有更多的冒险动机，所以危机会随着储蓄机构尝试承担不断上升的风险而加剧。通用会计准则也没有发挥太大的作用，因为它主要依赖交易的历史成本（或账面价值）。[⊜]

作为一种替代方案，公允价值会计准则要求所有的资产和负债，包括所有的资产负债表表外项目（这些项目有可能计入资产负债表中）都按其当前的市场价值进行记账。资产和负债的价值将随市场状况而增加或者减少。公允价值会计准则可以在实施基于风险的资本充足要求、基于风险的存款保险费和改进监管方面发挥作用。这样，它就成了存款保险制度全面改革的一个重要组成部分。

从原则上来说，采纳公允价值会计准则的情形是无可挑剔的，但在其实施过程中存在概念、测度和激励三个方面的问题。[⊜]在实施过程中面临的首要问题是如何确定非交易性商业银行贷款和担保的市场价值。在这些产品中，许多要么是不可交易的，要么只能以巨大的

⊖ 模糊性／自由裁量权的建设性功能已经被 Allen 和 Gale（1993）、Boot 等（1993）、Corrigan（1990）和 DeYoung 等（2013）所强调。

⊜ 见 White（1988）。

⊜ 见 Berger 等（1991）。

折扣价进行交易。由于银行相对于这些金融工具的潜在买家具有信息和监控方面的优势,因此,对于银行而言的资产价值与其出售价值之间通常存在分歧,由此导致价值测度变得非常困难。

有人认为这种体系并不需要一个全面的会计体系,而只需要一个以市场为基础的净值测度标准。这可以简化测度问题,但也提出了其他需要进一步考虑的问题。举个例子,有可能出现这样一种情形,当贷款的市场价值(进而净值)下降时,要求增加银行资本可能导致其选择期限较短的贷款,也就是说那些基于市场调整价值的可能性较小的"清算"贷款。⊖ 之所以会这样,是因为估值调整对银行资本的影响具有不对称性。贷款价值的增加会增加银行的经济净值,进而允许其支持存款和资产扩张,但银行可能无法立即通过业务扩张来产生盈利。⊜ 这样,银行有可能无法完全获取贷款价值上调所带来的利益。但如果贷款价值下降了,这时公允价值会计准则将迫使银行获取额外的资本或出售某些资产,这两项举措都可能是成本高昂的。⊜ 这种贷款价值调整对银行影响的不对称性,可能会造成潜在的价值调整的动机最小化,进而使银行不断缩短贷款期限。尽管存在这些尚未解决的问题,但对二级市场上活跃交易的所有资产和负债进行市场估值,同时使用最佳判断来评估其他资产负债的价值,正越来越受到公共监管机构和会计行业的青睐。

4. 扩张的银行权力

在 1999 年《格雷姆–里奇–比利雷法案》通过之前,银行和储蓄机构都为业务权力的扩张而争相游说,借此来提高其拥有的特许权状的价值,并降低破产风险。反对全能银行的主要理由是,权力的扩张会使得监管和限制以牺牲存款保险基金的利益为代价的冒险活动变得更加困难,同时扩张的权力可能会引起利益冲突。这种潜在的冲突如下。⑩

- 投资银行在销售证券过程中的促销职能,可能与商业银行向存款人提供客观建议的义务相冲突。
- 为避免贷款损失,全能银行有可能出于清偿贷款的目的而鼓励借款人通过银行的证券子公司去筹集新资本。
- 全能银行可能会利用其垄断权力来交叉销售服务。信贷配给的威胁、拒绝更新贷款承诺以及提高贷款成本,都可以被用来将现有客户与全能银行的其他产品"捆绑"在一起。
- 全能银行可以通过在其信托账户中放置未售出的证券,来避免承销损失。
- 全能银行的董事与其客户之间的联动可能会引发冲突。
- 银行有可能出于推动一家公司上市的考虑不谨慎地向其发放贷款,而这家公司首次

⊖ 见 O'Hara(1993),她提供了一个有意思的模型来预测在某些涉及信息不对称的情况下,我们可以观察到在公允价值会计准则体系下银行资产的存续期会变短,这是对"真实票据"学说中所体现的自我清算投资概念的真正回归。

⊜ 比如,如果存款的边际成本随规模的增加而上升,且没有足够的时间来制订资产扩张计划,资产收益无法超过存款的融资成本,就可能出现这种情况。

⊜ 再一次,这种成本可是由信息摩擦所致。仅信息不对称就可以使权益成本比存款成本更高(Myers 和 Majluf,1984)。此外,当银行比外部人员了解更多的关于贷款真实价值的信息时,贷款出售可能会给银行带来损失(Bhattacharya 和 Thakor,1993)。

⑩ 见 Saunders(1985)。

公开发行的承销商是全能银行。
- 银行有可能会不谨慎地向其证券子公司发放贷款，进而将财富从存款保险基金转移到证券子公司。

这些利益冲突的严重性受到了广泛的争议。㊀那些赞成分离商业银行和投资银行的人认为，这些冲突是重要的㊁，分离也是必要的，这样可以确保政府安全网的范围没有明显扩张。而那些赞成扩大银行权力的人则认为，市场力量将提供必要的纪律约束来控制权力滥用。㊂其他人认为，可以通过限制监管宽容和迫使陷入困境的机构早日关闭来对道德风险和其他利益冲突进行控制。㊃

如果严重的利益冲突的确存在，那么这时应该有证据表明，1933年以前的银行欺骗投资者投资为其带来了严重损失的证券。最近的一项研究通过比较商业银行附属机构承销的证券与独立的投资银行承销的证券的表现，对这一假设进行了验证。㊄结果发现，银行附属机构出售的证券比投资银行出售的相同的证券的违约频率低。令人瞩目的是，违约率的差异在相对更具投机性（私人信息密集型）的证券上最大，因为这些证券对于投资者来说最难判断，也有可能给投资者带来最大的损失。这个发现对所谓的利益冲突的重要性提出了质疑。具有理性预期的投资者会考虑证券定价时可能存在的潜在的利益冲突。因此，银行那些具有不良声誉的附属机构为避免潜在冲突将以较高的折扣所出售证券。发行人将会预期到这一点，并倾向于具有良好声誉的银行附属机构，然后这些机构会承销银行附属机构发行的大部分证券。毫无疑问，市场纪律在《格拉斯–斯蒂格尔法案》颁布之前能够很好地解决利益冲突。

反对扩张银行权力的另一个论据是，它们可能会稀释金融创新激励。正在考虑金融市场创新的全能银行担心其商业银行部门的贷款业务会瘫痪。而独立的投资银行就没有这样的担忧，因此有更强的金融创新激励。

权力扩张对银行的影响最终是一个实证问题。实证研究提供了有趣的证据。一项研究利用107个国家的数据表明，限制银行业务对银行发展和稳定有不利影响。㊅这可以为欧洲、拉丁美洲和世界其他地区普遍存在的全能银行提供一些支持。㊆然而，请注意，这些证据并没有为使纯粹的投机活动成为银行的一部分提供支持。全能银行模式在以客户为中心进而基于关系的经济模式中运行得最好。

16.3 1991年的《联邦存款保险公司改进法》及相关法案

1991年，美国财政部提出了全面银行业监管改革建议，旨在提升美国银行业机构的全球竞争力、减少纳税人承担的来自存款保险的风险敞口、促进美国金融机构的安全和稳健。

㊀ 见 Benston（1990）。
㊁ 见 Mester（1992）。
㊂ 见 Huertas（1988）和 Saunders（1991）。要了解投资银行业分离的历史内容，可以参见 Shull（1983）。
㊃ 见 Eisenbeis 和 Horvitz（1993）。
㊄ 见 Kroszner 和 Rajan（1994）。
㊅ 见 Barth 等（2004）。
㊆ 见 Mester（1992）。

改革建议的关键内容有：①限制存款保险的覆盖范围；②实现监管整合；③财政部和美联储一起介入"太大而不能倒闭"问题的决策；④废除《格拉斯–斯蒂格尔法案》和《麦克法登法案》中与银行业务活动相关的限制。

这一改革提议最终体现为1991年12月颁布的《联邦存款保险公司改进法》。《联邦存款保险公司改进法》的主要关注点在于减少纳税人承担的来自存款保险的风险敞口，促进美国金融机构的安全和稳健。《联邦存款保险公司改进法》的关键内容在下文中予以讨论。

16.3.1 银行监管

《联邦存款保险公司改进法》将监管与银行资本挂钩（见图16-6）。监管机构被要求为银行和储蓄机构建立五个资本合规类别：资本非常充足、资本充足、资本不足、资本明显不足、资本严重不足。监管宽容这个问题通过在资本处于不断耗散状态时的法定"快速纠正措施"要求而受到了约束。特别地，监管机构被要求在银行丧失偿付能力之前就关闭这些银行。如果资本规模下降到一个正的触发点水平之下，那么监管机构必须对银行的资产增长制定上限，强制其削减或暂停股利发放，指导银行管理层筹集资本，并在必要时强制要求对管理层进行变更。监管机构也被允许关闭资本严重不足（也就是有形权益资本与总资产的比例小于2%）的银行。《联邦存款保险公司改进法》还允许监管机构对银行的其他违规行为进行接管或托管，这些违规行为包括违反停止令、隐藏记录或资产、无法满足存款提款需求、无法制订或实施必要的资金募集计划等。此外，《联邦存款保险公司改进法》还要求银行监管机构必须在银行陷入资本严重不足的90天内采取行动。《联邦存款保险公司改进法》监管评价的主要原则如图16-6所示。

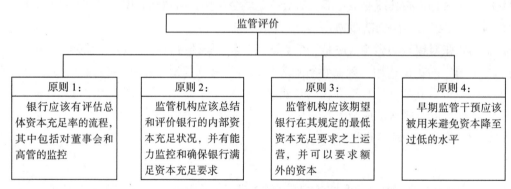

图16-6 监管评价的主要原则

对于那些一旦破产就可能给联邦存款保险公司带来实质性成本的任何银行或储蓄机构而言，快速纠正措施还要求对其进行事后评估。如果实质性损失确实出现了，那么与机构对应的银行监管机构的总监察长必须确定破产的原因，同时必须提供旨在防止今后出现这类损失的相关建议。这份报告必须提交给美国货币监理署的署长、国会议员，同时，按照《信息自由法》的相关规定提供给公众。进一步地，总会计署必须对所有这类报告进行年度审查，并提出改进监管的建议。

除了监管以外，监管机构也被要求设法将银行资本充足要求与利率风险、信贷集中导致的信用风险和非传统活动风险联系起来，并起草一系列像承销标准这样的新的涉及银行安全的非资本充足率措施。监管机构还被要求开展年度现场检查，对银行提供的房地产贷款设置上限和强化审计要求。

存款保险

《联邦存款保险公司改进法》将为储蓄机构和商业银行提供存款保险的职责转移给了联邦存款保险公司（信用合作社继续拥有一个单独的存款保险机构，也就是美国信用合作社管理协会）。尽管储蓄机构和银行的存款保险合并到了联邦存款保险公司，但这两种类型的中介机构仍保留了独立的保险储备基金——银行存款由银行保险基金提供保险，储蓄机构存款保险由储蓄协会保险基金提供。

《联邦存款保险公司改进法》缩小了联邦存款保险的范围。其中最显著的变化是对"太大而不能倒闭"动议提出了限制。这一动议规定，对于超过规定的10万美元限额的存款可提供政府保护。联邦存款保险公司对未投保存款人（那些拥有10万美元以上存款或外国存款的主体）的补偿能力受到了严重限制。但是，如果机构破产会对经济状况或金融稳定造成严重的不利影响，那么《联邦存款保险公司改进法》还是会允许采取"太大而不能倒闭"动议中的保护措施。当这种例外情况出现时，要求联邦存款保险公司2/3以上的董事、美联储理事会2/3以上的理事同意，并要得到财政部长的同意。财政部长还被要求书面记录援引这一系统性风险例外条款的必要性。总会计署则必须评价实施的任何行动，并分析这对其他投保的存款机构以及未投保存款人行为的潜在影响。其他银行被要求支付由联邦存款保险公司牵头的紧急评估的任何救助成本，这笔救助成本与每一家银行拥有的平均有形总资产成正比。㊀ 只有那些资本充足状况最好的银行才可以向市场提供有保险的经纪存款（也就是通过经纪公司出售的金额巨大的定期存单），或在员工养老金计划项目下构建提供过手保险的账户。㊁《联邦存款保险公司改进法》还要求联邦存款保险公司采纳风险敏感的存款保险计费方式。

16.3.2 联邦存款保险公司的融资

借助以借款授权这种形式获得的额外的700亿美元资金，之前规模不断萎缩的银行存款保险基金得到了加强。联邦存款保险公司从财政部借款的授权额度从50亿美元增加到了300亿美元。这种贷款的清偿主要是借助不断增加的由银行支付的存款保险费。联邦存款保险公司还被授权通过额外的借款来满足其营运资金需求。这笔大约为450亿美元的本金和利息会随着联邦存款保险公司逐步处置破产银行资产而得到偿付。联邦存款保险公司还被要求在2006年之前将银行保险基金的规模重新增加到受保险的国内存款的1.25%。这个要求在2006年之前已经实现。

16.3.3 贴现窗口

《联邦存款保险公司改进法》限制了美联储利用贴现窗口来支持那些陷入财务困境的银

㊀ 因此，《联邦存款保险公司改进法》推出了一项激励措施，鼓励投保银行自己对"太大而不能倒闭"的任何举措提出质疑。

㊁ 过手保险指的是为一个集体账户中的每个参与者提供10万美元的保险上限。这样，一笔5 000万美元的养老基金存款可以得到全额的保险，只要这个基金有足够多的参与者（500人以上）。

行的能力。一旦允许陷入破产状态的银行利用贴现窗口来获得资金，可能会使那些未投保的存款在联邦存款保险公司出台解决方案之前就被提取，而这会相应地增加存款保险基金的风险敞口。《联邦存款保险公司改进法》在限制贴现窗口贷款金额不超过银行资本的同时，还限制资本不足（资本少于资产的8%）和资本严重不足的银行通过贴现窗口借款。虽然美联储在贴现窗口政策制定中保留了相当大的自由裁量权，但如果它允许资本严重不足的银行利用贴现窗口并使存款保险基金遭受损失，那么它需要对联邦存款保险公司负责任。

贴现窗口的另一个显著变化是，《联邦存款保险公司改进法》现在允许所有的非银行美国公司（经纪公司、其他金融服务公司以及非金融公司）出于紧急目的在贴现窗口借款，这种借款附有与银行一样的抵押条款。

16.3.4 银行的公司治理

《联邦存款保险公司改进法》包含旨在强化银行董事会的审计职能和制定董事与高管薪酬准则的条款。这些设计条款被用来强化管理层和董事会的责任，以保护存款保险基金。

具体来说，银行必须有独立于金融机构管理层的、纯粹地由"外部"董事构成的审计委员会。对大型机构而言，还有两项额外的要求。第一，它们的审计委员会不能包含该机构的大客户。第二，审计委员会的成员必须拥有银行或相关的财务管理专业知识，同时，他们必须能够获得自己选择的独立外部顾问。《联邦存款保险公司改进法》规定，审计委员会应该与管理层和独立注册会计师一起审查外部审计报告。这些条款旨在增加审计委员会的独立性及其监控管理层的能力。它们在许多方面都预见到了2002年的《萨班斯-奥克斯利法案》中适用于所有上市公司的相关要求。

《联邦存款保险公司改进法》对董事会薪酬委员会的影响则不那么直接。《联邦存款保险公司改进法》没有具体说明董事会薪酬委员会的人员构成，但要求联邦银行监管机构制定针对高管和董事会薪酬的原则，这些原则应排除签署可能危及金融机构财务健康的雇用合同。

16.3.5 外国银行和外国存款

《联邦存款保险公司改进法》赋予了美联储新的权力来规范在美国的外国银行的业务。联邦存款保险公司通常被禁止保护一家破产银行的外国分支机构的存款。当监管机构出于保护整个银行体系的考虑，判断这些离岸存款必须被偿还时，它需要通过一项针对存款基础扩大的全行业评估，以追回损失，而这种存款基础的扩张对外国存款的估值也有影响。

16.3.6 会计改革

联邦银行监管机构必须发布监管规定来要求银行在财务报表上报告其表外项目。此外，监管机构必须要求银行尽可能地披露其所有资产的公允价值。

16.3.7 针对州银行权力的限制

《联邦存款保险公司改进法》禁止州银行行使包括保险承销等在内的未授予联邦特许机构的权力。按照"祖父"法案设立的银行已经在州法律的许可下合法地从事保险承销业务。

另外一项豁免则允许州银行将其资产组合的10%投资于在国家证券交易所上市的股票，前提是它们已经从事了这一业务。

16.3.8 消费者条款

主要的消费者保护体现在储蓄真实披露条款之中，该条款要求储蓄账户条款与条件的披露必须一致。"反击拒贷"修正案为银行提供了在不太富裕的社区发放贷款的动机。联邦存款保险公司还被要求启动经济适用房项目，并向非营利组织提供购买从破产银行那里没收的居民住房的机会。

16.3.9 杂项条款

《联邦存款保险公司改进法》还放宽了"合格的储蓄机构贷款人测试"，进而允许储蓄机构将更多的资产投资于住房相关领域之外的领域。

16.3.10 对于《联邦存款保险公司改进法》的评价㊀

正如我们在之前的章节中所看到的，如果银行想成为定性资产转换者，它就必须处理风险。然而，由于为促进银行业稳定的监管安全网的存在，银行具有过度冒险的倾向，进而引发了银行业的道德风险。银行监管的目标应该是在不抑制银行中介功能的情况下解决这一道德风险问题。

《联邦存款保险公司改进法》聚焦于限制纳税人面临的存款保险风险敞口。㊁为了实现这样的目的，《联邦存款保险公司改进法》为银行监管机构提供了一个明确的目标，即尽量减少存款保险损失，并提供鼓励合规的激励措施。快速纠正措施要求限制监管宽容，而风险敏感的资本充足要求和存款保险定价可能会鼓励减轻风险。㊂

人们对《联邦存款保险公司改进法》主要存在四点批评。首先，虽然《联邦存款保险公司改进法》的首要目标是限制联邦金融安全网的规模和范围，但向非银行机构提供的贴现窗口潜在地扩大了安全网。㊃

其次，《联邦存款保险公司改进法》有可能阻碍银行作为定性资产转换者的合意风险承担功能的发挥。《联邦存款保险公司改进法》可以被视为对银行过度的风险承担以及监管机构失败的一种监管反馈。然而，它并未解决银行的最优风险承担问题。㊄相反，它的重点是对银行保险基金进行资本重组，并确保存款保险基金未来的成本得到更好的控制。但这么做

㊀ 要想对《联邦存款保险公司改进法》有更多的了解，可以参见 Booth（1993）、Carnell（1993）和 Wall（1993）。

㊁ 《联邦存款保险公司改进法》的焦点并不是一个全新的关注点，正如参议员卡特在1933年之后不断质问的一个问题："是否存在任何理由通过向美国人民征税来担保银行的债务？是否有任何其他的理由通过向人民征税来担保这个国家的商业、工业、工厂的债务？"

㊂ 这种风险认知的粗糙性可以鼓励全新的规避措施，进而造成相应的无谓损失。有些人指责《联邦存款保险公司改进法》在限制监管宽容方面做得不够。许多重要的变化都是建议，因此监管的自由裁量权在处置问题银行的过程中依然存在。见 Carnell（1992）。然而，对于监管者而言，在其处理处于快速变化的环境中的银行的过程中，自由裁量权可能具有一定的价值。见 Boot 等（1993）。

㊃ 这是否代表重大的风险敞口依赖于美联储授予非银行机构权限的容易程度。

㊄ Greenspan（1993）指出："以我的判断，立法和监管过程从来没有充分考虑过多少风险才是最优的。"

可能会阻止银行处理各种从社会最优角度看应该承担的风险。

再次，《联邦存款保险公司改进法》指示每个联邦银行监管机构监控银行的业务、管理层、资产质量、收益、股票价值以及高管和董事的薪酬。这种强制要求可能会迫使监管机构对银行进行"微观管理"，并阻止银行进行合意的风险承担和创新。

最后，《联邦存款保险公司改进法》没有解决美国银行相对于外国银行和非银行竞争对手的竞争力问题。监管中的自有裁量权（包括扩张的对董事和高管处以罚款和解雇以及审查高管薪酬的权力）潜在地导致了无法进行分散化的投资者风险，进而提高了银行的资本成本。这些都降低了银行的竞争力。此外，日益增加的董事和高管的风险敞口提升了在这些职位上的工作人员的成本与工作难度。尽管这部法案要求更加关注董事和高管，但它并不鼓励那些具有良好的声誉资本或其他形式财富的人员担任金融机构的董事和高管。

《联邦存款保险公司改进法》的另一个竞争劣势与《格拉斯－斯蒂格尔法案》和州分支机构禁令有关。当1991年财政部的建议被讨论的时候，银行的财务状况被认为处于过于危险的状态，进而不允许通过废除《格拉斯－斯蒂格尔法案》来实现权力扩张。当这个问题在1993年再次浮现时，反对废除法案的人认为，当时银行的利润正处于历史性高位，因此通过权力扩张来加强银行的盈利能力是没有必要的。废除《格拉斯－斯蒂格尔法案》所面临的关键障碍在于，这么做可能会潜在地增加纳税人的风险敞口。进一步地，包括与金融安全性关系不大的储蓄真实披露条款这样更多的监管要求有可能破坏银行的竞争力。

虽然这些批评看起来有恰当的理由，但现在回头看，当前主流的对《联邦存款保险公司改进法》的评价还是非常正面的。20年之后，快速纠正措施和将焦点重新放在使银行在账面上保留更多的资本（通过杠杆率要求来实现）已成为《巴塞尔协议Ⅲ》的核心内容。

16.4 1999年的《金融服务现代化法案》

在《格拉斯－斯蒂格尔法案》最关键的分离条款的约束不断被弱化之后，随着《金融服务现代化法案》的通过，《格拉斯－斯蒂格尔法案》最终在1999年被正式废止。《金融服务现代化法案》废除了《格拉斯－斯蒂格尔法案》的第20条和第32条。法案还授权符合资格标准的银行控股公司和外资银行变为金融控股公司，从而允许它们从事种类宽泛的与金融相关的业务活动。此外，该法案还处理了金融控股公司的职能监管、金融机构拥有的非公开客户信息的保护、《社区再投资法》的监管以及其他监管实务中的问题。《金融服务现代化法案》的主要内容如下。

- 废止《格拉斯－斯蒂格尔法案》，允许包括银行、证券公司和保险公司在内的美国金融服务提供商相互关联，借此进入各自的市场领域。
- 银行控股公司结构。从总体上看，银行控股公司的子公司将成为金融机构从事广泛的金融业务活动的载体。
- 从事金融业务活动的资质。如果控股公司想从事种类宽泛的金融业务活动，法案要求控股公司所有的附属投保存款机构必须资本充足、管理完善。在出现不合规事件的时候，（附属机构的）剥离和/或其他的限制和约束就必须实施。
- 运营子公司的活动。法案允许拥有不超过（含）10亿美元资产的国民银行通过运营子公司开展金融业务活动。为了借助子公司开展此类业务活动，国民银行及其所有的投保存款机构附属公司必须保证资本充足和管理完善，同时，国民银行必须获得货币监理署基于这些标准的认可。从事此类业务活动的国民银行附属公司将受到关联交易限制和违反禁令的约束。银行也必须从资本中扣除对附属公司的投资额。资产超过 10 亿美元的国民银行则必须通过控股公司附属机构开展金融业务活动。任意规模的国民银行都可以在代理的基础上通过一家运营子公司来从事金融业务活动。自法案正式实施之日起就通过运营子公司合法地开展业务活动的国民银行将被允许继续开展此类活动。

- 市政收益债券的承销。市政收益债券的承销被法案认定为一项允许开展的银行业务活动。因此，这种活动可以由银行直接开展，也可在运营子公司中进行。之前，只有普通的市政债券才能由银行来承销。

- 职能监管。依赖强有力的对控股公司的银行、保险和证券各个部门的监管，法案确定了美联储作为伞形监管机构的地位。

- 减少监管负担。通过要求美联储充当伞形监管机构，依靠其他职能监管机构进行的报告和审查，减轻了监管负担，同时还需要在执行公务时在受影响的监管机构之间分享信息。

- 竞争保护规则。要求联邦银行监管机构通过联合发布消费者保护监管条例，来管理银行、银行员工或其他代表银行开展业务的人员的保险产品销售行为。联邦银行监管机构必须在制定联合规则的过程中与各州进行协商。被认为更具保护性的联邦条例规定优先于州层面的法律或法规，除非在联邦通知的 3 年内，州立法机构颁布法律选择退出此类保险范围。

- FICO 评分。从 1999 年开始，冻结银行保险基金成员为期 3 年的 FICO 评分。这意味着一家总资产为 1 亿美元的银行每年可节省约 18 000 美元。因此，这对于小型社区银行而言就显得很重要。这一冻结非常重要，是因为它给了国会时间来考虑其他重要的问题，如联邦存款保险公司保险基金的合并、银行和储蓄机构的合并、货币监理署和美国储蓄机构管理局等监管机构的整合等。自 1980 年以来，美国至少举行了 13 次国会听证会来探讨联邦存款保险体系的稳健性。此外，已有 11 项关于合并银行与储蓄和贷款协会的联邦监管以及 5 项合并银行和储蓄机构的建议。

- 《社区再投资法》。对于那些在最近组织的《社区再投资法》检查中，以及在刚刚过去的 36 个月里完成的每一次《社区再投资法》检查中获得"满意"或更好评级的银行，构建了可反驳的《社区再投资法》合规性推定。合规性推定可以被任何提供大量与评级相反的可证实信息的人予以驳回。总资产低于 1 亿美元与位于非大都市地区的银行和储蓄贷款协会不受《社区再投资法》的管制。这种豁免仅适用于 38% 的银行和储蓄贷款协会，并且这些机构的资产仅占全国银行业资产的 2.8%。

- 银行证券业务活动。该法案取消了银行根据证券法所享有的（作为经纪人/交易商）宽泛的豁免权，同时明确规定，银行在充当自主指定的个人退休账户（IRA）的托管人时无须将这些活动从银行分离开来并成为一名注册的经纪人/交易商。银行经常充当养老金计划、退休金计划、利润分享计划、奖金计划、储蓄计划、储蓄存款计划、激励计划以及其他类似计划的服务提供者。证券交易委员会在获得美联储理事会一致同意的情况下,可以根据法规来决定银行提供或出售的哪些新产品需要向证券交易委员会提交注册。银行可以提供或销售"传统银行产品",而无须向证券交易委员会提交注册。

- 联邦住房贷款银行改革。法案包括一些旨在使联邦住房贷款银行系统运作更为现代化的条款。截至 2000 年 6 月 1 日,联邦住房贷款银行系统的成员资格是建立在完全自愿的基础上的。社区银行(这些银行的总资产低于 5 亿美元)可以成为其成员,而无须考虑住房抵押贷款在总资产中的百分比。社区银行可以使用预付款来为小企业、小型农场和小型农业企业提供贷款。法案还允许社区银行利用小企业贷款和农业贷款为预付款提供抵押品,并修改了该体系的治理结构,进而赋予了社区银行更多的权力。

16.5 《多德-弗兰克华尔街改革与消费者保护法案》

为了应对全球金融危机,美国的政策制定者在 2010 年颁布了《多德-弗兰克华尔街改革与消费者保护法案》(《多德-弗兰克法案》)。《多德-弗兰克法案》对银行业监管的多个方面进行了全面的监管审视,并重塑了未来几年的银行业监管和法律环境。㊀

《多德-弗兰克法案》共包含 16 章内容。法案创建了几个新的监管机构(例如,金融稳定监控委员会、金融研究办公室和消费者金融保护局),合并或消除了其他机构(如法案废止了美国储蓄机构管理局)。监管改革旨在通过减轻系统性风险来保护美国经济、消费者、企业与投资者。法案聚焦于那些"太大而不能倒闭"的金融机构的监管,意在结束其对纳税人的依赖。《多德-弗兰克法案》提供了系统重要性金融机构(SII)的有序解体机制,明确了消费者保护框架,监管了信用评级机构,并提供了针对高官薪酬和公司治理的规则。

16.5.1 第 1 章:金融稳定

《多德-弗兰克法案》的第 1 章构建了一个能够识别和减轻系统性风险的监管结构。本书第 15 章解释了解决系统性风险的重要性。一个针对金融体系的运行更为综合的观点——这个观点关注金融机构之间的相互关联性,以及解决这一点所必需的宏观审慎监管——获得了更大的重要性。

> **是什么使系统性风险更为普遍**
>
> 正如本书第 3 章所强调的那样,银行对金融市场的发展变得越来越敏感。银行和金融市场更加交织在一起的性质,使银行直接暴露于市场的牛市-熊市周期性这种风险之中,

---

㊀ 见美国银行协会(2010),该报告提供了一个综述。Acharya 等(2011b,2011c)和 Krainer(2012)提供了详细的评价。

进而有可能强化其内在的不稳定性。不仅如此，在动量驱动的金融市场中（带有机会主义）的决策制定可能会导致羊群效应，进而从承担的风险敞口的角度看，不同的银行之间可能会变得更加相似。这时系统性风险就变得至关重要了。这意味着当所有机构都下了相同的赌注时，风险敞口变得高度相关，进而机构同时破产的可能性也就更大。

第1章为那些被认为对美国的金融稳定极为重要的大型银行控股公司和非银行金融公司设置了监管框架。此外，它还致力于提高美国金融机构和金融市场总体的监管标准。

第1章创建了"金融稳定监控委员会"这一全新的独立的监管机构。另外，它还创建了金融研究办公室，并将其设定为财政部内部的一个独立的部门。金融稳定监控委员会的任务是：①识别那些对美国金融稳定和金融体系产生影响的风险；②通过消除"太大而不能倒闭"担保来促成市场纪律约束；③应对威胁美国金融体系稳定的因素。金融稳定监控委员会与金融研究办公室一起收集数据，以便评估金融体系的风险。

金融稳定监控委员会的任务还包括确定重要的非银行金融机构，这类机构指的是那些一旦破产可能会波及美国金融体系稳定的非银行金融机构。此外，金融稳定监控委员会可以向美联储提出改进的监管框架的实施建议，这适用于那些重要的非银行金融机构和拥有500亿美元以上的合并资产的银行控股公司。

得到改进的监管领域包括：资本充足要求、流动性要求、清算计划、信用风险敞口法定要求、集中度限额、或有资本重组要求、改进的公开披露、短期债务限制和风险管理要求等。法案还规定，美联储需要为大型银行控股公司和重要的非银行金融机构建立早期补救性法定要求框架。更具体一点，美联储需要确定最低的资本和流动性水平，一旦这些机构无法达到规定的水平，就将触发补救行动，补救行动不仅包括限制资本重新分配、并购以及总资产的增长，还包括强制性的资本重新注入、管理层变更或资产出售等。如果一家银行控股公司或非银行金融机构被认为对美国的金融稳定造成了严重威胁，那么美联储可以在金融稳定监控委员会批准的情况下采取补救措施。早期补救性法定要求框架反映了《联邦存款保险公司改进法》中适用于保险机构的"快速纠正措施"规定。

对大型银行控股公司和系统重要性非银行金融机构的监控和执行权完全掌握在美联储手中。监管的严格程度随着受监管的银行控股公司和非银行金融机构的系统重要性的增加而增加。

在系统性风险被认为会对银行系统或金融市场产生立即威胁的情况下，金融稳定监控委员会可以建议任何一家监管机构对相关实体施加更为严格的监管要求。在它的建议中，可能会限制、监管甚至完全禁止提高系统风险的活动或做法。监管机构可以决定不采纳金融稳定监控委员会的建议，但需要以书面形式向金融稳定监控委员会解释做这一决策的原因。金融稳定监控委员会则需要向国会汇报其建议。

联邦存款保险公司被授予对银行控股公司的审查和执行权，只要这家银行控股公司拥有

⊖ 正如Shin（2009，第110页）所指出的那样："在现代市场主导的金融体系中，银行业和资本市场环境不应该被孤立地看待。"

⊖ Boot（2004）将金融市场中日益增加的风险敞口与信息技术的发展联系起来。Farhi和Tirole（2012）探讨了相关联的资产组合与银行杠杆选择之间的关系。

的附属公司中有一家是受保险的存款机构。根据《多德–弗兰克法案》第 2 章的规定，监管机构可用于审查银行控股公司是否接近有序清算的条件。如果某家银行控股公司的行为可能对存款保险基金造成损失，这一执行权就可以得以实施。

《多德–弗兰克法案》第 1 章赋予了监管机构处理系统重要性金融机构（无论是银行、银行控股公司还是非银行金融机构）的权力。这里的关键问题是如何识别系统重要性金融机构，以及过多地关注系统重要性金融机构是否可能会忽视其他地方不断累积的系统性风险。⊖

16.5.2 第 2 章：有序清偿权

全球金融危机表明，监管机构并没有足够的权力来有序地关闭像投资银行或银行控股公司这样的大型非存款类金融机构。《多德–弗兰克法案》第 2 章赋予了美联储和联邦存款保险公司有序清偿权，类似于《联邦存款保险公司改进法》中针对存款类机构的处置流程。

在第 2 章中，具有有序清算资格的公司（所谓的"被覆盖的金融公司"）包括银行控股公司、重要非银行金融机构和主要从事金融业务的公司（这一类机构由美联储来确定）。

美联储或联邦存款保险公司可以向财政部长提出建议，指定联邦存款保险公司为被覆盖的金融公司（证券交易委员会为经纪商/交易商，联邦保险办公室为保险公司）的接管人。这类建议必须得到联邦储备委员会和联邦存款保险公司委员会 2/3 多数的认可。财政部长需要与总统进行协商来判断：①这家被覆盖的金融公司是否处于违约或者濒临违约状态；②其破产是否会对金融稳定产生严重影响；③是不是不存在其他私营部门的解决方案；④从维护美国金融稳定的必要性角度看，对股东、债权人、投资者、公司交易对手影响的评估是否恰当；⑤在考虑金融稳定性、公共资金成本以及未来潜在的风险承担活动增加的情况下，是否能尽可能地减少对多个主体的影响；⑥可转换债务工具是否可转换为权益；⑦这家公司是不是一家金融公司。如果所有的条件都满足，那么这家公司（经哥伦比亚特区法院的司法批准）可被置于接管状态。

联邦存款保险公司作为接管人，必须采取行动来维护金融稳定。此外，它必须确保未担保债权人按照其债权的优先等级承受一定的损失，且如果还有任何收益存在的话，那么股东就只能排在所有其他索取人之后最后得到清偿。联邦存款保险公司还必须更换破产金融机构的管理层和对破产负有责任的董事。

在接管制度安排下，联邦存款保险公司拥有广泛的权力，这在很大程度上类似于联邦存款保险公司在存款类机构破产的情况下拥有的权力。联邦存款保险公司获得处于接管状态下的公司的所有权利和权力，并需要经营公司或清算其业务。联邦存款保险公司可以将接管公司与另外一家公司合并，和/或转让其资产和负债。⊖

⊖ 系统性风险并不总是来自大型机构。拥有类似的风险敞口的小规模机构也可以共同构成系统性威胁（Brunnermeier 等，2009）。Acharya 等（2011a）认为，基于简单的系统风险指标（如规模、杠杆、相互关联性）进行的金融机构分类需要补充有关单个金融机构系统风险的金融市场指标。他们认为，系统性风险经常会隐藏在金融机构之间不透明的相互关联性之中，比如，通过场外衍生品市场。

⊖ Acharya 等（2011b）批评了这种有序清算流程，因为政府并没有被允许提供所需的流动性。见 Marinč 和 Rant（2014），他们进行了关于银行破产机制的跨国分析，以及银行破产机制对全球金融危机的严重性和发生频率的影响（Cihak 等，2013）。

16.5.3 第 6 章：对银行和储蓄银行控股公司以及存款类机构监管的改进

第 6 章规定了旨在强化对银行控股公司、储蓄贷款控股公司和存款类机构监管的各类措施，以确保这些机构不会威胁到美国金融体系的稳定。第 6 章包含沃尔克规则，该规则禁止银行和银行控股公司从事自营交易、投资于私募股权基金和对冲基金（见第 15 章中有关沃尔克规则更详细的讨论）。它还包含其他措施，使美联储有权力根据收购活动对稳定性的影响来对其进行评估，并在必要时规定反周期资本缓冲。

16.5.4 第 7 章：华尔街的透明度和责任感

第 7 章旨在监管场外衍生品市场。它要求各类场外交易活动必须在清算所或交易所进行清算。第 7 章的目的是通过场外交易市场降低金融公司之间的相互关联性（消除交易对手风险），并提高场外衍生品市场的透明度。根据《多德－弗兰克法案》第 7 章的规定，场外衍生品将首次被纳入强有力的监管范围。商品期货交易委员会（CFTC）将被授予对利率、外汇和商品衍生工具（主要是互换和期货）的监管权限。第 7 章要求商品期货交易委员会实施多项监管规定，包括注册、业务行为标准、中央清算、交易、资本、保证金和报告的法定要求等。

16.5.5 第 9 章：投资者保护和证券监管的改进

第 9 章特别关注了资产证券化过程中投资者保护和相关信息披露问题，还涉及与高管薪酬相关的披露问题。

第 9 章的重要组成部分之一是信用评级机构的监管改革。信用评级机构是通过分配信用评级来评估公司或（准）政府部门发行的债务工具的信用状态的公司。因为在分配评级过程中采取了过分宽松的标准，所以信用评级机构受到了广泛的指责，被认为是促发全球金融危机的因素之一。⊖

对信用评级机构的指责并不是什么新鲜事。2002 年，在安然和世通公司这样的大规模破产事件之后出台的《萨班斯－奥克斯利法案》中，信用评级机构就受到了指责。《萨班斯－奥克斯利法案》委托证券交易委员会开展了一项研究，来调查"……信用评级机构在证券市场运作中发挥的作用和功能"（《萨班斯－奥克斯利法案》，2002，第 702b 节）。这项研究于 2003 年年初开始，聚焦于穆迪投资者服务公司、标准普尔公司和惠誉国际评级公司这三家大型评级机构作为"国家认可的统计评级机构"（NRSRO）所享有的特权地位。这种状况有效地为试图进入信用评级业务的新进入者与 NRSRO 之间的竞争构建了重大障碍。⊖ 2006 年，《信用机构改革法》（SEC，2006）废除了这一类型划分，并试图向新进入者开放信用评级业务。但由于存在潜在的利益冲突等其他担忧，直到《多德－弗兰克法案》颁布之前，没有采取任何行动。

《多德－弗兰克法案》试图解决信用评级机构内部的利益冲突问题。法案的条款与内部控制相关，涉及信用评级的确定流程、信用评级的生产和销售的隔离、搜索公司（现在和过去）员工的利益冲突以及信用评级机构的公司治理等。

⊖ 见 Altman 等（2011）。

⊖ 见 White（2010）。

第9章还拓宽了信用评级机构的潜在义务，并允许证券交易委员会收取更高金额的罚款。此外，第9章要求针对那些拥有信用评级的债务工具的特征制定更高的披露标准。包括使用的信息、程序和方法等在内的评估流程本身的更多的披露也是第9章的内容。

16.5.6　第10章：消费者金融保护局

第10章建立了消费者金融保护局（CFPB）。几部联邦消费者保护法赋予了消费者金融保护局更广泛的权力。它具有宽泛的规则制定权，以塑造美国的消费者保护体系。它的决定有可能在少数情况下被金融稳定监控委员会推翻。

消费者金融保护局必须指导其活动，禁止滥用、欺骗或不公平的金融活动。它承担的与住房抵押贷款改革相关的责任在《多德－弗兰克法案》第14章中有进一步的规定。第10章还设置了借记卡交易交换费的上限。

16.5.7　第11章：对美联储的规定

第11章对美联储设置了更高的其在向金融机构提供紧急援助时所面临的限制。美联储只有在有必要向整个金融体系或金融体系的某一部分提供大规模流动性（经财政部长批准）时才能提供紧急援助。紧急援助不应用于支持陷入破产状态的金融机构。这样的限制希望能增强其可信度，降低金融机构事先承担风险的意愿，进而降低未来发生危机的可能性和严重程度。

第11章还为联邦存款保险公司提供了担保银行债务的可能性。在出现异乎寻常的金融困境的情况下（经美联储和联邦存款保险公司2/3的成员和财政部长的批准），联邦存款保险公司可以为有清偿债务能力的投保银行和银行控股公司创建一个债务担保项目。担保的最高金额由财政部与总统协商后决定，且需要得到国会的批准。

16.5.8　第12章：改善主流金融机构的可获得性

第12章旨在通过提供金融机构可能参与的3个自愿项目，来改善中低收入人民获得基本金融服务和产品的机会。首先，财政部长应制订一个针对中低收入人士的计划，为他们提供在存款类机构开立账户的激励措施。其次，支持金融机构以有吸引力的利率提供小额贷款。这类贷款旨在替代那些金融机构经常以不合理和过高的利率提供的发薪日贷款。最后，为社区发展和那些提供小额贷款项目的金融机构提供额外的金融援助。

> **《多德－弗兰克法案》其他章的内容**
>
> 第3章：向货币监理署、联邦存款保险公司和美联储理事会转移了监管权，取消了美国储蓄机构管理局，并将其监管职责转移给了美联储、货币监理署办公室和联邦存款保险公司。
>
> 第4章：对对冲基金和其他机构的顾问的规定，要求以前监管非常宽松的私人基金（如风险投资基金、对冲基金和股本基金）承担额外的义务（如净值要求）。
>
> 第5章：保险，规定了联邦参与保险行业的更强的力度。保险业主要由各州的独立机构在州层面进行监管。《多德－弗兰克法案》第5章在财政部内部设立了联邦保险办公室，

以促进保险行业的国家协调。它旨在简化管理，但将监控权力留在州政府的手中。

第 8 章：支付、清算和清算监控，按照第 1 章重点关注的系统性风险制定监管框架，以保障系统重要性金融机构在支付系统和清算系统中的稳定性。

第 13 章：《偿还法案》，对 2008 年金融危机最严重时期为维护金融体系稳定性的问题资产救助计划施加了限制。

第 14 章：《住房抵押贷款改革和反掠夺性贷款法》，着重于抵押贷款市场中的消费者保护，以防止滥用抵押贷款。特别是，它禁止没有资金偿还贷款的个人的贷款行为，并试图防止个人被迫以他们无法理解的条款贷款。

第 15 章：杂项条款。

第 16 章：第 1256 号合同，为某些互换和期货合约保留了前 7 章的衍生税法。

16.6　欧盟监管、监控检查和监控报告

2008 年，欧盟委员会主席若泽·曼努埃尔·巴罗佐（Jose Manuel Barroso）构建了一个由雅克·德·拉罗西埃（Jacques de Larosiere）担任主席的金融监管高层小组，来对欧盟金融监管的全面改革提出建议。这份所谓的《拉罗西埃报告》回顾了全球金融危机发生的原因，建议对银行监管领域进行改革，提出了一个更好的欧盟监管框架，并讨论了全球所必需的监管/监控发展（de Larosiere，2009）。

《拉罗西埃报告》的重要发现之一是，欧盟的监控和危机管理体系存在根本性的缺陷，进而有必要进行修复。《拉罗西埃报告》提出了许多建议。它建议创建一个全新的监管机构来担负评估宏观金融风险、发布警告并提出如何减轻这些风险的建议等正式的职责。报告还提出了改善欧盟范围内微观监管的建议。它建议欧盟各国之间进一步整合和同步银行监管，进而朝实现欧盟金融监管体系这个目标迈出勇敢的一步。

欧洲的决策者在很大程度上遵循了《拉罗西埃报告》所提出的建议。他们创建了欧洲系统风险委员会来负责识别欧盟金融体系内的系统性风险。此外，在微观层面上，现存的协调委员会被三个部门机构所取代：欧洲银行管理局、欧洲保险和职业养老金管理局以及欧洲证券市场管理局（ESMA）。这三个机构各自在特定业务领域负责泛欧层面的监管协调。这些与欧盟相关的协调机构并没有太大的实质性权力。正如第 15 章所指出的那样，银行业联盟的发展，再加上欧洲中央银行掌握的强大的监管权力，有可能会减轻这些欧盟机构存在的意义。

16.6.1　其他欧盟指令

通过共同资本监管（资本要求监管和指令——CRR[⊖]/CRD IV[⊖]）、存款保险通用规则

[⊖] 欧盟议会和委员会 2013 年 6 月 26 日公布的 575/2013 号监管条例是关于信用机构和投资公司的审慎性准备金的，是对欧盟 648/2012 号监管条例的修正，OJ L 176/1 27.6.2013。

[⊖] 欧盟议会和委员会 2013 年 6 月 26 日公布的 2013/36/EU 指令是关于信用机构的业务可得性、信贷机构和投资公司的审慎监管的，它修正了 2002/87/EU 指令，废除了 2006/48/EC 和 2006/49/EC 两个指令，OJ L 176/338 27.6.2013。

(存款担保计划指令①)和银行复苏与处置（单一解决机制条例②和银行复苏与处置指令③）建立了一个统一的欧盟监管规则手册。此外，2013年11月，赋予欧洲中央银行监管权力的单一监管机制（SSM）开始生效。单一监管机制创建了一个新的金融监管体系，该体系由欧洲中央银行和参与其中的欧盟国家的国家监管机构组成。同时，单一解决机制和单一监管机制被称为"银行业联盟"。

《资本要求条例》(CRR)和《资本要求指令》(CRD IV)在整个欧盟范围内实施了《巴塞尔协议Ⅲ》关于欧盟资本、流动性和杠杆率的监管标准。即使《资本要求条例》的资本要求保持不变，占风险加权资产的8%，但是满足银行资本的要求有所改变。特别是银行需要以普通股的形式持有至少4.5%的风险加权资产，所以现在不允许有"低质量"的资本形式（如无形资产）。《资本要求指令》定义了系统性重要金融机构的额外的资本缓冲区、反周期资本缓冲区（即宏观审慎缓冲区）和资本保护缓冲区（见表16-3）。银行监管机构还可以增加银行的资本要求，以弥补《巴塞尔协议Ⅲ》第二支柱监管过程中发现的银行风险管理做法的不足。《资本要求条例》还设定了银行的资本下限（自2017年起生效）：银行资本不能低于《巴塞尔协议Ⅰ》要求的资本的80%。

表16-3 资本充足监管的内容

风险加权资产的份额（%）	银行资本类型	银行资本组
1～2	银行自有缓冲	
0～2	第二支柱	
0～5	较高的系统性风险，G-SII和O-SII缓冲	合并缓冲（均为普通股一级资本形式）
0～2.5	逆周期资本缓冲	
2.5	资本留存缓冲	
2	一级资本	
1.5	补充的一级资本	基本资本要求（8%）
4.5	普通股一级资本	

注：见欧洲委员会（2013）。

《资本要求条例》还实施流动性监管，遵循《巴塞尔协议Ⅲ》的流动性标准：流动性覆盖率（LCR）和净稳定资金比率（NSFR）。流动性覆盖率至少为100%的要求在2018年逐步实施，比《巴塞尔协议Ⅲ》提前一年。早日实施流动性覆盖率要求强调了欧盟委员会对流动性监管的重视。

对于巴塞尔银行监管委员会、欧洲银行管理局和欧盟委员会的进一步研究，净稳定资金

---

① 欧盟议会和委员会2014年4月16日公布的2014/49/EU指令是关于存款担保计划的，OJ L 173/149 12.6.2014。

② 欧盟议会和委员会2014年7月15公布日的806/2014号监管条例建立了统一的规则和统一的流程，在单一解决机制和单一处置资金这个框架内处置信用机构和特定的投资公司，修正了1093/2012号监管条例，OJ L 225/1 30.7.2014。

③ 欧盟议会和委员会2014年5月15日公布的2014/59/EU指令构建了一个信用机构和投资公司复苏和处置的框架，修正了议会82/891/EEC指令、2001/24/EC、2002/47/EC、2004/25/EC、2005/56/EC、2007/36/EC、2011/35/EU、2012/30/EU、2013/36/EU等指令以及欧盟议会和委员会的1093/2010号、648/2012号条例，OJ L 173/190 12.6.2014。

比率要求的确切实施仍在进行之中。然而，CDR 已经规定了一个通用规则，即从 2016 年起，银行应涵盖多元化、稳定的资金来源来偿付长期债务。

杠杆率（即一级资本与非风险加权表外项目的比例）目前尚未在第一支柱下实施，因此不包含在具有约束力的资本要求中。但是，它是第二支柱的一部分。银行必须从 2015 年起公开披露其杠杆率，并将受到持续的评估。约束力最小的杠杆率的实施计划于 2018 年开始。

存款担保计划指令负责协调整个欧盟的存款保险。存款保险的覆盖范围为每个存款人每家银行 10 万欧元，但可以暂时提高。个人存款和非金融公司的存款（不论其货币种类）都被涵盖在内。支付的时间将从目前的 20 个工作日减少到 7 个工作日。存款保险基金应预先安排，至少达到国家银行体系存款的 0.8%。存款保险费是根据欧洲银行管理局设定的标准进行风险调整的。

最近的发展是向前迈出的重要一步，特别是欧盟存款保险的资金要求和进一步的统一。但是，存款保险仍然只有国内资金的支持。进一步走向泛欧存款担保计划可能对减少欧洲银行体系的国家分散程度而言是有必要的。特别是欧洲某一国家的系统性银行倒闭，可能会使国家存款保险基金无法支付所有必要的款项。即使对这样的事件的预期，也可能导致恐慌性提款以及向具有较强存款保险基金实力的周边国家进行存款转移。这可能会提高强国银行相对于弱国银行的竞争优势，并导致竞争扭曲。

欧盟的银行复苏与处置由单一解决机制和《银行复苏与处置指令》（BRRD）规定。BRRD 要求银行制定"生存意愿"，这是在破产的情况下使用的解决方案。另外，它为早日干预制定了一个连贯的框架，赋予银行监控权力，在破产前对银行采取纠正措施。BRRD 还力求为处置当局提供必要的工具，以便有效地清盘破产的银行，而不会对金融稳定性产生影响，也不需要公开融资。处置工具包括强制抛售（部分）破产银行、将业务转移到桥梁银行、建立良好的银行/不良银行结构，以及对银行债权人进行折价销售（即银行债权人纾困）。

单一解决机制负责有序地逐步关闭欧盟的破产银行。它还创建了一个支持性的单一银行处置基金，为顺利处置破产银行提供必要的资金。单一解决机制的决议权力包含欧盟最大（最重要的）银行（欧元区总共约 6 000 家银行中的 120 家⊖）——与单一监管机制所覆盖的银行相同。

单一监管机制赋予欧洲中央银行对欧盟重要银行的监管权。欧洲中央银行的监管权力包括向信贷机构提供和取消许可证、批准并购和资产处置、监控遵守银行监管法规的情况，以及必要时提高监管标准，以维护金融稳定。例如，欧洲中央银行可以要求银行加强公司治理或提高资本水平。国家监管机构对其他较不重要的银行负有监管责任。此外，它们还在监管本国重要银行业务方面提供支持和知识。

欧盟还力求加强资本市场的运作，特别是减少国与国之间的结构性分散，并且提出了所谓的资本市场联盟的建议。希望通过放宽对非银行资金来源的准入这一举措使欧洲减少对银行的依赖。

⊖ 欧元区之外的欧盟国家可以自愿加入单一监管机制和单一解决机制。

16.6.2 结构化改革建议

英国的《维克斯报告》

正如第 15 章所讨论的那样,在全球金融危机爆发之后,英国政府成立了一个委员会,委员会的任务是分析如何强化金融稳定和金融服务业之间的竞争(银行业独立委员会,2011)。银行业独立委员会的目标是:①减少未来系统性金融危机的严重性和发生的频率;②增强金融体系支持实体经济的能力(如通过向家庭和公司提供信贷、风险管理和其他金融产品);③确保支付体系的稳定性,同时保证个人和中小企业资本和流动性的确定性。

银行业独立委员会明确表示,它不仅要考虑金融稳定性问题,而且要考虑竞争性环境问题。委员会的基本原则包括试图遏制过度冒险动机、降低未来系统性金融危机的成本和提高银行体系的竞争性水平。它考虑到了更为严格的监管标准所带来的成本问题,因为更严格的监管标准会导致较低的银行业活动水平(例如贷款),进而影响 GDP,同时会对英国的金融部门和经济竞争力造成影响。⊖委员会还评估了监管改革给英国非银行金融机构带来的冲击。

在委员会提交的最终的《维克斯报告》中,银行业独立委员会提出了若干项结构性措施,同时,要求改进资本充足监管和零售银行业的竞争性(银行业独立委员会,2011)。《维克斯报告》的关键内容是将零售银行业务从其他的、系统重要性较低的银行业务(如批发和投资银行服务)中分离("围栏")出来的结构性措施。之所以这样做,是因为零售银行业务对于英国实体经济的平稳运行至关重要。

"围栏"仍允许银行利用在零售和批发/投资银行业务中存在的某些规模经济。子公司可以分享信息、专业技能和品牌。它们可以提供获得所有银行服务的一站式购物机会。此外,当分离的子公司陷入财务困境时,银行集团可以向其提供"后台"资金支持。⊜

这一立法背后的理念是,可以通过保留围栏部分(将其转移到桥梁银行或私人收购方),并清算其余部分,来有效地处置一家破产银行。此外,包括银行股东和债权人在内的负担分摊安排也可以最小化对于旨在救助银行的公共资金的依赖。我们也可以设想,围栏措施使零售银行免受影响批发和投资银行业务的外部金融冲击的影响。最后,围栏措施可以使监管机构完全聚焦于零售银行业务,从而通过减少监管性审查和放松监管来使批发和投资银行业务更具竞争力。

除结构性措施之外,《维克斯报告》还建议,英国银行体系的损失吸收能力需要进一步增强。第一个建议是将大型英国零售银行的最低资本充足要求提高到权益资本占风险加权资产不低于 10% 的水平。这远远高于《巴塞尔协议Ⅲ》的最低资本充足要求,甚至高于对全球系统重要性银行的要求。最低杠杆率也应该相应地增加。

此外,英国大型银行集团的主要损失吸收能力应达到 17% ~ 20%。主要损失吸收能力包括权益和其他资本,也包括带有所谓"内部纾困"条款的长期无担保债务。如果银行的权益资本消耗殆尽,那么内部纾困条款的债务持有人可以在处置过程中承担损失。如果监管机构认为合适,在处置之前可以承担损失的或有资本("cocos")也可以被纳入主要损失吸收

⊖ 更高的资本充足要求是否会实际降低借贷,并对 GDP 产生负面效应,这是一个有争议的问题。现有的证据并不支持有大的影响。见 Mehran 和 Thakor(2011)以及第 13 章的讨论。

⊜ 见 Vickers(2012)。

能力的范畴。监管机构可自行决定将损失吸收能力的水平置于17%～20%的范围，以及损失吸收能力的类型。也就是说，监管机构需要估计银行在公共财政支出中寻求帮助的风险、在信贷恢复方面的优势以及解决方案的可行性，从而调整17%到20%范围内的最小损失吸收能力。

《维克斯报告》还表明，与其他未投保债务相比，保险存款在潜在的解决方案中的优先级较高。这加强了银行倒闭对无担保债务造成损失这一立场的可信度。债权人预计解决方案将会出现损失，因此有更高的动机来监控银行的风险。

《维克斯报告》还揭示了英国银行体系竞争环境中存在的重大缺陷。它指出，英国的银行系统过于集中。四大银行在个人经常账户中占77%的市场份额，在中小企业经常账户中占85%的市场份额。银行之间的转换是困难的，提供的银行服务条款也相当不透明。此外，在全球金融危机期间，尽管竞争管理机构（即公平贸易公司）估计，劳埃德银行和哈利法克斯苏格兰银行两家大型银行合并将会妨碍个人经常账户、抵押贷款和中小型企业银行服务领域的竞争，但是两者还是合并了。

《维克斯报告》提出了一些建议，以提高建立另一家可行的银行的可能性（建立在强制剥离劳埃德分行网络的基础上），还提出了缓解个人和中小企业银行间转移的措施（加快银行之间的账户转移）。这种对银行业竞争的关注，在英国比在欧洲大陆甚至美国更为主导。

《利卡宁报告》。如第15章所述，《利卡宁报告》表明，如果自营交易和其他交易活动的规模较大，银行应将其转移到单独的法人实体（利卡宁，2012）。实际上，存款活动和即将发生的政府安全网将与银行业务中的风险交易活动分开，但交易活动所在的独立法人可以是同一银行集团的一部分（另见第11章）。因此，欧洲的全能银行模式可以保持不变。表16-4总结了利卡宁、沃尔克和维克斯的提案。

表16-4 结构化补救措施比较

存款机构被允许的活动	沃尔克法则（商业银行活动和交易活动的分离）	《利卡宁报告》（附属化：风险更高的交易活动需要在分离主体之间进行，但是可以在相同银行集体之间进行）	《维克斯报告》（绝缘防范：零售银行业务与银行集团内的其他业务相互隔离）
担任证券和衍生品的责任人	否	否	否
做市	是	否	否
承销	是	是	限制
参与对其他金融中介机构的非交易风险敞口	是	是	限制
持股有存款性或交易性附属机构的公司	不允许	允许	允许
地缘限制	否	否	是，受绝缘保护的银行向非欧洲经济区的客户提供服务

资料来源：Gombacorta和van Rixtel（2013）。

沃尔克规则可能是最严格的，但范围更窄，因为它只禁止自营交易，允许做市活动，并包含若干项豁免。《利卡宁报告》和《维克斯报告》的范围更广泛，但在禁止从事的活动方面不太严格。具体地说，它们在单独的法律实体中需要分离更多的活动，但不能完全禁止它们。

除了结构性补救措施外，《利卡宁报告》还强调了在欧盟内实施新的监管框架和处置弱势银行的重要性，新监管框架根据资本要求监管和指导以及《银行复苏与处置指令》确定。加强资本监管将增强银行及其在未来系统性金融危机中的抵御能力。有效的处置过程将限制政府资源的使用，清算破产的银行，即便这些银行规模庞大且具有系统重要性。

《利卡宁报告》支持银行根据《银行复苏与处置指令》建立可信的复苏和处置计划（即银行和监管机构的破产行动计划）的必要性。《利卡宁报告》还表明，如果有必要，例如由于不切实际的复苏与处置计划，存款和交易实体之间的结构性分离可以在银行集团范围内扩大。

《利卡宁报告》提出使用纾困债务来提高欧盟银行体系吸收损失的能力。在处置过程中偿还纾困债务的优先事项应当事先明确界定，并让投资者知情。纾困债务应在银行体系之外，以限制在银行倒闭的情况下负担分摊的系统性影响。

《利卡宁报告》建议重新评估资本管理框架内使用的风险权重，还提议对银行公司治理进行改革，旨在：①提高董事会和管理委员会的质量；②加强银行内的风险管理；③设计审慎的薪酬办法；④加强风险披露；⑤授权监管机构制裁的权力。

所有这些都是正在进行中的工作。执行各种建议措施的复杂性导致难以评估其未来的影响。⊖话虽如此，但所有这些措施的目的之一就是使金融体系更简单，即降低复杂性。我们还没有看到提出的措施被实施，但是如果这些措施能减少复杂性，那么可能会促进更及时的干预（快速纠正措施）。解决财务困境也许会变得更加容易。为此，还要实行"生存意愿"的要求。这些措施旨在更有秩序地废除/清算破产机构。

16.7 结论

美国的银行业历史受到美国的民粹主义和边疆情绪的影响，导致的结果是一个分散的金融服务业格局和一个类似的分散化金融服务业公共监管体系。银行票据的发行以及现金资产储备的要求使银行业将重点放在了流动性上。流动性储备的金字塔导致了19世纪国家银行体系的系统性风险和周期性的金融恐慌。这导致了美联储的建立。1933年，为应对银行体系的虚拟崩溃而增加了联邦存款保险。

利率调控和银行业的准入壁垒创造了银行垄断租金，缓解了存款保险造成的道德风险。这有助于维护金融体系的稳定性，并一直持续到20世纪70年代末，当时更高、更波动的利率导致大规模的脱媒。监管机构对此的回应是提高利率上限，放宽投资限制，并减少监管审查。由于随之而来的利率风险，合法地锁定固定利率住房抵押贷款的储蓄机构遭受了巨额损失。这些损失促使储蓄机构承担了更大的信用风险，由此造成了进一步的损失。储蓄机构的破产最终导致了一系列立法和监管举措，包括《金融机构改革、复兴与实施法》和《联邦存款保险公司改进法》。

⊖ 这三项建议并不是固定不变的，尤其是利卡宁的建议，其中大部分还在欧盟公开征集意见。关于《利卡宁报告》可参见 Liikanen（2012）。

2007～2009年的全球金融危机导致了监管和监管改革。在美国，《多德-弗兰克法案》被通过。在欧洲，也通过了几项举措，包括共同资本监管、存款保险共同规则、银行复苏和处置（单一处置机制）以及赋予欧洲中央银行监管权力的单一监管机制。这场危机促成了泛欧协议，一般而言泛欧协议在稳定的金融大环境下是不可行的。与《多德-弗兰克法案》中的沃尔克规则一样，英国（在《维克斯报告》之后）和欧盟（《利卡宁报告》）可能会进一步推进银行业结构性改革。

监管改革几乎总是对金融危机的反思。2007～2009年全球金融危机之后的监管行动也没有什么不同。还有一个待回答的问题是：这些立法和监管行动的福利效应是什么？但仍然缺乏相关的成本效益分析。

专业术语

BIF 银行保险基金
BHC 银行控股公司
BHCA 《银行控股公司法》
CRA 《社区再投资法》
ECB 欧洲中央银行
FDIC 联邦存款保险公司
GAO 总会计署
golden parachute 金降落伞 公司在某个高管的雇用期终止时向他派发的一大笔遣散费。
LLR 最后贷款人
narrow bank 狭义银行 资产受到约束的银行。最初的狭义银行方案要求将所有的存款均投资于现金和政府证券。

OCC 货币监理署
OTS 储蓄监控办公室 储蓄监控办公室于2011年10月19日废止，监控权实际上被转移到美联储、货币监理署和联邦存款保险公司。
SAIF 储蓄协会保险基金
Sarbanes-Oxley Act 《萨班斯-奥克斯利法案》 一部为上市公司制定更严格的公司治理准则的立法。
SEC 证券交易委员会
TBTF 太大而不能倒闭
universal bank 全能银行 一种金融中介，这类中介提供通常将商业银行、投资银行和保险公司联系在一起的业务。

复习题

1. 美国银行监管的主要里程碑是什么？
2. 如果存款保险被认为是必要的，那么应该采取什么措施来改革这一制度？
3. 市场价值计价的优缺点是什么？
4. "扩大"银行业权力的利弊是什么？
5. 监管者是否总是会最大化社会福利？为什么是或者为什么不是？对此我们有什么可以做的？
6. 讨论《联邦存款保险公司改进法》的关键要素，并对此做出分析。
7. 《多德-弗兰克法案》的主要目标是什么？
8. 《多德-弗兰克法案》中的哪些措施直接解决了系统性风险？
9. 如何改革我们的银行体系？
10. 欧盟的主要立法措施是什么？

附录16A 流动性约束、资本要求和货币政策

银行资产负债表的规模和构成受法定准备金要求的限制，其中规定了现金资产与存款

负债的最低比率，以及银行资本与风险资产（贷款，初始近似值）和总资产（所谓的杠杆率）的最低比率的资本要求。在美国历史的大部分时间里，当然也包括大萧条之后的半个世纪里，资本要求并没有产生影响或约束力。因此，对银行业务规模的限制就表现在合法的现金资产准备金要求。㊀但在20世纪80年代后期，随着资产负债表表内和表外业务的信用风险的增加，现金资产准备金要求发生了变化。与此同时，合法的现金资产准备金要求也逐步减少，至少部分是因为银行盈利的记录表现得很糟糕。对许多银行而言，储备金要求和资本要求的地位发生了逆转，资本要求变得更有约束力，这影响了货币政策，特别是美联储的公开市场操作在经济中发挥的作用。

在传统环境下，美联储购买政府证券将会扩大银行体系的超额现金资产储备，促使银行扩大借贷和资产负债表的资产规模。美联储最初的购买将会推高美国政府证券的价格，并降低利率。扩张性公开市场操作的次要影响将来自银行对向美联储出售政府证券获得的新存款的反应。这些自主存款增加了银行的现金资产储备。为了消除新的超额准备金，银行会将新存款贷出。这扩大了银行的资产（负债）规模，给利率带来了下行压力。

所有这些都将在不受资本要求干涉或影响的情况下发生。的确，这种对货币政策的传统解释假设资本要求不具有约束力。但是，如果资本要求是有约束力的，则会出现非常不同的情况。通过政府证券市场对利率的初步影响保持不变，但银行的反应受到约束条件的限制。可以肯定的是，通过减少股利或出售银行股权，甚至通过以低于历史价值的价格出售资产或负债来实现资本收益，可以放宽资本约束。但这种适应性往往在短期内会花费巨额成本。因此，银行的资本可能在短期内是固定的，在这种情况下，其他资产负债表账户必须适应资本约束。

资本要求有两种类型：基于风险和杠杆率。为简单起见，我们可以将前者视为资本与贷款的最低比率，将后者视为资本与总资产（负债）的最低比率。现在假设银行可以持有非盈利现金资产、无风险信贷、有息政府证券或高风险贷款。进一步假设现金资产准备金率为零，但存在基于风险或杠杆类型的具有约束力的资本要求。银行拥有一类无息存款和一种类型的资本（即权益）。

如果资本要求是基于风险的，并且美联储进行扩张性的公开市场操作，那么银行将获得自主存款。存款流入的一小部分可能以现金的形式持有，用于流动性目的，但大部分流入是以政府证券的形式。我们知道银行会因为资本约束而不发放贷款。因此，利率将下降，存款扩张将会随之而来，但贷款不会发生。

因此，限制性资本要求可以解释信贷紧缩，即使货币政策在影响利率方面保持有效性。美联储的扩张性公开市场操作下调了利率，首先是由于美联储购买了政府证券，然后是银行购买了政府证券。利率下降可能会促使投资者通过资本市场进行借款，但并不是所有人都可以轻易地进入这些市场。因此，特定公开市场操作的扩张性影响可能会被削弱，而且一定会与更可能被扼杀的小公司联系起来。

现在考虑杠杆型资本比率，它规定了银行在任何给定的资本数额下可以持有的总资产的最大值。在这种情况下，银行完全摆脱了货币政策循环。美联储购买政府证券甚至不能在一

㊀ 即使在今天，绝大多数货币和银行学的教材在解释存款扩张的过程时都假设资本充足要求是不起作用的。参见我们之前的章节关于固定系数模型的讨论。

开始就增加银行存款。由于银行的规模受资本要求的限制，所以它不能接受政府证券卖方的存款，除非同时消除另一笔金额相等的存款。在这种有趣的情况下，美联储最初购买政府证券的扩张性政策会对利率造成下行压力，银行将无法扩张。自主存款将要求银行出售贷款或证券，以抵消等值的存款。这将给利率带来上行压力，迫使银行持有超额准备金。⊖

以资本要求取代现金资产准备金要求就不可避免地会改变货币政策对整个经济的影响，这对于了解1991～1992年的信贷危机具有特殊的意义。尽管美联储通过降低短期利率来刺激经济，但银行贷款仍然无法实现。美联储积极购买政府证券，扩大银行体系储备，银行资产有所增长，但贷款基本保持不变。银行只是增加了其持有的政府证券，但经济增长缓慢，这样的现象一直持续到1993年年底。

⊖ 为进一步增强你对这种分析的理解，考虑一下美联储通过购买和出售银行权益而不是政府证券来进行公开市场操作的可能性。

第九部分 PART 9

金融创新

第17章

银行与市场的演变以及金融创新的作用

"金融完全不同于经济中的其他领域。"

艾伦·格林斯潘

引言

我们在第3章解释了金融体系是如何促进经济发展的。在本章我们聚焦于银行与市场的关系,并进一步阐述金融体系及其与实体经济间的关系。金融创新和金融业最近的发展是本章讨论的重点。我们还将探讨由英国和美国确立的盎格鲁-撒克逊市场主导型金融体系和在欧洲大陆国家较为常见的银行主导型金融体系之间的区别。

17.1 金融发展

为什么金融发展对于经济增长而言非常重要?在一个既没有信息不对称也没有交易成本的无摩擦世界中,金融对经济增长没有什么影响,金融发展也就丝毫提不起人们的兴趣。在这种环境中,最优资源配置不存在任何阻碍,因此,即便没有金融机构和市场的帮助,实际资源也可以实现有效配置。从某种意义上说,这种观点把我们带回到了第3章,在第3章中我们讨论了金融中介增加经济价值所需满足的条件。为了使金融发展对经济增长起作用,显然我们需要类似的条件。也就是说,金融发展之所以重要,是由于经济摩擦的存在。通过降低资金成本和增加个人与公司的资金可得性,金融发展可以缓和经济摩擦对经济增长的负面影响。

17.1.1 金融发展与经济增长

实证证据表明,金融发展与经济增长之间存在很强的正相关关系。举个例子,一项以1860~1963年间的跨国数据为基础的具有里程碑意义的研究表明,经济增长速度更快的时期与超过平均水平的金融发展时期往往是同步出现的。⊖这里一个很有意思的问题就是两者

⊖ 见 Goldsmith (1970)。

之间的因果性问题——究竟是金融发展促进了经济增长，还是经济增长引领着金融发展，再或者是由于受到一些类似的力量的驱动——这种驱动力可能是气候、地理位置、人们的职业道德或是社会政治体制，才使得金融发展和经济增长倾向于朝着相同的方向移动。如果是金融发展导致了经济增长，那么我们对金融发展的兴趣显然就会是最大的。对于这种观点，学术界存在较大的争议。有些学者赞同这种因果关系，也就是金融发展是引致经济增长的原因㊀，但有些学者则坚持认为，金融发展在很大程度上是经济发展的结果㊁。

导致 2007～2009 年的金融危机的研究似乎解决了这个问题，至少从目前来看，研究赞成金融市场的发展是影响经济增长的原因这个观点，虽然不同学者对两者的因果性作用机制的理解存在细微的差别。㊂这一研究结论意味着，金融领域的缓慢调整和发展将阻碍经济增长，这是因为行动迟缓的金融体系可能无法满足实体经济不断变化的需求。从这个角度出发，金融发展总体上是有益的，这一点显而易见。但是，最近的证据表明，更高水平的金融发展必然有利于经济增长这一论断并不总是成立的。

17.1.2 "过多的"金融发展？

金融发展之所以对经济增长很重要，是因为金融工具是经济活动的润滑剂。例如，2007～2009 年间当银行减少了商业信用证的可获得性时，世界贸易就出现了大幅萎缩。

尽管如此，有些人还是想弄明白，通过向一些经济部门提供过多的流动性，并导致资产泡沫或挤出理想的经济活动等方式，金融部门对自我利益的追逐会不会损害经济增长。㊃近几十年来，我们可以看到 GDP 中金融服务业的比重大幅度上升。问题是，这有没有对其他经济部门产生挤出效应，或仅仅是经济增长的必然结果。

图 17-1 表明，在金融危机爆发之前的几年间，金融部门出现了显著增长。

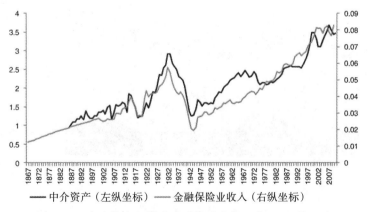

图 17-1 中介资产规模和金融保险业收入占 GDP 的比重

资料来源：Philippon（2015）。金融保险业的中介资产和收入均以占 GDP 的比重来表示。

㊀ 见 Hicks（1969）和 Schumpeter（1912）。
㊁ 见 Robinson（1952）和 Lucas（1988）。
㊂ Levine（1997）得出的结论是："越来越多的研究促使更多持有怀疑观点的人的认识发生了变化，也就是说，他们从认为金融体系是无关紧要的，是对经济增长和工业化做出的被动反应，转变为金融市场与机构是经济增长过程中至关重要且不可或缺的组成部分。"
㊃ Stiglitz（2010）声称"金融部门本身已经成为一个目的，而不是达到目的的一种手段"。

如果挤出效应确实发挥了作用,那么金融业的发展很可能是以牺牲其他经济部门的利益为代价的。还可能存在更多间接的"挤出"形式。举个例子,在 2003～2007 年间,众多才华横溢的 MBA 和物理学家、数学家日益把银行业作为他们工作的首选,从而转移了其他行业的人才。即使在金融部门内部,资源也可能从一些更有价值的活动转移到价值更低的活动中(如从关系型借贷转移到贸易活动)。

图 17-2 显示,金融领域的工资已远超其他部门的工资水平。图 17-3 显示了美国信贷中介的增长状况。

图 17-2 美国金融领域的相对工资和超额工资

资料来源:Philippon 和 Reshef(2012)。金融领域的相对工资是指金融领域平均工资与非农业私营部门平均工资之比,超额工资指的是美国金融领域的相对工资超出技能调整后平均工资的部分。

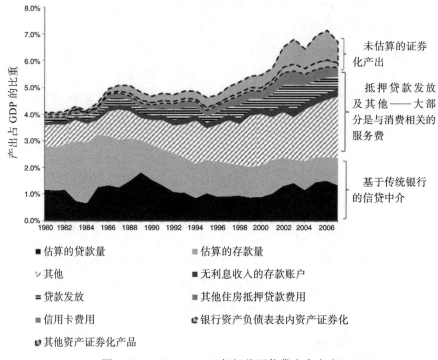

图 17-3 1980～2006 年间美国信贷中介产出

资料来源:Greenwood 和 Scharfstein(2013)。

许多国家开始把金融视为其经济增长的引擎,进而选择用稀缺的公共资源来补贴这一领域的发展。考虑到这些对金融部门的投资是以牺牲其他部门的投资为代价的，我们可以认为产生了另外一种挤出效应。

17.2 金融创新

什么是金融创新？它是一种全新的金融资产、机构、市场、业务实践或金融服务分销流程的创设。资产证券化就是一个例子。它是把资产出售给投资者的一种另类方式。与其他形式的创新不同，绝大多数金融创新无法获得专利。

金融创新有利于经济增长这一观点是基于这样一种理念，即金融创新会导致资本配置或风险分担的改进。用美联储前主席本·伯南克的话来讲就是"金融市场日益增长的复杂性和深度通过将资源配置到生产效率更高的地方来促进经济增长"。⊖因此，债券、股票和衍生品市场的发展也就不足为奇了（见图17-4）。

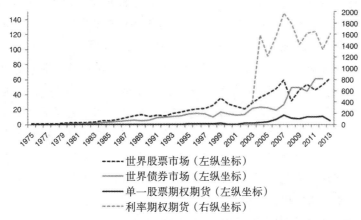

图 17-4 世界股票、债券和衍生品市场的名义金额（万亿美元）

资料来源：全球交易所联合会。

17.2.1 金融创新和风险分担

对于投资者而言，金融创新（像利率期货或信用违约互换的推出）使他们能更容易地精确调整自己的风险敞口，也就是说，能更好地匹配其风险收益偏好。⊖这种风险管理能力的提高促进了投资活动。

类似地，债券和股票的可交易性使投资者得以证券化（液化）其持有的实物资产，进而有助于实现风险的分散化。这样，企业就可能增加其融资的可获得性。证券化资产的需求也有助于解释像股票这样的有限责任合同的引入（股票本身就是一种创新）。有限责任促进了证券交易，并促进了资产的流动性。

⊖ 见 Bernanke（2007）。

⊖ 更为技术地说，金融创新趋向于使市场更加完善。一套完备的阿罗 – 德布鲁证券让投资者获得可以完美匹配不同个体偏好的状态依存证券组合。

17.2.2 柠檬问题

有时，引入全新的证券类型是为了克服信息不对称。普通债券的融资成本可能会比股票低一些，是因为与股票相比，债券是一种信息敏感性更低的资产。股票可能会受到"柠檬问题"的困扰，因为企业可能有动机出售估值过高的股票，以剥削拥有信息较少的投资者。意识到这一点，投资者会相应地对股票进行估值，最终导致市场崩溃。㊀注意，如果可以在承担合理的成本的基础上准确验证企业的真实价值，那么这类问题可以被避免，进而低成本的股票融资也就成了可能。高成本状态核实领域的很多文献聚焦于在存在较高验证成本的情况下进行事后验证。债权资产可能有助于解决这一问题，就是因为债权（不同于股票）并不总是需要状态核实。这也就是说，如果债权得到了兑现，那么就不需要进行核实。但如果债权无法兑现，投资者就需要核实是否真的是由于实际资源的缺乏所致。可以把债务合同与一个第三方（如破产法庭）结合在一起使用。像破产法庭这样的第三方可以在公司虚假报告资金不足的时候，对公司施加严厉的处罚。这样就可以解决谎报财务信息的问题。注意，在外部股权融资的情形中，合同中并没有固定支出的约定，进而核实就成了一种始终需要的行为。这种现象的结果就是，债务证券可以被视为一种具有价值增强功能的金融创新，这种创新有助于在投资者验证公司实际现金流的成本高昂的环境中促进融资。㊁

市场中也存在其他减轻信息不对称问题的方法。例如，配股就有助于解决柠檬问题。所谓配股是指公司的现有股东获得对新发行股份的优先认购权利，其购买价格通常低于市场价格。如果只是现有的股东来购买新股，那么这时的价格就不那么重要了。为什么？注意，在不包括配股的再融资活动中，当股票以很低的价格公开发行的时候，新股东就以牺牲原有股东的利益为代价获得一笔意外之财。如果利用配股，新股被保留了下来，出售给老股东，这样就不会引发财富转移。因此，当公开发行新股受制于柠檬问题而变得不可操作的时候，配股就可以使公司筹集到新的权益资金。

还有一些金融创新能够解决代理和信息不对称问题。例如，可转换债券为债券持有人提供了保护，以对抗股东追逐风险的行为。这里想表达的观点是，当公司存在大量债务时，新的债权融资将很难实现，因为这么做会导致股东以牺牲债权人的利益为代价过度承担风险（见第 1 章关于道德风险的讨论）。也就是说，如果冒险成功的话，股东的杠杆化权益就为他们提供了扩大的上行盈利空间；但如果冒险失败，盈利下行造成的损失则由债券持有人承担。因此，债券可能会导致风险转移这一道德风险。借助于可转换债券，如果冒险成功，债券持有人可以分享上行盈利（因为他们可以将债券转换成股票）。由此，不同主体的激励体现出了更好的一致性。

17.2.3 监管套利

金融创新常常由监管和交易成本驱动。监管套利涉及的金融创新指的是那些旨在规避政府监管的成本而被设计出来的创新。金融创新还致力于减少其他阻碍贸易的交易成本。例如，信用违约互换（CDS）可以通过改善信用风险分布状况来促进资本配置。但是，

㊀ Akerlof（1970）提出了这个观点。参见第 1 章。
㊁ 见 Gale 和 Hellwig（1984）。

2003～2008年间，场外衍生品的增长速度比实际投资高出12倍。⊖ 2006年以后，实际投资停滞不前，而场外衍生品则继续增长，甚至增长速度比以前更快（见图17-5和图17-6）。2007～2009年金融危机（大衰退）之前，场外衍生品（尤其是信用违约互换）的巨大增长可能继续发挥着有益的风险分担作用，但这个市场的增长加剧了金融系统的脆弱性。

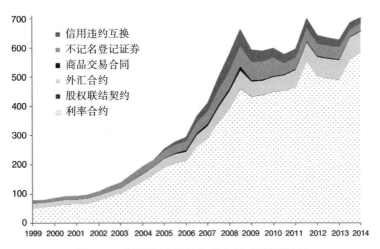

图17-5　场外衍生品的名义金额（万亿美元）

资料来源：国际清算银行，衍生品统计。

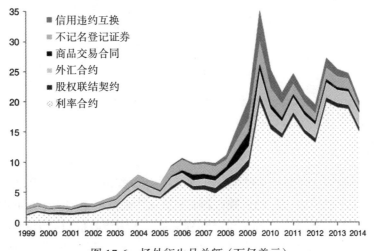

图17-6　场外衍生品总额（万亿美元）

资料来源：国际清算银行，衍生品统计。

17.3 金融创新的黑暗面

金融创新虽然非常有用，但也存在黑暗的一面。举个例子，人们已经认识到金融机构有可能引进带有剥削性的复杂的金融产品，这些产品的成本结构模糊，以至于这些产品的购买者没法完全理解它的成本收益结构。例如，在荷兰和英国，人寿保险公司提供了对于保险

⊖ 见 Posen 和 Hinterschweiger（2009）。

公司而言具有很高的边际收益的保险单，这种保险单对购买者有避税作用，但其成本和收益之间的抵换关系非常复杂，进而导致许多零售购买者根本无法理解。此外，为了吸引人们购买保险单，这种保险单的初始价格通常很低。在这类情况下，金融创新恶化了资本配置。最新出现的资产证券化领域的创新就可以从这个角度来理解。正如第11章所显示的那样，资产证券化提供了分散化的好处，降低了融资成本，进而对发起银行、借款人和投资者是有利的。只要发起人保持一定的风险敞口，它们就有动机去甄别和监控贷款申请人。如果发起者没有保留任何与贷款相关的风险敞口，那么贷款标准就会受到影响，就像我们在2007～2009年金融危机期间所看到的那样。⊖美国的房地产泡沫创造了大量被证券化的住房抵押贷款，以及极为复杂的住房抵押贷款支持证券，这些证券使风险变得模糊不清，进而使发起者和出售这些证券的人能够发行定价过高的证券。

2007～2009年金融危机期间最引人注目的金融创新是债务抵押债券、结构化投资工具和信用违约互换等金融产品。这些产品的出现和发展强化了可销售性。这些金融创新的私营部门所获得的收益是极为显著的，但它们也因增加了市场的脆弱性而受到广泛的指责（见第14章）。此外，银行与金融市场活动的联系更加紧密，进而被卷入通常困扰金融市场的经济繁荣与衰退交替循环的周期之中。⊜表17-1总结了金融创新的优势与劣势。

表17-1 金融创新的优势与劣势

金融创新的优势	金融创新的劣势

金融创新可能通过以下途径改善资本配置
• 更好地分散风险
• 证券多样化
• 降低交易成本
金融创新可能有助于减轻公司和投资者之间的信息不对称问题
	金融创新可能会
	• 误导市场参与者
	• 增加复杂程度
	• 诱导过度风险承担行为
	• 银行与金融市场相互交织，这样可能会导致：
	  • 更复杂
	  • 低稳定性

17.4 银行和金融市场

金融中介理论强调银行在借贷过程中甄别和监控借款人的角色。银行贷款和通过金融市场直接融资形成了典型的对比。银行较市场而言被认为能更好地解决信息问题。通过甄别，银行淘汰了信用较低的借款人。如果没有甄别，贷款人需要收取更高的利息来弥补信用较低的借款人的存在，但这可能会导致逆向选择（见第1章）。特别地，更高的利率水平将会吸引风险更高的借款人，并劝阻更安全的借款人。⊜贷款人这时只能向高风险借款人提供资金，正如柠檬问题所预测的那样。与此相反，那些仔细甄别潜在的贷款人的银行，可以像第2章所讨论的那样按照借款人的特征调整其信贷合同。在贷款发放之后，银行还会监控它们的借款人。如果不存在监控，借款人有可能倾向于冒险活动，尤其是当风险可以转嫁给贷款人的时候。银行对借款人的监控减轻了道德风险。

⊖ 见Keys等（2010）和第14章的讨论。
⊜ 关于金融创新的专门报告，《经济学人》，2012年2月25日，Shleifer和Vishny（2010）。
⊜ 原因是与低风险借款人相比，在利率较高时还款概率很小的高风险借款人更能接受支付高利率。参见第8章讨论的信贷配给理论。

17.4.1 关系型借贷

银行在借贷过程中错综复杂的参与活动通常被认为是关系型借贷。关系型借贷被界定为金融中介所提供的一种金融服务,这些金融中介在与客户长期交往的过程中进行了旨在获得客户特定信息的投资活动,这些信息通常是私人信息(这意味着其他竞争者无法获得)和更为定性的信息(软信息)。这样,关系型借贷活动就存在三个关键特征:银行与客户的交往可以更直接且具有价值增值性,重复的业务往来,银行基于较长时期而不是单次交易来评估其关系的盈利能力。这有别于交易性银行借贷(和/或金融市场中的交易活动),这些活动聚焦于单笔交易。

正如第7章和第8章所讨论的那样,关系型借贷提供了若干好处。[⊖]带有跨期平滑性的合同条款使贷款人愿意承担短期内的损失,因为这些损失能在随后的关系型业务中获得补偿。向初创企业提供的信用补贴可以降低银行在向这类企业提供贷款时所面临的道德风险与信息摩擦问题。如果银行预期最初的损失可通过长期业务得到弥补,那么它们可能愿意提供包含补贴的信贷。如果初创企业在创业初期无法获得这些带有补贴的信贷资金,借款人或许只能放弃有价值的投资项目。关系型借贷使这种贷款变得可行,因为业务中产生的私人信息将借款人和银行联系在一起,进而使银行能够在之后的关系中获得较高的收益,作为其在早期向借款人提供补贴的补偿。[⊜]

关系型借贷的第二个好处是具有无法在金融市场中获得的合同灵活性。接近客户作为关系型借贷的重要特征,使银行可以获得并使用各种软信息。与客户的亲密关系使银行在新信息到来的时候有能力调整合同条款,进而鼓励事先对合同进行更多的微调,同时也为合同的事后调整留下了更多的余地。

17.4.2 软信息的价值

软信息被认为是那些更定性、微妙进而无法契约化的信息(如关于"品质"的信息,见第7章)。因为获得软信息的成本较高,所以私人拥有的软信息就成为银行与借款人之间牢靠的关系的基石或黏合剂。此外,由于软信息不易传播,所以对于借款人而言,更换合作银行的代价被证明是极高的。这为(无法由法院强制执行的)隐性长期契约的签署提供了可能。私人信息被认为在银行和借款人的关系中更容易受到保护。因此,无论银行还是借款人,都可以实现他们之间关系的附加价值。

借款人与贷款人之间的这种亲密性和相互依赖性可能存在不利的一面。其中的重要表现之一就是银行信息垄断导致的"敲竹杠"问题,而信息垄断是由于银行在借贷双方关系存续期内产生了大量关于借款人的私人信息造成的。这样一种信息垄断可能使银行有机会剥削借款人。被银行"锁定"或信息获取的威胁可能会抑制事前贷款需求,导致潜在的、有价值的投资机会的损失。作为一种替代方案,企业可能选择建立多个银行关系网络。尽管对于企业而言,这样做可以减少某个银行信息垄断的可能性,但企业可能以损失信息的有效性和增加信贷成本为代价。从本质上说,这种做法在银行与借款人的关系中引入了竞争。在下面"洞

⊖ 下面的评述依据 Boot 和 Thakor (2014)。
⊜ Petersen 和 Rajan (1995)、Allen 和 Gale (1997) 对银行主导型金融体系中的跨期平滑进行了一般性的刻画。

察：竞争对关系型借贷和交易型借贷的影响"这部分内容中，我们扩展了竞争给关系型信贷带来的潜在影响。

> **洞察：竞争对关系型借贷和交易型借贷的影响**
>
> 由于关系型借贷通常是有利可图的，所以它自然会吸引竞争者的进入。这种潜在的竞争会影响关系型借贷的动机。人们对于这种影响存在两种相互矛盾的观点。一种观点是，融资者之间的竞争会鼓励借款人转向其他银行或金融市场。与这种行为相伴随的银行与借款人关系的更短的"寿命"可能会诱使银行减少基于关系的特定（信息）投资。这样，银行将来就很难与借款人分享租金，进而也不会在早期阶段"补贴"借款人了。因此，当面对竞争时，银行在初创公司中的融资作用可能不再具有可持续性了。
>
> 另外一种观点认为，竞争可能实际上提升了关系导向的重要性，因为关系导向业务会使银行处于竞争力更强的地位。由于竞争不断压缩现存产品的边际利润，所以差异化的重要性不断上升。对银行而言，更紧密的关系型借贷可能提供了一种实现差异化的途径。一个更具竞争性的环境或许会鼓励银行更加倾向于客户驱动和客户定制化服务，这样就使人们对关系型借贷有更强烈的关注。㊀
>
> 竞争对关系型借贷的影响非常复杂，产生的几种效应需要被分解来看。然而，实证证据似乎支持这样一种判断，那就是关系型借贷的性质能更好地适应银行间竞争加剧的状况，进而更高程度的竞争并没有驱逐关系型借贷活动。㊁还有证据显示，近年来，借款人与贷款人之间的地理距离日益增大，这种情况与更高的贷款违约是相伴而生的。㊂

另一方面则与银行可以签署的显性合同的结构有关。由于银行签署了包含更多自由裁量权条款的合同，所以与债券或其他公共资本市场上的合约相比，银行贷款显得更为灵活，一般来说也更容易重新协商。在一个信息快速变化的环境中，这一点具有明显的好处。但是，重新协商可谓喜忧参半，因为它会产生所谓的"软预算约束"问题。这个问题指的是，如果借款人可以理性地预期到当其陷入财务困境的时候，贷款协议会被重新协商，那么它便没有动机规避过度的风险，或者采取强硬且代价高昂的措施来降低财务困境出现的概率。这样就恶化了银行与借款人关系中的道德风险问题，并预先增加了银行的信用风险。㊃

17.4.3 优先级与谈判能力

如果银行比其他贷款人拥有更高的优先权，那么它的谈判能力将被强化。因此，银行可以更可信地介入借款人的决策过程。例如，银行可能认为企业的战略有问题或应该进行重组。在银行不享有优先权的时候，借款人可能选择忽视银行的意见。为了说明这一点，注

㊀ 关于竞争对关系型借贷强度的正面效应的分析可参见 Boot 和 Thakor（2000）。Petersen 和 Rajan（1995）则讨论了竞争对于关系型借贷的负面效应（在竞争更为激烈的体系中借款人提高了转换银行的概率，这样会降低银行跨期补贴的范围）。

㊁ 见 Degryse 和 Ongena（2007），他们提供了支持 Boot 和 Thakor（2000）预测观点的证据。

㊂ 见 DeYoung 等（2008）。

㊃ 欧洲联盟重组希腊债务的经历可被看成是这种情况的一个例子。

意,银行虽然可以威胁借款人要提前收回贷款,但当银行的债权优先级较低时,这种威胁可能缺乏可信度。之所以会这样,是因为借款人破产清算的收益更多地归优先级更高的债权人所有,而终止借款人经营所导致的成本却更多地由优先级较低的债权人承担。借款人因此认识到,如果银行没有优先级,其提前收回贷款的成本可能会超过收益。当银行贷款拥有足够高的还款优先级时,银行就能可信地发出提前收回贷款的威胁,而这可能会减轻贷款人提前收回贷款的决定所造成的负面效应。

这可以被认定为银行融资的一种潜在优势:及时干预。当然,有人可能会问,债券持有人是否也可以被赋予较高的优先权,进而分配给他们这种及时干预的职责呢?然而,债券持有人拥有的借款人信息通常比银行少,且其持有的相关投资金额也较少,这使他们不适合对企业进行及时干预。

在表 17-2 中,我们总结了关系型借贷具有缺陷的各种论据。

表 17-2 关系型借贷相较于市场融资的优劣势

优势	劣势	解决方法
更强烈的信息获得 • 监控道德风险等问题 • 筛选以降低逆向选择问题	软预算约束	优先清偿权帮助银行更及时和可靠地摆脱潜在的财务困境
长期关系允许 • 跨期平滑 • 信贷方式更具有灵活性 • 可以获得机密的私人信息	套牢问题	选择与多家银行建立关系,并且选择容易获得替代方案的融资来源

17.5 银行与市场的对比:互补性和影子银行

与银行和金融市场之间相互竞争的标准观点不同,之前的章节表明,银行贷款与资本市场融资之间还具有互补性。我们认为具有优先权的银行债务可能会促进及时干预。银行贷款的这种特点对公司债券持有人也是有价值的。他们可能会发现,银行的债务求偿权优先于他们自己会是最优选择,因为这样做可以有效地把及时干预的工作委托给银行。债券持有人会明确地要求补偿他们的从属地位。换句话说,优先级和次级债券的性质将会体现在定价中。因此,借款人可以通过同时进入银行信贷市场和金融市场来减少其融资总成本。⊖

银行与市场之间的竞争无疑是存在的,但我们现在的观点是,银行与市场表现出另外两种形式的互动:它们相互补充,共同进化。我们之前讨论了竞争与互补的情形。共同进化的出现是因为一个更加发达的金融市场降低了银行的自我融资成本。这时银行具有更强的动机和资源来投资有助于它们进化的中介技术。⊖

17.5.1 资产证券化连接了银行和市场

资产证券化通过多种途径连接了银行和市场。银行发起了很多贷款,而这些贷款的资金

⊖ 见 Berglof 和 Von Thadden(1994),Holmstrom 和 Tirole(1997)。Datta 等(1999)的实证研究证明,与银行贷款相关的监控有助于借款人进入公开债券市场。

⊖ 见 Song 和 Thakor(2010),他们提出了一个动态银行体系设计理论,其中,银行与市场之间存在竞争、互补与共同进化三种态势。

来源于在金融市场中发行和销售的资产支持证券，从而基于市场的融资取代了银行贷款的存款资金。这样，银行依靠市场将这些贷款从资产负债表中移出（"表外化"）。相应地，市场则依靠银行来发起贷款，并依托这些贷款创造了资产支持证券，满足了投资者对这类证券的需求。资产证券化以这种方式促进了银行与市场之间的互动。

17.5.2 脆弱性与资产证券化

在2007～2009年的金融危机之前，资产证券化的重要性快速上升。对包括商业贷款（这类资产过去曾被认为由于其内在的不透明性而难以证券化）在内的非常广泛的信贷资产进行证券化变得非常流行。同时，一个全新的、涉及资产支持商业票据渠道的证券化市场异军突起。但2007～2009年的次贷危机以及伴随而来的大衰退暴露了资产证券化某些令人震惊的脆弱性。其中之一是，期限错配会产生很大的脆弱性，尤其是当用期限非常短的基于市场的资金购买那些不透明的资产的时候。出于对那些不透明的风险资产偿付能力的担忧，短期融资无法续期，从而导致了市场的流动性风险。尽管这种流动性风险在一定程度上被流动性担保（备用信用证和再贷款承诺）予以弱化，但提供流动性担保的保险机构常常低估了其涉及的业务活动的风险，同时又不自量力地承担了过多的风险。⊖ 不幸的是，由于风险被低估，且存在利益冲突和滥用，资产证券化这样一种有用的技术受到严重的指责。回顾过去，我们清楚地看到，金融合约需要被更好地设计，资产证券化过程中每个阶段存在的利益冲突需要被更好地处理。⊖

2007～2009年的金融危机对资产证券化市场造成了严重的破坏。但是，资产证券化仍然可以实现风险分散化。这样，我们期望资产证券化会再度兴起，尽管在其表现形式上呈现出更低水平的流动性风险，同时降低在筛选和监控方面的道德风险。

17.6 信用评级机构的角色

在这个银行与金融市场相互交织的世界中，信用评级机构已经变得不可或缺。信用评级机构评估公司、银行、非银行金融机构和政府发行的债务工具的信用可靠性，并出售这类信息（见表17-3，我们在第2章讨论过）。三家主要的信用评级机构是穆迪投资者服务公司、标准普尔和惠誉评级公司。

表17-3 三大评级机构给出的信用等级对比

穆迪投资者服务公司	标准普尔	惠誉评级公司	等级描述
Aaa	AAA	AAA	最高等级
Aa1	AA+	AA+	高等级
Aa2	AA	AA	
Aa3	AA−	AA−	

⊖ Gennaioli等（2015）和Thakor（2015）提出的理论认为，长时间成功的经济增长会导致因行为偏差（也就是背离经济理性行为，这已经被心理学研究所证明）而产生的风险低估。

⊖ 见Mian和Suf（2009）以及Keys等（2010）。

(续)

穆迪投资者服务公司	标准普尔	惠誉评级公司	等级描述
A1	A+	A+	中高等级
A2	A	A	
A3	A−	A−	
Baa1	BBB+	BBB+	中低等级
Baa2	BBB	BBB	
Baa3	BBB−	BBB−	
Ba1	BB+	BB+	非投资等级
Ba2	BB	BB	投机
Ba3	BB−	BB−	
B1	B+	B+	高度投机
B2	B	B	
B3	B−	B−	
Caa1	CCC+	CCC	巨大的风险
Caa2	CCC		极端投机
Caa3	CCC−		违约迫在眉睫,复苏希望渺茫
Ca	CC	CC	
C	C	C	
	SD/D		违约

资料来源:美国证券交易委员会(2012)。

为了了解信用评级机构存在的原因,回顾一下我们在第 2 章讨论的它们作为多样化信息生产者的角色。信用评级机构具有的另外一个功能是影响公司未来的信用质量。例如,通过将公司列入"待观察风险清单"(这预示着在不远的将来该公司的信用评级可能会下降),信用评级机构可以诱使这家公司采取措施,进而阻止公司信用质量的恶化。[⊖]信用评级机构的这种功能意味着其在影响借款人的信用风险方面可以扮演一种与银行类似的角色。[⊜]随着信用评级机构变得更加富有经验和可以信赖,它们作为信用质量认证机构的地位将得到进一步的提升,而银行认证功能的相对重要性会下降,进而使银行借款人转移到资本市场融资。从这个意义上讲,信用评级机构强化了银行与市场之间的竞争。但信用评级机构也把银行拉进了资本市场。例如,银行出于资产证券化的考虑发起贷款,这时就需要寻求信用评级机构对证券化资产池的信用评级。这些信用评级相应地会促进(证券化的)资产支持证券的销售。

受到抨击的信用评级机构

21 世纪初,在一些事件发生之后,关于信用评级机构的这种相当正面的解释被蒙上了阴影。在 2001 年与安然相关的危机中,信用评级机构被指责战略性地缓慢降低其评级。在 2007～2009 年的次贷危机中,评级机构被指责对抵押贷款支持证券的评级过于宽松。[⊜]标准普尔同意支付 13.7 亿美元,以了结其在大衰退期间对各种结构性金融工具评级不当的指

⊖ 沿着这些路线的理论可参见 Boot 等(2006)。也可见 Hirsch 和 Bannier(2007)。
⊜ 就像 Holmstrom 和 Tirole(1997)提出的理论所显示的那样。
⊜ 见 Cantor(2004)和 White(2010)。另一个担忧是,在其"全新的"结构性业务活动中,评级机构可能已经受到损害(或至少存在利益冲突),因为它们本质上成了资产证券化商业模式中的"合伙人"。

控。据称，信用评级机构更倾向于高估资产支持证券，因为在"发行人支付"模式中，评级机构的报酬来自渠道/分销商，评级机构可以从夸大它们的证券质量中获利。持这种论点的人认为，信用评级机构之间评级工作的竞争导致其夸大了信贷资产的质量。

除了对利益冲突的担忧之外，信用评级机构在证券化交易中的作用还引起了人们对金融稳定性的关注。特别令人关注的是所谓的"评级触发器"。例如，有些债务合同可能在信用评级下调的情况下，债务被要求加速偿还。然而，债务偿还速度加快的后果可能非常严重，以至于不得不暂停评级机构。并发症也来自所谓的"专业保险公司"。这些保险公司为市政债券和证券化产品中风险最低的产品提供担保。专业保险公司对许多资产证券化的可行性至关重要。然而，专业保险公司提供可信担保的能力取决于它们拥有 AAA 评级。这将生成一个有趣的连接。在评级（和监控）专业保险公司方面，评级机构会影响证券化市场的可行性。因此，评级机构的影响既是直接的（评级证券化产品份额），也是间接的（评级专业保险公司）。这种专业保险公司破产的可能会严重影响各种结构化金融产品的价值。

这进一步强调了金融市场中的关联和相互依存性。其他问题是信用评级和担保行业中的寡头垄断性质，以及它们对于结构化融资市场的重要性。⊖

在《多德-弗兰克法案》中，信用评级机构的法律责任得到了提升。这是否会带来更准确的信用评级，目前是一个悬而未决的问题。

17.7　结论

我们从三个维度强调了银行和金融市场之间的关联，分别是竞争、互补和共同进化。最近的金融创新有可能加强了这些关联。作为最后的观察，请注意，金融体系要么是银行主导的（欧洲大陆），要么是金融市场驱动的（美国、英国）。以前，银行融资占主导地位，之后金融市场直接融资起着更加重要的作用。近年来，银行体系和金融市场驱动的经济体之间的划分似乎在弱化。特别地，像资产证券化这样的金融创新使银行资产更市场化，从而增加了银行对金融市场发展的敏感性。因此，银行成了金融市场的延伸，而不是其替代品。

专业术语

bank-based economies　银行主导型经济体　资金（信贷）主要来源于银行贷款的经济体，投资者把相当大份额的储蓄以存款的形式存放在银行中。

commercial letter of credit　商业信用证　以出售方的商品或服务成功交付为前提的一种支付承诺。在购买方无力偿付的条件下，发行商业信用证的金融机构可以保证向商品和服务的出售方支付贷款。

financial-market-based economies　市场主导型经济体　在这类经济体中，金融体系主要依赖金融市场来分配信贷。与银行主导型经济体相比，公司更多地通过金融市场直接融资，投资者则把其大部分储蓄用于（证券）投资而不是银行存款。

relationship banking　关系型借贷　金融中介机构提供的金融服务，该服务基于金融中介进行投资以获得客户的特定信息，并预期

⊖ 见美国参议院（2002）。

这种信息可以在多次交易中使用。银行和借款人之间建立了一种关系，以便获得定性的私人信息（软信息）。银行使用这种信息来评估客户在多个产品和长期内所得的利润，而不是仅仅根据某个产品或某个时间段的交易来评估利润。

securitization 资产证券化 一种融资过程，在这个过程中，首先将资产汇聚成资产池，然后以这个资产池产生的现金流为基础构造具有不同流动性的证券，并将这些证券出售。

soft information 软信息 基于主观判断的且更为定性的信息，进而难以量化。

transaction banking 交易型借贷 针对单个交易，依据定量信息（硬信息）提供金融服务。

复习题

1. 解释银行主导型和金融市场主导型经济体之间的区别。
2. 比较全球金融市场和银行体系最近的发展趋势。
3. 描述金融发展与经济增长之间的关系。
4. 比较关系型借贷和交易型借贷。
5. 描述关系型借贷业务的优点和缺点。
6. 描述金融创新的优点和缺点。
7. 解释金融创新（如商业信用证）是如何促进贸易的。
8. 解释信用评级机构在当今金融市场中的作用。

第十部分
PART 10

未来展望

第18章

未来展望

"向前看总是一个明智的决策,但看到比你能看到的更进一步的东西非常困难。"

温斯顿·丘吉尔

引言

你的求知欲和耐心获得了应有的回报,现在你看到的内容已是最后具有推测性的章节。尽管人们对银行业未来的预测总是难以避免,但这种预测通常充满了戏剧性。借助《明天的银行业:看看谷歌和Facebook》⊖或《银行要么接受亚马逊和谷歌的挑战,要么灭亡》⊖这样带有挑衅性的文章标题,一些三流作家提出了与银行存在性危险相关的预兆。被人们所忽略的一种可能性是,未来的银行看上去既不像谷歌和Facebook,也不像当代的银行。全新类型的金融中介可能会出现,这些机构具有使现有的银行以及现存的社交媒体典范黯然失色的能力。

在本章中,我们首先探讨金融服务业变革的主要驱动力。其中三个因素特别有吸引力:政府的介入/监管、信息技术和客户偏好。正如在之前的章节中所讨论的那样,政府监管在重塑金融市场和机构的过程中是一个永恒的影响因素。但是,技术在驱动变革的过程中可能发挥着更强的作用。对于金融市场的深化而言,全新的分销渠道是不可或缺的,这一点对于金融创新(包括支付体系的创新)而言也是如此。这种创新可能有助于金融脱媒和价值链的分解。比如,专业化的支付提供商有可能会出现,同时,基于互联网的平台也有可能使绕过中介的借贷(如P2P)这样的开放性金融服务成为可能。客户偏好的变化也扮演着关键的角色。从某种意义上说,技术正在改变社会态度和客户偏好。我们已经见证了以iPhone、黑莓这样的智能手机为典型的手持移动设备的发展是如何转变客户购买和支付习惯的。价值链中的银行和其他金融中介将会如何应对这种发展?它们未来又有可能创造出什么样的业务场景呢?

尽管客户偏好和支付技术的变化最有可能对零售银行业产生直接的影响,但我们认为,在公司和投资银行业务领域也有望实现巨大的发展。

⊖ 参见 http://www.wired.com/2013/08/why-do-we-need-banks/,2013年8月22日,马库斯·沃尔森的评论。
⊖ 《金融时报》,2013年9月3日,弗朗西斯科·冈萨雷斯的评论。

18.1 变革驱动力

公共监管、技术和客户偏好有可能是最具破坏性的因素，进而可以被视为变革的主要驱动力。第 15 章和第 16 章解释了大衰退是如何导致监管领域的大规模扩张的。当前朝着政府监管力度加大这一方向演进的趋势有可能得以持续，这会给银行业带来结构性的影响。信息技术正在重塑金融服务业。从信用卡、借记卡向数字支付方式的转变目前已经较为明显。由于社交媒体和互联网发展降低了信息成本，并使信息以一种不可预知的方式传播，因此它们给现存的银行业务模式带来了全新的挑战。技术分解了价值链，并引入了新的参与者、业务流程和产品。当这些情况发生的时候，新的外部因素和风险有可能会出现，进而支持全新类型的政府监管的发展。举个例子，我们见证了美国监管互联网的最新动向，围绕着"网络中立性"出现了大量的讨论。这样，在技术和监管之间就存在一种自然的动力机制，这种机制处于持续的演进过程之中，而且很难理解。

除了监管和信息技术之外，我们看到金融运行过程中还存在第三种导致变革的力量——不断演变的客户偏好。客户渴望拥有权利，进而可以更好地控制他们自身的金融活动。社交媒体影响了那些参与其中并愿意接触金融产品的客户的介入流程。关于每一种驱动力，接下来有更为详细的讨论。图 18-1 展示了各种驱动力。尽管信息技术、监管和客户偏好被认为是驱动变革的关键力量，但从图 18-1 中我们也认识到了隐私问题和全球化的重要性。我们对隐私问题（特别是围绕数据使用）的讨论将在下文关于监管的部分展开。全球化不仅是需要明确讨论的驱动力，而且对金融行业结构和基于国家层面的监管有效性有显著的影响。地缘政治的发展（从俄罗斯、中东欧到境内资产的外资所有权的关注）可以影响未来几年的全球化程度，以及跨境资金流动和金融机构的国际业务范围。

图 18-1　影响金融业的力量

18.1.1 监管

近来，欧洲、美国和世界其他地区的监管立法赋予了公共监管机构更大的权力，而这种做法是以牺牲股东和管理层（即私人利益主体）的利益为代价的。这种侵入式的监管是对如下一些状况的反应。

- 伴随着各国国内以及各国之间金融机构和市场一体化程度的不断上升，全球系统性风险不断增长；

- 针对银行与市场的社会和政治议程；
- 金融部门复杂性日益上升；
- 弱化公共监管的监管套利。

下面我们逐一对这些状况进行探讨。

1. 全球系统性风险和相互关联性

在大衰退中，最令监管机构感到意外的一个方面是，金融体系中某一部门出现的冲击转移到其他部门的剧烈程度。美国爆发的次贷危机触发了一场全球性的金融风暴。正如我们在第 17 章中所看到的那样，金融机构和市场无论在一国之内还是国与国之间正日益变得一体化。在 2007～2009 年金融危机期间，虽然相互关联性、全球化和金融债权的扩散速度有所放缓，但很有可能卷土重来。因此，我们判断金融体系之间的传染性不仅可能在将来继续出现，而且这种传染性有可能变得更为显著。

金融部门内部的联系也会变得更为多样化。2007～2009 年金融危机爆发之前，绝大部分脱离监管的影子银行与金融体系的其他部门之间的联系有可能是被（包括监管套利在内）系统内部的经济需求所驱动的，但这种联系也强化了不透明性和脆弱性。特别地，那些法律意义上的存款机构所承担的监管成本促进了影子银行体系的发展，从而降低了监管的有效性。由此导致的状况是，中央银行不仅需要追踪涉及传统金融机构、影子银行以及其他形式的基于市场的金融活动的海量信息，而且还需要更好地理解这些信息对于系统性风险而言意味着什么。这种监管应对（见第 15 章和第 16 章）的有效性目前尚不清楚。

2. 监管的复杂性

随着全球金融市场、机构和契约变得更为复杂，监管机构竭尽全力通过实施日益强化的侵入式监管来跟上这种变化。《多德－弗兰克法案》通过 2 000 多页的篇幅来应对这一点，并且该法案还产生了数千页的各类法律条例。但是，更多的监管可能导致比以往更多的规避性金融创新或监管套利。意想不到的后果通常会带来超过最初立法时所设想的收益的成本。

尽管有些人提倡以一种更为简化的方式来进行监管[1]，但更多的监管与规避监管的创新之间的动态演变很难应对。限制监管负担有可能鼓励银行业选择更简单和更透明的商业模式。但监管缺口的存在是不可避免的，进而总会有试图利用公共安全网的边缘企业。随着这些活动导致的问题和倒闭现象的出现，监管机构将实施更具侵入式的监管。这种意料之外的后果可能相当严重。特别地，由此导致的监管负担将阻止行业准入，进而促进影子银行体系活动的进一步发展。[2]

---

[1] Haldane（2012）是这一观点强有力的倡导者。他分析了一只尝试接住飞盘的狗是如何处理与判断飞盘运动轨迹的复杂性的，进而提出疑问：这样一种类似于狗的简单性是不是我们在监管中所需要的？换句话说，作为对金融日益复杂的回应，监管的复杂性会不会适得其反？

[2] 大型系统性机构（系统重要性金融机构这一类，SIFI）面临着额外的监管要求。控制这类机构巨大的国际影响力绝非易事。2007～2009 年金融危机之后，很多机构遭受到美国监管机构实施的罚款等措施的打击。罚款主要是因为这些机构没有恰当地控制其在全球范围内的业务活动，比如洗钱、LIBOR 操纵、与禁止国家开展交易等（汇丰银行就是其中一个例子）。这意味着成为一家"超大规模"的金融机构也存在成本，也就是规模和/或范围的不经济现象。

3. 社会和政治议程

政治因素总是在银行和金融市场监管领域发挥着作用。信贷分配具有巨大的经济意义，因此，如果配置过程可以由政治家来控制，那么它就可以服务于政治和社会议程。随着聚焦于贫困、社会歧视、收入和财富不平等、多样性、全球变暖等议题，甚至房地产和农业等部门偏好的社会运动的发展势头日益强劲，金融机构所面临的压力越来越大。⊖因此，金融体系变成了一种社会规划的工具，相应地，金融服务的有效提供就被放弃了。

4. 其他社会和经济关注

相关的社会议程旨在强化金融机构的信托责任。在一些国家中，金融中介机构由于销售不恰当的产品、提供误导性信息和/或无法证实其产品是否符合客户的合法需求而受到指责。举个例子，在英国和荷兰，涉及与保险相关的养老金产品的重大丑闻正在通过法庭予以解决。在美国，银行因为出售有毒投资产品，同时涉嫌发布误导性信息而被处以数十亿美元的罚款。欧洲系统性风险委员会（ESRB，2014）已经声明，向客户"错误地销售"产品是影响金融稳定性的因素之一，并建议将评估商业行为作为审慎监管的一个组成部分。几十年来，美国的投资顾问一直受"适合性"要求的制约。《多德-弗兰克法案》创建了一个全新的消费者保护机构，来进一步阻止对金融服务的虚假陈述。

隐私也是公共政策担忧的问题。全球持续的监管动议对金融机构使用客户数据施加了更严格的约束。竞争则是另一个担忧的问题。随着银行通过并购规模变得越来越大，数量越来越少，有些国家（特别是英国）开始反对垄断性集中。

上述各种各样的担忧意味着监管格局正在演变，这将对未来的金融服务业产生重大影响。最终的金融体系设计将取决于私人和公共利益之间的紧张关系如何解决。华尔街和普通公众之间的斗争是否会消失，公众反对金融服务业的强烈反应是否会持续？公共监管的侵入性将取决于公众如何看待这个行业，而且在这一点上，全球金融服务业所面临的挑战还有很多。

18.1.2 信息技术

信息技术是变革的巨大推动者。市场和机构变得更为一体化，金融创新如雨后春笋般出现，尤其是那些有助于强化资产的交易性和风险转移的金融创新，这些风险之前都存在于金融机构的资产负债表上。此外，分销渠道、支付体系以及更普遍的金融部门为潜在客户提供服务和交互的方式都受到信息技术的影响。这种更富有流动性的场景给监管带来了挑战，同时重新构造了银行的业务模式。一些相关的问题如下。

- 在提供支付服务方面，技术公司可以替代银行吗？
- 银行能够留住它们的零售客户吗？
- P2P借贷、众筹和其他替代性信贷安排是否会限制传统银行的市场范围？
- 非存款金融机构和非金融企业是否会进一步介入银行业务？
- 由于更具侵入式的公共监管导致影子银行体系持续扩张，传统银行承担的成本是否会不成比例地上升？

⊖ Lucas（2014）展示了政府是如何通过公共担保影响信贷分配的。

- （包括公募和私募在内的）债务和权益市场的不断演进将如何影响投资银行和商业银行？

我们将在本章的后续内容中试图回答这些问题。

18.1.3 客户偏好

社交媒体的兴起和消费者对即时满足的追求，对金融服务公司产生了影响。数字和移动经济改变了客户对服务的期望，从而影响了客户感知金融机构的方式。线上即时交易不仅使传统服务提供者数天的时滞变成有些不合时宜的落伍之事，而且使银行与客户之间的交互变得更为匿名性。这种改变也使客户很容易更换服务提供者，而且他们总是四处寻找最合适的交易。

庞大的网络分支架构体系既有可能持续演进，也有可能消失。与咖啡店类似，银行的分支机构有可能变成社交和娱乐驱动的营销载体。传统的分支机构所提供的服务有可能被数字化，进而借助于云端来远程提供。从不涉足银行分支机构这一点令千禧一代引以为傲，如果这种现象未来发生了变化，这将成为一个影响带有很大不确定性的动机。数字世界中的安全顾虑仍需要持续地予以解决。基于生物识别的安全设计有可能变成标准的业务规范，使用视网膜识别或静脉识别的智能软件有可能阻止欺诈。

日益数字化的客户和未来的银行服务提供者之间的联系仍有待发展。忠诚度可以扮演什么角色？可以实现什么类型的交叉销售？特别是在社会福利状况不断下滑且人们对金融机构普遍不信任的欧洲，客户对独立性和消费者权利有着很大的渴望。那些被信赖的机构不会向它们的客户兜售"有毒的"金融产品，如果它们这么做了，严重的后果就会接踵而至。

银行感受到了与社会连接的压力，并对那些具有更高的环保意识的市民做出了回应。客户希望银行以一种对社会负责任的方式行事，并承担责任。许多银行已经强调将对环境的责任以及人民和社会的长期福利作为自己的使命。高盛强调对"环境和社会引导的职责"；德意志银行则强调对"长期的环境可持续性的义务"。有些银行甚至将其整个业务模式和决策流程聚焦于可持续性，并选择了一种确保其环境使命的所有权结构。荷兰的特里多斯银行（Triodos）就是采取这种做法的典型。这些银行关于使命的表述如图18-2所示。

信誉的构建至关重要。客户期望金融机构运营具有透明度。要想成功，银行需要更好地理解它们的客户，并相应地为客户提供量身定制的产品。为了实现这一目的，银行需要更强大的服务理念，并真正地对它们的顾客负责。这就要求对银行文化和薪酬实践进行深刻变革。

18.1.4 各种驱动因素之间的相互关系

变革的各种驱动因素之间是相互关联的。举个例子，在塑造客户行为（可能还有客户偏好）中发挥作用的社交媒体就是信息技术的产物。此外，技术可能有助于监管套利，进而引发监管应对。社交媒体可能通过导致银行挤兑、泡沫和狂热的羊群效应提升系统性风险。变革的驱动因素都具有一定程度的不可预见性，而这种不可预见性会提升银行未来的不确定性。

"我们认真对待我们的环境和社会管理责任,并承诺利用我们的人力、资本和创意来推进有效的基于市场的解决方案,这些方案有助于解决关键的环境问题。"
见 http://www.goldmansachs.com/citizenship/environmental-stewardship-and-sustainability/

"德意志银行承诺将致力于长期的环境可持续性。这种承诺包括减少银行自身造成的影响(即减少浪费,努力实现更多的碳平衡)和支持具有创新性的新技术。"
见 https://www.db.com/unitedkingdom/content/en/sustainability.htmt

Triodos Bank
为什么我们与众不同

"我们只把客户的资金借给那些致力于使这个世界变得更加美好的人和组织,积极寻找和促进可持续的、具有企业家精神并由价值和创新驱动的企业,而不是仅拒绝支持那些有损社会的企业。"
见 https://www.triodos.com/en/about-triodos-bank/

图 18-2　银行和可持续性

18.2　正在改变金融服务场景的市场动向

基于网络的服务和数据处理能力的激增正在改变金融服务的场景。金融机构的分销系统与其客户打交道的方式的重大变化最为明显。此外,在金融服务机构的边缘地带出现了一些新的破坏性参与者,它们的业务模式给现存的业务实践和机构带来了挑战。

18.2.1　支付

银行的这一核心业务领域正在被像谷歌、苹果和 PayPal 这样的技术公司和支付专家所觊觎。作为一种更基础的影响支付流程的创新,比特币将在本章的后面部分讨论。一个被许多人谈及的例子是 PayPal,它被宣称是一种在 iPhone 上运行的、无须利用借记卡或信用卡的支付体系(见下文"苹果公司的 Apple Pay"的相关内容)。

> **苹果公司的 Apple Pay**
>
> 苹果公司（Apple®）今天宣布推出一项新的服务类别，即通过一种简单、安全和私密的方式来改变移动支付。Apple Pay 支持美国三大支付网络的信用卡和借记卡，这三大支付网络分别是美国运通、万事达和 Visa，由美国银行、第一资本银行、大通、花旗和富国银行等最受欢迎的银行发行，占美国信用卡购买量的 83%。除了美国的 258 家苹果零售店外，美国支持 Apple Pay 的领先零售商还包括布鲁明戴尔百货、迪士尼商店和迪士尼世界度假村、杜安·里德、梅西百货、麦当劳、丝芙兰、史泰博、赛百味、沃尔格林和全食超市。Apple Watch 将在超过 22 万家支持无接触支付的商家运行。Apple Pay 也可以通过 App Store 中的应用程序进行购买。
>
> 新闻稿，2014 年 9 月 9 日，《苹果公司宣布推出 Apple Pay》。

到目前为止，银行之所以能保持其在支付体系中的核心地位，是因为它们控制着支付结算的基础设施，同时被视为对支付的安全性至关重要，而且对客户的清算账户有极强的控制力。不仅如此，支付领域的创新者目前不仅没有完全独立于银行体系，而且有些还与银行建立了合资企业或其他类型的联盟。比如，斯堪的纳维亚（北欧）的银行目前正在为高速增长的基础用户提供移动银行业务。在荷兰，由荷兰主要银行拥有的一家支付公司——Currence 拥有支付领域接近 60% 的市场份额。⊖

支付是一个竞争激烈的领域，这个领域可能会触发金融服务业巨大的变革。一旦这些新出现的支付方案提供商弱化了银行与客户之间的直接交互，交叉销售的能力就有可能丧失。无论如何，线上平台的发展可能对现存的金融机构造成破坏性冲击。我们接下来就讨论这一点。

18.2.2 线上平台与解体

随着线上平台成为更被客户所接受的交互界面，价值链的解体接踵而至。线上平台可以提供一种与超市类似的模式，有利于客户接触到由分散的供应商提供的多种类型的产品和服务，同时也可以保存各种记录。像谷歌、Facebook、亚马逊或苹果这样的技术公司可以把类似于 Apple Pay 这样的支付解决方案作为一个平台，获得相关产品和服务的直接客户交互界面。合法的金融机构这时有可能被降级为平台运行的后台服务商。

合意的授权与自主性使客户感到一切尽在其掌握之中，从而不再把自己视为为了平台所有者的利益而被引导去购买商品。客户在做出知情决策时可能需要协助，这可以为现存的金融机构提供一个发挥金融顾问作用的机会，但当这些机构有自己的产品出售时，就可能引发利益冲突。利益冲突侵蚀了机构的信誉，但如果金融机构能找到一种方式来维持其作为可信赖顾问的信誉，许多新的可行性就会出现。

银行和支付业务的替代提供者之间的竞争并不会使供应商受益。这场竞争的主要武器将是技术和营销理念。影响银行业的破坏性力量（信息技术、监管和客户偏好）有可能为那些竭力进入银行业的其他企业提供新的机会。比如，英国大型超市连锁公司——乐购以自有品

⊖ 见 Oliver Wyman（2014）关于斯堪的纳维亚的研究，国际清算银行的报告包含在 BIS（2014）中。

牌为客户提供银行服务。也没有任何理由限制平台仅能提供金融服务。以生活方式为导向的业务聚焦可以将金融产品和非金融产品整合在一起。这种变化对于以独立实体形式存在的银行而言意味着什么呢？这种变化会将银行转变为之前讨论过的后台服务提供商吗？抑或银行可以继续保持领先地位，捍卫其作为金融服务提供商的地盘？

最终结果可能取决于政府如何进行干预。公共监管部门可以差异化地征税、提供补贴或者明智而审慎地忽略各类参与者。这里，我们可以看到客户偏好、技术破坏和政府试图控制金融服务的限制之手之间非常复杂的相互作用。银行会继续保持特殊性，进而受到银行执照的保护吗？从目前的情况来看，在2007～2009年的金融危机之后，各国政府看起来热衷于控制它们的金融参与者，并赋予其特殊的地位（包括向其提供隐性和显性担保）。

18.2.3 直接借款和脱媒

金融服务平台可以作为人们直接互动的市场，而金融机构在其中充当顾问或经纪人这种功能有限的角色。P2P借贷使经济主体之间可直接进行交易，无须借助金融中介提供的益处（后台服务可能要除外）。这种平台可以降低搜寻成本，从而充当了经纪人的角色。然而，信息不对称和道德风险等问题依然阻碍着直接借贷的发生，而金融中介可以相当有效地减少这些问题。

新的专业化贷款人已经出现，这些贷款人试图用基于大数据挖掘的复杂算法来取代关系型贷款人和传统的信用评级。尽管仍处于发展初期，但这种信用算法通过分析购买习惯、会员资格、阅读倾向、生活方式选择和形形色色的机会主义人口统计相关因素等信息来预测信誉。类似地，廉价信息的可得性不断增加，使信誉的公开认证变得类似于eBay上的信用得分，或者像TripAdvisor上的客户满意度得分。我们也可以设想类似的发展会使P2P借贷变得日益流行。社会能否接受这些数据的广泛使用是另一个问题。无论如何，只要点击鼠标，就可以得到越来越多潜在的个人敏感信息。大数据还促进了众筹，这是涉及多个贷款人和一个借款人的另外一种直接借贷形式。⊖

在消费者层面，我们可以看到更多社区导向的融资安排（重新）出现。正如P2P借贷和众筹所暗示的那样，消费者可以亲自处理事情，授权也是如此。在社区直接组织其财务事务的地区，本土化的金融安排可能会出现。特别是在欧洲，社会福利国家之前曾导致集权，目前的趋势是服务和个人举措的分散化。随着市场变得日益国际化，人们试图对自己的事务和本地发展拥有更多的控制权，相应地，消费者权利可能会兴盛起来。

18.2.4 比特币

作为一种纯粹的虚拟货币，比特币完全以数字形式存在。⊖ 比特币是否代表一种真实的货币，可以提供稳定的价值储藏功能，人们对此存在不同的见解，但对于它充当一种替代性交易工具的潜力则少有争议。比特币超越了现有的机构支付体系，是一种无须传统金融机构

⊖ 众筹指的是具有企业家性质的个人或团体（可以是文化团体、社会团体和营利性团体）努力通过互联网，而不是借助标准化的金融中介机构从大量个体中收取相对小额的资金，来为其项目提供资金（Mollick，2014，P2）。

⊖ 关于比特币的文献，见Nakamoto（2013）和Yermack（2013）。

介入就可以实现支付的 P2P（点对点）电子货币。一笔典型的信用卡交易至少涉及 5 个主体（两家终端银行、信用卡公司、支付处理机构和票据交换所），且需要数天才能完成结算。而借助于比特币，一笔交易仅需要在两个比特币账户之间转账，再加上电子验证过程。

比特币短期内不大可能取代主要货币成为任何时点的交易媒介。但是，在没有政府背书的情况下，它彰显了电子货币的可行性。目前它仍然是一种处于早期阶段的创新，相应的制度结构仍在开发过程之中。一个关键问题是，针对这类加密货币的监管架构会如何演进？比特币可能是加密货币中最有名的一种，但其他加密货币（通常称作 altcoins，即比特币的替代品）也处于形成过程之中。此外，针对比特币管理、账户记录和供给程序的协议也将随着时间的推移而不断演变。尽管把比特币视为纯粹的私人部门开发的货币这种理念具有较大的吸引力，但人们对其安全性的担忧是无法回避的。在没有政府担保的情况下，技术能够保证所有权和交易架构吗？如果比特币变成各类非法活动最偏好的一种交易媒介，公众会有什么反应？另外一个围绕加密货币的不确定性是比特币相对于主要货币的价值波动性。从目前来看，比特币还处于发展初期，但已显示出进步。它已经成功地被人们所重视。几乎没有人曾预见到这一点。

18.2.5　投资银行业、交易和交易所

到目前为止，我们大部分讨论的是商业和零售银行业。然而，金融市场和投资银行业的重大变化也可以这样设想。投资银行在将资金使用者和资金提供者聚集到一起方面发挥了重要作用。这些银行主要从事股票和债券的公开以及私人发行，并通过维持这些证券的二级市场来增强证券的流动性。在大衰退（即 2007～2009 年的金融危机）之前的一段时期，投资银行非常积极地介入住房抵押贷款证券化和为场外衍生品做市等活动。而资产证券化产品和场外衍生品在危机发生之后遭受到了最大的指责。但这还不是全部：它们的跨境交易活动也迅速增加。

投资银行也受到技术进步、公共监管的变化以及客户偏好等导致的破坏性冲击。美国曾经最有名的两家投资银行——雷曼兄弟和贝尔斯登——在大衰退中破产了，而其他投资银行则经受了令人尴尬的巨额损失，股票严重贬值。现在回头看，这些银行处理了过多的风险，且它们的损失具有系统性影响。后一种看法促使对投资银行的公共监管显著扩张。美国投资银行的两家领导者，也就是高盛和摩根士丹利，都被纳入美联储的监管范围，以此来获得贴现窗口的资金支持。自营交易被削减，财务杠杆从历史性高位开始下降。监管限制仍处于不断变化之中，但变化的方向是明确的。以前较少受到公共监管的主要的华尔街金融机构，就像它们的兄弟商业银行一样受到了监管。有些人认为，公共监管的严格程度会随着不断的游说而逐渐放宽——金融服务业在华盛顿特区和其他州的首府都是拥有最佳资金支持的金融游说团体之一，并且这种监管放宽在因资本短缺所造成的经济萎缩阶段尤为可能。然而，这是未来的议程。

技术通过不可逆地降低信息成本、沟通成本和交通成本，对投资银行和资本市场产生了影响。⊖我们预期在资本提供者中会出现新的进入者。对冲基金、养老基金经理、保险公司

⊖ 最近的一个例子就是高频（算法）交易活动的兴起。在高频交易活动中，交易的速度极快，人类几乎感觉不到。尽管这种交易被认为改进了价格发现承诺，但可以预见到其潜在的滥用。

和私募股权公司都被期待进入投资银行的传统领域，从而进一步促进融合、加强竞争。

另一个不确定性来源于投资银行服务的需求端。在企业层面，企业可以利用贸易融资等工具的变化，来强化生产价值链中各个成员的资金可得性，而无须依赖商业银行和投资银行。在具有大量的投资需求、涉及极大的不确定性且对一些客户具有较大依赖性的行业中，针对主要投资的供应链融资（再一次绕过了银行和金融市场）可能会变得更为常见。一个例子是英特尔为阿斯麦（一家荷兰公司，主要制造英特尔生产芯片所需的机器）提供的股权融资。这可能会弱化投资银行在安排证券发行方面的势力范围。

投资银行在首次公开发行和再融资中所扮演的角色，可能会受到之前讨论过的互联网平台的挑战。如果投资者通过针对性的直接沟通，能够轻易地联系到投资者并动员他们，那么我们就可以设想投资银行在其中所发挥的功能会变小，或者至少会变得不那么不可或缺，进而成本就下降了。⊖但是，从历史上看，投资银行向来是从一种商业机会转向另一种商业机会的好手。因此，宣称投资银行将消亡的流言还言之过早，而且银行业相对于非银行竞争者的竞争性动态演进也尚未开启。

18.3　银行注定会消亡吗

银行会在发展中扮演什么角色？银行会如何应对苹果通过 iPhone 推出的支付方案？我们会见到苹果银行吗？对于传统银行而言，这些进展并不是没有风险的。银行业的重要转型正在进行之中，维持现状可能不是银行业既得利益者的一个选择。⊜

这不意味着银行注定要消亡。过去，银行业机构显示出了惊人的韧性，尽管人们对于它们存续性的质疑一直都有。早在 1994 年，著名经济学家约翰·博伊德（John Boyd）和马克·格特勒（Mark Gertler）在一篇著名的《银行要消亡了吗？还是这些报道过于夸张了？》的论文中对银行消亡的预测进行了评论。⊜当时，讨论的焦点是银行在借贷中所扮演的角色。特别是，资产证券化是否会损害银行借贷特许权的价值。他们的结论是，尽管资产证券化使银行对贷款的实际融资功能变得不那么重要了，但银行在借贷过程中的核心功能——发起（包括审查）、服务和监控将会被保留，银行的中心地位也会被保留。银行通常会通过提供备用信贷额度和为很多载体提供融资的商业票据保证，在证券化中发挥作用。

那篇文章传递的信息在今天仍有一定的相关性。随着影子银行部门的迅猛发展，银行不是完全被动的。它们拓宽了业务范围，并且成功地利用银行控股公司结构参与了影子银行

⊖ 信息技术推动另类的交易平台如雨后春笋般涌现出来，进而削弱了像纽约证券交易所这种传统交易所的中心地位。交易所制定规则来管理交易和信息流。交易所的快速发展导致了对单独清算机构的需求。此外，许多银行已经将其托管业务外包。所有这些都导致了价值链的进一步分解。

⊜ 麦肯锡公司最近的一份报告指出："数字化通常会降低准入壁垒，致使长期存在的部门之间的边界变得模糊。与此同时，数字资产'即插即用'的性质致使价值链分解，为业务聚焦、行动快速的竞争者创造了机会。新的市场进入者通常会以相比合法参与者而言较低的成本实现规模的快速扩张，同时，随着更多的客户加入这个网络，收益也得到快速的增长。"（Hirt and Millmott, 2014）也可以参考其他咨询公司的报告：《构建 2030 年及以后的银行》，E&Y, 2013；《零售银行 2020：变革或革命？》PwC, 2014；《银行业崩溃》，德勤，2014。

⊜ 见 Boyd 和 Gertler（1994）。也可以参见 Samolyk（2004）富有洞察力的历史解读。

体系。○

18.3.1 银行享有优势

与其他行业受到威胁的既得利益者相比，银行可以从人们对其流动性财富安全的焦虑中受益。2007～2009 年的金融危机引发了人们对银行稳定性的担忧，但银行仍被视为可保证资金安全的地方。"我们信任银行"不是一句空洞的口号。○但同样的话不适用于所有新的基于互联网的竞争者。不管苹果多么受人欢迎，人们会相信一家科技公司能保护他们钱的安全吗？成为一家拥有执照进而享有隐性政府担保的银行是有价值的。

银行给人带来的安全感和银行在金融体系中继续拥有的特殊地位使其相对于竞争对手而言享有融资成本优势，进而可以赚取额外的租金。有意思的一点是，在 2007～2009 年的金融危机期间及之后，投资银行对商业银行执照和存款可得性赋予了很高的估值，以至于其中规模最大的几家银行转变成了银行控股公司。的确，作为一家银行，尤其是一家大型银行，不仅可以借助存款获得更稳定的短期资金来源，而且可以享受带有补贴的安全净收益。这意味着只要银行能进行高效管理、明智投资，并避免被公共监管所遏制，它们就不可能在短期内快速消失。然而，它们的确面临着严峻的挑战，尤其是在零售端，在这一端，银行有必要与其聚焦于社交媒体的客户联系起来。

18.3.2 银行和金融部门的规模

单个金融机构的规模和范围，以及整个金融业的规模会呈现什么样的变化呢？最近的研究表明，银行业存在巨大的规模经济，尤其是在后台业务活动和支付领域。○与范围（也就是业务活动跨度）相关的结论没有什么说服力。典型地，研究已经发现存在"多元化折扣"，这意味着大型企业是低效的。但近期的研究表明，这种折扣在危机时期消失了，这意味着在资金紧张时期存在来自"内部资本市场"的收益。○因此，更一体化的银行可能会与更专业化的竞争者同时存在。

与之相关的一个问题是，什么业务需要放置在公司的框架内，以及在多大程度上，网络、联盟或合资企业会提供服务。信息技术促进了更复杂、规模更大的组织，因此强化了规模经济和范围经济。○然而，信息技术也为独立公司之间的顺畅交流提供了便利。举个例子，保险产品可以通过银行的分销网络进行销售，而不需要这家银行拥有保险公司。事实上，我们之前关于在线平台的讨论指出，产品可以轻松地捆绑在分销网络中。

除了技术力量之外，监管和政治发展也会对集中产生重要影响。我们可以将《巴塞尔协议Ⅲ》（有附加资本要求）框架内增加的对系统重要性金融机构的分类解读为一种针对规模的惩罚。这是否会对金融机构的规模和复杂性产生真正的影响，仍需要时间来观察。另外一个

○ 见 Cetorelli（2014）和 Cetorelli 等（2012）。

○ Vatanasombut 等（2008）强调，信任在保留线上银行业务的客户中发挥着关键作用。他们还发现，人们可以感觉到的安全感强化了这种信任。

○ 见 Hughes 和 Mester（2014），Davies 和 Tracey（2012），DeYoung（2010）。

○ 考虑一下 Schmid 和 Walter（2014）。也可以参见 Laeven 和 Levine（2007）。注意，这可能指向"太复杂而不能倒闭"的问题，进而增强了政府安全网的收益。

○ 类似地，对于谷歌和 Facebook 而言，运行更大的网络和平台可能会带来增强规模的好处。

未知的问题是，银行会在多大程度上从事跨国银行业务。2007～2009 年的金融危机已使很多金融机构撤回国内市场，但这种现象是否只是一种暂时性的发展，目前也不清楚。各国的监管机构已设法加强对在其国内运行的金融机构的控制。尽管像欧盟的银行业联盟倡议这样的发展会在一定程度上抵消这种努力，但最近的趋势正朝着沿国界的监管分割化演进。较为清楚的是，除了资本市场活动之外，跨国银行业务取得的成功有限。以一种更倾向于基于本国的金融机构的监管态势所呈现出来的国家之间的文化差异或许可以解释这一点。

金融部门如果以其占经济总体的份额变化来测度会发生什么呢？我们在第 17 章指出，金融部门在过去几十年增长迅猛。但是未来会带来什么呢？图 18-3 显示，过去 35 年的各种危机只是暂时影响了金融部门占 GDP 的百分比的增长。

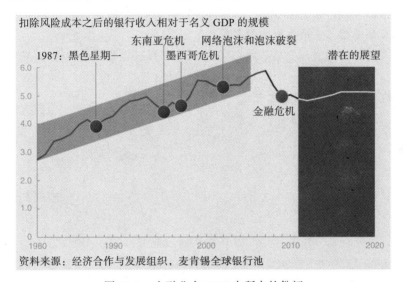

图 18-3　金融业在 GDP 中所占的份额

资料来源：麦肯锡（2012），《三重转型：实现一种可持续的商业模式》；《麦肯锡关于银行业的年度报告》，麦肯锡公司，2012 年 10 月，附录 13，第 27 页。

然而，存在一些原因使我们设想金融部门占经济活动的比例可能经历潜在的下降。互联网和信息技术的发展已经导致了银行分支机构的减少。随着后台业务自动化程度的增加，这很可能会减少金融服务业的雇员人数。投资银行业也可能映射出法律服务市场已经发生的事情。在法律服务市场中，在线研究的兴起减少了人们对初级律师的需求。同样，可以预期到的金融服务商品化程度的上升也可能会减少其整体盈利。

18.4　结论

信息技术、监管和客户偏好之间的相互作用会彻底重塑未来的金融机构。虽然细节仍存在很大的不确定性，但几乎没有人会否定，在线数字革命将会带来银行业的革命性变革。随之而来的金融机构重组会对经济和金融稳定性产生影响，但关键的问题是它们如何为社会服务。

记住，基本的金融服务可以润滑"实体"经济。这样，不管金融机构如何安排，数量不断增长且更为富裕的人将需要流动性（货币服务）、信贷和风险再分配服务。这些服务将以私人和政府投入的某种结合方式提供，几乎不用考虑体制安排。然而，如果考虑到效率和租金分配问题，机构安排将非常重要。

丰富多彩的历史预示着更大的图景。金融领域平稳发展，不可阻挡地会从实体发展到虚拟，从简单发展到复杂。流动性和无形性伴随着金融业的发展进程，使金融保持经济活动中心位置的同时，也为金融家赚取了丰厚的利润。问问梅隆（Mellons）、摩根（Morgans）和罗斯柴尔德（Rothschilds）吧。

专业术语

conglomerate discount 多元化折扣 一家联合大企业的交易价格与它所拥有的附属机构作为独立公司运行时的交易价格总和之间的差额。

internal capital markets 内部资本市场 来自公司内部、可为投资提供融资的资金可得渠道，借此可以弱化公司对外部融资的依赖。

SIFI 系统重要性金融机构 特指一些金融机构，这些机构破产被认为会给整个经济带来系统性的后果。

推荐阅读

中文书名	原作者	中文书号	定价
货币金融学(商学院版，第4版)	弗雷德里克 S. 米什金 哥伦比亚大学	978-7-111-54654-2	79.00
货币金融学(商学院版，第4版·英文版)	弗雷德里克 S. 米什金 哥伦比亚大学	978-7-111-60658-1	109.00
《货币金融学》学习指导及习题集	弗雷德里克 S. 米什金 哥伦比亚大学	978-7-111-44311-7	45.00
投资学（第10版）	滋维·博迪 波士顿大学	978-7-111-56823-0	129.00
投资学（第10版·英文版）	滋维·博迪 波士顿大学	978-7-111-39142-5	128.00
投资学习题集（第10版）	滋维·博迪 波士顿大学	978-7-111-60620-2	69.00
公司理财（第11版）	斯蒂芬 A.罗斯 MIT斯隆管理学院	978-7-111-57415-6	119.00
期权、期货及其他衍生产品（第10版）	约翰.赫尔 多伦多大学	978-7-111-60276-7	169.00
《期权、期货及其他衍生产品》习题集	约翰.赫尔 多伦多大学	978-7-111-54143-1	49.00
债券市场：分析与策略（第8版）	弗兰克 法博齐 耶鲁大学	978-7-111-55502-5	129.00
金融市场与金融机构（第7版）	弗雷德里克 S. 米什金 哥伦比亚大学	978-7-111-43694-2	99.00
现代投资组合理论与投资分析（第9版）	埃德温 J. 埃尔顿 纽约大学	978-7-111-56612-0	129.00
投资银行、对冲基金和私募股权投资（第3版）	戴维·斯托厄尔 西北大学凯洛格商学院	978-7-111-62106-5	129.00
收购、兼并和重组：过程、工具、案例与解决方案（第7版）	唐纳德·德帕姆菲利斯 洛杉矶洛约拉马利蒙特大学	978-7-111-50771-0	99.00
风险管理与金融机构（第4版）	约翰.赫尔 多伦多大学	978-7-111-59336-2	95.00
金融市场与机构(第6版)	安东尼.桑德斯 纽约大学	978-7-111-57420-0	119.00
金融市场与机构(第6版·英文版)	安东尼.桑德斯 纽约大学	978-7-111-59409-3	119.00
货币联盟经济学（第12版）	保罗·德·格劳威 伦敦政治经济学院	978-7-111-61472-2	79.00

推荐阅读

中文书名	原作者	中文书号	定价
公司金融(第12版·基础篇)	理查德 A. 布雷利 伦敦商学院	978-7-111-57059-2	79.00
公司金融(第12版·基础篇·英文版)	理查德 A. 布雷利 伦敦商学院	978-7-111-58124-6	79.00
公司金融(第12版·进阶篇)	理查德 A. 布雷利 伦敦商学院	978-7-111-57058-5	79.00
公司金融(第12版·进阶篇·英文版)	理查德 A. 布雷利 伦敦商学院	978-7-111-58053-9	79.00
《公司金融(第12版)》学习指导及习题解析	理查德 A. 布雷利 伦敦商学院	978-7-111-62558-2	79.00
投资学(第10版·精要版)	滋维·博迪 波士顿大学	978-7-111-48772-2	55.00
投资学(第10版·精要版·英文版)	滋维·博迪 波士顿大学	978-7-111-48760-9	75.00
投资学：原理与概念(第12版)	查尔斯 P.琼斯 北卡罗来纳州立大学	978-7-111-53341-2	89.00
投资学原理：估值与管理(第6版)	布拉德福德 D. 乔丹 肯塔基大学	978-7-111-52176-1	95.00
投资学：以Excel为分析工具(原书第4版)	格莱葛 W.霍顿 印第安纳州立大学	978-7-111-50989-9	45.00
财务分析:以Excel为分析工具(第6版)	蒂莫西 R. 梅斯 丹佛大都会州立学院	978-7-111-47254-4	59.00
个人理财(第6版)	杰夫·马杜拉 佛罗里达亚特兰大学	978-7-111-59328-7	79.00
固定收益证券	彼得罗·韦罗内西 芝加可大学	978-7-111-62508-7	159.00